北京大學《儒藏》編纂與研究中心　編

《儒藏》精華編選刊

書傳大全（上）

〔明〕胡廣等　撰

孫希國　宫長爲　校點

北京大學出版社
PEKING UNIVERSITY PRESS

圖書在版編目(CIP)數據

書傳大全：全二册 /（明）胡廣等撰；北京大學《儒藏》編纂與研究中心編
.—北京：北京大學出版社，2023.9
（《儒藏》精華編選刊）
ISBN 978-7-301-33920-6

Ⅰ.①書… Ⅱ.①胡…②北… Ⅲ.①理學－研究－中國－明代 Ⅳ.①B248.05

中國國家版本館CIP數據核字（2023）第065172號

書　　名　書傳大全（全二册）
SHU ZHUAN DAQUAN（QUAN’ERCE）
著作責任者　（明）胡廣 等 撰
孫希國　宮長爲 校點
北京大學《儒藏》編纂與研究中心 編
策劃統籌　馬辛民
責任編輯　王　琳
標準書號　ISBN 978-7-301-33920-6
出版發行　北京大學出版社
地　　址　北京市海淀區成府路205號　100871
網　　址　http://www.pup.cn　新浪微博：@北京大學出版社
電子郵箱　編輯部 dj@pup.cn　總編室 zpup@pup.cn
電　　話　郵購部 010-62752015　發行部 010-62750672
編輯部 010-62756449
印 刷 者　三河市北燕印裝有限公司
經 銷 者　新華書店
650毫米×980毫米　16開本　53.75印張　660千字
2023年9月第1版　2023年9月第1次印刷
定　　價　180.00元（全二册）

目録

上册

校點説明

《書傳大全》，又名《書經大全》，明胡廣撰。

胡廣（一三七〇—一四一八），字光大，江西吉水人。明建文元年（一三九九），以《詩經》領鄉薦。二年廷試對策，擢進士第一，賜名靖，授翰林修撰。明成祖即位，復名廣。永樂五年（一四〇七）進翰林學士，兼左春坊大學士，永樂十四年進文淵閣大學士。十六年五月卒，年四十九，贈禮部尚書，謚文穆。胡廣工詩文，善書法，尤長於行、草諸體。隨明成祖北征時，每勒石，皆命胡廣書之。《明史》有傳。

永樂十二年十一月，明成祖召見翰林院學士胡廣、侍講楊榮、金幼孜説：「五經、四書，皆聖賢精義要道，其傳注之外，諸儒議論，有發明餘藴者，爾等采其切當之言，增附於下。」「命廣等總其事，仍命舉朝臣及在外教官有文學者同纂修。開館東華門外，命光禄寺給朝夕饌。」（《明太宗實録》）於是，胡廣等人開始編撰《五經大全》、《四書大全》及《性理大全》等書。其中，「《書傳大全》修纂取材來源主要是以董鼎《書蔡氏傳輯録纂注》爲參考底本，另外再兼采陳櫟《書蔡氏傳纂疏》、吴澄《書纂言》、陳雅言《書義卓躍》等書的經説資料作爲輔助」（陳恒嵩《五經大全纂修研究》）。而非明人所謂的全部抄襲陳櫟之書，或清人所謂的全襲陳櫟與陳師凱二陳氏之書。次年九月書成，明成祖隨即令禮部刊刻，並於永樂十五年三月刊刻完成，之後即頒發給「六部並與兩京國子監及天下郡縣學」，以作爲科舉考試的標準用書，「專取四子書及《易》、《書》、《詩》、《春秋》、《禮記》五經命題取士」（《明史·選舉志》）。《五經大全》、《四書大全》及《性理大全》便是爲明代士子們的科舉考試提供一個統一的、標準的經學教科書，使天下學者「一宗朱氏之學，令學者非五經、四書不讀，非濂、洛、關、閩之學不講」，「二百餘年以來，庠序之所教，制科之所取，一禀於是」（高攀龍《高子遺書》）。

關於編撰這幾部《大全》的目的和意義，明成祖在爲幾部《大全》所寫的序言中指出：「六經者，聖人爲治之跡也。六經之道明，則天地聖人之心可見，而至治之功可成。六經之道不明，則人之心術不正，而邪説暴行侵奪蠹害，欲求善治，烏可得乎？朕爲此懼。乃者命儒臣編修五經、四書，集諸家傳注而爲《大全》。凡有發明經義者取之，悖於經義者去之。由是窮禮以明道，立誠以達本，修之於身，行之於家，用之於國，而達之於天下。」（《明太宗實録》）「三部《大全》的編成與詔頒，標誌着程朱理學一元化思想統治地位在明代的真正確立。」（郭素紅《明代經學的發展》）

《書傳大全》爲《五經大全》第二部，明内府刊刻時書名即爲《書傳大全》。臺灣故宫博物院收藏的明書林善敬堂刊本《書傳大全》，卷首題名爲《書傳大全》，而版心已改題《書經大全》；明建邑書林余氏刊本《申學士校正古本官板書經大全》，已使用《書經大全》書名。「由此可見《書傳大全》的書名改稱，最晚在明代晚期已普遍流行。」（陳恒嵩《〈五經大全〉纂修研究》）《書傳大全》「經文之下，大書《集傳》，而以諸説分注於其後者，主蔡説也」（《書傳大全》凡例）。可見，《書傳大全》書名中的「書」指《尚書》，「傳」指蔡沈《書集傳》，「大全」二字則指所采的諸儒説法。「因此，辨名正實，書名當以永樂内府刊本所題《書傳大全》爲準，而不應再沿襲清人的俗稱。」（陳恒嵩《〈五經大全〉纂修研究》）

關於《書傳大全》的内容價值，因後世學者審視的角度不同而意見不一。例如：顧炎武説：「至永樂中修《尚書大全》，不惟删去異説，並音釋亦不存矣。愚嘗謂自宋之末造，以至有明之初年，經術人材，於斯爲盛。自八股行而古學棄，《大全》出而經説亡。」（《日知録》卷二十）而《四庫全書總目》則曰：「故朱彝尊《經義考》引吴任臣之言曰：『《書傳》舊爲六卷，《大全》分爲十卷，大旨本二陳氏……雖回護蔡傳之處在所不免，然大致較劉氏説《詩》、汪氏説《春秋》爲有根柢，故是書在《五經大全》中尚爲差勝云。』」

《書傳大全》凡例云：「今採用諸説，一以《集傳》爲準。遇可疑處，諸説理有通者，亦姑存之。」凡例提到此書雖主蔡説，但諸儒之説理有通者，亦皆存之，充分説明《書傳大全》並不迷信蔡説，能比較客觀地對待各家學説。「在這樣的編撰宗旨指導下，《書傳大全》大大地豐富了《書傳》内容，而且也保存了《書傳》的原貌，留下《尚書》注釋發展的時代印跡。」（曾貽芬《明代官修大全散論》）

明初的經學以朱子學爲主，可以説官學就是朱子學，朱子學也無疑成了當時的主流。但《五經大全》、《四書大全》與科舉八股文相結合後，使得有志於科舉的讀書人，不得不讀《大全》，《五經大全》、《四書大全》就成了官方教科書，對當時士子的影響無疑是巨大且深遠的。永樂年間朝廷刊刻的幾部《大全》（内府本），顯然並不能滿足各地讀書人的需求，因而此後各地以其爲底本刊刻、抄寫《大全》者繼起。

存世的《書傳大全》版本較多，除永樂間内府初刻本外，尚有明代嘉靖七年（一五二八）書林楊氏清江書堂刻本、嘉靖十一年書林劉氏明德堂刻本、萬曆三十三年（一六〇五）書林余氏刻本、書林余氏興文書堂刻本、明閩芝城建邑書林余氏刻申學士校正古本官板、明内府抄本，清代版本從内容上可以約略分爲兩個系統，一爲内府刻本系統，一爲嘉靖十一年書林劉氏明德堂刻本系統，四庫本即源於此。二者的差異在後者對經文的個别字詞作了反切注音，並對傳文中的書名、人名等加了注解。從文字内容上來説，永樂内府本是各個版本的祖本，錯訛最少。但由於内府本不易複製，此次整理以國家圖書館所藏明刻本爲工作本，過録南京圖書館所藏明内府《五經大全》之《書傳大全》刻本爲底本。工作本與内府本版式基本相同，均單葉十行二十二字，經、注文分行，有大、中、小三種字：經文皆頂格，大字；蔡沈《書集傳》較經文低一格，字稍小；諸家傳注以雙行小字附蔡傳之下。兩本僅在卷二《臯陶謨》小字部分「有德乃言」處稍有不同，内府本「言」字比底本上提一個字位，導致以下小字部分二本不對應；工作本凡例中引用先儒姓氏一條最後列有「彭氏勖吉豐」，内府本没有。此外，除個别字詞有異，二者内容基本相同。相較之下，内府本的錯誤較少。另外，以南京圖書館館藏嘉靖十一年書林劉氏明德堂刻本（簡稱明德堂本）、美國哈佛大學燕京圖書館藏申學士校正古本官板《書經大全》（簡稱建邑余氏本）、文淵閣《四庫全書》本（簡稱四庫本）爲校本。明德堂刻本與四庫本在卷二《大禹謨》、《臯陶謨》後引用前儒傳注時，段末比他本均增「彭氏曰」一段；卷四《商書》、卷八《多士》處均增「吉豐彭氏曰」一段。

校點後《書傳大全》經文頂格，蔡傳低一格，均作大字；原雙行註，今作單行小字。校點過程中，我們還參考了《朱子語類》（中華書局一九八八年）、《朱子全書》（上海古籍出版社、安徽教育出版社二〇〇二年）、《二程遺書》（上海古籍出版社二〇〇〇年）、《尚書正義》（上海古籍出版社二〇〇七年）、《書集傳》（鳳凰出版社二〇一〇年）、《尚書孔傳參正》（中華書局二〇一一年)、《尚書今古文注疏》(中華書局二〇〇四年)等著作,其餘如《晦庵集》、吕祖謙《增修東萊書説》、吴澄《書纂言》、陳櫟《尚書集傳纂疏》、陳經《陳氏尚書詳解》等,均參考文淵閣《四庫全書》本。

校點者　孫希國　宫長爲

書傳大全凡例

一、經文之下，大書《集傳》，而以諸説分註於其後者，主蔡説也。不拘諸儒時世先後者，以釋經爲序也。以朱子冠諸儒之首者，《集傳》本朱子之意也。

一、朱子於《書》，諄諄以闕疑爲言。今采用諸説，一以《集傳》爲準。遇可疑處，諸説理有通者，亦姑存之。

一、朱子之説，或有與蔡傳不合，及前後説有相同異處，亦不敢遺，庶幾可備參攷。其甚異者，則略之。至於諸家之説，或節取其要語，其有文勢辭旨未融貫處，則頗加檃括云。

一、《集傳》舊爲六卷，今采輯諸説，卷帙增益，復釐爲十卷。

一、引用先儒姓氏

孔氏安國　子國
劉氏歆
揚氏雄　子雲
鄭氏玄　康成
劉氏向　子政
孔氏光　子夏
馬氏融　季長
高堂氏隆　升平

王氏弼　輔嗣
孔氏穎達　仲達
柳氏宗元　子厚
程子頤　伊川　正叔
司馬氏光　涑水　君實
顧氏臨　子敦
陸氏佃　農師
王氏安石　臨川　介甫
蘇氏軾　東坡　子瞻
曾氏鞏　南豐　子固
尹氏焞　彦明
劉氏安世　元城　器之
孫氏覺　莘老
王氏肅　元雍
李氏白❶　太白
周子惇頤　濂溪　茂叔
張子載　横渠　子厚
胡氏旦
歐陽氏脩　永叔
范氏純仁　堯夫
蘇氏洵　老泉　明允
蘇氏轍　欒城　子由
楊氏時　龜山　中立
范氏祖禹　太史　淳夫
沈氏括　存中
葉氏少藴

❶「白」，據正文當爲「翰」之誤，下「太白」二字亦當删。

陳氏鵬飛　少南
朱氏震　漢上　子發
張氏行成　觀物　文饒
張氏栻　南軒　敬夫
蔡氏元定　西山　季通
黄氏榦　勉齋　直卿
陳氏埴　潛室　器之
張氏綱　彦政
夏氏僎　柯山　元肅
真氏德秀　西山　景元
宋氏遠孫　静吉　仲山
王氏十明　梅溪　龜齡
張氏庭堅　才叔
上官氏公裕
張氏景

王氏日休
吕氏大臨　芸閣　與叔
胡氏宏　五峰　仁仲
吕氏祖謙　東萊　伯恭
陸氏九淵　象山　子静
蔡氏元度
張氏九成　范陽　子韶
林氏之奇　少穎
陳氏傅良　止齋　君舉
魏氏子翁　鶴山　華父
楊氏萬里　誠齋　廷秀
薛氏肇明
胡氏伸
張氏沂
李氏杞

李氏樗　迂仲
高氏閌
劉氏一正　苕溪　行簡
唐氏聖任
史氏仲午　正父
史氏漸　鴻漸
李氏子材　謙齋
陳氏梅叟　永嘉
陳氏賓
袁氏默　思正
葛氏興仁
吴氏棫　新安　才老
陳氏大猷　東齋
蕭氏滋
朱氏方大

潘氏衡
彭氏汝礪　器資
馮氏時可　當可
張氏震　真父
劉氏𫑯　横舟　子有
鄒氏補之
陳氏經　三山
鄭氏景望　永嘉
張氏文蔚
侯氏甫
成氏申之
馬氏子嚴　建安
吴氏泳　鶴林
任氏淵
施氏

曾氏
董氏夢程　介軒　萬里
鄒氏近仁　歸軒　魯卿
沈氏貴珤　毅齋　誠叔
滕氏新安　和叔
馬氏廷鸞　碧梧　翔仲
方氏回　紫陽　萬里
李氏次僧　鳳林
金氏履祥　仁山　吉父
熊氏禾　武夷　去非
王氏希旦　葵初　愈明
陳氏櫟　新安　壽翁
馬氏永卿
王氏充耘　與耕
吴氏亨壽

王氏炎
董氏琮　復齋　玉振
李氏舜臣　子思
程氏若庸　徽庵　達原
許氏月卿　新安　太空
李氏謹思　養吾　明通
齊氏夢龍　節初　覺翁
鄭氏元珤　合沙　彥珍
吴氏澄　臨川　幼清
胡氏一桂　新安　庭秀
許氏謙　東陽　益之
余氏芑舒　息齋　德新
董氏鼎
周氏希聖
陳氏卿

陳氏師凱　新安
金氏燧　番昜
馬氏東昜
陳氏雅言
王氏雩
陳氏普　三山　尚德
鄒氏季友　番昜　晉昭

一、今奉勑纂脩
翰林院學士兼左春坊大學士奉政大夫臣胡廣
奉政大夫右春坊右庶子兼翰林院侍講臣楊榮
奉直大夫右春坊右諭德兼翰林院侍講臣金幼孜
翰林院脩撰承務郎臣蕭時中
翰林院脩撰承務郎臣陳循
翰林院編脩文林郎臣周述
翰林院編脩文林郎臣陳全
翰林院編脩文林郎臣林誌
翰林院編脩承事郎臣李貞
翰林院編脩承事郎臣陳景著

翰林院檢討從仕郎臣余學夔
翰林院檢討從仕郎臣劉永清
翰林院檢討從仕郎臣黄壽生
翰林院檢討從仕郎臣陳用
翰林院檢討從仕郎臣陳璲
翰林院五經博士迪功郎臣王進
翰林院典籍脩職佐郎臣黄約仲
翰林院庶吉士臣涂順
奉議大夫禮部郎中臣王羽
奉議大夫兵部郎中臣童謨
奉訓大夫禮部員外郎臣吴福
奉直大夫北京刑部員外郎臣吴嘉静
承直郎禮部主事臣黄裳
承德郎刑部主事臣段民
承直郎刑部主事臣洪順

承直郎刑部主事臣沈升
承德郎刑部主事臣章敞
承德郎刑部主事臣楊勉
承德郎刑部主事臣周忱
承德郎刑部主事臣吳紳
文林郎廣東道監察御史臣陳道潛
承事郎大理寺評事臣王選
文林郎太常寺博士臣黄福
脩職郎太醫院御醫臣趙友同
迪功佐郎北京國子監博士臣王復原
泉州府儒學教授臣曾振
常州府儒學教授臣廖思敬
蘄州儒學學正臣傅舟
濟陽縣儒學教諭臣杜觀
善化縣儒學教諭臣顏敬守

常州府儒學訓導臣彭子斐
鎮江府儒學訓導臣留季安

書傳大全圖

唐虞夏商周譜系圖

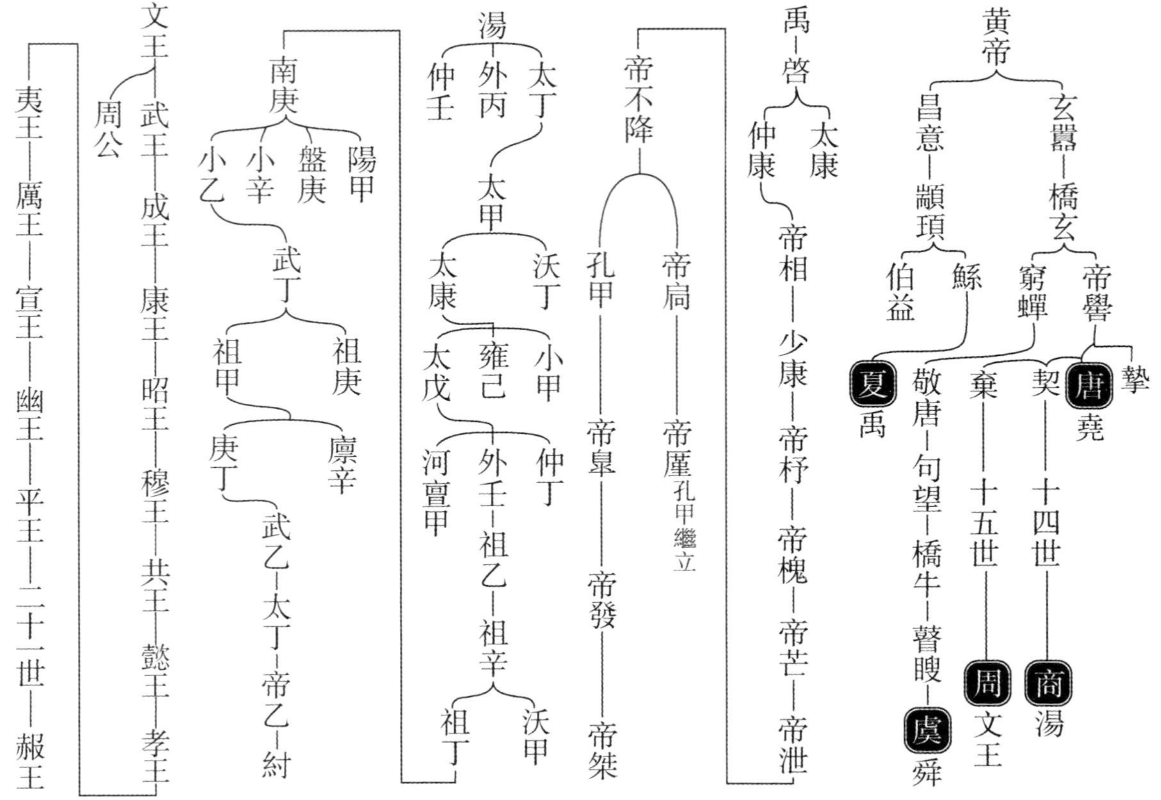

曆象授時之圖

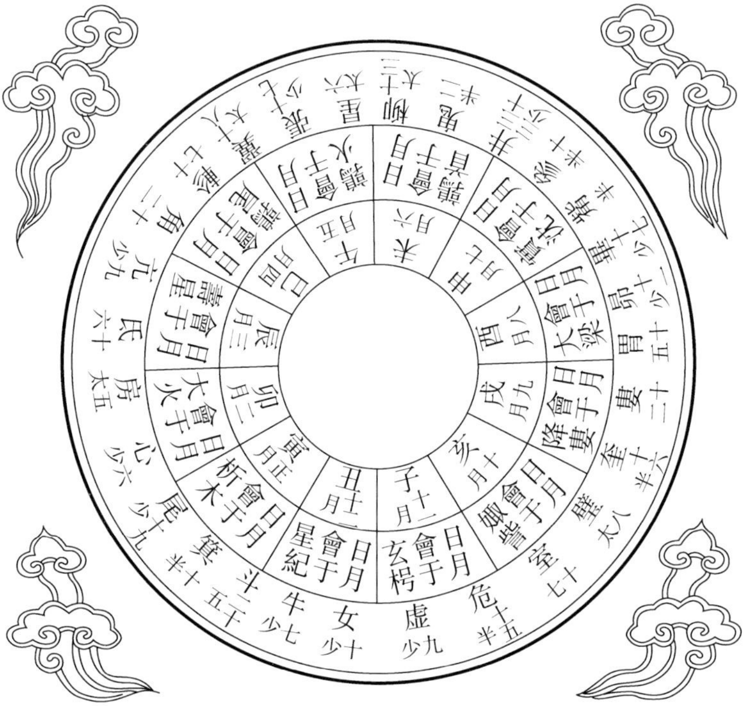
子十一月
丑十二月
寅正月
卯二月
辰三月
巳四月
午五月
未六月
申七月
酉八月
戌九月
亥十月
日月會于玄枵
日月會于星紀
日月會于析木
日月會于大火
日月會于壽星
日月會于鶉尾
日月會于鶉火
日月會于鶉首
日月會于實沈
日月會于大梁
日月會于降婁
日月會于娵訾
虛九少
女十少
牛七少
斗二十五
箕十半
尾十九少
心六少
房五太
氐十六
亢九少
角十二
軫十七
翼十八太
張十七少
星六太
柳十三太
鬼二半
井三十三少
參十半
觜半
畢十七少
昴十一少
胃十五
婁十二
奎十六半
壁八太
室十七
危十五半

《堯典》四仲中星圖上

春分日在昴初昏

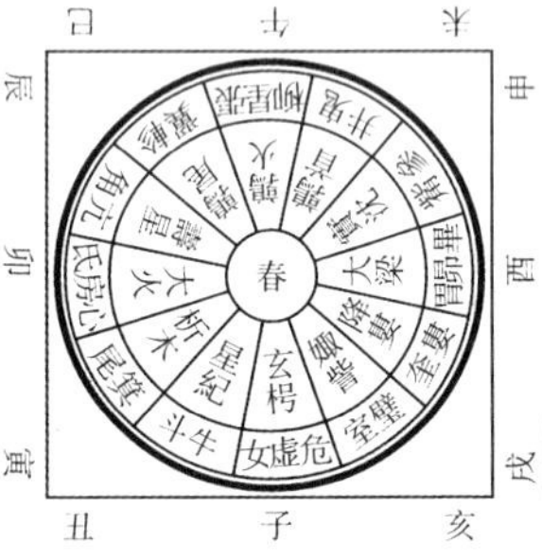

鶉鳥正七宿之中

夏至日在星初昏

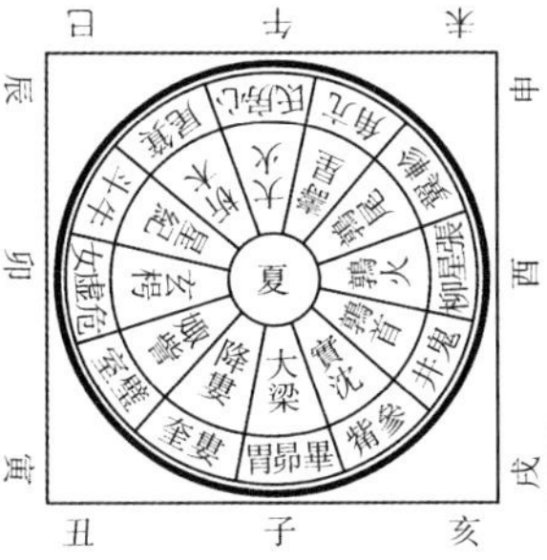

大火正七宿之中

《堯典》四仲中星圖下

秋分日在房初昏

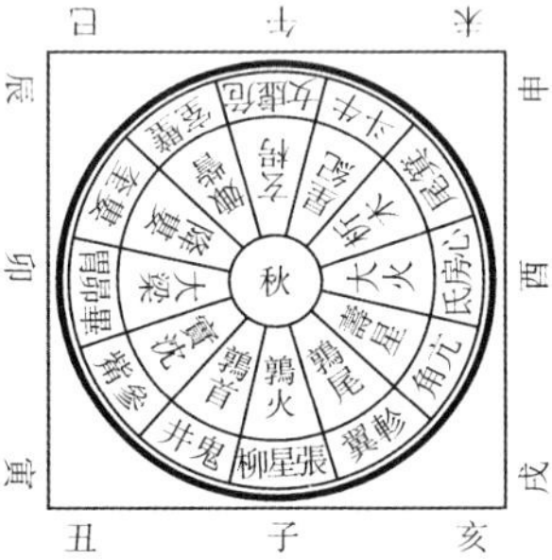

星虛正七宿之中

冬至日在虛初昏

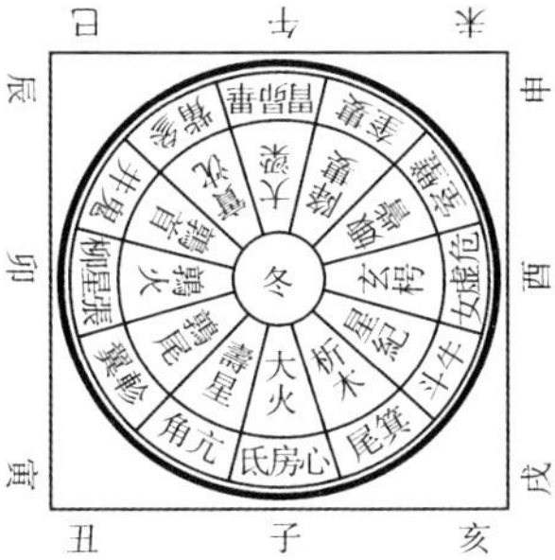

星昴正七宿之中

鄭氏云：「二十八宿環列於四方，隨天而西轉。東方七宿自角至箕，是爲蒼龍。以次舍而言，則房、心爲大火之中。南方七宿自井至軫，是爲鶉鳥。以形而言，則有朱鳥之象。虚者，北方七宿之中星也。昴者，西方七宿之中星也。星本不移，附天而移。天傾西北，極居天之中。二十八宿半隱半見，各以其時，所以必於南方而考之。仲春之月，星火在東，星鳥在南，星昴在西，星虚在北。至仲夏，則鳥轉而西，火轉而南，虚轉而東，昴轉而北。仲秋，則火轉而西，虚轉而南，昴轉而東，鳥轉而北。至仲冬，則虚轉而西，昴轉而南，鳥轉而東，火轉而北。來歲仲春，鳥復轉而南矣。循環無窮，此《堯典》考中星以正四時，甚簡而明，異乎吕《令》之星舉月本也。然聖人南面視四星之中，豈徒然哉！凡以授民時、秩民事而已。」

《虞書》日永日短之圖

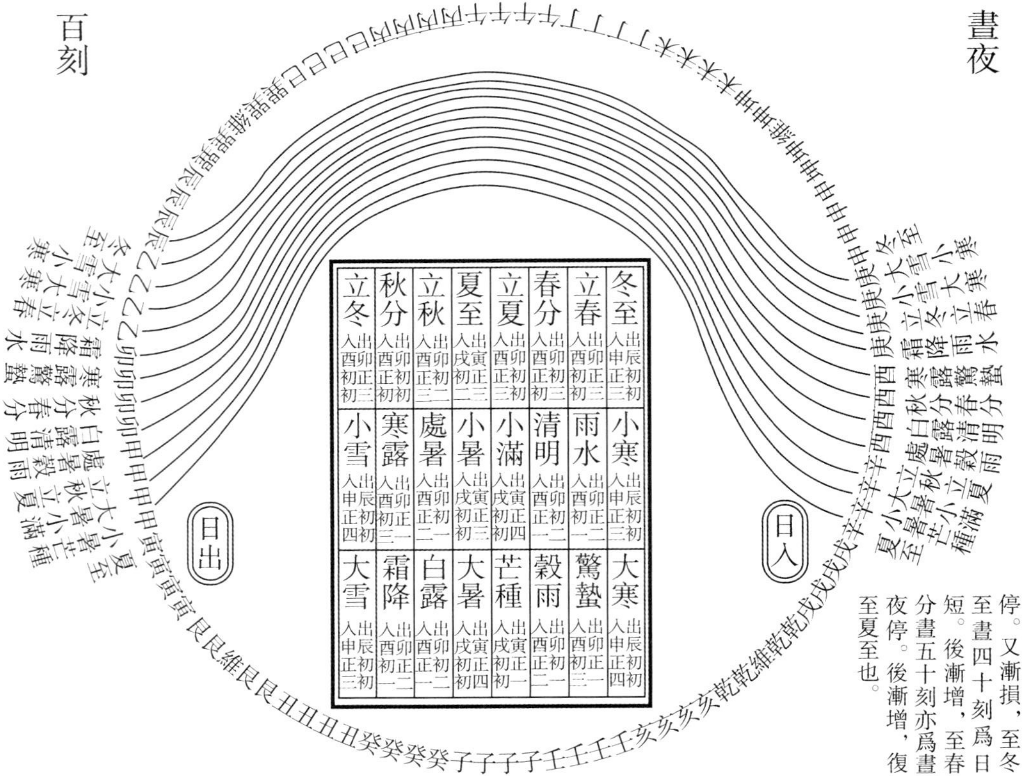

冬至 出辰初初 入申正三	立春 出卯正三 入酉初初	春分 出卯初三 入酉正初	立夏 出卯初初 入酉正三	夏至 出寅正三 入戌初二	立秋 出卯初二 入酉正三	秋分 出卯初初 入酉正初	立冬 出卯正三 入酉初初
小寒 出辰初初 入申正三	雨水 出卯正二 入酉初一	清明 出卯初二 入酉正一	小滿 出寅正四 入戌初初	小暑 出寅正三 入戌初初	處暑 出卯初一 入酉正二	寒露 出卯正一 入酉初三	小雪 出辰初初 入申正四
大寒 出辰初初 入申正四	驚蟄 出卯正一 入酉初三	穀雨 出卯初一 入酉正二	芒種 出寅正一 入戌初初	大暑 出寅正四 入戌初初	白露 出卯初二 入酉正一	霜降 出卯正二 入酉初一	大雪 出辰初初 入申正三

夏至晝六十刻爲日永。後漸損，至秋分晝五十刻爲晝夜停。又漸損，至冬至晝四十刻爲日短。後漸增，至春分晝五十刻亦爲晝夜停。後漸增，復至夏至也。

閏月定時成歲之圖

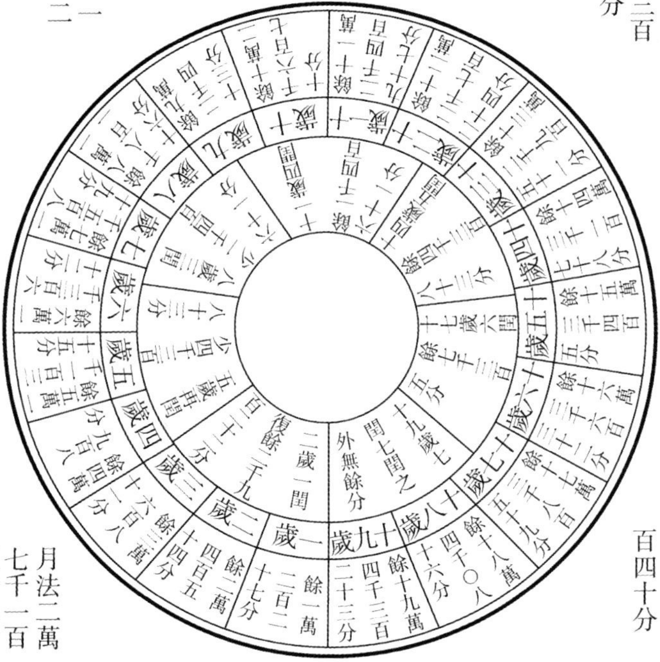
歲法三百五十四日三百四十八分
日法計九百四十分
月法二萬七千一百五十九分
歲餘法一萬二百二十七分

按《律曆》諸書與《周髀》皆云：日行一度，月行十三度十九分度之七，周天三百六十五度四分度之一。故日一周天爲歲，歲十二月而無整數，故以閏月定四時。三歲一閏，五歲再閏，及十九年而餘一百九十日一萬五千七百十三分，以日法除之，共得二百六日六百七十三分，爲七閏之數，是謂一章。然必以十九歲而無餘分者，蓋天數終於九，地數終於十。十、九者，天、地二終之數，積八十一章，則其盈虚之餘盡而復始，推此以定四時，歲功其有不成乎！詳見蔡傳。

七政之圖

月行十三度十九分度之七，二十七日有奇行一周天，二十九日九百四十分日之四百九十九而與日會，其行有九道，詳見於《圖說》云。

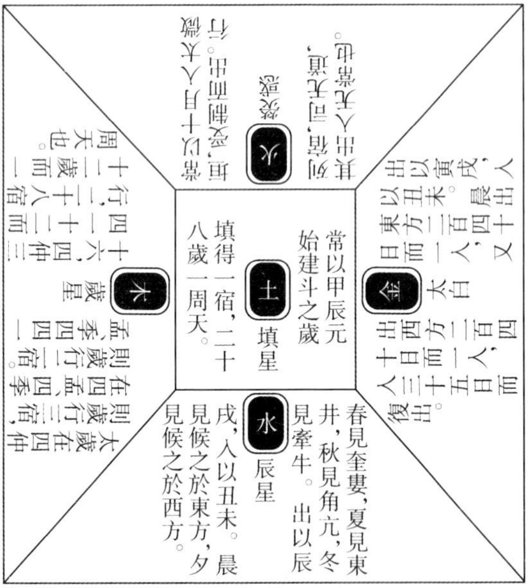

日行一度循二十八舍，歲行三百六十五度四分度之一而爲一周天。行西陸謂之春，行南陸謂之夏，行東陸謂之秋，行北陸謂之冬。

《漢·天文志》曰：木，仁也；火，禮也；土，信也；金，義也；水，智也。金星與日同南北之行爲贏，與日分南北之次爲縮，出早爲月食，出晚爲天妖，主兵象也。木星所在，國不可伐，而可以伐人。超舍爲贏，退舍爲縮，出入不當其次，必有天妖。水星出早爲日食，出晚爲彗，四時不出，則天下大饑。出於房間，主地動也。火行一舍二舍爲不祥。東行疾則兵聚于東方，西行疾則兵聚于西方。填星失次而上一舍三舍則爲大水，失次而下二舍有后戚五緯之變，其詳見於漢、晉《志》。

五辰之圖

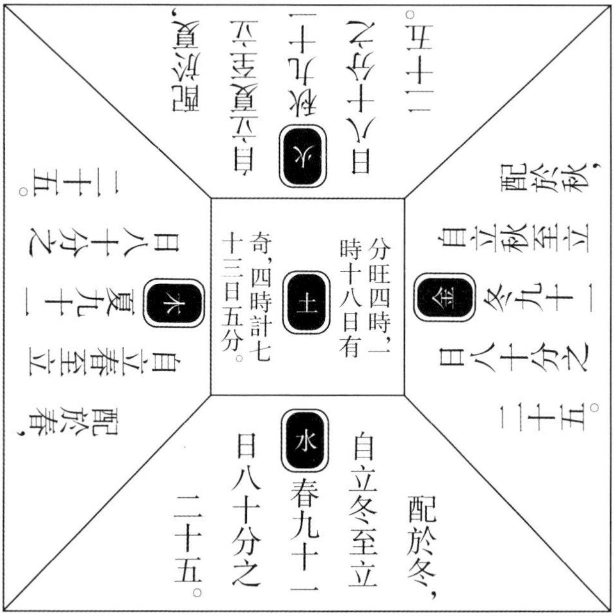

孔氏曰：「五行之時如四時也。❶言撫順五行之時，則衆功皆成。《禮運》曰：『播五行於四時。』」蓋四時者氣也，五行者象也。四時各分九十一日八十分之二十五爲一時之正，而五行則以木配春、以火配夏、以金配秋、又水配冬，而土則分王於四時，每季一十八日有奇。胡氏旦曰：「五行在地爲物，在天爲時。順其時而撫之，故仲春斬陽木，仲夏斬陰木，所以撫木辰。季春出火，季秋納火，所以撫火辰。司空相阪隰以撫土辰。秋爲徒杠，春達溝渠，以撫水辰。又春德在木，布德施惠，順木辰也。」餘倣此。

❶「如」，《尚書注疏》作「即」。

明魄朔望圖

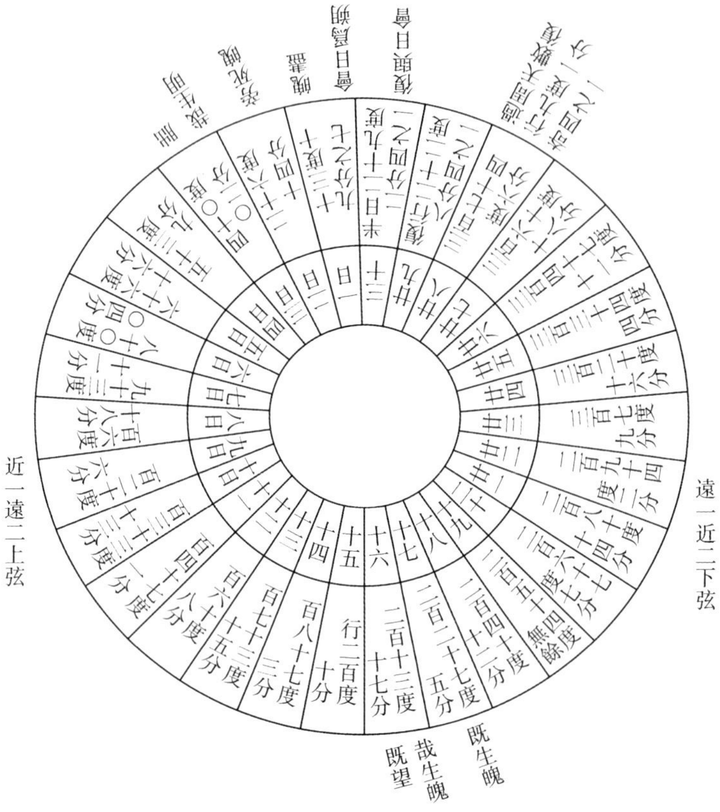

《武成》

旁死魄

哉生明

既生魄

《康誥》

哉生魄

《召誥》

既望

丙午朏

《顧命》

哉生明

《畢命》

庚午朏

璿璣玉衡圖

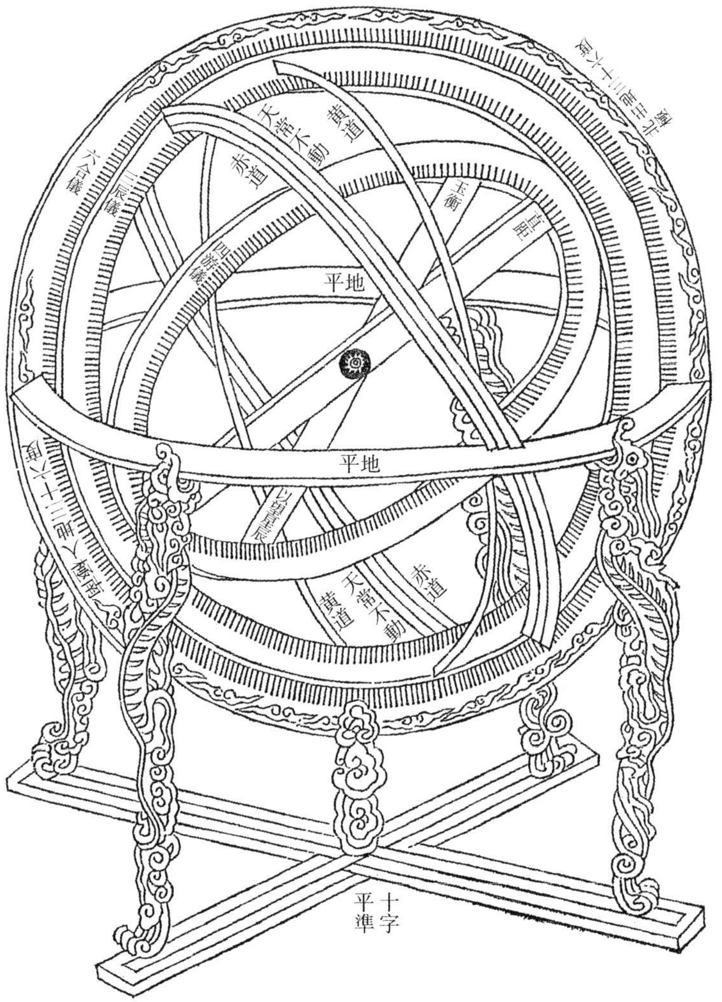

日月冬夏九道之圖

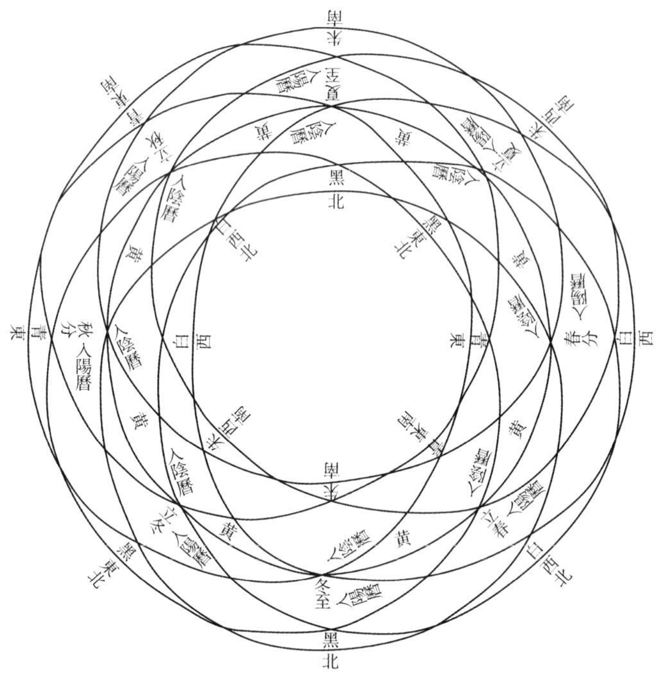

日有中道，月有九行，説見《洪範》本傳。今以陽曆、陰曆之説推之，凡月行所交，以黄道内爲陰曆，外爲陽曆。冬入陰曆，夏入陽曆，月行青道。冬至、夏至後，青道半交在春分之宿，當黄道東。立冬、立夏後，青道半交在立春之宿，當黄道東。南至所衝之宿，亦如之。冬入陽曆，夏入陰曆，月行白道。冬至、夏至後，白道半交在秋分之宿，當黄道西。立冬、立夏後，白道半交在立秋之宿，當黄道西。北至所衝之宿，亦如之。春入陽曆，秋入陰曆，月行朱道。春分、秋分後，朱道半交在夏至之宿，當黄道南。立春、立秋後，朱道半交在立夏之宿，當黄道西。南至所衝之宿，亦如之。春入陰曆，秋入陽曆，月行黑道。春分、秋分後，黑道半交在冬至之宿，當黄道北。立春、立秋後，黑道半交在立冬之宿，當黄道東。北至所衝之宿，亦如之。四序離爲八節至陰陽之所交，皆與黄道相會。故月行有九道，所謂日月之行，則有冬有夏也。

五聲八音圖

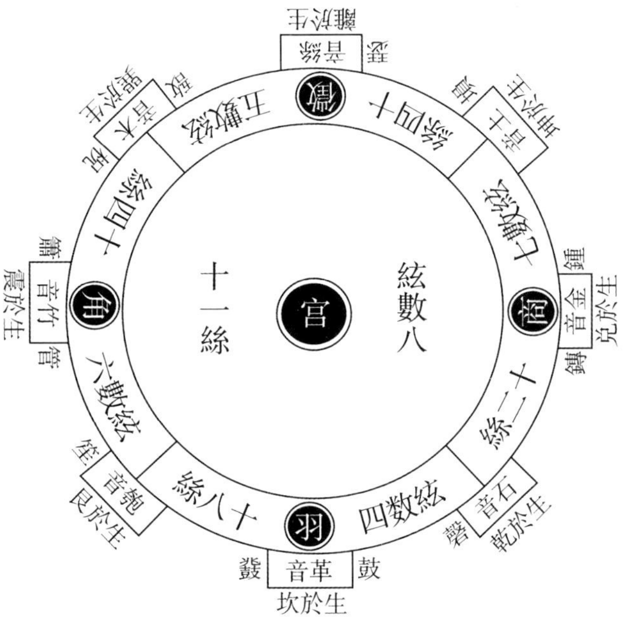

六律六呂圖

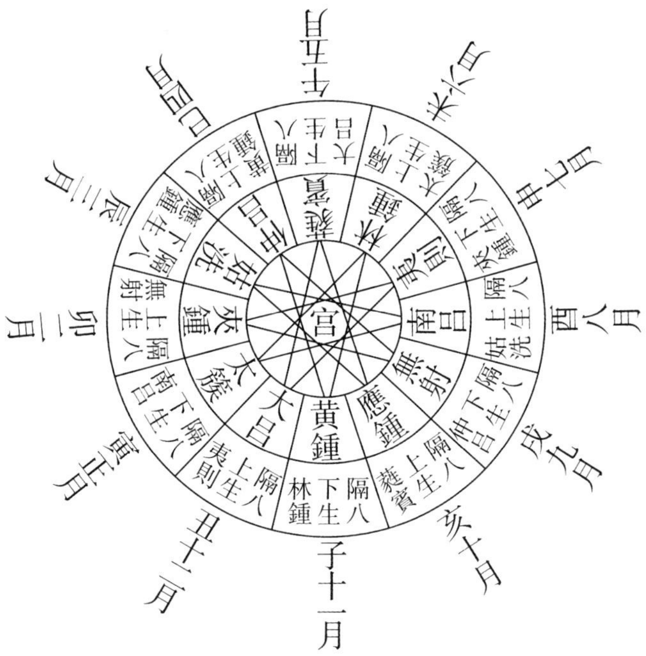

《河圖》之圖

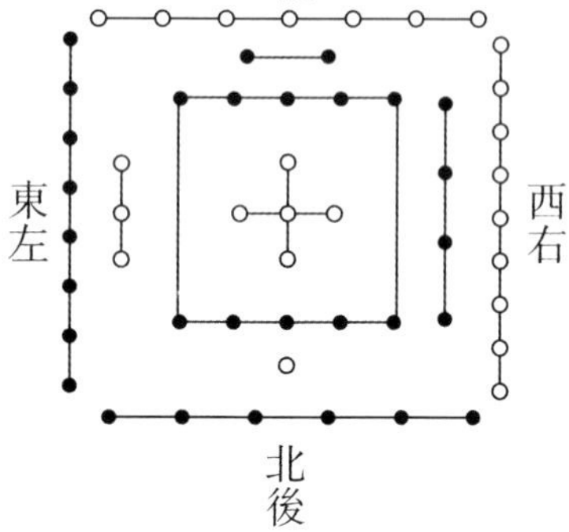

《洛書》之圖

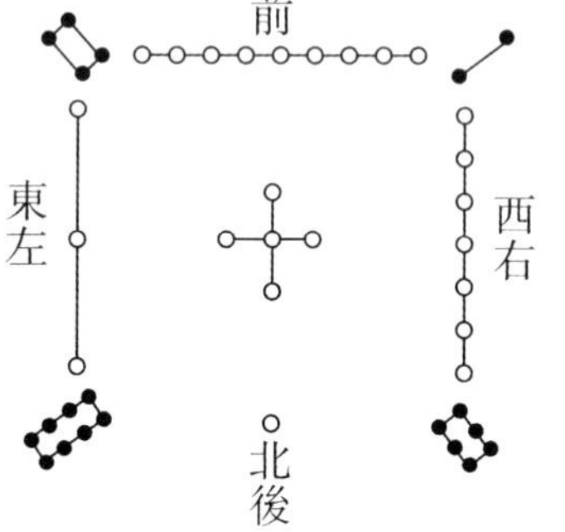

孔安國云：「《河圖》者，伏羲氏王天下，龍馬出河，遂則其文以畫八卦。《洛書》者，禹治水時，神龜負文而列於背，有數至九，禹遂因而第之，以成九類。」劉歆云：「虙犧氏繼天而王，受《河圖》而畫之，八卦是也。禹治洪水賜《洛書》，法而陳之，九疇是也。《河圖》、《洛書》，相爲經緯；八卦、九章，相爲表裏。」關子明云：「《河圖》之文，七前六後，八左九右。《洛書》之文，九前一後，三左七右；四前左，二前右，八後左，六後右。」邵子曰：「圓者，星也。星紀之數，其肇於此乎？方者，土也。畫州井地之法，其放於此乎？蓋圓者《河圖》之數，方者《洛書》之文，故羲、文因之而造《易》，禹、箕敘之而作《範》也。」

九疇本《洛書》數圖

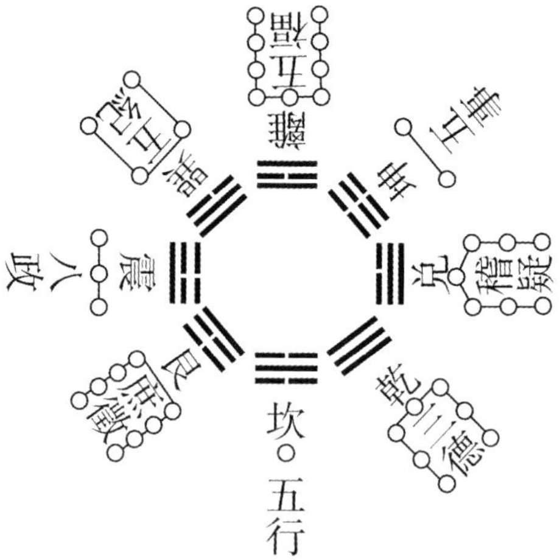
離
五福
坤
五事
兌
稽疑
乾
三德
坎
五行
艮
庶徵
震
八政
巽
五紀

一合九而爲十，二合八而爲十，三合七而爲十，四合六而爲十。此《洛書》以虚數相合而爲四十者也。若九疇，則以實數相合而爲五十矣。

九疇相乘得數圖

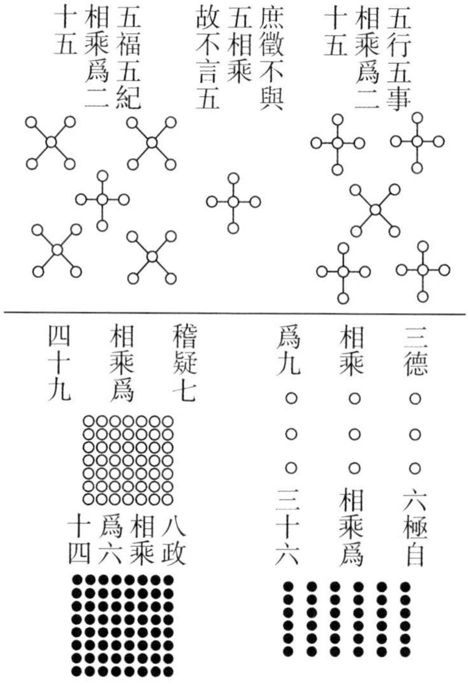
五行五事相乘爲二十五
庶徵不與五相乘故不言五
五福五紀相乘爲二十五
三德相乘爲九
六極自相乘爲三十六
稽疑七相乘爲四十九
八政相乘爲六十四

右五疇象天圓而有變

右四疇象地方而無變

箕子洪範九疇之圖

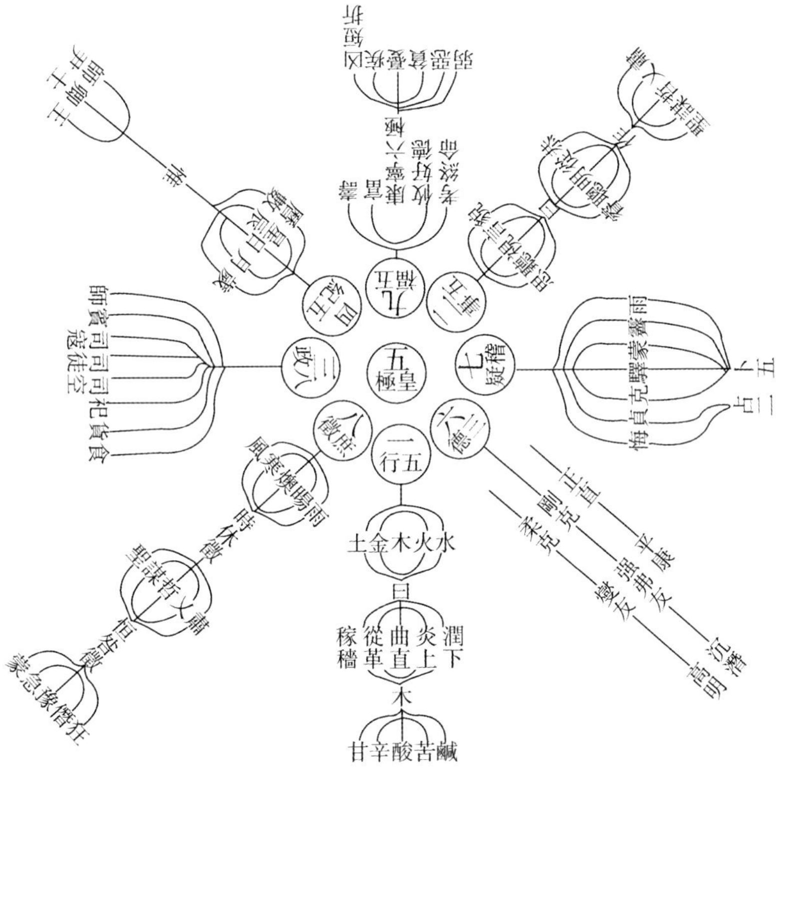
一五行
二五事
三八政
四五紀
五皇極
六三德
七稽疑
八庶徵
九五福
水火木金土
曰
潤下
炎上
曲直
從革
稼穡
作
鹹苦酸辛甘
師賓司司司祀貨食
寇徒空
壽
富
康寧
攸好德
考終命
六極
凶短折
疾憂貧惡弱
正直
剛克
柔克
平康
彊弗友
燮友
沈潛
高明
卜五
占二

皇極居次五圖

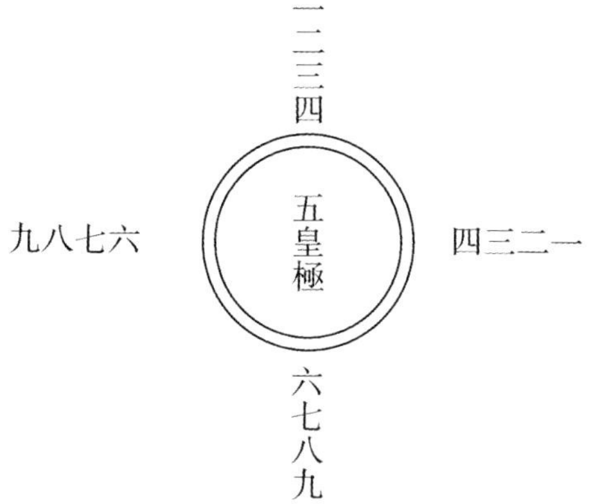

九疇虛五用十之圖

皇極虛五，无數也。九疇外有六極，用十也。

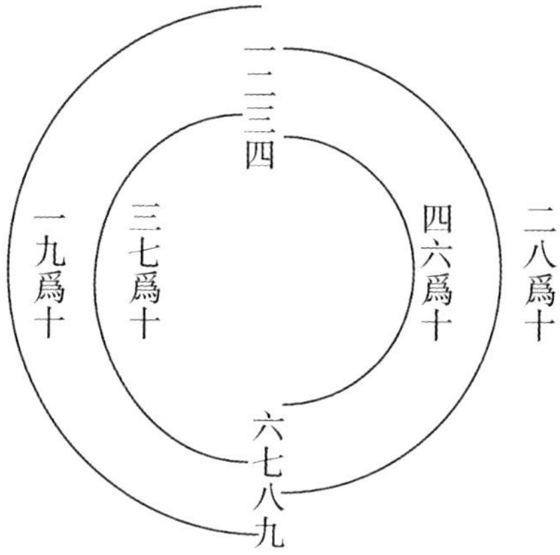

九疇合八疇數之圖

合爲十者二，合爲十五者亦二，總而爲大衍之數五十。

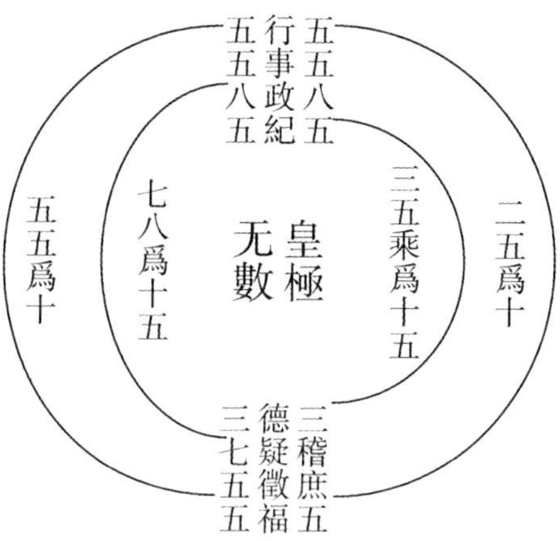

大衍洪範本數圖

大衍之數五十者，一與九爲十，二與八爲十，三與七爲十，四與六爲十，五與五爲十，共五十也。其用四十有九者，一用五行其數五，二用五事其數五，三用八政其數八，四用五紀其數五，五用皇極其數一，六用三德其數三，七用稽疑其數七，八用庶徵其數五，九用五福、六極其數共十有一，積算至五十也；又曰一而曰極，大衍所虛之太極也。

《虞書》律度量衡之圖

律

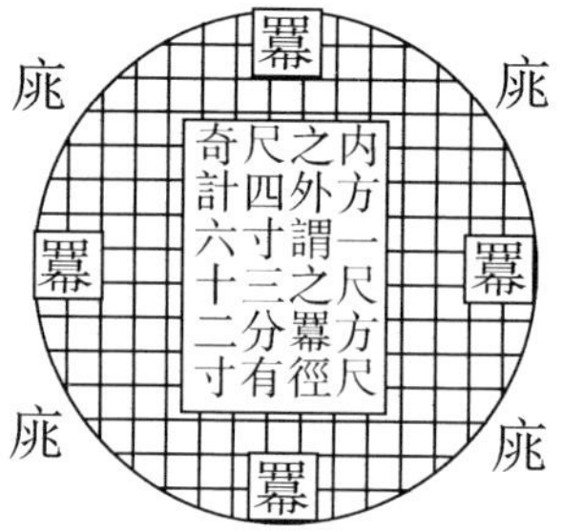

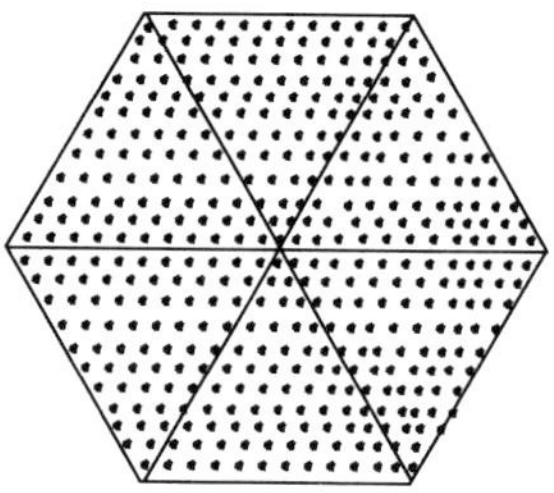

《漢志》云：「虞之律度量衡，所以齊遠近，立民信也。數者，一、十、百、千、萬也。算法用竹，徑十分，長六寸，二百七十一枚而成六觚爲一握，所以爲算法之用也。以之度圓取方，則積一分而爲一寸；積一寸而爲一尺；方其尺而計之有百寸。方尺之外謂之冪而不足於四角之庣也。是以制爲之度，則度長短者不失毫釐，量多少者不失圭撮，權輕重者不失黍絫。」是爲三平之法也。

度

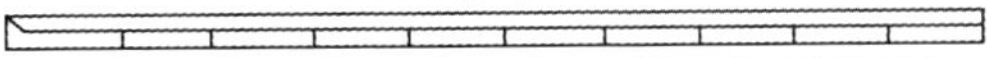

以銅爲之，長一丈，廣二寸，高三寸。

量

衡

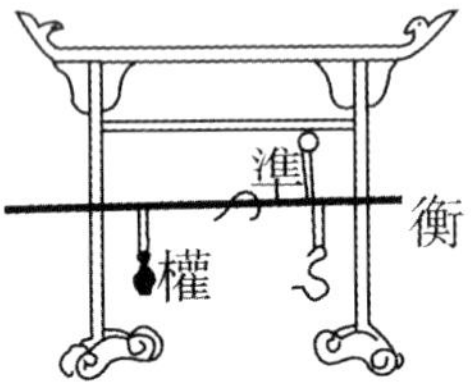

度始於黄鍾之長，以秬黍中者一黍之廣度之，九十分黄鍾之長，一爲一分，十分爲寸，十寸爲尺，十尺爲丈，十丈爲引，而五度審矣。量起於黄鍾之龠，其容秬黍中者千二百實龠中，以井水準其概，十龠爲合，十合爲升，十升爲斗，十斗爲斛。斛之爲制，上爲斛，下爲斗，左耳爲升，右耳爲合，龠附于右合之下。

衡起於黄鍾之重，一龠之黍重十二銖，積二十四銖而爲一兩，十六兩爲斤，而有三百八十四銖。三十斤而爲鈞，一月之數也。萬有一千五百二十銖，所以當萬物之數。四鈞爲石，重百二十斤，象十二月也。

《虞書》諸侯玉帛之圖

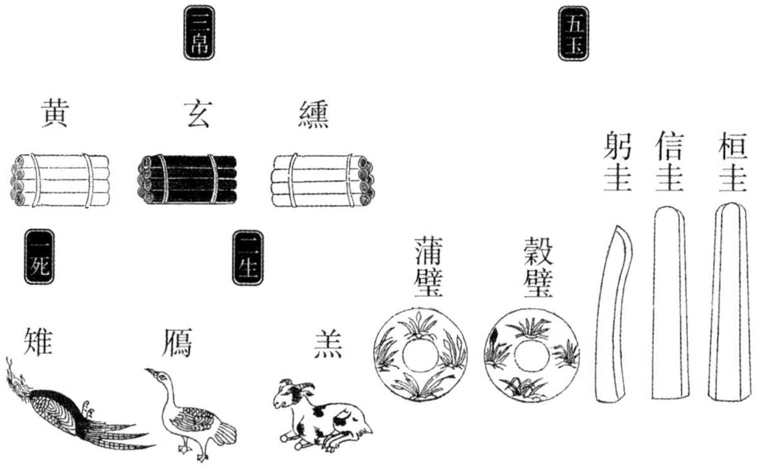

按《禮》：「公桓圭九寸；侯信圭、伯躬圭，各七寸；子穀璧、男蒲璧，各五寸。」後鄭云：「雙植之謂桓。」陳祥道謂「强立不撓，以安上爲任」也。信，伸也，注作「身」，與「躬」同，皆象人形有瑑飾。陸佃云：「信圭直，躬圭屈，取詘直之義，爲人形，誤矣。」穀有養人之義，蒲有安人之義，子、男之璧象之。《雜記》云：「公圭博三寸，厚半寸，剡上左右各寸半。」其下方璧註云：「肉倍於好，其形圜，其中虚。」言其質曰玉，言其符合曰瑞，言其象而爲用曰器。子、男不用圭者，言未成國也。三帛，孔安國謂「諸侯世子執纁，公之孤執玄，附庸之君執黄」。陳祥道云：雖無經見，然天子巡狩，卿大夫士皆贄見於方岳之下，則附庸之亦有贄，孔氏之説蓋有所受之也。古者制幣，其長丈八尺，其束十端，或素或玄纁，其色不同。羔，取其群而不黨。鴈，取其候時而行。雉，取其守介不犯。卿大夫士實似之。傳曰「男贄，大者玉帛，小者禽鳥」，此大小所以異等云。

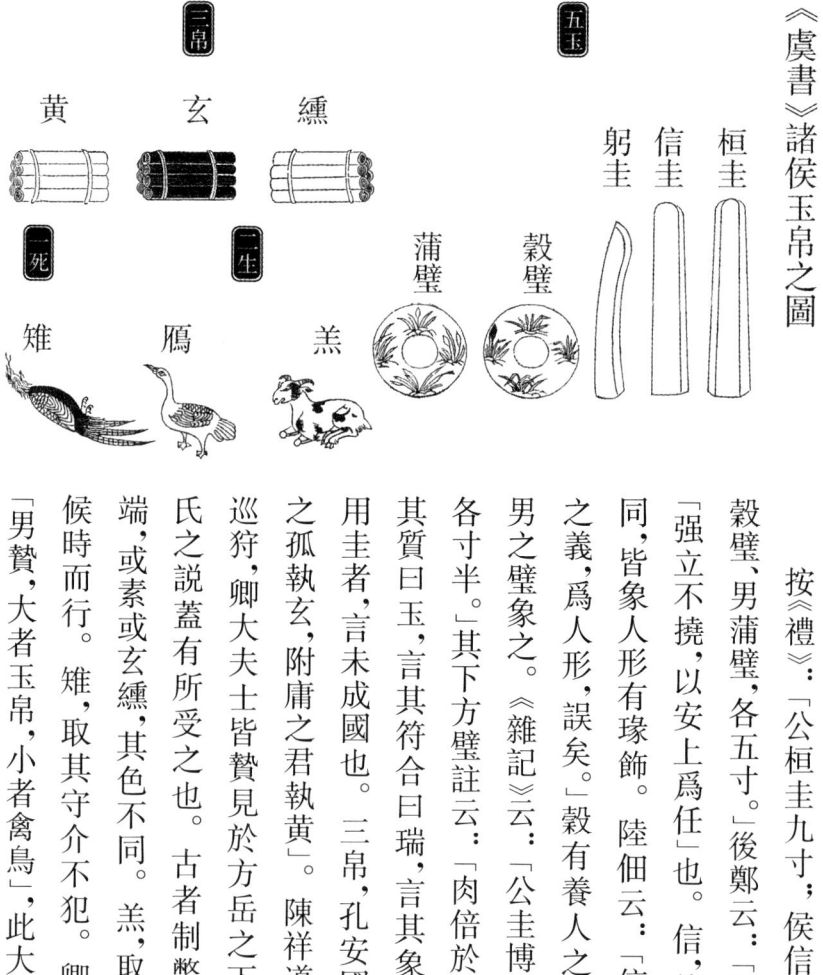

《虞書》十二章服之圖

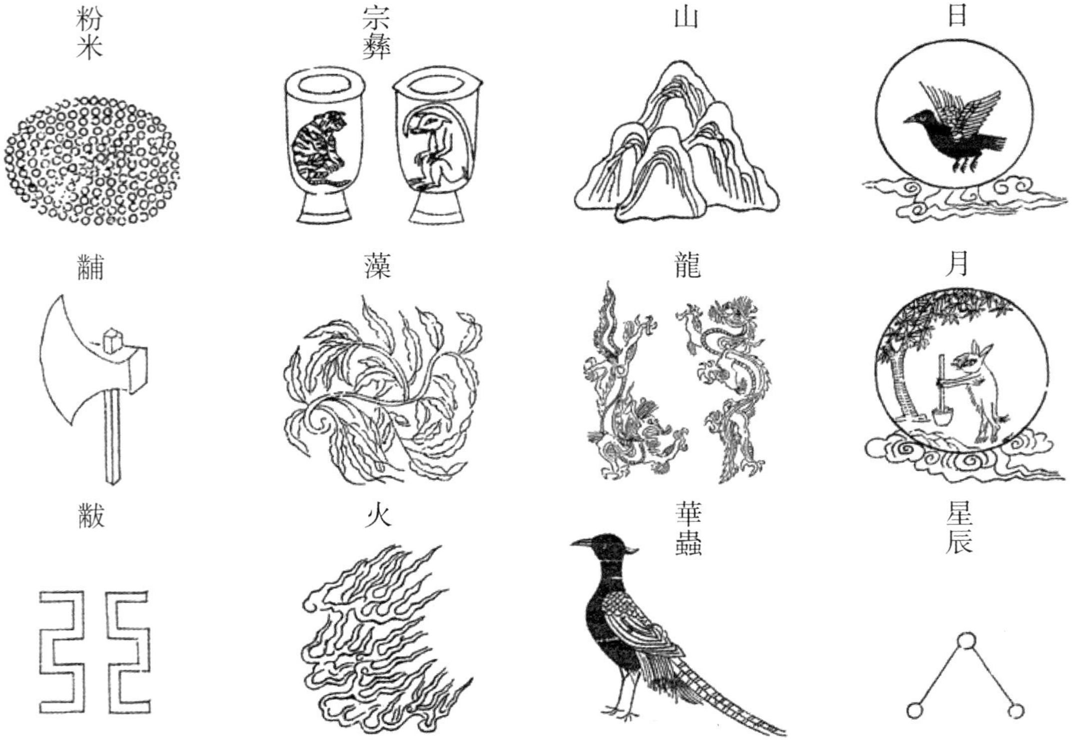

《虞書》樂器之圖

堂上樂

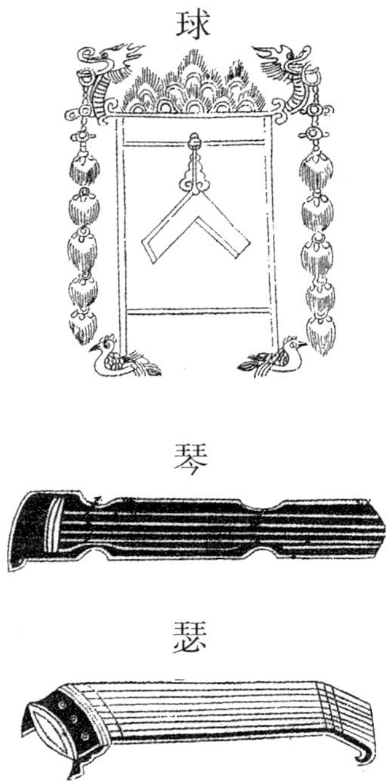

堂下樂

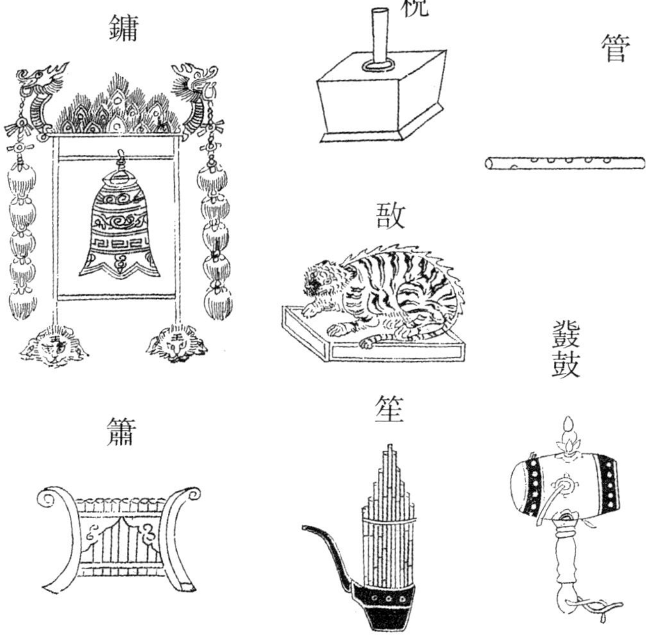

黼扆

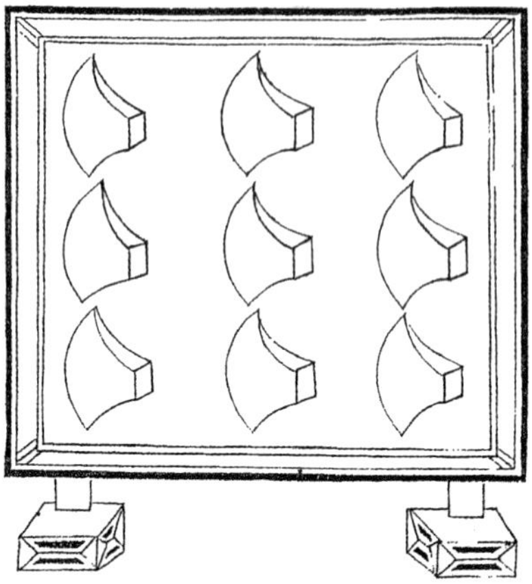

圭瓚有盤

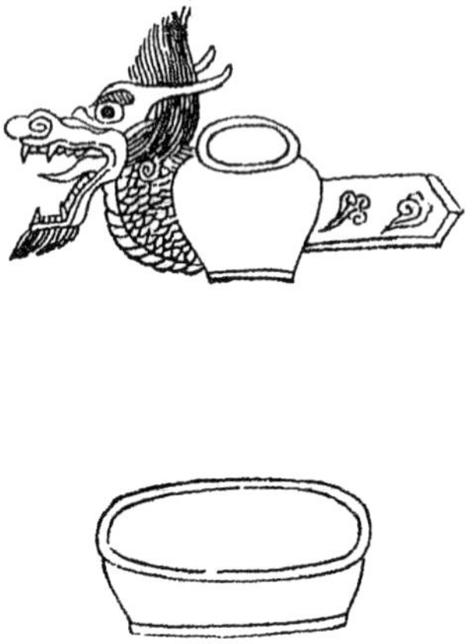

黼扆，《司几筵》「凡大朝覲、大饗射，凡封國、命諸侯，王位設黼依」音扆。注：「斧謂之黼，其繡白黑文，以絳帛爲質。扆，其制如屏風。」賈釋云：諸文多作「斧」字。若據采色而言，即《繢人職》「白與黑謂之黼」；若據繡於物上即爲金斧之文，近刃白，近銎曲恭切。黑，則曰斧，取金斧斷割之義。屏風之名出於漢世，故引爲況。舊圖云從廣八尺。畫斧無柄，設而不用之義。

圭瓚，《玉人》云：「祼圭尺有二寸，有瓚以祀廟。」後鄭云：祼謂以圭瓚酌鬱鬯以獻尸也。瓚，如盤大五升，口徑八寸，深二寸。《詩箋》以圭爲柄，黄金爲勺，青金爲外，朱中央。凡圭，博三寸。《典瑞》注云：「漢禮瓚下有盤。」聶崇義云：「宜用黄金，青金爲外，朱中央，宜深一寸，足徑八寸，高二寸。」

周彝

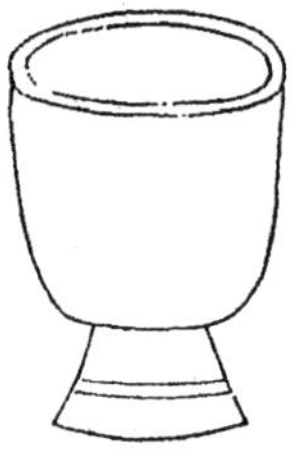
卣

麻冕

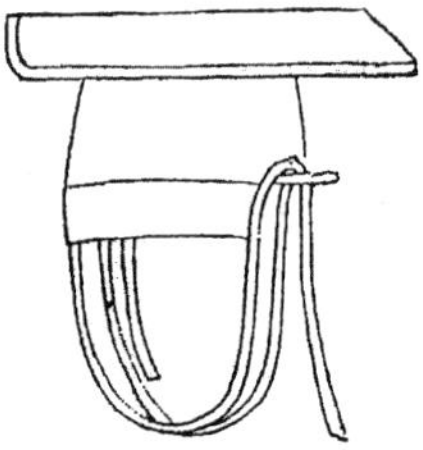
雀弁

冕

彝，《書序》曰：「班宗彝。」疏謂《周禮》有司尊彝之官。鄭云：彝，亦尊彝。鬱鬯曰彝。彝，法也，言爲尊之法正。卣，中尊。尊有三品，上曰彝，中曰卣，下曰罍。《三禮圖》：「卣，謂獻、素何切。象之屬，受五斗。」今案：獻、象二尊皆有畫飾，惟此尊未詳何飾，但圖其形耳。

麻冕，按《三禮圖》以漆布爲殼，緇縰其上，前廣四寸，高五寸；後廣四寸，高三寸。

冕，《漢制度》云：冕制皆長尺六寸，廣八寸，前圓後方。其旒皆以五采絲繩貫五采玉，每旒各十二垂於冕。禮有六冕：喪冕無旒，袞冕十二旒，鷩冕九旒，毳冕七旒，絺冕五旒，玄冕三旒。

雀弁，唐孔氏云：「韋弁也。」鄭云：「冕之次也。」其色赤而微黑如爵頭然，用三十升布爲之，亦長尺六寸、廣八寸，前圓後方，無旒而前後平。

綦弁

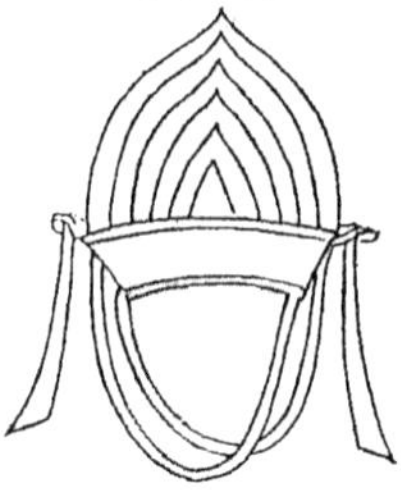

鎮圭

瑁

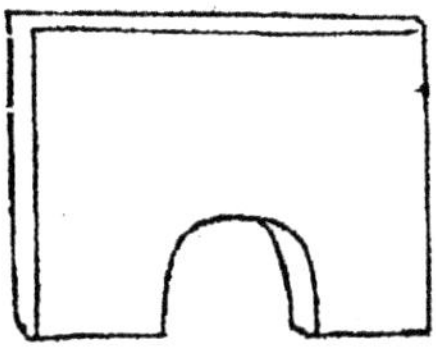

琬

璋

琰

綦弁，孔傳：綦，文鹿子皮弁。《士冠禮》注云：皮弁，以白鹿皮爲之。《弁師》云：「王之皮弁會五采玉琪，象邸玉笄。」注云：會，縫中也。琪，讀爲綦。綦，結也。邸，謂下柢。梁正、張鎰《圖》云：❶弁縫十二。賈疏引《詩》「會弁如星」，謂於弁十二縫中結五采玉，落落而處，狀似星也。

介圭，傳曰：大圭也。唐孔氏云：《考工記・玉人》云：「鎮圭尺有二寸，天子守之。」鎮圭，圭之大者。介訓大者，故知是彼鎮圭，非三尺大圭。璋，《禮》書云：「半圭曰璋。」

瑁，方四寸，邪刻之，以冒諸侯之珪璧，以齊瑞信也。

琬琰，《周禮・典瑞》「琬圭以治德」，「琰圭以易行」。《考工記》：琬琰皆九寸。鄭玄云：大琬、大琰，皆度尺二寸。

❶「鎰」，原作「謚」，今據《新定三禮圖》改。

豆

籩

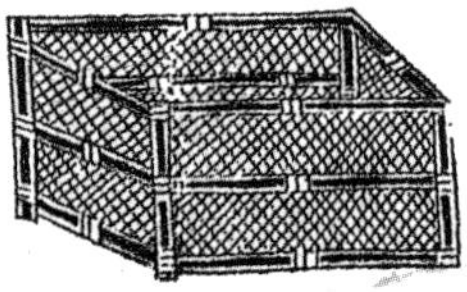

筥

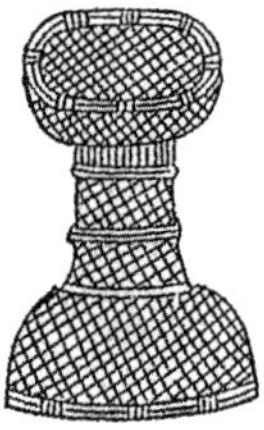

玉几

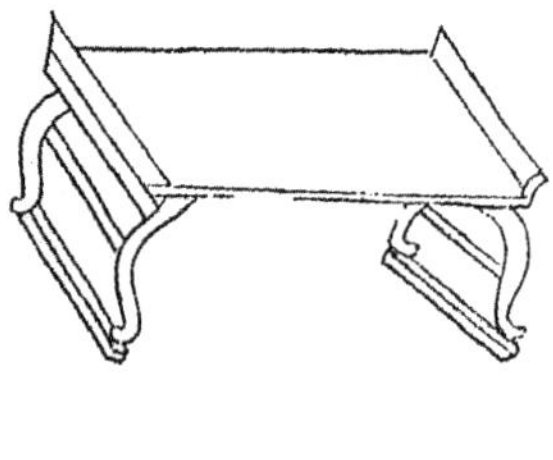

豆，《三禮舊圖》云：「豆高尺二寸，漆赤。中大夫以上畫赤雲氣，諸侯飾以象，天子加玉飾，皆謂飾口足也。」又鄭注《周禮》及《禮記》云：豆，以木爲之，受四升，口圓，徑尺二寸，有蓋，盛昌本、脾析、豚胉之韲，❶醓羸兔鴈之醢，韭菁芹筍之菹，麋麕之屬。鄭注《鄉射·記》云：「豆宜濡物，籩宜乾物」故也。

籩，《三禮圖》云：以竹爲之，口有縢緣，形制如豆，受四升。盛棗栗桃梅菱芡脯脩膴鮑糗餌之屬。

筥，《說文》：「飯及衣之器。」《曲禮》注云：「圓曰簞，❷方曰笥。」

❶「析豚胉」，原作「椓胎析」，今據《新定三禮圖》改。
❷「簞」，原作「簞」，今據《周禮》改。

玉几，阮氏《圖》几長五尺，高尺二寸，廣二尺，兩端赤，中央黑漆。馬融以爲長三尺。按：《司几筵》「掌五几」，左右玉雕彤漆素。詳五几之名，是無兩端赤、中央黑漆矣，蓋取彤漆類而髹之也。

木鐸

鼎

篚 有蓋

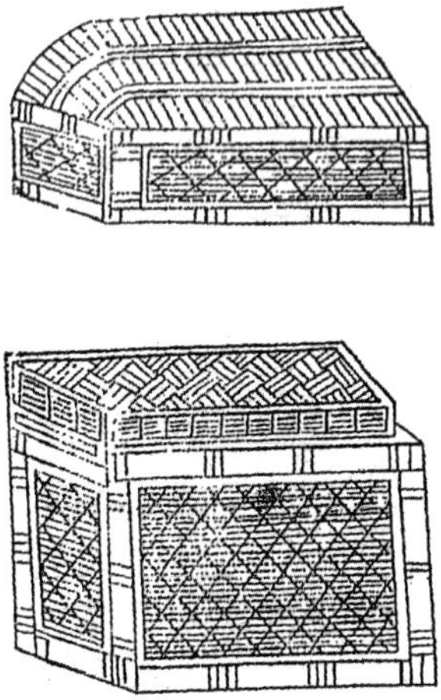

木鐸，《周禮·小宰》曰：「正歲帥治官之屬而觀治象之法，徇以木鐸。」注：「木鐸，木舌也。」賈疏云：「鐸皆以金爲之。以木爲舌，則曰木鐸；以金爲舌，則曰金鐸。」

鼎，古之鼎不一，按《禮圖》有曰牛、曰羊、曰豕。然雉雊之日，未審在何鼎也。惟牛鼎最大，可受一斛，今姑繪之以見其狀云。

篚，按《三禮舊圖》云：「篚以竹爲之，長三尺，廣一尺，深六寸，足高三寸，如今小車苓。」

編磬

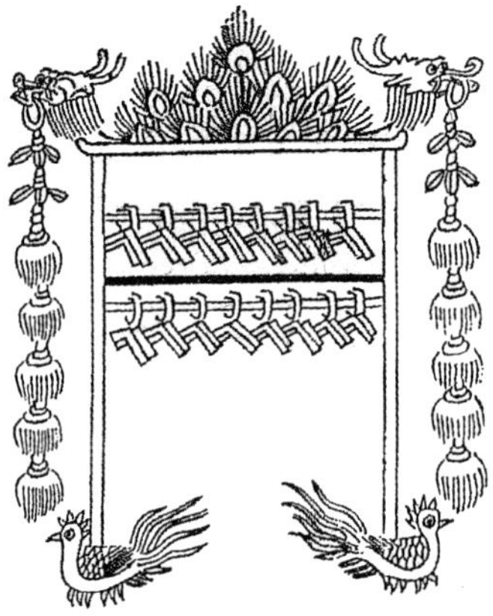

干

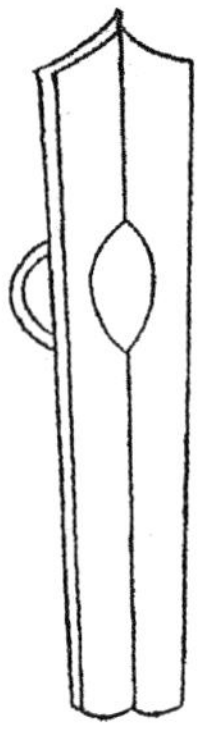

羽

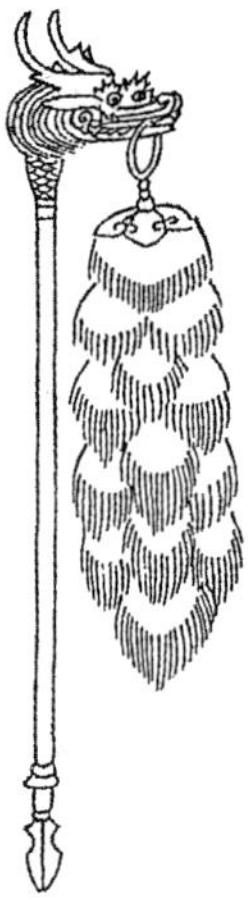

經曰：「於予擊石、拊石。」傳曰：「重擊曰擊，輕擊曰拊。」磬有小大，故擊有輕重。大磬即球也，小磬即此編磬也。《小胥》云：「凡縣鍾磬，半爲堵，全爲肆。」注云：「鍾磬，編縣之二八十六枚而在一簴謂之堵，鍾一堵、磬一堵謂之肆。」簴者下横者也，簴上板曰業。簴之上有崇牙，業之上樹羽。《制度》曰：爲龍頭及頷口銜璧，璧下有旄牛尾，植者爲虡。詳見《周禮》。

干，楯也；羽，翳也，舞者所執，修闡文教。《周禮》兵舞，即朱干也。周人用舞而祭山川。《三禮圖》曰：「羽，析白羽爲之，形如帗。」

太常

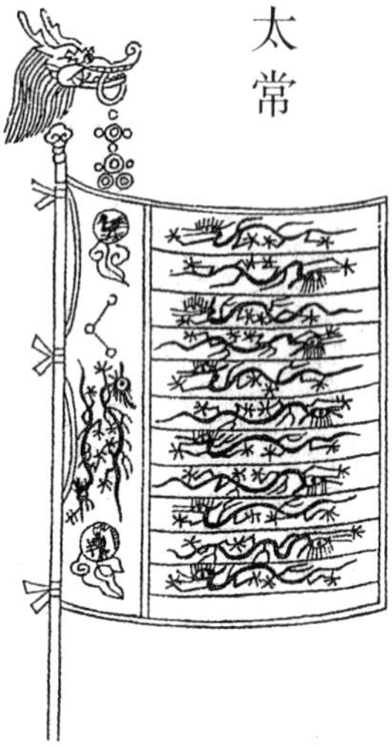

鼖鼓

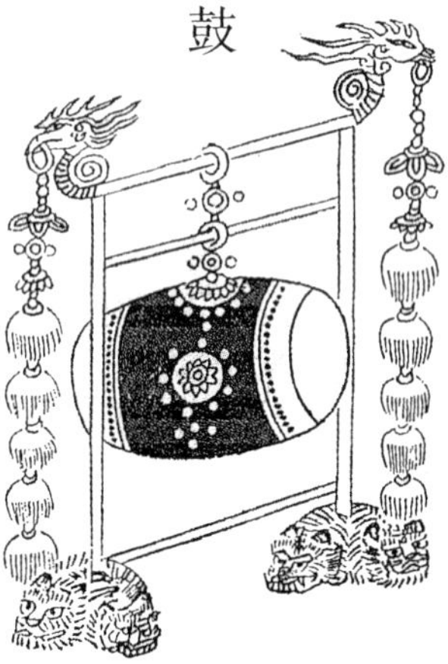

太常，按：《巾車》王乘玉輅，建太常，十有二斿以祀。又《覲禮》注云：「王建太常，縿首畫日月，其下及斿，❶交畫升龍降龍。」縿皆正幅，用絳帛爲質，斿則屬焉。又用弧張縿之幅，又畫柱矢於縿之上，故《輈人》云「弧旌柱矢」是也。凡旌旗之上，皆注旄與羽於竿首，故《夏采》注云：緌以旄牛尾爲之，綴於幢上，其柱長九仞，其斿曳地。又《左傳》云：「三辰旂旗，昭其明也。」據杜、鄭二注：皆以三辰爲日、月、星，蓋太常之上又畫星也。阮氏、梁正等《圖》，旂首爲金龍頭。按《唐志》云「金龍頭銜結綬及鈴緌」，則古注旄及羽於竿首之遺制也。

鼖鼓，按《三禮圖》云：「鼖鼓，兩面鼓。」《鼓人職》曰：「鼖鼓，鼓軍事。」注云：「大鼓曰鼖鼓，長八尺。」《韗人》云：「鼓四尺。」謂鼓面也。

---

❶「其」，原作「楚」，今據《儀禮注》改。

鉞

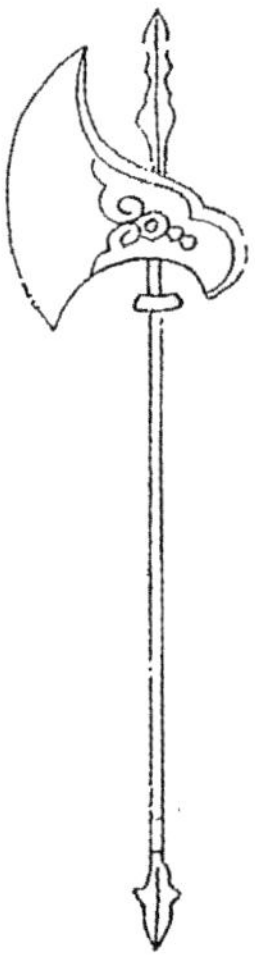

旄

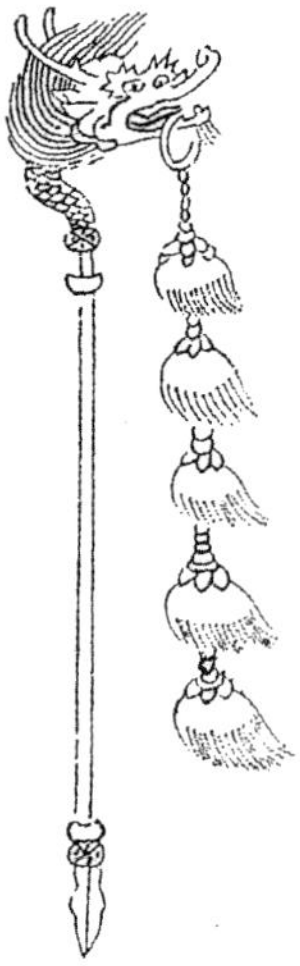

干

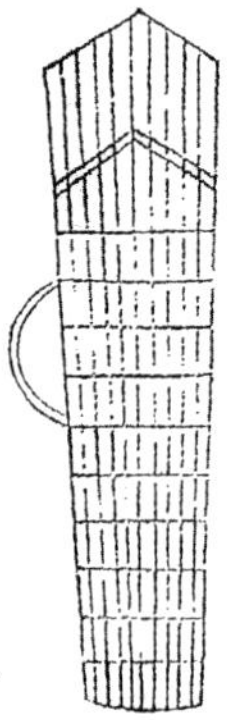

戈

矛

鉞，經曰：「左杖黃鉞。」傳云：鉞，斧也。以黃金爲飾。

旄，經曰：「右秉白旄以麾。」傳云：旄，軍中指麾，白則見遠。

干，楯也。《方言》曰「自關而東或謂之楯，或謂之干，關西謂之楯」，是干、楯爲一也。

戈，廣二寸，内四寸，胡六寸，援八寸，柲六尺有六寸。内，謂胡以内接柲者；胡，謂矛之旁出者，曲猶牛胡馬。援，謂直刃也。柲，謂柄也。戈之用主於胡，胡過於直則倨，但可以刺；胡過於曲則句，但可以鈎人。惟得其中制，往無不利。

矛，《說文》曰：「戈矛，❶酋矛也，建於兵車，長二丈。」

❶「戈矛」，《說文》無此二字。

胄

弓

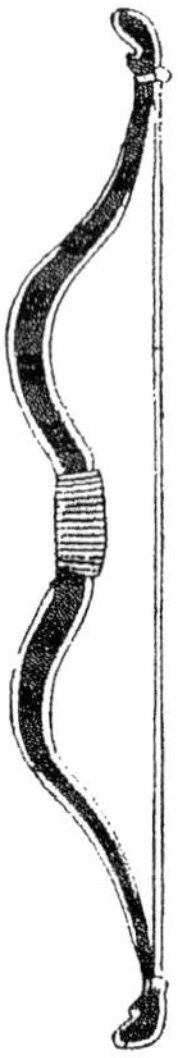

矢

胄，《説文》曰：「兜鍪也。兜鍪，首鎧也。」經典皆言甲胄，秦世以來，始有鎧兜鍪之文。古之甲用皮，秦漢以來用鐵。

弓，❶長六尺有六寸謂之上制，六尺有三寸謂之中制，六尺謂之下制，取幹角以膠漆筋絲爲之。按《周禮·司弓矢》「掌六弓」，其名王、弧、夾、庾、唐、大。❷

矢，藁長三尺，殺其前一尺令趣鏃，羽六寸，夾其括以設其羽，分其羽以設其刃。

❶ 弓矢圖，原矢前弓後，今據其解説文字弓前矢後調正之。

❷ 「王」、「庾」，原作「玉」、「庚」，今據《周禮》改。

《書傳》云：大輅，玉輅也；綴輅，金輅也；先輅，木輅也；次輅，象輅、革輅也。天子五輅，飾異制同。今《圖》玉輅之制兼太常之旂，以備祭祀所乘，❶其他金、象、革、木之輅可類推之矣。

❶「備」，原作「脩」，今據《新定三禮圖》改。

堯制五服圖

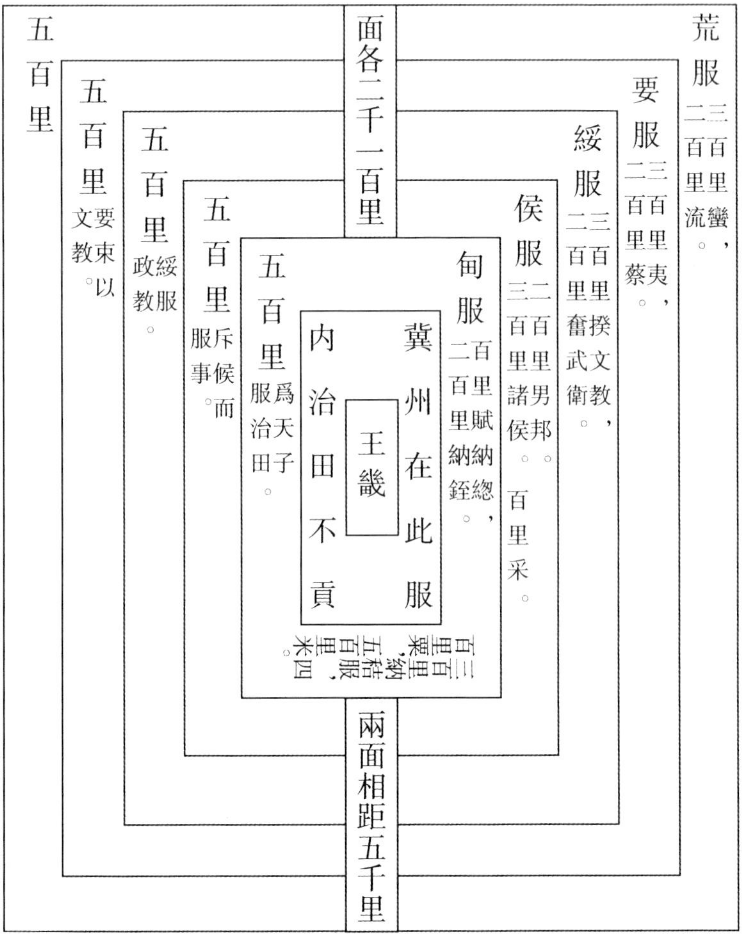
王畿
冀州在此服
內治田不貢
甸服
百里賦納總，二百里納銍。
三百里納秸服，四百里粟，五百里米。
五百里
侯服
百里采。二百里男邦。三百里諸侯。
五百里
爲天子服治田。
綏服
三百里揆文教，二百里奮武衛。
五百里
斥候而服事。
要服
三百里夷，二百里蔡。
五百里
綏服政教。
荒服
三百里蠻，二百里流。
五百里
要束以文教。
五百里
面各二千一百里
兩面相距五千里

禹弼五服圖

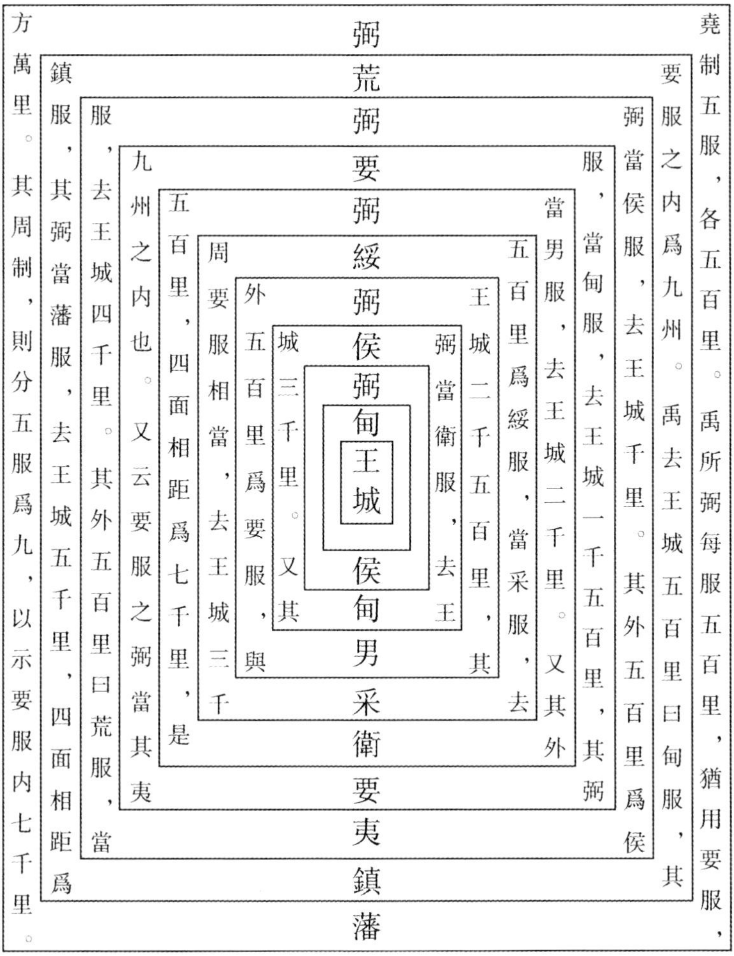
弼
荒
弼
要
弼
綏
弼
侯
弼
甸
王城
侯
甸
男
采
衛
要
夷
鎮
藩
堯制五服，各五百里。禹所弼每服五百里，猶用要服，要服之内爲九州。禹去王城五百里曰甸服，其弼當侯服，去王城千里。其外五百里爲侯服，當甸服，去王城一千五百里，其弼當男服，去王城二千里。又其外五百里爲綏服，當采服，去王城二千五百里，其弼當衛服，去王城三千里。又其外五百里爲要服，與周要服相當，去王城三千五百里，四面相距爲七千里，是九州之内也。又云要服之弼當其夷服，去王城四千里。其外五百里曰荒服，當鎮服，其弼當藩服，去王城五千里，四面相距爲方萬里。其周制，則分五服爲九，以示要服内七千里。

商七廟之圖

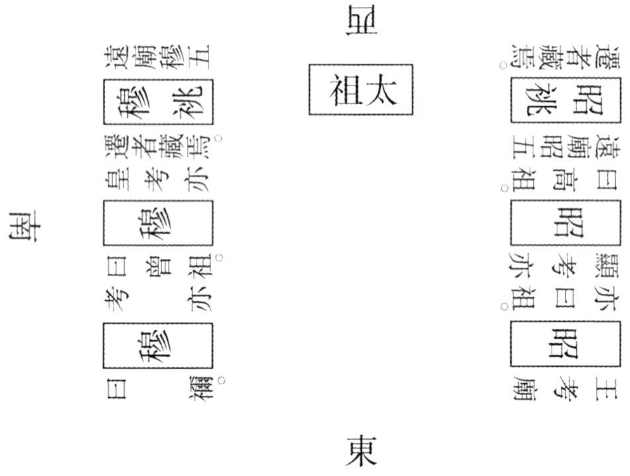
北
西
太祖
昭 祧
昭
昭
穆 祧
穆
穆
東
南

商遷都之圖

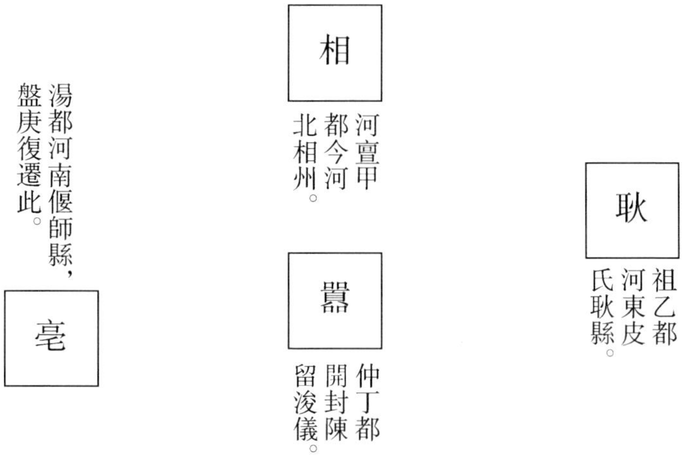
耿
祖乙都河東皮氏耿縣。
相
河亶甲都今河北相州。
囂
仲丁都開封陳留浚儀。
亳
湯都河南偃師縣，盤庚復遷此。

周營洛邑圖

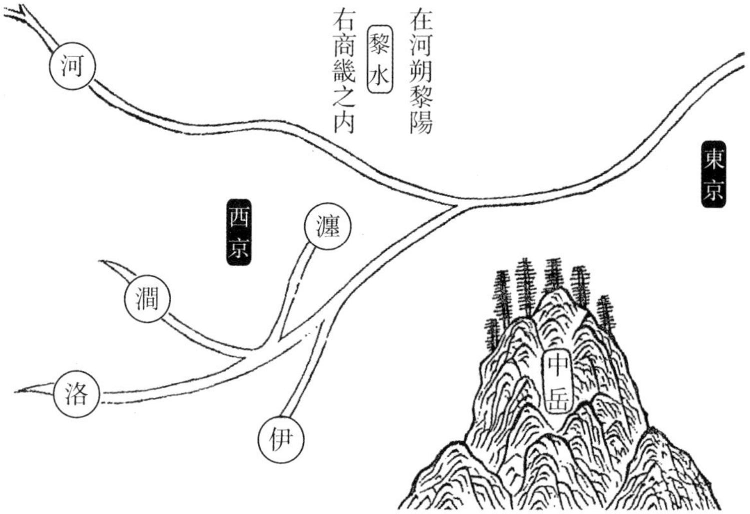

《召誥》土中圖

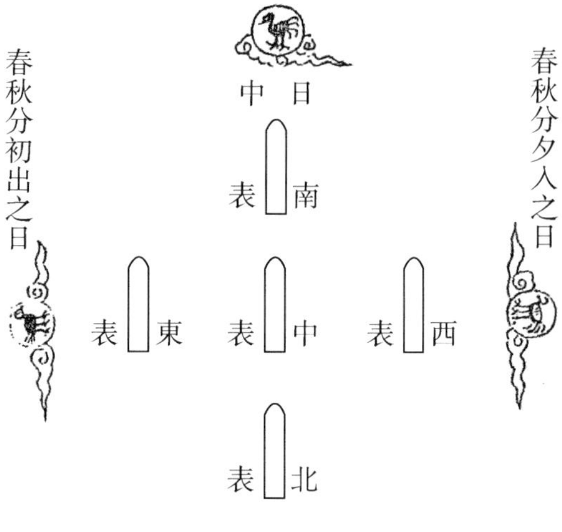

《周禮・大司徒》云：「以土圭之法，測土深、正日影以求地中。日南則影短，多暑；日北則影長，多寒；日東則影夕，多風；日西則影朝，多陰。日至之影尺有五寸，謂之地中，乃建王國焉。」

《禹貢》所載隨山濬川之圖

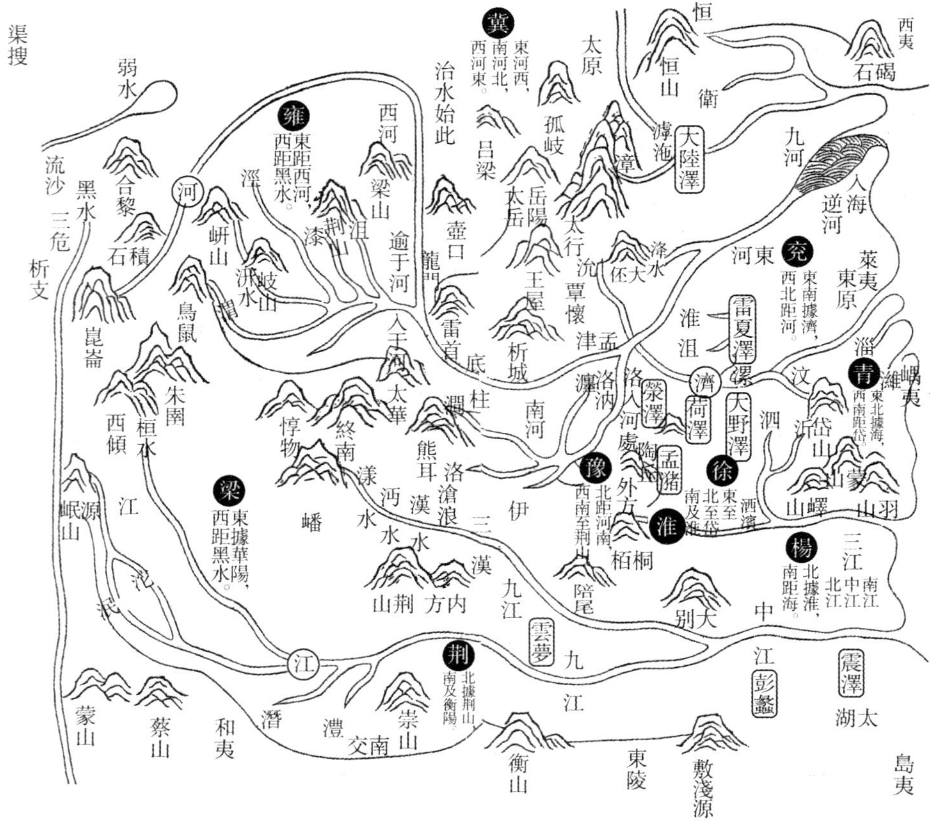
冀
東河西，南河北，西河東。
雍
東距西河，西距黑水。
兖
東南據濟，西北距河。
青
東北據海，西南距岱。
徐
東至海，北至岱，南及淮。
揚
北據淮，南距海。
荆
北據荆山，南及衡陽。
豫
西南至荆山，北距河南。
梁
東據華陽，西距黑水。
治水始此
恒山
太原
孤岐
吕梁
太岳
岳陽
大陸澤
九河
逆河
入海
河東
萊夷
東原
雷夏澤
大野澤
菏澤
滎澤
孟豬
濟
河
江
西河
梁山
荊山
岐山
壺口
龍門
雷首
底柱
析城
王屋
太行
熊耳
外方
桐柏
陪尾
大別
雲夢
九江
彭蠡
震澤
太湖
三江
中江
北江
南江
衡山
敷淺源
東陵
崇山
蔡山
蒙山
和夷
岷山
西傾
朱圉
鳥鼠
崐崙
積石
合黎
弱水
黑水
三危
流沙
析支
渠搜
西夷
島夷
嵎夷
石碣

濬畎澮距川圖

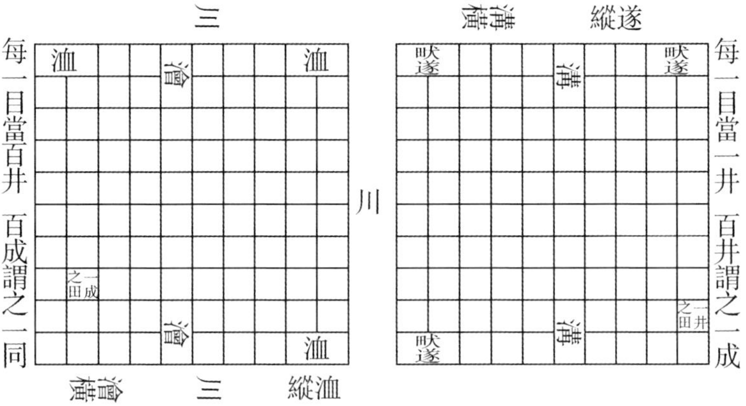

壹成之田。耜廣五寸，二耜爲耦，一耦之伐廣尺、深尺謂之甽，田首倍之。廣二尺、深二尺謂之遂。九夫爲井，井廣四尺、深四尺謂之溝。九遂入一溝，九溝入一洫。

一同之田。方十里爲成，成間廣八尺、深八尺曰洫。方百里爲同，同間廣二尋、深二仞曰澮。九澮共入大川。一同之田，其遂九千，溝九百，洫九十，澮九。

任土作貢之圖

嵎夷既略

兖 田中下，賦貞，土黑墳。
貢漆、絲。
篚織文。

萊夷作牧

青 田上下，賦中上，土白墳。
貢鹽、絺、海物、絲、枲、鉛、松、怪石。
篚檿絲。

淮夷

徐 田上中，賦中中，土赤埴墳。
貢五色土，夏翟，孤桐，浮磬，蠙珠、魚。
篚玄纖縞。

泗濱，淮陽軍也。有磬石山，古下邳郡也。

冀 田中中，賦上上錯，土白壤，島夷皮服。❶
貢闕。
篚闕。

豫 田中上，賦錯上中，上壤，下土墳壚。
貢漆、枲、絺、紵。
篚纖纊、錫磬錯。

揚 田下下，賦下上上錯，土塗泥。
貢金三品、瑶、琨、篠、簜、齒、羽、毛、木。
篚織貝、包橘、柚。

島夷卉服。

雍 田上上，賦中下，土黄壤。
貢球、琳、琅、玕。
篚闕。

梁 田下上，賦下中三錯，土青黎。
貢璆、鐵、銀、鏤、砮、磬，熊、羆、狐、狸織皮。
篚闕。

荆 田下中，賦上下，土塗泥。
羽、毛、齒、革、金、杶、榦、栝、
貢栢、礪、砥、砮、丹、箘、簵、楛、
包、匭菁、茅、納錫大龜。❷
篚玄纁、璣組。

崐崘　析支　渠搜　和夷

❶「島夷」二字，原在「錯」字下，今據《尚書注疏》正。

❷「簵」，原作「輅」，今據《尚書注疏》改。

合沙鄭氏曰：「召公曰：『明王慎德，四夷咸賓。無有遠邇，畢獻方物，惟服食器用。』予觀《禹貢》九州之貢篚，雖非四夷之獻，而亦以服食器用爲要。而冀州獨不言貢篚者，蓋畿甸之内，賦其總銍、秸、粟、米也。總銍、秸、粟、米者，倉廪之儲也，糇糧之濟也，是食爲土貢之要也。兖州之貢蠶絲，豫州之貢絺紵，其地則密邇於畿甸焉，是衣服之用亦爲土貢之要也。自服食之外，則器用次之；器用之外，則不過寶玉玩好而已，不足爲國家慮也。帝王之建都，必擇衣食之地而謂之京師。京，大也。師，衆也。言天子之居，既衆且大，非衣食之豐，不可以爲國也。若夫大賂南金、犀、革、象、齒、珠、貝之類，非服食器用之物，貴其土産也，皆遠於畿甸，而或貢於要荒之服焉。苟帝王以爲貢篚之要，國家所急，則堯、舜之都遷於荆、梁久矣，其肯以冀爲都，區區禦大河之患，圖一日之安耶？及周之衰，荆、揚陷于吴楚，貢金不入，而天王求之於魯，蓋以魯通於吴也。是豈聖人制貢之初意哉！」

書集傳序

慶元己未冬，先生文公令沈作《書集傳》。明年，先生殁。又十年，始克成編，總若千萬言。嗚呼！《書》豈易言哉？二帝三王治天下之大經大法皆載此書，而淺見薄識豈足以盡發藴奥？且生於數千載之下，而欲講明於數千載之前，亦已難矣。然二帝三王之治本於道，二帝三王之道本於心，得其心則道與治固可得而言矣。何者？精一執中，堯、舜、禹相授之心法也；建中建極，商湯、周武相傳之心法也。曰德曰仁，曰敬曰誠，言雖殊而理則一，無非所以明此心之妙也。至於言天，則嚴其心之所自出；言民，則謹其心之所由施。禮樂教化，心之發也；典章文物，心之著也；家齊國治而天下平，心之推也。心之德，其盛矣乎！二帝三王，存此心者也；夏桀、商受，亡此心者也；太甲、成王，困而存此心者也。存則治，亡則亂。治亂之分，顧其心之存不存如何耳。後世人主，有志於二帝三王之治，不可不求其道；有志於二帝三王之道，不可不求其心。求心之要，舍是書何以哉！沈自受讀以來，沉潛其義，參考衆説，融會貫通，廼敢折衷。微辭奥旨，多述舊聞。二《典》、《禹謨》，先生蓋嘗是正，手澤尚新。嗚呼，惜哉！先生改本，已附《文集》中。其間亦有經承先生口授指畫，而未及盡改者，今悉更定，見本篇。《集傳》本先生所命，故凡引用師説，不復識別。四代之書，分爲六卷。文以時異，治以道同。聖人之心見於《書》，猶化工之妙著於物，非精深不能識也。是傳也，於堯、舜、禹、湯、文、武、周公之心雖未必能造其微，於堯、舜、禹、湯、文、武、周公之書因是訓詁，亦可得其指意之大略矣。嘉定己巳三月既望，武夷蔡沈序。

書説綱領

程子曰：「看《書》須要見二帝三王之道。如二《典》，即求堯所以治民、舜所以事君。」

横渠張氏曰：「《尚書》難看，蓋難得胸臆如此之大，只欲解義則無難也。《書》稱天應如影響，其禍福果然否？大抵天道不可得而見，惟占之於民。人所悦則天必悦之，所惡則天必惡之，只爲人心至公也，至衆也。民雖至愚無知，惟於私己然後昏而不明，至於事不干礙處則自是公明。大抵衆所向者必是理也，理則天道存焉。故欲知天者，占之於人可也。」

朱子曰：「古史之體可見者，《書》、《春秋》而已。《春秋》編年通紀，以見事之先後。《書》則每事別記，以具事之首尾。意者當時史官，既以編年紀事，至於事之大者，則又採合而別記之。若二《典》所記，上下百有餘年，而《武成》、《金縢》諸篇，其所紀理，或更歲月，或歷數年，其間豈無異事？蓋必已具於編年之史，而今不復見矣。」

「聖人千言萬語，只是説箇當然之理，恐人不曉，又筆之於書。自書契以來，二《典》、三《謨》、伊尹、武王、箕子、周公、孔、孟都只如此，可謂盡矣。只就文字間求之，句句皆是。做得一分，便是一分工夫，非茫然不可測也，但恐人自不子細求索之爾。須是量聖人之言，是説箇什麽，要將何用。若只讀過便休，何必讀。」

「《尚書》初讀甚難，似見於己不相干。後來熟讀，見堯、舜、禹、湯、文、武之事，皆切於己。」

「某嘗患《尚書》難讀，後來先將文義分曉者讀之，聱牙者且未讀。如二《典》、三《謨》等篇，義理明白，句句是實理。堯之所以爲君，舜之所以爲臣，皐陶、稷、契、伊、傅輩所言所行，最好紬繆玩味體貼向自家身上來，其味自別。」先生問鄭可學：「《尚書》如何看？」曰：「須要考歷代之變。」曰：「世變難看。唐、虞、三代事浩大闊遠，何處測度？不若求聖人之心，如堯則考其所以治民，舜則考其所以事君。且如《湯誓》，湯曰『予畏上帝，不敢不正』，熟讀豈不見湯之心？大抵《尚書》有不必解者，有須著意解者，有略須解者，有不可解者。如《仲虺之誥》、《太甲》諸篇，只是熟讀，義理分明，何俟於解？如《洪範》，則須著意解。如《典》、《謨》諸篇，稍雅奥，亦須略解。若如《盤》、《誥》諸篇已難解，而《康誥》之屬，則已不可解矣。」

問：「『《尚書》難讀，蓋無許大心胸。』他書亦須大心胸方讀得。如何程子只説《尚書》？」曰：「他書却有次第。且如《大學》，自『格物、致知』以至『平天下』，有多少節次；《尚書》只合下便大。如《堯典》自『克明俊德，以親九族』至『黎民於變時雍』，展開是大小大。

「分命」「四時成歲」，便見心中包得一箇三百六十五度四分度之一底天，方見得恁地。若不得一箇大底心胸，如何了得。」

「學者須是有業次，且如讀《堯》《舜典》，曆象日月星辰、律度量衡、五樂、五禮之類，《禹貢》山川，《洪範》九疇，須一一理會令透。今人只做得西漢以下工夫，無人就堯、舜、三代原頭處理會來。」又曰：「且如做舉業，亦須苦心理會文字，方可決科。讀書若不苦心去求，不成業次，終不濟事。」

「《尚書》前五篇，大概易曉。後如《甘誓》、《胤征》、《伊訓》、《太甲》、《咸有一德》、《說命》，此皆易曉，亦好。此是孔氏壁中所藏之書。」又曰：「看《尚書》，漸漸覺得曉不得，便是有長進，若從頭尾解得，便是亂道。《高宗肜日》是最不可曉者，《西伯戡黎》是稍稍不可曉者。太甲大故亂道，故伊尹之言緊切；高宗稍稍聰明，故《說命》之言細膩。」又曰：「讀《尚書》有一箇法，半截曉得，半截曉不得，曉得底看，曉不得底且闕之。不可强通，强通則穿鑿。」

語德粹云：「《尚書》亦有難看者，昨日嘗語子上。」滕請問，先生復言，大略如昨日之說。又云：「如《微子》、《洛誥》等篇，讀至此，且認微子與父師、少師哀商之淪喪，已將如何。其他皆然。若其文義，知他當時言語如何，自有不能曉矣。」

問：「《書》當如何看？」先生曰：「且看易曉處。其他不可曉者不要强說，縱說得出，恐未必是當時本意。近時解《書》者甚衆，往往皆是穿鑿。如吕伯恭，亦未免此也。」

「《尚書》中《盤庚》、五《誥》之類，實是難曉。若要添減字硬說將去，儘得，然只是穿鑿，終恐無益耳。」

「《書》中易曉處直易曉，其不可曉處且闕之。如《盤庚》之類，非特不可曉，便曉得，亦要何用？如周《誥》等篇，周公不過說周所以合代商之意。是他當時說話，其間多有不可解者，亦且觀其大意所在而已。」

「《書》中不可曉處，先儒既如此解，且只得從他說。但此一段如此訓詁説得通，至別一段如此訓詁便說不通，不知如何。」

「周公不知其人如何，其言聱牙難曉，如《書》中周公之言便難讀，《立政》、《君奭》之篇是也。最好者惟《無逸》一書，中間用字亦有『譸張爲幻』之語。至若《周官》、《蔡仲》等篇，却是官樣文字，必出於當時有司潤色之文，非純周公語也。」

「《尚書》只是虛心平氣，闕其所疑，隨力量看教浹洽，便自有得力處。不須預爲計較，必求赫赫之功也。」

道夫請先生點《尚書》，以幸後學。先生曰：「某今無工夫。」道夫曰：「先生於《書》既無解，若更不點，則句讀不分，後人承舛聽訛，卒不足以見帝王之淵懿。」曰：「公豈可如此說？安知後來無人！」道夫再三請之。先生曰：「《書》亦難點。如《大誥》語句甚長，今人却都碎讀了，所以曉不得。某嘗欲作《書說》，竟不曾成。如制度之屬，祇以疏文爲本。若其他未穩處，更與挑剔，令分明便得。」

「《尚書》頃嘗讀之，苦其難而不能竟也。《註疏》、程、張之外，蘇氏說亦有可觀，但終是不純粹。林少穎說《召誥》以前亦詳備。聞新安有吳才老《裨傳》頗有發明，却未曾見。試并考之，諸家雖或淺近，要亦不無小補，但在詳擇之耳，不可以篇帙浩汗而遽憚其煩也。」

「荆公不解《洛誥》，但云：『其間煞有不可强通處，今姑擇其可曉者釋之。』今人多說荆公穿鑿，他却有此處，後來人解《書》，則又却須要盡解。」

「元祐《說命》、《無逸》講義及晁以道、葛子平、程泰之、吳仁傑數書先附去，可便參訂序次。當以《注疏》爲先，疏節其要者，以後只以時世爲先後可也。西山間有發明經旨處，固當附本文之下。其統論，即附篇末也。記得其數條理會點句及正《多方》、《多士》兩篇，可併攷之。」

或問：「諸家《書》解，誰者最好，莫是東坡書爲上否？」曰：「然。東坡《書》解，看得文勢好，又筆力過人，發明得分外精神。」問：「但似失之簡。」曰：「也有只消如此解者。」

「向在鵝湖，見伯恭欲解《書》，云：『且自後面解起，今解至《洛誥》。』有印本是也。其文甚闊熱。某嘗問伯恭：『《書》有難通處否？』伯恭初云：『亦無甚難通處。』數日間，❶却云：『果有難通處，今只是强解將去耳。』」

「《書》說未有分付處，因思向日喻及《尚書》，文義貫通，猶是第二義，直須見得二帝三王之心，而通其所可通，毋强通其所難通。即此數語，便已參到七八分。千萬便撥置此來，議定綱領，早與下手爲佳。諸說此間亦有之，但蘇氏傷於簡，林氏傷於繁，王氏傷於鑿，吕氏傷於巧。然其間儘有好處，如制度之屬秖以疏文爲本，若其間有未穩處，更與挑剔令分明耳。」

婺源滕氏和叔曰：「《書》之大意，一『中』字而已。『允執厥中』，《書》所以始；『咸中有慶』，《書》所以終。以此一字，讀此一書，迎刃而解矣。」

程氏去華曰：「前輩謂讀書，要識聖賢氣象。某謂讀《尚書》，亦當識唐、虞、三代氣象，君臣交相儆戒。夏商以後，則多臣戒君耳。禹、皐陶戒君，儆於未然，辭亦不費。夏商以後，則事形而後正救之，如《太甲》、《高宗肜日》、《旅獒》等篇，且反覆詳至，不憚辭費矣。觀

❶「間」，《朱子語類》作「問」。

啓與有扈戰于甘野，以天子之尊，統六師，與一强諸侯對敵，前此未聞也。湯之伐夏，自《湯誓》、《湯誥》外，未嘗數桀之惡，且有慚德；武王伐紂，則有《泰誓》、《牧誓》、《武成》，凡五篇，歷歷陳布，惟恐紂惡不白，己心不明，略無回護意矣。伊尹諫太甲，不從而放之，前此無是也。使無尹之志，則去饕拳無幾。然太甲天資力量遠過成王，太甲悔悟，尹遂可以告歸。周公則讒疑交起，雖風雷彰德之餘，宅中圖大之後，不敢去國，且切切挽召公以同心輔佐，用力何其艱也。堯以大物授舜，舜以大物授禹，此豈細事，而天下帖然無異辭。盤庚以圮于耿而遷國，本欲安利萬民，而臣民讙譁，至勤三篇訓諭而僅濟，然盤庚猶可也。周之區處商民，自《大誥》以後，《畢命》以前，藥石之，飲食之。一以爲龍蛇，一以爲赤子，更三紀之久，君臣共以爲國家至大至重之事，幸而訖於無虞。視堯區處苗頑，又何甚暇而甚勞也。精一執中，無俟皇極之煩言；欽恤明刑，何至《吕刑》之騰口。降是，而魯、秦二《誓》見取於經，而王迹熄，霸圖兆矣。世變有隆污，風俗有厚薄，固應如此。引而伸之，觸類而長之，讀《書》者其毋苟乎哉！」

書序

漢孔安國曰：古者伏犧氏之王天下也，始畫八卦，造書契，以代結繩之政，由是文籍生焉。陸氏曰：伏犧，風姓。以木德王，即太皞也。書契，刻木而書其側，以約事也。《易・繫辭》云：「上古結繩而治，後世聖人易之以書契。」文，文字也。籍，書籍也。楊氏《易傳》曰：「☰、☷，古之天、地字也。曷由知之？由坎、離知之。偃之爲☵、☲，立之爲水、火，若雷、風、山、澤之字亦然。故《漢書》『坤』字作『巛』。八字立，而聲畫不可勝窮矣，豈待鳥跡哉！後世草書『天』字作『[illegible]』，即☰也。」〇新安胡氏曰：「黄帝時，始有字；則黄帝以前，皆無字也。今則有之者，文籍既生之後而作也。」伏犧、神農、黄帝之書謂之《三墳》，言大道也；少昊、顓頊、高辛、唐、虞之書謂之《五典》，言常道也。至于夏、商、周之書，雖設教不倫，雅誥奥義其歸一揆。是故歷代寶之，以爲大訓。陸氏曰：神農，炎帝也，姜姓，以火德王。黄帝，軒轅也，姬姓，以土德王，一號有熊氏。墳，大也。少昊，金天氏，名摯，己姓，黄帝之子，以金德王。顓頊，高陽氏，姬姓，黄帝之孫，以水德王。高辛，帝嚳也，黄帝之曾孫，姬姓，以木德王。唐，帝堯也，姓伊耆氏，帝嚳之子。初爲唐侯，後爲天子，都陶，故號陶唐氏，以火德王。虞，帝舜也，姓姚氏，國號有虞，顓頊六世孫，以土德王。夏，禹有天下之號也，以金德王。商，湯有天下之號也，亦號殷，以水德王。周，文王、武王有天下之號也，以木德王。揆，度也。問：「三皇，所説甚多，當以何者爲是？」朱子曰：「無處理會，當且依孔安國之説。五峰以爲天皇、地皇、人皇，而伏犧、神農、黄帝、堯、舜爲五帝，却無顓頊、高辛之數。要之，也不可便如此説。」又曰：「只依孔安國之説。然五峰以羲、農、黄、唐、虞作五帝，云據《易·繫辭》當如此。要之，不必如此。」〇董氏鼎曰：「《周禮·外史》『掌三皇五帝之書』。《左氏》亦謂楚左史倚相能讀《三墳》、《五典》，則三皇有書明矣。而孔子則云『包羲氏始畫八卦』、『上古結繩而治，後世聖人易之以書契』，是包羲以前，且未有字，安得有書？如此則《三墳》爲伏羲、神農、黄帝之書，安國之説近是。自伏羲至堯、舜八聖人者，固皆主宰天下之帝也。而以其道之大，則羲、農、黄又謂之三皇，其實一也。少昊以下，爲君莫盛於堯、舜，故《書》惟取二《典》。堯、舜以前，立法蓋始於伏羲，故《易》兼言五聖。而黄帝亦曰帝，皇之與帝，初非本有定名而不可通稱也。王氏曰：君天下之號有三，皇言大、帝言諦、王言公，不過以殊徽號，而非有所優劣也。惟邵子《經世》乃有皇、帝、王、霸之分，然亦以論其世耳。朱子曰『當且依孔安國』，斯言盡之矣。」

八卦之説，謂之《八索》，求其義也。九州之志，謂之《九丘》，丘，聚也，言九州所有，土地所生，風氣所宜，皆聚此書也。《春秋左氏傳》曰「楚左史倚相，能讀《三墳》、《五典》、《八索》、《九丘》」，即謂上世帝王遺書也。

陸氏曰：索，求也。倚相，楚靈王時史官也。唐孔氏曰：「《丘》、《索》不知在何代，故直總言『帝王』。」

先君孔子，生於周末。覩史籍之煩文，懼覽之者不一，遂乃定禮樂，明舊章，删《詩》爲三百篇，約史記而修《春秋》，讚《易》道以黜《八索》，述《職方》以除《九丘》，討論《墳》、《典》，斷自唐、虞以下，訖于周，芟夷煩亂，剪截浮辭，舉其宏綱，撮其機要，足以垂世立教，典、謨、訓、誥、誓、命之文凡百篇。所以恢弘至道，示人主以軌範也。帝王之制，坦然明白，可舉而行。三千之徒，並受其義。

程子曰：「所謂大道，若性與天道之説，聖人豈得而去之哉！若言陰陽四時、七政五行之道，亦必至要之理，非如後世之繁衍末術也，固亦常道，聖人所以不去也；或者所謂羲、農之書乃後人稱述當時之事，失其義理，如許行爲神農之言及陰陽、權變、醫方稱黄帝之説耳，❶此聖人所以去之也。《五典》既皆常道，又去其三，蓋上古雖已有文字，而制立法度，爲治有迹，得以紀載，有史官以識其事，自堯始耳。」○今按《周禮·外史》「掌三皇五帝之書」，周公所録，必非僞妄。而春秋時，《三墳》、《五典》、《八索》、《九丘》之書，猶有存者。若果全備，孔子亦不應悉删去之。或其簡編脱落，不可通曉；或是孔子所見，止自唐虞以

❶「權變」二字，《程氏經説》無。

下，不可知耳。今亦不必深究其說也。問：「《書》斷自唐虞以下，須是孔子意？」朱子曰：「也不可知。且如三皇之書言大道，有何不可？便删去。五帝之書言常道，少昊、顓頊、高辛，❶有何不可？便删去。此皆不可曉也。」○「典謨之書，恐是曾經史官潤色來。如周《誥》等篇，恐只似如今榜文曉諭俗人者，方言俚語，隨地隨時各自不同。林少穎嘗曰：『如今人「即日」、「伏惟」、「尊侯」、「萬福」，使古人聞之，亦不知是何等說話。』」○「《尚書》諸命皆分曉，蓋如今制誥，是朝廷做底文字。諸誥皆難曉，蓋是與下民說話，後來追録而成之。」○「《書》難曉者，只是當時說話自是如此，當時人曉得，後人乃以爲難曉爾。若使古人見今人俗語，却理會不得也。以其間頭緒多，若去做文字時說不盡，故只直記其言語而已。」○「《書》有兩體：有極分曉者，有極難曉者。某恐如《盤庚》、周誥《多方》、《多士》之類，是當時召之來而面命之，面教告之，自是當時一類說話。至於《旅獒》、《畢命》、《微子之命》、《君陳》、《君牙》、《冏命》之屬，則是當時修其詞命，所以當時百姓都曉得者，有今時老師宿儒所不曉也。今人之所曉者，未必當時之人識其詞義也。」○問：「周誥辭語艱澁，如何看？」曰：「此等是不可曉。」「林澤之說，艾軒以爲方言。」曰：「只是古語如此。切意當時風俗恁地說話，人便都曉得。如這物事喚做甚物事，今風俗不喚作這物事，便曉他不得。如《蔡仲之命》、《君牙》等篇，乃當時與卿大夫語，似今翰林所作制誥之文，故甚易曉。如誥是與民語，乃今官司行移曉諭文字，有帶時語在其中者。今但曉其可曉者，其不可曉者則闕之可也。」○唐

❶「少昊顓頊高辛」六字，《朱子語類》無。

孔氏曰：「安國是孔子十一世孫，上尊先祖，故曰『先君』。孔子周靈王時生，敬王時卒，故云『周末』。《職方》，即《周禮》也。」○董氏鼎曰：「陸氏以六體分正攝，蓋以典、謨、訓、誥、誓、命名篇者爲正，不以名篇而在六體之類者爲攝。然古之爲書者，隨時書事，因事成言，取辭之達意而已，豈如後之作文者，求必合體制也？孔氏以六體言，大概已舉，雖不以六字名篇，合其類則是亦正也，何以攝爲？至若唐孔氏以征、貢、歌、範足爲十例，亦不必從。善乎林氏謂讀書在求帝王之心，以充修、齊、治、平之道，體例安足言哉！」

及秦始皇，滅先代典籍，焚書坑儒，天下學士逃難解散，我先人用藏其家書于屋壁。

秦，國名。始皇，名政，并六國，爲天子，自號始皇帝。焚《詩》、《書》在三十四年，坑儒在三十五年。顔師古曰：《家語》云：「孔騰，字子襄，畏秦法峻急，藏《尚書》、《孝經》、《論語》於夫子舊堂壁中。」而《漢記·尹敏傳》云孔鮒所藏。二説不同，未知孰是。唐孔氏曰：「《秦紀》：始皇三十四年，因置酒於咸陽宮，丞相李斯奏請：『天下敢有藏《詩》、《書》、百家語者，悉詣守、尉雜燒之。有敢偶語《詩》、《書》者，棄市。令下三十日不燒，黥爲城旦。』制曰：『可。』三十五年，以方士盧生求仙藥不得，以爲誹謗，諸生連相告引四百六十餘人，坑之咸陽。又衛宏《古文奇字序》云：秦改古文以爲篆隸，多誹謗者，秦患天下不從，而召諸生，至者皆拜爲郎，凡七百人。又密令冬月種瓜驪山硎谷中溫處，瓜實，乃使人上書曰：『冬瓜有實。』詔天下博士諸生説之，人人各異，則皆使往視之，而爲伏機。諸生方相論難，因發機，填以土。《史記·孔子世家》云：孔子生鯉伯魚，鯉生伋子思，伋生白子上，白生求子家，求生箕子京，箕生穿子高，穿生慎子順，爲魏相。慎生鮒，爲陳涉博士。鮒弟騰子襄，爲惠帝博士、長沙太守。騰生中，中生武，武生延陵及安國，安國爲武帝博士、臨淮太守。○新安陳氏曰：「按，鮒、騰兄弟爾，藏書必同謀，謂鮒藏可也，謂騰藏亦可也。」

漢室龍興，開設學校，旁求儒雅，以闡大猷。濟南伏生，年過九十，失其本經，口以傳授，裁二十餘篇。以其上古之書，謂之《尚書》。百篇之義，世莫得聞。

《漢·藝文志》云：「《尚書》，經二十九卷。」註云：「伏生所授者。」《儒林傳》云：「伏生，名勝，爲秦博士。以秦時禁書，伏生壁藏之。其後大兵起，流亡。漢定，伏生求其書，亡數十篇，獨得二十九篇，即以教于齊魯之間。孝文時，求能治《尚書》者，天下無有。聞伏生治之，欲召，時伏生年九十餘，老不能行。於是詔太常，使掌故晁錯往受之。」顏師古曰：「衛宏《定古文尚書序》云：『伏生老不能正言，言不可曉，使其女傳言教錯。齊人語多與潁川異，錯所不知凡十二三，略以其意屬讀而已。』」❶陸氏曰：「二十餘篇，即馬、鄭所註二十九篇是也。」孔穎達曰：「《泰誓》本非伏生所傳，武帝之世，始出而得行。史因以入於伏生所傳之内，故云二十九篇也。」○今按：此《序》言伏生「失其本經，口以傳授」，《漢書》

❶「屬」，原作「熟」，今據《漢書》顔注改。

乃言初亦壁藏，而後亡數十篇，其説與此《序》不同，蓋傳聞異辭爾。至於篇數，亦復不同者，伏生本但有《堯典》、《臯陶謨》、《禹貢》、《甘誓》、《湯誓》、《盤庚》、《高宗肜日》、《西伯戡黎》、《微子》、《牧誓》、《洪範》、《金縢》、《大誥》、《康誥》、《酒誥》、《梓材》、《召誥》、《洛誥》、《多方》、《多士》、《立政》、《無逸》、《君奭》、《顧命》、《呂刑》、《文侯之命》、《費誓》、《秦誓》，凡二十八篇。今加《泰誓》一篇，故爲二十九篇耳。其《泰誓》真僞之説，詳見本篇，此未暇論也。問：「《尚書》古文、今文有優劣否？」朱子曰：「孔壁之傳，漢時人却不傳，只是司馬遷曾師授。如伏生《尚書》，漢世却多傳者。晁錯以伏生不曾出，其女口授，有齊音不可曉者，以意屬成，此載於史者。及觀經傳及《孟子》引『享多儀』出自《洛誥》，❶却無差。只疑伏生偏記得難底，却不記得易底。然有一説可論難易：古人文字有一般，如今人書簡説話，雜以方言，一時記録者；有一般是做出告戒之命者。疑《盤庚》之類，是一時告語百姓，盤庚勸諭百姓遷都之類，是出於記録。至於《蔡仲之命》、《微子之命》、《冏命》之屬，或出當時做成底詔誥文字，如後世朝廷詞臣所爲者。」又問：「《尚書》未有解。」曰：「便是有費力處，其間用字亦有不可曉處。當時爲伏生是濟南人，晁錯却潁川人，止得於其女口授，有不曉其言，以意屬讀。然而傳記所引，却與《尚書》所載又無不同。只是孔壁所藏者皆易曉，伏生所記者皆難曉。如《堯典》、《舜典》、《臯陶謨》、《益稷》，出於伏生，便有難曉處，如『載采采』之類。《大禹謨》便易曉。如《五

---

❶ 「洛」，原作「大」，今據《尚書正義》及《朱子語類》改。

子之歌》、《胤征》，有甚難記？却記不得。至如《泰誓》、《武成》皆易曉。只《牧誓》中便難曉，如『五步、六步』之類。❶如《大誥》、《康誥》夾著《微子之命》。穆王之時，《冏命》、《君牙》易曉，到《呂刑》亦難曉。因甚只記得難底，却不記得易底？便是未易理會。」○唐孔氏曰：「『以其上古之書，謂之《尚書》』，此文繼伏生之下，則知『尚』字乃伏生之所加也。尚，訓爲上。」○夏氏曰：「此上代之書，爲後世所慕尚，故曰《尚書》。」○臨川吴氏曰：「書者，史之所紀録也，從聿從者。聿，古『筆』字，以筆畫成文字，載之簡册曰書。者，諧聲。伏羲始畫八卦，黄帝時蒼頡始制文字。凡通文字能書者，謂之史。人君左右有史以書其言動。堯、舜以前，世質事簡，莫可考詳。孔子斷自堯、舜以後，史所紀録，定爲虞、夏、商、周四代之書。」

至魯共王，好治宫室，壞孔子舊宅以廣其居，於壁中得先人所藏古文虞、夏、商、周之《書》及傳、《論語》、《孝經》，皆科斗文字。王又升孔子堂，聞金石絲竹之音，乃不壞宅，悉以書還孔氏。科斗書廢已久，時人無能知者。以所聞伏生之《書》考論文義，定其可知者爲隸古定，更以竹簡寫之，增多伏生二十五篇。伏生又以《舜典》合於《堯典》，《益稷》合於《皋陶謨》，《盤庚》三篇合爲一，《康王之誥》合於《顧命》，復出此篇并《序》，凡五十九篇，爲四十六卷。其餘錯亂摩滅，弗可復知，悉上送官，藏之書府，以待能者。

陸氏曰：「共王，漢景帝子，名餘。傳，謂《春秋》也，一云《周易·十翼》，非經謂之傳。科

---

❶「五步六步」，《尚書》作「六步、七步」。

斗，蟲名，蝦蟇子，書形似之。爲隸古定，謂用隸書以易古文。」吴氏曰：「伏生傳於既耄之時，而安國爲隸古，又特定其所可知者。而一篇之中、一簡之内，其不可知者，蓋不無矣。乃欲以是盡求作書之本意與夫本末先後之義，其亦可謂難矣。而安國所增多之《書》，今篇目具在，皆文從字順；非若伏生之《書》，詰曲聱牙，至有不可讀者。夫四代之書，作者不一，乃至二人之手，而遂定爲二體乎？其亦難言矣。」二十五篇者，謂《大禹謨》、《五子之歌》、《胤征》、《仲虺之誥》、《湯誥》、《伊訓》、《太甲》三篇、《咸有一德》、《説命》三篇、《泰誓》三篇、《武成》、《旅獒》、《微子之命》、《蔡仲之命》、《周官》、《君陳》、《畢命》、《君牙》、《冏命》也。復出者，《舜典》、《益稷》、《盤庚》三篇、《康王之誥》，凡五篇。又百篇之《序》，自爲一篇，共五十九篇，即今所行五十八篇，而以《序》冠篇首者也。爲四十六卷者，孔疏以爲同序者同卷，異序者異卷。同序者，《太甲》、《盤庚》、《説命》、《泰誓》，皆三篇，共《序》凡十二篇，只四卷。又《大禹》、《皋陶謨》、《益稷》、《康誥》、《酒誥》、《梓材》，亦各三篇，共《序》凡六篇，只二卷。外四十篇，篇各有《序》，凡四十卷。通共《序》者六卷，故爲四十六卷也。其餘錯亂摩滅者，《汩作》、《九共》九篇、《槀飫》、《帝嚳》、《釐沃》、《湯征》、《汝鳩》、《汝方》、《夏社》、《疑至》、《臣扈》、《典寶》、《明居》、《肆命》、《徂后》、《沃丁》、《咸乂》四篇、《伊陟》、《原命》、《仲丁》、《河亶甲》、《祖乙》、《高宗之訓》、《分器》、《旅巢命》、《歸禾》、《嘉禾》、

《成王政》、《將蒲姑》、《賄肅慎之命》、《亳姑》，凡四十二篇，今亡。朱子曰：「《書》有古文，有今文。今文乃伏生口傳，古文乃壁中之《書》。《大禹謨》、《説命》、《高宗肜日》、《西伯戡黎》、《泰誓》等篇，凡易讀者皆古文。況又是科斗書，以伏生《書》字文攷之，方讀得。豈有數百年壁中之物，安得不訛損一字？又却是伏生記得者難讀，此尤可疑。今人作全《書》解，必不是。」○唐孔氏曰：「凡書非經則謂之傳。言『及傳《論語》、《孝經》』，正謂《孝經》、《論語》是傳也。漢武帝謂東方朔云：『傳曰：「時然後言，人不厭其言。」』又漢東平王雲與其太師策書云：『傳曰：「陳力就列，不能者止。」』又成帝賜翟方進策書云：『傳曰：「高而不危，所以長守貴也。」』是漢世通謂《孝經》、《論語》爲傳也。聞金石絲竹之音，懼其神異乃止，不敢壞宅。」○或曰：孔子子孫雖遭壞宅，而不廢禮樂之常。如漢兵欲屠魯，而猶聞絃誦聲。共王所以有感而不壞宅也。

承詔爲五十九篇作傳，於是遂研精覃思，博考經籍，採摭群言，以立訓傳。約文申義，敷暢厥旨，庶幾有補於將來。《書序》序所以爲作者之意，昭然義見，宜相附近，故引之各冠其篇首，定五十八篇。

詳此章，雖説「《書序》序所以爲作者之意」，而未嘗以爲孔子所作。至劉歆、班固，始以爲孔子所作。

既畢，會國有巫蠱事，經籍道息，用不復以聞。傳之子孫，以貽後代。若好古博雅君子，與我同志，亦所不隱也。

陸氏曰：漢武帝末，征和中，江充造蠱，敗戾太子。○今按：安國此《序》，不類西京文字，疑或後人所託。然無據，未敢必也。以其本末頗詳，故備載之，讀者宜考焉。朱子曰：「《書序》恐不是安國做。漢文粗枝大葉，今《書序》細膩，只似六朝時文字。《小序》斷不是孔子做！」○又曰：「只是魏晉人文字。陳同父亦如此說。《尚書》孔安國註，某疑決非孔安國所註，蓋文字固善，不是西漢人文章，安國漢武帝時，文章豈如此！但有太𪐴之法，不如此固善也。亦非後漢文。」○因說《書》云：「某常疑孔安國《書》是假書，比毛公傳如此高簡，大段争事。漢儒訓釋文字，多是如此，有疑則闕。今此却盡釋之，豈有千百年前人說底話，收拾於灰燼屋壁中與口傳之餘，更無一字訛舛！理會不得，如此可疑也。兼《小序》皆可疑。《堯典》一篇自說堯一代爲治之次序，至讓于舜方止，今却說是讓于舜後方作。《舜典》亦是見一代政事之終始，却說『歷試諸難』，是爲要受讓時作也。至後諸篇皆然。況他先漢文章，重厚有力量。他今《大序》格致極輕，却疑是晉宋間文章。況孔《書》至東晉間方出，前此諸儒皆不曾見，可疑之甚！」○「《小序》決非孔門之舊，安國《序》亦決非西漢文章。向來語人，人多不解。惟陳同父聞之不疑，要是渠識得文字體製意度耳。」○又曰：「《書序》不可信，伏生時無之。」○唐孔氏曰：「蠱者，怪惑之名。指體，則藥毒害人，與行符厭俗爲魅，令人蠱惑，夭年傷性者，皆是也。以蠱皆巫之所爲，故曰『巫蠱』。」○元城劉氏曰：「今之《書》，乃漢所謂《尚書》。若復求孔子所定之《書》，今不見矣。漢承秦火之後，諸儒各以所學談經，或得或失，然各自名家。自濟南伏生以降，不獨一人，就其中取之，獨孔安國古文《尚書》尤勝諸家，則今《尚書》是也。」○林氏曰：「孔傳成，遭巫蠱而不出。杜預註《左傳》，韋昭註《國語》，趙岐註

《孟子》，凡所舉《書》出二十五篇中，皆指爲逸《書》，實未嘗逸也。賈、馬、鄭、服，亦皆不見古文《尚書》，至晉、齊間，其書漸出。乃隋開皇二年，求遺書，得《舜典》，然後五十八篇方備。孔氏《書》始出，皆用隸書，至唐天寶三載，詔衛衡改古文從今文，今之所傳，乃唐天寶所定本也。」○董氏鼎曰：「世傳古文《尚書》，吕汲公跋謂天寶前本字多奇古，與蔡傳及諸書所引皆合。」

《漢書・藝文志》云：「《書》者，古之號令。號令於衆，其言不立具，則聽受施行者弗曉。古文讀應爾雅，故解古今語而可知也。」

括蒼葉夢得曰：「《尚書》文皆奇澀，非作文者故欲如此，蓋當時語自爾也。」今按：此説是也。大抵《書》文，訓、誥多艱澀，而誓、命多平易。蓋訓、誥皆是記録當時號令於衆之本語，故其間多有方言及古語，在當時則人所共曉，而於今世反爲難知；誓、命則是當時史官所撰，櫽括潤色，粗有體製，故在今日亦不難曉耳。

孔穎達曰：孔君作傳，值巫蠱，不行以終。前漢諸儒，知孔本五十八篇，不見孔傳。遂有張霸之徒僞作《舜典》、《汨作》、《九共》九篇、《大禹謨》、《益稷》、《五子之歌》、《胤征》、《湯誥》、《咸有一德》、《典寶》、《伊訓》、《肆命》、《原命》、《武成》、《旅獒》、《冏命》二十四篇。除《九共》九篇，共卷爲十六卷。蓋亦略見百篇之《序》。故以伏生二十八篇者，復出《舜典》、《益稷》、《盤庚》二篇、《康王之誥》及《泰誓》共爲三十四篇。而僞作此二十四篇十六卷，附以求合於孔氏之五十八篇四十六卷之數也。劉向、班固、劉歆、賈逵、馬融、鄭玄之徒，皆不見真古文，而誤以此爲古文之書。服虔、杜預亦不之見。至晉王肅，始似竊見。而《晉書》又云：「鄭冲以古文授蘇愉，愉授梁柳，柳之内兄皇甫謐又從柳得之，而柳又以授臧曹，曹始授梅賾，賾乃於前晉奏上其書，而施行焉。」

《漢書》所引《泰誓》云：❶「誣神者殃及三世。」又云：「立功立事，惟以永年。」疑即武帝之世所得者。《律曆志》所引《伊訓》、《畢命》，字畫有與古文略同者，疑伏生口傳，而晁錯所屬讀者。其引《武成》，則伏生無此篇，必張霸所僞作者也。碧梧馬氏曰：「按孔傳所言，則古文《書》其經已送之王官，藏之中秘，其傳則遭巫蠱而不復上聞，藏之私家者也。以其未立於學官，是以伏而傳不行於世耳。是則所謂古文《書》，豈惟未嘗逸，蓋亦未嘗不在王官也，劉歆《移太常書》所謂『藏於秘府，伏而未發』者是也。中秘書非世儒所得見，宜乎後之引古文《書》者皆不得其真，若杜、韋、趙註諸書所引，皆指爲逸《書》也。如是幾七百年而後傳，斯文之興喪可畏哉！」○臨川吴氏曰：「《書》二十五篇，晉梅賾所奏上者，所謂古文《書》也。《書》有今文、古文之異，何哉？晁錯所受伏生《書》，以隸寫之，隸者當世通行之字也，故曰『今文』。魯共王壞孔子宅，得壁中所藏皆科斗書，科斗者，蒼頡所製之字也，故曰『古文』。然孔壁真古文《書》不傳，後有張霸僞作《舜典》、《汨作》、《九共》九篇、《大禹謨》、《益稷》、《五子

❶「泰誓」，《漢書・郊祀志下》作「易大傳」。《晦菴先生朱文公集》卷六十五亦作「泰誓」。

之歌》、《胤征》、《湯誥》、《咸有一德》、《典寶》、《伊訓》、《肆命》、《原命》、《武成》、《旅獒》、《冏命》二十四篇，目爲古文《書》。《漢・藝文志》云：『《尚書》：經二十九篇，古經十六卷。』二十九篇者，即伏生今文《書》二十八篇及武帝時增僞《泰誓》一篇也。古經十六卷者，即張霸僞古文《書》二十四篇也。漢儒所治，不過伏生《書》及僞《泰誓》，共二十九篇爾。張霸僞古文雖在，而辭義蕪鄙，不足取重於世以售其欺。及梅賾二十五篇之《書》出，則凡傳記所引《書》語，註家指爲逸《書》者，收拾無遺，既有證驗，而其言率依於禮，比張霸僞《書》遼絶矣。析伏氏《書》二十八篇爲三十三，雜以新出之《書》，通爲五十八篇。并《書序》一篇，凡五十九。有孔安國傳及《序》，世遂以爲真孔壁所藏也。唐初諸儒，從而爲之疏義，自是漢世大、小夏侯、歐陽氏所傳《尚書》止有二十九篇者廢不復行，惟此孔傳五十八篇孤行於世。伏氏《書》既與梅賾所增混淆，誰復能辨？竊嘗讀之，伏氏《書》雖不盡通，然辭義古奥，其爲上古之書無疑。梅賾所增二十五篇體製如出一手，采集補綴，雖無一字無所本，而平緩卑弱，殊不類先漢以前之文。夫千年古書，最晚乃出，而字畫略無脱誤，文勢略無齟齬，不亦大可疑乎？吴才老曰：『增多之《書》，皆文從字順，非若伏生之《書》詰曲聱牙。夫四代之書，作者不一，乃至二人之手，而定爲二體，其亦難言矣。』朱仲晦曰：『《書》凡易讀者皆古文，豈有數百年壁中之物，不訛損一字？』又曰：『伏生所傳皆難讀，如何伏生偏記其所難，而易者全不能記也？』又曰：『孔《書》至東晉方出，前此諸儒皆未見，可疑之甚。』又曰：『《書序》伏生時無之，其文甚弱，亦不是前漢人文字，只似後漢末人。』又曰：『《小序》決非孔門之舊，安國《序》亦非西漢文章。』又曰：『先漢文字重厚，今《大序》格致極輕。』又曰：『《尚書》孔安國傳是魏晉間人作，托孔安國爲名耳。』又曰：『孔傳并《序》，皆不類西漢文字氣象，與《孔叢子》同是一手僞書。蓋其言多相表裏，而訓詁亦多出《小爾雅》也。』夫以吴氏及朱子之所疑者如此，顧澄何敢質斯疑，而斷斷然不敢信此二十五篇之爲古《書》，則是非之心，不可得而昧也。」

今按：漢儒以伏生之《書》爲今文，而謂安國之《書》爲古文。以今考之，則今文多艱澀，而古文反平易。或者以爲今文自伏生女子口授，晁錯時失之。則先秦古書所引之文皆已如此，恐其未必然也。或者以爲記録之實語難工，而潤色之雅詞易好，故訓、誥、誓、命有難易之不同。此爲近之。然伏生背文暗誦，乃偏得其所難；而安國考定於科斗古書錯亂磨滅之餘，反專得其所易，則又有不可曉者。至於諸《序》之文或頗與經不合，而安國之《序》又絶不類西京文字，亦皆可疑。獨諸《序》之本不先經，則賴安國之《序》而見。故今定此本，壹以諸篇本文爲經，而復合序篇於後。使覽者得見聖經之舊，而又集傳其所可知，姑闕其所不可知者云。董氏鼎曰：「帝王之書，歷代所寶，天下家傳人誦之。人生八歲入小學，教之以《詩》、《書》六藝之文，即此書也。蓋自孔子以前則然矣。孔子初志，本期道行於天下，亦未肯止於删《詩》定《書》而已，及既老而道不行，然後始及於此。所以斷自唐虞訖于周者，蓋以前乎五帝爲三皇，世尚洪荒，非後世所可考；後乎三王爲五伯，習尚權譎，又非聖人所忍爲。故惟自唐訖周，而百篇之《書》定。自是誦習者簡要而不繁，舉行者中正而無弊，此夫子之意也。若夫一書之中，其於明德、新民之綱，修、齊、治、平之目，即《堯典》以盡其要，而危、微、精、一四言所以開知行之端，主、善、協、一四言所以示博約之義。務學，則《説命》其入道之門；爲治，則《洪範》其經世之要也。他如齊天運則有義、和之曆，定地理則有《禹貢》之篇，正官僚則有《周官》之制度，修己任人則有《無逸》、《立政》諸書。煨燼壞爛之餘，百篇僅存其半，而宏綱實用尚如此，故嘗謂六經莫古於《書》。《易》雖始於伏羲，然有卦未有辭，辭始於文王爾。六經莫備於《書》。五經各主一事而作耳，《易》主卜筮，即《洪範》之『稽疑』也；《禮》主節文，即《虞書》之『五禮』也；《詩》主詠歌，即后夔之樂教也；《周禮》設官，即《周官》六卿率屬之事也；《春秋》褒貶，即皋陶命德、討罪之權也。五經各主帝王政事之一端，《書》則備紀帝王政事之全體。修、齊、治、平之規模事業盡在此書，學者其可不盡心焉！」

書傳大全卷之一

虞　書

虞舜氏，因以爲有天下之號也。書凡五篇。《堯典》雖紀唐堯之事，然本虞史所作，故曰《虞書》。其《舜典》以下，夏史所作，當曰《夏書》，《春秋傳》亦多引爲《夏書》，此云《虞書》，或以爲孔子所定也。陸氏曰：「《虞書》凡十六篇，十一篇亡。」○夏氏曰：「二《典》、《禹謨》俱謂之《虞書》者，蓋三聖授受，實守一道。謂之《唐書》，則可以該舜，不可以該禹。謂之《夏書》，則可以該舜，不可以該堯。惟曰《虞書》，則見舜上承於堯，下授於禹。」

堯　典

堯，唐帝名。《説文》曰：「典，從册在丌上，尊閣之也。」此篇以簡册載堯之事，故名曰《堯典》。後世以其所載之事可謂常法，故又訓爲常也。今文、古文皆有。朱子曰：「死謚，周道也。史云：夏、商以上無謚，以其號爲謚，如堯、舜、禹之類。看來堯、舜、禹也無意義。『堯』字從三土，如謂土之堯然而高也。舜只是花名，所謂『顔如舜華』之『舜』，也無意義。禹者獸跡，今《説文》篆『禹』字如獸跡之形，若死而以此爲號，也無意義。況虞舜側微時，已云『有鰥在下曰虞舜』，則不得爲死而加之號矣。看來堯、舜、禹只是名，非號也。」○「看二《典》之書，堯、舜所以卷舒作用，直如此熟。」○程子曰：「上古世淳人朴，順事而爲治耳。至堯始爲治道，因事制法，著見功跡，而可爲典常也。不惟隨時，亦其憂患後世而有作也，故作史者以『典』名其書。」○呂氏曰：「二《典》與他書不同，如《易》之有乾坤。」○董氏鼎曰：「按篇題下每書古、今文有無者，孔壁、伏生二書之分耳，非以字畫言辭論也。」○臨川吴氏曰：「此篇蓋舜崩之後，虞史紀舜之行事。然以舜徽庸攝位皆在堯時，故追紀堯之行事以該初終。一篇並載二帝之事，不名《舜典》而名《堯典》者，統於尊也。伏生《書》此篇止名《堯典》，梅頤始分『慎徽五典』以下爲《舜典》。陳振孫曰：『《孟子》所引「二十有八載，放勳乃殂落」之文曰《堯典》，則知古無《舜典》也。』」

曰若稽古帝堯曰放勳，欽明文思安安，允恭克讓，光被四表，格于上下。

曰、粵、越通，古文作「粵」。「曰若」者，發語辭。《周書》「越若來三月」，亦此例也。稽，考也。史臣將敘堯事，故先言考古之帝堯者，其德如下文所云也。「曰」者，猶言其説如此也。放，至也，猶《孟子》言「放乎四海」是也；勳，功也，言堯之功大而無所不至也。欽，恭敬也；明，通明也，敬體而明用也。文，文章也；思，意思也，文著見而思深遠也。安安，無所勉强也，言其德性之美皆出於自然而非勉强，所謂「性之」者也。允，信；克，能也。常人德非性有，物欲害之，故有强爲恭而不實、欲爲讓而不能者，惟堯性之，是以信恭而能讓也。光，顯；被，及；表，外；格，至；上，天；下，地也。言其德之盛如此，故其所及之遠如此也。蓋「放勳」者，總言堯之德業也。欽明文思安安，本其德性而言也。允恭克讓，以其行實而言也。至於被四表、格上下，則放勳之所極也。孔子曰：「惟天爲大，惟堯則之。」故《書》敘帝王之德莫盛於堯，而其贊堯之德莫備於此。且又首以「欽」之一字爲言，此《書》中開卷第一義也。讀者深味而有得焉，則一經之全體，不外是矣，其可忽哉？朱子曰：「曰若稽古帝堯，是作《書》者敘起。」○「堯是初頭出第一箇聖人，《尚書・堯典》是第一篇典籍，説堯之德都未下別字，『欽』是第一箇字。如今看聖賢千言萬語，大事小事莫不本於敬。收拾得自家精神在此，方看得道理盡。看道理不盡，只是不曾專一。」○「敬，是徹上徹下工夫。做到聖人田地，也只放下這箇敬不得。如堯、舜，也只終始是一箇敬。如說『欽明文思』頌堯之德四箇字，獨將這箇敬爲首。如說「恭己正南面而已」，如說「篤恭而天下平」，皆是。」○「堯欽明文思，欽是箇本領，能敬便能明。惟明故文理詳察，粲然可觀，而其間意思，自是深遠。」又曰：「『敬』字當理會，雖堯、舜之聖，亦只從這下來。」○「安安，只是箇重疊字，若小心翼翼，成性存存，言堯之欽明文思，皆本於自然，不出於勉强也。允則是信實，克則是能。」○「允恭克讓，從張綱說，謂信恭能讓，作《書》者贊詠堯德如此。」○元城劉氏曰：「《堯典》下當爲『粵若稽古』。粵若，發語之辭。稽，考也。言史氏考古有此事也。蓋『粵若』者，則所謂『越若來三月』也。『稽古』者，則所謂『惟稽古』是也。」○呂氏曰：「散而在外則爲文，欽明之發見也；蘊而在内則爲思，欽明之潛蓄也。文思，表裏之謂。」○芸閣呂氏曰：「君子莫不有是德，惟堯爲能安安，所謂『安而行之』。格，極其所至也。德之盛者，上下與天地同流而無間也。」○西山真氏曰：「堯之德以欽爲首，而其行以恭爲先。學者之學聖人，此其準的也。」○王氏充耘曰：「欽明文思安安，是堯之得於天者異於人。允恭克讓，是堯之見諸行事者異於人。欽明文思或可能也，安安不可能也。恭讓或可能也，允克不可能也。」

克明俊德，以親九族；九族既睦，平章百姓；百姓昭明，協和萬邦，黎民於變時雍。

明，明之也。俊，大也。堯之大德，上文所稱是也。九族，高祖至玄孫之親，舉近以該遠，五服異姓之親亦在其中也。睦，親而和也。平，均。章，明也。百姓，畿内民庶也。昭明，皆能自明其德也。萬邦，天下諸侯之國也。黎，黑也。民首皆黑，故曰黎民。於，歎美辭。變，變惡爲善也。時，是。雍，和也。此言堯推其德，自身而家、而國、而天下，所謂「放勳」者也。朱子曰：「克明俊德，是明明德之意。」○「克明俊德，只是説堯之德，與『文王克明德』同。」○問：「《堯典》自『欽明文思』以下，皆説堯之德，則所謂『克明俊德』者，古註作『能明俊德之人』，似有理。」曰：「且看文勢，不見有用人意。」○問：「俊德，或以爲己之明德，或以爲俊德之士。若以《大學》之序觀之，則俊德爲己之明德，似無可疑者。」曰：「俊德，當依《大學》説。」○問：「《堯典》以親九族，説者謂上至高祖，下至玄孫。林少穎謂：若如此只是一族。所謂九族者，父族四、母族三、妻族二。是否？」曰：「父族，謂本族。姑之夫、姊妹之夫、女子之夫家。母族，謂母之本族母族與姨母之家。妻族，則妻之本族與其母族是也。上殺、下殺、旁殺，只看所畫宗族圖可見。」○「九族，以三族言者較大，然亦不必如此泥，但其所親者皆是。」○「平章百姓，只是近處百姓。黎民，則合天下之民言之矣。典謨中百姓只是説民，如『罔咈百姓』之類。若《國語》説百姓，則多是説『百官族姓』。」○「平章百姓，只是畿内之民，非百官族姓也。此家齊而後國治之意。百姓昭明，乃三綱五常，皆分曉不鶻突也。」○王氏曰：「親者，親之也。睦者，交相親也。」○唐氏曰：「睦者，親之應。昭明者，平章之應。時雍者，協和之應也。」○陳氏大猷曰：「『於，如《詩》『於穆』之『於』。蓋神化之妙，難以形容，與直言變者氣象不侔矣。」○西山真氏曰：「『欽明文思』者，衆德之目。大德，即其總名也。『明俊德』者，脩身之事，其下即齊家、治國、平天下之事也。此帝者爲治之序也。先言明俊德，謂堯自明其德；後言平章百姓而百姓昭明，謂新民而民亦有以明其德也。《大學》以明明德爲新民之端，與夫脩身齊家治國平天下之序，蓋本之《堯典》也。《堯典》其《大學》之宗祖歟！」○新安陳氏曰：「『克明俊德』者，明此德之全體。『以親九族』至『時雍』者，推此德之大用，舉天地間盡在春風和氣中矣。傳謂：此言堯推其德，自身而家、而國、而天下，所謂『放勳』者也。即指此爲放勳，帝德之用無所不至者，即功勳之無所不至者也。豈功自功，德自德哉！」○王氏充耘曰：「此盡己之性，能盡人之性者也。」

乃命羲、和，欽若昊天，曆象日月星辰，敬授人時。

「乃」者，繼事之辭。羲氏、和氏，主曆象授時之官。若，順也。昊，廣大之意。曆，所以紀數之書。象，所以觀天之器，如下篇璣衡之屬是也。日，陽精，一日而繞地一周；月，陰精，一月而與日一會。星，二十八宿，衆星爲經，金、木、水、火、土五星爲緯，皆是也。辰，以日月所會，分周天之度，爲十二次也。人時，謂耕穫之候，凡民事早晚之所關也。其説詳見下文。朱子曰：「羲、和主曆象授時而已，非是各行其方之事。」○「羲、和即是那四子。或云有羲伯、和伯共六人，未必是。」○「曆是古時一件大事，故炎帝以鳥名官，首曰：『鳳鳥氏，曆正也。』歲月日時既定，則百工之事可考其成。曆是書，象是器，無曆則無以知三辰之所在，無璣衡則無以見三辰之所在。」○孔氏曰：「重黎之後羲氏、和氏世掌天地四時之官。昊天，言元氣廣大。」○唐孔氏曰：「日月所會之辰十有二：正月會亥辰爲陬訾，二月戌爲降婁，三月酉爲大梁，四月申爲實沈，五月未爲鶉首，六月午爲鶉火，七月巳爲鶉尾，八月辰爲壽星，九月卯爲大火，十月寅爲析木，十一月丑爲星紀，十二月子爲玄枵，星與辰一也。舉其人之所見爲星，論其日月所會謂之辰。」○吕氏祖謙曰：「作曆之前，欽若昊天，是『先天而天弗違』，作曆之後，敬授人時，是『後天而奉天時』，皆以欽敬爲主。」○程子曰：「事之最大最先，在推測天道，治曆明時，萬事莫不本於此。脩齊治平，治之道也。順時治曆，創制立度，治之法也。聖人治天下，惟此兩端而已。」○王氏曰：「昔少昊氏命官，鳳鳥氏司曆，玄鳥氏司分，伯趙氏司至，青鳥氏司啓，丹鳥氏司閉，位五鳩、五雉、九扈之上，古聖人重曆數如此。堯出步占，曰欽曰敬，最爲詳嚴。及夏，羲、和合爲一，其職已略。至周爲大史，正歲年以序事，以下大夫爲之；馮相氏掌日月星辰，以中士爲之，則其官益輕。蓋創端造始，推測天度，非上哲有所不能。及成法已具，有司守之，亦可步占，所以始重終輕，其勢然也。」○新安陳氏曰：「重、黎自掌天地神民，羲、和自掌四時作曆，疑是兩官。紛紛之説，不足深泥。四子先總命之，繼分命之，末復總命之，雖分方與時，其實通掌。正如春官正至冬官正，雖分四時，實通兼云。」○陳氏雅言曰：「敬授與允釐意相似。聖人事天治民，亦欽敬之心而已。敬天之心嚴於曆象之際，勤民之心嚴於授時之際。聖人於事，何往不敬，而況於事天治民之大者乎！」

分命羲仲，宅嵎夷曰暘谷，寅賓出日，平秩東作，日中星鳥，以殷仲春。厥民析，鳥獸孳尾。

此下四節，言曆既成，而分職以頒布，且考驗之，恐其推步之或差也。或曰：上文所命，蓋羲伯、和伯，此乃分命其仲、叔，未詳是否也。宅，居也。嵎夷，即《禹貢》「嵎夷既略」者也。「曰暘谷」者，取日出之義，羲仲所居官次之名。蓋官在國都，而測候之所則在於嵎夷東表之地也。寅，敬也。賓，禮接之如賓客也，亦帝嚳曆日月而迎送之意。出日，方出之日。蓋以春分之旦，朝方出之日而識其初出之景也。平，均。秩，序。作，起也。東作，春月歲功方興，所當作起之事也。蓋以曆之節氣早晚，均次其先後之宜，以授有司也。「日中」者，春分之刻於夏永冬短爲適中也。晝夜皆五十刻，舉晝以見夜，故曰日。星鳥，南方朱鳥七宿。唐一行推以鶉火爲春分昏之中星也。殷，中也。春分，陽之中也。析，分散也。先時冬寒，民聚於隩，至是則以民之散處而驗其氣之温也。乳化曰「孳」，交接曰「尾」，以物之生育而驗其氣之和也。朱子曰：「宅嵎夷之類，恐只是四方度其日景，如唐時尚使人去四方觀望。」○問：「寅賓出日，寅餞納日，如何？」曰：「恐當從林少穎解。寅賓出日，是推測日出時候，如土圭之法是也。暘谷、南交、昧谷、幽都，❶是測日景之處。宅，度也。東作、南訛、西成、朔易，皆節候也。東作，如立春至雨水節之類。寅賓則求之於日，星鳥則求之於夜。厥民析、因、夷、隩，非是使民如此，民自是如此。因者，因其析後之事。夷者，萬物收成，民皆優逸之意。『孳尾』至『氄毛』，亦是鳥獸自然如此，如今曆書紀鳴鳩拂羽等事。程泰之解暘谷、南交、昧谷、幽都，以爲築一臺而分爲四處，非也。若如此，則是東方之民得東作，他處更不耕種矣。西方之民亨西成，他處皆不斂穫矣。大抵羲、和四子皆是掌曆之官，觀於『咨汝羲暨和』之辭可見。敬致乃冬夏致日、春秋致月是也。春、秋分無日景，夏至景短，冬至景長。」○「平秩東作之類，只是如今穀雨、芒種之節候爾。林少穎作『萬物作』之『作』說，即是此意。」○「在地之位一定不易，在天之象運轉不停，惟天之鳥星加於地之午位，乃與地合，得天運之正。」○王氏曰：「分命，使分陰陽而治之也。申命，使繼二仲而治之也。」○孔氏曰：「暘，明也。日出於谷而天下明，故稱暘谷。」○蘇氏曰：「嵎夷之類，乃四極之地。測候日景以定分、至，而後曆可起。必驗之於四極，非常宅也。」○唐孔氏曰：「居治東方之官，居在帝都，而遥統領之。以春位在東，因治於東方，其實主四方春政。」○林氏曰：「東作，謂萬物發生於東，非全取農作之義。曾云『春爲陽中，萬物以生。秋爲陰中，萬物以成』。且引《詩》『薇亦作止』、《老子》『萬物並作』爲證，可補先儒之失。」○孫氏曰：「仲春陽中，故舉

❶「交」，原作「郊」，今據四庫本改。下文引程泰之解「南交」之「交」、武陵熊氏解「南交」之「交」也都誤作「郊」，今亦改正。

日。仲秋陰中，故舉宵。」○永嘉鄭氏曰：「二十八宿，環列四方，隨天而西轉。角、亢、氐、房、心、尾、箕，東方宿也。斗、牛、女、虚、危、室、壁，❶北方宿也。奎、婁、胃、昴、畢、觜、參，西方宿也。井、鬼、柳、星、張、翼、軫，南方宿也。四方雖有定星，而星無定居，各以時見於南方。天形北傾，故北極居天之中，而常在天北。二十八宿常半隱半見，日東行歷二十八宿，故隱見各有時，必於南方考之。」○唐孔氏曰：「星鳥總舉七宿，以象言。夏言星火，以次言，獨指房、心。虚、昴爲舉一宿，以宿言。文不同者，互相通也。」○金氏曰：「午上有鶉鳥星，在星星之東，首西尾東，故星爲星鳥。未爲鶉首，巳爲鶉尾是也。」○張氏曰：「南方星鳥，則東方蒼龍，北方玄武，西方白虎可知。東言大火，則南之鶉火，西之大梁，北之玄枵可知。西言虚，北言昴，則東之房，南之星可知。皆互推之也。」○武夷熊氏曰：「中星者，非指天之中而言。人君之位，坐北而面南，則日月五星之運行，皆在北極垣外，意亦是適在南北極之間。故此而取中，而謂之中星也。大概東嵎、西谷、南交、朔方，是就平地而言東西南北也。南方朱鳥、東方蒼龍、北方玄武、西方白虎，是就周天而言東西南北也。」○新安陳氏曰：「諸家解皆以『分命』、『申命』四子爲作四時曆。姑以羲仲言，使待春分之旦，賓出日而識其景，然後作春曆，不亦晚乎？其不通可知矣。惟朱子訂傳，以此四節爲曆既成而分職頒布，且恐其推步或差，而審訂考驗之，方爲可通。蓋『乃命』之初，既按曆法之成法以作曆。『分命』、『申命』又恐其或戾於法而審訂之以謹後來之曆，此敬重之至也。古者常以冬頒來歲之

❶「壁」，原作「璧」，今據四庫本改。

朔，雖今亦然。豈待分至而後觀日景乎？此訂傳所以超出諸解而不可及也。」

申命羲叔，宅南交，平秩南訛，敬致日永，星火，以正仲夏。厥民因，鳥獸希革。

申，重也。南交，南方交阯之地。陳氏曰：「南交」下當有「曰明都」三字。訛，化也，謂夏月時物長盛，所當變化之事也。《史記索隱》作「南爲」，謂所當爲之事也。敬致，《周禮》所謂「冬夏致日」。蓋以夏至之日中，祠日而識其景。如所謂「日致之景尺有五寸，謂之地中」者也。永，長也。日永，晝六十刻也。星火，東方蒼龍七宿。火，謂大火，夏至昏之中星也。「正」者，夏至陽之極，午爲正陽位也。因，析而又析，以氣愈熱而民愈散處也。希革，鳥獸毛希而革易也。問：平秩南訛，敬致。林氏謂：「如《周禮》『致日』之『致』，此乃致南方之中星。」朱子曰：「致日，乃考日中之景。如《周禮》土圭之法，非考中星也。敬致，只是『冬夏致日』之『致』。寅賓，是賓其出。寅餞，是餞其入。敬致，是致中。北方不説者，北方無日故也。」伊川曰：「測景以三萬里爲準，若有窮，然有至一邊已及一萬五千里者，而天地之位蓋如初也。此言蓋誤。所謂升降一萬五千里中者，謂冬夏日行南陸北陸之間，相去一萬五千里耳，非謂周天只三萬里也。」○唐孔氏曰：「七宿，房在其中，但房、心連體，心統其名。《左傳》言『火中』、『火見』，《詩》稱『七月流火』，皆指房、心爲火。故曰『火，蒼龍之中星』。特舉一星，與鳥不類。」○金氏曰：「心宿有三星，中一星名曰大火。」○林氏曰：「敬致，猶《周禮》『冬夏致日』、《左氏》『日官居卿以底日』。前《天文志》云：日有黄道，一曰光道。黄道北至東井，去北極近；南至牽牛，去北極遠。夏至至于東井，近極故晷短，立八尺之表，而晷景長一尺五寸八分；冬至至于牽牛，遠極故晷長，立八尺之表，而晷景長一丈三尺一寸四分。晷景者，所以知日之南北也。春秋分日至婁、角，去極中而晷中。立八尺之表，而晷景長七尺三寸六分。此日去極遠近之差，晷景長短之制也。」

分命和仲，宅西曰昧谷，寅餞納日，平秩西成，宵中星虛，以殷仲秋。厥民夷，鳥獸毛毨。

西，謂西極之地也。「曰昧谷」者，以日所入而名也。餞，禮送行者之名。納日，方納之日也。蓋以秋分之莫，夕方納之日而識其景也。西成，秋月物成之時，所當成就之事也。宵，夜也。「宵中」者，秋分夜之刻於夏、冬爲適中也。晝夜亦各五十刻，舉夜以見日，故曰宵。星虛，北方玄武七宿之虛星，秋分昏之中星也。亦曰「殷」者，秋分，陰之中也。夷，平也。暑退而人氣平也。毛毨，鳥獸毛落更生，潤澤鮮好也。蘇氏曰：「秋獨曰『宅西』，徐廣云：『今天水之西縣也。』」○孔氏曰：「昧，冥也。日入於谷而天下冥，故曰『昧谷』。昧谷曰西，則嵎夷東可知。」○唐孔氏曰：「『谷』者，日所行之道，非實有谷而日入也。送行飲酒謂之餞，故餞爲送也。」

申命和叔，宅朔方曰幽都，平在朔易，日短星昴，以正仲冬。厥民隩，鳥獸氄毛。

朔方，北荒之地。謂之「朔」者，朔之爲言蘇也，萬物至此死而復蘇，猶月之晦而有朔也。日行至是則淪於地中，萬象幽暗，故曰「幽都」。在，察也。朔易，冬月歲事已畢，除舊更新，所當改易之事也。日短，晝四十刻也。星昴，西方白虎七宿之昴宿，冬至昏之中星也。亦曰「正」者，冬至，陰之極，子爲正陰之位也。隩，室之内也。氣寒而民聚於内也。氄毛，鳥獸生耎毳細毛以自温也。蓋既命羲、和造曆制器，而又分方與時，使各驗其實，以審夫推步之差。聖人之敬天勤民，其謹如是，是以術不違天而政不失時也。又按：此冬至日在虚，昏中昴。今冬至日在斗，昏中壁。中星不同者，蓋天有三百六十五度四分度之一，歲有三百六十五日四分日之一。天度四分之一而有餘，歲日四分之一而不足。故天度常平運而舒，日道常内轉而縮。天漸差而西，歲漸差而東，此歲差之由，唐一行所謂「歲差」者是也。古曆簡易，未立差法，但隨時占候脩改，以與天合。至東晉虞喜始以天爲天，以歲爲歲，乃立差以追其變，約以五十年退一度。何承天以爲太過，乃倍其年而又反不及。至隋劉焯取二家中數七十五年，爲近之，然亦未爲精密也。因附著于此。朱子曰：「朔易，亦是時候歲一改易，於此有終而復始之意。」〇「中星自堯時至今，已差五十度。」〇「今之造曆者無定法，只是趕趁天之行度以求合，或過則損，不及則益，所以多差。因言，古之鐘律紐算，寸分毫釐絲忽皆是定法，如合符契，皆自然而然，莫知所起。古之聖人，其思之如是之巧，然皆非私意撰爲之也，意古之曆書，亦必有一定之法，而今亡矣。三代而下，造曆者紛紛莫有定議，愈精愈密而愈多差，由不得古人一定之法也。季通常言：『天之運無常。日月星辰積氣，皆動物也，其行度疾徐，或過不及，自是不齊。使我之法能運乎天，而不爲天之所運，則其疎密遲速，或過不及之間，不出乎我。此虚寬之大數，縱有差忒，皆可推而不失矣。何者？以我法之有定而律彼之無定，自無差也。』季通言非是。天運無定，乃其行度如此，其行之差處亦是常度。但後之造曆者，爲數窄狹，而不足以包之耳。」○「堯時昏旦星中於午，《月令》差於未，漢晉以來又差，今比堯時似差四分之一。古時冬至日在牽牛，今却在斗。」○「太史公《曆書》說是太初，然却是顓頊《四分曆》、劉歆《三統曆》。唐一行《大衍曆》最詳備。五代王朴《司天考》亦簡嚴。然一行、王朴之曆，皆止用之二三年即差。王朴曆是七百二十加去。季通亦用，却依康節三百六十數。」○唐孔氏曰：「朔，盡也。北方萬物盡，故言朔。李巡曰：萬物盡於北方，蘇而復生，故北稱朔。王肅云：『改易者，謹約蓋藏，循行積聚。』引《詩》：『嗟我婦子，曰爲改歲，入此室處。』《釋宮》云：『西南隅謂之隩。』孫炎云：『室中隱隩之處也。』隩是室内之名，故以『隩』爲室也。」○王氏曰：「不言北而言朔，如月朔更始之意。北方以位言之，則日月星辰之象，皆伏而不見，以時言之，則草木歸根，昆蟲閉蟄，皆有隱伏之意，故謂之『幽都』。三時言平秩，主農事也，至冬農事畢矣，歲事且終，天氣更始，故言『平在朔易』。」○孫氏覺曰：在者，存而有察意。朔者，終而有始意。」○吕氏曰：「北方終其陰，而後始其陽，故曰『朔方』。既成今歲之終，又慮來歲之始，故謂之『朔易』。始而終，終而始，此天地生生不窮之道。而聖人體之以贊化育，艮始終萬物之意也。」○新安胡氏曰：「東萊實本程子經說，而略潤色之。程子又曰：古者功作之事，皆於冬月閑隙之際。如脩完室廬牆垣之類，皆爲來歲計。皆是一歲之事既終，則復慮其始也。」○顧氏臨曰：「《月令》仲春日在奎，考之《書》，則冬之時也；仲夏在東井，則《書》之春也；仲秋在角，則《書》之夏也；仲冬在斗，則《書》之秋也。《月令》與《書》異，蓋天道三十年小變，百年中變，五百年大變。故曰伏義、神農之曆不可用於堯、舜之時，堯、舜之曆不可用於夏、商之際。」○金氏曰：「《堯典》中星與《月令》不同，《月令》中星與今日又不同。歲有差數，先賢故立歲差之法以步之，差法當以七十三年者爲稍的。堯時冬至日在虚七度，昏昴中。至《月令》時該一千九百餘年，《月令》冬至日在斗二十二度，昏奎中。至本朝初該一千七百餘年，冬至日在斗初度，昏壁中。今延祐又經四十餘年，而冬至日在箕八度矣，昏亦壁中。以此驗之，誠有不同。」○問：「《堯典》仲春、仲夏、仲秋、仲冬，與《月令》四仲昏旦中星不同，何故？」潛室陳氏曰：「謂之中星者，當南方之正，直午位之中者也。然星隨天西轉，無刻不有中星，但其法以初昏爲候。故《堯典》之所指，即謂昏中也。其以星鳥言者，是以四象言也；其以星火言者，是以二十八宿言也。要皆不出於二十八宿，四分之則爲四象，十二分則爲十二辰耳。然《堯典》但提其大綱，若曆家則轉加密矣。故《月令》析爲十二，《三統》析爲二十四氣且兼旦中而言，則愈析愈密，固不厭析也。蓋周天三百六十五度四分度之一。四分其度而得一，謂零散數也。其一晝夜左旋一周天，而又奇一度置周不數，而獨數其奇，故謂星日行一度。若甲日某星初度中，即乙日某星二度中。日有三百六十六，即中星亦有三百六十六。必星官以玉衡窺之，毫釐不差，斯可以定節氣而成四時。若《三統》分二十四氣，在曆家且爾，況《月令》、《堯典》乎？古今曆法不同，大抵較疎密耳。」○新安陳氏曰：「顧氏此條，當與訂傳歲差之説參看耳。訂傳謂『今冬至日在斗、昏壁中』，所謂『今』者，文公之時也。證之今日，又不同矣。近歲方氏回當至元十八年辛巳，作《孫君山經序》，有曰：『今冬至日在箕九度，昏室中。』由此觀之，烏可不用歲差法，隨時追其變而治曆，以與天合哉！既當隨時脩改，以與天合，則執經膠泥以求與古合，決所不可也。」○

臨川吴氏曰：「乃命，總命羲、和也。就羲、和之内分别之，羲掌春夏，和掌秋冬，故言『分命』。又就羲之内、和之内重分之，既命其仲，復命其叔，故言『申命』。堯命四時之官，明天時以授人，而其要在於度日景日晷，驗初昏中星，以定二分二至而已。蓋分、至定，則四時之節候皆不差矣。」

帝曰：「咨！汝羲暨和，朞三百有六旬有六日，以閏月定四時，成歲，允釐百工，庶績咸熙。」咨，嗟也，嗟嘆而告之也。暨，及也。朞，猶周也。允，信。釐，治。工，官。庶，衆。績，功。咸，皆。熙，廣也。天體至圓，周圍三百六十五度四分度之一。繞地左旋，常一日一周而過一度。日麗天而少遲，故日行一日亦繞地一周，而在天爲不及一度。積三百六十五日九百四十分日之二百三十五，而與天會。是一歲日行之數也。月麗天而尤遲。一日常不及天十三度十九分度之七。積二十九日九百四十分日之四百九十九，而與日會。十二會，得全日三百四十八。餘分之積，又五千九百八十八。如日法九百四十而一得六，不盡三百四十八，通計得日三百五十四九百四十分日之三百四十八，是一歲月行之數也。歲有十二月，月有三十日，三百六十者，一歲之常數也。故日與天會而多五日九百四十分日之二百三十五者爲氣盈，月與日會而少五日九百四十分日之五百九十二者爲朔虚，合氣盈、朔虚而閏生焉。故一歲閏率則十日九百四十分日之八百二十七，三歲一閏則三十二日九百四十分日之六百單一，五歲再閏則五十四日九百四十分日之三百七十五，十有九歲七閏則氣、朔分齊，是爲一章也。故三年而不置閏，則春之一月入于夏，而時漸不定矣；子之一月入于丑，而歲漸不成矣。積之之久，至於三失閏，則春皆入夏，而時全不定矣。十二失閏，子皆入丑，歲全不成矣。其名實乖戾，寒暑反易，農桑庶務皆失其時。故必以此餘日置閏月於其間，然後四時不差而歲功得成，以此信治百官，而衆功皆廣也。朱子曰：「天道左旋，日月亦只左旋。但天行健，一日一夜而周，常差過一度。日月違天而退，日是一日退一度，月退十三度有奇，周天三百六十五度四分度之一。每歲只有三百六十日，餘了五日四分日之一，又除小月計六日，所以置閏。所餘六日爲氣盈，所少六日爲朔虚。」○「朞三百有六旬有六日，而今一歲三百五十四日者，積朔空餘分以爲閏。朔空者，六小月也；餘分者，五日四分日之一也。」○「如何見得天有三百六十五度，甚麽人去量來。只是天行得過處爲度，天之過處便是日之退處，日月會爲辰。」○問：「周天之度，是自然之度？是强分？」曰：「天左旋，一晝一夜行一周，而又過了一度。以其行過處，一日作一度，三百六十五度四分度之一，方是一周。只將南北表看：今日恁時看，時有甚星在表處；明日恁時看，這星又差遠，或別是一星了。」○「天道與日月五星皆是左旋。天道日一周天而常過一度。日一日一周天，起度端，終度端，故比天道常不及一度。月行不及天十三度十九分度之七。今人却云月行速，日行遲，此錯説也。但曆家以右旋爲説，取其易見日月之度爾。」○伯靜云：「天是一日一周，日則不及一度，非天過一度也。」曰：「此説不是。若以爲天是一日一周，則四時中星如何不同？如此則日日一般，却如何紀歲？把甚麽時節做定限？若以天爲不過而日不及一度，則趲來趲去，將次午時便打三更矣！」因取《禮記・月令》疏指其中説早晚不同及更行一度兩處，曰：「此説得甚分明，其他曆書都不如此説。而今若就天裏看時只是行得三百六十五度四分度之一，若把天外來説則是一日過了一度。季通常有言：『論日月，則在天裏；論天，則在大虛空裏。若去大虛空裏看那天，自是日月衮得不在舊時處。』」謂：「如今日在這一處，明日自是又衮動着些子，又不在舊時處了。」又曰：「天無體，只二十八宿便是體。且如日月皆從角起，天亦從角起，日則一日運一周，依舊只在那角上。天則一周了又過角些子，日日累上去，則一年便與日會。」○問：「天道左旋，自西而東，日月右行，則如何？」曰：「横渠説日月皆是左旋，説得好。蓋天行甚健，一日一夜周三百六十五度四分度之一，又進過一度。日行速，健次於天，一日一夜周三百六十五度四分度之一，正恰好。被天進一度，則日爲退一度。二日天進二度，則日爲退二度。積至三百六十五日四分日之一，則天所進過之度，又恰周得本數；而日所退之度，亦恰退盡本數，遂與天會而成一年。是謂一年一周天。月行遲，一日一夜行三百六十五度四分度之一行不盡，比天爲退了十三度有奇。至二十九日半强，恰與日相值在恰好處。是謂一月一周天。進數爲順天而左，退數爲逆天而右。曆家以進數難算，只以退數算之，故謂之右行，且曰『日行遲，月行速』。」○「曆家只算所退之度，却云日行一度，月行十三度有奇。此乃截法，故有日月五星右行之説，其實非右行也。横渠云：『天左旋，處其中者順之，少遲則反右矣。』此説最好。」○問：「經星左旋，緯星與日月右旋，是否？」曰：「今諸家是如此説。横渠説天左旋，日月亦左旋。看來横渠之説極是。只恐人不曉，所以《詩傳》只載舊説。」或問：「此亦易見。且以一大輪在外，一小輪載日月在内，大輪轉急，小輪轉緩。雖都是左轉，只有急有慢，便覺日月似右轉了。」曰：「若如此，則曆家『逆』字皆着改作『順』字，『進』字皆着改作『退』字。」○問：「日是陽，如何反行得遲如月？」曰：「正是月遲。」又問：「日行一度，月行十三度有奇，如何却是遲？」曰：「曆家是將他退底度數。天至健，故日行常少及他一度；月又遲，故不及天十三度有奇。且如月生於西，一夜一夜漸漸向東，便可見月遲。」問：「如此，則日當比天行遲了一度，月比天行遲了十三度有奇。」曰：「曆家若如此說，則算着那相去處度數多。今只以其相近處言，故易算。聞季通云：『西域有九執曆，却是順算。』」又云：「便是那這箇物事難說，曆家自有一種言語。」○問：「曆法何以推月之大小？」曰：「只是以每月二十九日半九百四十分日之四百九十九計之，觀其合朔爲如何。如前月大，則後月初二日月生明。」○「中氣只在本月。若趲得中氣在月盡，後月便當置閏。」○孔氏曰：「匝四時曰『朞』，未盈三歲，足得一月，則置閏焉，以定四時之氣節，成一歲之曆象。」○唐孔氏曰：「四分日之一入六日內，舉全數言之。十日九百四十分日之八百二十七爲每歲之實餘，正十一日弱也。」○毅齋沈氏曰：「天行速，每日過一度，進而與日會以成一期；月行遲，每日不及日十二度有奇，退而與日會以成一月。」○吴氏亨壽曰：「歲無定日，閏有定法，『朞』、『閏』、『歲』三字爲此一節之大要。『朞』者，一歲之足日也；『歲』者，一歲之省日也；『閏』者，補三歲之省日，湊爲三歲之足日也。」○蘇氏曰：「有六旬有六日，『有』讀爲『又』，古有、又通。」○陳氏普曰：「天繞地左旋，東出西入，一日一周而少過之。日者天之精，與天左旋，日適一周。以天之過也，而爲少不及焉，天日進而日日退也，日非退也，以天之進而見其退耳。曆家謂日月皆右旋以此。蓋不計天之進，而但以日月之退爲右旋，以背而爲面也。然苟不計天之進，則是四時昏旦中星常不移矣，無是理也。文公以爲橫渠自發之，蓋《隋書》之説略，後人未有述之，而橫渠首得其説爾。積三百六十五日四分日之一，而天與日復相遇於初進初退之地而爲一年。寒暑四時更迭代謝生成散斂，皆於是而周夫天。日者，氣數之始，其每日之進退既有常則，故一日之進退遂爲一度。三百六十五日四分日之一進退一周，而周天之數遂爲三百六十五度四分度之一。而凡天之東西南北，縱橫參伍，與夫星辰遠近之相去，月與五星之行，皆以其度爲度焉。度，數也，則也。天本無度，以與日離合而成。天日東西行，其周布本東西，而縱橫南北，皆以其度爲數，見日者數之本。日數既定，而在天在地無非其度也。月行遲，常以二十七日千一十六分日之三百二十七而與天會，二十九日九百四十分日之四百九十九而與日會。一月一周天者，以與日會言也。其實二十七日有奇。而周天，又二日有奇始與日會。文公註《十月之交》以爲月二十九日有奇而周天，又遂及於日而與日會，蓋未詳也。其不及天日之度，於日之不及天既多十餘倍，則其與天日會者自速十餘倍，此日之所以歲周，而月之所以月周也。日一年與天一會，月一年與天十三會，與日十二會。其與天會者無所用，故古今少道之。天以日爲天，故日與天會而爲歲功。月於氣無與，故其與天會者一無所用，而僅以與日會者紀乎二十四氣之行。日月每三十餘會而一閏。兩閏之中，謂十五十六會也。但以晦、朔、弦、望爲度，則漸違乎氣；以晦、朔、弦、望爲度而閏以追之，則雖暫違而常扳以及之。日月一會，二十九日半有奇，二氣之日常在其内。每三十餘會，則中氣必出一會之外，入再會之初，而其月惟一氣在其月之中，於此置閏。天不用之而人用之也。人之用之者，以望前半月終前月，望後半月起後月。終前月則月無久違而及日，起後月則日有餘裕而待月，農桑之候常不失序，而人與天常不相違矣。十九年七閏，則日月二百三十五會，與天日一十九會平等而無少不及，故爲一章也。」○金氏曰：「氣盈而不置閏，則晦、朔、弦、望差；朔虚而不置閏，則春、夏、秋、冬差。氣盈而失閏，則立春爲正月一日，驚蟄爲二月一日，隨節氣而爲月，累累皆然。當朔不朔，當晦不晦，安得合初一、十五、初八、二十三之晦、朔、弦、望乎？朔虚而失閏，則只以三箇月爲春，三箇月爲夏，又兩箇三月爲秋爲冬，隨十三月而爲一歲，累累皆然，而春非春、秋非秋，夏不熱、冬不寒矣。經三十三箇月，則氣盈、朔虚之數積及一月，便合置閏。前閏距後閏，亦三十三箇月。數内大月多，則過數而閏，三十四箇月者有之；大月少，則不及數亦閏，三十二箇月者亦有之。閏所以消其盈而息其虚也。大略經三十三箇月，則消息停當，氣節差移，自然月内無中氣而爲閏焉。」○新安陳氏曰：「『四分度之一』者，周天全度外，其零度有一度四分中之一分也。以對周歲全日外，其零日亦有一日四分中之一分，所謂四分日之一也。九百四十分爲一日，其二百三十五分即四分中一分，九百四十分日之二百三十五即四分日之一也。月一日不及天十三度有奇，是不及日十二度有奇。積二十九日，零四百九十九分而月與日會。四百九十九分，是六時零三刻弱也。二十九日零六時三刻，實爲一月。十二會得全日三百四十八，乃十二箇二十九日。餘分之積，以日法算之，其五千六百四十分該六日。而得六者，得六日也。零者尚有三百四十八分，三百四十八日加六日，一歲通三百五十四日，此一歲小歲之數也。十九年閏餘，通得二百單六日，須置七閏月。所以每十九年或二十年，必氣朔同日者一番也。然一歲只有三百五十四日，而經云『朞三百有六旬有六日』，何也？此一歲大歲之數也。蓋今年立春到明年立春，二十四氣全數，並有三百六十五日零二十五刻，二十五刻即四分日之一。以二十五刻當一日，舉全數而言，故曰『三百六旬有六日』也。二氣爲一月，必有三十日零二時五刻，始交後月節氣。合二十四氣，該三百六十五日零二十五刻，此氣盈之溢數也。十二月有六小盡者，此朔虚之虧數也。一朔無三十日全，非朔虚而何？二氣必三十日添二時五刻，非氣盈而何？節氣之有餘，與小盡之不足，二者並行而不相悖，因此有餘、不足而置閏於其間。三者參合而交相成，兹其爲萬世不能易之妙法歟！」○林氏曰：「二十七章爲一會，五百一十三年。三會爲一統，八十一章一千五百三十九年。三統爲一元。四千六百一十七年。章、統、會、元，運於無窮。」○呂氏曰：「『釐』『工』、『熙』『績』二句，乃史紀堯因治曆明時而致正官立治之力，非堯言也。」○董氏鼎曰：「日月麗乎天，宜皆隨天而行也，而曰天左旋、日月五星右轉，何哉？大要天最健而行速，日月五星不相及耳。然二十八宿亦星也，何以與天並行，而日月五星獨不能並行也？朱子曰：『天無體，二十八宿便是體，二十八宿之行即天行也。是以謂之經星，猶機絲之有經，一定而不動。而日月五星緯乎其中，所以分晝夜而列四時，無非順天而成造化也。故自地面而觀其運行，則皆東升西没，繞地而左旋；自天度而考其次舍，則日月五星獨以漸而東，爲逆天而右轉。蓋由其行不及天，而次舍日以退。然舍雖退而行未嘗不進也，退雖逆而進未嘗不順也；於天雖逆而右轉，於地則未嘗不順而左旋也。』蔡氏《書傳》曰：『天左旋，日月麗天亦左旋。』而《語録》中載朱子引横渠曰：『天左旋，處其中者順之，故日月星辰亦左旋。』此洞見天道之流行，就地面而順觀之也。《論語或問》曰：『經星隨天左旋，日月五緯右轉。』《詩·十月之交》傳曰：『周天三百六十五度四分度之一，左旋於地一晝一夜，則其行一周而又過一度。日月皆右行於天一晝一夜，則日行一度，月行十三度十九分度之七。』此步占日月之躔次，於天度而逆取之也。儒家論天道，則皆順而左旋；曆家考天度，則日月五星逆而右轉。然其次舍雖逆，其趨向則順，自天度考之，雖成右轉；自地面觀之，仍是左旋。明於天與地之説，則知左旋、右轉雖異而實同矣。又按：《論語或問》乃朱子未定之書，而《語録》中又謂日月左旋之説，恐人不曉，故《詩傳》中只載舊説，則蔡傳亦無可疑。」○陳氏雅言曰：「閏之爲閏，雖非天道之所有，而亦人時之所不可無。使天與日月之行，氣、朔之有餘、不足，而不置閏以歸之，則時且不定，歲且不成，何以示信於下，使及時趨事乎？然則閏之有係於天時人事如此，治曆者庸可不盡心哉！」

帝曰：「疇咨若時登庸？」放齊曰：「胤子朱啓明。」帝曰：「吁！嚚訟，可乎？」

此下至鯀「績用弗成」，皆爲禪舜張本也。疇，誰。咨，訪問也。若，順。庸，用也。堯言誰爲我訪問能順時爲治之人，而登用之乎？放齊，臣名。胤，嗣也。胤子朱，堯之嗣子丹朱也。啓，開也。言其性開明，可登用也。吁者，歎其不然之辭。嚚，謂口不道忠信之言。訟，争辯也。朱蓋以其開明之才用之於不善，故嚚訟，禹所謂「傲虐」是也。此見堯之至公至明，深知其子之惡，而不以一人病天下也。或曰：胤，國；子，爵，堯時諸侯也。《夏書》有「胤侯」，《周書》有「胤之舞衣」，今亦未見其必不然，姑存於此云。朱子曰：「自『疇咨若時登庸』到篇末，只是一事，皆是爲禪位設也。一舉而放齊舉胤子，再舉而驩兜舉共工，三舉而四岳舉鯀，皆不得其人，故卒以天下授舜。」○問：「朱先稱『啓明』，後又説他『嚚訟』，恐不相協。」曰：「便是驩兜以白爲黑，以非爲是，所以舜治他，但那人也是嶢崎。且説而今暗昧底人，解與人健訟不解？惟其是啓明，後方解嚚訟。」○「堯問『疇咨若時登庸』，放齊不應舉一箇明於爲惡之人。此直是放齊不知子朱之惡，失於薦揚耳。」○呂氏曰：「君子因啓明以爲善，小人因啓明以爲惡。」○新安陳氏曰：「溺愛者不明。堯深知子之惡，至明也。《史記》載堯云『終不以天下之病而利一人』，至公也。」

帝曰：「疇咨若予采？」驩兜曰：「都！共工方鳩僝功。」帝曰：「吁！靜言庸違，象恭滔天。」

采，事也。都，歎美之辭也。驩兜，臣名。共工，官名，蓋古之世官族也。方，且。鳩，聚。僝，見也。言共工方且鳩聚而見其功也。「靜言庸違」者，靜則能言，用則違背也。象恭，貌恭而心不然也。「滔天」二字未詳，與下文相似，疑有舛誤。上章言「順時」，此言「順事」，職任大小可見。朱子曰：「共工、驩兜，看得來其過惡甚於放齊、胤子朱。」「方鳩僝功，語未可曉。此篇出於伏生，便有此等處，亦未灼然知僝功爲見功。亦且依古註説。」○孔氏曰：「貌象恭敬而心傲狠若漫天。」○新安陳氏曰：「兜、共，四凶之二，同惡相濟，敢爲欺罔。堯已燭其姦，未及誅之耳。舜既受禪，長惡不悛，故罪之。」○象山陸氏曰：「堯之知共工、丹朱，不是於形跡間見之，直是見他心術。」

帝曰：「咨！四岳，湯湯洪水方割，蕩蕩懷山襄陵，浩浩滔天。下民其咨，有能俾乂？」僉曰：「於！鯀哉。」帝曰：「吁！咈哉，方命圮族。」岳曰：「异哉！試可乃已。」帝曰：「往，欽哉！」九載，績用弗成。

四岳，官名，一人而總四岳諸侯之事也。湯湯，水盛貌。洪，大也。《孟子》曰：「水逆行謂之洚水。」「洚水」者，洪水也。蓋水涌出而未洩，故汎濫而逆流也。割，害也。蕩蕩，廣貌。懷，包其四面也。襄，駕出其上也。大阜曰陵。浩浩，大貌。滔，漫也，極言其大，勢若漫天也。俾，使。乂，治也。言有能任此責者，使之治水也。僉，衆共之辭。四岳與其所領諸侯之在朝者，同辭而對也。於，歎美辭。鯀，崇伯名。歎其美而薦之也。「咈」者，甚不然之之辭。「方命」者，逆命而不行也。王氏曰：「圓則行，方則止。方命，猶今言廢閣詔令也。蓋鯀之爲人，悻戾自用，不從上令也。」圮，敗。族，類也。言與衆不和，傷人害物，鯀之不可用者以此也。《楚辭》言「鯀悻直」，是其「方命圮族」之證也。岳曰，四岳之獨言也。异，義未詳，疑是已廢而復强舉之之意。「試可乃已」者，蓋廷臣未有能於鯀者，不若姑試用之，取其可以治水而已。言無預他事，不必求其備也。堯於是遣之往治水，而戒以「欽哉」，蓋任大事不可以不敬。聖人之戒，辭約而意盡也。載，年也。九載三考，功用不成，故黜之。問：「四岳是十二牧之長否？」朱子曰：「《周官》言『内有百揆、四岳』，則百揆是朝廷官之長，四岳乃管領十二牧者。四岳通九官、十二牧爲二十有二人，則四岳爲一人矣。又堯咨四岳以『汝能庸命巽朕位』，不成堯欲以天下與四人也。」○問：「堯既知鯀，如何猶用之？」曰：「鯀也是有才智，想見只是狠拗自是，所以弄得恁地狼瓃。所以《楚辭》説『鯀悻直以亡身』，必是他去治水有不依道理壞了處，弄了八九年無收殺了，故舜殛之。」○「异哉，是不用亦可。試可乃已，言試而可則用之，亦可已而已之也。」○「『庸命』、『方命』之『命』，皆謂命令也。『庸命』者，言能用我之命以巽朕位也。方命者，言止其命令而不行也。」○吕氏曰：「鯀非無治水之才，其『方命圮族』，乃恃才而不順理，不能行其所無事必矣。惟『欽』字可治鯀之病，鯀不能用也。堯時天下皆君子，惟此二人與衆異爲小人，故書之，乃《春秋》『常事不書』之意。」○陳氏大猷曰：「《祭法》云：『禹能脩鯀之功』，鯀非無功，但不成爾。於人所共賢而賢之易，於人所共賢而知其非賢難，三人當時所賢，堯獨察其不然，此可見堯之知人也。」

帝曰：「咨！四岳。朕在位七十載，汝能庸命，巽朕位。」岳曰：「否德忝帝位。」曰：「明明揚側陋。」師錫帝曰：「有鰥在下，曰虞舜。」帝曰：「俞！予聞，如何？」岳曰：「瞽子，父頑，母嚚，象傲，克諧以孝，烝烝乂，不格姦。」帝曰：「我其試哉！女于時，觀厥刑于二女。」釐降二女于嬀汭，嬪于虞。帝曰：「欽哉！」

朕，古人自稱之通號。吴氏曰：「巽、遜古通用。言汝四岳能用我之命，而可遜以此位乎？蓋丹朱既不肖，群臣又多不稱，故欲舉以授人，而先之四岳也。」否、不通。忝，辱也。明明，上「明」謂明顯之，下「明」謂已在顯位者。揚，舉也。側陋，微賤之人也。言惟德是舉，不拘貴賤也。師，衆。錫，與也。四岳群臣諸侯同辭以對也。鰥，無妻之名。虞，氏。舜，名也。俞，應許之辭。予聞者，我亦嘗聞是人也。「如何」者，復問其德之詳也。岳曰，四岳獨對也。瞽，無目之名。言舜乃瞽者之子也，舜父號瞽叟。心不則德義之經爲頑。母，舜後母也。象，舜異母弟名。傲，驕慢也。諧，和。烝，進也。言舜不幸遭此，而能和以孝，使之進進以善自治，而不至於大爲姦惡也。女，以女與人也。時，是。刑，法也。二女，堯二女娥皇、女英也。此堯言其將試舜之意也，《莊子》所謂「二女事之以觀其内」是也。蓋夫婦之間，隱微之際，正始之道，所繫尤重。故觀人者，於此爲尤切也。釐，理。降，下也。嬀，水名，在今河中府河東縣，出歷山入河。《爾雅》曰：「水北曰汭。」亦小水入大水之名。蓋兩水合流之内也，故從水、從内。蓋舜所居之地。嬪，婦也。虞，舜氏也。史言堯治裝下嫁二女于嬀水之北，使爲舜婦于虞氏之家也。欽哉，堯戒二女之辭，即《禮》所謂「往之女家，必敬必戒」者。况以天子之女嫁於匹夫，尤不可不深戒之也。朱子曰：「先儒多疑舜乃前世帝王之後，在堯時不應在側陋。此恐不然。若漢光武只是景帝七世孫，已在民間耕稼了。况上古人壽長，傳數世之後，經歷之遠，自然有微而在下者。」○吕氏曰：「『烝烝』二字，舜之工夫在此。『烝烝』者，有熏灌之意。《詩》曰『烝之浮浮』，如甑之炊物，薪然不繼，則氣息不騰；烝烝之工間斷，不能熟物；火既不歇，則自然烝烝，以至於熟。舜處頑父、嚚母、傲象之間，彼爲惡之力日日不已，苟非孝誠熏灌，工夫源源，安能至於不格姦之地。若有間斷，則無以勝其爲惡矣。蓋爲善爲惡，各有力量，力者勝，此『烝烝不格姦』之意。」○曾氏鞏曰：「烝，如『烝之浮浮』之『烝』。盛德上達，化而熟之，使不自知也。」○問：「舜能使瞽叟之不格姦，何哉？」潛室陳氏曰：「不格姦，亦謂能感動其慈愛之心至於和豫，使父子如初耳。非謂能移其氣性使作聖賢。」○帝曰「我其試哉！女于時，觀厥刑于二女」，皆堯之言。「釐降二女于嬀汭，嬪于虞」，乃史官之辭，言堯以女下嫁於舜爾。帝曰「欽哉」，是堯戒其二女之辭。若如此說，不解亦自分明。但今解者便添入許多字來說。釐降，只是他經理二女下降時事爾。○孔氏曰：「堯年十六以唐侯升爲天子，在位七十年，則時年八十六。以二女妻舜，以治家觀治國。」○唐孔氏曰：「按《世本》：堯是黄帝玄孫，舜是黄帝八代孫。計堯女於舜之曾祖爲四從姊妹，以之爲妻，於義不可。《世本》之言，未可據信。」○孫氏曰：「刑，謂以身儀之，與《詩》『刑于寡妻』之『刑』同。」○周子曰：「家難而天下易，家親而天下疏也。家人離，必起於婦人。故睽次家人，以二女同居而志不同行也。堯所以釐降二女於嬀汭，舜可禪乎？吾兹試矣。是治天下觀乎家，治家觀身而已矣。」○《地志》：河東郡青山中，有二泉：下南流者曰「嬀」，下北流者曰「汭」。二水異泉而合流出西注于嬀。○陳氏大猷曰：「舜自處頑、嚚、傲之間，而盡其道固難，使二女處焉而亦盡其道尤難。使非化二女與己同德，安能如此？二女亦舜之儔也歟！」○武夷熊氏曰：「孔子定《書》斷自唐虞以下，《堯典》是第一篇書，以前更有文字。韓子曰：堯以是道傳之舜，舜以是道傳之禹、湯、文、武、周公、孔子。則《堯典》是第一傳道之祖。以前雖有伏羲、神農、黄帝三聖人者作，孔子作《易大傳》，不過略述其開物成務大概而已，創制立法，蓋未詳也。《堯典》曰『放勳』，孔子稱之亦曰『巍巍乎，其有成功，焕乎其有文章』。蓋混沌既判，至堯適當一元文明之會，讀《書》者不可不熟玩而深求也。此一篇，當作五截看：首至『黎民於變時雍』，此第一節，是言堯之德，千萬世聖學源流皆起於此；自『羲和，欽若昊天』至『庶績咸熙』，此第二節，是言堯之理會天道；一截自『疇咨若時』至『象恭』，此第三節，是言理會人道；一截自『帝曰「咨！四岳，湯湯洪水」』至『績用弗成』，此第四節，是理會地道；一截又自『帝曰「咨！四岳」』至『欽哉』，此第五節，是言禪讓之事。人君之職，以用人爲重，以知人爲難。一咨『若時』，而得丹朱之頑；再咨『若采』，而得共工之『静言庸違』；三咨治水，而得鯀之『方命圮族』；直至『咨四岳』舉舜爲天下得人。命益、命稷、命禹、命皐陶，皆是舉舜以後事。人君以一身出而爲天地人物之宗主，不過爲生民立極，盡其輔相裁成之道，以立人極之則。三才之責既盡，則聖人之能事畢矣。《舜典》言攝位，亦只是此三事：首言璿璣玉衡，是理會天道；次言朝覲巡狩，是理會人道；次言封山濬川，是理會地道。此後不過去四凶、咨岳牧、命九官而已，此外無餘事也。蓋人君職分之大綱，不過如此。」○董氏鼎曰：「帝堯爲五帝之盛帝，《堯典》爲百篇之首篇。吕氏謂《書》首二《典》，猶《易》首乾坤，乾君道、坤臣道也。天地之道，備於乾坤；而君臣之道，備於二《典》，至當之論也。然《堯典》篇中，不過三大節：脩齊治平一也，治曆明時二也，知人舉舜三也。節目有三，而綱領惟一，一者欽而已。欽敬者，一心之主宰，而萬事之根本。見於脩齊治平者此敬，見於治曆明時者亦此敬，見於知人傳賢而不溺於親愛之子、不遺於疎賤之舜者亦此敬。一篇之中，言欽不一，曰『恭』、曰『寅』，何往非一敬所貫通者。先儒謂敬者百聖傳心之法，而實自堯啓其端焉。讀是書者，宜亦曰『毋不敬』。」○范陽張氏曰：「一吁一俞，治亂所係，不可忽也。放齊舉丹朱，堯曰『吁』；驩兜舉共工，堯亦曰『吁』。使堯於此時而俞之，則小人得志，必將召禍而起亂矣。師錫虞舜，堯曰『俞』；僉舉伯禹，舜亦曰『俞』。使堯、舜於此時而吁之，則君子之道消矣，將何以致唐虞之治乎？惟可吁則吁，故一吁而天下莫不畏；可俞則俞，故一俞而天下莫不服。此所以爲堯、舜之盛也。學者於此二字，當熟味之，然後知聖人一吁一俞，非偶然也。」○魯齋許氏曰：「《堯典》一篇，只四件事：一明德，二愛民，三用人，四處變。自『稽古帝堯』至『黎民於變』，皆明德事也；自『乃命羲和』以下，皆敬授人時事也。授時不可緩，此愛民之至情也。先儒只説天象，非聖人定《書》意也。明德、愛民二事，君道之大綱也。如四時纂要，只是順時育物而已，命羲和只是如此。四岳謂『胤子朱啓明』，帝謂『嚚訟可乎』？又『共工方鳩僝功』，帝謂『静言庸違，象恭滔天』，此是堯知人用人處。丹朱必俊辨，共工必材幹，常人論人，所見只是俊辨材幹便是人才。堯不如此，却只於言行上考察。言忠信，行篤敬，此聖人取人之法也。堯以其子不肖，故求天下之賢聖，禪以天位，付以天民，此豈常人之所能而堯能之，此所以爲大聖人。到事行不得處，須看道理、順天命。常人便用智力，聖人則一順天命。」

舜典

今文、古文皆有。今文合于《堯典》，而無篇首二十八字。○唐孔氏曰：「東晉梅賾上孔傳，闕《舜典》。自『乃命以位』以上二十八字，世所不傳，多用王、范之註補之，而皆以『慎徽五典』以下爲《舜典》之初。至齊蕭鸞建武四年，姚方興於大航頭得孔氏傳古文《舜典》，乃上之。事未施行，而方興以罪致戮。至隋開皇初，購求遺典，始得之。今按：古文孔傳《尚書》有「曰若稽古」以下二十八字。伏生以《舜典》合於《堯典》，只以「慎徽五典」以上接「帝曰欽哉」之下，而無此二十八字。梅賾既失孔傳《舜典》，故亦不知有此二十八字。而「慎徽五典」以下，則固具於伏生之書，故傳者用王、范之註以補之。至姚方興乃得古文孔傳《舜典》，於是始知有此二十八字。或者由此乃謂古文《舜典》一篇皆盡亡失，至是方全得之。遂疑其僞，蓋過論也。朱子曰：「東萊謂《舜典》止載舜元年事則是，若說此是作史之妙則不然，焉知當時別無文字在？」○程子曰：「《舜典》篇末載舜死，是夏時所作可知，與《堯典》虞時所作同。」

曰若稽古帝舜曰重華，協于帝。濬哲文明，温恭允塞，玄德升聞，乃命以位。

華，光華也。協，合也。帝，謂堯也。濬，深。哲，智也。温，和粹也。塞，實也。玄，幽潛也。升，上也。言堯既有光華，而舜又有光華，可合於堯。因言其目，則深沈而有智，文理而光明，和粹而恭敬，誠信而篤實。有此四者幽潛之德，上聞於堯，堯乃命之以職位也。朱子曰：「『濬哲文明，温恭允塞』，細分是八字，合而言之却只是四事。濬是明之發處，哲則見於事也；文是文章，明是明著，《易》中多言「文明」。允是就事上說，❶塞是其中實處。」○「《舜典》自『虞舜側

❶「允」，原作「此」，據《朱子語類》改。

微』至『乃命以位』，一本無之，❶直自《堯典》『帝曰欽哉』而下接起『慎徽五典』，所謂『伏生以《舜典》合於《堯典》也』。」○王氏日休曰：「『濬哲』繼以『文明』，若曰濬哲而不文明，則若深藏智巧者，豈聖人之深智？『温恭』繼以『允塞』，若曰温恭而不允塞，則若徒事外貌者，豈聖人之温恭？」○程子曰：「凡論聖人者，必取其德之焕發者稱之，隨其所取，不必同也，故稱堯曰『欽明文思』，稱文王曰『徽柔懿恭』，稱孔子曰『温、良、恭、儉、讓』。譬論玉之美者，或取其色之温潤，或取其質之堅正，或取其聲之清越，舉其一則知其爲寶矣。」○陳氏經曰：「重華協帝，此見『明兩作離』。聖人繼出，不約而同。自内形之外，則濬哲之發，乃所以爲『文明』；由外本乎内，則温恭之實，乃所以爲『允塞』。」○新安陳氏曰：「堯德光華，舜德之光華與之重，故曰『重華』。舜繼堯曰『重華』，如武繼文曰『重光』。『濬哲文明，温恭允塞』之盛德，由其光輝而不可掩言之，則曰『重華』。本於幽潛而未見言之，則曰『玄德』，幽潛之中，光華出焉，此與闇然而日章同意。又按：『允塞』當從信實之説。然孔氏謂『舜有深智文明温恭之德，信允塞上下』，蓋如《孟子》『則塞于天地之間』與『格于上下』同意。」○陳氏雅言曰：「堯有是德之光，而舜復有是德之光，夫是之謂『重』；堯之光華既如此，而舜之光華復如此，夫是之謂『協』，此其德之發於外者無不同也。」

慎徽五典，五典克從。納于百揆，百揆時敘。賓于四門，四門穆穆。納于大麓，烈風雷雨弗迷。

❶「之」，原作「云」，據《朱子語類》改。

徽，美也。五典，五常也，父子有親、君臣有義、夫婦有別、長幼有序、朋友有信是也。從，順也，《左氏》所謂「無違教」也。此蓋使爲司徒之官也。揆，度也。「百揆」者，揆度庶政之官。惟唐虞有之，猶周之冢宰也。時敘，以時而敘，《左氏》所謂「無廢事」也。四門，四方之門。古者以賓禮親邦國，諸侯各以方至，而使主焉，故曰「賓」。穆穆，和之至也，《左氏》所謂「無凶人」也。此蓋又兼四岳之官也。麓，山足也。烈，迅。迷，錯也。《史記》曰：「堯使舜入山林川澤，暴風雷雨，舜行不迷。」蘇氏曰：「洪水爲害，堯使舜入山林，相視原隰，雷雨大至，衆懼失常，而舜不迷。其度量有絶人者，而天地鬼神亦或有以相之歟。」愚謂遇烈風雷雨非常之變，而不震懼失常，非固聰明誠智確乎不亂者，不能也。《易》：「震驚百里，不喪匕鬯。」意爲近之。問：「『徽五典』是使之掌教，『納于百揆』是使之宅百揆，『賓于四門』是使之爲行人之官，『納大麓』恐是爲山虞之官。」朱子曰：「若爲山虞，則其職益卑。且合從《史記》說，使之入山，雖遇烈風雷雨弗迷其道也。」○「納于大麓，當以《史記》爲據，謂如治水之類。弗迷，謂舜不迷於風雨也。若主祭之說，某不敢信。且雷雨在天，如何解迷？若是舜在主祭，而乃有風雷之變，豈得是好？」○「烈風雷雨弗迷，只當從太史公說。若從主祭說，則『弗迷』二字說不得。弗迷，乃指人而言也。」○夏氏曰：「五典之屬，即命以位之事。」○王氏曰：「大麓，泰山之麓也。後世封禪之說傳會於此。」○董氏鼎曰：「此一節，與《堯典》『以親九族』而九族睦至『協和萬邦』而民時雍，語意氣象相似，分明上句是感，下句是應，見二聖人隨感隨應，功用神速處。」○吕氏曰：「此處與堯『以親』至『時雍』同，有夫子立斯立、道斯行、綏斯來、動斯和之意。」○陳氏雅言曰：「聖德及人而人化之，聖德感天而天相之，功用神速，至誠不亂，非聖人不能也。」

帝曰：「格！汝舜。詢事考言，乃言底可績，三載。汝陟帝位。」舜讓于德，弗嗣。

格，來。詢，謀。乃，汝。底，致。陟，升也。堯言詢舜所行之事而考其言，則見汝之言致可有功，於今三年矣。汝宜升帝位也。讓于德，讓于有德之人也。或曰謙遜，自以其德不足爲嗣也。朱子曰：「堯命舜曰『三載，汝陟帝位』，『舜讓于德，弗嗣』則是不居其位也。其曰『受終于文祖』，則是攝行其事也。故舜之攝，不居其位，不稱其號，只是攝行其職事爾。到得後來舜遜於禹，不復言位，止曰『總朕師』爾。其曰『汝終陟元后』，則今不陟也。『率百官若帝之初』者，但率百官如舜之初爾。」○「舜居攝時，不知稱號謂何。觀『受命』，則是已將天下分付他了。」○吕氏曰：「敷言試功，此唐虞觀人之成法。舜登庸之初，非特歷試以事，必嘗敷陳以言，故堯於此美其言與實相稱也。」

正月上日，受終于文祖。

上日，朔日也。葉氏曰：「上旬之日。」曾氏曰：「如上戊、上辛、上丁之類。」未詳孰是。受終者，堯於是終帝位之事，而舜受之也。文祖者，堯始祖之廟，未詳所指爲何人也。唐孔氏曰：「上日，言一歲日之上也。受堯終帝位之事，於堯文德之祖廟也。」○王氏炎曰：「文祖，堯所從受天下者也。」○吕氏曰：「堯已爲天下得人，則堯之責塞矣，故曰『受終』。言『受終』，則舜正始可知。」○董氏鼎曰：「堯老舜攝，堯之爲帝自若也。而遽以『受終』告祖者，蓋天子之有天下，當以其身爲始終，昔由祖以有其始，今告祖以受其終。此爲告攝而謂之『受終』，蓋以重舜之責也。」

在璿璣玉衡，以齊七政。

在，察也。美珠謂之璿。璣，機也。以璿飾璣，所以象天體之轉運也。衡，横也，謂衡簫也。以玉爲管，横而設之，所以窺璣而齊七政之運行，猶今之渾天儀也。七政，日月五星也。七者運行於天，有遲有速，有順有逆，猶人君之有政事也。此言舜初攝位，整理庶務，首察璣衡以齊七政。蓋曆象授時所當先也。○按：渾天儀者，《天文志》云：「言天體者三家：一曰《周髀》，二曰《宣夜》，三曰《渾天》。《宣夜》絶無師説，不知其狀如何。《周髀》之術以爲天似覆盆，蓋以斗極爲中，中高而四邊下，日月傍行遶之。日近而見之爲晝，日遠而不見爲夜。」蔡邕以爲考驗天象多所違失。《渾天説》曰：「天之形狀似鳥卵，地居其中，天包地外，猶卵之裹黄，圓如彈丸，故曰渾天。言其形體渾渾然也。其術以爲天半覆地上，半在地下。其天居地上見者，一百八十二度半强，地下亦然。北極出地上三十六度，南極入地下亦三十六度。而嵩高正當天之中，極南五十五度當嵩高之上，又其南十二度爲夏至之日道，又其南二十四度爲春、秋分之日道，又其南二十四度爲冬至之日道。南下去地三十一度而已。是夏至日北去極六十七度，春、秋分去極九十一度，冬至去極一百一十五度，此其大率也。其南、北極持其兩端，其天與日、月、星宿斜而迴轉。」此必古有其法，遭秦而滅。至漢武帝時，洛下閎始經營之，鮮于妄人又量度之。至宣帝時，耿壽昌始鑄銅而爲之象。宋錢樂又鑄銅作渾天儀，衡長八尺，孔徑一寸，璣徑八尺，圓周二丈五尺强。轉而望之，以知日月星辰之所在，即璿璣玉衡之遺法也。歷代以來，其法漸密。本朝因之，爲儀三重，其在外者曰六合儀，平置黑單環，上刻十二辰、八干、四隅在地之位，以準地面而定四方。側立黑雙環，背刻去極度數，以中分天脊，直跨地平，使其半入地下，而結於其子午，以爲天經。斜倚赤單環，背刻赤道度數，以平分天腹，横繞天經，亦使半出地上，半入地下，而結於其卯酉，以爲天緯。三環表裏相結不動，其天經之環，則南北二極，皆爲圓軸，虚中而内向，以挈三辰四遊之環。以其上下四方於是可考，故曰六合。次其内曰三辰儀，側立黑雙環，亦刻去極度數，外貫天經之軸，内挈黄赤二道。其赤道則爲赤單環，外依天緯，亦刻宿度，而結於黑雙環之卯酉。其黄道則爲黄單環，亦刻宿度，而又斜倚於赤道之腹，以交結於卯酉。而半入其内以爲春分後之日軌，半出其外以爲秋分後之日軌。又爲白單環以承其交，使不傾墊，下設機輪，以水激之，使其日夜隨天東西運轉，以象天行。以其日月星辰於是可考，故曰三辰。其最在内者曰四遊儀，亦爲黑雙環，如三辰儀之制，以貫天經之軸。其環之内，則兩面當中各施直距，外指兩軸。而當其要中之内面，又爲小竅以受玉衡要中之小軸。使衡既得隨環東西運轉，又可隨處南北低昂，以待占候者之仰窺焉。以其東西南北無不周徧，故曰四遊。此其法之大略也。沈括曰：「舊法：規環，一面刻周天度，一面加銀丁。蓋以夜候天晦，不可目察，則以手切之也。」古人以璿飾璣，疑亦爲此。今大史局秘書省銅儀制極精緻，亦以銅丁爲之。曆家之説又以北斗魁四星爲璣，杓三星爲衡。今詳經文簡質，不應「北斗」二字乃用寓名，恐未必然。姑存其説，以廣異聞。朱子曰：「孔註謂舜察天文『齊七政』，以『審己當天心與否』，未必然。只是從新整理起，此是最先當理會者，故從此理會去。」○《書疏》載『在璿璣玉衡』處先説箇天，今人讀着亦無甚緊要。以某觀之，若看得此，亦可以想象天之形與日月星辰之運，進退疾徐之度，皆有分數，而曆數大概亦可知矣。」○一日論及璣衡及黄赤道日月躔度，潘子善曰：「嵩山本不當天之中，爲是天形欹側，遂當其中耳。」曰：「嵩山不是天之中，乃是地之中。黄道赤道皆在嵩山之北。南極北極，天之樞紐，只此處不動，如磨臍然。此是天之中至極處，如人之臍帶也。」○曆法：「要當先論太虛，以見三百六十五度四分度之一，一一定位，然後論天行，以見天度加損虛度之歲分。歲分既定，然後七政乃可齊耳。」○林氏曰：「璣衡以步七政之軌度時數，兩不差焉，故曰『以齊』。日月五星，在天有常度，其災祥與政事相應，故曰『七政』。」○西山真氏曰：「舜受終之初，察璿璣以揆七政之運，正如人子之事親，候伺顔色，惟恐一毫少咈於親心，此大舜事天之敬也。」○陳氏經曰：「七者在天之政也。君爲天與日月星辰之主，君有缺政，則日月薄食、星辰變動，安得而齊？意與『欽若』、『曆象』同。」○唐孔氏曰：「璣衡俱飾以玉，史之立文，猶《左氏》『瓊弁玉纓』。虞喜云：『宣，明也。夜，幽也。幽明之數其術兼之，故曰《宣夜》。』髀，股也，股者表也。其法始於庖羲、周人志之，故曰《周髀》。蔡邕云即蓋天也。《渾天》者，以爲地在其中，天周其外，日月初登于天，後入于地，晝則日在地上，夜則日入地下。太史所用候臺銅儀，則其法也。宋太史丞錢樂鑄銅儀，傳於齊、梁；周平江陵，器遷長安。」○陳氏雅言曰：「璣、衡者，在器之天也；七政者，在天之天也。在天之天不可得而見，在器之天所可得而察何？莫非聖人心術淵源之所寓，精神流通之所及，豈可以淺窺哉！與堯之『欽若』一心也。」

肆類于上帝，禋于六宗，望于山川，徧于群神。

肆，遂也。類、禋、望，皆祭名。《周禮·肆師》：「類造于上帝。」註云：「郊祀者，祭昊天之常祭。非常祀而祭告于天，其禮依郊祀爲之，故曰類。」如《泰誓》武王伐商，《王制》言天子將出，皆云「類于上帝」是也。禋，精意以享之謂。宗，尊也。所尊祭者，其祀有六。《祭法》曰：「埋少牢於泰昭，祭時也；相近於坎壇，祭寒暑也；王宮，祭日也；夜明，祭月也；幽宗，祭星也；雩宗，祭水旱也。」山川，名山大川、五嶽四瀆之屬。望而祭之，故曰「望」。徧，周徧也。群神，謂丘陵墳衍、古昔聖賢之類。言受終觀象之後，即祭祀上下神祇，以攝位告也。朱子曰：「類，只是祭天之名，其義則不可曉，與所謂『旅上帝』同，皆不可曉，然決非是常祭。」○問「六宗」。曰：「古註說得自好。鄭氏『宗』讀爲『禜』，即《祭法》中所謂『祭時』、『祭寒暑』、

『祭日』、『祭月』、『祭星』、『祭水旱』者。如此説，則先祭上帝，次禋六宗，次望山川，然後徧及群神，次序則皆順。」又問：「五峰取張髦之説如何？」曰：「非惟用改易經文，兼之古者昭穆不盡稱『宗』。惟祖有功，宗有德，故云『祖文王而宗武王』。且如西漢之廟，惟文帝稱『大宗』，武帝稱『世宗』。至唐廟，乃盡稱『宗』。此不可以爲據。」○鄭氏曰：「泰昭，昭者明也，亦壇也。時，四時也，亦謂陰陽之神也。埋之者，陰陽出入於地中也。凡此以下，皆祭用少牢。相近，讀爲禳祈，卻也，求也。寒於坎，暑於壇，王宫日壇，夜明月壇。宗，讀爲禜，幽禜星壇，雩禜水旱壇。」○蘇氏曰：「晉張髦以六宗爲三昭三穆。受終之初，既有事於文祖，其勢必及餘廟矣。《春秋》不郊猶三望，三望，分野之星與國中山川。乃知古者郊天，必及天地間尊神。魯諸侯，故三望而已。此之禋六宗、望山川、徧群神，蓋於類上帝爲一禮爾。考之《祭法》，其泰壇祭天即此類上帝也，祭時寒暑日月星水旱即此禋六宗也。四坎壇，祭四方與山林川谷丘陵能出雲、爲風雨、見怪物皆曰『神』。有天下者祭百神，即此望山川徧群神也。《祭法》所敘，《舜典》之章句義疏也。」○陳氏雅言曰：「此史臣紀舜告攝位之事，先上帝而后六宗，次山川而後群神，此一定之敘也。祭上帝曰類，六宗曰禋，山川曰望，群神曰徧，此一定之名也。其敘秩然而不可亂，其名截然而不可易，此史臣紀載之書法也。」

輯五瑞。既月乃日，覲四岳群牧，班瑞于群后。

輯，斂。瑞，信也。公執桓圭，侯執信圭，伯執躬圭，子執穀璧，男執蒲璧，五等諸侯執之，以合符於天子，而驗其信否也。《周禮》：「天子執冒以朝諸侯。」鄭氏註云：「名王以冒，以德覆冒天下也。」諸侯始受命，天子錫以圭。圭頭斜鋭，其冒下斜刻，小大、長短、廣狹如之。諸侯來朝，天子以刻處冒其圭頭。有不同者，則辨其僞也。既，盡。覲，見。四岳，四方之諸侯。群牧，九州之牧伯也。程子曰：「輯五瑞，徵五等之諸侯也。此已上皆正月事，至盡此月，則四方之諸侯有至者矣。遠近不同，來有先後，故日日見之。不如他朝會之同期於一日，蓋欲以少接之，則得盡其詢察禮意也。」班、頒同。群后，即侯牧也。既見之後，審知非僞，則又頒還其瑞，以與天下正始也。問：「『輯五瑞，既月，乃日覲四岳群牧，班瑞于群后』，恐只是王畿之諸侯，輯斂瑞玉是命圭合信，如點檢牌印之屬，如何？」朱子曰：「不當指殺王畿。如《顧命》，太保率東方諸侯，畢公率西方諸侯，不數日間，諸侯皆至，如此之速。」○「覲，是正君臣之禮，較嚴，天子當依而立，不下堂而見諸侯。朝，是講賓主之禮，天子當宁而立，在路寢門之外，相與揖遜而入。」○陳氏大猷曰：「類帝而下，見君受命於天；『輯五瑞』而下，見臣受命於君。」○陳氏曰：「瑞玉，堯所賜也，舜斂而復班之。使是玉也，在堯則爲堯賜，在舜則爲舜賜矣。」○陳氏雅言曰：「輯瑞於攝位之初者，將以驗其信否，而盡其詢察之道；班瑞於既覲之後者，所以與之正始，而示夫更新之義也。」

歲二月，東巡守，至于岱宗，柴。望秩于山川，肆覲東后。協時月正日，同律度量衡。修五禮、五玉、三帛、二生、一死贄。如五器，卒乃復。五月南巡守，至于南岳，如岱禮。八月西巡守，至于西岳，如初。十有一月朔巡守，至于北岳，如西禮。歸，格于藝祖，用特。

《孟子》曰：「天子適諸侯曰巡守。巡守者，巡所守也。」歲二月，當巡守之年二月也。岱宗，泰山也。柴，燔柴以祀天也。望，望秩以祀山川也。秩者，其牲幣祝號之次第。如五岳視三公，四瀆視諸侯，其餘視伯子男者也。東后，東方之諸侯也。時，謂四時。月，謂月之大小。日，謂日之甲乙。其法略見上篇。諸侯之國，其有不齊者，則協而正之也。律，謂十二律，黄鍾、太簇、姑洗、蕤賓、夷則、無射、大吕、夾鍾、仲吕、林鍾、南吕、應鍾也。六爲律，六爲吕，凡十二管，皆徑三分有奇，空圍九分。而黄鍾之長九寸，大吕以下律吕相間以次，而短至應鍾而極焉。以之制樂而節聲音，則長者聲下，短者聲高。下者則重濁而舒遲，上者則輕清而剽疾。以之審度而度長短，則九十分黄鍾之長，一爲一分，而十分爲寸，十寸爲尺，十尺爲丈，十丈爲引。以之審量而量多少，則黄鍾之管其容子穀秬黍中者一千二百以爲龠，而十龠爲合，十合爲升，十升爲斗，十斗爲斛。以之平衡而權輕重，則黄鍾之龠所容千二百黍，其重十二銖，兩龠則二十四銖爲兩，十六兩爲斤，三十斤爲鈞，四鈞爲石。此黄鍾所以爲萬事根本。諸侯之國，其有不一者，則審而同之也。時月之差，由積日而成，其法則先粗而後精；度量衡受法於律，其法則先本而後末。故言「正日」在「協時月」之後，「同律」在「度量衡」之先。立言之敘，蓋如此也。五禮，吉、凶、軍、賓、嘉也。修之所以同天下之風俗。五玉，五等諸侯所執者，即五瑞也。三帛，諸侯世子執纁，公之孤執玄，附庸之君執黄。二生，卿執羔，大夫執鴈。一死，士執雉。五玉、三帛、二生、一死，所以爲贄而見者。此九字當在「肆覲東后」之下、「協時月正日」之上，誤脱在此。言東后之覲，皆執此贄也。如五器，劉侍講曰：「如，同也。五器，即五禮之器也。」《周禮》「六器」、「六贄」，即舜之遺法也。卒乃復者，舉祀禮，覲諸侯，一正朔，同制度，修五禮，如五器。數事皆畢，則不復東行而遂西向，且轉而南行也，故曰「卒乃復」。南岳，衡山；西岳，華山；北岳，恒山。二月東，五月南，八月西，十一月北，各以其時也。格，至也。言至于其廟而祭告也。藝祖，疑即文祖。或曰：文祖，藝祖之所自出，未有所考也。特，特牲也，謂一牛也。古者君將出，必告于祖禰，歸又至其廟而告之。孝子不忍死其親，出告、反面之義也。《王制》曰：「歸，格于祖禰。」鄭註曰：「祖下及禰皆一牛。」程子以爲但言藝祖，舉尊爾，實皆告也。但止説祖廟共用一牛，不如時祭各設主於其廟也。二説未知孰是，今兩存之。問：「建牧立伯，小大相維，自可以垂拱無爲矣。何故復有巡守之舉，豈牧伯不足任耶？或云因以祭天，且朝諸侯。又云君民一體，不可邈然不相接，故必躬親巡撫，然後上下情通，而教化洽矣，此先王之誠心。二説孰是？」朱子曰：「建牧立監與巡守之義，並行不悖，祭天、朝諸侯、巡撫之意皆在其中矣。先王之政，體用兼舉，本末備具，非若後世儒者一偏之説，有體而無用，得本而遺末也。」○「巡守亦非舜創立此制，蓋亦循襲將來。故《黄帝紀》亦云：『披山通道，未嘗寧居。』」○「註家以『至岱宗柴』爲句。某謂當以『柴望秩于山川』爲一句，如『柴望大告武成』，《漢·郊祀志》亦云『柴，望秩于山川』。」○「『協時月正日』，只是去合同其時月日爾，非謂作曆也。每遇巡守，凡事理會一遍，如文字之類。」○「『同律度量衡，修五禮、五玉、三帛，二生、一死贄。如五器，卒乃復』，舊説皆云『如五器』謂即是諸侯五玉之器，初既輯之，至此，禮既畢，乃復還之。看來似不如此，恐書之顛倒了。五器，五禮之器也。『五禮』者，乃吉凶軍賓嘉之五禮。凶禮之器即是衰絰之類，軍禮之器即是兵戈之類，吉禮之器即是簠簋之類。如者，亦同之義。言有以同之，使天下禮器皆歸于一。」○問：「修五禮」，吴才老以爲只是五典之禮，唐虞時無此。因説：「《舜典》此段疑有錯簡，當云『肆覲東后。五玉、三帛，二生、一死贄。協時月正日，同律度量衡。修五禮，如五器，卒乃復』。如者，齊一之義。卒乃復者，事畢復歸也，非謂復歸京師，只是事畢還歸，故亦曰復。前説『班瑞于群后』，則是還之也。」○又曰：「卒乃復，是事畢而歸，非是以贄爲復也。」○問：「舜之巡守，是一年中遍四岳否？」曰：「觀其末後載『歸格于藝祖，用特』一句，則是一年遍巡四岳矣。」問：「四岳惟衡山最遠。先儒以爲非今之衡山，别自有衡山，不知在甚處？」曰：「恐是嵩山之南。若如此，則四岳相去甚近矣。」又云：「唐虞時以灊山爲南岳。五岳亦近，非是一年往一處。」「然古之天子，一歲不能徧及四岳，則到一方境上會諸侯亦可。《周禮》有此禮。」○林氏曰：「律之十二，又生於曆之十二。前《律曆志》云：推曆成律，故同律度量衡，必先協時月正日。禮有因革損益，故謂之修。」○陳氏經曰：「時月日，正朔所自出；律度量衡，制度所自始；五禮，名分上下所由正。非天子不議禮，不制度，不考文，此所以大一統而無國異政之患也。」○夏氏曰：「以物言，則曰『物』；以寶言，則曰『瑞』；以形言，則曰『器』。」〇鄭氏曰：「羔，取其群而不失其類；鴈，取其候時而行；雉，取其守介，死不失節也。」〇孔氏曰：「器，謂圭璧。禮終則還之。三帛、生、死則否。」〇陳氏曰：「此言『復』，後言『歸復』，自方岳返也。歸，至帝都也。《春秋》書『公子遂如齊至黄，❶乃復』，書自彼返也。又書『季子來歸』，書至國都也。」〇陳氏經曰：「歸而告至，則出告可知。」〇吕氏曰：「巡守而歸，苟民物有一不得其所，其見祖廟有愧必矣。想舜歸格之時，此心無愧，對越在廟，慰愜可知也。」〇林氏曰：「胡旦疑一歲不能周萬五千里。此不然。叔恬問王通：『舜一歲而巡守四岳，國不費而民不勞，何也？』曰：『儀衛少而徵求寡也。』」〇陳氏大猷曰：「天下非一人所能獨治，於是有封建諸侯；不能保其常治，於是有巡守。巡守，所以維持封建也。歲月易流，人心易懈，法度易弛，上下易隔，非天子時巡考察作新之，治豈能久而無弊哉！」〇吕氏曰：「自此以下至『遏密八音』以前，皆史雜載舜攝位二十八年中之事。」

五載一巡守，群后四朝。敷奏以言，明試以功，車服以庸。

五載之内，天子巡守者一，諸侯來朝者四。蓋巡守之明年，則東方諸侯來朝于天子之國。又明年，則南方之諸侯來朝。又明年，則西方之諸侯來朝。又明年，則北方之諸侯來朝。又明年，則天子復巡守。是則天子諸侯雖有尊卑，而一往一來，禮無不答，是以上下交通而遠近洽和也。敷，陳。奏，進也。《周禮》曰：「民功曰庸。」程子曰：「敷奏以言者，使各

❶「齊」，原作「晉」，今據明德堂本、建邑余氏本、四庫本及《春秋左氏傳》改。

陳其爲治之説。言之善者，則從而明考其功，有功則賜車服以旌異之；其言不善，則亦有以告飭之也。」林氏曰：「天子巡守，則有『協時月日』以下等事。諸侯來朝，則有『敷奏以言』以下等事。」朱子曰：「『五載一巡守』，❶此是立法如此。若一歲間行一遍，則去一方近處會一方之諸侯。如《周禮》所謂十二歲巡守殷國，殷國，則是會一方之諸侯，使來朝也。則巡守去回禮一番。」○問：「五載一巡守，還是一年偏歷四方，還是止於一方？」曰：「恐亦不能偏。」問：「古之巡守，不至如後世千騎萬乘否？」曰：「今以《左氏》觀之，如所謂『國君以乘，卿以旅』，國君則以千五百人衛，正卿則以五百人從，則天子亦可見矣。」曰：「春秋之時，與茅茨土階之時莫不同否？」曰：「也不然。如黄帝以師爲衛，則天子衛從亦不應大段寡弱也。」○孔氏曰：「功成，則賜車服，以表顯其能用。」○鄭氏曰：「巡守之年，諸侯各朝于方岳。其間四年，諸侯來朝于京師。以庸，表顯其人有才能可用也。人以車服爲榮，故天子之賞諸侯，皆以車服賜之，《覲禮》云『天子賜侯氏以車服』是也。又如《采菽》詩云：『君子來朝，何以予之？雖無予之，路車乘馬。又何予之，玄衮及黼。』皆庸以車服之證也。」○陳氏雅言曰：「五載之内，天子各以其時而巡守于四岳，諸侯各以其年而朝于京師，此上下相交之禮也。古之君臣，情通政治，其以此矣。」

肇十有二州，封十有二山，濬川。

肇，始也。十二州，冀、兖、青、徐、荆、揚、豫、梁、雍、幽、并、營也。中古之地，但爲九州，曰

❶「五」，原作「九」，今據明德堂本、建邑余氏本、四庫本及《朱子語類》改。

冀、兖、青、徐、荆、揚、豫、梁、雍，禹治水作貢，亦因其舊。及舜即位，以冀、青地廣，始分冀東恒山之地爲并州，其東北醫無閭之地爲幽州。又分青之東北遼東等處爲營州。而冀州止有河内之地，今河東一路是也。封，表也。封十二山者，每州封表一山以爲一州之鎮，如《職方氏》言「揚州，其山鎮曰會稽」之類。濬川，濬導十二州之川也。然舜既分十有二州，而至商時又但言九圍、九有。《周禮·職方氏》亦止列爲九州，有揚、荆、豫、青、兖、雍、幽、冀、并，而無徐、梁、營也。則是爲十二州蓋不甚久，不知其自何時復合爲九也。吴氏曰：此一節在禹治水之後，其次序不當在四罪之先。蓋史官泛記舜所行之大事，初不計先後之敘也。朱子曰：「肇十有二州，冀州，堯所都，北去地已狹，❶若又分而爲幽、并二州，則三州疆界極不多了；青州分爲營州，❷亦然。葉氏曰：『分冀州西爲并州，北爲幽州。青州又在帝州之東，❸分其東北爲營州。』」○蔡仲默集註《尚書》，至「肇十有二州」，因云：「禹即位後，又并作九州。」曰：「也見不得。但後面皆只説『帝命式于九圍』，『以有九有之師』，不知是甚時又復并作九州。」○《爾雅·釋地》九州之名，於《禹貢》無梁、青而有幽、營。孫炎以《爾雅》與《禹貢》、《職方》皆不同，疑是殷制。

❶「北」，原作「此」，今據《朱子語類》改。
❷「營」，原作「并」，今據《朱子語類》改。
❸下「州」字，明德堂本及《朱子語類》作「都」。

○新安陳氏曰：「舜即位初，『咨十有二牧』後，又曰『州十有二師』，則終舜之世，分九州爲十二州可見矣。」又曰：「禹又并爲九州，有《左傳》可證：『昔夏之方有德也』，『貢金九牧』。」○龜山楊氏曰：「十二州、九州，或分或合，因時而已，不必强爲之説。」○劉氏貞曰：「帝都冀州，冀州北接北狄而其域大。於九州分冀爲幽、并，以此二州捍狄，使不得接畿甸，所以壯帝畿之翼衛，而禦外夷之輕侮也。」○陳氏經曰：「《禹貢》之作乃在堯時，至舜時分九州爲十二州。」○吕氏曰：「禹治水嘗濬川，今水平復濬，安不忘危也。川不言十二，川無大小皆濬也。」○陳氏雅言曰：「『肇十有二州』者，定疆理之制也；『封十有二山』者，表州域之鎮也；『濬川』者，防壅塞之患也。蓋洪水既平，州之九者分爲十二也，山之封者奠爲十二也。州十有二，山亦如之。至於川之濬者，則不可以數拘焉，川之大者濬之，川之小者亦濬之，不以小而不濬也。夫天下之患常起於微，聖人之智常察其幾。山之表識無待於致詳，水之疏導則不容以或略。此史臣書法所以異也。」

象以典刑，流宥五刑，鞭作官刑，扑作教刑，金作贖刑。眚災肆赦，怙終賊刑。欽哉，欽哉，惟刑之恤哉！

象，如天之垂象以示人。而典者，常也，示人以常刑。所謂墨、劓、剕、宫、大辟，五刑之正也，所以待夫元惡大憝、殺人傷人、穿窬淫放，凡罪之不可宥者也。流宥五刑者，流遣之使遠去，如下文「流」、「放」、「竄」、「殛」之類也。宥，寬也；所以待夫罪之稍輕，雖入於五刑而情可矜，法可疑，與夫親貴勳勞而不可加以刑者，則以此而寬之也。鞭作官刑者，木末垂革，官府之刑也；扑作教刑者，夏、楚二物，學校之刑也：皆以待夫罪之輕者。金作贖刑者，金，黄金；贖，贖其罪也。蓋罪之極輕，雖入於鞭扑之刑，而情法猶有可議者也。此五句者，從重入輕，各有條理，法之正也。肆，縱也。眚災肆赦者，眚謂過誤，災謂不幸，若人有如此而入於刑，則又不待流宥金贖而直赦之也。賊，殺也。怙終賊刑者，怙謂有恃，終謂再犯，若人有如此而入於刑，則雖當宥當贖，亦不許其宥，不聽其贖，而必刑之也。此二句者，或由重而即輕，或由輕而即重，蓋用法之權衡，所謂法外意也。聖人立法制刑之本末，此七言者大略盡之矣。雖其輕重取舍、陽舒陰慘之不同，然「欽哉欽哉，惟刑之恤」之意，則未始不行乎其間也。蓋其輕重毫釐之間，各有攸當者，乃天討不易之定理。而欽恤之意，行乎其間，則可以見聖人好生之本心也。據此經文，則五刑有流宥而無金贖，《周禮·秋官》亦無其文，至《吕刑》乃有五等之罰，疑穆王始制之，非法之正也。蓋當刑而贖，則失之輕；疑赦而贖，則失之重。且使富者幸免，貧者受刑，又非所以爲平也。朱子曰：「『象以典刑，流宥五刑，鞭作官刑，扑作教刑，金作贖刑。眚災肆赦，怙終賊刑。欽哉，欽哉，惟刑之恤哉！』夫豈一於輕而已哉！又以舜命皐陶之辭考之，士官所掌，惟象、流二法而已。其曰『惟明克允』，則或刑或宥，亦惟其當而無以加矣，又豈一於宥而無刑哉！今必曰『堯、舜之世，有宥而無刑』，則是殺人者不死而傷人者不刑也，是聖人之心不忍於元惡大憝而反忍於銜冤抱痛之良民也，是所謂

『怙終賊刑』、『刑故無小』者皆爲空言以誤後世也，其必不然也亦明矣。夫刑雖非先王所恃以爲治，然以刑弼教，禁民爲非，則所謂傷肌膚以懲惡者，亦既竭心思，而繼之以不忍人之政之一端也。今徒流之法，既不足以止穿窬淫放之姦，而其過於重者則又有不當死而死。如强暴贓滿之類者，苟采陳群之議，一以宫剕之辟當之，則雖殘其支體而實全其軀命，且絶其爲亂之本，而使後無以肆焉。豈不仰合先王之意，而下適當時之宜哉！況君子得志而有爲，則養之之具，教之之術，亦必隨力之所至而汲汲焉，固不應因循苟且，直以不養不教爲當然，而熟視其争奪相殺於前也。」○「象以典刑，此一句乃五句之綱領，諸刑之總括，猶今之刑皆結於笞、杖、徒、流、絞、斬也。凡人所犯合墨則加以墨刑，所犯合劓則加以劓刑，剕、宫、大辟皆然。『流宥五刑』者，其人所犯合此五刑，而情輕可恕，或因過誤，則全其支體，不加刀鋸，但流以宥之，屏之遠方不與同齒，如『五流有宅，五宅三居』之類是也。『鞭作官刑』者，此官府之刑，猶今之鞭撻吏人，蓋自有一項刑專以治官府之胥吏，如《周禮》治胥吏鞭五百、❶鞭三百之類。扑作教刑，此一項學官之刑，猶今之學舍夏楚，如習射、習藝，『春秋教以禮樂，冬夏教以《詩》、《書》』。凡教人之事有不率者，則用此刑扑之，如侯明、撻記之類是也。金作贖刑，謂鞭、扑二刑之可恕者，則許用金以贖其罪。如此解釋，則五句之義，豈不粲然明白。象以典刑之輕者，有流以宥之；鞭扑之刑之輕者，有金以贖之。流宥所以寬五刑，贖刑所以寬鞭扑。聖人斟酌損益，低昂輕重，莫不合天理人心之自然，而無毫釐杪忽之差，所謂『既

❶ 「吏」，原作「史」，今據建邑余氏本、四庫本及《朱子語類》改。

竭心思焉，繼之以不忍人之政』者。如何説聖人專意只在教化，刑非所急？聖人固以教化爲急，若有犯者，須以此刑治之，豈得置而不用！」問：「贖刑非古法？」曰：「然。贖刑起周穆王。古之所謂贖刑者，贖鞭扑耳。夫既以殺人傷人矣，又使之得以金贖，則有財者皆可以殺人傷人，而無辜被害者何其大不幸也！且殺人者安然居乎鄉里，彼孝子順孫之欲報其親者，豈肯安於此乎！所以屏之四裔，流之遠方，彼此兩全之也。」〇「聖人之心，未感於物，其體廣大而虛明，絶無毫髮偏倚，所謂『天下之大本』者也。及其感於物也，則喜、怒、哀、樂之用，各隨所感而應之，無一不中節者，所謂『天下之達道』也。蓋自本體而言，如鏡之未有所照，則虛而已矣；如衡之未有所加，則平而已矣。至語其用，則以其至虛，而好醜無所遁其形；以其至平，而輕重不能違其則。此所以致其中和，而天地位、萬物育，雖以天下之大，而不外乎吾心造化之中也。以此而論，則知聖人之於天下，其所以慶賞威刑之具者，莫不各有所由。而《舜典》所論『敷奏以言，明試以功，車服以庸』，與夫制刑明辟之意，皆可得而言矣。雖然，喜而賞者，陽也，聖人之所欲也；怒而刑者，陰也，聖人之所惡也。是以聖人之心，雖曰至虛至平，無所偏倚，而於此二者之間，其所以處之，亦不能無少不同者。故其言又曰『罪疑惟輕，功疑惟重』，此則聖人之微意。然其行之也，雖曰好賞而不能賞無功之士，雖曰惡刑而不敢縱有罪之人。而功罪之實，苟已曉然而無疑，則雖欲輕之重之而不可得，是又未嘗不虛不平，而大本之立，達道之行，固自若也。故其賞也，必察其言、審其功，而後加以車服之賜；其刑也，必曰『象以典刑』者，畫象而示民以墨、劓、剕、宫、大辟五等肉刑之常法也。其曰『流宥五刑』者，放之於遠，所以寬夫犯此肉刑而情輕之人也；其曰『鞭作官刑，扑作教刑』者，官府學校之刑，所以馭夫罪之小而未麗于五刑者也；其曰『金作贖刑』者，使之入金而免其罪，所以贖夫犯此鞭扑之刑而情之又輕者也。此五者，刑之法也。其曰『眚災肆赦』者，言不幸而觸罪者則肆而赦之；其曰『怙終賊刑』者，言有恃而不改者則賊而刑之。此二者法外之意，猶今律令之名例也。其曰『欽哉，欽哉，惟刑之恤哉』者，此則聖人畏刑之心，閔夫死者之不可復生，刑者之不可復續，惟恐察之有不審、施之有不當，又雖已得其情，而猶必矜其不教無知，而抵冒至此也。嗚呼！詳此數言，則聖人制刑之意可見。而其於輕重淺深，出入取舍之際亦已審矣。雖其重者或至於誅斬斷割而不少貸，然本其所以至此，則其所以施於人者，亦必嘗有如是之酷矣。是以聖人不忍其被酷者銜冤負痛，而爲是以報之。雖若甚慘，而語其實，則爲適得其宜。雖以不忍之心，畏刑之甚，而不得赦也。惟其情之輕者，聖人於此乃得以施其不忍畏刑之意，而有以宥之，然亦必投之遠方以禦魑魅。蓋以此等所犯，非殺傷人，則亦或淫或盗，其情雖輕，而罪實重。若使既免於刑，而又得使還鄉復爲平民，則彼之被其害者寡妻孤子，將何面目以見之？而此幸免之人，髮膚肢體，了無所傷，又將得以遂其前日之惡而不悔，此所以必曰『流以宥之』，而又有『五流有宅，五宅三居』之文也。若夫鞭扑之刑，則雖刑之至小，而情之輕者，亦必許其入金以贖，而不忍輒以真刑加之，是亦仁矣。然而流專以宥肉刑而不下及於鞭扑，贖專以待鞭扑而不上及於肉刑，則其輕重之間，又未嘗不致詳也。至於過誤必赦、故犯必誅之法，則又權衡乎五者之内。『欽哉欽哉，惟刑之恤』之旨，則常通貫乎七者之中，此聖人制刑明辟之意，所以雖或至於殺人，而其反覆表裏，至精至密之妙，一一皆從廣大虚明心中流出，而非私智之所爲也。而或者之論，乃謂『上古惟有肉刑，舜之爲流、爲贖、爲鞭、爲扑，乃不忍民之斬戮而始爲輕刑』者，則是自堯以上，雖犯鞭扑之刑者，亦必使從墨、劓之坐，而舜之心乃不忍於殺傷淫盜之凶賊，而反忍於見殺見傷、爲所侵犯之良民也。聖人之心，其不如是之殘忍偏倚而失其正，亦已明矣。又謂『周之穆王，五刑皆贖，爲能復舜之舊』者，則固不察乎舜之贖初不上及五刑，又不察乎穆王之法亦必疑而後贖也。且以漢宣之世，張敞以討羌之役兵食不繼，建爲入穀贖罪之法，初亦未嘗及夫殺人及盜之品也。而蕭望之等猶以爲如此則富者得生、貧者獨死，恐開利路以傷治化。曾謂三代之隆，而以是爲得哉！嗚呼！世衰學絶，士不聞道，是以雖有粹美之資，而不免一偏之弊，其於聖人公平正大之心有所不識，而徒知切切焉，飾其偏見之私以爲美談。若此多矣，可勝辨哉！若夫穆王之事，以予料之，殆必由其巡遊無度，財匱民勞，至其末年無以爲計，乃特爲此一切權宜之術以自豐，而又託於輕刑之説，以違道而干譽耳。夫子存之，蓋以示戒，而程子策試尚發問焉，其意亦可見矣。或者又謂四凶之罪，不輕於少正卯，舜乃不誅而流之，以爲輕刑之驗。殊不知共、兜朋黨，鯀功不就，其罪本不至死。三苗拒命，雖若可誅，而蠻夷之國，聖人本以荒忽不常待之，雖有負犯，不爲畔臣，則姑竄之遠方，亦正得其宜耳，非故爲是以輕之也。若少正卯之事，則予嘗切疑之，蓋《論語》所不載，子思、《孟子》所不言，雖以《左氏春秋》内外傳之誤且駁而猶不道也。乃獨荀況言之，是必齊魯陋儒，憤聖人之失職，故爲此説以夸其權，吾又安敢輕信其言，遽稽以爲決乎？聊并記之，以俟來者。」○問：「象以典刑，如何爲象？」曰：「此言正法。象，如『懸象魏』之『象』。或謂畫爲五刑之狀，亦可。」○或問「欽哉，欽哉，惟刑之恤哉」！曰：「多有人解《書》做『寬恤』之『恤』，某之意不然。若做寬恤，如被殺者不令償命，死者何辜！大率是説刑者民之司命，不可不謹，如斷者不可續。乃『矜恤』之『恤』耳。」〇「今之法家，多惑於報應禍福之說，故多出人罪以求福報。夫使無罪者不得直，而有罪者反得釋，是乃所以爲惡耳，何福報之有！《書》曰：『欽哉，欽哉，惟刑之恤哉！』所謂『欽』、『恤』云者，正以詳審曲直，令有罪者不得幸免，而無罪者不得濫刑也。今之法官惑於欽恤之說，以爲當寬人之罪而出其法，故凡罪之當殺者，莫不多爲可出之塗，以俟奏裁。既云奏裁，則大率減等：當斬者配，當配者徒，當徒者杖，當杖者笞。是乃賣弄條貫，侮法而受賕者耳，何欽恤之有？今之律令，謂法不能決者則俟奏裁。今乃明知其罪之當死，亦莫不爲可生之塗以生之。惟壽皇不然，其情理重者皆殺之。」〇陳氏雅言曰：「不欽則或失之於怠慢，不恤則或失之於慘刻，二者刑之所由不得其平也。故必主之以欽，而加之以恤，此傳所謂欽、恤之心，未始不行乎其間者也。」

流共工于幽洲，放驩兜于崇山，竄三苗于三危，殛鯀于羽山，四罪而天下咸服。

流，遣之遠去，如水之流也。放，置之於此，不得他適也。竄，則驅逐禁錮之。殛，則拘囚困苦之。隨其罪之輕重而異法也。共工、驩兜、鯀事見上篇。三苗，國名，在江南荆揚之間，恃險爲亂者也。幽洲，北裔之地。水中可居曰洲。崇山，南裔之山，在今澧州。三危，西裔之地，即雍之所謂「三危既宅」者。羽山，東裔之山，即徐之「蒙羽其藝」者。服者，天下皆服其用刑之當罪也。程子曰：「舜之誅四凶，怒在四凶，舜何與焉？蓋因是人有可怒之事而怒之，聖人之心本無怒也。聖人以天下之怒爲怒，故天下咸服之。」《春秋傳》所記四凶之名與此不同，説者以窮奇爲共工，渾敦爲驩兜，饕餮爲三苗，檮杌爲鯀。

不知其果然否也。朱子曰：「放驩兜于崇山，或云在澧州慈利縣。殛鯀于羽山，想是偶然在彼而殛之，程子謂『時適在彼』是也。若曰罪之彰著，或害功敗事於彼，則未可知也。大抵此等隔絶遥遠，又無證據，只説得箇大綱如此便了，不必説殺了，便受折難。」○「四凶只緣堯舉舜而遜之以位，故不服而抵于罪。在堯時則其罪未彰，又他畢竟是箇世家大族，又未有過惡，故動他未得。」○「殛，非殺也。《洪範》云『殛死』，猶今言貶死。」○問：「舜不惟德盛，又且才高。嗣位未幾，如齊七政、覲四岳、協時月正日、同律度量衡、肇十二州、封十二山及四罪而天下服，一齊做了，其功用神速如此。」曰：「聖人作處自别，故《書》稱三載『底可績』。」○程子曰：「四凶之才皆可用，堯之時，聖人在上，皆以其才任大位，而不敢露其不善之心。堯非不知其不善也，伏則聖人亦不得而誅之。及堯舉舜於匹夫之中而禪之位，則是四人者始懷憤怨不平之心而顯其惡，故舜得以因其迹而誅竄之也。」○孫氏覺曰：「放重於流，竄重於放，殛重於竄。」○林氏曰：「殛鯀竄苗，當在洪水未平之前；巡守肇十二州，當在禹平水之後。史因言舜之恤刑，遂舉四凶事繫于下耳。世徒見四凶得罪不在堯世，則謂堯不能去，不知舜之去四凶乃在歷試之時，實受堯命。如禹居攝時，亦受舜命征苗也。」○新安胡氏曰：「觀此在『帝乃殂落』之前，則可見矣。」

二十有八載，帝乃殂落。百姓如喪考妣，三載，四海遏密八音。

殂落，死也。死者魂氣歸于天，故曰殂；體魄歸于地，故曰落。喪，爲之服也。遏，絶。密，静也。八音，金、石、絲、竹、匏、土、革、木也。言堯聖德廣大，恩澤隆厚，故四海之民思慕之深至於如此也。《儀禮》圻内之民爲天子齊衰三月，圻外之民無服。今應服三月者，如喪考妣；應無服者，遏密八音。堯十六即位，在位七十載，又試舜三載，老不聽政二十八載乃崩，在位通計百單一年。朱子曰：「林少穎解『殂落』云『魂殂而魄落』，說得好，便是『魂升于天，魄降于地』底意思。」○「堯崩，『百姓如喪考妣，三載，四海遏密八音』。『百姓如喪考妣』，此是本分。『四海遏密八音』，以禮論之則爲過。爲天子服三年之喪，只是圻内，諸侯之國則不然。爲君爲父，皆服斬衰。君，謂天子、諸侯及大夫之有地者。大夫之邑以大夫爲君，大夫以諸侯爲君，諸侯以天子爲君，各爲其君服斬衰。諸侯之大夫却爲天子服齊衰三月，禮無二斬故也。『公之喪，諸達官之長杖。』達官，謂通於君得奏事者。各以其長，其長杖，其下者不杖可知。」○問：「後世不封建諸侯，天下一統，百姓當爲天子何服？」曰：「三月。天下服地雖有遠近，聞喪有先後，然亦不過三月。」○王氏炎曰：「此言哀慕之情，非言喪服之禮也。」

月正元日，舜格于文祖。

月正，正月也。元日，朔日也。漢孔氏曰：「舜服堯喪三年畢，將即政，故復至文祖廟告。」蘇氏曰：「受終告攝，此告即位也。」然春秋國君皆以遭喪之明年正月即位於廟而改元，孔氏云：喪畢之明年，不知何所據也。朱子曰：「堯、舜之廟雖不可考，然以義理推之，堯之廟當立於丹朱之國，所謂『修其禮物，作賓于王家』。蓋『神不歆非類，民不祀非族』，故《禮記》『有虞氏禘黄帝而郊嚳，祖顓頊而宗堯』，伊川以爲可疑。」

詢于四岳，闢四門，明四目，達四聰。

詢，謀。闢，開也。舜既告廟即位，乃謀治于四岳之官；開四方之門，以來天下之賢俊；廣四方之視聽，以決天下之壅蔽。問：「明四目，達四聰，是達天下之聰明否？」朱子曰：「固是。」曰：「孔安國言『廣視聽於四方』，如何？」曰：「亦是以天下之目爲目，以天下之耳爲耳之意。」○唐孔氏曰：「明四方之目，使爲己遠視四方也；達四方之聰，使爲己遠聽聞四方也。恐遠方有所壅塞，令爲己悉聞見之。」○陳氏大猷曰：「舜初攝位則覲岳牧，初即位則復詢岳咨牧，蓋內外之要，職莫先焉。」○新安陳氏曰：「自此至『惟時亮天功』，紀舜初即位事。四岳總四方諸侯，故以闢四方之門，廣視聽於四方者咨詢之。闢四門，有以天下爲一家之氣象焉；明四目，達四聰，有以天下爲一身之精神焉。」

「咨！十有二牧。」曰：「食哉惟時！柔遠能邇，惇德允元，而難任人，蠻夷率服。」

牧，養民之官；十二牧，十二州之牧也。王政以食爲首，農事以時爲先。舜言足食之道，惟在於不違農時也。柔者，寬而撫之也。能者，擾而習之也。遠近之勢如此，先其略而後其詳也。惇，厚。允，信也。德，有德之人也。元，仁厚之人也。難，拒絶也。任，古文作「壬」，包藏凶惡之人也。言當厚有德，信仁人，而拒奸惡也。凡此五者，處之各得其宜，則不特中國順治，雖蠻夷之國亦相率而服從矣。朱子曰：「柔遠能邇，柔遠，却説得輕；能邇，是奈何得他，使之帖服之意。」○孔氏曰：「所重在民食，惟當敬授民時。柔遠，言當安遠，乃能安近。」○陳氏曰：「能者，馴服，其教化之意。」○新安陳氏曰：「重民食，一遐邇，親君子，遠小人，則內治舉而外夷服。欲州牧以是爲國而率諸侯也。」

舜曰：「咨！四岳！有能奮庸熙帝之載，使宅百揆，亮采惠疇？」僉曰：「伯禹作司空。」帝曰：「俞，咨！禹，汝平水土，惟時懋哉！」禹拜稽首，讓于稷、契暨皋陶。帝曰：「俞，汝往哉！」

奮，起。熙，廣。載，事。亮，明。惠，順。疇，類也。一説：亮，相也。舜言有能奮起事功以廣帝堯之事者，使居百揆之位，以明亮庶事，而順成庶類也。僉，衆也。四岳所領四方諸侯有在朝者也。禹，姒姓，崇伯鯀之子也。平水土者，司空之職。時，是。懋，勉也，指百揆之事以勉之也。蓋四岳及諸侯言伯禹見作司空，可宅百揆。帝然其舉，而咨禹使仍作司空而兼行百揆之事，録其舊績而勉其新功也。以司空兼百揆，如周以六卿兼三公，後世以他官平章事知政事亦此類也。稽首，首至地。稷，田正官。稷名棄，姓姬氏，封於邰。契，臣名，姓子氏，封於商。稷、契皆帝嚳之子。暨，及也。皋陶，亦臣名。俞者，然其舉也。汝往哉者，不聽其讓也。此章稱「舜曰」，此下方稱「帝曰」者，以見堯老舜攝。堯在時，舜未嘗稱帝，此後舜方真即帝位而稱帝也。朱子曰：「禹以司空行宰相事。汝平水土則是司空之職，惟時懋哉則又勉以行百揆之事。」○林氏曰：「《書》於名分之際最嚴，蓋恐涉於疑似而起後世之論也。如舜居攝疑其稱帝，故於命禹稱『舜曰』，以見前此未嘗稱帝也；周公攝政疑其稱王，故於《多方》言周公曰『王若曰』，以見周公雖攝，而號令皆成王之命也。後世尚有言舜南面而立，堯北面而朝，及周公負黼扆以朝諸侯者。」○吕氏曰：「當時紹堯極治，何用奮迅激昂？蓋天下之治不進則退，必常存奮起之心，乃有日新不窮之理。雖極治之時，此意不可忘也。」○陳氏曰：「舜豈不知禹？必詢於衆者，付之公論而我無與也。」○唐孔氏曰：「伯，爵也。禹代父鯀爲崇伯，入爲天子司空，故稱伯禹。」○劉氏向曰：「舜命九官，濟濟相讓，和之至也。」

帝曰：「棄，黎民阻飢，汝后稷，播時百穀。」

阻，厄。后，君也，有爵土之稱。播，布也。穀非一種，故曰「百穀」。此因禹之讓而申命之，使仍舊職以終其事也。唐孔氏曰：「黎民阻飢，謂往者洪水時。」○張氏曰：「棄，以名命之。稷，以官稱之。」○唐孔氏曰：「稷，五穀之長，故以名主穀之官。」○孔氏曰：「播百穀，美其前功以勉之。」○葉氏曰：「《史記》言稷少好耕農，民皆法則之，堯舉爲農師，使教民稼穡。則棄之爲稷，堯時已然，舜以舊官申命之耳。」○吕氏曰：「阻饑、猾夏，當時豈有此事？然尚憂此，所以爲唐虞也。」

帝曰：「契，百姓不親，五品不遜。汝作司徒，敬敷五教，在寬。」

親，相親睦也。五品，父子、君臣、夫婦、長幼、朋友五者之名位等級也。遜，順也。司徒，掌教之官。敷，布也。五教，父子有親，君臣有義，夫婦有别，長幼有序，朋友有信，以五者當然之理而爲教令也。敬，敬其事也。聖賢之於事，雖無所不敬，而此又事之大者，故特以敬言之，寬裕以待之也。蓋五者之理，出於人心之本然，非有强而後能者。自其拘於氣質之偏，溺於物欲之蔽，始有昧於其理而不相親愛、不相遜順者。於是因禹之讓，又申命契仍爲司徒，使之敬以敷教，而又寬裕以待之，使之優柔浸漬以漸而入。則其天性之真，自然呈露不能自已，而無無恥之患矣。《孟子》所引堯言勞、來、正、直、輔、翼，「使自得之，又從而振德之」，亦此意也。朱子曰：「舜之命契，不過是欲使『父子有親，君臣有義，夫婦有别，長幼有序，朋友有信』，只是此五者。至於後來聖賢千言萬語，只是欲明此而已。」○問：「堯德化如此久，何故至舜猶曰『百姓不親，五品不遜』？」曰：「也只是怕恁地。」○「敬敷五教在寬」只是不急迫，慢慢地養他。○「古人爲政，一本於寬，切謂今必須反之以嚴。蓋必須如是矯之，而後有以得其當。今人爲寬，至於事無統紀，緩急予奪之權皆不在我；下梢却是姦豪得志，平民不蒙其惠，反受其殃矣！」○「今人説寬政，多是事事不管，某謂壞了這箇『寬』字。」○「敬敷五教在寬，聖賢於事無不敬，而此又其大者，故特以敬言之。在寬，是欲其優游浸漬以漸而入也」。○「禮樂所以成教化，而兵刑輔之。當唐虞之時，禮樂之官析爲二，兵刑之官合爲一，詳略之意可見。」○唐氏曰：「命稷而後命契，富而後教之序也。」○成四百家曰：「『不親由於不遜。』」○陳氏大猷曰：「以敬爲主，則所以教之者無不至，特慮其失之迫耳，故言在寬，寬得無縱弛之患乎？曰：主於敬而行之以寬，自不至於縱弛也。」○新安陳氏曰：「施教之道，『敬』『寬』二字不可闕一。穆王命君牙曰『敬明乃訓』、曰『弘敷五典』，得敬寬之意。舜此二義，上以堯之匡直自得爲法，下可以爲萬世法。」○陳氏雅言曰：「敷教之道，必主於敬，而尤在於寬。敬以處己，則人不敢慢；寬以待人，則人易於從，二者不可偏廢。苟一於敬則或失於急迫，一於寬則或失於縱弛，皆所不可。史臣紀舜歷試諸難之事，曰『愼徽五典』，愼有敬敷之意，徽有在寬之意，此二字千萬世掌教者不能易也。聖人之言，辭簡而意盡，於此可見。」

帝曰：「皋陶，蠻夷猾夏，寇賊姦宄。汝作士，五刑有服，五服三就。五流有宅，五宅三居。惟明克允！」

猾，亂。夏，明而大也。曾氏曰：「中國，文明之地，故曰華夏。」四時之夏，疑亦取此義也。劫人曰寇，殺人曰賊，在外曰姦，在内曰宄。士，理官也。服，服其罪也，《吕刑》所謂「上服」、「下服」是也。三就，孔氏以爲大罪於原野，大夫於朝，士於市，不知何據。竊恐惟大辟棄之於市，宫辟則下蠶室，餘刑亦就屏處，蓋非死刑，不欲使風中其瘡，誤而至死，聖人之仁也。五流，五等象刑之當宥者也。「五宅三居」者，流雖有五，而宅之但爲三等之居，如「列爵惟五，分土惟三」也。孔氏以爲大罪居於四裔，次則九州之外，次則千里之外。雖亦未見其所據，然大概當略近之。此亦因禹之讓而申命之，又戒以必當致其明察，乃能使刑當其罪，而人無不信服也。問：「蠻夷猾夏，是有苗否？」朱子曰：「也不專指此，但官爲此而設。」○「五服三就，若大辟則就市；宫刑則如漢時就蠶室；其墨、劓、剕三刑，度亦必有一所在刑之。既非死刑，則傷人之肌體，不可不擇一深密之所，但不至如蠶室耳。」○王氏十朋曰：「命皋陶次於契，刑所以弼教也。」○陳氏曰：「《易》卦言用刑者如《噬嗑》、如《賁》、如《旅》，其象皆有取於《離》，用刑在惟明可知矣。居刑官不明不足以盡人心，不允不足以當人罪，故戒以『惟明克允』。」○夏氏曰：「舜命契，教以一言曰『寬』；命皐陶，教以一言曰『明』。簡而易守也。」○孫氏曰：「『惟明』則情僞畢知，『克允』則輕重適當。」○復齋董氏曰：「或言帝者之世，詳於化而略於政；王者之世，詳於政而略於化。虞時兵刑之官合爲一，而禮樂分爲二；成周禮樂之官合爲一，而兵刑分爲二。故此蠻夷猾夏亦以命皐陶，然經只言五刑五流，未嘗言兵也。後征苗之兵，禹實掌之，未嘗用皐陶，則兵刑非兼掌矣。」

帝曰：「疇若予工？」僉曰：「垂哉！」帝曰：「俞，咨！垂，汝共工。」垂拜稽首，讓于殳、斨暨伯與。帝曰：「俞，往哉！汝諧。」

若，順其理而治之也。《曲禮》「六工」有土工、金工、石工、木工、獸工、草工，《周禮》有攻木之工、攻金之工、攻皮之工、設色之工、摶埴之工，皆是也。帝問誰能順治予百工之事者。垂，臣名，有巧思。《莊子》曰「攦工倕之指」，即此也。殳、斨、伯與，三臣名也。殳，以積竹爲兵，建兵車者。斨，方銎斧也。古者多以其所能爲名，殳、斨，豈能爲二器者歟？「往哉汝諧」者，往哉，汝和其職也。張氏曰：「守法信度，因聖人創作之制而持循之，此之謂『若』。」○新安陳氏曰：「垂之巧，因萬物自然之理而爲之，行所無事之大智大巧耳。豈若後世之器械技巧，咸精其能，作爲淫巧以蕩上心之比哉！」

帝曰：「疇若予上下草木鳥獸？」僉曰：「益哉！」帝曰：「俞，咨！益，汝作朕虞。」益拜稽首，讓于朱、虎、熊、羆。帝曰：「俞，往哉！汝諧。」

上下，山林澤藪也。虞，掌山澤之官。《周禮》分爲虞、衡，屬於夏官。朱、虎、熊、羆，四臣名也。高辛氏之子有曰仲虎、仲熊，意以獸爲名者，亦以其能服是獸而得名歟？《史記》曰朱、虎、熊、羆爲伯益之佐，前殳、斨、伯與當亦爲垂之佐也。朱子曰：「《孟子》説『益烈山澤而焚之』，是使之除去障翳，驅逐禽獸耳，未必使之爲虞官也。至舜命之作虞，然後使之養育其草木鳥獸耳。」○孔氏曰：「若，謂順施政教，取之有時，用之有節。」○張氏曰：「聖人以萬物爲一體，故曰予草木鳥獸。先王之世，山澤爲之厲禁。獺祭魚然後漁人入澤梁，與夫昆蟲未蟄不以火田之類，皆若之之事。故獸魚咸若，所以爲夏后；鹿濯魚躍，所以爲文王。然至於禽獸繁殖，則有益之烈而焚，有周公之驅而寧。蓋『若』，順也。居於山澤，順也；交於中國，非順也。豈以姑息爲若哉！」○吕氏曰：「君爲天下萬物之主，故鳥獸草木莫不有職以掌之。後世之君，不識代天理物，民與物，理一而分殊，民且不恤，安能用心到此？此見唐虞天函地育廣大氣象。」○新安陳氏曰：「所以盡人之性，亦必盡物之性也。」○林氏曰：「益向雖掌火烈山澤，特爲禹之佐，至此方正爲虞。」○曾氏曰：「《周禮》有山虞、澤虞等，益蓋爲衆虞之長耳。」○陳氏大猷曰：「餘官有教戒之辭，山虞獨無者，『若』字已該之矣。」

帝曰：「咨！四岳！有能典朕三禮？」僉曰：「伯夷！」帝曰：「俞，咨！伯，汝作秩宗。夙夜惟寅，直哉惟清。」伯拜稽首，讓于夔、龍。帝曰：「俞，往，欽哉！」

典，主也。三禮，祀天神、享人鬼、祭地祇之禮也。伯夷，臣名，姜姓。秩，序也。宗，祖廟也。秩宗，主敘次百神之官，而專以「秩宗」名之者，蓋以宗廟爲主也。《周禮》亦謂之宗伯，而都家皆有宗人之官，以掌祭祀之事，亦此意也。夙，早。寅，敬畏也。直者，心無私曲之謂。人能敬以直内，不使少有私曲，則其心潔清而無物欲之污，可以交於神明矣。夔、龍，二臣名。朱子曰：「惟寅，故直；惟直，故清。」○問：夙夜惟寅，直哉惟清。曰：「人能敬，則内自直；内直，則看得那禮文分明，不糊塗也。」○問：「伯夷典禮，而曰『夙夜惟寅，直哉惟清』，何也？」曰：「禮是見成制度。『夙夜惟寅，直哉惟清』乃所以行其禮也。」○陳氏經曰：「『夙夜』者，自早至暮，無時而不寅，亦無時而不直清也。此時之心，即天神、地祇、人鬼之心。」陳氏曰：「九官惟百揆、秩宗咨四岳而命，重可知矣。心者神明之舍，所以交於神明之本也。敬則能直内，直内則清明在躬，敬其本，而直清其效也。禮，敬而已矣。既戒以寅，猶勉以欽，丁寧至矣。」○陳氏雅言曰：「夫事神之道，必在於敬，敬則此心收斂，無少私曲而能直；直則此心虚明，無少雜亂而能清。夫然後可以感通神明，而盡事親之道矣。」

帝曰：「夔！命汝典樂，教胄子，直而温，寬而栗，剛而無虐，簡而無傲。詩言志，歌永言，聲依永，律和聲。八音克諧，無相奪倫，神人以和。」夔曰：「於！予擊石拊石，百獸率舞。」

胄，長也，自天子至卿大夫之適子也。栗，莊敬也。上二「無」字，與「毋」同。凡人直者必不足於温，故欲其温；寬者必不足於栗，故欲其栗。所以慮其偏而輔翼之也。剛者必至於虐，故欲其無虐；簡者必至於傲，故欲其無傲。所以防其過而戒禁之也。教冑子者欲其如此，而其所以教之之具則又專在於樂。如《周禮·大司樂》掌成均之法以教國子弟，而孔子亦曰「興於詩，成於樂」，蓋所以蕩滌邪穢，斟酌飽滿，動盪血脉，流通精神，養其中和之德而救其氣質之偏者也。心之所之謂之志，心有所之必形於言，故曰「詩言志」。既形於言，則必有長短之節，故曰「歌永言」。既有長短，則必有高下清濁之殊，故曰「聲依永」。「聲」者，宫、商、角、徵、羽也。大抵歌聲長而濁者爲宫，以漸而清且短則爲商、爲角、爲徵、爲羽，所謂「聲依永」也。既有長短清濁，則又必以十二律和之，乃能成文而不亂。假令黄鍾爲宫，則太簇爲商，姑洗爲角，林鍾爲徵，南吕爲羽。蓋以三分損益，隔八相生而得之，餘律皆然，即《禮運》所謂「五聲、六律、十二管還相爲宫」，所謂「律和聲」也。人聲既和，乃以其聲被之八音而爲樂，則無不諧協，而不相侵亂、失其倫次，可以奏之朝廷，薦之郊廟，而神人以和矣。聖人作樂以養情性，育人材，事神祇，和上下，其體用功效廣大深切乃如此。今皆不復見矣。可勝嘆哉！「夔曰」以下，蘇氏曰：「舜方命九官，濟濟相讓，無緣夔於此獨言其功。此《益稷》之文，簡編脱誤，復見於此。」問：「《禮書·學禮》首引舜命契爲司徒，敷五教；命夔典樂，教冑子。切謂古人教學不出此兩者。契敷五教，是欲使人明於人倫，曉得這道理；夔典樂教冑子，是欲使人養其德性，而實有諸己，此是一篇綱領。」朱子曰：「固是如此。後面只是明此一意：如司徒之教，即是契敷教事；大司樂之教，即是夔典樂事。」因曰：「直而温，寬而栗，直與寬本自是好，但濟之以温與栗，則盡善。至如『剛』、『簡』二字，則微覺有弊，故戒之以『無虐』、『無傲』，蓋所以防其失也。某所以特與分開，欲見防其失者，專爲剛、簡而設，不蒙上直、寬二句。『直』、『寬』但曰『而温』、『而栗』，至『剛』、『簡』則曰『無虐』、『無傲』，觀其立言之意自可見。」曰：「教以人倫者固是，又欲養其德性，便只是下面『詩言志，歌永言，聲依永，律和聲』四句。」曰：「然。諷誦歌詠之間，足以和其心氣，但上面三句抑揚高下尚且由人，到那『律和聲』處直是不可走作。所以詠歌之際，深足以養人情性。至如播之金石，被之管絃，非是不和，終不若人聲自然。故晉人孟嘉有言『絲不如竹，竹不如肉』，謂『漸近自然』。至『八音克諧，無相奪倫，神人以和』，此是言祭祀燕饗時事，又是一節。」○「直而温，只是説所教胄子要得如此。若説做教者事，則於教胄子上都無益了。」○「古人以樂教胄子，緣平和中正。『詩言志，歌永言，聲依永，律和聲。八音克諧，無相奪倫。』古人詩只一兩句，歌便衍得來長。聲是宫、商、角、徵、羽，是聲依所歌而發，却用律以和之。如黄鍾爲宫，則大簇爲商之類，不可亂其倫序也。」○或問「詩言志，聲依永，律和聲」之説。曰：「古人作詩，只是説他心下所存事。説出來，人便將他詩來歌。其聲之清濁長短，各依他作詩之語言，却將律來調和其聲。今人却又安排下腔調了，然後做言語去合腔子，豈不是倒了！却是永依聲也。古人是以樂去就他詩，後世是以詩去就他樂，如何解興起得人。」○「『詩言志，歌永言，聲依永，律和聲。』以五聲永言，以律和聲之高下。」○「聲依永，律和聲，此皆有自然之調。沈存中以爲『臣與民不要大，事與物大不相妨』。若合得自然，二者亦自大不得。」○「詩之作，本言志而已。方其詩也，未有歌也；及其歌也，未有樂也。以聲依永，以律和聲，則樂乃爲詩而作，非詩爲樂而作也。詩出乎志者也，樂出乎詩者也，詩者其本，而樂者其末也。」○「樂聲是土、金、木、火、水，《洪範》是水、火、木、金、土。」○「音律如尖塔樣，闊者濁聲，尖者清聲。宫以下則大濁，羽以上則大清，皆不可爲樂。惟五聲者，中聲也。」○問：「所論樂，今考之，若以黄鍾爲宫，便是太簇爲商，姑洗爲角，蕤賓爲變徵，林鍾爲徵，南吕爲羽，應鍾爲變宫。若以大吕爲宫，便是夾鍾爲商，仲吕爲角，林鍾爲變徵，夷則爲徵，無射爲羽，黄鍾爲變宫。其餘則旋相爲宫，周而復始。若言相生之法，則以律生吕，便是下生，以吕生律，則爲上生。自黄鍾下生林鍾，林鍾上生太簇，太簇下生南吕，南吕上生姑洗，姑洗下生應鍾，應鍾上生蕤賓。蕤賓本當下生，今却復上生大吕，大吕下生夷則，夷則上生夾鍾，夾鍾下生無射，無射上生仲吕。相生之道，至是窮矣，遂復變而上生黄鍾之宫。再生之黄鍾不及九寸，只是八寸有餘。然黄鍾君象也，非諸宫之所能役，故虚其正而不復用，所用只再生之變者。就再生之變又缺其半，所缺其半者，蓋若大吕爲宫，黄鍾爲變宫時，黄鍾管最長，所以只得用其半聲。而餘宫亦皆倣此。」曰：「然。」又曰：「宫、商、角、徵、羽與變宫、變徵，皆是數之相生，自然如此，非人力所能加損，此其所以爲妙。」○「樂律自黄鍾至仲吕皆屬陽，自蕤賓至應鍾皆屬陰，此是一箇大陰陽。黄鍾爲陽，大吕爲陰，太簇爲陽，夾鍾爲陰，每一陽間一陰，又是一箇小陰陽。」○「樂聲黄鍾九寸最濁，應鍾最清，清聲則四寸半。」○「律管只以九寸爲準，則上生下生，三分益一損一，如破竹矣」。○《禮記註疏》「五聲六律十二管還相爲宫」處，分明。」○「十二律自黄鍾而生，黄鍾是最濁之聲，其餘漸漸清。若定得黄鍾是，入得樂。」❶○因論律吕曰：「管有長短，則聲有清濁。黄鍾之管最長，應鍾之管最短，長者聲濁，短者聲清。十二律旋相爲宫，宫爲君，商爲臣，樂中最忌臣淩君，故有四清聲。清聲者，減正律之半，如應鍾爲宫，其聲最短而清；或蕤賓爲商，則商聲高如宫聲。是爲臣淩君不可用，遂用蕤賓減半律爲清聲以應之，雖減半律，然只是此律，故亦自能相應也。如方響鐵有十六片，乃是十二律外添四清聲也。」○問：「后夔典樂四語與皐陶九德旨意如何？」潛室陳氏曰：「冑子之性，未免或偏，聖人因其性而教之，所以矯其偏而歸之中。若皐陶所言九德，乃其德之已成，寬而又栗，柔而又立者然也。」○《周禮·大司樂》「掌成均之法以教國子弟。以樂德教之，曰中、和、祗、庸、孝、友；復以樂語教之，曰興、道、風、頌、言、語。而尤以樂舞教之，以律同聲音大合樂」，正自夔所職充廣之。○程子曰：「先王之樂，必須律以考其聲。今律既不可求，而聲又不可全信，正惟此爲難。求中聲須得律，律不得，則中聲無由見。律者，自然之數。」○夏氏曰：「『直』『温』以下，所謂樂德也；『詩言志』至『律和聲』，所謂樂語也。」○林氏曰：「作樂必本之情性，稽之度數。本之情性，樂所以生；稽之度數，樂所以成。『永言』以上，本之情性也。形之於樂，洪纖高下，不可無法，必稽之度數『聲依永，律和聲』是也。」○陳氏經曰：「『直』『温』以下，德之中和也；『言志』以下，樂之中和也。將教以中和之德，必教以中和之樂。」○陳氏大猷曰：「以是爲教，宜乎直寬可使温栗、剛簡可使無虐傲，皆協于中德，而不偏不過焉。『諧』是衆音和協，『倫』是各音條理。」○薛氏

❶「入」上，《朱子語類》有「便」字。

曰：「翕如純如，『八音克諧』之謂也；皦如，『無相奪倫』之謂也。」○新安陳氏曰：「帝王立教，始見於命契『敷五教』、命夔『教胄子』二章。朱子《大學序》所謂『司徒之職、典樂之官所由設也』，正謂此也。直、寬、剛三句，易看，簡略不煩者多至傲忽，以常情驗之可見。『聲依永，律和聲』最難解。『歌永言』者，言之不足而永歌之也；『聲依永』者，宮、商、角、徵、羽之五聲依傍於永言之歌而見也；『律和聲』者，又以十二律而和此五聲也。黄鍾爲宫，則某爲商、某爲角，及三分損益，隔八相生，今爲説以明之。陽律生陰吕曰『下生』，三分長而損一；陰吕生陽律曰『上生』，三分長而益一。皆是左旋，隔八律而相生。黄鍾爲第一宫，其長九寸，隔八下生林鍾爲徵，三分損一，其長六寸。林鍾隔八上生太簇爲商，三分益一，其長八寸。惟此三律長皆全寸而無餘分，餘律則餘分參差不齊矣。太簇下生南吕爲羽，南吕上生姑洗爲角，林鍾爲第二宫，宫生徵，徵生商，商生羽，羽生角，以下皆倣此。以至仲吕爲第十二宫，上生黄鍾爲徵，下生林鍾爲商，上生太簇爲羽，下生南吕爲角，十二宫各有五聲，凡六十聲。宫、徵、商、羽、角，隔八相生之序也。由宫聲之濁而長，以漸而清且短之序，則爲宫、商、角、徵、羽。假令黄鍾爲宫，則相去一律而太簇爲商，又相去一律而姑洗爲角，又相去二律而林鍾爲徵，又相去一律而南吕爲羽，羽距黄鍾之宫，又相去二律焉。相去一律，則音節和；相去二律，則音節遠。故徵角之間，近徵收一聲，比徵稍下曰『變徵』；羽宫之間，近宫收一聲，少高於宫曰『變宫』。所以濟五聲之不及也。詳見《律曆志》、《律吕新書》等，此難盡具。《禮運》『旋相爲宫』，謂十二律迴還迭相爲宫也。樂之功用，能感神人之和如此，則其教胄子而陶寫其性情，流通其精神，養其中和之德而救其氣質之偏，蓋可想也。『夔曰於』以下，爲《益稷》錯簡無疑。」○節初齊氏曰：「天高地下，萬物散殊，而禮制行矣；流而不息，合同而化，而樂興焉。是禮者兩儀對待之體，而樂者一氣流行之用也。故禮常節，樂常和；禮常嚴，樂常泰；禮常辨異，樂常統同。聖人以其分殊者制禮，而使人心之不流；又以其理一者作樂，而使人心之不離。是豈可以鐘鼓玉帛視之哉！學者當知其本。」○陳氏雅言曰：「天子之元子衆子與公卿大夫之適子，皆將有天下國家之責，故不可不素教而預養之。教之之道，莫大於成其德，即大學之教，而此命夔掌之也。」

帝曰：「龍，朕堲讒説殄行，震驚朕師。命汝作納言，夙夜出納朕命，惟允！」

堲，疾。殄，絶也。「殄行」者，謂傷絶善人之事也。師，衆也，謂其言之不正而能變亂黑白以駭衆聽也。納言，官名。命令政教，必使審之，既允而後出，則讒説不得行，而矯僞無所託矣。敷奏復逆，必使審之，既允而後入，則邪僻無自進，而功緒有所稽矣。周之内史，漢之尚書，魏晉以來所謂中書、門下者，皆此職也。朱子曰：「殄行，是傷人之行。《書》曰『亦敢殄戮用乂民』、『殄殲乃讎』，皆傷殘之義。」○「納言之官，如今之門下審覆。自外而進入者既審之，自内而宣出者亦審之，恐『讒説殄行』之『震驚朕師』也。」○「納言之官，如漢侍中，今給事中。朝廷誥令，先過後省，可以封駁矣。」○新安陳氏曰：「自孔註『出納朕命』以爲聽下言納於上，受上言宣於下，蔡傳又分『命令政教』、『敷奏復逆』以配出納，然終於『朕命』二字欠通。切意欲其審君命之當否，當者出之，否者納之，惟至於允當而止，如後世批勑審覆之官，庶於『出納朕命』文義明順也。」○新安胡氏曰：「出納朕命，如《詩》『出納王命，王之喉舌』。欲其謹審上之命令，命之善者宣出之，不善者繳納之，如後世封還詞頭之類，則在我者既允信，尚何憂讒説之得入哉！」○陳氏經曰：「讒人無世無之，雖唐虞極治，而巧言孔壬，猶所可畏，豈可謂此時遂無此事！」○王氏曰：「百揆，百官之首，故先命禹；養民，治之先務，故次命稷；富然後教，故次命契；刑以弼教，故次命皐陶；工立成器以爲天下利，爲治之末，故次命垂。如此，治人者略備矣，然後及草木鳥獸，故次命益；民物如此，則隆禮樂之時也，故次命夷、夔。禮先樂後，故先夷後夔。樂作，則治加成矣。群賢雖盛，治功雖成，苟讒間得行，則賢者不安，前功遂廢，故命龍於末，所以防讒間、衛群賢，以成其終，猶命十二牧而終以『難任人』、夫子答『爲邦』而終以『遠佞人』也。」

帝曰：「咨！汝二十有二人，欽哉！惟時亮天功。」

二十二人，四岳、九官、十二牧也。《周官》言「内有百揆、四岳，外有州牧、侯伯」，蓋「百揆」者所以統庶官，而「四岳」者所以統十二牧也。既分命之，又總告之，使之各敬其職，以相天事也。曾氏曰：「舜命九官，新命者六人。命伯禹，命伯夷，咨四岳而命者也；命垂，命益，泛咨而命者也；命夔，命龍，因人之讓，不咨而命者也。夫知道而後可宅百揆，知禮而後可典三禮。知道、知禮非人人所能也，故必咨於四岳。『若予工』、『若上下草木鳥獸』則非此之比，故泛咨而已。禮樂命令，其體雖不若百揆之大，然其事理精微，亦非百工庶物之可比。伯夷既以四岳之舉而當秩宗之任，則其所讓之人必其中於典樂、納言之選可知，故不咨而命之也。若稷、契、皐陶之不咨者，申命其舊職而已。」又按：此以平水土、若百工各爲一官，而周制同領於司空。此以士一官兼兵刑之事，而《周禮》分爲夏、秋兩官。蓋帝王之法，隨時制宜，所謂「損益可知」者如此。朱子曰：「稷、契、臯陶、夔、龍，這五官，秀才底官。所以教他掌教、掌刑、掌禮樂，這便都是那秀才做底事。如那垂、益之類，便皆是做麄底。聖人所以只教他治山虞、治工之屬，便是他只會做這般事。」○孔氏曰：「各敬其職，惟是乃能信立天下之功。」○陳氏大猷曰：「皆當敬以趨時，以輔相顯明天之功。二十二人職雖不同，其爲天下之事則一，故提其綱而總戒之。」○新安陳氏曰：「益之嘉言見於《書》者甚多，禹、臯陶之亞也，觀禹薦益可見矣。朱子謂益只做得麄底事，聖人固隨才授官，然隆古之才，何施不可？此語疑録者之誤。」○陳氏雅言曰：「二十有二人之職，皆天之職也。典，天敘。禮，天秩。服，天命。刑，天討。無一事之不本於天。天有是事，則人有是官，天不自爲而人代之。帝舜於此，語以『欽哉』、『亮天功』者，欲使知所敬也。」

三載考績，三考，黜陟幽明，庶績咸熙。分北三苗。

考，核實也。三考，九載也。九載，則人之賢否、事之得失可見，於是陟其明而黜其幽。賞罰明信，人人力於事功，此所以「庶績咸熙」也。北，猶背也。其善者留，其不善者竄徙之，使分背而去也。此言舜命二十二人之後，立此考績黜陟之法，以時舉行，而卒言其效如此也。按：三苗見於經者，如《典》、《謨》、《益稷》、《禹貢》、《吕刑》詳矣。蓋其負固不服，乍臣乍叛，舜攝位而竄逐之。禹治水之時，三危已宅，而舊都猶頑不即工。禹攝位之後，帝命徂征而猶逆命，及禹班師而後來格，於是乃得考其善惡而分北之也。《呂刑》之言「遏絶」，則通其本末而言，不可以先後論也。唐孔氏曰：「此以下，史述舜事，非帝語也。」○陳氏大猷曰：「人情太寬則肆，太嚴則拘，故考績於三載，時加警策以作其怠；黜陟於九載，期之久遠以要其成。不肆不拘，所以爲善。成周冢宰，歲終受會詔廢置，三歲計治行誅賞，世變不同故也。」○臨川吴氏曰：「帝既咨命群臣，史因述其考績黜陟之法于後，而并及其効如此。且以堯、舜二帝在位之事，皆以『庶績咸熙』四字終之，辭雖簡而所該大矣。」○「舜在位三十有三載，而始薦禹自代。今《書》所載，自初年咨命群臣之外，惟有『考績』、『分北』二條，其他無事可見。夫子曰：『無爲而治者，其舜也與？』朱子曰：紹堯之後，又得人以任衆職，故無所爲。徵以《書》稽之猶信。」○夏氏曰：「分北三苗，不與上文相連，不可曲爲之説。北，只音如字。三苗國在南，遷之於北，如周遷頑民之類。」○王氏曰：「分北三苗，黜幽也，然止於三苗，黜者寡矣。」○董氏鼎曰：「分北，只是分别義，故文兩相背。天地之氣，始於北而終於北，北者陰陽之别也。」○臨川吴氏曰：「三苗之君前既竄於三危，而三苗之民尚居故地，頑而習惡。治水之役，違拒上命，群類衆多，終必爲亂，故遷徙之，使分散各居，不得聚在一處。既全其生，又免於亂，聖人立心之仁，處事之義，兩盡其道矣。」○陳氏雅言曰：「聖人立法，必要其所終，稽其所弊。使徒考績於三載而不俟黜陟於九載，則失之太嚴，遲鈍者或不得以自見矣；使徒黜陟於三考而不先考績於三載，則失之太寬，玩法者或得以自縱矣。」

舜生三十徵庸，三十在位，五十載，陟方乃死。

徵，召也。陟方，猶言升遐也。韓子曰：「《竹書紀年》帝王之没皆曰『陟』。陟，昇也，謂昇天也。《書》曰『殷禮陟配天』，言以道終，其德協天也。故《書》紀舜之没云『陟』。」「其下言『方乃死』者，所以釋陟爲死也。地之勢東南下，如言舜巡守而死，宜言『下方』，不得言『陟方』也」。按此得之，但不當以「陟」爲句絶耳。方，猶「雲徂乎方」之「方」。「陟方乃死」，猶言徂落而死也。舜生三十年堯方召用，歷試三年、居攝二十八年。通三十年乃即帝位，又五十年而崩。蓋於篇末總敘其始終也。《史記》言舜巡守崩于蒼梧之野，《孟子》言舜卒於鳴條，未知孰是。今零陵九疑有舜塚云。朱子曰：「『舜生三十徵庸』數語，只依古註點自好。」○孔氏曰：「方，道也。舜即位五十年，升道南方巡守，死於蒼梧之野而葬焉。三十徵庸，三十在位，服喪三年，其一在三十之數，爲天子五十年，凡壽百一十二歲。」○《皇極經世》紀舜丙辰即位，至禹十七年死，通爲一百一十年。○臨川吴氏曰：「舜以服堯喪畢之明年正月踐位，❶而此五十載，數自堯崩之明年始，何也？蓋堯崩而天下無君，舜雖未爲天子，而紀年則當屬之舜，故始自堯崩之明年爲舜元年。如漢王五年方并項氏得天下，然秦亡而天下無君，漢王雖未稱皇帝，而紀年則當屬之漢，故始自入關之年爲漢元年也。」○涑水司馬氏詩曰：「虞舜在倦勤，薦禹爲天子。豈有復南巡，迢迢渡湘水。」○新安陳氏曰：「史於舜即位初，惟載咨岳牧、命九官，即以九載黜陟繼之，篇末總序舜一生始終結之。中間幾五十

❶「月」，原脱，今據吴澄《書纂言》補。

年無事可見，何也？　孔子曰『舜有臣五人而天下治』，又曰『無爲而治者，其舜也與』？　以此觀之，可見舜惟得聖賢之臣以共爲，故終身可恭己而無爲也。『陟方』，猶云升天一方。」○武夷熊氏曰：「《舜典》理會天道、人道、地道外，此後言恤刑討罪，所以去小人也；咨牧命官，所以用君子也。末言考績黜陟之法，其於君子小人之辨嚴矣。後之欲盡君道者，當以此爲法。讀二《典》者，當識此大意，而後可以論堯、舜之治矣。」○五峰胡氏曰：「愚讀五帝書，而後知聖人澤及斯民之遠也。後世有立功於一時、興利於一邦者，人猶追思而祀之。是數聖人者，有功於天下萬世，曾不得推苗裔、立宗子、建廟庭，春秋四時饗天下之報也。有天下者，端拱九重之内，治其國家，上之天文，下之地理，中之人倫，衣食之原，器用之利，法度之章，禮樂之則，誰推明制作之也而忘之乎？　戎狄之人駕一偏空説，失事理之正，而其神像乃得蟠據中華名山，巍業相望，又聽其雕梁畫棟，群淪滅三綱之人而豢養之，此何道也？　其不耕不植，侵漁民利，耗蠹民財，乃細事耳，爲政者恬不以爲慮。中華無人，可悲之甚矣。」○董氏鼎曰：「舜『重華協于帝』，與堯本無優劣，而夫子稱『大哉！　堯之爲君』、『君哉！　舜也』，尚不無異於一字之間，何也？　堯爲治無迹，蕩蕩難名，故謂之『大』；舜責成臣下，已若無爲，故謂之『君』，今讀《舜典》一篇可見矣。自『慎徽五典』至『汝陟帝位』，是堯試舜三年内事，先爲司徒，次爲百揆，次爲四岳，未爲君之時也。自『受終文祖』至『遏密八音』，是堯老舜攝二十八年内事，不過以百揆代堯行天子之事，亦未爲君之時也。自『格于文祖』，然後即帝位方始稱帝，舜之君道，乃可見爾。方攝位時，巡四岳、朝諸侯、封山濬川、考禮正刑，汲汲不少暇；至即位後，則惟責成於岳牧九官，舜不過執黜陟之權，以激勵臣下，外此皆不復以身親之。在位五十年間，有天下而已若不與，豈非得爲君之道故如是乎？ 攝政以前，可以見臣道之勞；即位以後，可以見君道之逸。『乾知大始，坤作成物』，君臣之道，猶乾坤也。故夫子以『君哉』稱之，非優堯而劣舜也。後之人主，有不任三公者，有親閱吏案下行文書者，安識君道也哉！ 叢脞惰墮，舜無是事，而皐陶猶有是戒，爲君者可以監矣。」

書傳大全卷之二

大禹謨

謨，謀也。林氏曰：「虞史既述二《典》，其所載有未備者，於是又敘其君臣之間嘉言善政，以爲《大禹》、《皋陶謨》、《益稷》三篇，所以備二《典》之未備者。」今文無，古文有。朱子曰：「《大禹謨序》：『帝舜申之。』序者之意，見《書》中，皋陶陳謨了，帝曰：『來！禹，汝亦昌言。』故先説『皋陶矢厥謨，禹成厥功』。帝又使禹亦陳昌言耳。今《書序》固不能得《書》意，後來説《書》者又不曉序者之意，只管穿鑿求巧妙爾。」○孔氏曰：「禹稱『大』，大其功。」○陳氏大猷曰：「《序》言『禹成厥功』，指禹之實也。書名《大禹謨》，以此《書》多禹之謨也。禹之功，多見於謨之所述。」○新安陳氏曰：「諸臣，惟禹稱『大』者。堯曰『大哉，堯之爲君』，舜曰『大舜』，有『大』焉。舜繼堯，稱大舜；禹繼舜，故亦稱大禹。三聖相承，皆以『大』稱，豈諸臣比哉！」○姜氏曰：「禹以功顯而稱謨，何也？禹告舜曰后克艱而政乂，德政養民而勿壞，此禹之嘉謨也。使治水之功雖成而不克艱、無德政，則水患雖去，患有甚於水者。是前日平患之功，必有資於此謨以保其終也。故夫子序《書》，以《禹謨》爲先，而《禹貢》爲後，以見嘉言之益，其在胼胝之功之上歟！」○王氏日休曰：「禹以功，皋陶以謨。而禹亦謂之『謨』者，以其功已見於《禹貢》，此則紀其謨而已。」○臨川吳氏曰：「『典』者，載堯、舜二帝之善政；『謨』者，載禹、皋陶二臣之嘉言。」

曰若稽古大禹曰：文命敷于四海，祗承于帝。

命，教。祗，敬也。帝，謂舜也。「文命敷于四海」者，即《禹貢》所謂「東漸」、「西被」、「朔南暨聲教訖于四海」者是也。史臣言禹既已布其文教於四海矣，於是陳其謨以敬承于舜，如下文所云也。文命，《史記》以爲禹名。蘇氏曰：「以文命爲禹名，則『敷于四海』者爲何事耶？」朱子曰：「吳氏云：此書不專爲大禹而作，此十有七字，當是後世模倣二《典》爲之，《皋陶》篇首九字亦類此。今按：此篇『稽古』之下，猶贊禹德，而後篇便記皋陶之言，其體亦不相類。吳氏之説，恐或然也。」○孔氏曰：「言其外布文德教命，内則敬承堯、舜。」○吕氏曰：「聲教如此，亦已至矣。方祗承于帝，無一毫自有意見，禹有君民之大德，有事君之小心。然祗承與重華異，重華有日月並明之意，祗承不過坤承乾之象，此帝王之間也。」○陳氏雅言曰：「禹之心，惟恐天下之不治，不自知其文命之四敷也。故責難之恭、陳善之敬，曷嘗斯須少忘也哉！」

曰：「后克艱厥后，臣克艱厥臣，政乃乂，黎民敏德。」

「曰」以下即禹祗承于帝之言也。艱，難也。孔子曰「爲君難，爲臣不易」，即此意也。「乃」者，難辭也。敏，速也。禹言君而不敢易其爲君之道，臣而不敢易其爲臣之職，夙夜祗懼，各務盡其所當爲者，則其政事乃能修治而無邪慝。下民自然觀感速化於善，而有不容己者矣。朱子曰：「自『后克艱厥后』至『四夷來王』，只是一時説話，後面則不可知。『德』者，言其德化之深也。」○林氏曰：「人知舜恭己以享無爲之治，不知舜之君臣自一話一言未嘗不以艱難爲戒。惟君臣不忘於克艱，此所以享無爲之治也。」○陳氏大猷曰：「君臣克艱，乃政化之本原，禹謨之綱領也。忽其艱則玩，畏其艱則沮，徒以爲艱而不克盡其艱則畏而沮，與忽而玩者均耳。故禹不徒曰『艱』，而必曰『克』也。」○新安陳氏曰：「後世言政不及化。政乂而民敏德，政非徒政，政即化也。此其功用，皆本原於共政之君臣精神心術中。君臣克艱，憂勤戒懼，有未易以言語形容者，人知政乂而能使民敏德之不易，則知君臣克艱之所以不易者矣。」○陳氏雅言曰：「『克艱』者，君必盡其爲君之道，臣必盡其爲臣之職。徒知其艱而不能盡其艱，則是知之未至，不能與不知者均耳，故必曰『克艱』也。」

帝曰：「俞！允若兹，嘉言罔攸伏，野無遺賢，萬邦咸寧。稽于衆，舍己從人，不虐無告，不廢困窮，惟帝時克。」

嘉，善。攸，所也。舜然禹之言，以爲信能如此，則必有以廣延衆論，悉致群賢，而天下之民咸被其澤，無不得其所矣。然非忘私順理、愛民好士之至，無以及此。而惟堯能之，非常人所及也。蓋爲謙辭以對，而不敢自謂其必能。舜之克艱，於此亦可見矣。程子曰：「舍己從人，最爲難事。己者，我之所有，雖痛舍之，尤懼守己者固，而從人者輕也。」吕氏曰：「舜於克艱工夫深矣，故聞禹言有當於心，以爲信如此也。『嘉言』以下，舉堯克艱之道以證之，堯之『時克』，克此艱也。」○新安陳氏曰：「舜惟本有克艱之心，故深信禹克艱之謨。允若兹，深信其當如此也。惟帝時克，以克艱歸之堯，惟堯能如此，謙言己未能如此也。」「今觀舜斯言，則舜真能克艱，亦可知矣。」○王氏曰：「舜，后也，故但言堯克艱事。今按：定公問一言興邦，孔子對以『君難』、『臣不易』。下文惟及君而不及臣，意亦類此。」○孔氏曰：「舜遂稱堯德以成其義，考衆從人，矜孤愍窮。凡人所輕，聖人所重。」○蘇氏曰：「無告，天民之窮者。困窮，士之不遇者。」○陳氏經曰：「言『罔伏』至『咸寧』，此時堯若可以自足，而尤稽衆從人、不虐不廢，堯之心不自足也。使於此自以爲足而不加之意，安足以爲堯哉？孔子以『博施』、『濟衆』、『安百姓』，爲『堯、舜其猶病諸』，此足以形容堯之心矣。」○程子曰：「苟謂吾治已足，則便不是聖人。」○西山真氏曰：「知爲君之難易，真知其難而能盡其道者難，故曰『允若兹』、『惟帝時克』。世之人主，謂言已用而不必求言，而不知伏于下者之難達也；賢已得而不必求賢，而不知遺於野者之難進也。惟堯於此一以難視之，故能使言不伏、賢不遺而致萬邦之安。雖然，堯尤慮其難也。方且稽衆以求事理之當，舍己以求人情之公，易虐者不虐，易廢者不廢，皆自克艱一念爲之。」

益曰：「都，帝德廣運，乃聖乃神，乃武乃文。皇天眷命，奄有四海爲天下君。」

廣者大而無外，運者行之不息，大而能運則變化不測，故自其大而化之而言則謂之聖，自其聖而不可知而言則謂之神，自其威之可畏而言則謂之武，自其英華發外而言則謂之文。眷，顧。奄，盡也。堯之初起不見於經，傳稱其自唐侯特起爲帝，觀益之言，理或然也。或曰：舜之所謂帝者，堯也；群臣之言帝者，舜也。如「帝德罔愆」、「帝其念哉」之類，皆謂舜也。蓋益因舜尊堯，而遂美舜之德以勸之，言不特堯能如此，帝亦當然也。今按：此說所引，比類固爲甚明，但益之語接連上句「惟帝時克」之下，未應遽舍堯而譽舜，又徒極口以稱其美，而不見其有勸勉規戒之意，恐唐虞之際，未遽有此諛佞之風也。依舊說，贊堯爲是。朱子曰：「都，歎美之辭也。都者君子之居，鄙者野人之居，故古者謂野爲『鄙』，謂都爲『美』也。」○孔氏曰：「益因舜言又美堯也。」「言堯有此德，故爲天所命，所以勉舜也。」○薛氏曰：「聖、神、武、文，即『廣運』之所發也。」○陳氏大猷曰：「廣，如天之無不覆；運，如天之行健不息。聖、神，如天之造化不測；武、文，如天之春生秋殺。聖、神，自其妙於無迹者言之；武、文，自其顯於可見者言之。知天德，則知帝德矣。」○西山真氏曰：「廣運而與天同德，故能受天之命。益之勉舜，全在『廣運』二字。」○新安陳氏曰：「廣，聖德之全體也；運，聖德之大用也。聖、神，全體之不可見者；武、文，大用之不可見者也。其可見者，即不可見者之發見呈露也。」

禹曰：「惠迪吉，從逆凶，惟影響。」

惠，順。迪，道也。逆，反道者也。惠迪、從逆，猶言順善從惡也。禹言天道可畏，吉凶之應於善惡，猶影響之出於形聲也。以見不可不艱者以此，而終上文之意。朱子曰：「《書》中『迪』字或解爲道，或解爲行，疑只是『順』字。『惠迪吉，從逆凶』，以『逆』對『迪』，可見《書》中『迪』字用得皆輕也。」問：須得邵堯夫之術。曰：「吾之所知者，『惠迪吉，從逆凶』、『滿招損，謙受益』，若明日晴，明日雨，吾安能知耶！」

益曰：「吁！戒哉！儆戒無虞，罔失法度。罔遊于逸，罔淫于樂。任賢勿貳，去邪勿疑。

疑謀勿成，百志惟熙。罔違道以干百姓之譽，罔咈百姓以從己之欲。無怠無荒，四夷來王。」

先吁後戒，欲使聽者精審也。儆，與「警」同。虞，度。罔，勿也。法度，法則制度也。淫，過也。當四方無可虞度之時，法度易至廢弛，故戒其失墜；逸、樂易至縱恣，故戒其遊、淫。言此三者，所當謹畏也。任賢以小人間之謂之貳，去邪不能果斷謂之疑。謀，圖爲也。有所圖爲，揆之於理而未安者，則不復成就之也。百志，猶《易》所謂「百慮」也。咈，逆也。九州之外，世一見曰王。帝於是八者朝夕戒懼，無怠於心，無荒於事，則治道益隆。四夷之遠莫不歸往，中土之民服從可知。今按：益言八者亦有次第。蓋人君能守法度，不縱逸樂，則心正身修，義理昭著。而於人之賢否孰爲可任、孰爲可去，事之是非孰爲可疑、孰爲不可疑，皆有以審其幾微，絶其蔽惑。故方寸之間，光輝明白。而於天下之事，孰爲道義之正而不可違，孰爲民心之公而不可咈，皆有以處之不失其理，而毫髮私意不入於其間。此其儆戒之深旨，所以推廣大禹「克艱」、「惠迪」之謨也。苟無其本，而是非取舍決於一己之私，乃欲斷而行之，無所疑惑，則其爲害，反有不可勝言者矣。可不戒哉？朱子曰：「當無虞時，須是警戒者，何也？罔失法度，罔遊于逸，罔淫于樂。人當無虞時，易至於失法度，遊淫逸樂，故當戒其如此。既知戒此，則當『任賢勿貳，去邪勿疑，疑謀勿成』。如此，方能『罔違道以干百姓之譽，罔咈百姓以從己之欲』也。聖賢言語，自有箇血脉貫在裏。如此一段，他先便説『儆戒無虞』，蓋『制治未亂，保邦未危』，自其未有可虞之時，必儆必戒。能如此，則不至失法度、淫于逸、遊于樂矣。若無箇儆戒底心，欲不至於失法度、不淫佚、不遊樂，不可得也。既能如此，然後可以知得賢者、邪者、正者，謀可疑者、無可疑者。若是自家身心顛倒，便會以不賢爲賢，以邪爲正，所當疑者亦不知矣。何以任之、去之、勿成之哉？蓋此三句，便是從上面有三句了，方會恁地。又如此，然後能罔違道以求名，罔咈民以從欲。蓋於賢否、疑審，有所未明，則何者爲道，何者爲非道，何者是百姓所欲，何者非百姓所欲哉？」○吴氏曰：「此益又言克艱之目也。」○陳氏大猷曰：「多事之際，常情皆知儆戒；無事之時，明主猶或玩弛。儆戒，則强立而清明；玩弛，則頽放而昏塞。」○林氏曰：「無怠無荒，所謂不倦以終之也。舜大聖人，益所戒乃如此，可見聖賢兢業之誠矣。」○王氏曰：「『罔失法度』以下，修之身者也；『任賢勿貳』以下，修之朝者也；『罔違道』以下，施之天下者也。」○新安陳氏曰：「自『克艱』至此五節，文意相連，實一時之言。禹以『克艱』告舜，舜不自居，歸『時克』於堯，故益因言『帝德廣運』以美堯；禹又申其未盡之藴，以『迪吉』、『逆凶』戒舜，故益因盡言畫一以戒舜。若然，則以『廣運』一節爲美舜者，其非明矣。」

禹曰：「於！帝念哉！德惟善政，政在養民。水、火、金、木、土、穀惟修，正德、利用、厚生惟和，九功惟敘，九敘惟歌。戒之用休，董之用威，勸之以九歌，俾勿壞。」

益言儆戒之道，禹歎而美之，謂帝當深念益之所言也。且德非徒善而已，惟當有以善其政；政非徒法而已，在乎有以養其民。下文「六府」、「三事」，即養民之政也。水、火、金、木、土，穀惟修者，水克火，火克金，金克木，木克土，而生五穀。或相制以洩其過，或相助以補其不足，而六者無不修矣。正德者，父慈、子孝、兄友、弟恭、夫義、婦聽，所以正民之德也。利用者，工作什器、商通貨財之類，所以利民之用也。厚生者，衣帛食肉、不饑不寒之類，所以厚民之生也。六者既修，民生始遂。不可以逸居而無教，故爲之惇典敷教以正其德，通功易事以利其用，制節謹度以厚其生，使皆當其理而無所乖，則無不和矣。九功，合六與三也。敘者，言九者各順其理，而不汩陳以亂其常也。歌者，以九功之敘而詠之歌也。言九者既已修和，各由其理，民享其利，莫不歌詠而樂其生也。然始勤終怠者，人情之常，恐安養既久，怠心必生，則已成之功不能保其久而不廢，故當有以激勵之，如下文所云也。董，督也。威，古文作「畏」。其勤於是者，則戒喻而休美之；其怠於是者，則督責而懲戒之。然又以事之出於勉强者不能久，故復即其前日歌詠之言，協之律吕，播之聲音，用之鄉人，用之邦國，以勸相之，使其歡欣鼓舞，趨事赴功，不能自已，而前日之成功得以久存而不壞。此《周禮》所謂「九德之歌，九韶之舞」，而太史公所謂「佚能思初，安能惟始，沐浴膏澤而歌詠勤苦」者也。葛氏曰：「《洪範》五行，水火木金土而已。穀本在木行之數，禹以其爲民食之急，故别而附之也。」問：「水、火、金、木、土、穀惟修，正德、利用、厚生惟和。正德，是正民之德否？」朱子曰：「固是。水，如隄防、灌溉；金，如五兵、田器；火，如出火、納火、禁焚萊之類；木，如斧斤以時之類。」良久，云：「古人設官掌此六府，蓋爲民惜此物，不使之妄用，非如今世之民用財無節也。戒之用休，言戒諭以休美之事。勸之以九歌，感動之意。但不知所謂『九歌』者如何。《周官》有《九德之歌》。大抵禹只説綱目，其詳不可考矣。」問：「戒之用休，董之用威，勸之以九歌，林氏謂自戒、自董、自勸，未知此説如何？」曰：「九歌今亡其詞，不可稽考。以理觀之，恐是君臣相戒如《賡歌》之類。」「《韶》與《武》，今皆不可考。但《書》所謂『正德、利用、厚生惟和，九功惟敘，九敘惟歌，戒之用休，董之用威，勸之以九歌』，此便是作《韶》樂之本」。「看得此歌，本是下之人作歌，不知當時如何取之以爲樂，却以此勸下之人。」❶又曰：「《韶》樂只是和而已。功以九敘，故樂以九成，所謂九德之歌，九韶之舞也。」問「戒之用休，董之用威」，并九歌。曰：「正是『匡之直之，輔之翼之』之意。九歌，只是九功之敘可歌，想那時田野自有此歌，今不可得見。」○唐孔氏曰：「此言五行，與《洪範》之次不同，《洪範》以生數爲次，此以相克爲次。」○新安陳氏曰：「五行相克，正《洛書》之序，此亦禹則《洛書》之一端。」○王氏炎曰：「政之大要，莫切於養民。六府，養民之具也。正德，所以養其心；利用、厚生，所以養其身。溝澮之導，瀦之蓄，井之汲，水之修也；鑽燧有變，焚萊有禁，火之修也；産之於地，取之有時，鎔範而成之，金之修也；植於山林，斬之有時，掄材而取之，木之修也；辨肥瘠，相高下，以植百物，土之修也；播種有宜，耨穫有節，穀之修也。水以制火，火以煉金，金以治木，木以墾土，土以生穀，此六府之序。無

❶「勸」下，四庫本及《朱子語類》有「在」字。

恒産則無恒心，六府修，然後可以正民德，先富而後教，以正德爲先，三事之序也。織紝而衣，耒耜而耕，釜甑而爨，資六府以利用也；老有奉，幼有長，鰥寡廢疾皆有養，資六府以厚生也。六府出於天地，而修之在人；三事行於天下，而和之在人。」○息齋余氏曰：「六府當以五材言，《洪範》所謂『潤下作鹹』等，皆言材耳。今曰『水克火，火克金，金克木，木克土而生五穀』，似全以五氣言矣。」○蘇氏曰：「利用、厚生，先言『正德』者，德不正，雖有粟吾得而食諸？」○張氏曰：「戒用休，若《周官》『大比』興『賢能』，『明其有功者，屬其治地者』之類；董用威，如《周官》『宅不毛者有里布』、『田不耕者出穀粟』與『鄉八刑糾萬民』之類是也。」○夏氏曰：「人情始勤終怠，或忽而不念，安保其不壞？故戒以休，使知勤於此者，有無窮之美；董以威，使知怠於此者，有可畏之刑；又勸以九歌，使歌詠其事，樂而忘勞。如是，則民將終身惟六府、三事是賴，共起而終之，則養民之政，豈有壞耶！」○陳氏經曰：「人情始勤終怠，安保其不壞？故戒以休，使知勤者有休美，則心有所慕；董以威，使知怠者有刑威，則心有所畏。然畏慕有時而忘，不若使心有所樂，樂則無時而忘，故勸以九歌，感動於自然，非有勉强矯拂。將樂事勸功而忘其勞，斯可見九功永久不壞也。」○吴氏曰：「勸以九歌者，民已樂之，又因其情，被之絃歌，以助其樂事赴功。《周官·州正》『趨其稼事』，❶《里宰》『趨其耕耨』，《籥章》『吹《豳雅》、《豳頌》』，與夫『爲春酒殺羔羊』及「百日之蜡、一日之澤」，古之遺制，猶有存者。」○吕氏曰：「『俾』字宜詳味，消息盈虚者，天理之常；輔相財成者，君

❶「州」，阮刻《周禮注疏》作「縣」。「稼」，原作「家」，今據四庫本及《周禮注疏》改。

道之大。天下之理，盛必有衰，成必有壞。今九功既敘，盛也；聖人所以戒之、董之、勸之，無非使之勿至於壞。『俾』之者，蓋聖人財成輔相，以贊消息盈虚之理，使之盛而不衰，成而不壞也。聖人無窮之心，可見矣。」

帝曰：「俞！地平天成，六府、三事允治，萬世永賴，時乃功。」

水土治曰「平」，言水土既平，而萬物得以成遂也。六府，即水、火、金、木、土、穀也。六者，財用之所自出，故曰「府」。三事，正德、利用、厚生也。三者，人事之所當爲，故曰「事」。舜因禹言養民之政，而推其功以美之也。朱子曰：「地平天成，是包得下面六府、三事在。」○問「六府三事」。林少穎云：「六府本乎天，三事行乎人。」吴才老説：「上是施，下是功。」未知孰是？曰：「林説是。」○張氏曰：「天施地生，洪水之患地不得以生，天雖施之，亦無自而成。今地既平，天之功始成也。」○王氏炎曰：「謂之『府』，天地之藏，其出不窮者也。」○吕氏曰：「雖歷萬世之遠，不能外天地以有生，外六府、三事以爲治。是禹之功與天地相終始也。」

帝曰：「格，汝禹！朕宅帝位三十有三載，耄期倦于勤。汝惟不怠，總朕師。」

九十曰「耄」，百年曰期。舜至是年已九十三矣。總，率也。舜自言既老，血氣已衰，故倦於勤勞之事。汝當勉力不怠，而總率我衆也。蓋命之攝位之事。堯命舜曰「陟帝位」，舜命禹曰「總朕師」者，蓋堯欲使舜真宅帝位，舜讓弗嗣，後惟居攝，亦若是而已。張氏曰：「禹惜寸陰，過門不入，不怠可知。」

禹曰：「朕德罔克，民不依。皋陶邁種德，德乃降，黎民懷之。帝念哉！念兹在兹，釋兹在兹，名言兹在兹，允出兹在兹。惟帝念功。」

邁，勇往力行之意。種，布。降，下也。禹自言其德不能勝任，民不依歸。惟皋陶勇往力行以布其德，德下及於民，而民懷服之。帝當思念之而不忘也。兹，指皋陶也。禹遂言念之而不忘，固在於皋陶；舍之而他求，亦惟在於皋陶；名言於口，固在於皋陶；誠發於心，亦惟在於皋陶也。蓋反覆思之而卒無有易於皋陶者，惟帝深念其功而使之攝位也。

朱子曰：「念兹在兹，釋兹在兹，用舍皆在此人。名言兹在兹，允出兹在兹，語默皆在此人。名言，則名言之；允出，則誠實之所發見者也。」○問：「『念兹在兹』、『釋兹在兹』、『允出兹在兹』諸説，皆以禹欲舜念皋陶，而林氏以爲禹自言其念之如此，未知二説如何？」曰：「林説是。舜命禹『宅百揆』，而禹讓稷、契、皋陶。今不及稷、契者，《史記》載稷、契，皆帝嚳之子，與堯爲兄弟。意其至是，必已不復存矣。」○蘇氏曰：「種德，如農之種植。衆人之種德也近，朝種而暮穫，報亦狹矣；皋之種德也遠，栽培之深厚，滋養之豐裕。及其充溢不已，自沛然如雨露之降，民被其潤澤而懷之也。」○陳氏經曰：「皋陶所掌者刑，德安在？至威之中，至愛存焉，慈祥惻怛之寓。雖刑也，而實種德也。」○王氏炎曰：「禹所以『宅百揆』，以平水之功。禹不論功而論德，曰己德罔克，皋陶之德可以克己。及繼以『惟帝念功』，則皋之功亦不可忘也。」○問：「舜之時，在廷之臣亦多矣，至傳禹以天下，而禹獨推皋陶，何也？」龜山楊氏曰：「舜徒得此兩人，而天下已治故也。禹總百揆，而臯陶施刑，内外之治舉矣。古者兵刑之官合爲一，觀舜之命臯陶，蠻夷猾夏，是其責也。則臯陶之職，所施於外者爲詳。故臯陶雖不可以無禹，而禹亦不可以無臯陶。是以當舜之欲傳位，禹獨推之，餘人不與焉。《孟子》曰：『舜以不得禹、臯陶爲己憂。』而子夏亦言『舜有天下，選於衆，舉臯陶，不仁者遠矣』。蓋有見乎此。」○張氏震曰：「禹所遜獨臯陶者。《孟子》論道之傳，亦曰『若禹、臯陶，則見而知之』。《書》稱堯、舜、禹『稽古』獨以臯陶配之，揚雄論『絶德』亦曰『舜以孝，禹以功，臯陶以謨』，以是觀之，自禹之外，諸臣未有能先臯陶者也。」

帝曰：「臯陶，惟茲臣庶，罔或干予正。汝作士，明于五刑，以弼五教，期于予治。刑期于無刑，民協于中。時乃功，懋哉！」

干，犯。正，政。弼，輔也。聖人之治，以德爲化民之本，而刑特以輔其所不及而已。期者，先事取必之謂。舜言惟此臣庶，無或有干犯我之政者。以爾爲士師之官，能明五刑以輔五品之教，而期我以至於治。其始雖不免於用刑，而實所以期至於無刑之地，故民亦皆能協於中道，初無有過不及之差，則刑果無所施矣。凡此，皆汝之功也。懋，勉也。蓋不聽禹之讓，而稱臯陶之美以勸勉之也。朱子曰：「法家者流，往往常患其過於慘刻。今之士大夫恥爲法官，更相循襲，以寬大爲事，於法之當死者反求以生之。殊不知『明于五刑，以弼五教』雖舜亦不免。教之不從，刑以督之，懲一人而天下人知所勸戒，所謂『辟以止辟』，雖曰殺之，而仁愛之實已行乎中。今非法以求其生，則人無所懲懼，陷於法者愈衆，雖曰仁之，適以害之。」「聖人亦不曾徒用政刑，到德禮既行，天下既治，亦不曾不用政刑。故《書》說『刑期于無刑』，只是存心期於無，而刑初非可廢。又曰：『欽哉！惟刑之恤哉！』只是說『恤刑』。」○林氏曰：「聖人制刑，非期於刑殺人，凡以輔吾教之不及而已。出教則入刑，出刑則入教，使民趨教而刑爲無用，此聖人之本心也。皋陶體此意而行之，使天下知有契之教，而不知有皋之刑。蓋百官以無曠爲能，惟士不然，必使民皆不犯、官若虛設，始爲能其官也。」○陳氏經曰：「明刑以弼教，非特期至於治而已，又期無刑焉。且弼教以刑，民猶有所畏而爲善也。無刑而協中，則無所畏而爲善矣。」○陳氏大猷曰：「明五刑，智也，法守也；期無刑，仁也，法外意也。協于中，則不犯正不待論也。程子曰：『中則不違於正，正未必中也。』禹之功，脱民於昏墊，以全其生；皋之功，使民復其所受之中，以全其所以生也。」

皋陶曰：「帝德罔愆，臨下以簡，御衆以寬。罰弗及嗣，賞延于世。宥過無大，刑故無小。罪疑惟輕，功疑惟重。與其殺不辜，寧失不經。好生之德洽于民心，兹用不犯于有司。」

愆，過也。簡者，不煩之謂。上煩密，則下無所容。御者急促，則衆擾亂。嗣、世皆謂子孫，然嗣親而世疎也。延，遠及也。父子罪不相及而賞則遠延于世，其善善長而惡惡短如此。過者，不識而誤犯也。故者，知之而故犯也。過誤所犯雖大必宥，不忌故犯雖小必刑，即上篇所謂「眚災肆赦，怙終賊刑」者也。罪已定矣，而於法之中有疑其可重、可輕者，則從輕以罰之。功已定矣，而於法之中有疑其可輕、可重者，則從重以賞之。辜，罪。經，常也。謂法可以殺，可以無殺，殺之則恐陷於非辜，不殺之恐失於輕縱，二者皆非聖人至公至平之意。而殺不辜者，尤聖人之所不忍也。故與其殺之而害彼之生，寧姑全之而自受失刑之責。此其仁愛忠厚之至，皆所謂「好生之德」也。蓋聖人之法有盡，而心則無窮，故其用刑行賞，或有所疑，則常屈法以申恩，而不使執法之意有以勝其好生之德。此其本心所以無所壅遏，而得行於常法之外。及其流衍洋溢，漸涵浸漬，有以入于民心，則天下之人無不愛慕感悦，興起於善，而自不犯于有司也。皋陶以舜美其功，故言此以歸功於其上。蓋不敢當其褒美之意，而自謂己功也。朱子曰：「但觀皋陶所言『帝德罔愆』以下一節，便是聖人之心涵育發生，真與天地同德。而物或自逆于理以干天誅，則夫輕重取舍之間亦自有決然不易之理，其宥過非私恩，其刑故非私怒，罪疑而輕非姑息，功疑而重非過予。如天地四時之運，寒涼肅殺常居其半，而涵養發生之心未始不流行乎其間。此所以好生之德洽于民心，而自不犯于有司，非既抵罪而復縱舍之也。夫既不能止民之惡，而又爲輕刑以誘之，使得以肆其凶暴於人而無所忌，則不惟彼見暴者無以自伸之爲冤，而姦民之犯于有司者且將日以益衆，亦非聖人匡直輔翼，使民遷善遠罪之意也。」○陳氏經曰：「帝德無所過，皆中也。簡、寬以下，忠厚仁恕，無非所以爲中。」○孔氏曰：「刑疑附輕，賞疑從重，忠厚之至。」○吕氏曰：「自『臨下以簡』以下，皆舜好生之德。此一段，苟無『刑故無小』一句，好生之義不備。聖人於故犯雖小必刑，蓋不事姑息而濟仁以義，乃見聖人好生不偏處。過慈近於姑息，反所以害仁。」○吴氏曰：「『與其殺不辜，寧失不經』，蓋設辭以形容好生之德。」○陳氏大猷曰：「天地之大德曰生，君得天地生物之心以爲心，曰『好生』。上好人之生，人亦自好其生，仁心之相感也。」○陳氏雅言曰：「好生之德，是聖人所以配天地而育群生也。然人孰不好生而惡死哉？上好人之生，下亦自愛其生而不犯于有司之法。」〇新安陳氏曰：「舜以無刑爲皋陶之功，皋陶推原所以無刑，本於帝好生之德，而不敢以爲己功也。舜欲遜禹，禹欲遜皋陶，禹、皋陶是時皆在帝之前，數章相聯，皆一時對面應答之言也。」

帝曰：「俾予從欲以治，四方風動，惟乃之休。」

民不犯法而上不用刑者，舜之所欲也。汝能使我如所願欲以治，教化四達，如風鼓動，莫不靡然，是乃汝之美也。舜又申言以重歎美之。呂氏曰：「掌刑何以能風動四方，蓋皋陶之刑非徒刑，乃德教也。四方鼓舞於德教中，休孰加焉。」〇陳氏雅言曰：「皋陶能體其君心，使天下之民鼓舞動盪於德教中，而莫見其有爲之迹。蓋明刑弼教，期于予治者，皋陶之職也。刑期于無刑者，皋陶法外意也。皋陶固可謂善體其君之心，而帝舜亦可謂深知大臣之美矣。」

帝曰：「來，禹！洚水儆予，成允成功，惟汝賢。克勤于邦，克儉于家，不自滿假，惟汝賢。汝惟不矜，天下莫與汝爭能。汝惟不伐，天下莫與汝爭功。予懋乃德，嘉乃丕績，天之曆數在汝躬，汝終陟元后。

洚水，洪水也，古文作「降」。《孟子》曰：「水逆行謂之洚水。」蓋山崩水渾，下流淤塞，故其逝者輒復反流，而泛濫決溢，洚洞無涯也。其災所起，雖在堯時，然舜既攝位，害猶未息，故舜以爲天警懼於己，不敢以爲非己之責而自寬也。允，信也。禹奏言而能踐其言，試功而能有其功，所謂「成允成功」也。禹能如此，則既賢於人矣。而又能勤於王事，儉於私養，此又禹之賢也。有此二美，而又能不矜其能，不伐其功，然其功能之實，則自有不可掩者，故舜於此復申命之，必使攝位也。懋、楙古通用。楙，盛大之意。丕，大。績，功也。懋乃德者，禹有是德，而我以爲盛大。嘉乃丕績者，禹有是功，而我以爲嘉美也。曆數者，帝王相繼之次第，猶歲時氣節之先後。汝有盛德大功，故知曆數當歸於汝，汝終當升此大君之位，不可辭也。是時舜方命禹以居攝，未即天位，故以「終陟」言也。呂氏曰：「公孫弘謂堯使禹治水，未聞舜有洪水也。舜在當時，認洪水爲己責，弘居百世下，乃推而歸之堯，聖人小人之心相萬也。禹繼父治水，人易疑之。禹能使人信於未成功之先，故功成於人已信之後。」○夏氏曰：「常人恃功而怠，安能勤？矜功而侈，安能儉？」○新安陳氏曰：「《通曆》曰『禹不貴尺璧而重寸陰』，《語》曰『禹菲飲食』、『惡衣服』，克勤克儉之實也。」○孔氏曰：「自賢曰『矜』，自功曰『伐』。」○呂氏曰：「纔立己，便有物與我對，對則必爭。一矜伐其功能，便有爭之理。矜伐者，爭之對也。不矜不伐，無我也。無我則無對，無對則無爭。」○程子曰：「禹不矜不伐，至柔也，然乃見剛。」○陳氏經曰：「能者忌之媒，功者爭之府。禹以不矜伐之心而起天下不爭之心，聖賢所爲，盡己而已。初無分外之事，事親若曾子者可也；初未嘗以曾子爲過乎分外，蓋己所當爲之事。能盡此者，方能免責爾，尚何矜伐之有？如禹之功，皆是禹所當然，故禹自不見其爲功能也。」○王氏曰：「矜有執持之意，伐有夸大之意，故以矜言能，以伐言功，伐甚於矜也。能過天下而不矜，故天下愈服其能；功高天下而不伐，故天下愈服其功。」○陳氏雅言曰：「『成允成功』者，功也。『克勤』、『克儉』者，德也。『不自滿假』者，惟勤儉，故不自滿假，滿則必不勤，假則必不儉也。『不矜』、『不伐』者，惟不滿假，故不矜伐。『滿假』者，矜伐之根本；『矜伐』者，滿假之枝葉。禹之功能，所以爲不可掩，而益賢於人者也。此舜將使攝位，故極言其功德之盛如此。」

「人心惟危，道心惟微，惟精惟一，允執厥中。

心者，人之知覺主於中而應於外者也。指其發於形氣者而言，則謂之人心；指其發於義理者而言，則謂之道心。人心易私而難公，故危；道心難明而易昧，故微。惟能精以察之而不雜形氣之私，一以守之而純乎義理之正。道心常爲之主，而人心聽命焉，則危者安，微者著。動静云爲自無過不及之差，而信能執其中矣。堯之告舜但曰「允執其中」，今舜命禹又推其所以而詳言之。蓋古之聖人將以天下與人，未嘗不以其治之之法并而傳之。其見於經者如此。後之人君，其可不深思而敬守之哉？問：「人心是『形氣之私』，形氣則是口鼻耳目四肢之屬。」朱子曰：「固是。」又問：「如此，則未可便謂之私欲。」曰：「但此數件事屬自家體段上，便是私有底物，不比道，便公共。故上面便有箇私底根本。且如危，亦未便是不好，只是有箇不好底根本。」○問：「程子曰：『人心，人欲也。』」曰：「人欲也未全是不好。謂之危者，危險，欲墮未墮之間，若無道心以御之，則一向入於邪惡，又不止於危也。」問：「聖人亦有人心，不知亦危否？」曰：「聖人全是道心主宰，故其人心自是不危。若只是人心，也危。故曰『惟聖罔念作狂』。」○問：「『人心惟危』，則當去了人心否？」曰：「從道心而不從人心。」「道心雖微，然非人欲亂之，則亦不至甚難見。惟其人心日熾，是以道心愈微也。」○問「人心、道心」。曰：「飲食，人心也；非其道，非其義，萬鍾不取，道心也。惟是道心爲主，則人心聽命於道心耳。」○問「人心、道心」。曰：「此心之靈，其覺於理者，道心；其覺於欲者，人心也。」「人心自是不容去除，但要道心爲主，即人心自不能奪，而亦莫非道心之所爲矣。然此處極難照管，須臾間斷，即人心便行矣。」○人心、道心，「只是這一箇心，知覺從耳目之欲上去便是人心，知覺從義理上去便是道心。人心則危而易陷，道心則微而難著」。「自人心而收之則是道心，自道心而放之便是人心。」「人心如卒徒，道心如將。」○問「人心、道心」之别。曰：「如喜怒，則人心也。然無故而喜焉，喜至於過而不能禁；無故而怒焉，怒至於甚而不能遏，是皆爲人心之所使也。須是喜其所當喜，怒其所當怒，是乃道心。」「須是食其所當食，飲其所當飲，乃不失所謂道心。若飲盜泉之水，食嗟來之食，則人心勝而道心亡矣。」○問「人心、道心」。曰：「喚做人，便有形氣，人心較切近於人。道心雖先得之，然被人心隔了一重，故難見。道心正如清水之在濁水，惟見其濁，不見其清，故微而難見。人心如《孟子》言『耳目之官不思』，道心如言『心之官則思』，故貴『先立乎其大者』。人心只見那邊情欲利害之私，道心只見這邊道理之公。有道心，則人心爲人節制，人心皆道心也。」道心，人心之理，須是知將道心去用那人心，方得。「道心惟微」者難明。有時發見些子，便自家見得，有時又不見了。惟聖人便辨之精，守得徹頭徹尾，學者則須是「擇善而固執之」。○問：「『人心惟危，道心惟微』，道心是先得，人心是形氣所有但地步較闊，道心却在形氣中，所以人心易得陷了道心也。是如此否？」曰：「天下之物，精細底更難見，那人心便是麄底。且如饑渴寒暖便是這麁底，言雖至愚之人亦知得。若以較細者言之，如利害，則禽獸已有不能知者；若是義理，則愈是難知。這只有些子，不多。所以説『人之所以異於禽獸者幾希』，言所争也不多。」○問「人心、道心」：「既云上智，何以更有人心？」曰：「掐著痛，抓著痒，此非人心如何？人自有人心、道心，一箇生於血氣，一箇生於理。饑寒痛痒，此人心也；惻隱、羞惡、是非、辭遜，此道心也。雖上智亦同。一則危殆而難安，一則微妙而難見。『必使道心常爲一身之主，而人心每聽命焉』，乃善也。」「道心爲主，則人心亦化而爲道心矣。如《鄉黨》所記飲食衣服，本是人心之發，在聖人分上，則渾是道心也。」「但謂之人心，則固未以爲悉皆邪惡；但謂之危，則固未以爲便至凶咎。但既不主於理，而主於形，則其流爲邪惡，以至凶咎，亦不難矣。此其所以爲危，非若道心之必善而無惡，有安而無傾，有準的而可據依也。故必致精一於此兩者之間，使公而無不善者常爲一身萬事之主，而私而或不善者不得與焉，則凡所云爲不待擇於過不及之間，而自然無不中矣。」「人心亦未全是不好，故只言危。蓋從形體上言，泛泛無定向，故言其危。聖人不以人心爲主，而以道心爲主，蓋人心倚靠不得。人心如船，道心如柂。任船則所在無定向，若執定柂則去住在我。」「道心是義理上發出來底，人心是人身上發出來底。雖聖人不能無人心，如饑食渴飲之類；雖小人不能無道心，如惻隱之心是。」問：「如何是『惟微』？」曰：「是道心略瞥見些子便失了底意思。『惟危』，是人心既從形骸上發出來，易得流於惡。」○問「人心、道心」、「惟精惟一」。曰：「人心、道心，元來只是一箇。精，是辨之明；一，是守之專。」○程子曰：「人心是血氣做成，故危。道心則是本來稟受得仁義禮智之心。聖人以此二者對待而言，政欲其察之精而守之一也。察之精，則兩箇界限分明，專一守著一箇道心，不令人欲得以干犯。堯、舜所以授受之妙，不過如此。」因論「惟精惟一」曰：「虚明安靜，乃能精粹而不雜；誠篤確固，乃能純一而無間。」「人心是饑而思食、寒而思衣底心。思食後思量合當食與不食，思衣後思量合當著與不著，這便是道心。聖人也不能無人心，但聖人常常合著那道心，不教人心勝了道心。『惟精』是要揀教精，『惟一』是要常守得。今人固有其初揀得精，後來被物欲引從人心去，所以又貴於『惟一』。精一，是舜教禹做工夫處。『精，是識別得人心、道心；一，是常守得定。』」「心，只是一箇心，只是分別兩邊説，人心便成一邊，道心便成一邊。精，是辨之明；一，是守之固。既能辨之明，又能守之固，斯得其中矣。這中是無過不及之中。」○問「人心惟危，道心惟微」。「微是微妙難體，危是危動難安否？」曰：「是危動難安。大凡徇人欲，自是危險。其心忽然在此，忽然在彼，又忽然在四方萬里之外，莊子所謂『其熱焦火，其寒凝冰』。凡苟免者，皆幸也。動不動便是墮坑落塹，危孰甚焉！」又問「精一」。曰：「精，是精別此二者；一，是守之固。伊川云：『惟精惟一，所以至之；允執厥中，所以行之。』此語甚好。」問：「人多要去人欲，亦太畏之，如未上船，先作下水計較，不若於天理上理會。理會得天理，人欲自退。」曰：「堯、舜不如此。天理人欲是交界處，不是兩箇。人心不成都流，只是占得多；道心不成十全，亦是占得多。須是在天理則明天理，在人欲則去人欲。嘗愛五峰云『天理人欲，同行異情』，此語甚好。」問：「既曰『精一』，何必云『執中』？」曰：「『允』字有道理。惟精惟一，則信乎其能執中也。」○問：「道心者，喜怒哀樂未發之時，所謂『寂然不動』者也；人心者，喜怒哀樂已發之時，所謂『感而遂通』者也。人當精審專一，無過不及，則中矣。」曰：「恁地，則人心、道心不明白。人心者，人欲也；危者，危殆也。

道心者，天理也；微者，精微也。物物上有箇天理人欲。」因指書几云：「如墨上亦有箇天理人欲，硯上也有箇天理人欲。分明與他劈做兩片，自然分曉。堯、舜所傳心法，只此四句。」「三聖相授『允執厥中』，與《孟子》所論『子莫執中』者文同而意異。蓋精一於道心之微，則無適而非中者。其曰『允執』，則非徒然而執之矣。子莫之爲執中，則其『爲我』不敢爲楊朱之深，『兼愛』不敢爲墨翟之過，而於二者之間執其一節以爲中耳。故由三聖以爲中則其中活，由子莫以爲中則其中死。中之活者，不待權而無不中；中之死者，則非學乎聖人之學，不能有以權之而常適於中也。『權』者，『權衡』之『權』，言其可以稱物之輕重，而游移前卻以適於平，蓋所以節量仁義之輕重而時措之，非如近世所謂『將以濟乎仁義之窮』者也。」「中，只是箇恰好底道理。堯告舜，只是一句；舜告禹，又添人心、道心、精一三句。又較子細，三句是『允執厥中』以前事，是舜告禹做工夫處。堯告舜一句，是舜已曉得那三句了，不須更告。如《論語》後面說『謹權量，審法度，修廢官，舉逸民』之類，皆是恰好當做底事，這便是執中處。堯、舜、禹、湯、文、武相傳治天下之大法。聖門所說，也只是這箇道理。雖是聖人治天下，纖悉不止此，然要處都不出此。」「舜、禹相傳，只是說『人心惟危，道心惟微，惟精惟一，允執厥中』，只就這心上理會，也只在日用動静之間求之，不是去虛空中討一箇物事來。『惟皇上帝，降衷于下民』，『天敘有典』，『天秩有禮』，天便是這箇道理，這箇道理只在日用間。存養，是要養這許多道理在中間，這裏正好著力。」○「自堯、舜以來所傳，未有他議論，時堯有此言。聖人心法，無以易此。經中此意極多，所謂『擇善而固執之』，擇善，則惟精也；固執，則惟一也。」又如『擇乎中庸』是精，『得一善，則拳拳服膺而勿失』是一。又如『博學之，審問之，慎思之，明辨之』，皆

「惟精」也；且如「篤行」，又是「惟一」也。至如「明善」是「惟精」也，「誠身」便是「惟一」也。《大學》「致知」、「格物」，非「惟精」不可能，「誠意」則「惟一」矣。學是學此道理，《孟子》以後失其傳，亦只是失此。○勉齋黄氏曰：「人心、道心，非是兩箇心，但看所發如何。就人身上發者，謂之『人心』，耳欲聲、目欲色、口欲味、鼻欲臭、四肢欲安佚之類是也；就義理上發者，謂之「道心」，耳、目、口、鼻、四肢之欲，發者皆中節之類是也。『人心』者，人所不能無，但發而易流於縱。至於縱，則人欲肆而天理滅矣，故名之曰『危』。『道心』者，亦人所不能無，但發之常微而不著，不著則難見矣，故名之曰『微』。聖人於此知乎發於形氣者『惟危』，發於義理者『惟微』，故欲人於此用工，而精以察之於始，一以守之於終。凡一念之發，必察其發於形氣乎？發於義理乎？發於形氣，則摧折之；發於義理，則擴充之。如是，則精之事得矣。又從而堅持固執，念念不忘，使前之擴充者常昭著光明，前之摧折者必潛遁退聽而至於無焉。此一之事也。既精且一，則心之所發，身之所爲，無不合乎中矣。」

「無稽之言勿聽，弗詢之謀勿庸。

無稽者，不考於古。弗詢者，不咨於衆。言之無據，謀之自專，是皆一人之私心，必非天下之公論，皆妨政害治之大者也。言謂泛言，勿聽可矣。謀謂計事，故又戒其勿用也。上文既言存心出治之本，此又告之以聽言處事之要，内外相資而治道備矣。陳氏經曰：「『勿聽』、『勿庸』，所以守護此中而勿失之。」

「可愛非君？可畏非民？衆非元后何戴？后非衆罔與守邦？欽哉！愼乃有位，敬修其可願，四海困窮，天禄永終。惟口出好興戎，朕言不再。」

可愛非君乎？可畏非民乎？衆非君則何所奉戴？君非民則誰與守邦？欽哉，言不可不敬也。可願，猶《孟子》所謂「可欲」。凡可願欲者皆善也。人君當謹其所居之位，敬修其所可願欲者。苟有一毫之不善，生於心，害於政，則民不得其所者多矣。四海之民至於困窮，則君之天禄一絶而不復續，豈不深可畏哉？此又極言安危存亡之戒，以深警之。雖知其功德之盛必不至此，然猶欲其戰戰兢兢，無敢逸豫，而謹之於毫釐之間，此其所以爲聖人之心也。好，善也。戎，兵也。言發於口，則有二者之分，利害之幾，可畏如此。吾之命汝，蓋已審矣，豈復更有他説？蓋欲禹受命而不復辭避也。陳氏大猷曰：「『人心惟危』以下，示心法、傳道統也；『可愛非君』以下，示治法、傳治統也。」○新安陳氏曰：「堯授舜，舜授禹，言有詳略，而精微之理、敬畏之心、戒慎之辭，一也。堯之傳舜曰：『天之曆數在爾躬』，『允執其中』，『四海困窮，天禄永終』。舜之傳禹，凡所得於堯之四句，一一爲禹言之，中間不過增益十有三句，令義理益明，敬戒益至耳。合《堯曰》、《禹謨》二篇而觀之，可見矣。」

禹曰：「枚卜功臣，惟吉之從。」帝曰：「禹！官占惟先蔽志，昆命于元龜。朕志先定，詢謀僉同，鬼神其依，龜筮協從。卜不習吉。」禹拜稽首固辭。帝曰：「毋！惟汝諧。」

枚卜，歷卜之也。帝之所言，人事已盡，禹不容復辭。但請歷卜有功之臣而從其吉，冀自有以當之者，而已得遂其辭也。官占，掌占卜之官也。蔽，斷。昆，後。龜，卜。筮，蓍。習，重也。帝言官占之法，先斷其志之所向，然後令之於龜。今我志既先定而衆謀皆同，鬼神依順，而龜筮已協從矣，又何用更枚卜乎？況占卜之法，不待重吉也。固辭，再辭也。「毋」者，禁止之辭。言惟汝可以諧此元后之位也。王氏曰：「木榦曰枚，枝曰條。枚有條，故數物曰枚，數事曰條。『枚卜』，人人而卜之也。」○蘇氏曰：「命龜，令龜也。」○王氏十朋曰：「古人以昆爲兄，兄爲父後，故訓『昆』爲後，與『後昆』之『後』同。」○夏氏曰：「卜汝已吉，豈有更占他人而重吉者。」○陳氏經曰：「人謀、鬼謀，雖欲其合，大率以人謀爲先；就人謀中，又以謀及己之心爲主。」

正月朔旦，受命于神宗。率百官，若帝之初。

神宗，堯廟也。蘇氏曰：「堯之所從受天下者曰『文祖』，舜之所從受天下者曰『神宗』。受天下於人，必告於其人之所從受者。《禮》曰：『有虞氏禘黄帝而郊嚳，祖顓頊而宗堯。』則神宗爲堯明矣。」正月朔旦，禹受攝帝之命于神宗之廟。總率百官，其禮一如帝舜受終之初等事也。吴氏曰：「《祭法》必有所據，舜受堯之天下，今以授禹，其宗堯爲宜。或謂舜不當立堯廟，然堯與舜皆黄帝之後，其宗堯何嫌？」

帝曰：「咨，禹！惟時有苗弗率，汝徂征。」禹乃會群后，誓于師曰：「濟濟有衆，咸聽朕命。蠢兹有苗，昏迷不恭，侮慢自賢，反道敗德。君子在野，小人在位，民棄不保，天降之咎，肆予以爾衆士，奉辭伐罪。爾尚一乃心力，其克有勳。」

徂，往也。舜咨嗟，言今天下惟是有苗之君不循教命，汝往征之。征，正也，往正其罪也。會，徵會也。誓，戒也，軍旅曰誓。有會有誓，自唐虞時已然。《禮》言「商作誓，周作會」，非也。禹會諸侯之師，而戒誓以征討之意。濟濟，和整衆盛之貌。蠢，動也，蠢蠢然無知之貌。昏，闇。迷，惑也。不恭，不敬也。言苗民昏迷不敬，侮慢於人，妄自尊大，反戾正道，敗壞常德，用舍顛倒，民怨天怒。故我以爾衆士，奉帝之辭，罰苗之罪。爾衆士庶幾同心同力，乃能有功。此上，禹誓衆之辭也。林氏曰：「堯老而舜攝者，二十有八年。舜老而禹攝者，十有七年。其居攝也代總萬機之政，而堯、舜之爲天子蓋自若也，故國有大事，猶禀命焉。禹征有苗，蓋在夫居攝之後，而禀命於舜，禹不敢專也。以征有苗推之，則知舜之誅四凶，亦必禀堯之命無疑。」陳氏曰：「舜時薄海内外，皆迪有功，弗率惟有苗耳。三苗之君，舜嘗竄之；三苗之民，又嘗分之。至此而尤弗率，故征之。」○孫氏曰：「指其君長，則曰『有苗』；兼其君民言，則曰『苗民』；以種類言，則曰『三苗』。」○陳氏大猷曰：「其，預期之辭。」

三旬，苗民逆命。益贊于禹曰：「惟德動天，無遠弗届。滿招損，謙受益，時乃天道。帝初于歷山，往于田，日號泣于旻天，于父母，負罪引慝。祗載見瞽瞍，夔夔齋慄，瞽亦允若。至諴感神，矧兹有苗？」禹拜昌言曰：「俞！」班師振旅。帝乃誕敷文德，舞干羽于兩階，七旬有苗格。

三旬，三十日也。以師臨之閲月，苗頑猶不聽服也。贊，佐。届，至也。是時益蓋從禹出征，以苗負固恃强，未可威服，故贊佐於禹，以爲惟德可以動天。其感通之妙，無遠不至，蓋欲禹還兵而增修其德也。滿損謙益，即《易》所謂「天道虧盈而益謙」者。帝，舜也。歷山，在河中府河東縣。仁覆閔下謂之旻。日，非一日也。言舜耕歷山，往于田之時，以不獲順於父母之故，而日號呼于旻天，于其父母蓋怨慕之深也。負罪，自負其罪，不敢以爲父母之罪。引慝，自引其慝，不敢以爲父母之慝也。祇，敬。載，事也。瞍，長老之稱。言舜敬其子職之事以見瞽瞍也。齊，莊敬也。慄，戰慄也。夔夔，莊敬戰慄之容也。舜之敬畏小心而盡於事親者如此。允，信。若，順也。言舜以誠孝感格，雖瞽瞍頑愚，亦且信順之，即《孟子》所謂「底豫」也。誠感物曰「諴」，益又推極至誠之道，以爲神明亦且感格，而况於苗民乎？昌言，盛德之言。拜，所以敬其言也。班，還；振，整也：謂整旅以歸也。或謂「出曰班師，入曰振旅」，謂班師於有苗之國，而振旅於京師也。誕，大也。文德，文命德教也。干，楯；羽，翳也：皆舞者所執也。兩階，賓主之階也。七旬，七十日也。格，至也。言班師七旬而有苗來格也。舜之文德非自禹班師而始敷，苗之來格非以舞干羽而後至。史臣以禹班師而歸，弛其威武，專尚德教，干羽之舞雍容不迫，有苗之至適當其時，故作史者因即其實以形容有虞之德。數千載之下，猶可以是而想其一時氣象也。朱子曰：「號泣于旻天，呼天而泣也；于父母，呼父母而泣也。舞干羽之事，想只是置三苗於度外，而示以閑暇之意。」○呂氏曰：「苗民障蔽之深，譬如春氣既至，而陰崖寒谷猶未發榮。」○新安陳氏曰：「以禹不滿假，不矜伐如此，而益猶以滿損謙益爲言，蓋兢業不已之誠，猶懼其有一毫非苗是己之心。故以此開端，而引帝之負罪夔夔以實之，欲其謙謙之益勉也。益又凡三致意，謂天道之遠而德可動，瞽瞍之頑而孝可若，神明之幽而誠可感。苗亦人耳，豈有德之盛、誠之至而不可動者？當不煩兵而自服也。」○新安胡氏曰：「禹誓師曰『爾尚一乃心力』，欲以力而成功也。三旬而力未足以成功，於是益有『惟德動天』之説，欲尚德而不尚力也。禹於是班師，『帝乃誕敷文德』，而苗自格焉。不尚力争，而務德化，可見唐虞氣象。若後世遇逆命，則窮兵黷武而已，肯班師乎？」○唐孔氏曰：「益贊禹修德，而帝自『誕敷文德』，則見君臣同心。」○張氏曰：「帝之文德素敷，至此又誕敷之，聖人躬自厚之意。」○問：「『帝乃誕敷文德』則自班師之後，然後敷之也。敷文德之事何以見？」龜山楊氏曰：「舞干羽是也。古之時，文武一道，故干戈兵器也，用之於戰陣則爲武，用之於舞蹈則爲文。『敷文德』云者，已不爲武備矣。君臣之間要當一德一心，古之聖賢相與以濟大業，蓋無不然者。觀舜命禹征有苗，已誓師往伐，而益以一言贊禹，禹遂班師。舜以禹之班師，便爲之誕敷文德，而有苗格。夫舜命禹徂征，禹既行而益有言，宜告之舜，不告舜而告之禹。禹承命於舜，及其不遂行也，宜先禀之舜，乃擅反兵而不疑。舜於二人者，無責焉可也，乃徇其所爲，從而相之。益之意，豈不曰禹猶舜；而禹之意，豈不曰舜猶己也歟？夫是之謂一德一心，自今觀之，則益之言可以謂之沮壞幾事，而禹之事爲逗留君命矣。然古之君臣，各相體悉如此，此古人立功所以易，而後世成事所以難也。」○吕氏曰：「禹自會此理，聞益之贊，神領心受，如曾子之『唯』，便班師而還，其從如響，略無凝滯。干羽舞階，朝廷閑暇，自然而然，非故爲如此，而有苗自格。此如春風流暢，寒谷草木自皆發榮也。」○唐孔氏曰：「武舞執干，文舞執羽。」○董氏鼎曰：「禹雖以治水爲功，而功之外，有克艱之謨。是謨也，大關萬世爲君之道。其功其謨，非皋陶、益、稷所得而先也。且此篇所記，又有舜、禹授受一大事。安得不以接二《典》之後，冠三《謨》之首哉！大抵一篇之中，自『后克艱』至『時乃功』，皆所以發明究竟克艱之旨。自『格汝禹』至『若帝之初』，皆所以紀述授受之辭。而征苗一節，則攝位後事也。前一大節中，其綱領在『后臣克艱』。後一大節中，其綱領在『人心』、『道心』，一者皆於心上用功必能致察於人心道心之間，純乎義理之正，而不雜於形氣之私。則人心浄盡，天理流行，自然見得宇宙内事皆職分内事，職分内事皆性分内事。而於克盡君道之艱，自見其當然，有不必勉而能之者矣。」

皋陶謨

今文、古文皆有。碧梧馬氏曰：「此篇首尾，皆與禹問答，而謂之『謨』者，實陳於帝之前也。故揚雄曰：『皋陶以智爲帝謨。』」

曰若稽古。皋陶曰：「允迪厥德，謨明弼諧。」禹曰：「俞，如何？」皋陶曰：「都！慎厥身修，思永。惇敘九族，庶明勵翼，邇可遠，在兹。」禹拜昌言曰：「俞！」

「稽古」之下即記皋陶之言者，謂考古皋陶之言如此也。皋陶言爲君而信蹈其德，則臣之所謀者無不明，所弼者無不諧也。「俞，如何」者，禹然其言而復問其詳也。「都」者，皋陶美其問也。「慎」者，言不可不致其謹也。身修，則無言行之失；思永，則非淺近之謀。厚敘九族，則親親恩篤而家齊矣；庶明勵翼，則群哲勉輔而國治矣。邇，近。茲，此也。言近而可推之遠者，在此道也。蓋身修家齊國治而天下平矣。皋陶此言，所以推廣「允迪」、「謨明」之義，故禹復俞而然之也。○又按：典、謨皆稱「稽古」，而下文所記則異。典主記事，故堯、舜皆載其實；謨主記言，故禹、皋陶則載其謨。「后克艱厥后，臣克艱厥臣」，禹之謨也。「允迪厥德，謨明弼諧」，皋陶之謨也。然禹謨之上增「文命敷于四海，祗承于帝」者，禹受舜天下，非盡皋陶比例。立言輕重，於此可見。問：「允迪厥德，謨明弼諧，是形容皋陶之德；或是皋陶之言。」朱子曰：「下文説『謹厥身修，思永』是『允迪厥德』意，『庶明勵翼』是『謨明弼諧』意，恐不是形容皋陶底語。」○蘇氏曰：「虞世南而謂禹、皋陶爲古者，自今以上皆古，何必異代。《春秋傳》引《虞書》皆云《夏書》，安知非作於夏時乎？」○林氏曰：「此篇首尾，皆與禹言，其實陳於舜前，《史記》曰『帝舜朝，禹、皋陶相與語帝前』是也。迪，如『啓迪』之『迪』，《冏命》曰『迪上』，言臣欲允誠，以啓迪君德。 則謨必貴明，弼必貴諧；不明則不能開誠，不諧則秖以牴牾。皋陶欲與禹以此事舜也。」○新安陳氏曰：「『允迪厥德，謨明弼諧』，孔註不以爲皋陶之言，但謂君當信蹈古人之德耳。蓋迪德之君，則臣言易入，故謨易以明，而弼易以諧。皋陶欲君迪德，以爲己陳謨之地也。」○呂氏曰：「此史言皋陶之爲人，有德者有言，皋陶以謨聞。天下知其謨，不知其出於德，故指其根本以示人。」○蘇氏曰：「『禹曰俞』上當有闕文。」○李氏舜臣曰：「《皋陶謨》發端曰『慎厥身修，思永』，一書之要領也。取人以身，修身者，知人安民之本歟！」○新安陳氏曰：「《程子家人傳》曰：『正倫理，篤恩義，家人之道也。』『惇』者篤恩義，『敘』者正倫理，二字盡齊家之道。」○陳氏曰：「九族宜厚，其厚之也，有次序，不至爲夷子之二本也。」○呂氏曰：「齊家、治國、平天下，皆自修身出。故慎於身修必思永長之理可久，而後功用無窮也。」○陳氏大猷曰：「治無二本，邇可則遠在此矣。」○王氏炎曰：「皋陶之謨有三：修身也，知人也，安民也。而修身爲本，故先言之。邇者既可，由是推之國與天下無不可者，其本在此而不在彼也。在此者無他，修身而已矣。」○西山真氏曰：「皋陶陳謨，未及他事，首以謹修其身爲言。蓋人君一身，天下國家之本；『慎』之一言，又修身之本也。思永，欲其悠久不息也。爲君孰不知身之當修，然心或放，則能暫而不能久；必悠久不息，常思所以致謹，然後謂之永。否則朝勤夕怠，乍作乍止，果何益哉！後世人主，有初鮮終，由不知思永也。慎則敬而不忽，思永則久而不忘，修身之道備矣。然後以親親、尊賢二者繼之，九族必有以篤敘之，使均被吾恩；衆賢必有以勸勵之，使樂爲吾輔。身爲之本，而二者又各盡其道，則自家可推之國，自國可推之天下，其道在此而已。《中庸》『九經』之序，其亦有所祖於此歟！」○陳氏經曰：「禹、皋同列之際，或『都』或『俞』，或『吁』或『咈』，或『如何』，無非真情實意之所發。有合於心，則都之、俞之；不合，則吁之、咈之。善之在人，猶在己也，故聞言而拜，不爲諂；善之在己，猶在人也，故自言而先曰『都』，不爲矜。」

皋陶曰：「都！在知人，在安民。」禹曰：「吁！咸若時，惟帝其難之。知人則哲，能官人。安民則惠，黎民懷之。能哲而惠，何憂乎驩兜？何遷乎有苗？何畏乎巧言令色孔壬？」

皋陶因禹之「俞」而復推廣其未盡之旨，歎美其言，謂在於知人，在於安民，二者而已。知人，智之事；安民，仁之事也。「禹曰吁」者，歎而未深然之辭也。時，是也。帝，謂堯也。言既在知人，又在安民，二者兼舉，雖帝堯亦難能之。哲，智之明也；惠，仁之愛也。能哲而惠，猶言能知人而安民也。遷，竄。巧，好。令，善。孔，大也。好其言，善其色，而大包藏凶惡之人也。言「能哲而惠」，則智仁兩盡，雖黨惡如驩兜者不足憂，昏迷如有苗者不足遷，與夫好言、善色、大包藏姦惡者不足畏。是三者，舉不足害吾之治，極言仁智功用如此其大也。或曰：巧言令色孔壬，共工也；禹言三凶而不及鯀者，爲親者諱也。○楊氏曰：知人、安民，此皋陶一篇之體要也。「九德」而下，知人之事也；「天敘有典」而下，安民之道也。非知人而能安民者，未之有也。陳氏大猷曰：「君道在知人、安民兩者，知人然後能安民，又其序也。」○陳氏經曰：「咸若時，❶謂悉如上所言，皆如是也。」○孔氏曰：「帝堯亦以知人安民

❶「時」，原作「是」，今據《尚書》改。

爲難。」○林氏曰：「舜既放流竄三苗，其心惟恐又有如此之人復出爲惡，未嘗忘憂畏之心也。」○横渠張氏曰：「萬事只一天理，舜舉十六相，去四凶，堯豈不能？堯固知四凶之惡，然民未被其虐，天下未欲去之。堯以安民爲難，遽去其君，則民不安，故不去。必舜而後，因民不堪而去之也。」

皐陶曰：「都！亦行有九德。亦言其人有德，乃言曰『載采采』。」禹曰：「何？」皐陶曰：「寬而栗，柔而立，愿而恭，亂而敬，擾而毅，直而温，簡而廉，剛而塞，彊而義。彰厥有常，吉哉！」

亦，總也。「亦行有九德」者，總言德之見於行者，其凡有九也。「亦言其人有德」者，總言其人之有德也。載，行。采，事也。總言其人有德，必言其行某事，某事爲可信驗也。禹曰何者，問其九德之目也。寬而栗者，寬弘而莊栗也。柔而立者，柔順而植立也。愿而恭者，謹愿而恭恪也。亂，治也。亂而敬者，有治才而敬畏也。擾，馴也。擾而毅者，馴擾而果毅也。直而温者，徑直而温和也。簡而廉者，簡易而廉隅也。剛而塞者，剛健而篤實也。彊而義者，彊勇而好義也。而，轉語辭也。正言而反應者，所以明其德之不偏，皆指其成德之自然，非以彼濟此之謂也。彰，著也。成德著之於身，而又始終有常，其吉士矣哉！朱子曰：「亦行有九德，泛言人之行有此九德。故言其人之有德，則當以此論之。」○「九德凡十八種，是好底氣質，每兩件一家鬬合將來。」○蘇氏曰：「『亦行有九德』者，以此自修也；『亦言其人有德』者，以此求人也。論其人，則曰斯人也有某德；論其德，則曰是德也有某事某事。『載采采』者，歷言之也。」○象山陸氏曰：「臯陶論知人之道曰：『亦行有九德，亦言其人有德，乃言曰「載采采」。』乃是謂必先言其人之有是德，然後乃言曰某人有某事。蓋德，則根乎其中，達乎其氣，不可僞爲；若事，則有才智之小人可僞爲之。故行有九德，必言其人有德，乃言曰『載采采』，然後人不可得而廋也。」○唐孔氏曰：「恭在貌，敬在心。愿者遲鈍，失於外儀，故言恭；治者輕物，内失於心，故稱敬。剛彊相近，剛是性，彊是志。」○蘇氏曰：「横流而濟曰『亂』，故才過人可以濟大難者曰『亂』，『亂臣十人』是也。才過人者，患於恃才而不敬。」○西山真氏曰：「先儒以九德爲人之性，蓋指氣稟而言。若天命之性，則渾然全體無所偏也。」○新安陳氏曰：「臯陶謂能以此九德觀人，則德之成不成、全不全皆可知，而知人之道盡矣。」○孔氏曰：「吉，善也。明九德之常，以擇人而官之，則政之善。」○陳氏雅言曰：「君之取人，不可徒徇其名而不究其實。徒徇其名而不究其實，幾何不虚譽隆而實德病矣。論人之德，先言行而後言德者，蓋由行而後可以見其德；稱人之事，先言德而後言事者，蓋因事而後有以驗其德也。」○劉氏正一曰：「常之爲義大矣。曰常人、曰吉士，其揆一也。《臯陶謨》曰『彰厥有常，吉哉』，《立政》曰『庶常吉士』，則知吉士未始不有常德，而常德所以爲吉士也。」○葉氏曰：「觀人不求其全而求其常，常而不全，不害爲德；德而不常，皆矯僞耳。」○臨川吴氏曰：「此以下，自『亦行有九德』至『政事懋哉懋哉』，言知人之事；自『天聰明』至『敬哉有土』，言安民之事。」

「日宣三德，夙夜浚明有家。日嚴祗敬六德，亮采有邦。翕受敷施，九德咸事，俊乂在官。

百僚師師，百工惟時，撫于五辰，庶績其凝。

宣，明也。「三德」、「六德」者，九德之中有其三、有其六也。浚，治也。亮，亦明也。有家，大夫也。有邦，諸侯也。浚明、亮采，皆言家邦政事明治之義，氣象則有大小之不同。三德而爲大夫，六德而爲諸侯，以德之多寡、職之大小概言之也。夫九德有其三，必日宣而充廣之，而使之益以著；九德有其六，尤必日嚴而祇敬之，而使之益以謹也。翕，合也。德之多寡雖不同，人君惟能合而受之，布而用之，如此則九德之人咸事其事，大而千人之「俊」，小而百人之「乂」，皆在官，使以天下之才任天下之治。唐虞之朝下無遺才而上無廢事者，良以此也。師師，相師法也。言百僚皆相師法，而百工皆及時以趨事也。百僚、百工皆謂百官，言其人之相師則曰「百僚」，言其人之趨事則曰「百工」，其實一也。撫，順也。五辰，四時也。木、火、金、水旺於四時，而土則寄旺於四季也，《禮運》曰「播五行於四時」者是也。凝，成也。言百工趨時，而衆功皆成也。問：「『日宣三德』至『九德咸事』，❶如此則是天子、諸侯、大夫，九德各日以三宣，德亦不可僭耶？若諸侯、大夫，皆有九德，顧不美歟！」朱子曰：「『九德之目，蓋言取人不可求備，官人當以等耳，豈德不可僭之謂耶？』」問：「『夙夜浚明』至『有邦』，

❶「至」，原作「自」，今據四庫本改。

古註以爲可以爲卿大夫及諸侯，林氏謂卿大夫諸侯，用此三德、六德之人，未知孰是？」曰：「林説恐得之，猶《孝經》説「争臣」之類，蓋曰如是足矣，非必以是爲限也。」○葉氏曰：「皐陶既論知人之事，故因言官人之道。」○夏氏曰：「浚，與『濬』通，治而深之之謂。」○林氏曰：「百工之事，各得其時。」○馬氏曰：「彰有常乃吉，日宣日嚴，所謂有常也。」○王氏曰：「日宣達三德之賢，使任有家。日嚴祗敬六德之賢，使任有邦。」真氏取之，皆作君用賢説，庶與下文「翕受敷施九德」之賢相協。○胡氏旦曰：「五行在地爲物，在天爲時，順其時而撫之，則五物皆成其材而爲人用矣。故仲春斬陽木，仲夏斬陰木，所以撫木辰也；季春出火，季秋納火，所以撫火辰也；司空以時相阪隰，所以撫土辰也；秋爲徒杠，春達溝渠，所以撫水辰也。」又曰：「春盛德在木，布德施惠，所以順木辰；夏盛德在火，勞民勸農，所以順火辰；秋盛德在金，冬盛德在水，禁暴誅慢，謹蓋藏，斂積聚，所以順金、水之辰。土寄旺四時，四辰順，土在其中矣。」○王氏曰：「五辰分配四時，春則寅卯，爲木之辰；夏則巳午，爲火之辰。餘倣此。」○臨川吴氏曰：「天子有天下者，於九德之人合而受之、敷而施之，使皆事其事、各效其能，以居其官。則百官長屬所職之事，悉不違時，故循四時之序，而衆功皆成也。」

「無教逸欲，有邦兢兢業業，一日二日萬幾。無曠庶官，天工人其代之。

無，與「毋」通，禁止之辭。教，非必教令，謂上行而下效也。言天子當以勤儉率諸侯，不可以逸欲導之也。兢兢，戒謹也。業業，危懼也。幾，微也。《易》曰：「惟幾也，故能成天下之務。」蓋禍患之幾藏於細微，而非常人之所豫見，及其著也，則雖智者不能善其後。

故聖人於幾，則兢業以圖之，所謂「圖難於其易，爲大於其細」者，此也。「一日二日」者，言其日之至淺。萬幾者，言其幾事之至多也。蓋一日二日之間，事幾之來且至萬焉，是可一日而縱欲乎？曠，廢也。言不可用非才，而使庶官曠廢厥職也。天工，天之工也。人君代天理物，庶官所治，無非天事。苟一職之或曠，則天工廢矣，可不深戒哉？朱子曰：「『幾』者，理雖已萌，事則未著。」○周子曰：「動而未形，有無之間者，幾也。」○孔氏曰：「不爲逸豫貪欲之教，是有國者之常。當戒懼萬事之微，位非其人爲空官，不可以天官私非其才。」○陳氏大猷曰：「功成之後，逸欲易生。逸，豫怠遊宴之類；欲，聲色嗜好之類。逸欲生，治功隳矣。惟戒逸欲而存兢業，則此心清明剛健，事之幾微無不洞燭；逸欲少肆，兢業少間，則此心昏惰，何以察微眇而圖之。」又曰：「天子能以一心察天下之幾，不能以一身兼天下之務，任之庶官而已，不可使曠。非無其人之爲曠，非其人之爲曠也。君雖兢業，官或曠廢，亦危亂之道，終以『無曠庶官』，欲君臣同克艱以保治也。天下之事，無一不出於天，天不自爲，人代爲之，一官曠則一事闕矣。天工人代一句，結上文以生下文之意。」○臨川吴氏曰：「承上文言天子所以用九德之人者，蓋不能自治天職故也。蓋天子所事，皆天之事。天以此事付之君，君不能自治而分之人，是庶官所治之事皆代天而爲之也，其可有一職之曠廢乎？」○陳氏雅言曰：「人君不可教有邦逸欲者，何哉？以一日二日爲至淺，而萬幾爲至多也。不可以非才曠庶官，以皆天之工而有人代之也。知萬幾之可畏，則必兢業以圖之，而不至於以逸欲教之矣。知天之可畏，則必能擇人以居之，而不至於以非才曠庶官矣。『無教』、『無曠』是兩陳其所當戒，『幾』與『天』是兩陳其所當畏。」

「天敘有典，勑我五典五惇哉！天秩有禮，自我五禮有庸哉！同寅協恭和衷哉！天命有德，五服五章哉！天討有罪，五刑五用哉！政事懋哉懋哉！

敘者，君臣、父子、兄弟、夫婦、朋友之倫敘也。秩者，尊卑、貴賤、等級、隆殺之品秩也。勑，正。惇，厚。庸，常也。有庸，馬本作「五庸」。衷，「降衷」之「衷」，即所謂典禮也。典禮雖天所敘秩，然正之使敘倫而益厚，用之使品秩而有常，則在我而已。故君臣當同其寅畏，協其恭敬，誠一無間，融會流通，而民彝物則各得其正，所謂「和衷」也。章，顯也。五服，五等之服，自九章以至一章是也。言天命有德之人，則五等之服以彰顯之。天討有罪之人，則五等之刑以懲戒之。蓋爵賞刑罰乃人君之政事，君主之、臣用之，當勉勉而不可怠者也。○楊氏曰：「典禮自天子出，故言『勑我』、『自我』。若夫爵人於朝與衆共之，刑人於市與衆棄之，天子不得而私焉。」此其立言之異也。朱子曰：「天敘、天秩、天命、天討，既曰『天』，便自有許多般在其中。天人一理，只有一箇分不同。」○「因其生而第之，以其所當處者謂之敘；因其敘而與之，以其所當得者謂之秩。天敘便是自然底，故君便教他居君之位，臣便教他居臣之位，父便教他居父之位，子便教他居子之位。天秩，便是那天敘裏面物事，如天子祭天地，諸侯祭山川，大夫祭五祀，庶人祭其先，天子八，諸侯六，大夫四，士二，皆是有這箇敘，便是他這箇自然之秩。」「許多典禮，都是天敘天秩下了，聖人只是因而勑正之，因而用出去而已。凡其所謂冠、婚、喪、祭之禮，與夫典章制度，文物禮樂，車輿衣服，無一件是聖人自做底，都是天做下了，聖人只是依傍他天理行將去。」「同寅協恭，是君臣上下一於敬。德之大者，則賞以服之大者；德之小者，則賞以服之小者。罪之大者，則罪以大底刑；罪之小者，則罪以小底刑。盡是天命、天討，聖人未嘗加一毫私意於其間，只是奉行天法而已。」「萬物皆只是一箇天理，己何與焉？至如言『天討有罪，五刑五用哉』、『天命有德，五服五章哉』，此都只是天理自然當如此，人幾時與，與則便是私意。有善有惡，善則理當喜，如五服自有一箇次第以章顯之；惡則理當惡，一作怒。彼自絶於理，故五刑五用，曷嘗容心喜怒於其間哉！」「『五禮有庸』、『五典五惇』須是『同寅協恭和衷』，『五服五章』、『五刑五用』須是『政事懋哉懋哉』。」〇西山真氏曰：「按『五禮』，孔氏以爲公、侯、伯、子、男，先儒又以爲吉、凶、軍、賓、嘉。近世蔡氏曰：『敘』者，君臣、父子、夫婦、兄弟、朋友之倫敘；『秩』者，尊卑、貴賤、等級、隆殺之品秩，於義爲得。」〇節初齊氏曰：「人而無禮，則諸侯得以請隧，卿得以反坫，大夫得以雍徹，娼優下賤得以后飾，而人道亂矣。故聖人爲禮以節之，歐陽公所謂順其情而節文之，使知尊卑、長幼，凡人之大倫也。此其高下之宜，豐殺之别，貴賤偏全之等，所以萌於人心，習熟於人之耳目，而終其身不敢肆其情欲於度數之外也。此三代帝王防範人心之先務，隄防世變之大端也。」〇陳氏大猷曰：「人受天地之中以生，能者養之以福，不能者敗以取禍。故全是衷者爲德，是不失天之所賦也，故天命之，君必體福善之天，制五等之服以章其德；戾是衷者爲罪，是失天之所賦也，故天討之，君必體禍淫之天，用五等之刑以威其罪。爵賞刑罰，乃政事之大者，當勉勉而不可怠也。典、禮，教化也，所以盡感發之妙；服、刑，政事也，所以盡勸懲之方。皆承天以從事，而寅、恭、懋、勉又四者之本也。非寅、恭、懋、勉，則典、禮、服、刑將失其當，烏能與天無間哉！　至是則君師之道，代天理民之責盡矣。此盡發上文天工人代之意。」○呂氏曰：「寅、恭、惇、典、庸，禮之根源也。君臣聚精會神與天無間，則所惇所庸，皆天之典禮，否則爲虚文矣。賞罰當純乎天，此心當懋勉不已，一有怠息，賞罰我之賞罰，非天之賞罰矣。」○蔡氏元度曰：「《周官・司服》：公服衮冕而下九章之服，如王之服。侯伯服鷩冕而下七章之服，如公之服。子男服毳冕而下五章之服，如侯伯之服。孤服絺冕而下三章之服，如子男之服。卿大夫服玄冕而下一章之服，如孤之服。士服皮弁無章數也。孔氏以天子言之，非也。」○馬氏曰：「周天子與上公皆服九章。然公有降龍，無升龍，别於天子。」○新安陳氏曰：「蔡傳『政事懋懋』處，亦云『君主之、臣用之』，諸家所忽，最有照應，蓋自『無曠庶官』已引上臣與君各盡其責，故『同寅協恭』、『政事懋懋』，皆當合君臣説。『有庸』，當作『五庸』。五禮當主吉、凶、軍、賓、嘉者爲是。」

「天聰明，自我民聰明；天明畏，自我民明威。達于上下，敬哉有土！」

威，古文作「畏」，二字通用。「明」者，顯其善；「畏」者，威其惡。天之聰明非有視聽也，因民之視聽以爲聰明。天之明畏非有好惡也，因民之好惡以爲明畏。上下，上天下民也。敬，心無所慢也。有土，有民社也。言天人一理，通達無間，民心所存即天理之所在，而吾心之敬，是又合天民而一之者也。有天下者，可不知所以敬之哉？　問：「『聰明』、『明畏』，不知『明畏』是兩字，還是一字。林氏以爲聰明言視聽，明畏言好惡，未知如何。」朱子曰：「林氏似是。明畏言天之所明、所畏。所明，如『明明揚側陋』之『明』；所畏，如『董之用威』、『威用六極』之意。」○新安陳氏曰：「此因上文言天敘、天秩、天命、天討，而申言天人合一之理。」〇林氏曰：「『天明畏』馬本作『天明威』，『自我民明威』古文作『自我民明畏』，畏、威不必分也。」〇唐孔氏曰：「天無心，以民心爲心。即《泰誓》所謂『天視自我民視，天聽自我民聽』。」〇陳氏經曰：「有土之君，惟敬，則不忽乎民，是乃不忽乎天；不敬，則徒知天之當嚴，而以民爲易虐，是天民有二理也。此皋陶安民之謨，必推極於此歟！」〇王氏炎曰：「以君臨民，敬心不存，則所以安民者必未盡也。自天子至諸侯、卿大夫，有四封、有采地者，皆爲有土之君。有土必有民，皆當以敬臨之。」〇西山真氏曰：「武夷胡氏嘗舉《皋陶謨》『天敘』至『有土』章，曰：『皋陶之學極純粹。』」

皋陶曰：「朕言惠可底行？」禹曰：「俞！乃言底可績。」皋陶曰：「予未有知，思曰贊贊襄哉！」

「思曰」之「曰」，當作「日」。襄，成也。皋陶謂我所言順於理，可致之於行。禹然其言，以爲致之於行，信可有功。皋陶謙辭「我未有所知」，言不敢計功也，惟思日贊助於帝以成其治而已。張氏曰：「贊贊，所助非一事也。」〇陳氏大猷曰：「贊而又贊，贊之不已也。」○林氏曰：「《左傳》定公十五年：『葬定公，雨，不克襄事。』註：襄，成也。訓『襄』爲『成』，本此。」〇董氏鼎曰：「皋陶發明知人之謨，尤覺詳於安民之謨者，蓋二者雖均爲難事，而知人爲尤難，必明於知人，則安民有不難者矣。然於言知人之餘，則戒逸欲、崇兢業，惟恐人君不知戒懼，而至於曠官廢事；於安民之中，則懋政事、敬有土，惟恐人君不知懋敬，而至於褻天玩民。蓋以人君一心，又知人安民之根柢歟！」

益稷

今文、古文皆有，但今文合於《皋陶謨》。「帝曰：『來，禹！汝亦昌言。』」正與上篇末文勢接續。古者簡册以竹爲之，而所編之簡不可以多，故釐而二之，非有意於其間也。以下文禹稱益、稷二人佐其成功，因以名篇。問：「『皋陶矢厥謨，禹成厥功，帝舜申之』。未知『申』字如何看。」朱子曰：「此是三篇之叙，第一句説《皋陶謨》，第二句説《大禹謨》，第三句説《益稷》，所謂『申之』，即所謂『汝亦昌言』者也。此書伏生本只是二篇，《皋陶謨》、《益稷》之間，語勢亦相連，孔壁中析爲三篇，故其叙如此，亦不足據，而説者又多失之。」○問：「《益稷》篇，禹與皋陶只管自叙其功，是如何？」曰：「不知怎生地。那前面且做是脱簡，❶後面却又有一段。那禹前面時，只是説他無可言，但『予思日孜孜』。皋陶問他如何，他便説他要恁地孜孜，却不知後面一段是怎生地。」良久，云：「他上面也是説那丹朱後，故恁地説。丹朱緣如此，故不得爲天子；我如此勤苦，故有功。以此相戒，教莫如丹朱，如我便是。古人直不似今人，便要瞻前顧後。」

帝曰：「來，禹！汝亦昌言。」禹拜曰：「都！帝，予何言？予思日孜孜。」皋陶曰：「吁！如何？」禹曰：「洪水滔天，浩浩懷山襄陵，下民昏墊。予乘四載，隨山刊木，暨益奏庶鮮食。

---

❶「那」下，《朱子語類》有「夔」字。

予決九川距四海，濬畎澮距川，暨稷播，奏庶艱食鮮食。懋遷有無，化居。烝民乃粒，萬邦作乂。」皋陶曰：「俞！師汝昌言。」

「孜孜」者，勉力不怠之謂。帝以皋陶既陳「知人」、「安民」之謨，因呼禹使陳其言。禹拜而歎美，謂皋陶之謨至矣，我更何所言？惟思日勉勉以務事功而已。觀此，則上篇禹、皋陶答問者，蓋相與言於帝舜之前也。如何者，皋陶問其孜孜者何如也。禹言往者洪水泛溢，上漫于天，浩浩盛大，包山上陵，下民昏瞀墊溺，困於水災，如此之甚也。四載，水乘舟，陸乘車，泥乘輴，山乘樏也。輴，《史記》作「橇」，《漢書》作「毳」，以板爲之，其狀如箕，擿行泥上。樏，《史記》作「橋」，《漢書》作「梮」，以鐵爲之，其形似錐，長半寸，施之履下以上山，不蹉跌也。蓋禹治水之時，乘此四載以跋履山川、踐行險阻者。隨，循。刊，除也。《左傳》云：「井堙木刊。」刊，除木之義也。蓋水涌不洩，泛濫瀰漫，地之平者無非水也，其可見者山耳，故必循山伐木，通蔽障，開道路，而後水工可興也。奏，進也。血食曰「鮮」。水土未平，民未粒食，與益進衆鳥獸魚鱉之肉於民，使食以充飽也。九川，九州之川也。距，至。濬，深也。《周禮》：一畝之間，廣尺深尺曰「畎」；一同之間，廣二尋深二仞曰「澮」。畎、澮之間，有遂、有溝、有洫，皆通田間水道，以小注大。言畎、澮而不及遂、溝、洫者，舉小大以包其餘也。先決九川之水，使各通于海；次濬畎澮之水，使各通于川也。播，布也，謂布種五穀也。艱，難也。水平播種之初，民尚艱食也。懋，勉也。懋勉其民徙有於無，交易變化其所居積之貨也。烝，衆也。米食曰粒。蓋水患悉平，民得播種之利，而山林川澤之貨又有無相通以濟匱乏，然後庶民粒食，萬邦興起治功也。禹因孜孜之義，述其治水本末先後之詳，而警戒之意實存於其間。蓋欲君臣上下相與勉力不怠，以保其治於無窮而已。師，法也。皐陶以其言爲可師法也。新安陳氏曰：「舜、禹好善之心皆無窮。當時昌言滿前，舜猶渴聞不倦，方使禹亦如皐陶之昌言，此舜好善無窮之心也。禹聞此言歎美此心，謂皐陶言已至，我復何言？讓善於人也。思日孜孜，力行不怠，勉爲善於己，此禹好善無窮之心也。《孟子》曰：『禹聞善言則拜，大舜有大焉。』舜、禹之所以聖，其亦以此歟！」○蘇氏曰：「禹曰『予何言』亦猶皐陶之『予未有知』也，曰『予思日孜孜』亦猶皐陶『思曰贊贊襄哉』也，皆相因之辭。伏生以《益稷》合於《皐陶謨》，有以也。」○陳氏大猷曰：「勤者，萬事所由成；不勤，萬事所由廢。皐陶問禹所以『思日孜孜』者如何，禹但述其治水之勤勞以答之，而不及其他。蓋以平生受用，惟在孜孜勤勞而已，意在言外也。」○王氏曰：「大水決而有所歸，小水濬而有所入，治水之次第也。不決川，則雖『濬畎澮』不能除水患也。」○陳氏曰：「《益稷》非人人而飲食之，亦敷之有方耳。」○呂氏曰：「禹用功如此艱難，然後民乃粒食，須看『乃』字。」○蔡氏元度曰：「水平之後，天下知禹之功而已。禹以益、稷與有功焉，故言『暨益』、『暨稷』，是禹不自有其功，而與益、稷同之。『不矜』、『不伐』，乃在於此。」○呂氏曰：「禹不矜、不伐，今乃歷舉其功若矜伐，何也？ 蓋艱難之念易忘，平成之功難保，今雖平成，昔日之心不可忘也。所『思日孜孜』者正在此，雖不陳謨，乃陳謨之大者。使自言其功，而非有深意，何以謂之『昌言』哉！」○董氏鼎曰：「禹爲司空，稷爲田正，益爲虞，土田、山澤、鳥獸、魚鱉，其所掌也。是三人者，均主水土，治水之役，所當偕行，隨時施宜，因利乘便，以救斯民於墊溺窮餒之中。故所至之處，烈山澤之餘，有可採捕以供食者，益致其利；有可播種漁取以得食者，稷授其方，播於鮮食。既而有無相通，貨食兼足。始也不足，終乃有餘。禹不忘益、稷相從於艱苦之中，而述其功如此。微禹之言，後世孰從而知之。」

禹曰：「都！帝。慎乃在位。」帝曰：「俞！」禹曰：「安汝止，惟幾惟康。其弼直，惟動丕應。徯志以昭受上帝，天其申命用休。」

禹既歎美，又特稱帝以告之，所以起其聽也。慎乃在位者，謹其在天子之位也。天位惟艱，一念不謹，或以貽四海之憂；一日不謹，或以致千百年之患。帝深然之。而禹又推其所以謹在位之意，如下文所云也。止者，心之所止也。人心之靈，事事物物莫不各有至善之所而不可遷者。人惟私欲之念動摇其中，始有昧於理而不得其所止者。安之云者，順適乎道心之正，而不陷於人欲之危。動静云爲，各得其當，而無有止而不得其止者。惟幾所以審其事之發，惟康所以省其事之安，即下文「庶事康哉」之義。至於左右輔弼之臣，又皆盡其繩愆糾繆之職，内外交修，無有不至。若是，則是惟無作，作則天下無不丕應。固有先意而徯我者，以是昭受于天，天豈不重命而用休美乎？朱子曰：「惟幾，當審萬事之幾；惟康，當求箇安穩處。弼直，以直道輔之。應之，非惟人應之，天亦應之。」○葉氏曰：「慎乃在位，即前帝命禹所謂『慎乃有位』，君臣更相告戒也。禹之言，即帝所與言，宜帝俞之。」○西山真氏曰：「人之一心，静而後能動，定而後能應，若其膠膠擾擾，將爲物役之不暇，又何以宰萬物乎？先儒謂心者人之北辰，辰惟居其所，故能爲二十八宿之綱維。心惟安所止，故能爲萬事之樞紐。」○夏氏曰：「『安汝止』而下，皆謹在位之事。」又曰：「動則大應天下徯望之志，徯望於君，欲其治安我爾。丕應徯志，猶『丕從厥志』。」○史氏漸曰：「堯之『安安』，不待有所止也。舜於所止而安之，皆性焉、安焉之聖安行者也；太甲於所止而盡欽敬，復焉、執焉之賢勉行者也。三言者，聖賢之分量見矣。」○新安陳氏曰：「安汝所當止，静也。幾者動之微，動者幾之著。静而知幾以圖康，又得直臣弼之，則下應人心，上當天心矣。」

帝曰：「吁！臣哉鄰哉！鄰哉臣哉！」禹曰：「俞！」

鄰，左右輔弼也。臣，以人言；鄰，以職言。帝深感上文「弼直」之語，故曰：「吁！臣哉鄰哉！鄰哉臣哉！」反復歎詠，以見「弼直」之義。如此其重而不可忽，禹即「俞」而然之也。孔氏曰：「鄰，近也。君臣道近，相須而成。」○陳氏經曰：「臣當親近我而助我，故曰『臣哉鄰哉』。一親我助我，乃盡爲臣之道，故曰『鄰哉臣哉』。」○張氏綱曰：「『臣』以分言，『鄰』以情言；一於分則離，一於情則褻。」○鄒氏補之曰：「臣，謹其分也；鄰，忘其分也。臣而復鄰，嚴不至於苛；鄰而又臣，和不至於流。」○新安陳氏曰：「一説鄰，親君如居有鄰也。臣當如鄰以親君，能如鄰以親君，乃臣也。臣、鄰皆指禹言。」

帝曰：「臣作朕股肱耳目。予欲左右有民，汝翼。予欲宣力四方，汝爲。予欲觀古人之象，日、月、星辰、山、龍、華蟲，作會；宗彝、藻、火、粉米、黼、黻，絺繡，以五采彰施于五色，作服，汝明。予欲聞六律五聲八音，在治忽，以出納五言，汝聽。

此言臣所以爲鄰之義也。君，元首也。君資臣以爲助，猶元首須股肱耳目以爲用也。下文「翼」爲明聽，即作股肱耳目之義。「左右」者，輔翼也，猶《孟子》所謂「輔之翼之，使自得之」也。「宣力」者，宣布其力也。言我欲左右有民，則資汝以爲助；欲宣力四方，則資汝以有爲也。象，像也，「日月」以下物象是也。《易》曰：「黄帝、堯、舜垂衣裳而天下治，蓋取諸乾坤。」則上衣下裳之制創自黄帝，而成於堯、舜也。日、月、星辰，取其照臨也；山，取其鎮也；龍，取其變也；華蟲，雉，取其文也。會，繪也。宗彝，虎蜼，取其孝也；藻，水草，取其潔也；火，取其明也；粉米，白米，取其養也；黼，若斧形，取其斷也；黻，爲兩己相背，取其辨也；絺，鄭氏讀爲黹，紩也，紩以爲繡也。日也、月也、星辰也、山也、龍也、華蟲也六者繪之於衣，宗彝也、藻也、火也、粉米也、黼也、黻也六者繡之於裳，所謂十二章也。衣之六章，其序自上而下；裳之六章，其序自下而上。采者，青、黄、赤、白、黑也。色者，言施之於繒帛也。繪於衣，繡於裳，皆雜施五采以爲五色也。汝明者，汝當明其小大、尊卑之差等也。又按：《周禮》以日月星辰畫於旂，冕服九章，登龍於山，登火於宗彝。以龍、山、華蟲、火、宗彝五者繪於衣，以藻、粉、黼、黻四者繡於裳。衮冕九章，以龍爲首；鷩冕七章，以華蟲爲首；毳冕五章，以虎蜼爲首。蓋亦增損有虞之制而爲之耳。六律，陽律也。不言六吕者，陽統陰也。有律而後有聲，有聲而後八音得以依據，故六律、五聲、八音言之敘如此也。在，察也。忽，治之反也。聲音之道與政通，故審音以知樂，審樂以知政，而治之得失可知也。五言者，詩歌之協於五聲者也。自上達下謂之出，自下達上謂之納。汝聽者，言汝當審樂而察政治之得失者也。王氏曰：「『汝翼』作肱，『汝爲』作股，『汝明』作目，『汝聽』作耳也。」○孔氏曰：「天子服『日月』而下，諸侯自『龍』而下至『黼黻』，士服『藻火』，大夫加『粉米』。上得兼下，下不得僭上。作尊卑之服，汝明制之。」○鄭氏曰：「自『日月』至『黼黻』，所取義皆君德也。服所以象德，服是服必有是德，當觀象而自省焉。」○陳氏大猷曰：「五采，五種華采之物，藍丹砂粉墨之類是也。彰施，施其采以彰明之，五色采施之，爲青、黄、赤、白、黑也。納，采詩而納之於上，如命太師陳詩以觀民風與『工以納言』是也。出，出詩而播之樂章，如《關雎》用之鄉人、用之邦國與『時而颺之』是也。」○吕氏曰：「五言，樂之成言者，如三百篇之《詩》是也。」○葉氏曰：「『五言』即『五聲』，『詩言志，歌永言，聲依永，律和聲』。雖言也，播於律之所和則爲五聲；雖聲也，本於《詩》之所諷則爲五言。」○吕氏曰：「作服，禮之大者也；六律五聲八音，樂之大者也。治定功成，制禮作樂之時也。禮樂非可以虚文舉，言禮樂必在左右宣力之後。民氣和洽，然後可以興禮樂，固爲次序也。」○陳氏大猷曰：「舜以『臣』、『鄰』命禹，見君臣之忘勢；繼之以作『股肱耳目』，見君臣之忘形。君臣猶一身也，君猶心，臣猶體，臣作朕股肱耳目，君以臣爲體也。汝翼爲明聽，以遂予之所欲，臣以君爲心也。」○王氏曰：「敬敷五教，司徒掌之，豈非左右有民；稷掌阻飢，臯陶治姦宄，豈非宣力四方；夷作秩宗，豈非制衣服；夔典樂，豈非察音聲。然彼皆各治一官，禹則總百官而治之者也。帝兼舉四事，而寄以股肱耳目蓋如此。」

「予違，汝弼。汝無面從，退有後言。欽四鄰！

違，戾也。言我有違戾於道，爾當弼正其失。爾無面諛以爲是，而背毀以爲非。不可不敬爾鄰之職也。申結上文「弼直」、「鄰哉」之義，而深責之禹者如此。王氏曰：「拂我而相之謂之『弼』，故『弼』字或作『拂』。」○呂氏曰：「予違汝弼，不獨令禹爲股肱耳目，至此舜連一身是非之責，盡付之禹檢點。」○孫氏曰：「聖人不以無違自處，而以有違求弼，不居其聖也。」○陳氏大猷曰：「上言『予欲』汝則翼爲明聽，謂當將順乎我也。此言『予違，汝弼』，謂不當苟順乎我也。」○林氏曰：「舜大聖人，豈有違待於弼？禹亦大聖人，豈有面從後言？而尤以爲警戒，所以爲聖。」○呂氏曰：「舜非有慊，而畏人之後言；非容受未至，而致人之後言。禹又非肯欺君而爲面是背非者，聖人畏敬無已，惟恐過之不聞、言之不盡，故其求之之切如此。」○孔氏曰：「四鄰，四近，前、後、左、右之臣。敕使敬其職。」○唐孔氏曰：「鄭玄以四鄰爲四近之臣，左輔、右弼、前疑、後丞，❶惟伏生《書傳》有此言。《文王世子》有『師

❶「丞」，建邑余氏本及《尚書正義》作「承」。下「丞」字同。

保』、『疑丞』，此外經傳無此官。惟《冏命》云：『實賴左右前後有位之士』。」○新安胡氏曰：「既責禹以『弼』、『違』，又欲其『欽四鄰』，謂所與同列之近臣，當敬之使同心而弼我也。」○陳氏大猷曰：「四鄰諸臣，各有其職，而舜悉以責禹者，禹百揆無所不統也。於此可觀君道，亦可以觀相道矣。」○王氏炎曰：「無面從，於上不諂；欽四鄰，於下不瀆。」○新安陳氏曰：「欽四鄰，傳語欠明，當云不可不敬爾爲四鄰近臣之職也。又按：『欽四鄰』上下疑有闕文，朱子嘗疑之。今於此等處，姑據衆説，雖略可通，然深繹之，與上下文意皆不貫，闕之可也。」

「庶頑讒説，若不在時，侯以明之，撻以記之。書用識哉，欲並生哉！工以納言，時而颺之，格則承之、庸之，否則威之。」

此因上文而慮「庶頑讒説」之不忠不直也。讒説，即舜所堲者。時，是也。在是，指忠直爲言。侯，射侯也。「明」者，欲明其果頑愚讒説與否也。蓋射所以觀德。頑愚讒説之人，其心不正，則形乎四體，布乎動静。其容體必不能比於禮，其節奏必不能比於樂，其中必不能多。審如是，則其爲頑愚讒説也必矣。《周禮》：「王大射則供虎侯、熊侯、豹侯，諸侯供熊侯、豹侯，卿大夫供麋侯，皆設其鵠。」又「梓人爲侯，廣與崇方，三分其廣而鵠居一焉」。應古制亦不相遠也。樘，扑也，即「扑作教刑」者。蓋懲之，使記而不忘也。識，誌也。録其過惡以識于册，如周制鄉黨之官，以時書民之孝悌睦婣有學者也。聖人不忍以頑愚讒説而遽棄之，用此三者之教，啓其憤，發其悱，使之遷善改過，欲其並生於天地之間也。工，掌樂之官也。格，「有耻且格」之「格」，謂改過也。承，薦也。聖人於庶頑讒説之人，既有以啓發其憤悱遷善之心，而又命掌樂之官以其所納之言時而颺之，以觀其改過與否。如其改也，則進之用之；如其不改，然後刑以威之。以見聖人之教，無所不極其至，必不得已焉而後威之，其不忍輕於棄人也如此。此即龍之所典，而此命伯禹總之也。問「工以納言，時而颺之，格則承之庸之，否則威之」一段。朱子曰：「上文説：『欽四鄰，庶頑讒説，若不在時，侯以明之，撻以記之，書用識哉！欲並生哉！』皆不可曉。如命龍之辭亦曰：『朕堲讒説殄行，震驚朕師。命汝作納言，夙夜出納朕命惟允。』皆言讒説。此須是當時有此制度，今不能知，又不當杜撰，只得置之。」○吕氏曰：「撻記、書識，非絶之也。存其過，所以存其耻，耻則善心生矣。」○或曰：書用識其善惡，書其孝悌婣睦有學者，書其善也；如《左氏》斐豹欲除丹書，書其惡也。○吕氏曰：「詩可見人真情，《春秋》會盟賦詩一有不類，便能知之。」○葉氏曰：「鄭伯享趙孟，七子從，趙孟使賦詩以觀其志。子展賦《草蟲》，伯有賦《鶉之奔奔》，叔向知伯有將爲戮，子展後亡，亦猶是也。」○葵初王氏曰：「按易氏《王大射解》云：大射，祭祀之射也。王將有郊廟之事，以射擇諸侯及群臣與邦國所貢之士，取其中多而可以與祭者，於是有三侯、二侯、一侯焉。天子射虎侯，其道九十弓，六尺爲弓。弓二寸爲侯中。則虎侯之中廣一丈八尺，三分其廣，以其一爲之鵠。則鵠方六尺，侯之上中下皆用布，而兩旁飾以虎，其中設鵠爲的焉。諸侯射熊侯，七十弓。卿大夫射麋侯，五十弓。其鵠，其弓之數而降殺之，凡侯、天子以三，諸侯以二，卿大夫以一。又梓人爲侯，曰『張皮侯而棲鵠，則春以功』。皮侯，即熊、虎、豹之三侯，天子大射之侯也。張五采之侯，則遠國屬，五采即五正之侯，天子賓射之侯也。張獸侯，則王以息燕，此又天子燕射之侯也，其侯雖不見於經，而《鄉射・記》言『天子熊侯白質，諸侯麋侯赤質，大夫布侯畫以虎豹，士布侯畫以鹿豕』，即獸侯爾。蓋大射以鵠，賓射以正，燕射以質，不可以不辨。鄭氏《周禮》註云：崇，高也。方，猶等也。高廣等，謂侯中也。畫布曰『正』，棲皮曰『鵠』。」○孔氏《詩疏》：「正、鵠，皆鳥名。難中，以中爲雋，故以名的。」○陳氏大猷曰：「『侯』、『撻』行於一時，《書》識示以悠久，存其愧恥而遷善改過，以並生於天地間也。」○新安陳氏曰：「射侯以禮教也，既撻書以愧恥之於先；納言以樂教也，復時颺以感發之於後，有恥且格，欲與並生之心遂矣，用之宜也。否者終不格，與並生之心不獲遂，威之不容己也。」○臨川吴氏曰：「帝舜爲君爲師之道，仁之至，義之盡也。」○陳氏雅言曰：「聖人愛人之無已，雖甚不忠不直者，而不忍棄絶之。聖人之心，以天下未嘗無不可化之人，而人未有終自絶於爲善之理。此聖世所以無不化之人，而有比屋可封之俗也。」

禹曰：「俞哉！帝，光天之下，至于海隅蒼生，萬邦黎獻，共惟帝臣。惟帝時舉，敷納以言，明庶以功，車服以庸。誰敢不讓，敢不敬應？帝不時，敷同日奏罔功。

俞哉者，蘇氏曰：與《春秋傳》公曰「諾哉」意同，冂然而心不然之辭也。隅，角也。蒼生者，蒼蒼然而生，視遠之義也。獻，賢也。黎獻者，黎民之賢者也。共，同。時，是也。敷納者，下陳而上納也。明庶者，明其衆庶也。禹雖俞帝之言，而有未盡然之意。謂庶頑讒説加之以威，不若明之以德，使帝德光輝達於天下，海隅蒼生之地莫不昭灼。德之遠著如此，則萬邦黎民之賢，孰不感慕興起，而皆有帝臣之願，惟帝時舉而用之爾，敷納以言而觀其藴，明庶以功而考其成，旌能命德以厚其報。如此，則誰敢不讓於善，敢不精白一心、敬應其上？而庶頑讒説豈足慮乎？帝不如是，則今任用之臣，遠近敷同，率爲誕慢，日進於無功矣，豈特庶頑讒説爲可慮哉？林氏曰：「禹不盡然帝之言，又廣帝之意，謂輔弼之責雖在臣鄰，然當廣延萬邦之賢，無以爲止此而已。」○陳氏大猷曰：「納言，或以言揚；明功，或以事舉也。」○孫氏曰：「敷同，猶『普同』。」○新安陳氏曰：「《舜典》所言以待諸侯，此以待黎獻。諸侯親天子，故直言。奏，自下而奏上也。舜方求賢，故特言納，下陳而上納也。」○王氏十朋曰：「諸侯以黜陟爲重，故言『試』；黎獻以多得爲盛，故言『庶』。」○陳氏曰：「諸侯之功已著，特使奏其言而試其功，以驗其已然之效；黎獻之功未著，故受其言而明衆庶以功，以責其將然之效。」

「無若丹朱傲，惟慢遊是好。傲虐是作，罔晝夜頟頟。罔水行舟，朋淫于家，用殄厥世。予創若時，娶于塗山，辛、壬、癸、甲。啓呱呱而泣，予弗子，惟荒度土功。弼成五服，至于五千，州十有二師。外薄四海，咸建五長。各迪有功，苗頑弗即工，帝其念哉！」帝曰：「迪朕德，時乃功惟敘。皐陶方祗厥敘，方施象刑，惟明。」

《漢志》堯處子朱於丹淵爲諸侯。丹，朱之國名也。頟頟，不休息之狀。罔水行舟，如「奡盪舟」之類。朋淫者，朋比小人而淫亂于家也。殄，絶也。世者，世堯之天下也。丹朱不肖，堯以天下與舜而不與朱，故曰「殄世」。程子曰：「夫聖莫聖於舜，而禹之戒舜，至曰無若丹朱好慢遊，作傲虐。且舜之不爲慢遊傲虐，雖愚者亦當知之，豈以禹而不知乎？蓋處崇高之位，所以儆戒者當如是也。」創，懲也。禹自言懲丹朱之惡，而不敢以慢遊也。塗山，國名，在今壽春縣東北。禹娶塗山氏之女也。辛、壬、癸、甲，四日也。禹娶塗山，甫及四日，即往治水也。啓，禹之子。呱呱，泣聲。荒，大也。言娶妻生子，皆有所不暇顧念，惟以大相度平治水土之功爲急也，《孟子》言「禹八年於外，三過其門而不入」是也。五服，甸、侯、綏、要、荒也。言非特平治水土，又因地域之遠近，以輔成五服之制也。疆理宇内乃人君之事，非人臣之所當專者，故曰「弼成」也。「五千」者，每服五百里，五服之地，東西南北相距五千里也。十二師者，每州立十二諸侯以爲之師，使之相牧以糾群后也。薄，迫也。九州之外迫於四海，每方各建五人以爲之長而統率之也。聖人經理之制，其詳内略外者如此。即，就也。謂十二師、五長，内而侯牧，外而蕃夷，皆蹈行有功。惟三苗頑慢不率，不肯就工，帝當憂念之也。帝言四海之内，蹈行我之德教者是汝功惟敘之故，其頑而弗率者則皋陶方敬承汝之功敘，方施象刑惟明矣。曰「明」者，言其刑罰當罪，可以畏服乎人也。上文禹之意，欲舜弛其鞭扑之威，益廣其文教之及，而帝以禹之功敘既已如此，而猶有頑不即工如苗民者，是豈刑法之所可廢哉？ 或者乃謂苗之凶頑，六師征之猶且逆命，豈臯陶象刑之所能致？ 是未知聖人兵刑之敘與帝舜治苗之本末也。 帝之此言，乃在禹未攝位之前，非徂征後事。 蓋威以象刑而苗猶不服，然後命禹征之；征之不服，以益之諫而又增修德教；及其來格，然後分背之。 舜之此言，雖在三《謨》之末，而實則禹未攝位之前也。 問：「禹、稷『三過其門而不入』，若家有父母，豈可不入？」朱子曰：「固是。 然事亦須量箇緩急。」若「只是那九年泛泛底水，未便會傾國覆都，過家見父母，亦不妨。 若洪水之患甚急，有傾國溺都、君父危亡之災也，只得奔君父之急難。 雖不過家見父母，亦不妨也」。「苗頑弗即工，此是禹治水時，調役他國人夫不動也，後方征之。 既格而服，則治其前日之罪而竄之，竄之而後分北之。 今說者謂苗既格而又叛，恐無此事。 又曰：三苗，想只是如今之溪洞相似。 溪洞有數種，一種謂之『猫』，未必非三苗之後。 史中說三苗之國，左洞庭，右彭蠡，在今湖北、江西之界，其地亦甚闊矣。」「頃在湖南，見說溪洞蠻猺，略有四種：曰犵，曰狑，曰獠，而其最輕捷者曰猫，近年數出剽掠爲邊患者，多此種也，豈三苗之遺民乎？」「然則所謂三苗者，亦當正作『猫』字耳。 詹元善説苗民之國，三徙其都：初在今之筠州；次在今之興國軍，皆在深山中，人不可入，而已亦難出；其最後在今之武昌縣，則據江山之險，可以無所不爲，人不得而遏之矣。」○新安陳氏曰：「丹朱之不肖，蔽以一言曰『傲』而已。 慢遊虐淫，皆自傲出。 罔晝夜頟頟，凶人爲不善，惟日不足之意。」○東陽馬氏曰：「隆古君臣告戒乃如此，後世諂諛忌諱者可以戒矣。」○西山真氏曰：「舜以大聖之資，安有可戒之事？ 而益以怠荒戒，臯陶以逸欲戒，禹又有儆虞戒，豈憂其有是而豫防之耶？抑知其無是而姑爲是言耶？人心惟危，自昔所畏，雖聖主不敢忘操存之功；大臣事聖主，不敢廢規儆之益。後之君臣，宜視以爲法。」○新安陳氏曰：「禹欲帝無恃刑威之用，而益廣明德之及，以丹朱爲帝戒，復以己之懲戒丹朱者繼之。末言天下皆順，而苗民獨頑，若以爲不止於庶頑之頑者，欲帝念之也。」○陳氏經曰：「天下皆迪功，弗即工特一有苗，若不足介意也。聖人之心，以爲一物梗化，則有不能忘之意。」○夏氏曰：「洪水未平，九功未敘，人救死不贍，何暇迪德！舜謂今天下所以迪行我德，而各迪有功者，實汝之『九功惟敘』故也。臯陶方敬承汝功之敘，又慮迪德者怠，方施象刑，明示人以儆之，則已迪德者益勉，未迪德者益懼而勉矣。此正如『九功惟敘』之後，『董之用威』不容已也。」○董氏鼎曰：「禹戒舜以『無若丹朱』，無怪其然也。他山之石，可以攻玉，舜、禹初不自知其聖，則其引以進戒，豈爲過哉？當時黎民於變，比屋可封，而內則有丹朱之可戒，外則有苗頑之可憂，未能忘情惟此二者，此聖所以益聖也。」

夔曰：「戛擊鳴球，搏拊琴瑟以詠，祖考來格。虞賓在位，群后德讓。下管、鼗鼓，合止柷、敔。笙、鏞以間，鳥獸蹌蹌。簫韶九成，鳳凰來儀。」

戛擊，考擊也。鳴球，玉磬名也。搏，至。拊，循也。樂之始作，升歌於堂上，則堂上之樂，惟取其聲之輕清者，與人聲相比，故曰「以詠」。蓋戛擊鳴球、搏拊琴瑟，以合詠歌之聲也。格，「神之格思」之「格」。虞賓，丹朱也。堯之後爲賓於虞，猶微子作賓於周也。丹朱在位，與助祭群后以德相讓，則人無不和，可知矣。下，堂下之樂也。管，猶《周禮》

所謂陰竹之管、孤竹之管、孫竹之管也。鼗鼓，如鼓而小，有柄，持而摇之，則旁耳自擊。柷敔，郭璞云：「柷如漆桶，方二尺四寸，深一尺八寸，中有椎柄。連底撞之，令左右擊。」「敔，狀如伏虎，背上有二十七鉏鋙刻，以籈櫟之。籈長一尺，以木爲之。」始作也，擊柷以合之；及其將終也，則櫟敔以止之。蓋節樂之器也。笙，以匏爲之，列管於匏中，又施簧於管端。鏞，太鍾也。葉氏曰：「鍾與笙相應者曰笙鍾，與歌相應者曰頌鍾。頌，或謂之鏞，《詩》『賁鼓維鏞』是也。《大射禮》：『樂人宿縣于阼階東，笙磬西面，其南笙鍾。』『西階之西，頌磬東面，其南頌鍾。』頌鍾即鏞鍾也。上言『以詠』，此言『以間』，相對而言，蓋與詠歌迭奏也。《鄉飲酒禮》云『歌《鹿鳴》』、『笙《南陔》』、『間歌《魚麗》，笙《由庚》』，或其遺制也。」蹌蹌，行動之貌，言樂音不獨感神人，至於鳥獸無知，亦且相率而舞，蹌蹌然也。簫，古文作「箾」，舞者所執之物。《説文》云：「樂名《箾韶》。」季札觀周樂，見舞《韶箾》者，則《箾韶》蓋舜樂之總名也。今文作「簫」，故先儒誤以簫管釋之。九成者，樂之九成也。功以九敘，故樂以九成。九成猶《周禮》所謂「九變」也。孔子曰「樂者，象成者也」，故曰「成」。鳳凰，羽族之靈者，其雄爲鳳，其雌爲凰。來儀者，來舞而有容儀也。「戛擊鳴球，搏拊琴瑟以詠」，堂上之樂也。「下管、鼗鼓，合止柷、敔，笙、鏞以間」，堂下之樂也。唐孔氏曰：「樂之作也，依上下而遞奏，間合而後曲成。」祖考，尊神，故言於堂上之樂；鳥獸，微物，故言於堂下之樂。九成致鳳，尊異靈瑞，故别言之。非堂上之樂獨致神格，堂下之樂偏能舞獸也。或曰：笙之形如鳥翼，鏞之虡爲獸形，故於「笙、鏞以間」言「鳥獸蹌蹌」。《風俗通》曰：「舜作簫笙以象鳳。」蓋因其形聲之似，以狀其聲樂之和，豈真有鳥獸鳳凰而蹌蹌來儀者乎？曰是未知聲樂感通之妙也。瓠巴鼓瑟而游魚出聽，伯牙鼓琴而六馬仰秣。聲之致祥召物，見於傳者多矣。况舜之德致和於上，夔之樂召和於下，其格神人，舞獸鳳，豈足疑哉？今按：季札觀周樂見舞《韶箾》者，曰德至矣盡矣。如天之無不覆，如地之無不載，雖甚盛德，蔑以加矣。夫韶樂之奏，幽而感神則祖考來格，明而感人則群后德讓，微而感物則鳳儀獸舞。原其所以能感召如此者，皆由舜之德如天地之無不覆燾也。其樂之傳歷千餘載，孔子聞之於齊，尚且三月不知肉味，曰「不圖爲樂之至於斯」，則當時感召，從可知矣。又按：此章夔言作樂之效，其文自爲一段，不與上下文勢相屬。蓋舜之在位五十餘年，其與禹、皋陶、夔、益相與答問者多矣。史官取其尤彰明者以詔後世，則是其所言者自有先後，史官集而記之，非其一日之言也。諸儒之説，自《皋陶謨》至此篇末，皆謂文勢相屬，故其説牽合不通，今皆不取。唐孔氏曰：「功成道洽，禮備樂和，史述夔言，繼於後。」○陳氏大猷曰：「戛，亦擊也，意其有輕重之異。球擊能鳴，故稱『鳴球』。」○王氏炎曰：「搏，猶擊也。拊，輕手取聲。」○林氏曰：「揚子雲《長楊賦》云『戛滴鳴球』，劉良註云：『戛滴，拊擊也。』

以是知鳴球可以戛擊。古語云『拊鳴琴，吹洞簫』，又曰『手拊五絃，目視雲漢』，以是知琴瑟可以搏拊。」○唐孔氏曰：「以詠，歌詠《詩》章也。」○鄭氏曰：「琴五絃，瑟二十四絃。管如篪而有六孔，十二簧爲笙。」○夏氏曰：「以間，與堂上之樂間作也。」○林氏曰：「《饗禮》曰：『升歌《清廟》，示德也；下管象舞，示事也。』《燕禮》曰：『升歌《鹿鳴》，下管《新宫》。』蓋堂上之樂以歌爲主，堂下之樂以管爲主，其實相合以成。別而言之，則有堂上、堂下之異；合而言之，則總名爲《簫韶》。」○陳氏經曰：「『簫』者，細器。作樂時，小大之器皆備。」○新安陳氏曰：「此章夔言作樂之效，乃史官載之，以結《典》、《謨》之終。蓋功成作樂，帝者致治之盛也。《郊特牲》曰：『歌者在上，匏竹在下，貴人聲也。』即此說以證此章，及《儀禮》皆無不合。古文簡質，『下』之一字，別管、鼗等爲堂下之樂，顯見鳴球、琴瑟爲堂上之樂矣。戛擊之、搏拊之，以詠歌《詩》章，所謂『歌者在上』也。管、鼗鼓，柷、敔、笙、鏞，皆堂下之樂。管，竹也；笙，匏也，皆在堂下，以間此衆樂，與堂上之樂更代而間作也，所謂『匏竹在下』也。奏石、絲以詠歌之時，則堂下之樂不作；奏匏、竹等衆樂之時，則堂上之樂不作。以今人之樂觀之，亦如此耳。」

夔曰：「於！予擊石拊石，百獸率舞，庶尹允諧。」

重擊曰「擊」，輕擊曰「拊」。石，磬也。有大磬，有編磬，有歌磬。磬有小大，故擊有輕重。八音獨言石者，蓋石音屬角，最難諧和。《記》曰：「磬以立辨。」夫樂以合爲主，而石聲獨立辨者，以其難和也。石聲既和，則金、絲、竹、匏、土、革、木之聲，無不和者矣。《詩》曰：「既和且平，依我磬聲。」則知言石者，總樂之和而言之也。或曰：「玉振之也者，終條理之事，故舉磬以終焉。」上言「鳥獸」，此言「百獸」者，《考工記》曰：「天下大獸五：脂者、膏者、贏者、羽者、鱗者。」羽、鱗總可謂之獸也。百獸舞，則物無不和可知矣。尹，正也。「庶尹」者，衆百官府之長也。「允諧」者，信皆和諧也。庶尹諧，則人無不和可知矣。王氏炎曰：「八音以石爲君，而《韶》樂以球爲首，宜於此又單言石也。」○孫氏曰：「前先言『祖考』、『虞賓』、『群后』，而後及『鳥獸』，以貴賤爲序也；此先言『鳥獸』，而後及『庶尹』，以難易爲序也。」○王氏炎曰：「此又自爲一節。舜、禹之議論，既載於前，夔之作樂，所以形容治功之成，故以其言次之於後。亦非一日之言，史臣比而書之爾。夔，工於樂者也。有舜之德，不可無夔之樂以發之；有夔之樂，不可無舜之德以本之。二者交致，而天下之至和極矣。」○臨川吴氏曰：「夔言樂如此，蓋有舜之德，是以有夔之樂。道德，樂之本；聲音，樂之具。舜德極大極盛，而《韶》樂又盡善盡美，故其感應之妙，古今莫及。」

帝庸作歌曰：「勑天之命，惟時惟幾。」乃歌曰：「股肱喜哉！元首起哉！百工熙哉！」皋陶拜手稽首，颺言曰：「念哉！率作興事，慎乃憲，欽哉！屢省乃成，欽哉！」乃賡載歌曰：「元首明哉！股肱良哉！庶事康哉！」又歌曰：「元首叢脞哉！股肱惰哉！萬事墮哉！」帝拜曰：「俞，往欽哉！」

庸，用也。歌，詩歌也。勑，戒勑也。幾，事之微也。「惟時」者，無時而不戒勑也。「惟幾」者，無事而不戒勑也。蓋天命無常，理亂安危，相爲倚伏。今雖治定功成，禮備樂和，然頃刻謹畏之不存則怠荒之所自起，毫髮幾微之不察則禍患之所自生，不可不戒也。此舜將欲作歌，而先述其所以歌之意也。股肱，臣也。元首，君也。人臣樂於趨事赴功，則人君之治爲之興起，而百官之功皆廣也。「拜手稽首」者，首至手，又至地也。大言而疾曰「颺」。率，總率也。臯陶言人君當總率群臣以起事功，又必謹其所守之法度。蓋樂於興事者易至於紛更，故深戒之也。屢，數也。興事而數考其成，則有課功覈實之效，而無誕慢欺蔽之失。兩言「欽哉」者，興事、考成二者皆所當深敬而不可忽者也。此臯陶將欲賡歌，而先述其所以歌之意也。賡，續。載，成也。續帝歌以成其義也。臯陶言君明則臣良，而衆事皆安，所以勸之也。叢脞，煩碎也。惰，懈怠也。墮，傾圮也。言君行臣職，煩瑣細碎，則臣下懈怠，不肯任事，而萬事廢壞，所以戒之也。舜作歌而責難於臣，臯陶賡歌而責難於君，君臣之相責難者如此，有虞之治茲所以爲不可及也歟！「帝拜」者，重其禮也。重其禮，然其言，而曰汝等往治其職，不可以不敬也。林氏曰：「舜與臯陶之賡歌，三百篇之權輿也。學《詩》者當自此始。」陳氏曰：「用夔言功成樂作之意而寓之歌，所以保治功也。保治在『勑天』，『勑天』之要在『時』、『幾』。人求天於天，聖人求天於己，人事之盡，即天也。不可失其時，不可忽其微，常存儆勑，天命可保矣。乃歌之意，謂吾欲勑天以謹時、幾，必賴股肱之助，專責望於臣也；賡歌之意，專責望於君也。君臣交儆，各盡其職，則治功可保矣。」○陳氏大猷曰：「舜之治至於功成作樂，極矣，然危亂之機，常兆於治安之極。聖人安不忘危，上下交相儆戒，故史既載《韶》樂，復記歌詩。歌詩，亦樂之本也。《簫韶》九成，舜之治已極於至盛；惟時惟幾，舜之心方慮其至微。治功雖已極，聖心本無極也。」○新安陳氏曰：「『歌』者，和樂之發也。當和樂之時，不忘戒謹之意，惟虞舜能之。後世歌工頌美之歌，安識此意？」又曰：「歌之序章，在於戒天命而謹時、幾。歌之所謂『喜』，喜於乘時圖幾也；所謂『起』，起而乘時圖幾也；所謂『熙』，則共乘時圖幾之效驗也。君臣能如此，庶可戒勑天命而永保之矣。」○西山真氏曰：「范太史曰：『君以知人爲明，臣以任職爲良。君知人則賢者得行其所學，臣任職則不肖者不得苟容於朝，此庶事所以康也。若夫君行臣職則叢脞矣，臣不任君之事則惰矣，此萬事所以隳也。』斯言得之矣。然帝之歌本爲勑天命而作，君臣倡和乃無一語及天者，修人事所以勑天命也。後之人主，宜深體焉。」○陳氏大猷曰：「喜、起、熙，帝欲振厲充廣也。臯陶意謂无妄不可以復往，極治不可以更加，故因帝振奮增廣之意，而欲其加謹慎省察之心。凡作興必謹守成憲而欽哉，不可輕於有爲也；又必屢察已成之治而欽哉，不可玩夫已爲也。於是，賡成其歌，謂君臣惟當明良而已，不必過於喜起；庶事惟底於康安而已，不必過於熙廣。乃所以凝泰和也。君有賴於臣，故先股肱；臣有望於君，故先元首。臯陶意猶未已，謂『明』非聰察之謂，聰察則流於叢脞；『良』非軟熟之謂，軟熟則流於惰偷。君叢脞，則臣惰偷，萬事墮壞矣。前言『庶事』，此言『萬事』，甚言叢脞之害事也。不過而失於激，亦不怠而失於廢，真可以凝泰和而保天命矣。往欽哉，欲君臣自此以往無不敬也。典、謨之書，皆以『欽』終之。九成之《韶》，勑天之歌，非可以二觀也。虞之《韶》不可得而聞，帝之歌猶可得而詠。《韶》雖亡，不亡者存焉，學者宜深玩繹也。」○陳氏雅言曰：「臯陶賡歌，蓋欲帝加戒慎省察之功於振勵充廣之中，謂帝舜當率群臣以起事功，然猶必謹守成憲。欽哉，不可輕於有爲也，猶必屢省乃成。欽哉，不可恃其有成也。蓋當帝以『股肱喜哉』責其臣，則恐其不知率作興事之道；以『元首起哉』處其心，則恐其不知慎乃憲之道；以『百工熙哉』期其效，則恐其不知屢省乃成之道。此臯陶將述其賡歌之意，而先拜稽以致其禮，颺言以致其辭，復以『念哉』之一語以勉其君。此其忠愛之誠、激切之至、不自知其容貌辭氣之異乎常，欲以足歌之未備也。此帝舜、臯陶之賡歌，爲『勑天命』一語而發，雖不明言，而其意在是矣。」

書傳大全卷之三

夏　書

夏，禹有天下之號也。書凡四篇。《禹貢》作於虞時而繫之《夏書》者，禹之王以是功也。

禹　貢

上之所取，謂之賦；下之所供，謂之貢。是篇有貢、有賦，而獨以「貢」名篇者，《孟子》曰「夏后氏五十而貢」，「貢者，較數歲之中以爲常」，則貢又夏后氏田賦之總名。今文、古文皆有。朱子曰：「《禹貢》一書，所記地理治水曲折多不甚可曉。竊意當時治水事畢，却總作此一書，故自冀州王都始。如今人方量畢，總作一門單耳。禹自言：『予決九川，距四海，濬畎澮距川。』一篇《禹貢》，不過此數語，極好細看。今人說禹治水，始于壺口，鑿龍門，某未敢深信。方河水洶湧，其勢迅激，縱使鑿下龍門，恐這石仍舊壅塞。又，下面水未有分殺，必且潰決四出。蓋禹先決九川之水，使各通于海；又濬畎澮之水，使各通于川；使大水有所入，小水有所歸。禹只是先從低處下手，若下面之水盡殺，則上面之水漸淺，却方可下手。九川盡通，則導河之功已及八分。故某嘗謂禹治水，當始于碣石九河。蓋河患惟兖爲甚，兖州是河曲處，其曲處兩岸無山，皆是平地，所以潰決常必在此。故禹自其決處導之，用功尤難。《孟子》亦云：『禹疏九河，瀹濟、漯而注之海。』蓋皆自下流疏殺其勢耳。若鯀則只是築堙之，所以九載而功弗成也。」「《書》説禹之治水，乃是自下而上了，又自上而下。後人以爲自上而下，此大不然。不先從下泄水，却先從上理會，下水泄未得，上當愈甚，是甚治水如此！」「此書多句爲文，而尤嚴於一字之用，其條理精密而義例可推，固不待旁引曲證而後通，學者當玩索而得之。」○林氏曰：「《書》有六體，錯綜於五十八篇中，可以意會，不可以篇名求。先儒增而爲十，曰貢、征、歌、範，亦不足盡，不可從也。《禹貢》實典之體，可觸類而長矣。貢乃賦税之總稱，田賦包篚，皆在其中。」夏氏曰：「此篇所載非一，獨以『貢』名篇者，治水成功後，條陳九州所有以爲定法，實以『任土作貢』爲主，故以『貢』名。」○王氏炎曰：「九州有賦有貢。凡賦，諸侯以供其國用者也；凡貢，諸侯以獻于天子者也。挈『貢』名篇，有大一統之義存焉。」

禹敷土，隨山刊木，奠高山大川。

敷，分也，分别土地以爲九州也。奠，定也，定高山大川以别州境也，若兖之濟、河，青之海、岱，揚之淮、海，雍之黑水、西河，荆之荆、衡，徐之海、岱、淮，豫之荆、河，梁之華陽、黑水是也。方洪水横流，不辨區域，禹分九州之地，隨山之勢，相其便宜，斬木通道以治之。又定其山之高者與其川之大者，以爲之紀綱。此三者，禹治水之要，故作書者首述之。

○曾氏曰：「禹别九州，非用其私智。天文地理，區域各定，故星土之法，則有九野。而在地者，必有高山大川爲之限隔，風氣爲之不通，民生其間亦各異俗，故禹因高山大川之所限者别爲九州。又定其山之高峻、水之深大者爲其州之鎮，秩其祭而使其國主之也。」曾氏曰：「《祭法》云共工氏霸九州，其來久矣。洪水堙没，禹治水復分别之。舜即位，分爲十二州，分冀東爲并、東北爲幽，分青之東北爲營，至商又但言九圍、九有。《爾雅》九州有幽、營而無青、梁，其商制歟？《周禮・職方氏》有幽、并而無徐、梁、營，則周制也。」○孔氏曰：「奠，定也，奠定其差秩，祀禮所視。」○陳氏經曰：「定高山大川爲表識，乃疆理大規模。」○臨川吴氏曰：「禹先分布九州之土地以别州界，隨山之勢，斬木通道。又定其山之高者、川之大者，以爲各州之紀綱，然後因其界分，相其便宜而施功焉。」○陳氏雅言曰：「水患未平，擇其下流之蔽障者而疏通之；區域未辨，因其山川之高大者而奠定之。皆行其所無事之智也。下文九州所載田賦貢獻之異，皆敷土而後其等始分也。治水經歷之處，皆刊木而後其功可興也。史臣揭此三言於首，而一篇之旨在是矣。」

冀州：

冀州，帝都之地，三面距河。兖河之西，雍河之東，豫河之北，《周禮・職方》「河内曰冀州」是也。八州皆言疆界，而冀不言者，以餘州所至可見。晁氏曰：「亦所以尊京師，示王者無外之意。」朱子曰：「冀都，正是天地中間底好風水。山脉從雲中發來，雲中正高脊處。自脊以西之水，則西流入于龍門西河；自脊以東之水，則東流入于海。前面一條黄河環繞，右畔是華山，自華來至中爲嵩山，是謂前案。遂過去爲泰山，聳于左。淮南諸山爲第二重案，江南諸山爲第三重案。」○唐孔氏曰：「冀，堯都。諸州冀爲先。治水先從冀起，爲諸州之首。記其役功之法。」○成四百家曰：「冀三面距河，河自積石東北流入中國，則折而南流，雍州在其西，故曰『西河』；至華陰，折而東流，豫州在其南，故曰『南河』；至大伾，又折而西北流，兖州在其東，故曰『東河』。以三州考之，則冀州在東河之西，西河之東，南河之北，此冀州境也。冀地最廣，兖最狹。冀今河東、河北皆在焉，居天下四分之一，舜分爲幽、并。幽州，燕、薊、幽、涿、朔、莫等州，是其域也；并州，太原、澤、潞、晉、代、汾、絳等州，是其域也。」○武夷熊氏曰：「冀州北距長城，依山爲塞，即北狄之境，玁狁、匈奴、突厥、契丹皆居其地。有天下者，定都建邑，長安、洛陽之外，此亦一會也。」

既載壺口，

經始治之謂之載。壺口，山名。《漢・地志》在河東郡北、屈縣東南，今隰州吉鄉縣也。○今按：「既載」云者，冀州帝都之地，禹受命治水所始，在所當先。經始壺口等處以殺河勢，故曰「既載」。然禹治水施功之序，則皆自下流始，故次兖、次青、次徐、次揚、次荆、次豫、次梁、次雍。兖最下，故所先；雍最高，故獨後。禹言「予決九川，距四海，濬畎澮距川」，即其用工之本末。先決九川之水以距海，則水之大者有所歸；又濬畎澮以距川，則水之小者有所泄。皆自下流以疏殺其勢。讀《禹貢》之書，求禹功之序，當於此詳之。朱子曰：「既者，已事之辭，篇內凡言『既』者倣此。載者，始有事也。」「予決九川，距四海，濬畎澮距川，聖人做事，便有大綱領：先決九川，距四海了，却逐漸爬疏小水，令至川。學者亦先識箇大形勢，如江、河、淮先合識得。渭水入河，上面漆、沮、涇等又入渭，此是第二重事。」「論形勢先識大綱，如水則中國莫大於河，南方莫大於江，涇、渭則入河者也。先定箇大者，則小者便易攷。」又曰：「天下有三大水，江、河、混同江是也。混同江不知所出，斜迤東南流入海，其下爲遼海。遼東、遼西，指此水而分也。」○林氏曰：「洪水泛濫，其始必相水之大勢，順地之高下，漸次導之。其首尾本末，大概相應，下文所紀導山、導水之序是也。此序九州，但各記一州之事及其山川所在，施功之曲折，非謂先治一州之水既畢，更治一州也。」

治梁及岐。

梁、岐，皆冀州山。梁山，呂梁山也，在今石州離石縣東北。《爾雅》云「梁山晉望」，即冀州呂梁也。呂不韋曰：「龍門未闢，呂梁未鑿，河出孟門之上。」又《春秋》「梁山崩」，《左氏》、《穀梁》皆以爲晉山，則亦指呂梁矣。酈道元謂呂梁之石崇竦，河流激盪，震動天地。此禹既事壺口，乃即治梁也。岐山，在今汾州介休縣狐岐之山。勝水所出，東北流注于汾。酈道元云：「後魏於胡岐置六壁，防離石諸胡，因爲大鎮。」今六壁城在勝水之側，實古河逕之險阨。二山河水所經，治之所以開河道也。先儒以爲雍州梁、岐者，非是。朱子曰：「他所舉山川，皆先地後績者，覩成功而言也；壺口、梁、岐及太原，皆先績後地者，本用功之始而言也，豈治之有難易歟！」○陳氏大猷曰：「《魏志》『梁山北有龍門，禹所鑿』，此最用功處。水患莫甚於河，河莫險於龍門。呂梁鑿闢，疑就狹處鑿而廣之，未必如賈讓所謂隳斷天地之性也。」○呂氏曰：「此禹最用功處，故首及之。《孟子》謂禹『行其所無事』，如鑿龍門、析底柱、闢伊闕，豈無事哉？鑿所當鑿，不憚難而止，乃是行所無事也。若避難就易，而謂行所無事，可乎？」

既修太原，至于岳陽。

修，因鯀之功而修之也。廣平曰「原」，今河東路太原府也。岳，太岳也。《周・職方》：「冀州，其山鎮曰霍山。」《地志》謂霍太山，即太岳，在河東郡彘縣東，今晉州霍邑也。山南曰陽，即今岳陽縣地也，堯之所都，揚子雲《冀州箴》曰「岳陽是都」是也。蓋汾水出於太原，經於太岳，東入于河。此則導汾水也。曾氏曰：「經始治之之謂『載』，因舊治之之謂『修』。《記》曰：『禹能修鯀之功。』」○碧梧馬氏曰：「九州，惟冀州所書曰『治』曰『修』云者，有事之辭也，其餘則皆無事之辭。」○新安陳氏曰：「惟冀州有修、治之辭，餘州皆無之，非餘州皆無事也，以冀例之，見餘州之役自禹創始者皆曰『治』，修鯀之功者皆曰『修』，蒙冀文也。」

覃懷底績，至于衡漳。

覃懷，地名。《地志》「河内郡」有懷縣，今懷州也。曾氏曰：「覃懷，平地也。當在孟津之東，太行之西。涞水出乎其西，淇水出乎其東。方洪水懷山襄陵之時，而平地致功爲難，故曰『底績』。」衡漳，水名。衡，古「横」字。《地志》「漳水」二：一出上黨沾縣大黽谷，今平定軍樂平縣少山也，名爲清漳；一出上黨長子縣鹿谷山，今潞州長子縣發鳩山也，名爲濁漳。酈道元謂之衡水，又謂之横水。東至鄴合清漳，東北至阜城入北河。鄴，今潞州涉縣也。阜城，今定遠軍東光縣也。○又按：桑欽云：二漳異源而下流相合，同歸于海。唐人亦言漳水能獨達于海，請以爲瀆，而不云入河者，蓋禹之導河自洚水、大陸，至碣石入于海，本隨西山下東北去。周定王五年，河徙砱礫，則漸遷而東。漢初漳猶入河，其後河徙日東，而取漳水益遠。至欽時，河自大伾而下，已非故道，而漳自入海矣。故欽與唐人所言者如此。朱子曰：「從覃懷致功而北至衡漳。」○孔氏曰：「漳水横流入河，故曰『衡漳』。」○曾氏曰：「河自大伾北流，漳水東流而注之也。形，東西爲横，南北爲從，河北流而漳東注，則河從而漳横矣。」

厥土惟白壤，

漢孔氏曰：「無塊曰壤。」顔氏曰：「柔土曰壤。」夏氏曰：《周官・大司徒》：「辨十有二壤之物而知其種，以教稼穡、樹藝。以土均之法辨五物九等，制天下之地征。」則夫教民樹藝與因地制貢固不可不先於辨土也。然辨土之宜有二：白以辨其色，壤以辨其性也。蓋草人糞壤之法，騂剛用牛，赤緹用羊，墳壤用麋，渴澤用鹿，糞治田疇，各因色性而辨其所當用也。曾氏曰：「冀州之土豈皆白壤？云然者，土會之法，從其多者論也。」陳氏大猷曰：「白，言色；壤，言質。水患退而後土性復，色質辨，始可興地利、定賦法也。」○《周禮註》釋五物，地之五色。九等，騂剛以下之九等。緹，絳色也。潟澤，故水處也。土會，以土計貢税之法。○臨川吴氏曰：「水害既去，土復其常，故以土色、質辨土之所宜也。」

厥賦惟上上，錯，厥田惟中中。

賦，田所出穀米兵車之類。錯，雜也，賦第一等，而錯出第二等也。田第五等也，賦高於田四等者，地廣而人稠也。林氏曰：「冀州先賦後田者，冀，王畿之地，天子所自治，併與場圃、園田、漆林之類而征之。如《周官・載師》所載，賦非盡出於田也，故以賦屬于厥土之下。餘州皆田之賦也，故先田而後賦。」又按：九州九等之賦，皆每州歲入總數，以九州多寡相較而爲九等，非以是等田而責其出是等賦也。冀獨不言貢篚者，冀，天子封内之地，無所事於貢篚也。朱子曰：「常出者爲正，間出者爲錯，錯在上上之下，則間出第二等也。賦有九等，此乃計九州歲入多寡，相較以爲之等，非科定取民也。取民則皆用什一，賦入既有常數而又有間出他等之時者，歲有豐凶，不能皆如其常，故有錯法以通之，然則雖夏法亦未嘗不通也。而《孟子》以爲不善者，雖間有通融，未若商周之全通於民也。」○孔氏曰：「多者爲正，少者爲雜。」○問：「《禹貢》賦法如何？」潛室陳氏曰：「九等賦法，不是概以此取民，只是將諸州所管之賦，比較其高下如此。」「若是各以一等取民，則一州之廣，其田豈無肥瘠？如何一律輸賦，便有不均之患。」○新安陳氏曰：「場圃等之征，載師掌之；材木蒲葦等，林衡澤虞掌之；金錫禽魚，丱人、牧人、罟人掌之。他以類推，《周官》『九貢致邦國之用』，用於諸侯，王畿則止於九賦斂財，亦此意。」○臨川吴氏曰：「賦之九等，以各州歲入總數，較其多寡而爲高下也，數之最多者爲上上；田之九等，以各州土地所宜，較其肥瘠而爲高下也，地之最腴者爲上上。」

恒、衛既從，大陸既作。

恒、衛，二水名。恒水，《地志》出常山郡上曲陽縣恒山北谷，在今定州曲陽縣西北恒山也，東入滱水。薛氏曰：「東流合滱水，至瀛州高陽縣入易水。」晁氏曰：「今之恒水，西南流至真定府行唐縣，東流入于滋水，又南流入于衡水，非古逕矣。」衡水，《地志》「出常山郡靈壽縣東北」，即今真定府靈壽縣也，東入滹沱河。薛氏曰：「東北合滹沱河，過信安軍入易水。」從，從其道也。大陸，孫炎曰：「鉅鹿北廣阿澤，河所經也。」程氏曰：鉅鹿去古河絶遠，河未嘗逕邢以行鉅鹿之廣阿，非是。按《爾雅》「高平曰陸」，「大陸」云者，四無山阜，曠然平地。蓋禹河自澶、相以北，皆行西山之麓。故班、馬、王横皆謂：「載之高地。」則古河之在貝、冀以及枯洚之南，❶率皆穿西山踵趾以行。及其已過信洚之北，則西山勢斷，曠然四平。蓋以此地謂之大陸，乃與下文「北至大陸」者合。故隋改趙之昭慶以爲大陸縣，唐又割鹿城置陸渾縣，皆疑鉅鹿之大陸不與河應，而亦求之向北之地。杜佑、李吉

❶「貝」，原作「具」，今據《書集傳》改。

甫以爲邢、趙、深三州爲大陸者，得之。「作」者，言可耕治。水患既息，而平地之廣衍者亦可耕治也。恒、衛水小而地遠，大陸地平而近河，故其成功於田賦之後。呂氏曰：「言水土平於田賦之前者，其害大，當先治也；言於田賦後，其害小，徐治之也。」

島夷皮服。

海曲曰「島」。海島之夷，以皮服來貢也。新安陳氏曰：「島，海中山。」○孔氏曰：「居島之夷，還服其皮，明水害除。」○林氏曰：「衣皮夷性，不必水平乃得服。諸夷不責其必貢，欲効誠亦不拒也，如蠙珠、織皮之類耳。」○王氏炎曰：「北地寒，故服用皮；南地暖，故服用卉。此第志其服與中國異，聖人亦因其俗而不革爾。」

夾右碣石，入于河。

碣石，《地志》在北平郡驪城縣西南河口之地，今平州之南也。冀州北方貢賦之來，自北海入河，南向西轉，而碣石在其右轉屈之間，故曰「夾右」也。程子曰：「冀爲帝都，東西南三面距河，他州貢賦皆以達河爲至，故此三方亦不必書。而其北境則漢遼東，西右北平、漁陽、上谷之地，其水如遼、濡、滹、易皆中高不與河通，故必自北海然後能達河也。」又按：酈道元言：「驪城枕海有石如甬道數十里，當山頂有大石如柱形。」韋昭以爲碣石，其山昔在河口海濱，故以誌其入貢河道。歷世既久，爲水所漸淪入于海，已去岸五百餘里矣。《戰國策》以碣石在常山郡九門縣者，恐名偶同，而鄭氏以爲九門無此山也。朱子曰：「碣石山負海當河，入海之衝，自海道夾出碣石之右，然後入河而達帝都也。冀州三面距河，其建都實取轉漕之利，朝會之便。故九州之終皆言達河，以紀其入帝都之道。冀實帝都，亦曰入河者，爲北境絶遠者言之，以明海道亦可至也。夫河水之行，不得其所，故泛濫浸及他處。觀禹用功，初只在冀州及兖、青、徐、雍，却不甚來東南。積石龍門，所謂『作十三載乃同』者，正在此處。龍門，至今横石斷流，水自上而下，其勢極可畏。向未經鑿治時，龍門正道不甚泄，故一派西衮入關陝，一派東衮往河東，故此爲患最甚。禹自積石至龍門，着工夫最多，又其上散從西域去，往往亦不甚爲患。行河東者多流黄泥地中，故只管推洗，泥汁只管凝滯淤塞，故道漸狹。值上流下來纔急，故道不泄，便致横湍他處。先朝亦多造鐵爲治河器，竟亦何濟！」○蘇氏曰：「夾，挾也。自海入河，逆流而西，右顧碣石，如在挾掖也。」

濟、河惟兖州：

兖州之域，東南據濟，西北距河。濟、河見「導水」。蘇氏曰：「河、濟之間，相去不遠。兖州之境，東南跨濟，非止於濟也。」愚謂河昔北流兖州之境，北盡碣石河右之地。後碣石之地淪入於海，河益徙而南，濟、河之間始相去不遠。蘇氏之説，未必然也。○林氏曰：「濟，古文作『泲』，《説文》註云：『此兖州之濟也。』其從水從齊者，《説文》註云：『出常山房子縣贊皇山。』則此二字音同義異，當以古文爲正。林氏曰：「自兖而下八州，皆以高山大川定逐州之疆界，序所謂『别九州』，篇首所謂『奠高山大川』也。鄭漁仲謂《禹貢》以地名州，爲萬代地理家成憲。」○王氏炎曰：「周定王五年河徙，已非禹之故道。漢元光三年河徙東郡，更注渤海。繼決瓠子，又決魏之館陶，遂分爲屯氏河。大河在西，屯河在東，二河相並而行。元帝永光中，又決清河靈鳴犢口，則河分流，入于博州，屯河始壅塞不通。後又決於平原，則東入齊、入青以達于海，而下流遂與漯爲一。王莽時，河遂行漯川，夫河不行於大伾之北，而道於相魏之南，則山澤在河之瀕者，支川與河相貫者，悉皆易位，而與《禹貢》不合矣。讀《禹貢》者，不可不知也。」○武夷熊氏曰：「兗州當河之下流，西距河，東距濟，北濱海，南接徐、豫之境。其地平廣演迤無高山，即今兗、濟、德、棣、魏博、滄、景等州之地。」○唐孔氏曰：「據，謂跨之。距，至也。兗州之境，跨濟而過之。」

九河既道，

九河，《爾雅》一曰徒駭，二曰太史，三曰馬頰，四曰覆鬴，五曰胡蘇，六曰簡潔，七曰鉤盤，八曰鬲津。其一則河之經流也。先儒不知河之經流，遂分簡潔爲二。「既道」者，既順其道也。○按：徒駭河，《地志》云滹沱河，《寰宇記》云在滄州清池南，許商云在平城。❶馬頰河，《元和志》在德州安德平原南東，《寰宇記》云在棣州滴河北，《輿地記》云即篤馬河也。覆鬴河，《通典》云在德州安德。胡蘇河，《寰宇記》云在滄之饒安、無棣、臨津三縣，許商云在東光。簡潔河，《輿地記》云在臨津。鉤盤河，《寰宇記》云在樂陵東南，從德州

❶ 「平城」，當是「成平」之訛。

平昌來，《輿地記》云在樂陵。鬲津河，《寰宇記》云在樂陵東，西北流入饒安，許商云在鬲縣，《輿地記》云在無棣。太史河，不知所在。自漢以來，講求九河者甚詳。漢世近古，止得其三。唐人集累世積傳之語遂得其六，歐陽忞《輿地記》又得其一，或新河而載以舊名，或一地而互爲兩說，要之，皆似是而非，無所依據。至其顯然謬誤者，則班固以滹沱爲徒駭，而不知滹沱不與古河相涉；欒史馬頰乃以漢篤馬河當之；鄭氏求之不得，又以爲九河，齊桓塞其八流以自廣。夫曲防，齊之所禁，塞河宜非桓公之所爲也。河水可塞，而河道果能盡平乎？皆無稽考之言也。惟程氏以爲九河之地已淪於海，引碣石爲九河之證，以謂今滄州之地，北與平州接境，相去五百餘里，禹之九河當在其地，後爲海水淪没，故其迹不存。方九河未没於海之時，從今海岸東北更五百里平地，河播爲九，在此五百里中。又上文言「夾右碣石」，則九河入海之處，有碣石在其西北岸。九河水道變遷難於推考，而碣石通趾頂皆石不應仆没。今兖、冀之地既無此石，而平州正南有山而名「碣石」者尚在海中，去岸五百餘里，卓立可見。則是古河自今以爲海處向北斜行，始分爲九，其河道已淪入於海明矣。漢王横言：「昔天常連雨，東北風，海水溢西南出浸數百里，九河之地已爲海水所漸。」酈道元亦謂：「九河碣石苞淪於海。」後世儒者知求九河於平地，而不知求碣石有無以爲之證，故前後異說，竟無歸宿。蓋非九河之地，而强鑿求之，宜其支離而不能得也。問：「齊桓塞九河以富國，事果然否？」朱子曰：「當時葵丘之會申五禁，且曰『無曲防』，是時令人不得私自防遏水流，他終不成自去塞了最利害處！便是這般説話亦難憑。」○孔氏曰：「河分爲九道，在此州界，平原以北是。」○吕氏曰：「禹不惜數百里地，疏爲九河，以分其勢，善治水者不與水争地也。」○新安陳氏曰：「禹疏九河，不過因河之勢自分，而疏通之耳，非自分之也。」

雷夏既澤，

「澤」者，水之鍾也。雷夏，《地志》在濟陰郡城陽縣西北，今濮州雷澤縣西北也。《山海經》云：澤中有雷神，龍身而人頰，鼓其腹則雷。然則本夏澤也，因其神名之曰「雷夏」也。洪水横流而入于澤，澤不能受則亦泛濫奔潰，故水治而後雷夏爲澤。唐孔氏曰：「洪水時，高原亦水，澤不爲澤。今高地水盡，此乃爲澤也。」○孫氏曰：「『既澤』，向未爲澤，今始爲澤。『既豬』，向已爲澤，今復舊也。」

灉、沮會同。

灉、沮，二水名。灉水，曾氏曰：《爾雅》：「水自河出爲灉。」許慎云：「河灉水在宋。」又曰：「汳水，受陳留浚儀陰溝，至蒙爲灉水，東入于泗。」《水經》：「汳水出陰溝，東至蒙爲狙獾。」則灉水即汳水也。灉之下流，入于睢水、沮水。《地志》「睢水出沛國芒縣」，睢水其沮水歟？晁氏曰：《爾雅》云：「自河出爲灉，濟出爲濋。」求之於韻，沮有楚音，二水河、濟之別也。二説未詳孰是。「會」者，水之合也；「同」者，合而一也。王氏炎曰：「沮出濮陽，灉出曹州。」○周氏希聖曰：「『會同』、『朝宗』，皆諸侯見天子之禮，而以爲喻。」○王氏炎曰：「二水勢均，故曰『會同』。」○陳氏經曰：「兗略不及山，知多平地，河患爲甚也。」

桑土既蠶，是降丘宅土。

桑土，宜桑之土。「既蠶」者，可以蠶桑也。蠶性惡濕，故水退而後可蠶。然九州皆賴其利，而獨於兗言之者，兗地宜桑，後世之「濮上桑間」猶可驗也。地高曰「丘」，兗地多在卑下，水害尤甚，民皆依丘陵以居，至是始得下居平地也。林氏曰：「九州皆賴蠶桑，而兗貢絲織尤宜，於此故特言之。」○王氏炎曰：「今德、博、河間，産絲最多。《漢志》稱齊人『織作冰紈綉綺』，❶號爲冠帶衣履天下』，其地宜桑可知。識之者，農桑衣食之本故也。」

厥土黑墳，厥草惟繇，厥木惟條。

墳，土脉墳起也，如《左氏》所謂「祭之地，地墳」是也。繇，茂。條，長也。○林氏曰：「九州之勢，西北多山，東南多水。多山，則草木爲宜，不待書也。兗、徐、揚三州最居東南下流，其地卑濕沮洳，洪水爲患，草木不得其生。至是或繇、或條、或夭、或喬，而或漸苞，故

❶「綉綺」，《漢書·地理志》作「綺繡」。

於三州特言之，以見水土平，草木亦得遂其性也。」陳氏大猷曰：「兖、徐、揚居河、濟、江、淮下流，水未平，則爲下濕，於草木非宜；水既平，則爲沃衍，於草木尤宜，故以三州言草木。」

厥田惟中下，厥賦貞，作十有三載，乃同。

田第六等，賦第九等。貞，正也。兖賦最薄，言君天下者以薄賦爲正也。「作十有三載，乃同」者，兖當河下流之衝，水激而湍悍，地平而土疏，被害尤劇。今水患雖平，而卑濕沮洳未必盡去，土曠人稀，生理鮮少，必作治十有三載，然後賦法同於他州。此爲田賦而言，故其文屬於「厥賦」之下。先儒以爲禹治水所歷之年，且謂此州治水最在後畢，州爲第九成功。因以上文「厥賦貞」者，謂賦亦第九，與州正爲相當。殊無意義，其説非是。朱子曰：「兖州水患最深，作治十三年，乃有賦法與他州同。按禹治水八年，此言十三載者，通始治水八年言之，則此州水平，其後他州五年歟！」〇「洪水之患，意者只是如今河決之類，故禹用功處多在河，所以於兖州下記『作十有三載乃同』，此言專爲治河也。兖州是河患甚處，正今之澶、衛州也。若其他江水，兩岸多是山石，想亦無泛濫之患，禹自不須大段去理會。」〇王氏炎曰：「水患未盡去，則賦難定其等，故十三載始校所收而定其賦之下下。州界既狹，又有浸灌之患，賦所以最少。」〇陳氏大猷曰：「賦輕重最其當耳。什一天下中正，兖賦必第九，則無可疑者。」〇陳氏雅言曰：「洪水之害，兖州尤甚，故田雖在第六，而其賦比於八州爲最下也。賦雖在第九，而尤必至十有三載然後同於他州也。蓋地利之美有未闢，故田稍高，而賦爲至下也；人工之修有未齊，故賦既薄，而其入尤後也。此可見非聖人責取於民也。」

厥貢漆絲，厥篚織文。

「貢」者，下獻其土所有於上也。兖地宜漆、宜桑，故貢漆、絲也。篚，竹器，筐屬也。古者幣帛之屬，則盛之以筐篚而貢焉，經曰「篚厥玄黄」是也。「織文」者，織而有文，錦綺之屬也。以非一色，故以「織文」總之。林氏曰：「有貢又有篚者，所貢之物入於篚也。」朱子曰：「『貢』者，諸侯貢天子，故畿外八州皆有貢。織文，綾羅之屬。」○林氏曰：「八州之貢，兖、雍最寡，荆、揚最多。」○吕氏曰：「八州之貢，皆衣服器用之物，所謂『惟正之供』也。」

浮于濟、漯，達于河。

舟行水曰「浮」。「漯」者，河之枝流也。兖之貢賦，浮濟、浮漯以達於河也。帝都冀州三面距河，達河則達帝都矣。又按：《地志》曰：「漯水出東郡東武陽，至千乘入海。」程氏以爲此乃漢河，與漯殊異，然亦不能明言漯河所在，未詳其地也。陳氏經曰：「因水入水曰『達』。」

海、岱惟青州：

青州之域，東北至海，西南距岱。岱，泰山也，在今襲慶府奉符縣西北三十里。唐孔氏曰：「青州，東北跨海，至遼東皆是。舜爲十二州，分青州爲營州，營州即遼東是也。漢公孫度據遼東，自號青州刺史，越海收東萊諸郡。堯時青州，當越海而有諸郡也。」○武夷熊氏曰：「遼東、朝鮮等處，皆青州之境。亦以其地曠隔，故分爲營州，今岡南之平鑾等州是也。青齊，乃東方形勝要害之地，世號爲東西秦。秦得百二，齊亦得十二，蓋可見矣。古者建侯樹國，最爲重鎮。大抵齊之地最爲富强近利，故孔子謂齊變而後至魯也。」

嵎夷既略，

嵎夷，薛氏曰：「今登州之地。」略，經略，爲之封畛也。即《堯典》之「嵎夷」。

濰、淄其道。

濰、淄，二水名。濰水，《地志》云出琅琊郡箕縣，今密州莒縣東北濰山也。北至都昌入海，今濰州昌邑也。淄水，《地志》云出泰山郡萊蕪縣原山，今淄州淄川縣東南七十里原山也。東至博昌縣入濟，今青州壽光縣也。其道者，水循其道也。上文言「既道」者，禹爲之道也；此言「其道」者，泛濫既去，水得其故道也。林氏曰：河、濟下流，兖受之；淮下流，徐受之；江、漢下流，揚受之。青雖近海，然不當衆流之衝，但濰、淄二水順其故道，則其功畢矣。比之他州，用力最省者也。

厥土白墳，海濱廣斥。

濱，涯也。海涯之地，廣漠而斥鹵。許慎曰：「東方謂之斥，西方謂之鹵。」斥鹵鹹地，可煑爲鹽者也。孔氏曰：「言復其斥鹵。」○林氏曰：「此州土有二種。平地之土，色白而性墳；海濱之土，彌望皆斥鹵。」

厥田惟上下，厥賦中上。

田第三，賦第四也。

厥貢鹽絺，海物惟錯。岱畎絲、枲、鉛、松、怪石。萊夷作牧。厥篚檿絲。

鹽，斥地所出。絺，細葛也。錯，雜也。海物非一種，故曰「錯」。林氏曰：「既總謂之海物，則固非一物矣。此與揚州『齒、革、羽、毛惟木』文勢正同。錯，蓋別爲一物，如『錫貢磬錯』之『錯』。」理或然也。畎，谷也。岱，山之谷也。枲，麻也。怪石，怪異之石也。林氏曰：「怪石之貢，誠爲可疑。意其必須以爲器用之飾而有不可闕者，非特貢其怪異之石以爲玩好也。」萊夷，顏師古曰「萊山之夷」，齊有萊侯、萊人，即今萊州之地。作牧者，言可牧放，夷人以畜牧爲生也。檿，山桑也。山桑之絲，其韌中琴瑟之絃。蘇氏曰：「惟東萊爲有此絲，以之爲繒，其堅韌異常，萊人謂之山璽。」朱子曰：「萊夷及揚之島夷，間於貢篚之間，竊意時貢土物，以見來王之意歟！」○蔡氏元度曰：「貢物不以精麤爲敘，而以多寡爲敘。青州鹽居多，故敘於先。他倣此。」○林氏曰：「凡貢不言所出之地者，以一州所出皆可貢也；言所出之地者，以此地所出爲良也。」○《爾雅》：檿絲出東萊。○孫氏曰：「檿絲出於萊夷，玄縞出於淮夷，織貝出於島夷，故青、揚、徐敘『厥篚』於三夷之下。」

浮于汶，達于濟。

汶水，出泰山郡萊蕪縣原山，今襲慶府萊蕪縣也。西南入濟，在今鄆州中都縣也。蓋淄水出萊蕪原山之陰，東北而入海；汶水出萊蕪原山之陽，西南而入濟。不言「達河」者，因於兖也。

海、岱及淮惟徐州：

徐州之域東至海，南至淮，北至岱，而西不言濟者，岱之陽，濟東爲徐；岱之北，濟東爲青。言濟不足以辨，故略之也。《爾雅》「濟東曰徐州」者，商無青，并青於徐也。《周禮》「正東曰青州」者，周無徐，并徐於青也。林氏曰：一州之境必有四至。七州皆止二至，蓋以鄰州互見。至此州獨載其三邊者，止言海、岱則嫌於青，止言淮、海則嫌於揚，故必曰「海、岱及淮」，而後徐州之疆境始別也。武夷熊氏曰：「徐州，沂、泗諸水在其前，冀東與兖、豫之地皆可接引而在懷抱拱揖之内，亦東方一形勝也。徐即魯境，地連淮海東夷，其俗有二：曲阜沂、泗則禮義文雅之邦，而彭城則其俗又雄傑鷙悍自負。劉、項起於豐、沛，朱全忠以碭山人，淮夷、徐戎皆在其地。牧守之任，亦不可不重慎也。」

淮、沂其乂，

淮、沂，二水名。淮，見「導水」。曾氏曰：「淮之源出于豫之境，至揚、徐之間始大，其泛濫爲患尤在於徐，故淮之治於徐言之也。」沂水，《地志》云出泰山郡蓋縣艾山，今沂州沂水縣也。南至于下邳，西南而入于泗。曾氏曰：徐州水以沂名者非一。酈道元謂水出尼丘山西北，徑魯之雩門，亦謂之沂水；水出太山武陽之冠石山，❶亦謂之沂水。而沂水之大，則出於泰山也。又按：徐之水，有泗、有汶、有汴、有漷，而獨以淮、沂言者，《周・職方氏》：「青州，其川淮、泗，其浸沂、沭。」周無徐州，兼之於青，周之青即禹之徐。則徐之川莫大於淮，淮乂，則自泗而下，凡爲川者可知矣。徐之浸莫大於沂，沂乂，則自沭而下，凡爲浸者可知矣。

蒙、羽其藝，

蒙、羽，二山名。蒙山，《地志》在泰山郡蒙陰縣西南，今沂州費縣也。羽山，《地志》在東海郡祝其縣南，今海州朐山縣也。「藝」者，言可種藝也。林氏曰：「蒙山，即語東蒙，《詩》『奄有龜蒙』。羽山，即鯀殛處。」〇王氏炎曰：「先淮後沂，先大而後小也；先蒙後羽，先高而後下也。淮、沂乂而後蒙、羽可藝，事之相因也。」

大野既豬，

❶「太山」之「山」，原作「公」，今據《書集傳》改。

大野，澤名。《地志》在山陽郡鉅野縣北，今濟州鉅野縣也。鉅，即大也。水蓄而復流者謂之豬。按《水經》，濟水至乘氏縣分爲二，南爲菏，北爲濟。酈道元謂：「一水東南流，一水東北流，入鉅野澤。」則大野爲濟之所絶，其所聚也大矣。何承天曰：鉅野廣大，南導洙、泗，北連清、濟。徐之有濟，於是乎見。又鄆州中都西南，亦有大野陂，或皆大野之地也。曾氏曰：「《職方》『河東曰兖州』，『其澤藪曰大野』。大野，濟水之所絶，則禹之時蓋在徐之西、兖之東也。周無徐，故專屬兖。」

東原底平。

東原，漢之東平國，今之鄆州也。晁氏曰：東平自古多水患，數徙其城，咸平中又徙城於東南，則其下濕可知。底平者，水患已去而底於平也。後人以其地之平，故謂之東平。〇又按：東原在徐之西北，而謂之東者，以在濟東故也。東平國，在景帝亦謂濟東國云。益知大野、東原，所以志濟也。王氏炎曰：「大野豬而後東原平，亦事之相因也。」〇曾氏曰：「淮、沂，水之流者；大野，水之止者。蒙、羽，地之高者；東原，地之平者。無不治也。」

厥土赤埴墳，草木漸包。

土黏曰「埴」。埴，膩也，黏泥如脂之膩也。周有搏埴之工，老氏言「埏埴以爲器」，惟土性黏膩細密，故可搏、可埏也。漸，進長也，如《易》所謂「木漸」，言其日進於茂而不已也。

包，叢生也，如《詩》之所謂「如竹包矣」，言其叢生而積也。

厥田惟上中，厥賦中中。

田第二等，賦第五等也。

厥貢惟土五色，羽畎夏翟，嶧陽孤桐，泗濱浮磬，淮夷蠙珠暨魚。厥篚玄纖縞。

徐州之土雖赤，而五色之土亦間有之，故制以爲貢。《周書·作雒》曰：「諸侯受命于周，乃建大社于國中。其壝東青土，南赤土，西白土，北驪土，中央亹以黃土。將建諸侯，鑿取其方面之土，苞以黃土，苴以白茅，以爲土封，故曰『受削土于周室』。」此貢土五色，意亦爲是用也。羽畎，羽山之谷也。夏翟，雉具五色，其羽中旌旄者也。《染人》之職「秋染夏」，鄭氏曰：「染夏者，染五色也。」林氏曰：「古之車服器用，以雉爲飾者多，不但旌旄也。」曾氏曰：「山雉具五色，出于羽山之畎，則其名山以羽者以此歟？」嶧，山名。《地志》云：「東海郡下邳縣西有葛嶧山。」古文以爲嶧山。下邳，今淮陽軍下邳縣也。陽者，山南也。孤桐，特生之桐，其材中琴瑟。《詩》曰：「梧桐生矣，于彼朝陽。」蓋草木之生以向日爲貴也。泗，水名，出魯國卞縣桃墟西北陪尾山，源有泉四，四泉俱導，因以爲名。西南過彭城，又東南過下邳入淮。卞縣，今襲慶府泗水縣也。濱，水旁也。浮磬，石露水濱，若浮於水然。或曰非也，泗濱非必水中，泗水之旁近浮者，石浮生土中，不根著者也。今下邳有石磬山，或以爲古取磬之地。曾氏曰：「不謂之石者，成磬而後貢也。」淮夷，淮之夷也。蠙，蚌之别名也。暨，及也。珠爲服飾，魚用祭祀。今濠、泗、楚皆貢淮白魚，亦古之遺制歟？夏翟之出于羽畎，孤桐之生於嶧陽，浮磬之出於泗濱，珠魚之出於淮夷。各有所産之地，非他處所有，故詳其地而使貢也。玄，赤黑色幣也。《武成》曰：「篚厥玄黄。」纖、縞，皆繒也。《禮》曰：「及期而大祥，❶素縞麻衣。中月而禫，禫而纖。」《記》曰：「有虞氏縞衣而養老。」則知纖、縞皆繒之名也。曾氏曰：「玄，赤而有黑色。以之爲衮，所以祭也；以之爲端，所以齊也；以之爲冠，以爲首服也。黑經白緯曰纖。纖也，縞也，皆去凶即吉之所服也。」林氏曰：「桐以向日孤生者爲良，猶言孤竹之管。陸農師曰：桐性便濕地，不生於岡。《詩傳》曰：梧桐不生高岡，太平而後生朝陽。以此觀之，生山陽難得，而生孤者尤難得也。」○孔氏曰：「水中見石，可以爲磬。」○陳氏大猷曰：「石輕浮可爲磬者，成而貢之，磬聲清越，取輕浮者良，今海濱亦有浮石。」○新安胡氏曰：「玄纖縞，三色繒也。端取其正，謂士服，衣袂二尺二寸，屬幅廣袤等也。」○陳氏雅言曰：「七州之貢各執其物，而不詳其地者，一州之所出皆可爲貴也。獨徐之貢夏翟而必曰『羽畎』，孤桐而必曰『嶧陽』，浮磬而必曰『泗濱』，珠魚而必曰『淮夷』，指其物而詳其地者，蓋惟此地之

❶「及」，《禮記・間傳》作「又」。

所産爲善，非徐州之産皆可充此貢也。蓋天下之地各有所宜，而天下之産各有所善。八州之貢皆是下獻其土所有於上，而非上之所責取，作書者每州謹而識之，以明彼之所有者此之所無，宜也。而於此謹之尤至，以見地利之美、材物之良，此之所善、彼之所否，即孔子『先簿正祭器，不以四方之食供簿正』之意也。」

浮于淮、泗，達于河。

許慎曰：「汳水，受陳留浚儀陰溝，至蒙爲灉水，東入于泗。」則淮、泗之可以達于河者，以灉至于泗也。許慎又曰：「泗，受泲水東入淮。」蓋泗水至大野而合泲，然則泗之上源自泲亦可以通河也。

淮、海惟揚州：

揚州之域，北至淮，東南至于海。問：「薛常州作《地志》，不載揚、豫二州。」朱子曰：「此二州是其所經歷古今不同，難下手，故不作。諸葛誠之要補之，以其只見册子上底故也。」「地理最難理會，全合《禹貢》不著了。」○武夷熊氏曰：「揚州在地東南隅，以地勢言也。山必起於西北，澤必匯於東南，經言『淮、海惟揚州』，北距淮，東至南海。閩、粤雖上古未通，亦當在要荒之服，禹會諸侯於塗山、會稽又禹迹之所至矣。西抵荆州之境，淮之西，當在桐柏、荆州之界；江之西，當在衡漳之界，其地乃淮東西、江東西及兩浙之地。建都於江南者，金陵、豫章亦都會。然畫江、淮以自保，僅可以偏霸，欲以規恢中原，奄有四海，則自古以來未之有也。」

彭蠡既豬，

彭蠡，《地志》在豫章郡彭澤縣東，❶合江西、江東諸水，跨豫章、饒州、南康軍三州之地，所謂鄱陽湖者是也。詳見「導水」。

陽鳥攸居。

陽鳥，隨陽之鳥，謂鴈也。今惟彭蠡洲渚之間，千百爲群。記陽鳥所居，猶《夏小正》記「鴈北鄉」也。言澤水既豬，洲渚既平，而禽鳥亦得其居止而遂其性也。陳氏經曰：「日，陽也。此鳥南北與日進退，故曰『陽鳥』。」○唐孔氏曰：「日行夏至漸南，冬至漸北。鴻鴈九月而南，正月而北，左思《蜀都》所謂『木落南翔，冰泮北徂』是也。」

三江既入，

庾仲初《吴都賦註》：❷「松江下七十里分流，東北入海者爲婁江，東南流者爲東江，併松江爲三江。」其地今亦名三江口。《吴越春秋》所謂范蠡乘舟「出三江之口」者是也。○又按：蘇氏謂岷山之江爲中江，嶓冢之江爲北江，豫章之江爲南江，即「導水」所謂「東爲北江」、「東爲中江」者。既有中北二江，❸則豫章之江爲南江可知。今按：此爲三江，若可

❶ 「東」，《後漢書・地理志》作「西」。
❷ 「庾」，原作「唐」，今據四庫本及《書集傳》改。「吴都」，亦當作「揚都」。
❸ 「中」，原作「東」，今據建邑余氏本、四庫本及《書集傳》改。

依據，然江、漢會於漢陽，合流數百里至湖口而後與豫章江會，又合流千餘里而後入海，不復可指爲三矣。蘇氏知其説不通，遂有味别之説。禹之治水，本爲民去害，豈如陸羽輩辨味烹茶爲口腹計耶？亦可見其説之窮矣。以其説易以惑人，故并及之。或曰，江、漢之水，揚州巨浸，何以不書？曰《禹貢》書法，費疏鑿者雖小必記，無施勞者雖大亦略。江、漢荆州而下，安於故道，無俟濬治，故在不書。況朝宗于海，荆州固備言之，是亦可以互見矣。此正《禹貢》之書法也。朱子曰：「『三江』之説多不同。」董銖問：「東坡之説如何？」曰：「東坡不曾親見東南水勢，只是意想硬説。且漢、江之水到漢陽軍已合爲一，不應至揚州復言『三江』。薛士龍説震澤下有三江入海，疑他曾見東南水勢，説得恐是。」○「《書》中極有難考處，只如《禹貢》説三江及荆揚間地理，是吾輩親目見者，皆有疑；至北方即無疑，此無他，是不曾見耳。」○新安陳氏曰：「三江不勝異説：顔師古以爲中江、南江、北江；郭景純以爲岷江、浙江、松江；韋昭以爲松江、浙江、浦陽江；王介甫以爲一江自義興，一江自毗陵，一江自吴縣。皆據所見而言，非禹舊迹也，皆不必取。既入，入海也。」○陳氏大猷曰：「古有九河，後合爲一；古有滎澤，後堙爲地。安知彭蠡之下，禹平水時有三江，而後或合爲一乎？酈道元謂『東南地卑，萬水所湊』，❶『觸地成川』，『故川舊瀆，難以爲憑』，❷禹迹之不可

❶「水」，《水經注》作「流」。

❷「爲憑」，《水經注》作「取悉」。

考者多矣。凡捨經文而指後世流派之分合、水道之通塞、地名之同異以爲説者，以論後世之地理則可，以論禹迹之舊則難也。」

震澤底定。

震澤，太湖也。《周·職方》：「揚州，藪曰具區。」《地志》在吴縣西南五十里，今蘇州吴縣也。曾氏曰：震，如「三川震」之「震」，若今湖翻是也。具區之水多震而難定，故謂之「震澤」。「底定」者，言底於定而不震蕩也。新安陳氏曰：「韋昭註《國語》：太湖，即五湖。《書》謂之『震澤』；《爾雅》謂之『具區』；《職方》曰：揚州藪曰『具區』，浸曰『五湖』，又不同。」

篠簜既敷，厥草惟夭，厥木惟喬，厥土惟塗泥。

篠，箭竹。簜，大竹。郭璞曰：「竹闊節曰簜。」敷，布也。水去，竹已布生也。少長曰夭。喬，高也。塗泥，水泉濕也。下地多水，其土淖。王氏炎曰：「少長曰『夭』，猶言『桃之夭夭』；上竦曰『喬』，猶言『南有喬木』。南方地暖，故草木皆少長，而木多上竦；河朔地寒，雖合抱之木不能高也。兖、徐言草木皆居厥土之下，凡土無高下燥濕，其性皆然，兼山林言之也。若揚之塗泥，惟言沮洳之多，山林不與，故先草木也。青不言草木，而貢有松檿絲，則可知矣。揚言之而荆亦不言，然貢有杶榦等，亦可知矣。蓋兖、青相同，荆、揚爲一，惟徐漸包爲異耳。」

厥田惟下下，厥賦下上，上錯。

田第九等，賦第七等，雜出第六等也。言「下上，上錯」者，以本設賦九等，分爲三品，下上與中下異品，故變文言「下上，上錯」也。王氏炎曰：「土塗泥，故其田下下。大抵南方水淺土薄，不如北方地力之厚也。」○林氏曰：「田最下而賦第七或第六者，人工修也。」

厥貢惟金三品，瑶、琨、篠、簜、齒、革、羽、毛惟木。島夷卉服。厥篚織貝，厥包橘柚，錫貢。

三品，金、銀、銅也。瑶、琨，玉石名。《詩》曰：「何以舟之，惟玉及瑶。」琨，《説文》云：石之美似玉者。取之可以爲禮器。篠之材，中於矢之笴。簜之材，中於樂之管，簜亦可爲符節，《周官》掌節有英簜。象有齒，犀兕有革，鳥有羽，獸有毛。木，楩、梓、豫章之屬。齒、革可以成車甲，羽、毛可以爲旌旄，木可以備棟宇器械之用也。島夷，東南海島之夷。卉，草也，葛越、木綿之屬。織貝，錦名，織爲貝文，《詩》曰「貝錦」是也。今南夷木綿之精好者，亦謂之吉貝。海島之夷以卉服來貢，而織貝之精者則入篚焉。包，裹也。小曰「橘」，大曰「柚」。「錫」者，必待錫命而後貢，非歲貢之常也。張氏曰：「必錫命乃貢者，供祭祀，燕賓客，則詔之。口腹之欲，則難於出令去。」臨川吴氏曰：「染其絲五色，織之成文者曰『織貝』；不染五色，而織之成文者曰『織文』。」○蘇氏曰：「橘柚苟常貢，則勞害如漢、唐荔枝矣。」○唐孔氏曰：「橘、柚與荆之大龜、豫之磬錯，皆非當貢，故言於『厥篚』之下。」

沿于江、海，達于淮、泗。

順流而下曰「沿」，沿江入海，自海而入淮、泗。不言「達于河」者，因於徐也。禹時江、淮未通，故沿於海。至吴始開邗溝，隋人廣之，而江、淮舟船始通也。《孟子》言「排淮、泗而注之江」，記者之誤也。朱子曰：「《孟子》言『瀹濟、漯而注諸海，決汝、漢，排淮、泗而注之江』。據今水路及《禹貢》所載，惟漢入江，汝、泗自入淮，而淮自入海，分明是誤。蓋一時牽於文勢，而不暇考其實爾。今人强爲之解釋，終是可笑！」○陳氏大猷曰：「循行水涯曰『沿』，水之險者莫如江海，遇風濤多沿岸而行，所以獨言『沿』不言『浮』，以著其險也。」○王氏炎曰：「兖言『浮于濟、漯，達于河』，故青言『浮于汶，達于濟』；徐言『浮于淮、泗，達于河』，故揚言『沿于江、海，達于淮、泗』。皆因上文以互見也。」○臨川吴氏曰：「林少潁云：禹時江、淮未通，故揚州入貢必由江以入海，然後達于淮、泗。至吴夫差掘溝通水，與晉會黄池，然後江、淮始通。《孟子》謂禹『排淮、泗，而注之江』，蓋誤指所通之水以爲禹跡。某謂江北淮南，地高於水，雖曰『溝通江淮』，止是江淮之間掘一横溝，兩端築堤，壅水在溝中。若欲行舟，須自江中拽舟上溝，行溝既盡，又拽舟下淮，江、淮二水，實未嘗通流也。」

荆及衡陽，惟荆州：

荆州之域，北距南條荆山，南盡衡山之陽。荆、衡，各見「導山」。唐孔氏曰：荆州以衡山之陽爲至者，蓋南方惟衡山爲大。以衡陽言之，見其地不止此山，而猶包其南也。朱子曰：「禹治水時，想亦不曾遍歷天下。如荆州乃三苗之國，不成一一皆到。往往是使官屬去彼，相視其山川，具圖説以歸，作此一書耳。故今《禹貢》所載南方山川，多與今地面上所有不同。」○曾氏曰：「有兩荆山，此荆州之荆山，非雍州『荆、岐既旅』之荆山。此荆山其南爲荆州，其北爲豫州。《漢志》此荆山在南郡，今襄陽府臨沮縣。衡山在長沙，今潭州湘南縣。北距荆山，南及衡陽爲荆州，即今湖南、湖北之地也。今江西亦半屬荆州。」○武夷熊氏曰：「荆州之地亦廣，北接雍、豫之境，南逾五嶺，即越之南徼也。越雖上古未通，已當在要、荒之服。東抵揚州之境，西抵梁州及西南夷等處，皆楚地也。揚州之境，自兩浙爲吴越之外，江淮皆楚境。或謂建都於江南者，當以南陽爲正，其北接連中原，東通吴，西接巴蜀，南控蠻粤。故諸葛亮以爲用武之國，英雄之所必争。凡自北而攻南，自南而窺北，未有不先得此而後可以有爲也。此又有國者之所當知也。」

江、漢朝宗于海，

江、漢，見「導水」。春見曰「朝」，夏見曰「宗」。朝宗，諸侯見天子之名也。江漢合流于荆，去海尚遠，然水道已安，而無有壅塞横决之患。雖未至海，而其勢已奔趨於海，猶諸侯之朝宗于王也。朱子曰：「江漢發源梁州，及入海則在揚州，至荆州合流迅疾以趨海，有似於『朝宗』。」○王氏炎曰：「漢水入江處在漢陽軍大别山下，正屬荆州之域。」

九江孔殷，

九江，即今之洞庭也。《水經》言九江在長沙下雋西北。《楚地記》曰：巴陵瀟湘之淵，在九江之間。今岳州巴陵縣，即楚之巴陵，漢之下雋也。洞庭正在其西北，則洞庭之爲九江審矣。今沅水、漸水、元水、辰水、敘水、酉水、澧水、資水、湘水皆合於洞庭，意以是名九江也。孔，甚。殷，正也。九江水道甚得其正也。○按《漢志》，九江在廬江郡之尋陽縣。《尋陽記》九江之名：一曰烏江，二曰蚌江，三曰烏白江，四曰嘉靡江，五曰畎江，六曰源江，七曰廩江，八曰提江，九曰箘江。今詳漢九江郡之尋陽，乃《禹貢》揚州之境。而唐孔氏又以爲九江之名起於近代，未足爲據。且九江派別取之耶？亦必首尾短長大略均布，然後可目之爲九。然其一水之間當有一洲，九江之間沙水相間，乃爲十有七道。而今尋陽之地，將無所容，況沙洲出没其勢不常，果可以爲地理之定名乎？設使派別爲九，則當曰「九江既道」，不應曰「孔殷」。於「導江」當曰「播九江」，不應曰「過九江」。反復參攷，則九江非尋陽明甚。本朝胡氏以洞庭爲九江者得之。曾氏亦謂「導江」曰「過九江，至于東陵」。東陵，今之巴陵，今巴陵之上即洞庭也。因九水所合，遂名九江。故下文「導水」曰「過九江」。經之例，大水合小水謂之過，則洞庭之爲九江益以明矣。新安陳氏曰：「江漢朝宗于海即繼曰『九江孔殷』，導江不曰『播九江』而曰『過九江』，則大江自大江，九江自九水可見。孔氏所謂江於此『分爲九道』者，其非明矣。證以導江東至于澧，過九江至于東陵，則九江當在澧州之下、巴陵之上，而不在尋陽與今之江州，尤明矣。朱、蔡以洞庭湖當之，辨證詳明，從之可也。謂江南凡水『皆呼爲江』，禹時澧州之下、巴陵之上，自有九水。今年代久遠，陵谷變遷，不可以今水證古水，而闕之亦可也。」

沱潛既道，

《爾雅》曰：水自江出爲沱，自漢出爲潛。凡水之出於江、漢者皆有此名，此則荆州江、漢之出者也。今按：南郡枝江縣有沱水，然其流入江，而非出於江也；華容縣有夏水，首出于江，尾入于沔，亦謂之沱。若潛水則未有見也。王氏炎曰：「沱水，在今江陵府枝江縣，土人謂枝江爲百里洲，夾江、沱二水之間，其與江分處，謂之上沱；與江合處，謂之下沱。《隋志》南郡松滋縣有涔，『涔』即古『潛』字。故《史記》云『沱、涔既道』，今松滋分爲潛江縣矣。」

雲土、夢作乂。

雲夢，澤名。《周官·職方》：「荆州其澤藪曰雲夢。」方八九百里，跨江南北，華容、枝江、江夏、安陸皆其地也。《左傳》：「楚子濟江入于雲中。」又楚子「以鄭伯田于江南之夢」。合而言之則爲一，别而言之則二澤也。「雲土」者，雲之地土見而已。「夢作乂」者，夢之地已可耕治也。蓋雲夢之澤，地勢有高卑，故水落有先後，人工有早晚也。朱子曰：「江陵之下，岳州之上是雲夢。」又曰：「江陵之下，連岳州是雲夢。」

厥土惟塗泥，厥田惟下中，厥賦上下。

荆州之土與揚州同，故田比揚只加一等。而賦爲第三等者，地闊而人工修也。

厥貢羽、毛、齒、革，惟金三品，杶、榦、栝、柏，礪、砥、砮、丹惟箘簵、楛，三邦底貢厥名。包匭菁茅，厥篚玄纁璣組，九江納錫大龜。

荆之貢與揚州大抵多同，然荆先言羽、毛者，漢孔氏所謂「善者爲先」也。按《職方氏》，揚州其利金錫，荆州其利丹、銀、齒、革，則荆、揚所産不無優劣矣。杶、栝、柏，三木名也。杶木似樗而可爲弓幹。栝木，柏葉松身。礪、砥，皆磨石。砥以細密爲名，礪以麤糲爲稱。「砮」者，中矢鏃之用，肅慎氏「貢石砮」者是也。丹，丹砂也。箘簵，竹名；楛，木名。皆可以爲矢。董安于之治晉陽也，公宫之垣皆以荻蒿、苫楚廧之，其高丈餘。趙襄子發而試之，其堅則箘簵不能過也。則箘簵蓋竹之堅者，其材中矢之笴。楛，肅慎氏「貢楛矢」者是也。三邦，未詳其地。底，致也。致貢箘簵、楛之有名者也。匭，匣也。菁茅，有刺而三脊，所以供祭祀縮酒之用。既包而又匣之，所以示敬也。齊桓公責楚「貢包茅不入，王祭不供，無以縮酒」。又《管子》云：「江淮之間，一茅而三脊，名曰菁茅。」菁、茅，一物也，孔氏謂菁以爲葅者非是。今辰州麻陽縣苞茅山出苞茅，有刺而三脊。纁，《周禮・染人》「夏纁玄」，纁，絳色幣也。璣，珠不圓者。組，綬類。大龜，尺有二寸，所謂「國之守龜」，非可常得，故不爲常貢。若偶得之，則使之納錫於上。謂之「納錫」者，下與上之辭，重其事也。曾氏曰：「揚言惟木，多不勝名也。荆木名之，貢止此也。」〇《周禮》「菁茅」，《春官・司尊彝》「醴齊縮酌」，註云以茅縮去滓也。〇鄭氏曰：「染纁者，三入而成。又再染以黑則爲緅，又再染以黑則爲緇。玄色在緅、緇之間，其六入者，是染玄纁之法也。此州染玄纁色善，故貢之。」○新安陳氏曰：「錫貢，如『敷錫』之『錫』，上錫下也；納錫，如『師錫』之『錫』，下錫上也。」○《史記・龜策傳》云：龜千歲滿尺二寸。○臨川吴氏曰：「大龜神物，國之所寶，則以入納而錫於上，謂『納』不謂『貢』，明其非貢物也。」

浮于江、沱、潛、漢，逾于洛，至于南河。

江、沱、潛、漢，其水道之出入不可詳，而大勢則自江、沱而入潛、漢也。逾，越也。漢與洛不通，故舍舟而陸以達于洛，自洛而至于南河也。程氏曰：「不徑浮江、漢，兼用沱、潛者，隨其貢物所出之便，或由經流，或循枝派，期於便事而已。」王氏曰：「江、沱、潛、漢，均與洛不通，必陸行逾洛，然後由洛可至南河。凡曰『逾』，皆水道不通，遵陸而後能達也。『逾于沔』同義。」

荆、河惟豫州：

豫州之域，西南至南條荆山，北距大河。問：「周公定豫州爲天地之中，東西南北各五千里。今北邊無極，而南方交趾際海，道里長短敻殊，何以云各五千里？」朱子曰：「此但以中國地段四方相去言之，未説極邊與際海處。周公以土圭測天地之中，則豫州爲中，而南北東西際天各遠許多。至於北遠而南近，則地形有偏耳，所謂『地不滿東南』也。」○武夷熊氏曰：「豫州居天下之中，四方道里適均，故古人於此定都，不但形勢之所在，亦朝會貢賦之便。湯之亳，今河南偃師縣是也。成王之洛邑，今河南洛陽縣是也。其地北距河，南抵荆山，東抵徐，西抵雍、梁，今爲河南府虢、郟、鄭、汝、來、蔡、唐、鄧、汴、宋等州之地。」

伊、洛、瀍、澗既入于河，

伊水，《山海經》曰「熊耳之山，伊水出焉，東北至洛陽縣南，北入于洛」。郭璞云熊耳「在上洛縣南」，今商州上洛縣也，《地志》言伊水出弘農盧氏之熊耳者非是。洛水，《地志》云：「出弘農郡上洛縣冢領山。」《水經》謂之「讙舉山」，今商州洛南縣冢領山也，至鞏縣入河，今河南府鞏縣也。瀍水，《地志》云：「出河南郡穀城縣替亭北。」今河南府河南縣西北有古穀城縣，其北山實瀍水所出也，至偃師縣入洛，今河南府偃師縣也。澗水，《地志》云：「出弘農郡新安縣東，南入于洛。」新安在今河南府新安、澠池之間，今澠池縣東二十三里新安城是也，城東北有白石山，即澗水所出，酈道元云世謂之廣陽山。然則澗水出今之澠池，至新安入洛也。伊、瀍、澗水入于洛，而洛水入于河。此言伊、洛、瀍、澗「入于河」，若四水不相合而各入河者，猶漢入江，江入海，而荆州言「江、漢朝宗于海」意同。蓋四水並流，小大相敵故也。詳見下文。

滎、波既豬。

滎、波，二水名。濟水自今孟州温縣入河，潛行絶河，南溢爲滎，在今鄭州滎澤縣西五里敖倉東南。敖倉者，古之敖山也。按：今濟水但入河，不復過河之南，滎瀆水受河水，有石門，謂之滎口石門也。鄭康成謂滎「今塞爲平地，滎陽民猶謂其處爲滎澤」。酈道元曰：「禹塞淫水於滎陽，下引河東南以通淮、泗、濟水，分河東南流。」漢明帝使王景即滎水故瀆，東注浚儀，謂之浚儀渠，《漢志》謂滎陽縣有狼蕩渠首受濟者是也。南曰狼蕩，北曰浚儀，其實一也。波水，《周·職方》：「豫州其川滎、雒，其浸波、溠。」《爾雅》云：水自洛出爲波。《山海經》曰：「婁涿之山，波水出其陰，北流注于穀。」二説不同，未詳孰是。孔氏以「滎波」爲一水者，非也。

導菏澤，被孟豬。

菏澤，《地志》在濟陰郡定陶縣東，今興仁府濟陰縣南三里。其地有菏山，故名其澤爲菏澤也。蓋濟水所經，《水經》謂南濟「東過冤句縣南，又東過定陶縣南」，「又東北菏水東出焉」是也。被，及也。孟豬，《爾雅》作「孟諸」。《地志》在梁國睢陽縣東北，今南京虞城縣西北孟諸澤是也。曾氏曰：「被，覆也。菏水衍溢，導其餘波入于孟豬，不常入也，故曰『被』。」

厥土惟壤，下土墳壚。

土不言色者，其色雜也。壚，疏也。顔氏曰：「玄而疏者謂之壚。其土有高下之不同，故別言之。」王氏炎曰：「『壤』則沃，『墳壚』則爲瘠。」○顧氏臨曰：「高地則『壤』，下地則『壚』。如青『厥土白墳，海濱廣斥』是也。」

厥田惟中上，厥賦錯上中。

田第四等，賦第二等，雜出第一等也。臨川吴氏曰：「田中上第四等，賦錯上中第二等，而間或第一等也。蓋冀賦第一，或時數少於豫，則降爲第二，而升豫爲上上；豫賦第二，或時數多於冀，則升爲第一，而降冀爲上中也。」

厥貢漆、枲、絺、紵，厥篚纖、纊，錫貢磬錯。

林氏曰：「《周官·載師》：『漆林之征二十有五。』周以爲征，而此乃貢者，蓋豫州在周爲畿内，故載師掌其征而不制貢。禹時豫在畿外，故有貢也。推此義，則冀不言貢者可知。」顔師古曰：纖紵以爲布及練。然經但言貢枲與紵，成布與未成布不可詳也。纊，細綿也。磬錯，治磬之錯也，非所常用之物，故非常貢，必待錫命而後納也。與揚州「橘柚」同。然揚州先言「橘柚」，而此先言「錫貢」者，「橘柚」言包，則於「厥篚」之文無嫌，故言「錫貢」在後；「磬錯」則與「厥篚」之文嫌於相屬，故言「錫貢」在先。蓋立言之法也。孔氏曰：「纖纊，細綿也。」○新安陳氏曰：「徐之玄纖縞，則纖爲繒；此之纖纊，則當爲細。孔説是。」○臨川吴氏曰：「凡『錫』者，非常貢，故於末特言之。龜非貢物，故言『納』不言『貢』；橘柚磬錯，雖是貢物，非常制所貢也，故言『錫貢』。」

浮于洛，達于河。

豫州去帝都最近，豫之東境，徑自入河；豫之西境，則浮于洛而後至河也。

華陽、黑水惟梁州：

梁州之境，東距華山之南，西據黑水。華山，即太華，見「導山」。黑水，見「導水」。曾氏曰：「華山即西岳，在梁、雍之東。其陽爲梁州，其陰爲雍州。」○武夷熊氏曰：「梁州即今全蜀之地，成都、潼川、興元、利州、夔州等路五十四州之地是也。或言秦以前未嘗通，至秦鑿山開道，關塞始通，恐止言金牛一道耳。下言岷、嶓、沱、潛、蔡、蒙、和、夷，禹之故迹皆可見，何嘗不通中國也？大抵蜀地，北與秦隴接境，實爲天下要脊，世治則順化服從，世亂則阻險割據，任擇牧守，最難其人，不可不重慎也。」○王氏曰：「後世爲巴蜀，今四川地也。」

岷、嶓既藝，

岷、嶓，二山名。岷山，《地志》在蜀郡湔氐道西徼外，在今茂州汶山縣，江水所出也。晁氏曰：蜀以山近江源者通爲岷山，連峰接岫，重疊險阻，不詳遠近。青城、天彭諸山之所環遶，皆古之岷山，青城乃其第一峰也。嶓冢山，《地志》云在隴西郡氐道縣，漾水所出。又云在西縣，今興元府西縣三泉縣也。蓋嶓冢一山跨于兩縣云。川原既滌，水去不滯，而無泛溢之患，其山已可種藝也。王氏炎曰：「江、漢發源此州，方江、漢之源未滌，水或汎溢二山下。其地有荒而不治者，今既可種藝，知二水之順流也。」

沱、潛既道。

此江、漢別流之在梁州者。沱水，《地志》蜀郡郫縣江沱在東，西入大江。郫縣，今成都府郫縣也。又《地志》云，蜀郡汶江縣江、沱在西南，東入江。汶江縣，今永康軍導江縣也。潛水，《地志》云：巴郡宕渠縣潛水，西南入江。宕渠，今渠州流江縣也。酈道元謂宕渠縣有大穴，潛水入焉，通罡山下，西南潛出，南入于江。又《地志》漢中郡安陽縣灊谷水，出西南入漢。灊，音潛。安陽縣，今洋州貞符縣也。○又按：梁州乃江漢之原，此不志者，岷之藝，導江也；嶓之藝，導漾也。道沱，則江悉矣；道潛，則漢悉矣。上志岷嶓，下志沱、潛，江、漢源流於是而見。陳氏曰：「沱、潛發源此州而入荆州，故荆、梁二州皆言『沱、潛既道』。」○臨川吳氏曰：「凡江、漢支流皆名『沱潛』，不拘一處。岷、嶓藝，則江、漢之上源治矣；沱、潛導，則江、漢之下流治矣。」

蔡、蒙旅平，

蔡、蒙，二山名。蔡山，《輿地記》在今雅州嚴道縣。蒙山，《地志》蜀郡青衣縣，今雅州名山縣也。酈道元謂山上合下開，沬水逕其間，溷崖水脉漂疾，歷代爲患，蜀郡太守李冰發卒鑿平溷崖。則此二山，在禹爲用功多也。祭山曰「旅」，「旅平」者，治功畢而旅祭也。陳氏大猷曰：「古人舉事必祭，況治水土大事，必不敢忽。然旅獨於梁、雍言之者，蓋九州終於梁、雍，以見前諸州名山皆有祭也；旅獨於蔡、蒙、荆、岐言之者，蓋紀梁之山終於蔡蒙，紀雍之山始於荆、岐，以見州内諸名山皆有祭也。故下文復以『九山刊旅』總結之，然特言於諸州之後，其『先成民而後致力於神』之意歟！」

和夷底績。

和夷，地名。嚴道以西有和川，有夷道，或其地也。又按：晁氏曰：「和、夷，二水名。和水，今雅州滎經縣北，和川水自蠻界羅嵒州東西來，逕蒙山，所謂青衣水，而入岷江者也。夷水，出巴郡魚復縣東南，過佷山縣南，又東過夷道縣北，東入于江。」今詳二説皆未可必，但經言「底績」者三，覃懷、原隰既皆地名，則此恐爲地名。或地名因水，亦不可知也。曾氏曰：「嚴道有和川，夷人居之。」

厥土青黎，

黎，黑也。孔氏曰：「沃壤也。」〇臨川吴氏曰：「土不言質，質不一也。」

厥田惟下上，厥賦下中，三錯。

田第七等，賦第八等，雜出第七、第九等也。按：賦雜出他等者，或以爲歲有豐凶，或以爲户有增減，皆非也。意者地力有上下、年分不同，如《周官》田「一易」、「再易」之類，故賦之等第亦有上下、年分。冀之正賦第一等，而間歲第二等也；揚之正賦第七等，而間歲第六等也；豫之正賦第二等，而間歲第一等也；梁之正賦第八等，而間歲出第七、第九等也。當時必有條目詳具，今不存矣。《書》之所載，特凡例也。若謂歲之豐凶，户之增減，則九州皆然，何獨於冀、揚、豫、梁四州言哉？臨川吴氏曰：「田下上，第七等；賦下中，第八等。『三錯』者，或時錯出第七，則降揚於下中，而梁爲下上；或時錯出第九，則升兖於下中，而梁爲下下。通本等第八爲三，故曰『三錯』。」

厥貢璆、鐵、銀、鏤、砮、磬、熊、羆、狐、貍、織皮。

璆，玉磬。鐵，柔鐵也。鏤，剛鐵可以刻鏤者也。磬，石磬也。言鐵而先於銀者，鐵之利多於銀也。後世蜀之卓氏、程氏以鐵冶富擬封君，則梁之利尤在於鐵也。「織皮」者，梁州之地，山林爲多，獸之所走。熊、羆、狐、貍四獸之皮，製之可以爲裘，其毳毛織之可以爲罽也。○林氏曰：徐州貢浮磬，此州既貢玉磬又貢石磬，豫州又貢磬錯。以此觀之，則知當時樂器，磬最爲重。豈非以其聲角，而在清濁小大之間，最難得其和者哉！歸軒鄒氏曰：「《漢志》：犍爲郡朱提縣有朱提山出銀，每銀八兩爲一流，直一千五百八十，他銀一流但直一千。犍爲郡，正梁州之境，是梁州之銀獨美於他州，故以爲貢。」

西傾因桓是來。浮于潛，逾于沔。入于渭，亂于河。

西傾，山名。《地志》在隴西郡臨洮縣西，今洮州臨潭縣西南。桓，水名。《水經》曰：「西傾之南，桓水出焉。」蘇氏曰：「漢始出爲漾，東南流爲沔，至漢中東行爲漢沔。」酈道元曰：「自西傾而至葭萌，浮于西漢。」西漢即潛水也，自西漢遡流而屆于晉壽界，阻漾枝津，南歷岡北迤邐接漢、沔。歷漢川至于褒水，逾褒而暨于衙嶺之南溪，灌于斜川，屆于武功，而北以入于渭。漢武帝時，人有上書欲通褒斜道及漕，事下張湯問之，云：「褒水通沔，斜水通渭，皆可以漕。從南陽上沔入褒，褒絶水至斜間百餘里，以車轉從斜下渭，如此則漢中穀可致。」經言沔、渭而不言褒、斜者，因大以見小也。褒、斜之間絶水百餘里，故曰「逾」。然於經文則當曰「逾于渭」，今曰「逾于沔」，此又未可曉也。絶河而渡曰「亂」。朱子曰：「西傾雖在雍州，其人有事於京師者，必道取梁州，因桓水而來，故梁貢道及之。」○葉氏曰：「雍言『織皮崑崙、析支、渠搜』，非中國之貢明矣，疑西傾即西戎之境。『熊、羆、狐、貍、織皮』，文與『西傾因桓是來』相屬，謂四獸織皮，西傾之戎，因桓水而以此來貢也。」○孔氏曰：「漢上曰沔。」

黑水、西河惟雍州：

雍州之域，西據黑水，東距西河。謂之「西河」者，主冀都而言也。王氏炎曰：「雍州之地，秦漢曰『關中』。」○武夷熊氏曰：「雍州，秦地，周之岐、豐、鎬京，漢之三輔，皆此焉。婁敬謂『金城千里，天府之國』，合天下形勢言之。所謂『秦得百二』者，實以據地勢之上游，當天下之要脊，四塞以爲固，全一面之險以東制諸侯，故言定都者必先焉。《書》以黑水、西河爲界，而又西接弱水流沙之地，則其土地之廣漠可知。大抵關中之地，固是形勢可以爲都，但其地迫近西戎，周、秦、漢、唐世有羌胡之患，必盡陰山與唐三受降城及靈、夏、河西五郡爲塞地，乃可爾。又嘗考之古今地志，雍州之地即無黑水，所謂『導黑水至于三危』者，三危山，或云在焞煌郡，則今瓜州也。曷嘗有此水？踰跨諸山以至於南海哉？若以河源崑崙推之，崑崙山脊以西，人迹所未到，其東中一支，則重岡積嶺，首至終南、太華，皆是雍之南山，而瓜州乃在河西五郡，實當西北界上。漢人所謂『斷匈奴右臂』者，以其不與西戎相接也。史當有錯。」

弱水既西，

柳宗元曰：「西海之山有水焉，散渙無力，不能負芥。投之則委靡墊没，及底而後止，故名曰弱。」既西者，導之西流也。《地志》云：在張掖郡删丹縣。薛氏曰：弱水出吐谷渾界窮石山，自删丹西至合黎山，與張掖縣河合。又按《通鑑》，魏太武擊柔然，至栗水西行至菟園水分軍收討，又循弱水西行至涿邪山，則弱水在菟園水之西，涿邪山之東矣。《北史》載太武至菟園水分軍搜討，東至瀚海，西接張掖水，北度燕然山，與《通鑑》小異，豈瀚海、張掖水於弱水爲近乎？程氏據《西域傳》以弱水爲在條支，援引甚悉，然長安西行一萬二千二百里又百餘日方至條支，其去雍州如此之遠，禹豈應窮荒而導其流也哉？其説非是。程氏曰:「弱水初必壅遏而東,既導之西,則逆者順矣。」○林氏曰:「衆水皆東,而弱水獨西,黑水獨南,因其性與勢之自然也。必欲東之,則逆其自然,非行所無事矣。」

涇屬渭、汭,

涇、渭、汭,三水名。涇水,《地志》出安定郡涇陽縣西,今原州百泉縣岍頭山也,東南至馮翊陽陵縣入渭,今永興軍高陵縣也。渭水,《地志》出隴西郡首陽縣西南,今渭州渭源縣鳥鼠山西北南谷山也,東至京兆船司空縣入河,今華州華陰縣也。汭水,《地志》作「芮」,扶風汧縣弦蒲藪,芮水出其西北,東入涇,今隴州汧源縣弦蒲藪有汭水焉,《周・職方》「雍州其川涇、汭」,《詩》曰「汭鞫之即」皆謂是也。屬,連屬也。涇水連屬渭、汭二水也。新安陳氏曰:「孔云『水北曰汭』,一云『水曲曰汭』,又『水口曰汭』。❶《夏書》以洛表對洛汭,則汭水北之曲也。又如『東過洛汭』。」

漆、沮既從,

漆、沮,二水名。漆水,《寰宇記》:「自耀州同官縣東北界來,經華源縣合沮水。」沮水,《地志》出北地郡直路縣東,今坊州宜君縣西北境也。《寰宇記》:沮水自坊州昇平縣北子午

❶「水」,明德堂本、建邑余氏本及四庫本作「山」。

嶺出，俗號子午水，下合榆谷、慈馬等川，遂爲沮水。至耀州華原縣合漆水，至同州朝邑縣東南入渭。二水相敵，故並言之。「既從」者，從於渭也。又按：《地志》謂漆水出扶風縣。晁氏曰：此豳之漆也。《水經》漆水出扶風杜陽縣。程氏曰：「杜陽，今岐山普潤縣之地，亦漢漆縣之境。其水入渭，在灃水之上，與經序渭水節次不合，非《禹貢》之漆水也。」蘇氏曰：「從，如少之從長，渭大而漆、沮小，故言『從』。」

灃水攸同。

灃水，《地志》作「酆」，出扶風鄠縣終南山，今永興軍鄠縣山也，東至咸陽縣入渭。「同」者，同於渭也。渭水自鳥鼠而東，灃水南注之，涇水北注之，漆、沮東北注之。曰「屬」、曰「從」、曰「同」，皆主渭而言也。蘇氏曰：「灃、渭相若，故言『同』。」

荆、岐既旅，終南、惇物，至于鳥鼠。

荆、岐，二山名。荆山，即北條之荆，《地志》在馮翊懷德縣南，今耀州富平縣掘陵原也。岐山，《地志》在扶風美陽縣西北，今鳳翔府岐山縣東北十里也。終南、惇物、鳥鼠，亦皆山名。終南，《地志》古文以太一山爲終南山，在扶風武功縣，今永興軍萬年縣南五十里也。惇物，《地志》古文以垂山爲惇物，在扶風武功縣，今永興軍武功縣也。鳥鼠，《地志》在隴西郡首陽縣西南，今渭州渭源縣西也，俗呼爲青雀山。舉三山而不言所治者，蒙上

「既旅」之文也。

原隰底績，至于豬野。

廣平曰「原」，下濕曰「隰」。《詩》曰「度其隰原」，即指此也。鄭氏曰「其地在豳」，今邠州也。豬野，《地志》云：「武威縣東北有休屠澤，古今以爲豬野。」今涼州姑臧縣也。治水成功，自高而下，故先言山，次原隰、次陂澤也。

三危既宅，三苗丕敘。

三危，即舜竄三苗之地。或以爲燉煌。未詳其地。三苗之竄在洪水未平之前，及是三危已既可居，三苗於是大有功敘。今按：舜竄三苗，以其惡之尤甚者遷之，而立其次者於舊都。今既竄者已丕敘，而居於舊都者尚桀驁不服。蓋三苗舊都，山川險阻，氣習使然。今湖南猺洞時猶竊發，俘而詢之，多爲猫姓，豈其遺種歟？歸軒鄒氏曰：「按《後漢·西羌傳》註：三危山，在今沙州燉煌縣東南，山有三峰，故曰『三危』。」○武夷熊氏曰：「首言弱水，終言三危，極其遠而言之也。」○呂氏曰：「三苗有罪，自當竄逐；發政施仁，自當及之。故治水至三危，亦既使安居，大得其敘。後世以爲投之四裔，若棄之者，非聖人之心也。」

厥土惟黃壤，

「黃」者，土之正色。林氏曰：「物得其常性者最貴。雍州之土黃壤，故其田非他州所及。」

新安陳氏曰：「土黃壤最貴，故雍田上上；❶塗泥最下，故揚田下下。」

厥田惟上上，厥賦中下。

田第一等，而賦第六等者，地狹而人功少也。王氏炎曰：「東方朔云：關中之地，號爲畝直一金，田上上可知。」○唐孔氏曰：「此州與荆州賦、田升降皆較六等，荆州升之極，故云『人功脩』；此州降之極，故云『人功少』。」

厥貢惟球、琳、琅玕。

球、琳，美玉也。琅玕，石之似珠者。《爾雅》曰：「西北之美者，有崑崙虛之球、琳、琅玕。」今南海有青琅玕，珊瑚屬也。孫氏曰：「貢非一類物者不言『惟』，一類物皆言『惟』。」

浮于積石，至于龍門、西河，會于渭、汭。

積石，《地志》在金城郡河關縣西南羌中，今鄯州龍支縣界也。龍門山，《地志》在馮翊夏陽縣，今河中府龍門縣也。西河，冀之西河也。雍之貢道有二：其東北境則自積石至于西河，其西南境則會于渭、汭。言渭、汭不言河者，蒙梁州之文也。他州貢賦，亦當不止一道，發此例以互見耳。○按：邢恕奏乞下熙河路打造船五百隻，於黃河順流放下，至會

❶「上上」，原脱一「上」，今據建邑余氏本補。

州西小河内藏放。熙河路漕使李復奏：「竊知邢恕欲用此船載兵，順流而下，去取興州。契勘會州之西小河鹹水其闊不及一丈，深止於一二尺，豈能藏船？黄河過會州入韋精山，石峽險窄，自上垂流直下，高數十丈，船豈可過？至西安州之東，大河分爲六七道，散流渭之南山，逆流數十里方再合。逆溜水淺，灘磧不勝舟載。此聲若出，必爲夏國侮笑。」事遂寢。邢恕之策，如李復之言，可謂謬矣。然此言貢賦之路，亦曰「浮于積石，至于龍門、西河」，則古來此處河道，固通舟楫矣。而復之言乃如此，何也？姑録之以備參考云。武夷熊氏曰：「正道皆從渭達河，惟山脊以西之地，謂道不可通處，必自積石之河經涉龍門，然後達於西河，以至帝都也。」

織皮崑崙、析支、渠搜，西戎即敘。

崑崙，即河源所出，在臨羌。析支，在河關西千餘里。渠搜，《水經》曰：「河自朔方東轉，經渠搜縣故城北。」蓋近朔方之地也。三國皆貢皮衣，故以「織皮」冠之。皆西方戎落，故以「西戎」總之。即，就也。雍州水土既平，而餘功及於西戎，故附于末。○蘇氏曰：「青、徐、揚三州皆萊夷、淮夷、島夷所篚。此三國亦篚織皮，但古語有顛倒詳略爾。其文當在『厥貢惟球、琳、琅玕』之下，『浮于積石』之上，簡編脱誤，不可不正。」愚謂梁州亦篚織皮，恐蘇氏之説爲然。武夷熊氏曰：「崑崙，《唐書》以爲吐蕃界；析支，即今陰山河南等處。」○歸軒鄒氏曰：「按《西羌傳》，羌地在金城郡河關縣之西南，濱於賜支，至乎河首。『賜支』者，《禹貢》所謂『析支』也。」

導岍及岐，至于荆山，逾于河。壺口、雷首至于太岳。底柱、析城至于王屋。太行、恒山至于碣石，入于海。

此下隨山也。岍、岐、荆三山，皆雍州山。岍山，《地志》扶風岍縣西吴山，古文以爲汧山，今隴州吴山縣吴嶽山也。《周禮》：「雍州山鎮曰嶽山。」又按：《寰宇記》：隴州汧源有岍山，岍水所出，《禹貢》所謂「岍山」也。晁氏以爲今之隴山、天井、金門、秦嶺山者，皆古之岍也。岐、荆，見「雍州」。壺口、雷首、太岳、底柱、析城、王屋、太行、恒山，皆冀州山。壺口、太岳、碣石，見「冀州」。雷首，《地志》在河東郡蒲坂縣南，今河中府河東縣也。底柱，石在大河中流，其形如柱，今陝州陝縣三門山是也。析城，《地志》在河東郡濩澤縣西，今澤州陽城縣也，晁氏曰山峰四面如城。王屋，《地志》在河東郡垣縣東北，今絳州垣曲縣也，晁氏曰山狀如屋。太行山，《地志》在河内郡山陽縣西北，今懷州河内也。恒山，《地志》在常山郡上曲陽縣西北，今定州曲陽也。「逾」者，禹自荆山而過于河也，孔氏以爲荆山之脉逾河而爲壺口、雷首者非是。蓋禹之治水，隨山刊木，其所表識諸山之名，必其高大可以辨疆域，廣博可以奠民居，故謹而書之，以見其施功之次第。初非有意推其脉絡之所自來，若今之葬法所言也。若必實以山脉言之，則尤見其説之謬妄。蓋河北諸山，根本脊脉皆自代北寰武、嵐、憲諸州乘高而來。其脊以西之水，則西流以入龍門、西河之上流；其脊以東之水，則東流而爲桑乾、幽、冀以入于海。其西一支爲壺口、太岳；次一支包汾、晉之源，而南出以爲析城、王屋，而又西折以爲雷首；又次一支乃爲太行；又次一支乃爲恒山。其間各隔沁、潞諸川，不相連屬。豈自岍、岐跨河而爲是諸山哉？山之經理者，已附于逐州之下，於此又條列而詳記之，而山之經緯者可見矣。王、鄭有「三條四列」之名，皆爲未當。今據「導」字分之，以爲南北二條，而江、河以爲之紀，於二之中又分爲二焉。此北條大河北境之山也。朱子曰：「每州各言境内山川，首尾不相聯貫。且自東而西，非自然之形勢，故於此通説九州山川，連貫首尾，更從西而東，以著自然之形勢。」○問：「味别地脉之説如何？」曰：「不知是要水有所歸不爲民害，還是只要辨味點茶，如陸羽之流；尋脉踏地，如後世風水之流耶！且太行自西北發脉來爲天下之脊，此是中國大形勢。其底柱、王屋等山，皆是太行山脚。今説者分陰陽列，言『導岍及岐，至于荆山』，荆山山脉逾河而過，爲壺口、雷首、底柱、析城、王屋、碣石，則是荆山地脉却來做太行山脚，其所謂地脉尚説不通，況《禹貢》本非理會地脉耶！」○吕氏曰：「山川之分見於九州者，其經也；山川之聚見於後者，其緯也。無經則不知其定所，無緯則不知其脉絡，此作書之妙也。導山有二説：或以爲隨山通道以相視其源委脉絡，或以爲治山旁小水，二説當兼用。禹隨山以治水，故以

『導』言，如止於相其山勢，何導之有？山之有脉絡，條列固不可誣，而水之源未有不出於山，水之勢未有不因於山。既隨山通道，相其脉絡源委，又因以導山旁澗谷之水而納之川，二説蓋並行而不相悖也。」○林氏曰：「禹本導川歸海，今乃先以導山，蓋方洪水懷襄，故川舊瀆皆浸没不可見，欲施工無所措手。故先以九州高山巨鎮爲表識，自西決之使東，以殺其滔天之勢。水既順下，漸入于海，則川流故迹稍稍可求，於是濬川之功可施。始決九川而距四海，蓋先隨山而後濬川，其序不得不然也。」○新安陳氏曰：「三條之説，出於馬融、王肅，以岍、岐至碣石爲北條，西傾至陪尾爲中條，嶓冢至敷淺原爲南條。然内方、大別在荆州，岷在梁州，相去數千里，豈可合爲一條？四列之説，出於鄭玄，謂岍、岐爲正陰列，西傾爲次陰列，嶓冢爲次陽列，岷山爲正陽列。四列雖是，而陰陽正次名稱未當。宜蔡氏以二條四列訂之云。」

西傾、朱圉、鳥鼠至于太華。熊耳、外方、桐柏至于陪尾。

西傾、朱圉、鳥鼠、太華，雍州山也。熊耳、外方、桐柏、陪尾，豫州山也。西傾，見「梁州」。朱圉，《地志》在天水郡冀縣南，今秦州大潭縣也，俗呼爲白巖山。鳥鼠，見「雍州」。太華，《地志》在京兆華陰縣南，今華州華陰縣二十里也。熊耳，在商州上洛縣，詳見「豫州」。外方，《地志》潁川郡密高縣有密高山，古文以爲外方，在今西京登封縣也。桐柏，《地志》在南陽郡平氏縣東南，今唐州桐柏縣也。陪尾，《地志》江夏郡安陸縣東北有横尾山，古文以爲陪尾，今安州安陸也。西傾不言「導」者，蒙「導岍」之文也。此北條大河南境之山也。孔氏曰：「西傾、朱圉在積石以東。鳥鼠，渭水所出，在隴西之西。三者，雍州之南山。」至于太華「相首尾而東」。太華、熊耳、外方、桐柏，「四山相連東南，在豫州界。洛經熊耳，伊經外方，淮出桐柏經陪尾。凡此皆先舉所施功之山於上，而後條例所治水於下，互相備」。〇曾氏曰：「岍與西傾皆雍州之山，故西傾不言『導』，其文蒙於『導岍』也；岷、嶓皆梁州之山，故岷山不言『導』，其文蒙於『嶓冢』也。」

導嶓冢至于荆山。内方至于大别。

嶓冢，即梁州之嶓也。山形如冢，故謂之嶓冢。詳見「梁州」。荆山，南條荆山，《地志》在南郡臨沮縣北，今襄陽府南章縣也。内方、大别，亦山名。内方，《地志》章山，古文以爲内方山，在江夏郡竟陵縣東北，今荆門軍長林縣也。《左傳》吴與楚戰，楚「濟漢而陳，自小别至于大别」，蓋近漢之山，今漢陽軍漢陽縣北大别山是也，《地志》、《水經》云「在安豐」者非是。此南條江、漢北境之山也。孔氏曰：「漾水出嶓冢，在梁州，經荆山。荆山在荆州。内方、大别皆荆州山，漢水所經。」

岷山之陽至于衡山，過九江至于敷淺原。

岷山，見「梁州」。衡山，南嶽也，《地志》在長沙國湘南縣，今潭州衡山縣也。九江，見「荆州」。敷淺原，《地志》云：「豫章郡歷陵縣南有博昜山，古文以爲敷淺原。」今江州德安縣博陽山也。晁氏以爲在鄱陽者非是。今按：晁氏以鄱陽有博陽山，又有歷陵山，爲應《地志》歷陵縣之名。然鄱陽漢舊縣地，不應又爲歷陵縣。山名偶同，不足據也。江州德安雖爲近之，然所謂「敷淺原」者，其山甚小而庳，亦未見其爲在所表見者。惟廬阜在大江、彭蠡之交，最高且大，宜所當紀志者，而皆無考據。恐山川之名，古今或異，而傳者未必得其真也，姑俟知者。過，經過也，與「導岍逾于河」之義同，孔氏以爲衡山之脉連延而爲敷淺原者亦非是。蓋岷山之脉，其北一支爲衡山，而盡於洞庭之西；其南一支度桂嶺，北經袁、筠之地至德安。所謂「敷淺原」者，二支之間，湘水間斷，衡山在湘水西南，敷淺原在湘水東北，其非衡山之脉連延過九江而爲敷淺原者明甚。且其山川崗脊源流具在眼前，而古今異説如此，況殘山斷港，歷數千百年者，尚何自取信哉？岷山不言「導」者，蒙「導嶓冢」之文也。此南條江、漢南境之山也。問：「岷山之分何以見？」朱子曰：「只是以水驗之。大凡兩山夾行，中間必有水；兩水夾行，中間必有山。江出於岷山。岷山夾江兩岸而行，那邊一支去爲江北許多去處，這邊一支爲湖南，又一支爲建康，又一支爲兩浙，而餘氣爲福建、二廣。」○「《禹貢》西方、南方殊不見禹施工處，緣是山高，少水患。當時只分遣官屬，而不了事底記述得文字不整齊耳。某作《九江彭蠡辨》，《禹貢》大概可見於此。《禹貢》只載九江，無洞庭；今以其地驗之，有洞庭，無九江，則洞庭之爲九江無疑矣。洞庭、彭蠡冬月亦涸，只有數條江水在其中。」○或問《禹貢》地理。曰：「《禹貢》『過』字有三義：有山過，水過，人過。如『過九江至敷淺原』，只是禹過此處去也。若曰山過、水過，便不通。」❶○孔氏曰：「岷山，江所出，在梁州。衡山，江所經，在荆州。」○林氏曰：「岍、岐所導之水，乃合河、濟之流，最爲奔悍。當其隨山之初，自西而決之東，自東達之東北，則已達于海矣，故言『入于海』。西傾、嶓、岷所導之水，則未能達海，且注于下流之地。及濬川之功既施，乃得入海，故下文所載，方是衆水入海之道，故此止言『至于陪尾』、『大别』、『敷淺原』而止，而下流之山，皆所不及也。」○陳氏曰：「禹之導山，雖曰因而治衆水，大概岍、岐之列河、濟所經，西傾之列伊、洛、淮、渭所經，嶓冢之列漢水所經，岷山之列江水所經也。」○新安陳氏曰：「導山之役，分爲四路，乃懷襄方殷，未可下濬川之功。先隨山相視，可疏導者疏導之。兩條四列，實人功經歷之次第，爲濬川之經始。下文『導水』，詳言濬川之源委，乃收上文『隨山』之成功。林、陳説是，獨岍、岐入海一節，辭猶未備。岍、岐一列，河、濟所經，既入海矣，何爲下文『導河積石』、『導沇水』二條，又各言『入于海』歟？意者當時水患，河、濟尤甚，比江、漢、淮用工尤難。故自發源以至入海，先之相視疏導，後之開鑿濬導，必極于歸宿之地。若江、漢、淮之屬，則初一番相視疏導，且可至陪尾、大别、敷淺原而止，下文方自源徂流言之歟。」

導弱水至于合黎，餘波入于流沙。

此下濬川也。弱水，見「雍州」。合黎，山名，《隋・地志》在張掖縣西北，亦名羌谷。流沙，杜佑云：「在沙州西八十里，其沙隨風流行，故曰流沙。」水之疏導者，已附于逐州之

---

❶「便」，原作「更」，今據《朱子語類》改。

下，於此又派别而詳記之，而水之經緯皆可見矣。濬川之功自隨山始，故導水次於導山也。又按：山水皆原於西北，故禹敘山、敘水皆自西北而東南，導山則先岍、岐，導水則先弱水也。朱子曰：「流沙在合黎之西，自導弱水至導洛，凡九條，皆導水之事。大概自北而南，先言山以爲水之經，故此言水以爲山之紀。弱水最在西北，水又西流，不經中國，故首言之。」○陳氏曰：「弱水之正者入合黎，其餘則入于流沙。」○程氏曰：「禹導弱水至合黎，則其逆行者已順，其遠而無所事治者，固不必極之於西海。近而無能爲害者，亦任其餘波之入流沙，則已矣。故於雍止曰『既西』，而於導水不必曰入于西海，皆紀實也。合黎、流沙不可意度。」○林氏曰：「禹惟先決山陵之積水，使有所歸，然後可施濬川之功。如上文既導岍、岐至碣石，然後導河、濟之功可施；導西傾至陪尾，然後導淮、渭、洛之功可施；導嶓至大别，導岷至敷淺原，然後導漢與江之功可施。所以先言導山，而後及導水也。」

導黑水至于三危，入于南海。

黑水，《地志》出犍爲郡南廣縣汾關山；《水經》出張掖雞山，南至燉煌，過三危山，南流入于南海。唐樊綽云：西夷之水，南流入于南海者凡四：曰區江，曰西珥河，曰麗水，曰瀰渃江，皆入于南海。其曰麗水者，即古之黑水也，三危山臨峙其上。按梁、雍二州，西邊皆以黑水爲界，是黑水自雍之西北而直出梁之西南也。中國山勢岡脊，大抵皆自西北而來，積石、西傾、岷山岡脊以東之水既入于河、漢、岷、江，其岡脊以西之水即爲黑水而入于南海。《地志》、《水經》、樊氏之説雖未詳的實，要是其地也。程氏曰：樊綽以麗水爲黑水者，恐其狹小不足爲界。其所稱「西珥河」者，却與《漢志》葉榆澤相貫，廣處可二十里，既足以界別二州，其流又正趨南海。又漢滇池，即葉榆之地，武帝初開滇嶲時，其地古有黑水舊祠，夷人不知載籍，必不能附會。而綽及道元皆謂此澤以榆葉所積得名，則其水之黑似榆葉積漬所成，且其地乃在蜀之正西，又東北距宕昌不遠。宕昌，即三苗種裔，與三苗之敘于三危者又爲相應，其證驗莫此之明也。朱子曰：「黑水從雍、梁西界入南海，亦不經中國，故次之。弱水、黑水、沇水，言導而不著其地，未詳。」〇陳氏大猷曰：「萬水能載，而弱水獨弱且西流；萬水皆清，而黑水獨黑且南流。天地之間，有常有變，不可一律齊，聖人順其性而已。」

導河，積石至于龍門，南至于華陰，東至于底柱，又東至于孟津，東過洛汭至于大伾，北過洚水至于大陸，又北播爲九河，同爲逆河，入于海。

積石、龍門，見「雍州」。華陰，華山之北也。底柱，見「導山」。孟，地名；津，渡處也。杜預云在河内郡河陽縣南，今孟州河陽縣也，武王師渡孟津者即此，今亦名富平津。洛汭，洛水交流之内，在今河南府鞏縣之東。洛之入河，實在東南，河則自西而東過之，故曰「東過洛汭」。大伾，孔氏曰：「山再成曰伾。」張揖以爲在成皋，鄭玄以爲在修武、武德，臣瓚以爲修武、武德無此山，成皋山又不再成。今通利軍黎陽縣臨河有山，蓋大伾也。按：

黎陽山，在大河垂欲趨北之地，故禹記之。若成皐之山，既非從東折北之地，又無險礙如龍門、底柱之須疏鑿。西去洛汭既已大近，東距洚水、大陸又爲絶遠，當以黎陽者爲是。洚水，《地志》在信都縣，今冀州信都縣枯洚渠也。程氏曰：周時河徙砱礫，至漢又改向頓丘東南流，與禹河迹大相背戾。《地志》魏郡鄴縣有故大河，在東北直達于海，疑即禹之故河，孟康以爲王莽河非也。古洚瀆自唐貝州經城北入南宫，貫穿信都，大抵北向而入故河，於信都之北爲合。「北過洚水」之文，當以信都者爲是。大陸，見「冀州」。九河，見「兖州」。逆河，意以海水逆潮而得名。九河既淪于海，則逆河在其下流，故不復有矣。河上播而爲九，下同而爲一，其分播合同，皆水勢之自然，禹特順而導之耳。今按：《漢・西域傳》張騫所窮河源，云河有兩源：一出葱嶺；一出于闐。于闐在南山下，其河北流與葱嶺河合，東注蒲昌海。蒲昌海一名鹽澤，去玉門陽關三百餘里。其水停居，冬夏不增減，潛行地中，南出積石。又唐長慶中，薛元鼎使吐蕃，❶自隴西成紀縣西南出塞二千餘里，得河源於莫賀延積尾，曰悶磨黎山，其山中高四下，所謂崑崙也。東北流與積石河相連，河源澄瑩，冬春可涉，下稍合流，色赤。益遠，他水并注，遂濁。吐蕃亦自言崑崙在其

❶「薛」，據《舊唐書》、《唐會要》當爲「劉」之訛。下「薛氏」之「薛」同。

國西南。二説恐薛氏爲是。河自積石三千里，而後至于龍門，經但一書「積石」，不言方向，荒遠在所略也。龍門而下，因其所經，記其自北而南，則曰「南至華陰」；記其自南而東，則曰「東至底柱」；又詳記其東向所經之地，則曰「孟津」，曰「洛汭」，曰「大伾」；又記其自東而北，則曰「北過洚水」；又詳記其北向所經之地，則曰「大陸」，曰「九河」；又記其入海之處，則曰「逆河」。自洛汭而上，河行於山，其地皆可攷。自大伾而下，垠岸高於平地，故決齧流移，水陸變遷，而洚水、大陸、九河、逆河皆難指實。然上求大伾，下得碣石，因其方向，辨其故迹，則尤可考也。其詳悉見上文。〇又按李復云：「同州韓城北有安國嶺，東西四十餘里，東臨大河。瀕河有禹廟，在山斷河出處。禹鑿龍門，起於唐張仁愿所築東受降城之東，自北而南，至此山盡。兩岸石壁峭立，大河盤束於山峽間千數百里。至此山開岸闊，豁然奔放，怒氣噴風，聲如萬雷。」今按：舊説禹鑿龍門，而不詳其所以鑿。誦説相傳，但謂因舊修闢，去其齟齬，以決水勢而已。今詳此説，則謂受降以東，至於龍門，皆是禹新開鑿。若果如此，則禹未鑿時，河之故道不知却在何處。而李氏之學極博，不知此説又何所考也。朱子曰：「《釋水》云河『千里，一曲一直』，河從積石北行，又東乃折而南，計應三千里，然後至龍門，而爲西河；龍門地勢險，河率破山以行，禹功於此最難，自龍門南流至華陰而極，始折而東至于底柱，又東至孟津，東過洛汭，而爲南河；至大伾而極，始折而北流，爲東河；至兗州而分爲九，復合爲一而入海，河流於是終矣。河爲四瀆宗，其發源西北，故敘中國之水，以河爲先。逆河，是開渠通海，以泄河之溢，秋冬則涸，春夏則泄。」○程氏曰：「洛水至洛州鞏縣東北入河，其曰『洛汭』者，洛既北入于河，河之南、洛之北，其兩間爲汭。汭之爲言，在洛水之内也，渭水入河之間亦名渭汭，正其義也。自洛汭以上，山水名稱、迹道，古今如一。自大伾以下，不特水道難考，雖名山舊嘗憑河者，亦復不可究辨。非山有徙移也，河既變遷，年世又遠，人知新河之爲河，不知舊山之不附新河也。輒並河求之，安從而得舊山之真歟！」○蘇氏曰：「河既分爲九，又合爲一，以一迎八，而後入海。」○王氏炎曰：「周定王五年河徙，已非禹之故道。漢元光三年，河徙東郡，更注渤海，繼決于瓠子，又決于魏之館陶，遂分爲屯氏河。大河在西，屯河在東，二河相並而行。元帝永光中，又決于清河靈鳴犢口，則河水分流入于博州，屯河始壅塞不通。後二年，又決於平原，則東入齊、入青以達于海，而下流與漯爲一。王莽時，河遂行漯川，大河不行於大伾之北，而遂行於相、魏之南，則山澤在河之瀕者，支川與河之相貫者，悉皆易位，而與《禹貢》不合矣。」○方氏曰：「建紹後，黄河決入鉅野。溢于泗以入于淮者，謂之南清河；由汶合濟至滄州以入海者，謂之北清河。是時淮僅受河之半。金之亡也，河自開封北衛州決而入渦河以入淮，一淮水獨受大黄河之全以輸之海。濟水之絶于王莽時者，今其原出河北温州，猶經枯黄河中以入汶而後趨海，『清濟貫濁河』遂成虚論矣。」○新安陳氏曰：「方氏得於身經目覩，與諸家據紙上而説者不同，合程、王説而參觀之，可見古今河道之大不同。又因方説，而後『濟水之入河，復溢出於河』者，顯然可見矣。」

嶓冢導漾，東流爲漢，又東爲滄浪之水，過三澨至于大别，南入于江。東，匯澤爲彭蠡；東，爲北江，入于海。

漾，水名。《水經》曰：「漾水出隴西郡氐道縣嶓冢山，東至武都。」常璩曰：漢水有兩源，此東源也，即《禹貢》所謂「嶓冢導漾」者。其西源出隴西嶓冢山會泉，始源曰沔，逕葭萌入漢。東源在今西縣之西，西源在今三泉縣之東也。酈道元謂「東西兩川俱出嶓冢，而同爲漢水」者是也。水源發于嶓冢爲漾，至武都爲漢，又東流爲滄浪之水，酈道元云「武當縣北四十里，漢水中有洲曰滄浪洲，水曰滄浪水」是也。蓋水之經歷隨地得名，謂之「爲」者，明非他水也。三澨，水名，今郢州長壽縣磨石山發源，東南流者名澨水，至復州景陵縣界來，又名汊水，疑即三澨之一，然據《左傳》「漳澨」、「薳澨」則爲水際，未可曉也。大別，見「導山」，入江在今漢陽軍漢陽縣。匯，迴也。彭蠡，見「揚州」。北江，未詳，入海在今通州静海縣。○今按：彭蠡，古今記載皆謂今之番陽，然其澤在江之南，去漢水入江之處已七百餘里，所蓄之水則合饒、信、徽、撫、吉、贛、南安、建昌、臨江、袁、筠、隆興、南康數州之流，非自漢入而爲匯者。又其入江之處，西則廬阜，東則湖口，皆石山峙立，水道狹甚，不應漢水入江之後七百餘里，乃横截而南入于番陽，又横截而北流爲北江。且番陽合數州之流，豬而爲澤，泛溢壅遏，初無仰於江漢之匯而後成也。不惟無所仰於江、漢，而衆流之積，日遏月高，勢亦不復容江、漢之來入矣。今湖口横渡之處，其北則江、漢之濁流，其南則番陽之清漲，不見所謂漢水匯澤而爲彭蠡者。番陽之水既出湖口，則依南岸與大江相持以東，又不見所謂横截而爲北江者。又以經文考之，則今之彭蠡既在大江之南，於經則宜曰「南匯彭蠡」，不應曰「東匯」。於「導江」則宜曰南會于匯，不應曰北會于匯。匯既在南，於經則宜曰「北，爲北江」，不應曰「東，爲北江」。以今地望參校，絶爲反戾。今廬江之北有所謂巢湖者，湖大而源淺，每歲四五月間，蜀嶺雪消，大江泛溢之時，水淤入湖。至七八月，大江水落，湖水方洩，隨江以東。爲合「東匯」、「北匯」之文。然番陽之湖方五六百里，不應舍此而録彼，記其小而遺其大也。蓋嘗以事理情勢考之，洪水之患，惟河爲甚。意當時龍門、九河等處，事急民困，勢重役煩，禹親莅而身督之。若江淮則地偏水急，不待疏鑿，固已通行，或分遣官屬往視亦可。況洞庭、彭蠡之間，乃三苗所居，水澤山林深昧不測，彼方負其險阻頑不即工，則官屬之往者，亦未必遽敢深入。是以但知彭蠡之爲澤，而不知其非漢水所匯；但意如巢湖江水之淤，而不知彭蠡之源爲甚衆也。以此致誤，謂之爲匯，謂之北江，無足怪者。然則番陽之爲彭蠡信矣。因説《禹貢》，朱子曰：「此最難説，蓋他本文自有繆處。且如漢水自是從今漢陽軍入江，下至江州，然後江西一帶江水流出，合爲大江。兩江下水相淤，故江西水出不得，溢爲彭蠡。上取漢水入江處有多少路？今言漢水『過三澨，至于大別，南入于江，東匯澤爲彭蠡』，全然不合，又如何去强解釋得？蓋禹當時只治得雍、冀數州爲詳，南方諸水皆不親見，恐只得之傳聞，故多遺闕，又差誤如此。今又不成説他聖人之經不是，所以難説。然自古解釋者紛紛，終是與他地上水不合。」「『東匯澤爲彭蠡』，多此一句。」

岷山導江，東别爲沱，又東至于澧，過九江至于東陵，東迆北會爲匯，東爲中江，入于海。

沱，江之别流於梁者也。澧，水名，《水經》：「出武陵充縣西。」「至長沙下雋縣西北，入江。」鄭氏云：經言「道」、言「會」者，水也；言「至」者，或山或澤也。澧，宜山澤之名。按下文「九江」，澧水既與其一，則非水明矣。九江，見「荆州」。東陵，巴陵也，今岳州巴陵縣也，《地志》在廬江西北者非是。會、匯、中江，見上章。朱子曰：「禹治江，不見甚用力。《書》載『岷山導江，東别爲沱，又東至于澧，過九江至于東陵，東迆北會爲匯，東爲中江，入于海』，若中間更用工夫，如何載得恁略？」〇「『嶓冢導漾，東流爲漢，又東爲滄浪之水，過三澨至于大别，南入于江。東匯澤爲彭蠡，東爲北江，入于海。』」又曰：「『岷山之陽至于衡山，過九江至于敷淺原。』此皆《禹貢》之文也。古今讀者，皆以爲是既出於聖人之手，則固不容復有訛謬。萬世之下，但當尊信誦習，傳之無窮，亦無以覈其事實是否爲也。是以爲之説者，不過隨文解義，以就章句。如説九江，則曰江過尋陽，派别爲九；或曰有小江九，北來注之。説彭蠡，則曰漢水所匯，而江水亦往會焉。説北江、中江，則曰漢既匯而出爲北江，江既會而出爲中江也。説九江則但指今日江州治所以當之，説敷淺原則但以爲漢歷陽縣之博昜山，在今日爲江州之德安縣而已。如是而言，姑爲誦説則可矣，若以山川形勢之實考之，吾恐其説有所不通，而不能使人無所疑也。若曰派别爲九，則江流上下，洲渚不一，今所計以爲九者，若必首尾長短，均布若一。

則橫斷一節，縱別爲九，一水之間，當有一洲，九江之間，沙水相間，乃爲十有七道，於地將無所容。若曰參差取之不必齊一，則又不知斷自何許而數其九也。況沙渚出没，❶其勢不常，江陵先有九十九洲，後乃復生一洲，是豈可以爲地理之定名乎？此不可通之妄説也。若曰旁計横入小江之數，則自岷山以東至入海處，不知當爲幾千百里江矣，此又不可通之妄説也。且經文言『九江孔殷』，則正以見其吐吞壯盛，浩無津涯之勢，決非尋常分派小江之所當。又繼此而後，及夫沱、潛、雲夢，則又見其決非尋陽以東甚遠之下流，此又可以證前二説者，爲不可通之妄説也。若曰漢水匯爲彭蠡，而江水亦往會焉，則彭蠡之爲澤也，實在大江之南。自今江州湖口縣南跨南康軍饒州之境，以接于隆興府之北，瀰漫數十百里，其源則東自饒、徽、信州建昌軍，南自贛州南安軍，西自袁筠以至隆興府分寧武寧諸邑，方數千里之水皆會而歸焉，北過南康揚瀾左里，則兩岸漸迫山麓，而湖面稍狹，遂東北流以趨湖口而入于江矣。然以地勢北高而南下，故其入于江也，反爲江水所遏而不得遂，因郤而自豬，以爲是瀰漫數十百里之大澤。則是彭蠡之所以爲彭蠡者，初非有所仰於江、漢之匯而後成也。不惟無所仰於江漢，而衆流之積日遏日高，勢以不復容江、漢之來入矣。又況漢水自漢陽軍大别山下南流入江，則其水與江混而爲一，至此已七百餘里矣。今謂其至此而後，一先一後以入于彭蠡。既匯之後，又復循次而出以爲二江。則其入也，何以識其爲昔日之漢水而先行？何以識其爲昔日之江水而後會？其出也，何以識其爲昔日之漢水而今分之以北？何

❶「沙」，《晦庵集》作「洲」。

以識其爲昔日之江水而今分以居中耶？且以方言之，則宜曰南會，而不應曰『北會』。以實計之，則湖口之東，今但見其爲一江而不見其分流，然則所謂漢水匯爲彭澤而江水亦往會焉者，亦不可通之妄説也。此數説者，既無一之不窮，於是味别洲别之論出焉，而終亦不免於窮也。蓋曰味别，則不知凡禹之所爲過門不入，胼手胝足而不以爲病者，爲欲大濟天下昏墊之民，使得平土而居，以衣且食而遂其生耶！抑如陸羽、張又新輩，但欲較其毫分於齒頰間，以爲茗飲一時之快也。嗚呼！彼以是而爲説者，亦可謂童騃不思之甚矣。且河之所會，漆、沮、涇、渭、伊、洛、瀍、澗，支川尤多，而初無味别之説；濟之所經，或潛或見，或止或流，其變不一，而亦無味别之説，何獨至此而辨之若是悉耶？此又可見其爲不通之妄説也。若曰洲别，則又九江之鑿，吾既辨於前矣。若果如此，則漢水入江之後，便須當有一洲介於其間，以爲江漢之别，而湖口入匯之處，又當各分爲二，以爲出入之辨而後可也，今皆無之。而湖口横渡之處，予嘗過之，但見舟北爲大江之濁流，舟南爲彭蠡之清漲而已。蓋彭蠡之水，雖限於江而不得洩，然其既平，則亦因其可行之隙，而又未嘗不相持以東也。惡睹所謂中江、北江之别乎？此又可見其爲不通之妄説也。若曰古之九江即今之江州，古之敷淺原即今之德安縣，則漢九江郡本在江北，而今所謂江州者實武昌郡之柴桑縣，後以江北之尋陽并柴桑而立郡，又自江北徙治江南，以故江南得有尋陽之名。後又因尋陽而改爲江州，實非古九江地也。又況經言『過九江，至于東陵』，而後『會于彭蠡』，則自今江州城下至湖口縣纔四十里，不知東陵的在何處？何所表異？而其志之繁密促數乃如此。」又曰：「『過九江至于敷淺原』，則已自江州順流東下湖口，又復泝流南上彭蠡，百有餘里而後至焉，亦河説哉！此又不可通之妄説也。至于今之所謂『敷淺原』者，則其爲山也微，而其全體正脉，又特爲廬阜，以盡乎大江、彭蠡之交矣。不取於此以記衡山東道一支之所極者，而獨有取乎彼之區區焉者，則吾恐其山川之名，古今或異，而傳者未必得其真也。凡此差舛，其類不一，讀而不思，思而不考者，既昏憒鹵莽，而無足言矣。其間亦有心知其誤而口不敢言，乃反爲之遷就穿鑿以蓋之，其巧愈甚，其謬愈彰，使有識之士讀之愈疑而不敢信。惟國初胡秘監旦、近世晁詹事説之，皆以九江爲洞庭，則其援證皆極精博。而莆田鄭樵漁仲獨謂『東匯澤爲彭蠡東爲北江入于海』十三字爲衍文，亦爲得之。予既目睹彭蠡有源、兩江不分之實，又參之以此三説者，而深以事理情勢求之，然後果得其所以誤也。蓋洪水之患，惟河爲甚，而兖州乃其下流，水曲而流緩，地平而土踈，故河之患於此爲尤甚，而作治之功十有三載，然後同於諸州。竊料當時惟此等處，事急民困，勢重役煩，禹乃親莅而身督之，不可一日而舍去。若梁、雍、荆、揚，地偏水急，不待疏鑿固已通行，則分遣官屬往而視之，其亦可也。況洞庭、彭蠡之間，乃三苗氏之所居，當是之時，水澤山林深昧不測，彼方負其險阻頑不即工，則官屬之往者，固未必遽敢深入其境，是以但見彭蠡之爲澤，而不知其源之甚遠而且多；但見洞庭下流之已爲江，而不知其中流之嘗爲澤而甚廣也。以此致誤，宜無足怪者。若其用字之同異，則經之凡例亦自可攷，顧讀者未深思耳。今但删去『東匯』、『北江』之衍字，而正以洞庭爲九江，更以經之凡例通之，則『過九江至于東陵』者，言導岷山之水，而是水之流横截乎洞庭之口以至東陵也，是漢水『過三澨』之例也。『過九江至于敷淺原』者，言導岷陽之山，而導山之人至於衡山之麓，遂越洞庭之尾，東取山路以至于敷淺原也，是導岍、岐、荆山而逾于河以盡常碣之例也。以是觀之，則經之文意，不亦既明矣乎！」〇「始余讀《禹貢》，即有所疑於此數條，復見鄭漁仲所論，以『東爲北江入于海』者爲衍文，初無意其有理，既而思之，去其所謂『北江』者，則下文之『中江』者無所措矣。晚以蒙恩，假守二年於彭蠡之上，乃得究觀其山川地理之實，而知經文之不能無誤也。至於以九江爲洞庭，則惟近世晁以通之説爲然，晁氏則本於胡秘監之説也。細以地理遠近之勢度之，宜從二公爲是。」

導沇水，東流爲濟，入于河，溢爲滎；東出于陶丘北，又東至于菏；又東北，會于汶；又北東，入于海。

沇水，濟水也。發源爲沇，既東爲濟。《地志》云濟水出河東郡垣曲縣王屋山東南，今絳州垣曲縣山也。始發源王屋山頂崖下曰「沇水」，既見而伏，東出於今孟州濟源縣。二源，東源周迴七百步，其深不測；西源周迴六百八十五步，其深一丈。合流至温縣，是爲濟水。歷虢公臺西南入于河。溢，滿也。復出河之南，溢而爲滎。滎，即「滎波」之「滎」，見「豫州」。又「東出於陶丘北」，陶丘，地名。再成曰陶，在今廣濟軍西。又「東至于菏」，菏，即菏澤，亦見「豫州」。謂之「至」者，濟陰縣自有菏派，濟流至其地爾。汶，北汶也，見「青州」。又東北至于東平府壽張縣安民亭合汶水，至今青州博興縣入海。唐李賢謂濟自鄭以東，貫滑、曹、鄆、濟、齊、青以入于海。本朝樂史謂今東平濟南、淄川、北海界中有水流入海，謂之清河。酈道元謂：「濟水當王莽之世，川瀆枯竭，其後水流逕通津渠，勢改尋梁脉，水不與昔同。」然則滎澤濟河雖枯，而濟水未嘗絶流也。程氏曰：滎水之爲濟，本無他義，濟之入河，適會河滿溢出南岸。溢出者非濟水，因濟而溢，故禹還以元名命之。按程氏言「溢」之一字，固爲有理，然出於河南者，既非濟水，則禹不應以河枝流而冒稱爲濟。蓋溢者指滎而言，非指河也。且河濁而滎清，則滎之水非河之溢明矣。況經所書單立「導沇」條例，若斷若續而實有源流，或見或伏而脉絡可考。先儒皆以濟水性下勁疾，故能入河穴地，流注顯伏。南豐曾氏《齊州二堂記》云：「泰山之北與齊之東南諸谷之水，西北匯于黑水之灣，又西北匯于柏崖之灣，而至于渴馬之崖。蓋水之來也衆，其北折而西也悍疾尤甚，及至于崖下則泊然而止。而自崖以北至于歷城之西蓋五十里，而有泉湧出，高或致數尺，其旁之人名之曰『趵突之泉』。齊人皆謂嘗有棄糠於黑水之灣者，而見之於此。蓋泉自渴馬之崖潛流地中，而至此復出也。」「其注而北，則謂之濼水，達于清河以入于海。舟之通於濟者，皆於是乎達也。濟多甘泉，其顯名者十數，而色味皆同。以余驗之，蓋皆濼水之旁出者也。」然則水之伏流地中，固多有之，奚獨於滎澤疑哉？吴興沈氏亦言：古説濟水伏流地中，今歷下凡發地皆是流水，世謂濟水經過其下。東阿亦濟所經，取其井水煑膠謂之阿膠，用攪濁水則清，人服之下膈疏痰。蓋其水性趨下，清而重故也。濟水伏流絶河，乃其物性之常，事理之著者，程氏非之，顧弗深考耳。新安陳氏曰：

「方氏回嘗親過枯黃河，見濟水出河北温縣者。今徑枯黃河以入汶，而後趨海。而謂清濟貫濁河，遂成虚論。以此觀之，則濟水性下，固能伏流而出爲滎，然其性勁，實能勁絶大河中而出爲滎也。程泰之謂溢爲滎，非濟溢。辨之者，以河濁滎清證其非，當矣。今太河改而南流，而古太河遂爲枯礫，濟之貫河其迹顯然。泰之之非，不辨而明矣。」

導淮自桐柏，東會于泗、沂，東入于海。

《水經》云：「淮水出南陽平氏縣胎簪山。」禹只自桐柏導之耳。桐柏，見「導山」。泗、沂，見「徐州」。沂入于泗，泗入于淮，此言「會」者，以二水相敵故也。入海在今淮浦。

導渭自鳥鼠同穴，東會于灃，又東會于涇，又東過漆、沮，入于河。

同穴，山名。《地志》云：「鳥鼠山者，同穴之枝山也。」餘並見「雍州」。孔氏曰：「鳥、鼠共爲雌雄，同穴而處。」其説怪誕不經，不足信也。酈道元云：渭水出南谷山，在鳥鼠山西北。禹只自鳥鼠同穴導之耳。新安陳氏曰：「灃、涇、漆、沮皆入渭，渭入河，東會于灃即『灃水攸同』也，東會于涇即『涇屬渭汭』也，東過漆沮即『漆、沮既從』也。灃、涇大與渭並，故曰『會』。既得灃、涇，渭愈大，漆、沮皆小，故曰『過』。前分言於雍，而自源徂流言於此也。」

導洛自熊耳，東北會于澗、瀍，又東會于伊，又東北入于河。

熊耳，盧氏之熊耳也。餘並見「豫州」。洛水出冢嶺山，禹只自熊耳導之耳。〇按：經言

「嶓冢導漾」、「岷山導江」者，漾之源出於嶓，江之源出於岷，故先言山而後言水也；言「導河積石」、「導淮自桐柏」、「導渭自鳥鼠同穴」、「導洛自熊耳」，皆非出於其山，特自其山以導之耳，故先言水而後言山也。河不言「自」者，河源多伏流，積石其見處，故言「積石」而不言「自」也。沇水不言山者，沇水伏流，其出非一，故不誌其源也。弱水、黑水不言山者，九州之外蓋略之也。小水合大水謂之入，大水合小水謂之過，二水勢均相入謂之會。天下之水莫大於河，故於河不言會。此《禹貢》立言之法也。王氏炎曰：「凡導川，皆決而委之於海。然百川東注，而弱水獨西、黑水獨南。其入于東海，則天下之水，在北莫大於河，在南莫大於江漢，故先言導河而漢次之，江又次之；淮、濟，亦四瀆也，故先言濟而淮次之：皆自北而南也。四瀆之西有渭，東有洛，亦大川也，故以是終焉。」

九州攸同：四隩既宅，九山刊旅，九川滌源，九澤既陂，四海會同。

隩，隈也。李氏曰：「涯内近水爲隩。」陂，障也。會同，與「灉沮會同」同義。四海之隩，水涯之地已可奠居；九州之山，槎木通道已可祭告；九州之川，濬滌泉源而無壅遏；九州之澤，已有陂障而無決潰；四海之水，無不會同而各有所歸。此蓋總結上文，言九州、四海水土無不平治也。呂氏曰：「水平而復疏滌其源，爲經久計也。」○林氏曰：「九州辨之悉矣，至此又言其所以同。有以辨之，則異制異俗、異和異宜，各得其所，而不相亂；有以同之，則同軌、同文、同倫，各要其歸，而不見其異。《序》言『別』，此言『同』，先別而後同也。」○上官氏曰：「天下山水，見於《禹貢》者，四十有五。而九水爲大，九山爲高，大者既導，則小者無不順矣；高者既治，則卑者無不平矣。此九山、九川所以敘於九州之後也。」

六府孔修，庶土交正，底慎財賦，咸則三壤，成賦中邦。

孔，大也。水、火、金、木、土、穀皆大修治也。土者，財之自生，謂之「庶土」，則非特穀土也。庶土有等，當以肥瘠高下，名物交相正焉，以任土事。底，致也。因庶土所出之財而致謹其財賦之入，如《周・大司徒》「以土宜之法，辨十有二土之名物，以任土事」之類。咸，皆也。則，品節之也。九州穀土又皆品節之以上、中、下三等，如《周・大司徒》「辨十有二壤之名物，以致稼穡」之類。中邦，中國也。蓋土賦或及於四夷，而田賦則止於中國而已，故曰「成賦中邦」。復齋董氏曰：「九疇先五行，五行一曰『水』。水治，則六府皆理。」○呂氏曰：「『底慎』，其心也；『則壤』，其迹也。本末皆備。」○林氏曰：「準則上、中、下之土壤，即前九等之田。三等言其略，九等言其詳也。」○陳氏大猷曰：「上各州惟舉一隅，至此總結之，以見九州之所同。如『宅土』、『既宅』惟見於兖、雍，故以此『四隩既宅』總之；『旅』山惟見於梁、雍，故此以『九山刊旅』總之。各州所載川澤雖多，然九州川澤不止是也，故以九川、九澤之『滌』、『陂』總之。上雖各載達河之道，而四方之趨帝都者不止是也，故以『四海會同』總之。『六府孔修』，則非特水土之治而已。庶土交正，則山林川澤丘陵墳衍原隰之土地無不正，非特墳壤壚之復其性而已也，正庶土而慎財賦，所以總結九州所貢篚之物也；

則三壤以成中邦之賦，所以總結九州九等之田與賦也。」

錫土姓，

錫土姓者，言錫之土以立國，錫之姓以立宗，《左傳》所謂「天子建德，因生以賜姓，胙之土，而命之氏」者也。林氏曰：「水土平，可以封建諸侯也。如契封於商，賜姓子；稷封於邰，賜姓姬。有土有社，昔固有矣，至是徧錫之。」

祗台德先，不距朕行。

台，我；距，違也。禹平水土，定土賦，建諸侯，治已定，功已成矣。當此之時，惟敬德以先天下，則天下自不能違越我之所行也。王氏炎曰：「曰『台』曰『朕』，皆禹自言。指台、朕爲堯、舜，非經意也。」○馬氏曰：「水土已平，天子於是封建分理，又敬己德以先之而莫敢違，皆禹功所致也。即『迪朕德，時乃功惟敘』之意。」

五百里甸服。百里賦納總，二百里納銍，三百里納秸服，四百里粟，五百里米。

甸服，畿內之地也。甸，田。服，事也。以皆田賦之事，故謂之「甸服」。「五百里」者，王城之外，四面皆五百里也。禾本全曰「總」。刈禾曰「銍」，半藁也。半藁去皮曰「秸」。謂之「服」者，三百里內去王城爲近，非惟納總、銍、秸，而又使之服輸將之事也。獨於秸言之者，總前二者而言也。粟，穀也。內百里爲最近，故并禾本總賦之；外百里次之，只刈禾半藁納也；外百里又次之，去藁麤皮納也；外百里爲遠，去其穗而納穀；外百里爲尤遠，去其穀而納米。蓋量其地之遠近，而爲納賦之輕重、精麤也。此分甸服五百里，而爲五等者也。朱子曰：「『里』者，乃道途遠近之數，非方井之里也。甸，治田也，畿内天子之田。其民主爲天子治田事，故謂之『甸服』。」○近麤而遠精，近者易致，遠者難致故也。畿内專言田賦者，畿内不封諸侯，故田賦入天子。然五服各不同，亦舉凡例互相見。○張氏曰：「此以下因水土既平，而言『弼成五服』之事。服，服其事也。内而甸侯綏，外而要荒，莫不各服其事於天子，故皆謂之『服』。」○孔氏曰：「甸服，爲天子服治田。禾藁曰『總』，供飼國馬。」○唐孔氏曰：「銍，鎌也，用以刈，故以銍表禾穗。秸言服，舉中以明上下，侯服以外貢不入穀。甸主治田，故服名甸。」○蘇氏曰：「獨言甸服之賦者，内詳王賦之法，而諸侯可推也。」○陳氏大猷曰：「禹之甸法，達於天下。《詩》『奕奕梁山，維禹甸之』，傳『少康有田一成』，皆甸法也。王畿獨以『甸』名服者，農事國之本也。京師，聲名文物之所萃，四方百貨之所聚，其民易以棄本逐末。制名『甸服』，示天下以務本重穀也。」○新安陳氏曰：「或謂『服』如『國服』之『服』，他有服役，不但輸將。或又謂秸只納藁，以此三百里在遠近之中，故使只納藁，而服輸將之役也。」○碧梧馬氏曰：「『秸服』之『服』，先儒多以『服』字。就『秸』字上解。秸，藁也。若去禾中之粟米，而納空藁。惟使之服輸將之事，是其賦輕於四百里、五百里矣；若存禾中之粟米而又納藁，又服輸將之事，是其賦重於百里二百里矣。惟蔡傳摘出『服』字，以爲總前二者言之，爲通。蓋孔氏亦以此明上下服，並皆有所納之役矣。第孔氏説以『服』字貫總銍粟米言之，文勢爲礙爾。」

五百里侯服。百里采，二百里男邦，三百里諸侯。

「侯服」者，侯國之服。甸服外，四面又各五百里也。「采」者，卿大夫邑地。男邦，男爵，小國也。諸侯，諸侯之爵，大國次國也。先小國而後大國者，大可以禦外侮，小得以安内附也。此分侯服五百里而爲三等也。朱子曰：「第二之百里爲男爵之國。」○「三百里」，謂自三至五，爲百里者三。隨文生例，不可拘此。○「侯服」惟言邑國者，畿外主於封侯，亦互相見。○吕氏曰：「采邑，如今之職田。言『男』，則子在其間；言『侯』，則公、伯在其間。」

五百里綏服。三百里揆文教，二百里奮武衛。

綏，安也。謂之「綏」者，漸遠王畿而取撫安之義。侯服外，四面又各五百里也。揆，度也。綏服内取王城千里，外取荒服千里，介於内外之間，故以内「三百里揆文教」，外「二百里奮武衛」。文以治内，武以治外，聖人所以嚴華夏之辨者如此。此分綏服五百里而爲二等也。陳氏大猷曰：「『綏服』，内安中國，外安邊疆也。内三百里非全無武衛，以文教爲主；外二百里非全無文教，以武衛爲主。文教以善其生，武衛以護其生，民斯安矣。」又曰：「武以衛言，保護而已，治世武事易弛，故奮以脩之。聖人不黷武，亦不廢武也，與後世恃小康而銷兵者，異矣。」○林氏曰：「漢魏使外夷入居中國障塞之地，至西晉有劉、石之禍；石晉以盧龍賂契丹，至重貴有耶律之難。綏服嚴華夷之辨，萬世不易之法也。」

五百里要服。三百里夷，二百里蔡。

要服，去王畿已遠，皆夷狄之地，其文法略於中國。謂之「要」者，取要約之義，特羈縻之而已。綏服外，四面又各五百里也。蔡，放也，《左傳》云「蔡蔡叔」是也。流放罪人於此也。此分要服五百里而爲二等也。

五百里荒服。三百里蠻，二百里流。

荒服，去王畿益遠，而經略之者，視要服爲尤略也。以其荒野，故謂之「荒服」，要服外，四面又各五百里也。流，流放罪人之地。蔡與流皆所以處罪人，而罪有輕重，故地有遠近之別也。此分荒服五百里而爲二等也。○今按：每服五百里，五服則二千五百里，南北東西相距五千里。故《益稷》篇言：「弼成五服，至于五千。」然堯都冀州，冀之北境并雲中、涿、易亦恐無二千五百里，藉使有之，亦皆沙漠不毛之地。而東南財賦所出，則反棄於要、荒，以地勢考之，殊未可曉。但意古今土地盛衰不同，當舜之時，冀北之地未必荒落如後世耳。亦猶閩浙之間，舊爲蠻夷淵藪，而今富庶繁衍，遂爲上國。土地興廢，不可以一時概也。周制九畿，曰侯、甸、男、采、衛、蠻、夷、鎮、藩，每畿亦五百里，而王畿又不在其中。併之則一方五千里，四方相距爲萬里，蓋倍禹服之數也。《漢·地志》亦言：東西九千里，南北一萬三千里。先儒皆疑禹服之狹而周、漢地廣，或以周服里數皆以方言，或以古今尺有長短，或以禹直方計而後世以人迹屈曲取之。要之，皆非的論。蓋禹聲教所及則地盡四海，而其疆理則止以五服爲制，至荒服之外又別爲區畫，如所謂「咸建五長」是已。若周、漢，則盡其地之所至而疆畫之也。王氏曰：「夷，易也，無中國禮法，易而已。蠻，慢也，甚於夷矣。」○林氏曰：「《記》言東夷、西戎、南蠻、北狄，相對而言則有四名，舉一二言則皆可通，如『四夷來王』、『蠻夷率服』是也。此處不必拘東夷、南蠻之名，『夷，易』、『蠻，慢』之訓，其或然歟！」○馬氏曰：「甸、侯、綏爲中國，要、荒已爲夷狄。聖人之治，詳內略外，觀五服名義可見。治中國，則法度宜詳，治以必治也；治夷蠻，則法度宜略，治以不治也。觀至于五千見德化之遠及，觀要、荒二服見法度之不泛及，聖人不務廣地而勤遠略可見矣。」○曾氏曰：「周之九服，述者終不能大異於作者。周之王畿即禹之甸服，侯服、甸服即禹之侯服，男服、采服即禹之綏服，衛服介於其中，即綏服之奮武衛，蠻服、夷服即禹之要服，鎮服、藩服即禹之荒服也。」○《王制》：「西不盡流沙，南不盡衡山，東不盡東海，北不盡恒山。」應氏曰：「東海在中國封疆內西南，北海則遠在夷徼之外，南獨以江與衡山爲限，蓋百粵未盡開也。惟河舉東西南北，河流縈帶東國也。自秦而上，西北袤而東南蹙；自秦而下，東南展而西北縮。此古今天地之大運也。當先王時，四方各有不盡之地，聽四夷居之，不勞中國以事外也。」

東漸于海，西被于流沙，朔南暨聲教訖于四海。禹錫玄圭，告厥成功。

漸，漬。被，覆。暨，及也。地有遠近，故言有淺深也。聲謂風聲，教謂教化。林氏曰：振舉於此，而遠者聞焉，故謂之聲；軌範於此，而遠者效焉，故謂之教。上言五服之制，此言聲教所及，蓋法制有限而教化無窮也。錫，與「師錫」之「錫」同。水土既平，禹以玄圭爲贄而告成功于舜也。水色黑，故圭以玄云。林氏曰：「此又推聖化所極至而言之。漸，如水之漸漬；被，如衣之被覆。朔南不言所至，以下文『四海』見之也。」○陳氏大猷曰：「聖人政事所治，詳内略外，不求盡於四海；而道德所化，則無内外之限，而必極於四海。自禹『敷土』而下，概舉治水規模言之；自『冀州』而下，以帝都爲主，自東而西區別九州之疆域言之；自『導岍』而下，則自西而東貫串九州之山水言之；自『九州攸同』而下，則總合九州成績言之；自『五百里甸服』而下，則以成五服、自内及外言之；自『東漸』而下，則遠舉四極言之。以至於告成功而終焉。經緯錯綜，法度森嚴，非聖經不及此。」○新安陳氏曰：「《禹貢》一書，雖紀平水土、制貢賦之事，而有躬行教化之精微寓焉。曰『祗台德先，不距朕行』，躬行心得以爲教化之本者也。曰『文教』，曰『聲教』，教化之流行，而躬行之效驗也。後之《山經》、《地志》，與夫財用之書，有是哉？」○董氏鼎曰：「《禹貢》紀禹治水之規模次第與水平後『任土作貢』之法，及『弼成五服』之事。自黄帝畫野分州，九州封域已定矣。禹治水，復取高山大川以別識之，使各州之官率民以趨事也。其始於冀州，非徒以帝都爲先，蓋水患皆因下流壅塞而然。禹先用功於下流，以疏其壅塞之勢；然後用功於上流，以濬其發源之地。下流有所歸，則上流有所殺矣。天下大勢，西北高而東南下。九水惟河爲大，水患惟河爲急，河始入於雍而經於冀，則冀當河之下流，而兗又其下流之入海處，所以禹之功役，自冀而兗則疏濟之下流也，自青而徐則疏淮之下流也，自揚而荆則疏江漢之下流也。河、濟、淮、江、漢五水之下流既通，水患之平已十七八矣。然上流不濬，則猶有壅塞之患，於是自荆而豫以濬伊、洛之源，自豫而梁以濬江、漢之源，自梁而雍以濬河、渭之源。從北而東，從東而南，從南而西，從西而又北始於河，治水之能事畢矣。一書之中，觀其規模次第，若事乎法度之維持；求其綱領樞機，實關乎德化之感化，故曰『祇台德先，不距朕行』。讀此篇者，毋求作貢之法，當求其祇德之心。」

甘誓

甘，地名，有扈氏國之南郊也，在扶風鄠縣。誓，與禹征苗之「誓」同義，言其討叛伐罪之意，嚴其坐作進退之節，所以一衆志而起其怠也。誓師于甘，故以「甘誓」名篇。《書》有六體，誓其一也。今文、古文皆有。○按：有扈，夏同姓之國。《史記》曰：啓立，有扈不服，遂滅之。唐孔氏因謂堯、舜受禪，啓獨繼父，以是不服。亦臆度之耳。《左傳》昭公元年趙孟曰：「虞有三苗，夏有觀、扈，商有姺、邳，周有徐、奄。」則有扈亦三苗、徐、奄之類也。新安陳氏曰：「禹征苗已有誓，專書一篇則自此始，可觀世變矣。」

大戰于甘，乃召六卿。

六卿，六鄉之卿也。按《周禮》鄉大夫每鄉卿一人，六鄉六卿，平居無事，則各掌其鄉之政教禁令，而屬於大司徒；有事出征，則各率其鄉之一萬二千五百人，而屬於大司馬，所謂「軍將皆卿」者是也。意夏制亦如此。古者四方有變，專責之方伯；方伯不能討，然後天子親征之。天子之兵，有征無戰。今啓既親率六軍以出，而又書「大戰于甘」，則有扈之怙强稔惡，敢與天子抗衡，豈特《孟子》所謂「六師移之」者？書曰「大戰」，蓋所以深著有扈不臣之罪，而爲天下後世諸侯之戒也。李氏曰：「六卿，非自冢宰至司空之六卿也，《周禮·鄉大夫》『每鄉，卿一人』，蓋王之六卿，别有此六卿也。若以爲六卿分職之六卿，無緣冢宰亦屬於司馬，知其非也。」○新安陳氏曰：「此書固見有扈之不臣，亦見啓之尚能爲君也。」

王曰：「嗟，六事之人。予誓告汝：

重其事，故嗟歎而告之。「六事」者，非但六卿，有事於六軍者皆是也。李氏曰：「《虞書》言『咨』，其後變爲『嗟』，《胤征》『嗟予有衆』、《湯誥》『嗟爾萬方有衆』皆是。」

「有扈氏威侮五行，怠棄三正，天用勦絶其命。今予惟恭行天之罰。

威，暴殄之也。侮，輕忽之也。鯀汩五行而殛死，况於威侮之者乎？三正，子、丑、寅之正也。夏正建寅。「怠棄」者，不用正朔也。有扈氏暴殄天物，輕忽不敬，廢棄正朔，虐下背上，獲罪于天。天用勦絶其命，今我伐之，惟敬行天之罰而已。今按此章，則三正迭建，其來久矣。舜協時月正日，亦所以一正朔也。子丑之建，唐虞之前當已有之。孔氏曰：自此至篇終皆誓辭。陳氏大猷曰：「凡背五常之道，拂生長斂藏之宜，皆『威侮五行』也。」○馬氏曰：「建子、丑、寅三正也。」○林氏曰：「商方有改正朔事，夏以前未有也。」○夏氏曰：「董仲舒謂舜紹堯，順天道，改正朔，易服色。此非夏以前事乎？」○新安陳氏曰：「商以前，若果無子、丑二正，則是自古以來皆建寅，孔子何獨言『行夏之時』乎？蔡氏以『暴殄天物』爲『威侮五行』，是偏以質具於地之五行言之，陳氏兼以氣行於天之五行與五行之理言。」

「左不攻于左，汝不恭命；右不攻于右，汝不恭命；御非其馬之正，汝不恭命。

左，車左。右，車右也。攻，治也。古者車戰之法，甲士三人，一居左以主射，一居右以主擊刺，御者居中以主馬之馳驅也。《左傳》宣公十二年楚許伯御樂伯，攝叔爲右，以致晉師。樂伯曰：「吾聞致師者，左射以菆。」是車左主射也。攝叔曰：「吾聞致師者，右入壘，折馘、執俘而還。」是車右主擊刺也。御非其馬之正，猶王良所謂「詭遇」也。蓋左右不治其事，與御非其馬之正，皆足以致敗。故各指其人以責其事，而欲各盡其職而不敢忽也。

《玉篇》：「菆，側鳩反，矢之善者。」

「用命，賞于祖；不用命，戮于社，予則孥戮汝。」

戮，殺也。《禮》曰：「天子巡狩，以遷廟主行。」《左傳》：「軍行祓社釁鼓。」然則天子親征，必載其遷廟之主與其社主以行，以示賞戮之不敢專也。祖，左，陽也，故賞于祖。社，右，陰也，故戮于社。孥，子也，「孥戮」與上「戮」字同義。言若不用命，不但戮及汝身，將併汝妻子而戮之。戰，危事也，不重其法則無以整肅其衆而使赴功也。或曰，戮，辱也。孥戮，猶《秋官・司厲》「孥男子以爲罪隸」之「孥」。古人以辱爲戮，謂戮辱之以爲孥耳。古者罰弗及嗣，孥戮之刑非三代之所宜有也。按此説固爲有理，然以上句考之，不應一戮而二義。蓋罰弗及嗣者，常刑也；「予則孥戮」者，非常刑也。常刑則「愛克厥威」，非常刑則「威克厥愛」。盤庚遷都尚有「劓殄滅之，無遺育」之語，則啓之誓師豈爲過哉？新安陳氏曰：「『恭行天之罰』一言，與『汝不恭命』之三言，然後知『恭』之一字，爲此篇之綱領。有扈之『威侮』、『怠棄』，不恭故也；啓之行天罰，以恭爲本。我恭天之命，左右御當恭我之命。用命而賞，賞其恭命者也；不用命而戮，戮其不恭命者也。賞與戮不敢自專，必行之於祖與社，皆致其恭也。恭敬者，百聖相傳之心法，啓之恭敬之心，即禹祗承之心也。啓賢能敬承繼禹之道，於此亦可見云。」〇吴氏泳曰：「《甘誓》一篇，僅八十字，而其間六軍之制、車乘之法、邦國賞刑之典、誓師之辭，靡不明備。蓋古人之學，精粗本末不廢。啓雖承禹傳道之後，而干戈行陣之事，亦曾從家學素講明來。一傳至仲康，而《胤征》所言，亦可以考當時人物、軍旅、官名、制度，乃知『明明我祖，萬邦之君，有典有則，貽厥子孫』，真至言哉！」〇董氏鼎曰：「以啓之賢，繼禹之道，而有扈小臣敢於抗天子，勇於拒王師。史官作書，曰『大戰于甘』，所以深著有扈之罪也。於此而不聲罪致討，則亂臣賊子何所懼哉！以此知天下之患雖小不可忽也，前人之功雖大不可恃也，在我而已矣。世故有蒙祖父之烈虐用其民，而顧自信人之不叛己者，吁！奚可哉！彼有功於天地生民者莫若禹，能敬承繼禹之道者莫若啓，猶有有扈氏之亂，況不如禹啓父子者乎？吁！萬世可以監矣。抑愚又有感焉，天下雖安，忘戰必危。禹自征苗以來，未嘗用師，軍旅之事，宜啓所未聞也。而一旦赫然以征有扈，召六卿而誓與會群后而誓者同科，『威侮五行，怠棄三正』與『侮慢自賢，反道敗德』者同意，『恭行天罰』、『用命』『不用命』與『奉將天罰』，『爾尚一乃心力』者同辭，蓋宛然神考家法也。然則禹固不以天下爲無事而不訓以兵，啓亦不以天下爲無事而不習於兵。講之以豫，用之以節，斯其爲王者之師歟！」

五子之歌

五子，太康之弟也。歌，與「帝舜作歌」之「歌」同義。今文無，古文有。張氏曰：「美哉禹功！明德遠矣！再傳至太康，一盤遊田，便至失國。以禹之德之功，不能蓋也，爲人君可少肆乎？」

太康尸位，以逸豫滅厥德，黎民咸貳。乃盤遊無度。畋于有洛之表，十旬弗反。

太康，啓之子。尸，如祭祀之尸。謂居其位而不爲其事，如古人所謂「尸禄」、「尸官」者也。豫，樂也。夏諺曰：「吾王不遊，吾何以休？吾王不豫，吾何以助？一遊一豫，爲諸侯度。」夏之先王非不遊豫，蓋有其節，皆所以爲民，非若太康以逸豫而滅其德也。民咸貳心，而太康猶不知悔，乃安於遊畋之無度。言其遠，則至于洛水之南；言其久，則十旬而弗反。是則太康自棄其國矣。新安陳氏曰：❶「此史序五子作歌之由。能敬必有德，逸豫則怠勝

❶ 「新安陳氏」，《尚書集傳纂疏》作「薛氏」，當是。

敬，所以至滅其德。」

有窮后羿，因民弗忍，距于河。

窮，國名。羿，窮國君之名也。或曰，羿，善射者之名。賈逵、《説文》：「羿，帝嚳射官。」故其後善射者皆謂之「羿」。有窮之君亦善射，故以「羿」目之也。羿因民不堪命，距太康于河北，使不得返，遂廢之。呂氏曰：「姦雄何代無之？我之勢固，彼無因而入；苟有間隙，彼必投之。羿之變，所以『因民弗忍』也。因者，明禍亂之本，在此不在彼也。秦不築長城、起阿房，勝、廣何所因？隋不伐遼東、遊江都，李密、王世充何所因？」○陳氏經曰：「禹功在萬世，覩河、洛者思之，再傳一爲遊田，而民遂貳，何也？民之於禹如賴慈母，一遇太康如嬰兒失母無依，所以貳也。然羿能奪之一時，不能禁民思禹於他日，少康以一成一旅卒祀夏配天，非民之不忘禹而何？」

厥弟五人，御其母以從，徯于洛之汭。五子咸怨，述大禹之戒以作歌。

御，侍也。怨，如《孟子》所謂「《小弁》之怨，親親也」。《小弁》之詩，父子之怨；《五子之歌》，兄弟之怨。親之過大而不怨，是愈踈也。五子知宗廟社稷危亡之不可救，母子兄弟離散之不可保，憂愁鬱悒，慷慨感厲，情不自已，發爲詩歌，推其亡國敗家之由，皆原於荒棄皇祖之訓。雖其五章之間非盡述皇祖之戒，然其先後終始，互相發明。史臣以其作歌之意，序於五章之首。後世序《詩》者，每篇皆有《小序》，以言其作詩之義。其原蓋出諸此。呂氏曰：「《五子之歌》，當以《詩》體觀，不當以《書》體觀。《五子之歌》一章切於一章：一章述禹敬民之訓，二章自咎取亡之道，三章痛惜冀都之業，四章反覆家緒之本末，五章盡取憂愧歸之於己。其情極矣。欲觀《詩》者當先觀《書》，觀舜、皐之歌則見《詩》之《雅》、《頌》，觀《五子之歌》則見《詩》之變風、變雅。」○陳氏大猷曰：「五章俯仰節奏，怨而不怒，真『温柔敦厚，可以怨』者也。」

其一曰：「皇祖有訓，民可近，不可下，民惟邦本，本固邦寧。

此禹之訓也。皇，大也。君之與民，以勢而言，則尊卑之分，如霄壤之不侔；以情而言，則相須以安，猶身體之相資以生也。故勢踈則離，情親則合。以其親，故謂之近；以其踈，故謂之下。言其可親而不可踈之也。且民者國之本，本固而後國安。本既不固，則雖强如秦，富如隋，終亦滅亡而已矣。其一、其二，或長幼之序，或作歌之序，不可知也。新安陳氏曰：「五歌節奏有序，若出於一意者，五子相與共爲此歌，未必一歌必出一子，而循少長之序爲之也，否則出於夏史潤色次第歟？」○陳氏雅言曰：「君民以勢而言，則若下而不相近；以理而言，則可近而不可下也。蓋民之所以可近而不可下者，以民爲國之本，民安則國亦安。人君於此，其可下而不近之哉？舜告禹曰『可畏非民』，又曰『后非衆，罔與守邦』，大禹垂訓之言，其得於授受之言也歟！」

「予視天下愚夫愚婦，一能勝予。一人三失，怨豈在明？不見是圖。予臨兆民，凛乎若朽索之馭六馬。爲人上者，奈何不敬？」

予，五子自稱也。君失人心，則爲獨夫。獨夫，則愚夫愚婦一能勝我矣。「三失」者，言所失衆也。民心怨背，豈待其彰著而後知之？當於事幾未形之時而圖之也。朽，腐也。朽索易絶，六馬易驚。朽索固非可以馭馬也，以喻其危懼可畏之甚。爲人上者，奈何而不敬乎？前既引禹之訓言，此則以己之不足恃、民之可畏者，申結其義也。陳氏大猷曰：「失至於三，不望其復改矣。『頻復』之凶也，民怨之蓄必深矣。」○林氏曰：「朽索馭六馬，猶晉人作危語。古車一乘四馬，兩服兩驂。天子車六馬，服驂之旁加兩騑也。馬在車中爲服，在車外爲驂，在驂外爲騑。」○陳氏經曰：「此章言國以民爲本，君之固結民心，以敬爲本。以見太康失邦，由失民心；失民心，由於逸豫不敬也。」

其二曰：「訓有之：內作色荒，外作禽荒，甘酒嗜音，峻宇彫牆。有一於此，未或不亡。」

此亦禹之訓也。色荒，惑嬖寵也。禽荒，耽遊畋也。「荒」者，迷亂之謂。甘、嗜，皆無厭也。峻，高大也。宇，棟宇也。彫，繪飾也。言六者有其一，皆足以致滅亡也。禹之訓昭明如此，而太康獨不念之乎。此章首尾意義已明，故不復申結之也。林氏曰：「此但言『訓』，承上章『皇祖有訓』也。」○王氏十朋曰：「『三風十愆，君有於身，國必亡。與此同意。」○西山真氏曰：「大禹之訓凡六言二十有四字爾，而古今亂亡之釁，靡不由之，凛乎其不可犯也。古詩之體，實原乎此。意者大禹爲之，使子孫誦而傳之乎？爲人主者，以此大訓揭之座隅、銘之楹席，若古聖人儼臨乎前，則保國之金湯、全生之藥石也。」〇董氏鼎曰：「聖人言善惡成敗，猶醫師之辨藥性、法司之明律令，某物食之殺人、某事犯之致死，不吾欺矣。輕生者，不顧而身試之，卒至禍敗，其太康之謂歟！禹之訓色荒、禽荒、甘酒、嗜音、峻宇、彫牆，有一于此，未或不亡。太康一犯禽荒之戒，竟以失邦，如食殺人之毒而犯致死之刑，何其嚴而不可違如此哉！禹訓之嚴，太康雖不悟，然後之爲君者有所警焉。所以四百年而後有桀，千有餘年而後有紂，不然，如太康者，豈若是踈乎？」

其三曰：「惟彼陶唐，有此冀方。今失厥道，亂其紀綱，乃底滅亡。」

堯初爲唐侯，後爲天子，都陶，故曰「陶唐」。堯授舜，舜授禹，皆都冀州。言「冀方」者，舉中以包外也。大者爲綱，小者爲紀。底，致也。堯、舜、禹相授一道以有天下，今太康失其道而紊亂其紀綱，以致滅亡也。〇又按《左氏》所引，「惟彼陶唐」之下有「帥彼天常」一語。「厥道」作「其行」，「乃底滅亡」作「乃滅而亡」。陳氏大猷曰：「『道』者，君天下之本。『紀綱』者，維持天下之制。」

其四曰：「明明我祖，萬邦之君。有典有則，貽厥子孫。關石和鈞，王府則有。荒墜厥緒，覆宗絶祀！」

明明，明而又明也。我祖，禹也。典，猶周之「六典」；則，猶周之「八則」，所以治天下之典章法度也。貽，遺。關，通。和，平也。百二十斤爲石，三十斤爲鈞。鈞與石，五權之最重者也。關通，以見彼此通同，無折閡之意；和平，以見人情兩平，無乖争之意。言禹以明明之德君臨天下，典則、法度所以貽後世者如此。至於鈞石之設，所以一天下之輕重而立民信者，王府亦有之。其爲子孫後世慮，可謂詳且遠矣。奈何太康荒墜其緒，覆其宗而絶其祀乎？○又按：法度之制始於權，權與物鈞而生衡，衡運生規，規圓生矩，矩方生繩，繩直生準。是權衡者，又法度之所自出也。故以「鈞」、「石」言之。毅齋沈氏曰：「經常無詭，是之謂『典』；中正有準，是之謂『則』。」○節初齊氏曰：「以理言，則以君臣、父子、兄弟、夫婦、朋友爲五典是也；就事言，則以堯、舜所行爲二典是也。動則隨時取中，靜則守正不移，而皆自然有以爲之準，此所謂事理當然之極也。言其物之當然者，則曰『物則』；言其理之自然者，則曰『天則』。」○新安陳氏曰：「關，通。和，平。互文耳。法之與器，本末備具，爲子孫慮，遠矣詳矣。」

其五曰：「嗚呼曷歸？予懷之悲。萬姓仇予，予將疇依？鬱陶乎予心，顔厚有忸怩。弗慎厥德，雖悔可追？」

曷，何也。嗚呼曷歸，歎息無地之可歸也。予將疇依，彷徨無人之可依也。爲君至此，亦可哀矣。「仇予」之「予」，指太康也。指太康而謂之「予」者，不忍斥言，忠厚之至也。鬱陶，哀思也。顔厚，愧之見於色也。忸怩，愧之發於心也。可追，言不可追也。林氏曰：「『曷歸』者，太康也，五子則曰『予之悲』；民仇者，太康也，五子則曰『仇予』。仁人之於兄弟，榮辱一體，有邦則同其安榮，失邦則同其危辱，親愛之至情也。」○施氏曰：「五子之怨，不深尤太康，乃若其身親爲不善以致之者，非其仁愛之意充於中而發見於外，安能若是？孔子於《書》取此歌，於《詩》取《小弁》，其意一也。」○陳氏大猷曰：「五子不咎羿而曰『萬姓仇予』，不咎萬姓而曰『弗慎厥德』，不咎太康而惟自怨自艾，所謂『怨而不怒』也。太康失國，因於不敬慎爾，故《五子之歌》始之曰『奈何不敬』，終之曰『弗慎厥德』，以是始終焉，乃一篇之綱領也。故曰：『敬勝怠者吉，怠勝敬者滅。』」

胤征

胤，國名。《孟子》曰：「征者，上伐下也。」此以征名，實即誓也。仲康丁有夏中衰之運，羿執國政，社稷安危在其掌握。而仲康能命胤侯以掌六師，胤侯能承仲康以討有罪，是雖未能行羿不道之誅，明羲和黨惡之罪，然當國命中絶之際而能舉師伐罪，猶爲禮樂征伐之自天子出也。夫子所以録其書者以是歟？今文無，古文有。○或曰：蘇氏以爲，羲和貳於羿、忠於夏者，故羿假仲康之命，命胤侯征之。今按：篇首言「仲康肇位四海，胤侯命掌六師」，又曰「胤侯承王命徂征」，詳其文意，蓋史臣善仲康能命將遣師，胤侯能承命致討，未見貶仲康不能制命，而罪胤侯之爲專征也。若果爲篡羿之書，則亂臣賊子所爲，孔子亦取之爲後世法乎？

惟仲康肇位四海，胤侯命掌六師。羲和廢厥職，酒荒于厥邑。胤后承王命徂征。

仲康，太康之弟。胤侯，胤國之侯。命掌六師，命爲大司馬也。仲康始即位，即命胤侯以掌六師，次年方有征羲和之命。必本始而言者，蓋史臣善仲康肇位之時已能收其兵權，故羲和之征猶能自天子出也。林氏曰：「羿廢太康而立仲康。」然其篡也，乃在相之世。仲康不爲羿所篡，至其子相然後見篡，是則仲康猶有以制之也。羿之立仲康也，方將執其禮樂征伐之權以號令天下，而仲康即位之始即能命胤侯掌六師以收其兵權，如漢文帝入自代邸即皇帝位，夜拜宋昌爲衛將軍鎮撫南北軍之類。羲和之罪，雖曰沉亂于酒，然黨惡於羿，同惡相濟。故胤侯承王命往征之，以翦羿羽翼。故終仲康之世，羿不得以逞。使仲康盡失其權，則羿之篡夏，豈待相而後敢耶？羲氏、和氏，夏合爲一官。曰「胤后」者，諸侯入爲王朝公卿，如禹、稷、伯夷謂之后也。問：「東坡疑《胤征》。」朱子曰：「袁道潔攷得是。太康失河北，至相方失河南。然亦疑羲和是箇曆官，曠職，誅之可也，何至誓師如此？大抵古書之不可攷，皆此類也。」○林氏曰：「羲、和夏爲一官，至周不復稱羲和，而爲馮相、保章氏，隸於大宗伯，其任又輕於夏矣。太史公曰：文史星曆，近乎卜祝之間，主上所戲弄，倡優畜之，愈益輕矣。」○息齋余氏曰：「傳云：『仲康始即位，即命胤侯以掌六師，次年方有征羲和之命。』其曰『始即位』，以『肇位』言也；其曰『次年』，則不復著其所據。後又引《唐志》曰：日蝕在仲康即位之五年，當何所折衷歟？今按《經世書》，以征羲和爲仲康元年事，則是即位之次年也。古者逾年改元。」

告于衆曰：「嗟，予有衆，聖有謨訓，明徵定保。先王克謹天戒，臣人克有常憲，百官脩輔，厥后惟明明。

徵，驗。保，安也。聖人訓謨，明有徵驗，可以定安邦國也。下文即謨訓之語。天戒，日蝕之類。「謹」者，恐懼修省以消變異也。「常憲」者，奉法修職以供乃事也。君能謹天戒於上，臣能有常憲於下，百官之衆各修其職以輔其君。故君内無失德，外無失政，此其所以爲明明后也。又按：日食者，君弱臣强之象，后羿專政之戒也。羲和掌日月之官，黨羿而不言，是可赦乎？王氏曰：「使羲和守常憲以修輔，則仲康得慎天戒而修省矣。今畔官離次，不知有日蝕之變，則是不有常憲。昧先聖之謨、訓，安能免於誅乎？」

「每歲孟春，遒人以木鐸徇于路，官師相規，工執藝事以諫。其或不恭，邦有常刑。

遒人，宣令之官。木鐸，金口木舌，施政教時振以警衆也。《周禮·小宰》之職：「正歲帥治官之屬」，「徇以木鐸曰：不用法者，國有常刑」，亦此意也。官以職言，師以道言。規，正也。「相規」云者，胥教誨也。工，百工也。百工技藝之事，至理存焉。理無往而不在，故言無微而可略也。《孟子》曰：「責難於君謂之恭。」官師百工不能規諫，是謂「不恭」。不恭之罪，猶有常刑，而况於畔官離次，俶擾天紀者乎？張氏曰：「相規，規君也，《左傳》『大夫規誨』，《詩・沔水》『規宣王』。」○蔡氏元度曰：「周景王將鑄無射，伶州鳩諫曰『匱財』、『罷民』；魯莊丹楹刻桷，匠慶諫曰：『無益於君，而替前人之令德。』執藝事諫，此類是也。」

「惟時羲和，顛覆厥德，沈亂于酒，畔官離次，俶擾天紀，遐棄厥司。乃季秋月朔，辰弗集于房。瞽奏鼓，嗇夫馳，庶人走。羲和尸厥官，罔聞知，昏迷于天象，以干先王之誅。《政典》曰：『先時者，殺無赦；不及時者，殺無赦。』

次，位也。官以職言，次以位言。畔官，則亂其所治之職。離次，則舍其所居之位。俶，始。擾，亂也。天紀，即《洪範》所謂「歲、月、日、星辰、曆數」是也。蓋自堯、舜命羲、和曆象日月星辰之後，爲羲、和者世守其職，未嘗紊亂，至是始亂其天紀焉。遐，遠也。遠棄其所司之事也。辰，日月會次之名。房，所次之宿也。集，《漢書》作「輯」，集、輯通用。言日月會次不相和輯，而掩蝕於房宿也。按《唐志》，日蝕在仲康即位之五年。瞽，樂官，以其無目而審於音也。奏，進也。古者日蝕，則伐鼓用幣以救之。《春秋傳》曰：惟正陽之月則然，餘則否。今季秋而行此禮，夏禮與周異也。嗇夫，小臣也，漢有上林嗇夫。庶人，庶人之在官者，《周禮・庭氏》：「救日之弓矢。」嗇夫、庶人，蓋供救日之百役者。曰「馳」曰「走」者，以見日蝕之變，天子恐懼于上，嗇夫、庶人奔走于下以助救日。如此其急，羲和爲曆象之官，尸居其位，若無聞知，則其昏迷天象，以干先王之誅，豈特不恭之刑而已哉？《政典》，先王政治之典籍也。先時後時，皆違制失時，當誅而不赦者也。今日蝕之變如此，而羲和罔聞知，是固干先王後時之誅矣。朱子曰：「日月一歲凡十二會。方會，則月光都盡而爲晦；已會，則月光復蘇而爲朔。朔後、晦前各十五日，日月相對，則月光正滿而爲望。晦朔日月之合，東西同度，南北同道，則月掩日，而日爲之食。望而日月之對，同度同道，則月抗日，而月爲之食。是皆有常度矣。王者修德行政，能使陽盛足以勝陰，陰衰不能侵陽，則日月之行，雖或當食，而月常避日，故其遲速高下，必有參差，而不正相對者，所以當食而不食也；若國無政，不用善，則陰盛陽微，當食必食，雖曰有常度，而實爲非常之變矣。」○問月食如何。曰：「至明中有暗處，其暗至微，望之時，月與之正對，無分毫相差。月爲暗處所射，故食。雖陽勝陰，畢竟不好。若陰有退避之意，則不相敵，而不成食矣。」○孔氏曰：「政典，若《周官》六卿之治典。先時，謂曆象之法、四時節氣、弦望晦朔先天時，則罪死不赦。不及，謂曆象後天時。雖治其官，苟有先後之差，則無赦，況廢官乎？」

「今予以爾有衆，奉將天罰。爾衆士同力王室，尚弼予欽承天子威命。

將，行也。我以爾衆士奉行天罰，爾其同力王室，庶幾輔我以敬承天子之威命也。蓋天子討而不伐，諸侯伐而不討。仲康之命胤侯得天子討罪之權，胤侯之征羲和得諸侯敵愾之義，其辭直，其義明。非若五霸摟諸侯以伐諸侯，其辭曲，其義迂也。

「火炎崑岡，玉石俱焚。天吏逸德，烈于猛火。殲厥渠魁，脅從罔治，舊染汙俗，咸與惟新。

崑，出玉山名。岡，山脊也。逸，過。渠，大也。言火炎崑岡，不辨玉石之美惡而焚之。

苟爲天吏而有過逸之德，不擇人之善惡而戮之，其害有甚於猛火不辨玉石也。今我但誅首惡之魁而已，脅從之黨則罔治之，舊染汙習之人亦皆赦而新之。其誅惡宥善，是猶王者之師也。今按《胤征》始稱羲和之罪，止以其「畔官離次，俶擾天紀」，至是有「脅從」、「舊染」之語，則知羲和之罪當不止於廢時亂日，是必聚不逞之人，崇飲私邑以爲亂黨，助羿爲惡者也。胤后徂征，隱其叛逆而不言者，蓋正名其罪，則必鋤根除源。而仲康之勢，有未足以制后羿者，故止責其曠職之罪，而實誅其不臣之心也。薛氏曰：「殲渠魁，義也；赦脅從，仁也，所以爲王者之師。」○新安陳氏曰：「觀『脅從』之語，羲和聚黨助逆明矣。仲康於羿，勢既未能鋤其根株，不可不翦其羽翼。故乘日食之變，正其昏迷之罪，名正言順，羿亦不得庇之也。使非聚黨助逆，則褫職奪邑，司寇行戮足矣，何至勞大司馬興師誓衆，如臨大敵哉！」

「嗚呼！威克厥愛，允濟；愛克厥威，允罔功。其爾衆士，懋戒哉！」

威者，嚴明之謂；愛者，姑息之謂。《記》曰：軍旅主威。蓋軍法不可以不嚴。嚴明勝，則信其事之必濟；姑息勝，則信其功之無成。誓師之末而復嗟歎，以是深警之，欲其勉力戒懼而用命也。董氏鼎曰：「太康失邦，仲康肇位，正天下徯望新政之日也。羲和天官，所主曆象，而乃沈亂於酒，畔官離次，俶擾天紀，遐棄厥司。至於日食大變，尚罔聞知。此而不誅，何以責其餘哉！胤侯之征，所不能免也。曰『承王命徂征』，征伐自天子出也；曰『干先王之誅』，法令自先王制也；曰『以爾有衆，奉將天罰』，有罪乃天所討也。將帥奉天子之命，天子奉天與先王之命，仲康莅政之始，命將出師，而胤侯之誓如此，則大本正、大權立而大奸懼矣，其克嗣祖考也宜哉。然羲、和在堯時爲四子，既總於一人，有司于朝，有邑于野，湎酒失職，黜之可矣，何至上煩王師之征？無亦棄厥司、荒厥邑，群飲凶酗，不可教誨，故不得不然耶。其曰『殲厥渠魁，脅從罔治，舊染汙俗，咸與惟新』，則脅衆以拒命，染惡以成風，已非一日。傳謂助羿爲惡，特隱其叛逆而不言者，豈不當哉！」

書傳大全卷之四

商　書

契始封商，湯因以爲有天下之號。書凡十七篇。《史記》：湯，黄帝後。帝嚳生契，爲唐虞司徒。封於商，賜姓子氏。十三世生湯，名天乙，都亳，今濟陰亳縣。○鄭氏曰：商在太華之陽。湯在位十三年崩，壽百歲，國號商。盤庚遷殷以後，號殷。

湯　誓

湯，號也，或曰謚。湯名履，姓子氏。夏桀暴虐，湯往征之。亳衆憚於征役，故湯諭以弔伐之意。蓋師興之時而誓于亳都者也。今文、古文皆有。朱子曰：「湯、武固是反之，但細觀其《書》，湯反之之功，恐是精密。如《湯誓》與《牧誓》數桀、紂之罪，辭氣亦不同。《史記》但書『湯放桀而死』，書武王則曰『遂斬紂頭懸之白旗』，又曰『湯有慚德』，如武王恐未必有此意。」

王曰：「格，爾衆庶，悉聽朕言。非台小子敢行稱亂，有夏多罪，天命殛之。

「王曰」者，史臣追述之稱也。格，至。台，我。稱，舉也。以人事言之，則臣伐君可謂亂矣；以天命言之，則所謂天吏，非稱亂也。張氏曰：「天命殛之，豈諄諄然命之乎？蓋天以天下之心爲心，古之論天者多以民心卜之。」○林氏曰：「非天吏而伐有罪，猶不爲士師而擅殺人也；爲天吏而不伐有罪，猶爲士師而故縱罪人也。」

「今爾有衆，汝曰：『我后不恤我衆，舍我穡事，而割正夏。』予惟聞汝衆言，夏氏有罪，予畏上帝，不敢不正。

穡，刈穫也。割，斷也。亳邑之民安於湯之德政，桀之虐焰所不及，故不知夏氏之罪而憚伐桀之勞，反謂湯不恤亳邑之衆，舍我刈穫之事而斷正有夏。湯言我亦聞汝衆論如此，然夏桀暴虐，天命殛之，我畏上帝，不敢不往正其罪也。呂氏曰：「舍我穡事，然則湯之伐桀不因民願乎？曰：亳民之不願而夏民之願也。」○新安陳氏曰：「湯之興順乎天而應乎人，此一節可見商民以一己爲心，湯則以上天爲心。蓋是時夏之天命已絶，湯所以順乎天也。」

「今汝其曰：『夏罪其如台？』夏王率遏衆力，率割夏邑。有衆率怠弗協，曰：『時日曷喪？予及汝皆亡。』夏德若兹，今朕必往。

遏，絶也。割，劓。「割夏邑」之「割」。時，是也。湯又舉商衆言：「桀雖暴虐，其如我何？」湯又應之曰：「夏王率爲重役以窮民力，嚴刑以殘民生。民厭夏德，亦率皆怠於奉上，不和於國。疾視其君，指日而曰：『是日何時而亡乎？若亡，則吾寧與之俱亡。』蓋苦桀之虐而欲其亡之甚也。桀之惡德如此，今我之所以必往也。」桀嘗自言：「吾有天下，如天之有日。日亡，吾乃亡耳。」故民因以日目之。呂氏曰：「『夏罪其如台』，是夏民在塗炭而商民自在春風和氣中也。」○新安陳氏曰：「此一節見商民以一國爲心，湯則以天下爲心。蓋是時夏之人心已離，湯所以應乎人也。」

「爾尚輔予一人，致天之罰，予其大賚汝！爾無不信，朕不食言。爾不從誓言，予則孥戮汝，罔有攸赦。」

賚，與也。食言，言已出而反吞之也。禹之征苗止曰：「爾尚一乃心力，其克有勳。」至啓則曰：「用命，賞于祖；不用命，戮于社，予則孥戮汝。」此又益以「朕不食言」、「罔有攸赦」，亦可以觀世變矣。新安陳氏曰：「天生民而立之君，使司牧之。今桀虐其民，民欲其速亡如此，人心之所歸即天命之所在，人心之所離即天命之所棄也。天命湯伐之，湯敢違天乎？湯之誓師拳拳惟以天言，曰『天命殛之』，曰『予畏上帝』，曰『致天之罰』，非湯伐之，天伐之也。湯曰『予畏上帝，不敢不正』，武王曰『予弗順天，厥罪惟鈞』，其心一也。堯、舜之授受，禹、啓之傳繼，湯、武之征伐，事雖不同，其順乎天，適乎時，合乎義，一而已矣。」○董氏鼎曰：「禹征苗有誓，啓征扈有誓，胤侯征羲和又有誓，皆征所當征，名正而言順。若湯之伐夏而亦有誓，何歟？蓋『誓』者，臨衆發命述其興師之意，故禹也、啓也、胤侯也猶可無誓，惟湯則不可無誓。湯無誓，則稱兵之意不明而稱亂之罪滋大，苟可明目張膽言之而不作，則順天應人行之而無疑矣。今觀一書之旨，首以『非予小子敢行稱亂，有夏多罪，天命殛之』。夫莫大於天，莫尊於君，君承天而臣承君則爲治，君逆天而臣逆君則爲亂。湯初不敢逆君而爲亂，而桀則不能承天以爲治。彼既多罪，天命殛之，則我非敢稱亂，而迫於天命有不獲已。湯何以知其然哉！天之聰明自民，天之明畏亦自民。始於匹夫匹婦之復讎，而終於西夷北狄之怨望。吾亦彼君也，而曰『徯我后』，我何以得此於民哉？殆天啓之也。天之所啓，我固違之，是逆天矣。有如此意，天下皆知，惟亳之民不知，故有議湯之『稱亂』者，有咎湯之『不恤我衆』者，有止湯以『夏罪其如台』者。而湯則曰『予畏上帝，不敢不正』，是非敢於稱亂也，將以止天下之亂也；非不恤我衆也，將以恤天下之衆也；雖以夏罪無如我何而不止者，將以救彼之願與偕亡而不得者之苦也。此湯之誓，所以專爲亳民而發也。其示之以賞罰者，誓師之體，不得不勵士氣而一人心，非誘以利、怵以禍，而强其從我也。吁！湯之不幸，乃天下之大幸也。」

仲虺之誥

仲虺，臣名，奚仲之後，爲湯左相。誥，告也。《周禮·士師》：「以五戒先後刑罰。一曰誓，用之於軍旅。二曰誥，用之於會同。」以喻衆也。此但告湯而亦謂之誥者，唐孔氏謂仲虺亦必對衆而言。蓋非特釋湯之慚，而且以曉其臣民衆庶也。古文有，今文無。問：「《仲虺之誥》似未見其釋湯慚德處。」朱子曰：「正是解他。云『若苗之有莠，若粟之有秕』，他緣何道這幾句？蓋謂湯若不除桀，則桀必殺湯。如説『推亡固存』處，自是説伐桀。至『德日新』以下，乃是勉湯。又如『天乃錫王勇智』，他特地説他『勇智』兩字，便可見。《尚書》多不可曉，固難理會。然這般處，古人如何説得恁地好！」

成湯放桀于南巢，惟有慚德，曰：「予恐來世以台爲口實。」

武功成，故曰成湯。南巢，地名，廬江六縣有居巢城。桀奔于此，因以放之也。湯之伐桀，雖順天應人，然承堯、舜、禹授受之後，於心終有所不安。故愧其德之不古若，而又恐天下後世藉以爲口實也。○陳氏曰：「堯、舜以天下讓，後世好名之士猶有不知而慕之者。湯、武征伐而得天下，後世嗜利之人安得不以爲口實哉？此湯之所以恐也歟！」新安陳氏曰：「觀湯之慚，湯本心始見矣，以居萬世君臣之始變也。仲虺釋其慚，始則美之。又慮其愧心既釋，驕心或生，故終復警之。大臣之引君當道者如此。」○鄭氏曰：「必往之師，以救生人。口實之慚，以慮後世。」○呂氏曰：「此心之慚，此誥之釋，皆不可少。」

仲虺乃作誥，曰：「嗚呼！惟天生民有欲，無主乃亂，惟天生聰明時乂。有夏昏德，民墜塗炭。天乃錫王勇智，表正萬邦，纘禹舊服，茲率厥典，奉若天命。

仲虺恐湯憂愧不已，乃作誥以解釋其意。歎息言民生有耳、目、口、鼻愛、惡之欲，無主則爭且亂矣。天生聰明，所以爲之主，而治其爭亂者也。墜，陷也。塗，泥。炭，火也。桀爲民主而反行昏亂，陷民於塗炭，既失其所以爲主矣。然民不可以無主也，故天錫湯以勇智之德。勇足以有爲，智足以有謀，非勇智則不能成天下之大業也。「表正」者，表正於此，而影直於彼也。天錫湯以勇智者，所以使其表正萬邦，而繼禹舊所服行也。此但率循其典常，以奉順乎天而已。天者典常之理所自出，而典常者禹之所服行者也。湯革夏而纘舊服，武革商而政由舊，孔子所謂「百世可知」者正以是也。林氏曰：「齊宣王問《孟子》曰：『湯放桀，武王伐紂，有諸？』《孟子》曰：『賊仁者謂之賊，賊義者謂之殘，殘賊之人謂之一夫。聞誅一夫紂矣，未聞弑君也。』夫立之君者，懼民之殘賊而無以主之，爲之主而自殘賊焉，則君之實喪矣，非一夫而何？《孟子》之言，則仲虺之意也。」陳氏傅良曰：「仲虺作誥，非但釋湯之慚，亦進德戒滿之書也。」○吕氏曰：「以湯『勇智』如此，惟循常行之理而已。」○西山真氏曰：「湯之伐桀，自謂不幸而處變，故有慚德，以爲不獨愧於人，亦愧於天。仲虺解之曰：此特循其常道，以順天命而已。蓋變而不失其正，即所謂常也。」○新安陳氏曰：「凡湯之表正纘率，乃所以奉若天命也，何慚之有？此以天之生湯者釋之，以見湯之順乎天也。禹有典則貽子孫，纘禹舊服，即云『兹率厥典』。典，指爲禹之典章，亦通。孔氏云：『循其典法，祖宗之服行典章，不肖之子孫失墜之，而異代之聖賢興復之，往往而然。』」○陳氏雅言曰：「天錫湯以『勇智』之德者，天豈私於湯哉？欲其表正萬邦之民，纘禹之所舊服而已。湯惟率其典常之道，蓋典常之理即禹之所服行，而其原出於天者也。

天命湯以正萬邦，而湯能爲之表正。天命湯以纘禹服，而湯能纘之。天可謂厚於湯，湯可謂能奉若天命矣。此仲虺推天爲民立君之意，以釋湯慚，見湯之順乎天也。」

「夏王有罪，矯誣上天，以布命于下。帝用不臧，式商受命，用爽厥師。

矯，與「矯制」之「矯」同。誣，罔。臧，善。式，用。爽，明。師，衆也。天以形體言，帝以主宰言。桀知民心不從，矯詐誣罔，託天以惑其衆。天用不善其所爲，用使有商受命，用使昭明其衆庶也。○王氏曰：「夏有昏德，則衆從而昏。商有明德，則衆從而明。」○吴氏曰：「用爽厥師，續下文『簡賢附勢』，意不相貫，疑有脱誤。」

「簡賢附勢，寔繁有徒。肇我邦于有夏，若苗之有莠，若粟之有秕。小大戰戰，罔不懼于非辜。矧予之德，言足聽聞。

簡，略。繁，多。肇，始也。戰戰，恐懼貌。言簡賢附勢之人，同惡相濟，寔多徒衆。肇我邦於有夏，爲桀所惡，欲見翦除。如苗之有莠，如粟之有秕，鋤治簸揚，有必不相容之勢。以商衆小大震恐，無不懼陷于非罪。況湯之德，言則足人之聽聞，尤桀所忌疾者乎！以苗、粟喻桀，以莠、秕喻湯，特言其不容於桀而迹之危如此。《史記》言桀囚湯於夏臺，湯之危屢矣。無道而惡有道，勢之必至也。問：「『矧予之德，言足聽聞』，據古註云『道德善言』，某竊意『言足聽聞』，自當作一句，言吾之德，言之足使人聽聞，彼安得不忌之？未知是否。」朱子曰：「是。」○

林氏曰：「桀『召湯而囚之夏臺』，以戰戰懼非辜之言觀之，史不虛矣。」

兆民。

「惟王不邇聲色，不殖貨利。德懋懋官，功懋懋賞。用人惟己，改過不吝。克寬克仁，彰信

邇，近。殖，聚也。不近聲色，不聚貨利，若未足以盡湯之德。然此本原之地，非純乎天德而無一毫人欲之私者不能也。本原澄澈，然後用人處己，而莫不各得其當。懋，茂也，繁多之意，與「時乃功懋哉」之義同。言人之懋於德者，則懋之以官；人之懋於功者，則懋之以賞。用人惟己，而人之有善者無不容；改過不吝，而己之不善者無不改。不忌能於人，不吝過於己。合併爲公，私意不立，非聖人其孰能之？湯之用人處己者如此。而於臨民之際，是以能寬能仁。謂之能者，寬而不失於縱，仁而不失於柔。《易》曰：「寬以居之，仁以行之。」君德也。君德昭著，而孚信於天下矣。湯之德，足人聽聞者如此。葛氏曰：「君子小人之進退，係於人君心術之正邪。心術一正則君子進，否則小人進矣。君子惑於聲色則便辟之臣得志，貪於貨利則聚斂之臣得志。有功德者，官賞何由及之，『不邇』、『不殖』乃懋德、懋功之根本也。」○孔氏曰：「勉於德者，則勉之以官。」○林氏曰：「用人惟己，如自己出。若所謂善與人同，舍己從人，樂取諸人以爲善也。」○新安陳氏曰：「六經言仁，自『克寬克仁』一言始，遂開萬世言仁之端。仁者心之德，愛之理。以心德之體言，則仁爲體，寬爲用；以愛之用言，則寬以容人，仁以愛人，皆用也。德莫大

於仁，湯所以克仁者，實自『不邇』、『不殖』之無私欲始。『德懋懋官』至『彰信兆民』，根本皆自『不邇』、『不殖』中來。」○陳氏雅言曰：「不邇聲色，不殖貨利，此君德本原之地。『德懋懋官』至『改過不吝』，此言湯用人處己之際，兩盡其道也。克寬克仁，彰信兆民，此言湯臨民之德，昭著乎信於天下也。使湯之心有一毫聲色、貨利之私，則用人處己之間必有不盡其道，臨民之際亦豈能無愧哉？以見人君一心，政事之根本。《孟子》謂『惟大人爲能格君心之非』，此之謂也。」

「乃葛伯仇餉，初征自葛。東征西夷怨，南征北狄怨，曰：『奚獨後予？』攸徂之民，室家相慶，曰：『徯予后，后來其蘇。』民之戴商，厥惟舊哉！

葛，國名。伯，爵也。餉，饋也。仇餉，與餉者爲仇也。葛伯不祀，湯使問之，曰：「無以供粢盛。」湯使亳衆往耕，老弱饋餉，葛伯殺其童子。湯遂征之。湯征自葛始也。奚，何。徯，待也。蘇，復生也。西夷、北狄，言遠者如此，則近者可知也。湯師之未加者，則怨望其來，曰：「何獨後予？」其所往伐者，則妻孥相慶，曰：「待我后久矣。后來我其復生乎！」他國之民，皆以湯爲我君，而望其來者如此。天下之愛戴歸往於商者非一日矣。商業之興，蓋不在於鳴條之役也。○吕氏曰：「夏商之際，君臣易位，天下之大變。然觀其征伐之時，唐虞『都』、『俞』揖遜氣象，依然若存。蓋堯、舜、禹、湯以道相傳，世雖降而道不降也。」新安陳氏曰：「民之戴商如此，何慚之有？此以民之歸湯者釋之，以見湯之應乎人也。」○

呂氏曰：「後世師之所至，荊棘生焉。湯師所至，民皆欣欣，蓋弔民伐罪，布其寬仁，如旱餘時雨，所至則蘇也。」

「佑賢輔德，顯忠遂良。兼弱攻昧，取亂侮亡。推亡固存，邦乃其昌。

前既釋湯之慚，此下因以勸勉之也。諸侯之賢德者佑之、輔之，忠良者顯之、遂之，所以善善也。侮，《說文》曰：「傷也。」諸侯之弱者兼之，昧者攻之，亂者取之，亡者傷之，所以惡惡也。言善則由大以及小，言惡則由小以及大。「推亡」者，兼、攻、取、侮也。「固存」者，佑、輔、顯、遂也。推彼之所以亡，固我之所以存，邦國乃其昌矣。林氏曰：「天之生物，必因其材而篤焉。故栽者培之，傾者覆之，天道之自然也。佑、輔、顯、遂，爲善者必爲人所助也。兼、攻、取、侮，爲不善者必爲人所侵也。聖人因其常理以應世，有亡之道則推而亡之，有存之道則輔而固之。桀有亡道，湯因其將亡而推之，果何容心哉！」○復齋董氏曰：「『推亡固存』一句，乃總結上意。」

「德日新，萬邦惟懷。志自滿，九族乃離。王懋昭大德，建中于民，以義制事，以禮制心，垂裕後昆。予聞曰：『能自得師者王，謂人莫己若者亡。好問則裕，自用則小。』

「德日新」者，日新其德而不自已也。「志自滿」者反是。湯之《盤銘》曰：「苟日新，日日新，又日新。」其廣「日新」之義歟！德日新，則萬邦雖廣而無不懷；志自滿，則九族雖親而亦離。萬邦，舉遠以見近也；九族，舉親以見疏也。王其勉明大德，立中道於天下。中者，天下之所同有也。然非君建之，則民不能以自中。而禮義者，所以建中者也。義者，心之裁制；禮者，理之節文。以義制事，則事得其宜；以禮制心，則心得其正。内外合德，而中道立矣。如此，非特有以建中於民，而垂諸後世者亦綽乎有餘裕矣。然是道也，必學焉而後至，故又舉古人之言，以爲隆師好問，則德尊而業廣。自賢自用者反是。謂之「自得師」者，真知己之不足，人之有餘，委心聽順，而無拂逆之謂也。《孟子》曰：「湯之於伊尹，學焉而後臣之，故不勞而王。」其湯之所以自得者歟！仲虺言懷諸侯之道，推而至於脩德檢身，又推而至於能自得師。夫自天子至於庶人，未有捨師而能成者。雖生知之聖，亦必有師焉。後世之不如古，非特世道之降，抑亦師道之不明也。仲虺之論，遡流而源，要其極而歸諸「能自得師」之一語。其可爲帝王之大法也歟！問：「禮義本諸人心，惟中人以下爲氣稟物欲所拘蔽，所以反著求禮義自治。若成湯，尚何須『以義制事，以禮制心』？」朱子曰：「『湯武，反之也』，便也是有些子不那底了。但他能恁地，所以爲湯。若不恁地，便是『惟聖罔念作狂』。聖人雖則說是『生知安行』，便只是常常恁地不已，所以不可及。若有一息不恁地，便也是凡人了。『以義制事，以禮制心』，此自是内外交相養之法。事在外，義由内制。心在内，禮由外作。」〇問：「禮莫是攝心之規矩否？」曰：「只是箇禮，如顔子『非禮勿視』之類皆是也。」又曰：「今學者别無事，只是要以心觀理。理是心中所有，常存此心以觀衆理，只是兩事耳。」〇新安陳氏曰：「德與中，皆當兼體用而言。德，即人所得於天，以具衆理而應萬事者也。『大德』云者，全體大用無非大也。懋勉以昭明之，則全體呈露，妙用顯行矣。由是而建中道之標準，使民之罔中者皆惟我之中，則不偏不倚，無過不及，是中之體用亦無不備矣。然禮義，德也，即昭德建中之要也。動而以義制事，即『義以方外』之謂。能以義方外，則此德應萬事之大用以行，而此中無過不及之用在是矣。静而以禮制心，即『敬以直内』之謂。能敬以直内，則此德具衆理之全體以立，而此中不偏不倚之體在是矣。所謂『垂裕』，固禮義之餘用也，亦即昭德建中之餘用也。非昭德專以建中於民，而禮義專以垂裕於後也。」○陳氏大猷曰：「德不大則梏於偏，如夷清、惠和，各有偏之弊，何以建中？湯德本大，又欲其懋昭之，然後能建中以範斯民，所謂『皇建其有極』也。『以義制事』，則行於外者合宜，乃大德之所自行，中之用也。以禮制心，則存於内者合理，乃大德之所自出，中之本也。禮義之澤，傳之無窮，所以垂裕於後嗣也。」又曰：「能自得師，則天下之善皆歸於己，故可以王。謂人莫己若，則驕矜侮慢，善日消，惡日長，亡之道也。好問，則衆善集，故優裕；自用，則能有限，故狹小。」○陳氏經曰：「自得師，如自明自强，不因乎人，尊德樂道，出於中心之自然也。當味『自』字。『謂人莫己若』與『自用則小』，承『志自滿』而言，以爲戒也。」

「嗚呼！慎厥終，惟其始。殖有禮，覆昏暴。欽崇天道，永保天命。」

上文既勸勉之，於是歎息言謹其終之道，惟於其始圖之。始之不謹，而能謹終者，未之有也。伊尹亦言謹終于始，事雖不同，而理則一也。「欽崇」者，敬畏尊奉之意。「有禮」者封殖之，「昏暴」者覆亡之，天之道也。欽崇乎天道，則永保其天命矣。按《仲虺之誥》，其大意有三：先言天立君之意，桀逆天命，而天之命湯者不可辭；次言湯德足以得民，而民之歸湯者非一日；末言爲君艱難之道，人心離合之機，天道福善禍淫之可畏，以明今之受夏，非以利己，乃有無窮之恤，以深慰湯而釋其慚。仲虺之忠愛，可謂至矣。然湯之所慚，恐來世以爲口實者，仲虺終不敢謂無也。君臣之分，其可畏如此哉！王氏十朋曰：「殖禮、覆暴，即上文佑輔、取侮之事。」○董氏鼎曰：「君臣，人倫之大經也。帝王綱紀天下，先謹乎此，而後人得安焉。世故無盡，人欲無涯，不忠之臣，何代無之？所以畏縮而不敢肆者，猶以古無是事，前無是人，無以藉口耳。苟一爲之，則後有潛蓄不軌之心，而囂然以逞者其不借以爲辭乎！故湯以自慚，曰：『予恐來世以台爲口實。』然湯豈至是而後知哉？蓋謂非台小子敢行稱亂，則顔忸怩而心不寧已久矣。天人交迫，但知爲民除害，而非以爲己利也。及桀已放，夏已亡，而天下之不吾釋，然後慚於逐君而代立。聖人之本心，於是愈不自安矣。不有仲氏之誥，以明其不得不爲之意與不可妄爲之理，則何以暴白成湯之心事，而陰折來者之奸謀？自是而後，昏德不如桀，勇智不如湯，皆未可以藉口也。」○新安陳氏曰：「『推亡固存』與殖禮、覆暴同一栽培、傾覆之理，特有人己之分。推亡固存，欲湯審此理以施之人；殖禮、覆暴，欲湯審此理而謹諸己也。」

湯誥

湯伐夏歸亳，諸侯率職來朝，湯作誥以與天下更始。今文無，古文有。

王歸自克夏，至于亳，誕告萬方。

誕，大也。亳，湯所都，在宋州穀熟縣。

王曰：「嗟，爾萬方有衆，明聽予一人誥。惟皇上帝，降衷于下民，若有恒性，克綏厥猷惟后。

皇，大。衷，中。若，順也。天之降命，而具仁、義、禮、智、信之理無所偏倚，所謂衷也。人之稟命，而得仁、義、禮、智、信之理與心俱生，所謂性也。猷，道也。由其理之自然，而有仁、義、禮、智、信之行，所謂道也。以降衷而言，則無有偏倚，順其自然，固有常性矣。以稟受而言，則不無清濁純雜之異，故必待君師之職，而後能使之安於其道也，故曰「克綏厥猷惟后」。夫天生民有欲，以情言也。上帝降衷于下民，以性言也。仲虺即情以言人之欲，成湯原性以明人之善，聖賢之論，互相發明。然其意，則皆言君道之係於天下者，如此之重也。問《書》所謂「降衷」。朱子曰：「古之聖賢，纔説出便是這般話。成湯當放桀之初，便説：『惟皇上帝，降衷于下民。若有恒性，克綏厥猷惟后。』武王伐紂時，便説：『惟天地萬物父母，惟人萬物之靈。亶聰明，作元后。元后作民父母。』傅説告高宗，便説：『明王奉若天道，建邦設都，樹后王君公，承以大夫師長，不惟逸豫，惟以亂民。惟天聰明，惟聖時憲。』見古聖賢朝夕只見那天在眼前。」○問「降衷于下民」。曰：「何故不説降善，却説降衷？看得降衷，是箇無過不及，恰好的道理。天之生物，箇箇有一副當恰好底道理。此與程子所謂『天然自有之中』、劉子所謂『民受天地之中』相似，與《詩》所謂『秉彝』、張子所謂『萬物一原』又自不同。彝是常道。『有物有則』『則』字却似『衷』字。天之生物，必有箇當然之則，蓋君有君之則，臣有臣之則，耳有耳之則，目有目之則。止於仁，君之則也；止於敬，臣之則也。視曰明，目之則也。聽曰聰，耳之則也。故民執以爲常道也。若説『降衷』便是『秉彝』則不可，若説便是萬物一原亦不可。萬物一原，自説萬物皆出此也。若統論道理固是一般，然其中名字位分又自不同。若只一般，聖賢何故説許多名字？若曉得名字訓義之不同，方見其所謂同。衷只是中，今人言折衷者，蓋以是爲準則而取正也。」○「《詩》、《書》所説，便是有箇人在上恁地分付，如『帝乃震怒』之類。然這箇亦只是理如此。天下莫尊於理，故以帝名之。降衷，便是有主宰意。」○「天地自有箇無心之復卦，一陽生於下，這便是生物之心。如『惟皇上帝降衷于下民』、『天道福善禍淫』，便自分明有箇人在裏主宰相似。」○問：「『降衷』與『受中』之『中』，二字義同異。」曰：「《左氏》云：『始終衷皆舉之。』又云：『衷甲以見。』看此『衷』字義，本是『衷甲以見』之義，爲其在衷而當中也。然『中』字大概因無過不及而立名，如『六藝折衷於夫子』，蓋是折兩頭而取其中之義。後人以之爲善，却説得未親切。」○又曰：「此蓋指大本之中也。此處《中庸》説得甚明，他日考之自見。」○「自天而言，則謂之降衷；自人受此中而言，則謂之性。猷即道也，道者性之發用處。能安其道者，惟后也。」○西山真氏曰：「成湯有天下之初，即以此自任，可謂知君師之職矣。厥後，『秉彝』、『受中』之言相繼而發。至于孔、孟，性善之理益明。而開萬世性學之原，則自成湯始。」○林氏曰：「『天能降衷于民，不能使民保其常性而勿失，故立之君而付以立教之任。師曠曰：『天生民而立之君，使司牧之，勿使失性。』謂不使失其所降之衷也。民既有降衷之性，至於順其固有之性以安其所謂道者，是乃君之事。」○新安陳氏曰：「六經言性，實始于此。《中庸》言命、性、道、教，其淵源蓋出於此。諸家解『若有恒性』一句皆屬下文，以爲皆君之事，蔡氏獨屬之上文，以爲人性本然之天。降衷之初，順其自然，本有此恒性也。特氣禀不齊，率性而行之，或不能安於其道耳。『若』字本輕說，『克』字方重説，天賦人受，順其自然，本有恒性，此時君不必容力於其間也。至於脩道之教，使人各安其道，方有賴於君焉。諸解以『惟后』對『惟皇上帝』作兩股説，蔡氏以帝衷、民性、后綏作三股説。豈民本無恒性，必待君順其恒性，而後方有此性耶？此章蔡説最優。非可易及，朱子誠不輕付矣。」

夏王滅德作威，以敷虐于爾萬方百姓。爾萬方百姓，罹其凶害，弗忍荼毒，並告無辜于上下神祇。天道福善禍淫，降災于夏，以彰厥罪。

言桀無有仁愛，但爲殺戮。天下被其凶害，如荼之苦，如毒之螫，不可堪忍。稱冤於天地鬼神，以冀其拯己。屈原曰：「人窮則反本，故勞苦倦極，未嘗不呼天也。」天之道，善者福之，淫者禍之。桀既淫虐，故天降災以明其罪。意當時必有災異之事，如《周語》所謂「伊、洛竭而夏亡」之類。問：「『天道福善禍淫』，此理定否？」朱子曰：「如何不定？自是道理當如此。」問：「或有不如此者，何也？」曰：「福善禍淫，其常理也。不如此，便是失其常理。天莫之爲而爲，天亦何常有意，只是理自是如此。且如冬寒夏熱，此是常理當如此，若冬熱夏寒，便是失其常理。」

肆台小子，將天命明威不敢赦。敢用玄牡，敢昭告于上天神后，請罪有夏。聿求元聖，與之戮力，以與爾有衆請命。

肆，故也。故我小子，奉將天命明威，不敢赦桀之罪也。玄牡，夏尚黑，未變其禮也。神后，后土也。聿，遂也。元聖，伊尹也。

「上天孚佑下民，罪人黜伏。天命弗僭，賁若草木，兆民允殖。

孚、允，皆信也。僭，差也。賁，文之著也。殖，生也。上天信佑下民，故夏桀竄亡而屈服。天命無所僭差，燦然若草木之敷榮，兆民信乎其生殖矣。朱子曰：「賁若，言草木之美。允殖，言兆民信安其生。罪人既黜伏，天命既弗差，故草木華美，百姓豐殖，謂人物皆遂。」○問：「『賁若草木，兆民允殖』，諸家説多不同，未知當如何看。」曰：「連上句『天命不僭』，明白易見，故人得遂其生也。」○新安陳氏曰：「『天命弗僭，賁若草木』如語『譬諸草木，區以別矣』之意。『兆民允殖』與『罪人黜伏』相應，『罪人黜伏』則兆民信生殖，可見天命之弗僭差，如草木之粲然，栽培、傾覆皆其自取耳。」

「俾予一人，輯寧爾邦家。茲朕未知獲戾于上下，慄慄危懼，若將隕于深淵。

輯，和。戾，罪。隕，墜也。天使我輯寧爾邦家，其付予之重，恐不足以當之。未知已得罪於天地與否，驚恐憂畏，若將墜於深淵。蓋責愈重，則憂愈大也。

「凡我造邦，無從匪彝，無即慆淫，各守爾典，以承天休。

夏命已黜，湯命惟新。侯邦雖舊，悉與更始。故曰「造邦」。彝，法。即，就。慆，慢也。匪彝，指法度言。慆淫，指逸樂言。典，常也。各守其典常之道，以承天之休命也。

「爾有善，朕弗敢蔽。罪當朕躬，弗敢自赦，惟簡在上帝之心。其爾萬方有罪，在予一人。予一人有罪，無以爾萬方。」

簡，閱也。人有善，不敢以不達；己有罪，不敢以自恕，簡閱一聽於天。然天以天下付之我，則民之有罪實君所爲，君之有罪非民所致。非特聖人厚於責己而薄於責人，是乃理之所在，君道當然也。問：「簡在帝心，註『簡，閱也』，如何？」朱子曰：「善與罪天皆知之，如天檢點數過相似，爾之有善也在帝心，我之有惡也在帝心。」○林氏曰：「所謂『罪在朕躬』，非必己身有可指之罪，然後爲罪也。蓋天降衷于民，而以『克綏厥猷』者付之一人，爲君者必使天下之人皆不失其降衷之性，以安厥猷，方無負於天之所付。若民有罪，是爲君者教之不至，所以自棄於愚不肖之地而莫能返，非民之罪，乃君之罪也，所以曰『罪在朕躬』也。民有罪則君致之，君有罪乃其自取。夫以一人之身臨蒞四海，而天下人之罪皆歸其身，必使天下之人皆無罪，然後爲能盡君之職，而無負於天之所任。論至此，則獲戾于上下，亦豈難哉！此所以危懼若將隕也。《湯誥》一書，多兢業之意。」○新安陳氏曰：「此所以繳結篇首降衷、有性、綏猷之言，深味之，成湯可謂知君師之職矣。」

「嗚呼！尚克時忱，乃亦有終。」

忱，信也。歎息言庶幾能於是而忱信焉，乃亦有終也。吴氏曰：「此兼人、己而言。」新安陳氏曰：「歎息言尚克相與於是盡其忱誠，則乃亦有終焉。否則，未保其所終也。曰『尚』、曰『亦』，皆不敢必之辭。蓋兢兢不忽之意，實兼人、己而言，不特湯自謂當如此，亦欲萬方諸侯皆勉於此也。此篇見成湯明命性之理，知君師之道，監夏之所以亡，而凛凛於今之所以興，且戒諸侯以相與盡守邦圖終之道，真帝王之格言，聖學之淵源也。《論語》摘其要語曰：『予小子履，敢用玄牡，敢昭告于皇皇后帝：有罪不敢赦。帝臣不蔽，簡在帝心。朕躬有罪，無以萬方；萬方有罪，罪在朕躬。』但《書》詳而《語》略耳。」

伊訓

訓，導也。太甲嗣位，伊尹作書訓導之，史録爲篇。今文無，古文有。朱子曰：「《商書》幾篇，最分曉可玩，《伊訓》、《太甲》等篇又好看。似《説命》，蓋高宗資質高，傅説所説底細了，難看。若是伊尹與太甲説雖是粗，却切於學者之身。太甲也不是箇昏愚底人，但『欲敗度，縱敗禮』耳。」〇「伊尹書及《説命》，大抵分明易曉。今人觀《書》，且看他那分明底，其難曉者且置之。政使曉得，亦不濟事。」

惟元祀十有二月乙丑，伊尹祀于先王，奉嗣王祗見厥祖，侯甸群后咸在，百官總己以聽冢宰。伊尹乃明言烈祖之成德，以訓于王。

夏曰歲，商曰祀，周曰年，一也。「元祀」者，太甲即位之元年。「十二月」者，商以建丑爲正，故以十二月爲正也。乙丑，日也。不繫以朔者，非朔日也。三代雖正朔不同，然皆以寅月起數。蓋朝覲會同，頒曆授時，則以正朔行事。至於紀月之數，則皆以寅爲首也。伊，姓。尹，字也。伊尹名摯。祠者，告祭於廟也。先王，湯也。冢，長也。《禮》有「冢子」、「冢婦」之名，周人亦謂之冢宰。古者王宅憂，祠祭則冢宰攝而告廟，又攝而臨群臣。太甲服仲壬之喪，伊尹祠于先王，奉太甲以即位改元之事。祗見厥祖，則攝而告廟也。侯服、甸服之群后咸在，百官總己之職，以聽冢宰，則攝而臨群臣也。烈，功也。《商頌》曰：「衎我烈祖。」太甲即位改元，伊尹於祠告先王之際，明言湯之成德，以訓太甲。此史官敘事之始辭也。或曰：孔氏言「湯崩踰月，太甲即位」，則十二月者，湯崩之年建子之月也。豈改正朔而不改月數乎？曰，此孔氏惑於《序》、《書》之文也。太甲繼仲壬之後，服仲壬之喪，而孔氏曰「湯崩，奠殯而告」固已誤矣。至於改正朔而不改月數，則於經史尤可攷。周建子矣，而《詩》言「四月維夏，六月徂暑」，則寅月起數，周未嘗改也。秦建亥矣，而《史記》「始皇三十一年十二月，更名臘曰『嘉平』」，夫臘，必建丑月也。秦以亥正，則臘爲三月。云「十二月」者，則寅月起數，秦未嘗改也。至三十七年，書「十月癸丑，始皇出遊」，「十一月行至雲夢」，繼書「七月丙寅始皇崩」，「九月葬酈山」。先書十月、十一月，而繼書七月、九月者，知其以十月爲正朔，而寅月起數，未嘗改也。且秦史制書，謂改年始朝賀，皆自十月朔。夫秦繼周者也。若改月數，則周之十月爲建酉月矣，安在其爲建亥乎？漢初史氏所書，舊例也。漢仍秦正，亦書曰「元年冬十月」，則正朔改而月數不改，亦已明矣。且經曰「元祀十有二月乙丑」，則以十二月爲正朔，而改元何疑乎？惟其以正朔行事也。故後乎此者，復政厥辟，亦以十二月朔奉嗣王歸於亳。蓋祠告、復政，皆重事也。故皆以正朔行之。孔氏不得其説，而意湯崩踰月，太甲即位，奠殯而告。是以崩年改元矣。蘇氏曰：「崩年改元，亂世事也，不容在伊尹而有之，不可以不辨。」又按：孔氏以爲湯崩。吴氏曰：「殯有朝夕之奠，何爲而致祠？主喪者不離於殯側，何待於祗見？蓋太甲之爲嗣王，嗣仲壬而王也。」太甲，太丁之子。仲壬，其叔父也。嗣叔父而王，而爲之服三年之喪，爲之後者爲之子也。太甲既即位於仲壬之柩前，方居憂於仲壬之殯側，伊尹乃至商之祖廟，徧祠商之先王，而以立太甲告之。不言太甲祠而言伊尹，喪三年不祭也。奉太甲徧見商之先王，而獨言「祗見厥祖」者，雖徧見先王，而尤致意於湯也，亦猶周公《金縢》之册，雖徧告三王，而獨眷眷於文王也。湯既已祔于廟，則是此書初不廢外丙、仲壬之事，但此書本爲伊尹稱湯以訓太甲，故不及外丙、仲壬之事爾。餘見《書序》。朱子曰：「《春秋》書『元年春王正月』，這如何要窮曉得？設使聖人復出，也便未易理會在。」

○問：「《孟子集註》趙氏曰：『太丁，湯之太子，未立而死。外丙立二年，仲壬立四年，皆太丁弟也。』徽庵程氏曰：『古人謂歲爲年。湯崩時，外丙方二歲，仲壬方四歲，惟太甲差長，故立之也。』先生兩存趙氏、程氏之説，則康節之説亦未可據耶？」曰：「也怎生便信得他？」又問：「如此，則堯即位於甲辰年，亦未可據也。」曰：「此却據諸曆書如此説，恐或有之。然亦未可必。」曰：「若如此，則二年、四年，亦可推矣。」

曰：「却爲中間年代不可紀，自共和以後方可紀，則湯時自無由可推，此類且當缺之，不可深究。」○問：「『伊尹祠于先王，奉嗣王祇見厥祖』，是時湯方在殯宮，太甲於朝夕奠常在，如何伊尹因祠而見之？」曰：「此與《顧命》、《康王之誥》所載冕服之事同。意古人自有一件人君居喪之禮，但今不存，無以考據。蓋天子、諸侯既有天下、國家，事體恐難與常人一般行喪禮。伊尹祠于先王，若有服不可入廟，必有外丙二年、仲壬四年。」○新安陳氏曰：「《序》言太甲元年，《序》周人所作，故稱年。《書》言『惟元祀』，《書》商史所作，故稱祀。此元非即位之元年，乃即位之次年。先王崩，崩年即位，踰年改元，以崩年之十二月爲後王元年之首月，蓋以正朔行事也。」○胡氏安國《春秋傳》曰：「國君嗣世定於初喪，必踰年然後改元。書即位者，緣始終之義，一年不二君。緣臣民之心，曠年不可無君也。」○陳氏大猷曰：「祠，祭也。先王，商先祖，如《詩》言『玄王』之類也。喪三年不祭，不以凶服入宗廟，故太甲不親祠而尹攝祠。侯甸，舉五服之近者，以見其餘。胡氏《春秋傳》謂『即位者，告廟臨群臣』是也。明言烈祖成德以訓，猶五子述禹之戒，周、召陳文、武之業，以祖宗艱難起家之事告子孫，則莫不信守之也。」○吕氏曰：「當太甲居喪之始而訓之，乘其初心之虚也。後雖昏迷而終『克終允德』，訓之之早故爾。」

曰：「嗚呼！古有夏先后，方懋厥德，罔有天災。山川鬼神，亦莫不寧，暨鳥獸魚鱉咸若。于其子孫弗率，皇天降災，假手于我有命，造攻自鳴條，朕哉自亳。

《詩》曰：「殷監不遠，在夏后之世。」商之所宜監者，莫近於夏，故首以夏事告之也。率，循也。假，借也。有命，有天命者，謂湯也。桀不率循先王之道，故天降災，借手于我成湯以誅之。夏之先后，方其懋德，則天之眷命如此。及其子孫弗率，而覆亡之禍又如此。太甲不知率循成湯之德，則夏桀覆亡之禍亦可監矣。哉，始也。鳴條，夏所宅也。亳，湯所宅也。言造可攻之釁者，由桀積惡於鳴條，而湯德之脩則始於亳都也。陳氏大猷曰：「方者，方見其進而未見其止之意，日新而未可量也。人君爲天地鬼神萬物之主，而德者天地鬼神萬物之理，所謂『致中和，天地位，萬物育焉』者也。」○吕氏曰：「夏先后懋德如此，宜可憑藉。桀纔弗率，天即降災。感應之速，反覆手爾。懋德而罔災，感應之理存於懋德之中也。弗循而降災，災咎之理存於弗率之中也。造釁雖鳴條一日之間，而基本則兆於亳邑之素也。」○孫氏曰：「造爲攻伐自於鳴條，國必自伐，然後人伐之意。」○陳氏雅言曰：「人君者，天地鬼神萬物之主也。古有夏先后懋敬其德，謂之方者，日新不已之意，所謂『致中和』也。於是天道順，山川寧，而鬼神安，所謂『天地位』也。微而羽毛鱗甲之生，亦莫不各遂其性，所謂『萬物育』也。古有夏先后懋德之效至於如此。」

「惟我商王，布昭聖武，代虐以寬，兆民允懷。

布昭，敷著也。聖武，猶《易》所謂「神武而不殺者」。湯之德威敷著于天下，代桀之虐以吾之寬，故天下之民信而懷之也。陳氏雅言曰：「不徒謂之武，而必謂之『聖武』，以見其出於德義之勇，故能除暴救民以安天下，此『聖武』之實也。至於天下之民莫不信而懷之，此『聖武』之效也。」

「今王嗣厥德，罔不在初。立愛惟親，立敬惟長，始于家邦，終于四海。

初，即位之初。言始不可以不謹也。謹始之道，孝悌而已。孝悌者，人心之所同，非必人人教詔之。立，植也。立愛敬於此，而形愛敬於彼。親吾親以及人之親，長吾長以及人之長，始于家，達于國，終而措之天下矣。孔子曰：「立愛自親始，教民睦也；立敬自長始，教民順也。」呂氏曰：「告以嗣德在初，欲乘其天理正發之初，而開導之也。」○新安陳氏曰：「此一節，言湯以德得人心。今王繼先王之德，當以孝悌之順德，而通乎千萬人之心也。」○陳氏雅言曰：「即位者，嗣德之始；親長者，愛敬之始。孝悌之道，達諸天下，而謂之立者，盡吾愛親之道於此，使天下之愛其親者莫不視我以爲法；盡吾敬長之道於此，使天下之敬其長者莫不視我以爲準。此即謂之『建中』、『建極』也。愛敬之道既立於此，則必形於彼，始而一家，次而一國，終而四海之人，莫不各有親也，莫不各有長也，亦莫不各有愛敬之心也。觀感興起，孝悌之心油然而生，則各親其親，各長其長，而天下平矣。此即《大學》所謂『絜矩之道』也。」

「嗚呼！先王肇修人紀，從諫弗咈，先民時若。居上克明，爲下克忠，與人不求備，檢身若不及，以至于有萬邦。茲惟艱哉！

人紀，三綱五常，孝敬之實也。上文欲太甲立其愛敬，故此言成湯之所修人紀者，如下文所云也。綱常之理，未嘗泯没，桀廢棄之，而湯始修復之也。咈，逆也。先民，猶前輩舊德也。從諫不逆，先民是順，非誠於樂善者不能也。居上克明，言能盡臨下之道；爲下克忠，言能盡事上之心。○呂氏曰：「湯之克忠，最爲難看。湯放桀，以臣易君，豈可爲忠？

不知湯之心最忠者也。天命未去，人心未離，事桀之心曷嘗斯須替哉？與人之善不求其備，檢身之誠有若不及，其處上下、人己之間又如此。是以德日以盛，業日以廣，天命歸之，人心戴之，由七十里而至于有萬邦也。積累之勤，兹亦難矣。伊尹前既言夏失天下之易，此又言湯得天下之難。太甲可不思所以繼之哉？」朱子曰：「湯工夫全在『敬』字上。看得來大段是一箇修飭底人，故當時人説他做工夫處，亦是説得大段地著。如禹『克勤于邦，克儉于家』之類，却是大綱。説到湯便説『檢身若不及』。」○或問：「如云『以義制事，以禮制心』，『不邇聲色，不殖貨利』等語，可見日新之功。」曰：「固是。某於《或問》中所以特地詳載者，非説道人不知，亦欲學者經心耳。」○「『與人不求備，檢身若不及』，大概是湯急己緩人，所以引爲『日新』之實。」○張氏曰：「君臣、父子、兄弟、夫婦、長幼、朋友，有禮義以相維，謂之人紀。傳曰：『禮義以爲紀。』」○陳氏經曰：「湯以肇修人紀爲一身之任，吾身有一毫之不盡，則於人紀必有一毫之虧，於是不自足其足。從諫求之，今未已也。又求之古，又欲兼天下之善。修人紀之道，不得不然也。」○新安陳氏曰：「人綱與人紀對，莫大於三綱，故曰人綱。小者爲紀，綱之紀也。修，如『修道之謂教』之『修』，品節修理之也。欲太甲立愛立敬，厚於人倫，故以湯之修人紀繼之。湯以修人紀自任於身，吾身有未盡，則於人紀必有虧。凡於今古之善，與處上下、人己之間，各盡其當然者，皆修人紀之實也。」○陳氏雅言曰：「蔡傳謂『德日以盛，業日以廣』，此八字是一章關鍵。湯之處上下、人己之間各盡其道，此德之盛也；由七十里而有天下，此業之廣也。伊尹告太甲以此，意溢言表，謂成湯反之之聖也。德之修者，尚如此其至，而況太甲困知之資，可不思所以勉進其德乎？成湯創業之君也，業之積者如此甚難，而況太甲守成之君，可不思所以保守其業乎？此伊尹進言之旨也。」

「敷求哲人，俾輔于爾後嗣。

敷，廣也。廣求賢哲，使輔爾後嗣也。孫氏曰：「敷求，求之非一方也，如立賢無方。」○陳氏經曰：「湯得天下也甚難，故其慮天下也甚遠，宜求賢以遺後人也。」

「制官刑，儆于有位。曰：『敢有恒舞于宫，酣歌于室，時謂巫風。敢有殉于貨色，恒于遊畋，時謂淫風。敢有侮聖言，逆忠直，遠耆德，比頑童，時謂亂風。惟兹三風十愆，卿士有一于身，家必喪；邦君有一于身，國必亡。臣下不匡，其刑墨。具訓于蒙士。』

官刑，官府之刑也。巫風者，常歌常舞，若巫覡然也。淫，過也，過而無度也。比，昵也。倒置悖理曰「亂」，好人之所惡，惡人之所好也。風，風化也。三風，愆之綱也。十愆，風之目也。卿士諸侯十有其一，已喪其家，亡其國矣。墨，墨刑也。臣下而不能匡正其君，則以墨刑加之。具，詳悉也。童蒙始學之士，則詳悉以是訓之，欲其入官而知所以正諫也。異時太甲欲敗度，縱敗禮，伊尹先見其微，故拳拳及此。劉侍講曰：「墨，即叔向所謂《夏書》『昏墨賊殺，皋陶之刑』。貪以敗官爲墨。」朱子曰：「臣下不匡之刑，蓋施於邦君、大夫之喪國、亡家者。君臣一體，不得不然，如漢廢昌邑王賀則誅其群臣，而本朝太祖下嶺南亦誅其亂臣龔澄樞、李托之類是也。又如文定論楚子納孔、儀，處事雖不同，意亦類此。試參考之，則知成湯之制官刑，正是奉行天討毫髪不差處，何疑之有哉！」○呂氏曰：「古成童習舞，恒舞則爲愆；歌以永言，酣歌則爲愆。前六愆，因後四愆而生。」○史氏仲午曰：「意當時太甲左右必有以歌舞貨色等惑其君者，尹未指其人明言，姑曰先王之制官刑如此，而徐爲之謀。後遂營桐宮，不使狎于弗順焉。」○西山真氏曰：「殉，如『殉葬』之『殉』，蓋以其身陷于貨色之中，死而不顧也。臣下所以不匡，以其貪官固位故也。不諫之罪，與貪墨同，使人知不獨貪賄之有罪，而貪官不諫亦有刑也。」○薛氏曰：「善不必小，故一日克己，天下歸仁；惡不必多，故有一於身，家國必喪。虞公以垂棘之璧亡其國，吴太宰以越之女色覆其宗，先王之戒豈誣也。或曰：臣下不匡而遽入墨之重辟，無乃過乎？曰：置臣所以正主也。視主入喪亡而不之救，其可貸乎？重其刑，使之進而諫未必死，退而不諫必受刑，則雖中不欲諫，亦不得不諫也。」○唐孔氏曰：「巫風二，淫風四，亂風四，爲愆十。」○新安陳氏曰：「湯儆有位之官刑，爲後嗣慮至矣。三風十愆，以戒卿士、邦君，而舉以訓太甲者，意謂卿士諸侯犯此已足喪家亡國，況天子乎？微意見矣。況不匡刑墨儆臣下者，欲其以是儆天子也。太甲他時之欲縱，尹於此時已窺見其幾微，故預爲之戒。前章述湯德以勉其善，此述湯刑以防其失。勉其善，在啓發其愛敬之良心；防其失，在禁遏其欲縱之私心也。」

「嗚呼！嗣王祗厥身，念哉！聖謨洋洋，嘉言孔彰。惟上帝不常，作善降之百祥，作不善降之百殃。爾惟德罔小，萬邦惟慶；爾惟不德罔大，墜厥宗。」

歎息言太甲當以三風十愆之訓，敬之於身，念而忽忘也。謨，謂其謀。言，謂其訓。洋，大。孔，甚也。言其謀訓大明，不可忽也。不常者，去就無定也。爲善則降之百祥，爲惡則降之百殃，各以類應也。勿以小善而不爲，萬邦之慶積於小；勿以小惡而爲之，厥宗之墜不在大。蓋善必積而後成，惡雖小而可懼。此總結上文，而又以天命人事禍福申戒之也。陳氏大猷曰：「祇厥身，乃指太甲下手用功處，一篇之綱領也。」○孫氏曰：「以其謀之出於聖人，故曰『聖謨』；以其言之至美，故曰『嘉言』。即指三風十愆之戒也。」○張氏曰：「不敬其身，必納此身於風愆矣。能敬其身，則能如夏后之懋德，繼先王以嗣德。立愛立敬，作善之祥，惟德之慶，皆自敬其身出，敬立則百善從也。」○陳氏經曰：「既戒以祖訓，又戒以天，君所當畏，惟天惟祖宗也。」○王氏十朋曰：「善祥惡殃，天之不常，乃所以爲常也。」○西山真氏曰：「愆雖有十，苟能敬則十者俱泯，一不敬則十者俱生，故『敬』之一辭，乃治三風、砭十愆之藥石也。篇將終，又深歎聖言之彰明與天命之難保，以警動太甲之心，冀其必聽。真所謂社稷之臣歟！」○新安陳氏曰：「此篇尹訓太甲於即位之初，始終以興亡寓勸戒。夏以『懋德』興，桀以『弗率』亡，初意明矣。繼言湯以『聖武』興，而欲太甲以『愛敬』之良心嗣厥德，勸之也。繼言湯以『艱難』興，而防太甲以『欲縱』之私心敗厥德，戒之也。末章作善之降祥，爾德之惟慶，勸之保其所以興；作不善之降殃，不德之墜宗，戒之陷於所以亡。而提綱挈領，則在『祇厥身』之一言。能祇敬其身，則嗣祖德而興；不祇敬其身，則背祖德而亡。言言忠愛，蓋以豫爲太甲憂矣。但猶包涵，未明言之，未至如《太甲》三篇之痛切耳。」

太甲上

商史録伊尹告戒節次及太甲往復之辭，故三篇相屬成文。其間或附史臣之語以貫篇意，若史家紀傳之所載也。唐孔氏曰：《伊訓》、《肆命》、《徂后》、《太甲》、《咸有一德》皆是告戒太甲，不可皆名《伊訓》，故隨事立稱也。林氏曰：「此篇亦訓體。」今文無，古文有。朱子曰：「伊尹之言極痛切，遂感發得太甲如此。《君陳》後亦好，然皆寬了，多是代言，如今代王言者做耳。伊尹之志，公天下以爲心，而無一毫之私者也。」○新安陳氏曰：「前一篇作於未遷桐宫之先，後二篇作於自桐宫歸亳之後。」○問：「伊尹放太甲、周公攝政事亦相類，當時不疑伊尹而疑周公，豈世變耶？」潛室陳氏曰：「伊尹以義正君，其義光明，人人信得。及周公以恩睦親，其心忠愛懇惻，間隙易開。兼伊尹聖之任，視世間一切難事一擔擔了，不管人言；周公思兼三王，百事周密詳細，須盡物情，所以人或不敢言、或敢言。要之，伊尹如秋冬肅殺，周公則太和元氣。人之疑不疑，聖賢所不計。」

惟嗣王不惠于阿衡。

惠，順也。阿，倚。衡，平也。阿衡，商之官名。言天下之所倚平也。亦曰保衡。或曰，伊尹之號。史氏録伊尹之書，先此以發之。葉氏曰：「阿、保通，阿，亦保之意。」○王氏曰：「阿，大陵之有助者。保其君如阿，平其國如衡。」○蘇氏曰：「阿衡，尹之號，猶太公、尚父其號也。」

伊尹作書曰：「先王顧諟天之明命，以承上下神祇、社稷宗廟，罔不祗肅。天監厥德，用集大命，撫綏萬方。惟尹躬克左右厥辟宅師，肆嗣王丕承基緒。

顧，常目在之也。諟，古「是」字。明命者，上天顯然之理而命之我者，在天爲明命，在人爲明德。伊尹言成湯常目在是天之明命，以奉天地神祇、社稷宗廟，無不敬肅。故天視其德，用集大命，以有天下，撫安萬邦。我又身能左右成湯以居民衆，故嗣王得以大承其基業也。朱子曰：「古註云『顧』謂『常目在之』也。此語最好。非謂有一物常在目前可見也，只是常存此心，知得有這道理光明不昧。方其静坐未接物也，此理固湛然清明；及其遇事而應接也，此理亦隨處發見。只要人常提撕省察，念念不忘，存養久之，則是理益明，雖欲忘之而不可得矣。」○西山真氏曰：「湯惟顧天之明命，故天監湯之厥德。曰『顧』、曰『監』，可見天人之交至近而非遠也。」○新安陳氏曰：「此言太甲今日之有天下，由於先王之明德以得天下與伊尹之出身以輔先王也。有先王創業之祖與尹開國之大臣，是以嗣王得以承此大業。今日豈可忘先王而不念，忽尹而不從哉？」○陳氏雅言曰：「『顧諟』者，即敬也。推此心以奉天地神祇、社稷宗廟罔不祗肅，即所謂顧是明命也。上天監觀聖人之德，故集大命於其身，而付以治民之責。蓋治民事神，初無二理，誠敬足以事神，則未有不能治民者也。夫在天爲明命，在人爲明德。聖人於天之明命而曰『顧』，上天於聖人之德而曰『監』，見天人之交至近而非遠，非特聖人之心未嘗少忽乎天，而上天之心未嘗或忘乎聖人也。太甲今日之有天下，由於先王之明德以得天下，其可有一念之不敬哉？曰『顧諟』者，如『立則見其參於前，在輿則見倚於衡』之意。曰『監』者，『昊天曰明，及爾出王。昊天曰旦，及爾游衍』之意。」

「惟尹躬先見于西邑夏，自周有終，相亦惟終。其後嗣王，罔克有終，相亦罔終。嗣王戒哉！祗爾厥辟。辟不辟，忝厥祖。」

夏都安邑，在亳之西，故曰「西邑夏」。周，忠信也。《國語》曰：「忠信爲周。」○施氏曰：「作僞心勞日拙，則缺露而不周。忠信則無僞，故能周而無缺。夏之先王以忠信有終，故其輔相者亦能有終。其後夏桀不能有終，故其輔相者亦不能有終。嗣王其以夏桀爲戒哉！當敬爾所以爲君之道，君而不君則忝辱成湯矣。太甲之意，必謂伊尹足以任天下之重，我雖縱欲，未必遽至危亡。故伊尹以『相亦罔終』之言，深折其私而破其所恃也。」問：「古註及諸家皆以『周』訓『忠信』，切謂以『忠信』自周則可，以『忠信』訓『周』恐未安。未知如何？」朱子曰：「『自周』二字本不可曉。」○蘇氏曰：「自，由也。由忠信之道則有終，言君臣一體，禍福同也。」○新安陳氏曰：「既以桀之無終戒之，又以不敬而不君者戒之。無終則累於相臣，不君則辱於乃祖，仍是以先王與尹躬儆之也。」

王惟庸罔念聞。

庸，常也。太甲惟若尋常，於伊尹之言無所念聽。此史氏之言。問：「諸家皆以『庸』字絕句，竊謂只作一句讀。以『庸』訓『用』，如《説命》中『王庸作書以告』之『庸』，未知是否？」朱子曰：「六字一句。」○西山真氏曰：「『辟不辟』之言，殆甚於漢人之所謂『帝不諦』也。然漢君怒而誅之，太甲雖以爲常無所念聽，然不聞其怒也。此所以卒至於思庸歟。」

伊尹乃言曰：「先王昧爽丕顯，坐以待旦。旁求俊彦，啓迪後人，無越厥命以自覆。

昧，晦。爽，明也。「昧爽」云者，欲明未明之時也。丕，大也。顯，亦明也。先王於昧爽之時，洗濯澡雪，大明其德，坐以待旦而行之也。旁求者，求之非一方也。彦，美士也。言湯孜孜爲善，不遑寧處如此，而又旁求俊彦之士以開導子孫。太甲毋顛越其命，以自取覆亡也。然猶不止此也。陳氏雅言曰：「聖人之心，惟恐脩於己有未至，而施於事者有未及，故既昧爽而丕顯，坐待旦而行之。誠以吾身之德能脩於吾身而不能使吾之子孫常脩其德，吾之政能行於吾身而不能使吾之子孫常行是政，則吾之仁爲有限而吾之心爲有歉矣。又廣求賢才，求之一鄉而不足，又求之一國焉；求之一國而不足，又求之於天下焉。夫求之所以如是其廣者，誠使吾之子孫得以有所依據。欲有爲焉，則有開而發之者，有順而導之者，於是吾之子孫，可保其德無不脩、政無不行矣。此聖人之心也。」

「慎乃儉德，惟懷永圖。

太甲欲敗度，縱敗禮。蓋奢侈失之，而無長遠之慮者。伊尹言當謹其儉約之德，惟懷永久之謀，以約失之者鮮矣。此太甲受病之處，故伊尹特言之。新安陳氏曰：「永圖，即前所謂『有終』也。」○西山真氏曰：「此太甲不惠于阿衡之時也，故伊尹訓之者如此。夫儉則心小而爲慮者遠，侈則心大而爲謀者踈。方是時太甲方以『欲敗度，縱敗禮』，心爲二者所蔽，若浮雲之翳日月，未知斯言之爲忠也。一旦處仁遷義，而本心復明，然後知受病之源端在於此。克終之美，光昭簡册，伊尹訓戒之功，夫豈小哉？」○陳氏雅言曰：「傳云此太甲受病之處，故伊尹特言之。夫儉者，非節儉之儉，乃儉約之儉，不侈然以自放之謂。太甲之病在於欲縱，與此相反。人能收斂其心，使常存於内，則精神聚會，志慮精明，義理昭著，言必稽其所從，行必稽其所敝，所懷者孰非永圖哉？苟此心放辟，則昏於欲，失於縱，宴安鴆毒，安其危而利其災，樂其所以亡者，皆不知永圖矣。慎儉德，懷永圖，此正太甲對病之藥。然古昔聖賢所以進德之方，實不外此。皐陶告舜亦曰『愼厥身修，思永』，『愼厥身修』者即『愼乃儉德』之謂，『思永』者即『懷永圖』之謂。但皐陶之言渾然，不若伊尹嚴切，舜與太甲之不同也。」

「若虞機張，往省括于度則釋。欽厥止，率乃祖攸行，惟朕以懌，萬世有辭。」

虞，虞人也。機，弩牙也。括，矢括也。度，法度，射者之所準望者也。釋，發也。言若虞人之射，弩機既張，必往察其括之合於法度，然後發之，則發無不中矣。「欽」者，肅恭收斂。止，見《虞書》。率，循也。欽厥止者所以立本，「率乃祖」者所以致用，所謂「省括于度則釋」也。王能如是，則動無過舉，近可以慰悦尹心，遠可以有譽於後世矣。安汝止者，聖君之事，生而知者也；欽厥止者，賢君之事，學而知者也。問：「諸家多訓『虞』爲『度』，切謂只作虞人説如何？」朱子曰：「作虞人説爲是。」○陳氏大猷曰：「言欲永終，當謹始發也。萬事莫不有度。君所以爲度，在敬汝所當止，如君止於仁、子止於孝之類。」○王氏曰：「語静之道，則曰『愼乃儉德』、『欽厥止』；語動之道，則曰『若虞機張』、『率乃祖攸行』。」○陳氏大猷曰：「萬世有辭，所謂『永圖』也。」○林氏曰：「萬世有辭，所謂『相亦惟終』也。」○新安陳氏曰：「罔不祗肅，言湯之敬也。欽厥止，率乃祖攸行，勉太甲盡敬以法先王也。曰『有終』，曰『永圖』，曰『萬世有辭』，勸之也。曰『罔克有終』，曰『自覆』，戒之也。此章仍是以先王始之，以尹躬結之。王能欽敬而有終，先王之望，尹之幸也。王不能欽敬而自覆，非先王之望，尹之不能盡其責也。尹本自任以天下之重，又受先王託孤之重任，故告戒之辭節節提起先王，而以與尹躬相關繫收結之。」○陳氏雅言曰：「此章上兩句設譬以起下兩句，若《詩》之比也。射有似乎君子。虞人之射，既張其機矣，然猶必省其括之合于度，然後釋之，則發無不中矣。君子之處事，亦猶是也。天下之事，莫不各有其度。人君惟當欽其義理之所止，率夫乃祖之所行。曰『止』曰『祖』，即事之度也。能欽其止則率其祖之所行，祖之所行亦即其所當止也。伊尹於此，特恐其察之不精，止而或非所當止，故繼之以『率乃祖攸行』者，所以驗其所止之道地也。」

王未克變。

不能變其舊習也。此亦史氏之言。

伊尹曰：「茲乃不義，習與性成。予弗狎于弗順，營于桐宫，密邇先王其訓，無俾世迷。

狎，習也。弗順者，不順義理之人也。桐，成湯墓陵之地。伊尹指太甲所爲乃不義之事，習惡而性成者也。我不可使其狎習不順義理之人，于是營宫于桐，使親近成湯之墓，朝夕哀思，興起其善，以是訓之，無使終身迷惑而不悟也。陳氏經曰：「習爲不義，若與性俱成。」

賈誼曰：「少成若天性，習慣如自然。」

「王徂桐宮居憂，克終允德。」

徂，往也。允，信也。有諸己之謂信，實有其德於身也。凡人之不善，必有從臾以導其爲非者。太甲桐宮之居，伊尹既使其密邇先王陵墓，興發其善心，又絶其比昵之黨，而革其污染。此其所以「克終允德」也。次篇伊尹言「嗣王克終厥德」，又曰「允德協于下」，故史氏言「克終允德」，結此篇以發次篇之義。董氏鼎曰：「太甲嗣位，伊尹已述『侮聖言，逆忠直，遠耆德，比頑童』之戒。太甲乃不惠阿衡，『庸罔念聞』而狎于不順，非亂風之猶存乎？苟非伊尹超然深識，通權達變，爲遷桐之舉，有以動心忍性，增益其所不能，其不危乎？」◯新安陳氏曰：「伊尹此舉，蓋處君臣之變者，身任先王託孤之重，深軫宗廟顛覆之憂。知太甲之性不過中人，平日誘以爲惡之近習必多，而輔以善之大臣，尹之外無聞焉。孤忠不能勝引誘之衆，徒言不能開迷惑之久，遂營桐宮以居之，如見先王之在前，而無群小之在側，善心油然以生，而汙習脱然以除。此不言之教，達變之權，惟自任以天下之重，如尹之開國元老，大忠至公者能之，而非泛然之大臣敢爲也。又按：千古性學開端於『若有恒性』之一言，其次則『習與性成』之言也。恒性以天地之性言，孟子性善之論本恒性而言也，孔子性近習遠之論自習與性成而發也。若有恒性，本有善而無惡，惟習於惡而後性流於惡。其既流也，性若成矣。然能謹所習而習於善，則善反之，而天地之性存焉。此太甲所以終允德也。天地之性，氣質之性，雖至橫渠張氏始剖判言之，已肇端於湯、尹言性之初矣。」

太甲中

惟三祀十有二月朔，伊尹以冕服奉嗣王歸于亳。

太甲終喪，明年之正朔也。冕，冠也。唐孔氏曰：周禮天子六冕，備物盡文，惟衮冕耳，此蓋衮冕之服。義或然也。奉，迎也。喪既除，以衮冕吉服奉迎以歸也。

作書曰：「民非后，罔克胥匡以生；后非民，罔以辟四方。皇天眷佑有商，俾嗣王克終厥德，實萬世無疆之休。」

民非君，則不能相正以生；君非民，則誰與爲君者？言民固不可無君，而君尤不可失民也。太甲改過之初，伊尹首發此義，其喜懼之意深矣。夫太甲不義，有若性成。一旦翻然改悟，是豈人力所至？蓋天命眷商，陰誘其衷，故嗣王能終其德也。向也湯緒幾墜，今其自是有永。豈不爲萬世無疆之休乎？林氏曰：「太甲『克終厥德』，伊尹力也。而歸之天者，君子能致人於悔過遷善之地，不能必其人有悔過遷善之心。尹嘗五就桀矣，事雖不可見，即其感悟太甲者觀之，於桀必盡其忠誠矣。而桀終不改，則太甲悔過，庸非天乎！湯宜有餘慶，故太甲爲之孫；始皇宜有餘殃，故扶蘇爲之子，天也。」○陳氏經曰：「若人事不盡，而一切諉於天。太甲之書不作，桐宫之居不誓，而謂太甲不明，天實爲之，則非聖賢以人合天、以義合命之道矣。」○吕氏曰：「使太甲不改，事將若何？今既克終，喜慰何如哉！玩味『實』字可見。」○新安陳氏曰：「克終厥德，即前篇所望其『有終』者也。此所謂『萬世無疆之休』，即前篇所望其『萬世有辭』者也。前願之而未得，今得遂其所願。向也湯緒幾覆，今也自是可久。先王之望遂矣，伊尹之責塞矣，其欣幸爲何如？烏得不因其遷善之一初，而許與期望之於悠久也哉。」

王拜手稽首，曰：「予小子不明于德，自底不類。欲敗度，縱敗禮，以速戾于厥躬。天作孽，猶可違；自作孽，不可逭。既往背師保之訓，弗克于厥初，尚賴匡救之德，圖惟厥終。」

拜手，首至手也。稽首，首至地也。太甲致敬於師保，其禮如此。不類，猶不肖也。多欲，則興作而亂法度；縱肆，則放蕩而隳禮儀。度，就事言之也。禮，就身言之也。速，召之急也。戾，罪。孽，災。逭，逃也。既往，已往也。已往既不信伊尹之言，不能謹之於始，庶幾正救之力，以圖惟其終也。當太甲不惠阿衡之時，伊尹之言惟恐太甲不聽；及太甲改過之後，太甲之心惟恐伊尹不言。夫太甲固困而知之者，然昔之迷，今之復；昔之晦，今之明，如日月昏蝕，一復其舊而光采炫耀，萬景俱新。湯、武不可及已，豈居成王之下乎？朱子曰：「古者天子尊師重傳。太甲『拜手稽首』，成王『拜手稽首』，疏言『稽首』，稽留之意，是首至地之久也。」○西山真氏曰：「『德』者，得之於天者也。不類，猶不肖也，天性本善，人自昧之，則反善而爲惡，與天不相似矣。欲者，嗜好也。縱者，放肆也。奉身當有法度，嗜好無節則敗度；脩身當有禮，縱肆不恭則敗禮。二字乃太甲前日受病之源，故至此首以自責。」〇新安陳氏曰：「伊尹雖謂太甲『克終厥德』，太甲不敢自保，方賴伊尹正救以圖『惟厥終』。」

伊尹拜手稽首，曰：「修厥身，允德協于下，惟明后。

伊尹致敬以復太甲也。修身，則無敗度、敗禮之事；允德，則有誠身、誠意之實。德誠于上，協和于下，惟明后然也。新安陳氏曰：「惟明后，與『不明于德』相應。太甲自謂『不明于德』，尹遂以脩身協下而爲明后者許與期望之。修身，本諸身也。允德協下，徵諸庶民也。誠實之德，孚契人心，其身修之驗歟。」〇陳氏雅言曰：「太甲自謂不明于德，故尹隨迎其端而以修身允德協下者勸勉之，復以爲明后期望之。蓋能修身而使誠實之德孚契於人心，此惟明后能之，非明后不足以及此也。惟允德故能協下，德協下故稱爲明后，此修身之效驗也。」

「先王子惠困窮，民服厥命，罔有不悅。並其有邦厥鄰，乃曰：『徯我后，后來無罰。』

此言湯德所以協下者，困窮之民，若己子而惠愛之。惠之若子，則心之愛者誠矣，未有誠而不動者也。故民服其命，無有不得其懽心。當時諸侯並湯而有國者，其鄰國之民乃以湯爲我君，曰：「待我君，我君來其無罰乎。」言除其邪虐，湯之得民心也如此，即仲虺「后來其蘇」之事。朱子曰：「『並其有邦』至『后來無罰』，言湯與彼皆有土諸侯，而鄰國之人乃曰『徯我后，后來無罰』，此可見得民心處。」

「王懋乃德，視乃烈祖，無時豫怠。

湯之《盤銘》曰：「苟日新，日日新，又日新。」湯之所以懋其德者如此。太甲亦當勉於其德，視烈祖之所爲，不可頃刻而逸豫怠惰也。張氏曰：「人志必有所準的，然後能有所立。舜不以堯爲的則不能重華，孔子不以周公爲的則不能大成，顔、孟不以孔子爲的則不能傳道統。視乃厥祖，欲太甲以成湯爲的也。」

「奉先思孝，接下思恭。視遠惟明，聽德惟聰。朕承王之休無斁。」

思孝，則不敢違其祖；思恭，則不敢忽其臣。惟，亦思也。思明，則所視者遠，而不蔽於淺近；思聰，則所聽者德，而不惑於憸邪。此懋德之所從事者。太甲能是，則我承王之美而無所厭斁也。朱子曰：「能視遠謂之明，所視不遠不謂之明；能聽德謂之聰，所聽非德不謂之聰。視聽是物，聰明是則。」「視不爲惡色所蔽爲明，聽不爲姦人所欺爲聰。」○陳氏大猷曰：「孝、恭、聰、明，懋德之目，人君修德，須就受病處藥之。太甲前日覆湯典刑，不惠阿衡，由不思孝、思恭也。既立不明，背棄師訓，由視溺於近、聽惑於邪也。今既盡此四者，則病根去而德成矣。尹恥其君不及堯、舜，太甲德成，尹責始盡，是承王之美於無窮也。」○新安陳氏曰：「伊尹提起『先王子惠』，而勉以視乃厥祖，然後以『朕承王之休』結之。仍是以先王尹躬對言，以警動期望之也。」○董氏鼎曰：「太甲之心，前日陰霾昏蝕，一旦天日開明，迪哲之資誠不可及矣。孝、恭、明、聰四者，修身之要，允德之目也。」

太甲下

陳氏大猷曰：「《伊訓》作於太甲未有過之先，尹欲預防其縱，故其辭嚴。《太甲》上篇作於太甲有過之時，尹不欲激之而微轉其機，故其辭婉。中篇作於悔過之初，尹深自喜慰，故其辭温。下篇作於改過之後，尹慮其或不克終，故其辭深以厲。大臣格言，淺深有序蓋如此。」

伊尹申誥于王曰：「嗚呼！惟天無親，克敬惟親。民罔常懷，懷于有仁。鬼神無常享，享于克誠。天位艱哉！

申誥，重誥也。天之所親，民之所懷，鬼神之所享，皆不常也。惟克敬、有仁、克誠，而後天親之，民懷之，鬼神享之也。曰敬、曰仁、曰誠者，各因所主而言。天謂之敬者，天者理之所在，動静語默不可有一毫之慢。民謂之仁者，民非元后何戴？鰥寡孤獨皆人君所當恤。鬼神謂之誠者，不誠無物，誠立於此，而後神格於彼。三者所當盡如此。人君居天之位，其可易而爲之哉？分而言之則三，合而言之一德而已。太甲遷善未幾，而伊尹以是告之，其才固有大過人者歟！西山真氏曰：「『敬』、『誠』、『仁』並言始於此，三者堯、舜、禹、湯之正傳也。」○吕氏曰：「君必上得天心，下得民心，幽得鬼神之心，始可以當天位。天位所以惟艱也。」○陳氏雅言曰：「天無常親，民無常懷，鬼神無常享，其可畏如此。太甲居天之位，於此三者苟有一毫之不敬、不仁、不誠，則天之親我者安保其常親？民之懷我者安保其常懷？鬼神之享我者安保其常享？是豈可以易而爲之哉？蓋『敬』者，事天之理也；『仁』者，治民之理也；『誠』者，祭鬼神之理也。理無不盡，則天無不親，民無不懷，鬼神無不享矣。所謂『無常』者，其機不在我而在彼也。曰『敬』、曰『仁』、曰『誠』，機則在我。能盡其在我者，則無常者爲有常矣。」

「德惟治，否德亂。與治同道，罔不興；與亂同事，罔不亡。終始慎厥與，惟明明后。

德者，合敬、仁、誠之稱也。有是德則治，無是德則亂。治固古人有行之者矣，亂亦古人有行之者也。與古之治者同道，則無不興；與古之亂者同事，則無不亡。治而謂之道者，蓋治因時制宜，或損或益，事未必同，而道則同也。亂而謂之事者，亡國喪家，不過貨色、遊畋、作威、殺戮等事，事同，道無不同也。治亂之分，顧所與如何耳？始而與治，固可以興；終而與亂，則亡亦至矣。謹其所與，終始如一，惟明明之君爲然也。上篇言「惟明后」，此篇言「惟明明后」，蓋明其所已明，而進乎前者矣。西山真氏曰：「『與治同道，罔不興』，道指全體而言，如堯舜之仁、湯武之義是也。『與亂同事，罔不亡』，事指一事而言，如太康畋遊、桀、紂暴虐之類是也。必同道乃興，宋襄公以『不禽二毛』自比文王，一事之同而他事之不副，其能有興乎？苟同事必亡，『三風十愆』或有其一，無不亡者，蓋興之難而亡之易如此。斯天位之所以難歟！」○新安陳氏曰：「此因『尚賴匡救』，『圖惟厥終』之説，而進圖終之道也。圖終之道，在常不變其始而已。終始慎其所與，則不特初心之明而爲明后，且悠久常保此初心之明而爲明明后矣。尹蓋慮太甲悔艾於初而轉移於終也，故言及此。」

「先王惟時懋敬厥德，克配上帝。今王嗣有令緒，尚監茲哉。

敬，即「克敬惟親」之「敬」，舉其一以包其二也。成湯勉敬其德，德與天合，故克配上帝。今王嗣有令緒，庶幾其監視此也。新安陳氏曰：「此欲太甲與湯之治同道也。」○西山真氏曰：「『惟時』云者，謂敬德之外，無復他道，所以深勉太甲也。前言敬、仁、誠，茲獨總之以『敬』者，蓋敬而後能仁能誠故也。」○陳氏雅言曰：「人受天地之中以生，莫不有是德也。先王惟能勉敬其德，至於與天爲一。先王於此，非於性分之外，別有所增益也。其工夫之深至，惟在於懋而已，故能用集大命，撫綏萬邦。則嗣王今日之繼有天下，其可不以先王爲監，而思所以懋敬其德，求所以克配上帝者乎？曰『尚監』者，庶幾其能監視，亦期望之辭也。伊尹於此，語先王用工之要，則曰『懋敬厥德』；語用工之極，則曰『克配上帝』，蓋徹上徹下，以告太甲者也。能敬則必能仁而且誠，能配上帝則天親民懷而鬼神亦無不享矣，傳謂『舉其一以包其二』者此也。」

「若升高，必自下；若陟遐，必自邇。

此告以進德之序也。《中庸》論君子之道，亦謂：「譬如行遠，必自邇；譬如登高，必自卑。」進德脩業之喻，未有如此之切者。呂氏曰：「自此乃伊尹畫一以告太甲也。」新安陳氏曰：「觀法先王，豈一蹴能至？自下、自邇，欲其希賢進德之有序也。」

「無輕民事，惟難；無安厥位，惟危。

無、毋通。毋輕民事，而思其難；毋安君位，而思其危。

「愼終于始。

人情孰不欲善終者，特安於縱欲，以爲今日姑若是，而他日固改之也。然始而不善，而能善其終者寡矣。桐宮之事往已，今其即政臨民，亦事之一初也。新安陳氏曰：「前言『終始愼厥與』，則愼終爲重。此言『愼終于始』，則謹始爲重。固當謹終而常如其始，圖終尤當先善其始也。」

「有言逆于汝心，必求諸道；有言遜于汝志，必求諸非道。

鯁直之言，人所難受；巽順之言，人所易從。於其所難受者，必求諸道，不可遽以逆于心而拒之；於其所易從者，必求諸非道，不可遽以遜于志而聽之。以上五事，蓋欲太甲矯乎情之偏也。朱子曰：「治道別無説，若使人主恭儉好善，『有言逆于汝心，必求諸道；有言遜于汝志，必求諸非道』，如何會不治！這別無説，從古來都有見成樣子，直是如此。」○西山真氏曰：「聽言之道，當求義理之當，不當順意見之偏。苟合乎理，雖逆吾意不可不從；苟咈乎理，雖順吾意不可不察。」○陳氏大猷曰：「忘其言之逆順，而揆諸道之當否。合道，則逆者乃所以爲遜；非道，則遜者乃所以爲逆。前日欲縱之時，尹之言固嘗逆心，而臣下之言固嘗有遜志者矣，故復以爲戒。」

「嗚呼！弗慮胡獲？弗爲胡成？一人元良，萬邦以貞。

胡，何也。弗慮何得，欲其謹思之也；弗爲何成，欲其篤行之也。元，大。良，善。貞，正也。一人者，萬邦之儀表。一人元良，則萬邦以正矣。陳氏雅言曰：「所慮、所爲者，即欲其於上文所陳進德之序矯乎情之偏五事而慮之、爲之也。能慮、能爲，則知、行兩盡。一人有大善之德，而萬邦有皆正之效，所謂勸勉之也。」

「君罔以辯言亂舊政，臣罔以寵利居成功，邦其永孚于休。」

弗思、弗爲，安於縱弛，先王之法廢矣；能思、能爲，作其聰明，先王之法亂矣。亂之爲害，甚於廢也。成功非寵利之所可居者。至是太甲德已進，伊尹有退休之志矣，此《咸有一德》之所以繼作也。君臣各盡其道，邦國永信其休美也。○吴氏曰：「上篇稱嗣王不惠于阿衡，必其言有與伊尹背違者。辯言亂政，或太甲所失在此。罔以寵利居成功，己之所自處者已素定矣。下語既非泛論，則上語必有爲而發也。」林氏曰：「自古受託孤之寄者，於進退之際，可謂至難。爲幼主者類多血氣未定，趨舍未堅，苟未能離師輔而不反，則吾退而小人乘間以進，必將以辯言亂舊政，而貽國家之禍矣。所以伊尹明告以堅其心，而遂示以引身求退之意焉。」○陳氏曰：「伊尹爲桐宫不得已之舉，必輕寵利，然後可絶天下之疑，而杜讒賊之口。使功成居之，有一毫利之之心，則好議論者安知不以前日之事爲疑乎？所以作書未終，而歸志已露也。」○新安陳氏曰：「老氏云『功成而不居』，蔡澤云『四時之序，功成者去』。伊尹，聖之任者也，耕莘之初，天下何與於我？自幡然從湯以後，則以身任責不容釋矣。不幸湯崩，主少不明，幾覆商祚，身任此責，愈不容釋矣。大不得已，置君於桐，不容不犯臣子之至難，非可諉其責於他人也。觀其告戒拳拳，言言忠愛，必以先王、尹躬對言。幸而太甲悔過修德，遂亟復政於君，欲奉身以退。尹至是，上無負於先王，次無負於太甲，下無負於天下，以身任重，可以釋矣。由其任重恐恐不勝之心，而復還耕莘囂囂自得之身，其欣幸當何如哉！此而不退，則寧無貪戀寵利之疑？置君於桐，大不獲已，至忠至公之本心，誰白之者？伊尹可謂自任之重，自處之審矣。使湯有太甲爲之孫，而無伊尹爲之佐，其不一再傳而斬者幾希，尚何六百年之敢望哉！」○董氏鼎曰：「《伊訓》作於太甲嗣位之初，重在謹始，故曰『今王嗣厥德，罔不在初』。《太甲》上篇作於不惠阿衡之時，重在謹習，故曰『習與性成。予弗狎于弗順』。中篇作於克終允德之後，重在懋德，故曰『王懋乃德』，『無時豫怠』。下篇申言懋德之意，重在謹終，故曰『終始慎厥與』，又曰『慎終于始』。蓋方其未悟也，惟恐無以善始。及其既悟也，又惟恐無以善終。伊尹之於太甲，先憂而喜，後喜而憂。拳拳忠愛，言有盡而意無窮蓋如此。」

咸有一德

伊尹致仕而去，恐太甲德不純一，及任用非人，故作此篇。亦訓體也。史氏取其篇中「咸有一德」四字以爲篇目。今文無，古文有。新安陳氏曰：「『一德』二字，實此篇之綱領。」

伊尹既復政厥辟，將告歸，乃陳戒于德。

伊尹已還政太甲，將告老而歸私邑，以「一德」陳戒其君。此史氏本序。

曰：「嗚呼！天難諶，命靡常。常厥德，保厥位。厥德靡常，九有以亡。

諶，信也。天之難言，以其命之不常也。然天命雖不常，而常於有德者。君德有常，則天命亦常，而保厥位矣；君德不常，則天命亦不常，而九有以亡矣。九有，九州也。蔡氏元度曰：「『常厥德』，所謂德惟一。不常厥德，所謂德二三。惟一爲能常。」○新安陳氏曰：「一者，無雜無息。一可以包常，常則一之無間斷者也。惟純而不雜，所以久而不息。」

「夏王弗克庸德，慢神虐民。皇天弗保，監于萬方，啓迪有命，眷求一德，俾作神主。惟尹躬暨湯，咸有一德，克享天心，受天明命，以有九有之師，爰革夏正。

上文言天命無常，惟有德則可常，於是引桀之所以失天命、湯之所以得天命者證之。一德，純一之德，不雜不息之義，即上文所謂「常德」也。神主，百神之主。享，當也。湯之君臣皆有一德，故能上當天心，受天明命，而有天下。於是改夏建寅之正而爲建丑正也。問：「《咸有一德》，竊謂一者，是純一而不雜。德至於純一而不雜，所謂至德也。所謂純一而不雜者，蓋歸於至當無二之地，無纖毫私意人欲間雜之，猶《易》之『恒』、《中庸》之『誠』也。說者多以『咸有一德』爲君臣同德。『咸有一德』固有同德意，而一非同也，言君臣皆有此一德而已。」朱子曰：「此篇先言常德、庸德，後言一德，則『一』者，常一之謂。」○「爰革夏正，只是『正朔』之『正』。」○新安陳氏曰：「臣當先君後己，善則稱君。今曰『尹躬暨湯』，則臣先君；曰『咸有一德』，則臣儕於君，何也？蓋尹聖之任，湯學焉而後臣，天生齊聖之湯，又生元聖之尹，君臣同德，聖聖相逢，非泛然君臣比也。又何區區形跡之嫌哉！」○陳氏雅言曰：「純一之德者，即天之德也。惟與天合德，故能上當天心，明命而能受之，九有而能有之。

則嗣王今日之有天下，亦當純一其德，以克享於天，然後可以承祖宗之基業，膺上天之付托，慰生民之屬望。此伊尹將致仕而歸，恐太甲德不純一，故以成湯一德之效以爲之告。而必言『尹躬暨湯，咸有一德』者，亦猶《太甲》上篇言『先王顧諟天之明命』，而繼之以『惟尹躬克左右厥辟宅師』之意也。」

「非天私我有商，惟天佑于一德；非商求于下民，惟民歸于一德。

上言一德，故得天得民。此言天佑、民歸，皆以一德之故。蓋反復言之。陳氏雅言曰：「『一德』者，天人合應之機也。商之君臣，惟同有一德，故自然爲天所佑、爲民所歸。是則天雖非私於商，而不能不私於商之一德也；商雖非求於民，而民求歸于一德也。一德之效，固如是其大乎！」

「德惟一，動罔不吉；德二三，動罔不凶。惟吉凶不僭在人，惟天降災祥在德。

二三，則雜矣。德之純，則無往而不吉；德而雜，則無往而不凶。僭，差也。惟吉凶不差在人者，惟天之降災祥在德故也。張氏曰：「『一』者，純乎天理；『二三』者，雜於人欲。天理無往而不吉，人欲無往而不凶，以其體即凶也。」○林氏曰：「降於天者爲『災祥』，受於人者爲『吉凶』。」○吕氏曰：「一則動皆合理，故無不吉；二三則動皆背理，故凶。」○陳氏大猷曰：「德純乎天理，本一而已。人欲之私間之，一者始二三矣。」○新安陳氏曰：「『在人』、『在德』不過分天人平説。『吉凶不差在人』何如？吉人則吉，凶人則凶。『天降災祥在德』何如？德一則祥，德二三則災。」

「今嗣王新服厥命，惟新厥德。終始惟一，時乃日新。

太甲新服天子之命，德亦當新。然新德之要，在於有常而已。終始有常而無間斷，是乃所以日新也。朱子曰：「終始惟一，時乃日新，這箇道理須是常接續不已，方是日新，纔有間斷便不可。」○張氏曰：「此告太甲以繼湯之一德也。太甲即位已久，此自復位時言，即新服受天命，其德亦當俱新。」○新安陳氏曰：「太甲復位之初，自怨自艾，始能自新矣。然終或間斷，則非日新也。湯之《盤銘》曰：『苟日新，日日新，又日新。』其自儆如此。《仲虺之誥》曰：『德日新，萬邦惟懷。』仲虺告湯亦如此。是『日新』乃太甲乃祖之家學也。尹以湯之『日新』望太甲，必以湯之『一德』勉太甲。故『時乃日新』，必先之以『終始惟一』焉。視湯之銘發明精密。」○陳氏雅言曰：「此告之以新德爲服命之始也。然而太甲自怨自艾，處仁遷義而歸，則始固能新矣。伊尹慮其終或間斷，則非純一之德，非日新之道，蓋惟有一德，然後可謂之『日新』；惟能日新，然後方有純一之德。『日新』者，成湯昭德檢身之工夫也，觀《盤銘》之言、《仲虺之誥》可見。伊尹告太甲以『一德』，而又必告太甲以『日新』者，蓋欲其以『日新』爲『一德』之要也。伊尹此言，因其所已能，而勉其所未至也。」

「任官惟賢材，左右惟其人。臣爲上爲德，爲下爲民，其難其慎，惟和惟一。

賢者，有德之稱。材者，能也。左右者，輔弼大臣，非賢材之稱可盡，故曰「惟其人」。夫人臣之職，爲上爲德，左右厥辟也；爲下爲民，所以宅師也。不曰君而曰德者，兼君道而言也。臣職所係，其重如此，是必其難其慎。難者，難於任用；慎者，慎於聽察，所以防小人也。惟和惟一，和者可否相濟，一者終始如一，所以任君子也。問：「『臣爲上爲德，爲下爲民』，諸家說不同，不知此四『爲』字，當作如何音？」朱子曰：「『爲』字並去聲。爲上者，輔其德而不阿其意之所欲；爲下者，利於民而不徇己之所安。」○問：「如『逢君之惡』也是爲上，而非是爲德；『爲宮室妻妾之奉』也是爲下，而非是爲民。」曰：「然。伊尹告太甲却是與尋常人説話，便恁地分明，恁地切身。至今看時，通上下皆使得。至傅説告高宗，語意却深，緣高宗賢明，可以説這般話，故傅説輔之，説得較精微。伊尹告太甲，前三篇許多説話，却從天理窟中抉出許多話，分明説與他，今看來句句是天理。」○論「其難其慎」，曰：「君臣上下，相與甚難。」○張氏曰：「尹欲堯、舜其君，則『爲上爲德』可知；欲堯、舜其民，則『爲下爲民』可知。」○陳氏大猷曰：「人君莫不欲日新其德，然或不克終者，由小人蠱之，則不間斷於己，亦必間斷於人也。故又告以用人之道，所以貴於用有德有能。而必得其人者，蓋臣職在於致君澤民。爲上則欲輔成君德，爲下則欲澤潤生民，所係之重如此。任用之際，其難之而不易，謹之而不忽，待之協和而無乖，信之專一而無二，此言用人之當一也。」○新安陳氏曰：「左右作近習説，接下二句不來，《語録》想非定説。蔡傳得之。『王置諸其左右』，『相成王爲左右』，豈皆近習乎？三公官不必備，亦曰『惟其人』，蓋其選至重，必其人足以當之者可也。」○陳氏雅言曰：「伊尹既告太甲以一德，又恐其任用非人，則心志蠱惑，德不能以統一，故又告以用人之道。任官則必賢才而後可，非賢才則不可任也；左右則必得其人而後可，又非賢材之可比也。所以爲是者，以人臣之職，在上則必陳善閉邪，獻可替否，以成其爲君之德；在下則必養之以全其生，教之以復其性，而澤潤生民。臣職之所係，其重如此，是豈可輕於任用哉？故任用之始，必其難其慎，以防小人；任用之終，必惟和惟一，以待君子。蓋言用人之當一也。君德之一未始不由於用人之一，用人之一亦足以見其君德之一。」

「德無常師，主善爲師；善無常主，協于克一。

上文言用人，因推取人爲善之要。無常者，不可執一之謂。師，法。協，合也。德者，善之總稱。善者，德之實行。一者，其本原統會者也。德兼衆善，不主於善，則無以得一本萬殊之理；善原于一，不協于一，則無以達萬殊一本之妙。謂之「克一」者，能一之謂也。博而求之於不一之善，約而會之於至一之理，此聖學始終條理之序，與夫子所謂「一貫」者幾矣。太甲至是而得與聞焉，亦異乎常人之改過者歟。張氏曰：「《虞書》『精一』數語之外，惟此爲精密。」問：「『德無常師』四句，或言主善人而爲師，若仲尼無常師之意，如何？」朱子曰：「非也。横渠説『德主天下之善，善原天下之一』，最好。四句三段，一段緊似一段。德且是大體説，有吉德，有凶德，然必主於善，始爲吉爾。善亦且是大段説，或在此爲善，或在彼爲不善；或在前日則不善，而今日則爲善，惟須『協于克一』，是乃爲善，謂以此心揆度彼善耳。故横渠言『原』，則若善之原於一耳，蓋善因一而後定也。德以事言，善以理言，一以心言。大抵此篇只是幾箇『一』字上有精神，須與細看。此心纔一，便終始不變而有常也。『協』字雖訓『合』字，却是『以此合彼』之『合』，非『已相合』之『合』，與《禮記》『協於分藝』、《書》『協時月正日』之『協』同義，蓋若揆度參驗之意耳。張敬夫謂《虞書》『精一』四句與此爲《尚書》語之最精密者，而《虞書》爲尤精。」○「此言於天下之德無一定之師，惟善是從，則凡有善皆可師也。於天下之善無一定之主，惟一其心，則其所取者無不善矣。協，猶齊也，如所謂『協時月』。」○「『德無常師』四句，上兩句是教人以其所師，下兩句是教人以其所擇善而爲之師。」○問：「協于克一，莫是能主一則自默契於善否？」曰：「横渠云：『德主天下之善，善原天下之一。』這見得他説得極好處。
蓋從一中流出者，無有不善。所以伊尹從前面説來，便有此意，曰『常厥德』，曰『庸德』，曰『一德』，『常』、
『庸』、『一』只是一箇。」○問横渠之言如何。曰：「一故善。一者，善之原也。善無常主，如言『前日之受
非也』、『協于克一』，如言『皆是也』。蓋均是善，但易地有不同者，故無常主。必是合于一，乃爲至善。一
者，純於理而無二三之謂。一，則無私欲，而純乎義理矣。」○陳氏大猷曰：「有『專一』之『一』，『終始惟
一』是也。有『統一』之『一』，『協于克一』是也。無一善之或遺，無一息之或間，然後盡一德之全體。尹既
言惟一之旨，復明協一之義。德之所在，初無常師，凡主於善，皆所當師，謂博而取之也。善有萬端，亦無
常主，必貴協合，統會于克一之地，謂一以貫之也。」○新安陳氏曰：「理之一本萬殊處，擇之貴乎精；理
之萬殊一本處，融之貴乎一。德無常師，主善爲師，精以擇之也，即所謂惟精也。善無常主，協于克一，一
以貫之也，即所謂『惟一』也。南軒張子謂『精一』數語外，惟此最爲精密，深味之，伊尹之言，即自『惟精惟
一』充廣之也。伊尹樂堯舜之道，淵源甚遠，學識甚精，今復摘舜禹授受之微旨以告太甲，其欲使是君爲
堯舜之君之心至老不變也，如此夫！」○夏氏曰：「學未有得，不可執一定之見；學既有得，不可忘一貫
之理。德既無常師，吾不敢拘，凡主於善者皆師之，泛觀博取也；善雖無常主，吾不敢泛，必即夫一者而
合之，反觀約盡也。」○陳氏雅言曰：「仁、義、禮、智，德也，德何常師之有？以言乎仁，則自親親仁民以
至愛物，皆仁之善，所當取以爲師者也；以言乎義，則自從兄敬長以至尊賢，皆義之善，所當取以爲師者
也。則德主天下之善者無不師，而有以盡夫博矣。然善亦何常主之有？仁之善雖有萬端，貫而通之，則

凡所謂仁者，皆本於吾此心之一理也；義之善雖有萬緒，融而會之，則凡所謂義者，又皆本於吾此心之一理也。則善原天下之一者，無不叶而有以會夫約矣。❶蓋德而師於善，此資於人者也；善而叶于一，此反諸己者也。」

「俾萬姓咸曰：『大哉王言！』又曰：『一哉王心！』克綏先王之禄，永底烝民之生。

人君惟其心之一，故其發諸言也大。萬姓見其言之大，故能知其心之一。咸應之理，自然而然，以見人心之不可欺，而誠之不可掩也。禄者，先王所守之天禄也。烝，衆也。天禄安，民生厚，一德之效驗也。陳氏大猷曰：「咸曰，見頌之無間。又曰，見頌之無已。人心孚感，若有使之者，此一德之驗；綏禄、底民，此一德之效。」○陳氏雅言曰：「人君有純一之德存諸心，則發諸言者大。天下之民人聞其言之大，而皆曰『大哉王言』；因以知其心之一，而又曰『一哉王心』。感應之妙，自然而然，于以見人心之理無異於君心之理，君心之理深契乎民心之理也。所謂一德之感應夫如是，先王之禄則克綏之。『克綏』云者，基圖之鞏固，如置諸磐石之壯也，烝民之生則永底之。『永底』云者，海宇之寧謐，如措諸衽席之康也。所謂一德之效驗。」

「嗚呼！七世之廟可以觀德，萬夫之長可以觀政。

天子七廟，三昭三穆，與太祖之廟七。七廟親盡則遷，必有德之主則不祧毁，故曰「七世

❶「叶」，四庫本作「協」。下「叶」字同。

之廟可以觀德」。天子居萬民之上，必政教有以深服乎人，而後萬民悦服，故曰「萬夫之長可以觀政」。伊尹歎息言德政修否，見於後世，服乎當時，有不可掩者如此。

「后非民罔使，民非后罔事。無自廣以狹人，匹夫匹婦不獲自盡，民主罔與成厥功。」

罔使、罔事，即上篇「民非后，罔克胥匡以生；后非民，罔以辟四方」之意。申言君民之相須者如此，欲太甲不敢忽也。無、毋同。伊尹又言君民之使事，雖有貴賤不同，至於取人爲善，則初無貴賤之間。蓋天以一理賦之於人，散爲萬善。人君合天下之萬善，而後理之一者可全也。苟自大而狹人，匹夫匹婦有一不得自盡於上，則一善不備，而民主亦無與成厥功矣。伊尹於篇終致其警戒之意，而言外之旨則又推廣其所謂一者如此。蓋道體之純全，聖功之極致也。嘗因是言之，以爲精粹無雜者一也，終始無間者一也，該括萬善者一也。一者，通古今，達上下，萬化之原，萬事之幹。語其理則無二，語其運則無息，語其體則并包而無所遺也。《咸有一德》之書，而三者之義悉備。前乎伏羲、堯、舜、禹、湯，後乎文、武、周公、孔子，同一揆也。新安陳氏曰：「觀德、觀政，欲太甲致謹於修德行政之際也。德則一德，政則一德之見於行事者。又謂一德雖全，尤不可以自足。矜心一生，而匹夫匹婦有懷不得以自盡，則一善之或遺即一德之有虧，何以大有成於天下哉？此節言『后非民』、『民非后』及不可使『匹夫匹婦不獲自盡』，其與舜命禹以精一，而未及於『衆非后何戴，后非衆罔與守邦，四海困窮，天禄永終』者，亦有合焉。伊尹之學其樂堯舜之道而有得，豈不信哉！」

書傳大全卷之五

盤庚上

盤庚，陽甲之弟。自祖乙都耿，圮於河水。盤庚欲遷于殷，而大家世族安土重遷，胥動浮言；小民雖蕩析離居，亦惑於利害，不適有居，盤庚喻以遷都之利，不遷之害。上、中二篇未遷時言，下篇既遷後言。王氏曰：「上篇告群臣，中篇告庶民，下篇告百官族姓。」《左傳》謂「盤庚之誥」，實誥體也。三篇今文、古文皆有，但今文三篇合爲一。問：「《商書》又却較分明。」朱子曰：「《商書》亦只有數篇如此。《盤庚》依舊難曉。」曰：「不知怎生地，盤庚抵死要徙地遷那都。若曰有水患，也不曾見大故爲害。」曰：「他不復更説那事頭。只是當時小民被害，而大姓之屬安於土而不肯遷，故説得如此。」○《史記》：盤庚，祖乙之曾孫也。歷祖乙子祖辛，祖辛子開甲，開甲弟祖丁，開甲子南庚，祖丁子陽甲，及盤庚凡七世都耿矣。亳殷，亳之殷地。殷者，亳之别名，在河南。耿在河北。○吴氏曰：「此書説者多言某篇爲告臣，某篇爲告民，某篇爲兼告臣民。以余觀之，臣民並集之時，固不當呼臣與言而使民不與聞；又呼民與言而使臣不與聞。特以遷都之利，反覆開諭。事之係乎臣者主臣言之，事之係乎民者主民言之，君心初無適莫，臣民皆欲其盡曉也。」○林氏曰：「遷都利害甚明，而臣民傲上、從康，誠常情所不堪。盤庚諄復懇到，曉以利害禍福之理，不啻如慈母之於子。非優游不斷，不能奮其剛決也。蓋從容開諭，使其曉然，中心悅從，以共享安利，而無絲毫之牽强，所以爲王者之政也。」又曰：「耿地障塞沃饒，易以致富。富家巨室久居殖貨，閭閻細民則苦蕩析離居。今遷亳乃小民之利，而巨室所不欲，故爲浮言以摇民情，此三篇所由作也。」

盤庚遷于殷。民不適有居，率籲衆慼，出矢言。

殷在河南偃師。適，往。籲，呼。矢，誓也。史臣言盤庚欲遷于殷，民不肯往適有居，盤庚率呼衆憂之人，出誓言以喻之，如下文所云也。○周氏曰：「商人稱殷，自盤庚始。自此以前惟稱商。自盤庚遷都之後，於是殷、商兼稱，或只稱殷也。」

曰：「我王來，既爰宅于兹，重我民，無盡劉。不能胥匡以生，卜稽，曰其如台？

曰，盤庚之言也。劉，殺也。盤庚言我先王祖乙來都于耿，固重我民之生，非欲盡致之死也。民適不幸，蕩析離居，不能相救以生。稽之於卜，亦曰此地無若我何。言耿不可居，決當遷也。新安陳氏曰：「此地蕩析於水，既不能相救以生，所以卜以稽之而卜遷也。」○林氏曰：「古者將遷國，必考之卜，如《綿》詩曰『爰始爰謀，爰契我龜，曰止曰時，築室于兹』，衛文楚丘之遷亦曰『降觀于桑，卜云其吉』是也。」

「先王有服，恪謹天命。茲猶不常寧，不常厥邑，于今五邦。今不承于古，罔知天之斷命，矧曰其克從先王之烈？

服，事也。先王有事，恪謹天命，不敢違越。先王猶不敢常安，不常其邑，于今五遷厥邦矣。今不承先王而遷，且不知上天之斷絶我命，況謂其能從先王之大烈乎？詳此言，則先王遷徙亦必有稽卜之事。《仲丁》、《河亶甲》篇逸，不可考矣。五邦，漢孔氏謂湯遷亳，仲丁遷囂，河亶甲居相，祖乙居耿，并盤庚遷殷爲五邦。然以下文「今不承于古」文勢考之，則盤庚之前當自有五遷。《史記》言祖乙遷邢，或祖乙兩遷也。薛氏曰：「不遷故罔知天之斷命，則遷乃天欲永我命也。不遷故不克從先王之烈，則遷乃欲紹復先王之業也。」○陳氏經曰：「命在天而曰『恪謹天命』、『天其永命』，何也？古人以當然之理爲命，而不以或然之數爲命。『勑天之命』、『祈天永命』皆自己而言之。使盤庚不遷都，而苟安于耿，民不聊生，國將滅亡，而歸之命，可乎？」

「若顛木之有由蘖，天其永我命于茲新邑，紹復先王之大業，底綏四方。」

顛，仆也。由，古文作「㽕」，木生條也。顛木譬耿，由蘖譬殷也。言今自耿遷殷，若已仆之木而復生也。天其將永我國家之命於殷，以繼復先王之大業，而致安四方乎！魏氏曰：「《書》言『由蘖』，『由』字，《左傳》註『木再萌芽謂之由』，故云『楚其復由』。又昭八年『今在析木之津，猶將復由』。韻書『蘖』本作『㰒』，今作『枿』，枿，槁木之餘也，馬氏云：『顛木而肄生曰枿。』」○陳氏大猷曰：「京師爲諸夏本，國都定，則四方安矣。承天命、復祖業、綏四方，三者盤庚圖遷之本意，故史總述于篇首。」

盤庚斆于民，由乃在位，以常舊服正法度。曰：「無或敢伏小人之攸箴！」王命衆悉至于庭。

斆，教。服，事。箴，規也。耿地潟鹵墊隘而有沃饒之利，故小民苦於蕩析離居，而巨室則總于貨寶。惟不利於小民而利於巨室，故巨室不悅而胥動浮言，小民眩於利害亦相與咨怨。間有能審利害之實而欲遷者，則又往往爲在位者之所排擊阻難，不能自達於上。盤庚知其然，故其教民必自在位始。而其所以教在位者，亦非作爲一切之法以整齊之，惟舉先王舊常遷都之事以正其法度而已。然所以正法度者，亦非有他焉，惟曰使在位之臣無或敢伏小人之所箴規焉耳。蓋小民患潟鹵墊隘有欲遷而以言箴規其上者，汝毋得遏絶而使不得自達也。衆者，臣民咸在也。史氏將述下文盤庚之訓語，故先發此。陳氏大猷曰：「遵故事，則人情不駭；達微辭，則人情不壅。此遷都之大綱，史特先舉之。」

王若曰：「格汝衆，予告汝訓，汝猷黜乃心，無傲從康。」

「若曰」者，非盡當時之言，大意若此也。「汝猷黜乃心」者，謀去汝之私心也。「無」與「毋」同。毋得傲上之命，從己之安。蓋傲上則不肯遷，從康則不能遷，二者所當黜之私心也。此雖盤庚對衆之辭，實爲群臣而發，以斆民由在位故也。王氏曰：「凡言『若曰』，或臣述上旨而代作，非其自言；或史撮大意删潤之，非其本言。」○陳氏經曰：「當謀去其傲上從康之心。『傲上』者，違王命而不肯從；『從康』者，懷久安而不爲後日慮。當時群臣所以不遷，其病根在此二者，故直指其病而戒之。」○陳氏梅叟曰：「盤庚戒諭群臣，惟汲汲於治其心耳。『黜乃心』再見於首篇，『永肩一心』申嚴於終篇，『不宣乃心』、『恐迂乃心』、不『暨予同心』、『有戕在乃心』、『各設中于乃心』又條見於中篇。至于歷告朕志，『敷心腹腎腸』，無非開心諭之也。」

「古我先王，亦惟圖任舊人共政。王播告之脩，不匿厥指，王用丕欽。罔有逸言，民用丕變。今汝聒聒，起信險膚，予弗知乃所訟。

逸，過也。盤庚言先王亦惟謀任舊人共政。王播告之脩，則奉承于內，而能不隱匿其指意，故王用大敬之；宣化于外，又無過言以惑衆聽，故民用大變。今爾在內則伏小人之攸箴，在外則不和吉言于百姓，譊譊多言，凡起信於民者皆險陂膚淺之説，我不曉汝所言果何謂也。詳此所謂「舊人」者，世臣舊家之人，非謂老成人也。蓋沮遷都者，皆世臣舊家之人，下文「人惟求舊」一章可見。新安陳氏曰：「『民用丕變』以前，謂先王時世家舊人能使上敬下化如此。下文責今世家不能然也。」

「非予自荒兹德，惟汝含德，不惕予一人。予若觀火，予亦拙謀，作乃逸。

荒，廢也。逸，過失也。盤庚言非我輕易遷徙，自荒廢此德。惟汝不宣布德意，不畏懼於我，我視汝情明若觀火。我亦拙謀，不能制命而成汝過失也。新安陳氏曰：「含德，掩晦遮蔽意，與『不匿厥指』正相反。不惕一人，即傲上也。成乃安逸，即『從康』也。」

「若網在綱，有條而不紊；若農服田力穡，乃亦有秋。

紊，亂也。綱舉則目張，喻下從上，小從大。申前「無傲」之戒。勤於田畝，則有秋成之望，喻今雖遷徙勞苦，而有永建乃家之利。申前「從康」之戒。

「汝克黜乃心，施實德于民，至于婚友，丕乃敢大言汝有積德。

蘇氏曰：「商之世家大族造言以害遷者，欲以苟悦小民爲德也。故告之曰：『是何德之有？汝曷不去汝私心，施實德于民與汝婚姻僚友乎？』勞而有功，此實德也。汝能勞而有功，則汝乃敢大言曰：『我有積德。』曰『積德』云者，亦指世家大族而言。申前『汝猷黜乃心』之戒。」蕭氏曰：「言不欲遷者徒爲順民之虛名，遷則爲安民之實德。」○李氏杞曰：「言不遷似姑息，若可以得虛譽。然民被水患而不救，豈實德乎？」○林氏曰：「黜私心而施實德，欲其愛人以德，而不以不遷之姑息爲愛也。」○夏氏曰：「先王時汝祖父率民以遷，今汝又率民遷，是世有積德及人也。」○陳氏大猷曰：「不遷則徇人情，而患在後，雖若愛民，實害民也；遷則若拂人情，而利在後，雖若勞民，實福民也。在位以使民不遷爲有德於民，故戒之如此。此章總告以利，下二章分告以害。」○新安陳氏曰：「前言『猷黜乃心』，此言『克黜乃心』，是前言所謀爲之者，今真能爲之矣。所以贊其決也。」

「乃不畏戎毒于遠邇，惰農自安，不昬作勞，不服田畝，越其罔有黍稷。

戎，大。昬，强也。汝不畏沈溺大害於遠近，而憚勞不遷，如怠惰之農不强力爲勞苦之事，不事田畝，安有黍稷之可望乎？此章再以農喻，申言「從康」之害。唐孔氏曰：「『惰農』對上『服田力穡』而反言之。」○林氏曰：「此篇文勢大抵反覆辯論，皆相顧成文。既曰『若農服田力穡，乃亦有秋』，又曰『惰農自安，不昬作勞，不服田畝，越其罔有黍稷』；既曰『予若觀火』，又曰『若火之燎于原』，文雖渙散，而意則相屬，以是知盤庚之言，雖佶屈聱牙，不可遽曉，然反覆求之，於人情甚近也。」

「汝不和吉言于百姓，惟汝自生毒，乃敗禍姦宄，以自災于厥身。乃既先惡于民，乃奉其恫，汝悔身何及？相時憸民，猶胥顧于箴言，其發有逸口，矧予制乃短長之命？汝曷弗告朕，而胥動以浮言，恐沈于衆？若火之燎于原，不可嚮邇，其猶可撲滅。則惟爾衆自作弗靖，非予有咎。

吉，好也。先惡，爲惡之先也。奉，承。恫，痛。相，視也。憸民，小民也。逸口，過言也。逸口尚可畏，况我制爾生殺之命，可不畏乎？恐，謂恐動之以禍患。沈，謂沈陷之於罪惡。「不可嚮邇，其猶可撲滅」者，言其勢焰雖盛，而殄滅之不難也。靖，安。咎，過也。則惟爾衆自爲不安，非我有過也。此章反復辯論，申言傲上之害。林氏曰：「不導民以遷，而先不樂遷，民亦從之，是謂『先惡』。」○陳氏大猷曰：「恫痛不急去之，乃奉而養之，猶安其危、利其菑之意。既先惡於始，又護疾於今，後雖悔之，身無及矣。」○張氏曰：「毒曰『自生』，禍敗姦宄曰『自災』，言非自外來，皆汝自取之罪也。」

「遲任有言曰：『人惟求舊，器非求舊，惟新。』

遲任，古之賢人。蘇氏曰：「人舊則習，器舊則敝。當常使舊人、用新器也。今按盤庚所引，其意在『人惟求舊』一句。而所謂『求舊』者，非謂老人，但謂求人於世臣舊家云耳。詳下文意可見。若以舊人爲老人，又何『侮老成人』之有？」張氏曰：「器惟新者，但以證人求舊爾。故下文繼以乃祖父，非以器喻新邑也。」

「古我先王，暨乃祖乃父，胥及逸勤，予敢動用非罰？世選爾勞，予不掩爾善。茲予大享于先王，爾祖其從與享之。作福作災，予亦不敢動用非德。

胥，相也。敢，不敢也。非罰，非所當罰也。世，非一世也。勞，勞于王家也。掩，蔽也。言先王及乃祖乃父，相與同其勞逸，我豈敢動用非罰以加汝乎？世簡爾勞，不蔽爾善。茲我大享于先王，爾祖亦以功而配食於廟。先王與爾祖父臨之在上，質之在旁。作福作災，皆簡在先王與爾祖父之心，我亦豈敢動用非德以加汝乎？孔氏曰：「古功臣配食於廟。」○陳氏大猷曰：「配，對也。大勳勞之人方得配食，非遍及有功者。此言『與享』，如《周禮・司勳》『凡有功者祭於大烝』耳。盤庚總告群臣，豈盡皆配享乎？」孫氏曰：「前言『胥及逸勤』則曰『乃祖乃父』，此『與享』止曰『乃祖』，蓋逸勤不止一人，配享則非有功之祖不與也。」○新安陳氏曰：「此以群臣世有勳勞，當與國同休戚者感動之。乃申言前圖任舊人之意。」

「予告汝于難，若射之有志。汝無侮老成人，無弱孤有幼。各長于厥居，勉出乃力，聽予一人之作猷。」

難，言謀遷徙之難也。蓋遷都固非易事，而又當時臣民傲上從康，不肯遷徙。然我志決遷，若射者之必於中，有不容但已者。弱，少之也。意當時老成孤幼皆有言當遷者，故戒其老成者不可侮，孤幼者不可少之也。爾臣各謀長遠其居，勉出汝力，以聽我一人遷徙之謀也。新安陳氏曰：「謀遷固難，然如射必志於中，有志者事竟成，則不沮於難矣。」

「無有遠邇，用罪伐厥死，用德彰厥善。邦之臧，惟汝衆；邦之不臧，惟予一人有佚罰。」

用罪，猶言爲惡。用德，猶言爲善也。伐，猶戮也。言無有遠近親疎，凡伐死彰善，惟視汝爲惡爲善如何爾。邦之善，惟汝衆用德之故；邦之不善，惟我一人失罰其所當罰也。陳氏大猷曰：「死者刑之重，舉重故言死。」○張氏曰：「不從遷者罪也，從遷者善也。」

「凡爾衆，其惟致告：自今至于後日，各恭爾事，齊乃位，度乃口。罰及爾身，弗可悔。」

「致告」者，使各相告戒也。自今以往，各敬汝事，整齊汝位，法度汝言。不然，罰及汝身，不可悔也。吕氏曰：「其惟致告，當時所諭惟造在王庭者，故欲其轉相告語也。」○孫氏曰：「『恭爾事』

則無傲上，『齊乃位』則無從康，『度乃口』則無浮言：三者，盤庚所深戒也。」○吕氏曰：「三書反覆折難，須於包容處看其德量，於委曲訓誥處看其恩意，於規畫纖悉處看其措置。」○林氏曰：「使盤庚驅以刑罰而使之遷，誰敢違之？今其言乃若有所甚畏者，蓋得天下有道，得其民也；得其民者，得其心也；得其心，不過所欲與之聚爾。今之遷，惟欲聚民所欲而已。苟以勢力與臣民較，以失人心，雖能强之使遷，而民心已離矣。故寧爲優游不忍之辭，開諭其心，使知吾之本意。既不失民之心，亦不害吾之遷，此盤庚所以爲仁也。」○陳氏大猷曰：「世主之懦者惟知徇人，事所當爲，慮拂人情而輒阻；其果者惟知徇己，事苟當爲，遽拂人情而不恤。二者皆非也。盤庚内不失己，外不失人，所以爲兩全歟！」

盤庚中

盤庚作，惟涉河以民遷。乃話民之弗率，誕告用亶。其有衆咸造，勿褻在王庭。盤庚乃登進厥民。

作，起而將遷之辭。殷在河南，故涉河。誕，大。亶，誠也。咸造，皆至也。勿褻，戒其毋得褻慢也。此史氏之言。蘇氏曰：「民之弗率，不以政令齊之，而以話言曉之，盤庚之仁也。」吕氏曰：「已離舊邦，未至新邑，則王庭蓋道路行宫，如《周禮·掌次》是也。班次，臣在前，民在後，故升進其民於前而告之。」

曰：「明聽朕言，無荒失朕命！

荒，廢也。

「嗚呼！古我前后，罔不惟民之承，保后胥慼，鮮以不浮于天時。

承，敬也。蘇氏曰：「古謂『過』爲『浮』，『浮』之言勝也。后既無不惟民之敬，故民亦保后，相與憂其憂。雖有天時之災，鮮不以人力勝之也。」林氏曰：「憂民之憂者，民亦憂其憂。罔不惟民之承，憂民之憂也。保后胥慼，民亦憂其憂也。」

「殷降大虐，先王不懷厥攸作，視民利用遷。汝曷弗念我古后之聞？承汝俾汝，惟喜康共，非汝有咎，比于罰。

先王以天降大虐，不敢安居。其所興作，視民利當遷而已。爾民何不念我以所聞先王之事？凡我所以敬汝使汝者，惟喜與汝同安爾。非爲汝有罪，比于罰而謫遷汝也。臨川吴氏曰：「先王以天降大害，不懷其居之故，其所以起而遷者，視民所利而用遷也。汝民何不思念所聞先后之事？我奉承汝者，蓋欲使汝共享喜樂安康之利。」

「予若籲懷茲新邑，亦惟汝故，以丕從厥志。

我所以招呼懷來于此新邑者，亦惟以爾民蕩析離居之故，欲承汝俾汝康共，以大從爾志也。或曰，盤庚遷都，民咨胥怨，而此以爲「丕從厥志」，何也？蘇氏曰：「古之所謂從衆者，非從其口之所不樂，而從其心之所不言而同然者。夫趨利而避害，捨危而就安，民心同然也。殷毫之遷，實斯民所利。特其一時爲浮言搖動，怨咨不樂，使其即安危利害之實，而反求其心，則固其所大欲者矣。」臨川吴氏曰：「民志本欲安其所居，所以不肯遷者，以苟目前之暫安，而不圖他日之久安。我所以招呼汝遷者，亦惟汝故，將以大從爾民欲安之志。不遷則舉國無安定之時。」

「今予將試以汝遷，安定厥邦。汝不憂朕心之攸困，乃咸大不宣乃心欽念以忱動予一人。爾惟自鞠自苦，若乘舟，汝弗濟，臭厥載。爾忱不屬，惟胥以沈。不其或稽，自怒曷瘳？

上文言先王「惟民之承」，而民亦「保后胥慼」，今我亦惟汝故，安定厥邦。而汝乃不憂我心之所困，乃皆不宣布腹心欽念以誠感動於我。爾徒爲此紛紛自取窮苦，譬乘舟，不以時濟，必敗壞其所資。今汝從上之誠，間斷不屬，安能有濟？惟相與以及沈溺而已，《詩》曰「其何能淑？載胥及溺」，正此意也。利害若此，爾民而罔或稽察焉。是雖怨疾忿怒，何損於困苦乎？臨川吴氏曰：「爾民不得安居，此我心之憂而至於困者，我憂爾民之憂，而汝不憂我心之憂，乃皆大不宣布其心欽敬思念以誠心動我。爾惟苟安坐待水患之至，是自取窮苦。譬之乘舟者，若遲滯不濟，必臭敗所載之物。從上之心，間斷不屬，則不能復濟，惟相與以及沈溺而已。利害若此，汝不考察，但自怨怒，何能瘳乎？言無益也。」

「汝不謀長以思乃災，汝誕勸憂。今其有今罔後，汝何生在上？

汝不爲長久之謀，以思其不遷之災，是汝大以憂而自勸也。《孟子》曰：「安其危而利其災，樂其所以亡。」勸憂之謂也。有今，猶言有今日也。罔後，猶言無後日也。上，天也。今其有今罔後，是天斷棄汝命，汝有何生理於天乎？下文言「迓續乃命于天」，蓋相首尾之辭。臨川吴氏曰：「上，天也。今日偷生，後日必死，何能有生命於天乎？」

「今予命汝一，無起穢以自臭。恐人倚乃身，迂乃心。

爾民當一心以聽上，無起穢惡以自臭敗。恐浮言之人倚汝之身，迂汝之心，使汝邪僻而無中正之見也。臨川吴氏曰：「言爾民既從我涉河矣，或有二心而遲滯，今予命汝專其一心，無再起穢惡，間其從上之心，以自致臭敗。恐人之浮言誑惑偏倚汝之身，迂曲汝之心，使汝身心顛倒，利害昏迷，不知不遷則將有沈溺之禍。❶」

「予迓續乃命于天。予豈汝威，用奉畜汝衆。

我之所以遷都者，正以迎續汝命于天。予豈以威脅汝哉？用以奉養汝衆而已。臨川吴氏曰：「言我今因水患未至之時而遷，是迓續爾命于天而使汝更生也，我豈用威驅迫汝以遷乎？蓋欲汝得全其生爾。」

---

❶「不遷」之「不」字，原脱，今據吴澄《書纂言》補。

「予念我先神后之勞爾先，予丕克羞爾，用懷爾然。

神后，先王也。羞，養也，即上文「畜養」之意。言我思念我先神后之勞爾先人，我大克羞養爾者，用懷念爾故也。

「失于政，陳于兹，高后丕乃崇降罪疾，曰：『曷虐朕民？』

陳，久。崇，大也。耿圮而不遷，以病我民，是失政而久于此也。高后，湯也。湯必大降罪疾於我，曰：「何爲而虐害我民？」蓋人君不能爲民圖安，是亦虐之也。

「汝萬民乃不生生，暨予一人猷同心，先后丕降與汝罪疾，曰：『曷不暨朕幼孫有比？』故有爽德，自上其罰汝，汝罔能迪。

樂生興事，則其生也厚，是謂生生。先后，泛言商之先王也。幼孫，盤庚自稱之辭。比，同事也。爽，失也。言汝民不能樂生興事，與我同心以遷，我先后大降罪疾於汝，曰：「汝何不與朕幼小之孫同遷乎？」故汝有失德，自上其罰汝，汝無道以自免也。

「古我先后既勞乃祖乃父，汝共作我畜民，汝有戕則在乃心，我先后綏乃祖乃父，乃祖乃父乃斷棄汝，不救乃死。

「既勞乃祖乃父」者，申言「勞爾先」也。「汝共作我畜民」者，汝皆爲我所畜之民也。戕，害也。綏，懷來之意。謂汝有戕害在汝之心，我先后固已知之，懷來汝祖汝父。汝祖汝父亦斷棄汝，不救汝死也。

「兹予有亂政同位，具乃貝玉。乃祖乃父丕乃告我高后曰：『作丕刑于朕孫！』迪高后丕乃崇降弗祥。

亂，治也。具，多取而兼有之謂。言若我治政之臣，所與共天位者，不以民生爲念，而務富貝玉者，其祖父亦告我成湯，作丕刑于其子孫。啓成湯丕乃崇降弗祥而不赦也。此章先儒皆以爲責臣之辭，然詳其文勢，曰「兹予有亂政同位」，則亦對民庶責臣之辭，非直爲群臣言也。按上四章言君有罪，民有罪，臣有罪，我高后與爾民臣祖父一以義斷之，無所赦也。王氏曰：「先王設教，因俗之善而導之，反俗之惡而禁之。方盤庚時，商俗衰，士大夫棄義即利，故盤庚以具貝玉爲戒，此反其俗之惡而禁之者也。自成周以上，莫不事死如事生，事亡如事存，故其俗皆嚴鬼神。以經考之，商俗爲甚，故盤庚特稱先后與臣民之祖父崇降罪疾爲告。此因其俗之善而導之者也。」問：「盤庚言其先王與其群臣之祖父，若真有物在其上，降災降罰，與之周旋從事日用之間者。竊謂此亦大概言理之所在，質諸鬼神而無疑爾。而殷俗尚鬼，故以其深信者導之，夫豈亦真有一物耶？」朱子曰：「鬼神之理，聖人蓋難言之。謂真有一物固不可，謂非真有一物亦不可。若未能曉然見得，且缺之可也。」○新安陳氏曰：「『神后』言神靈在天，『高后』言功德崇高，與『先后』皆指先王之遷都者言之。大意言我不率民以遷，先王必罪我；汝不從上以遷，不特先王罪汝，汝之祖父亦禍汝矣。」

「嗚呼！今予告汝不易！永敬大恤，無胥絶遠！汝分猷念以相從，各設中于乃心。

告汝不易，即上篇「告汝于難」之意。大恤，大憂也。今我告汝以遷都之難，汝當永敬我之所大憂念者。君民一心，然後可以有濟。苟相絶遠而誠不屬，則殆矣。分猷者，分君之所圖而共圖之；分念者，分君之所念而共念之。相從，相與也。中者，極至之理。各以極至之理存于心，則知遷徙之議爲不可易，而不爲浮言横議之所動摇也。新安陳氏曰：「告汝不易，一説『告汝于難』之意；一説告汝者一定不易矣。永敬我所大憂者，汝當以君之心爲心。中者，人心同然之理，何待于設？正緣群臣徇於私情之一偏，則中之理亡矣。汝不當偏爲私己計，當分汝所謀所念以從上，各設中理于心，則明見利害，自有不偏之準在於胸中，不至於偏私矣。不設中于心，則人必倚汝身、迂汝心也。」

「乃有不吉不迪，顛越不恭，暫遇姦宄，我乃劓殄滅之，無遺育，無俾易種于茲新邑。

乃有不善不道之人顛隕踰越，不恭上命者及暫時所遇，爲姦爲宄，劫掠行道者，我小則加以劓，大則殄滅之，無有遺育，毋使移其種于此新邑也。遷徙道路艱關，恐姦人乘隙生變，故嚴明號令以告敕之。

「往哉生生！今予將試以汝遷，永建乃家。」

往哉，往新邑也。方遷徙之時，人懷舊土之念，而未見新居之樂。故再以「生生」勉之，振起其怠惰，而作其趨事也。試，用也。今我將用汝遷，永立乃家，爲子孫無窮之業也。新安陳氏曰：「生生，生養不窮之道也。末二句，應前『今予將試以汝遷，安定厥邦』。前以邦言，此以家言，互文見意。民惟邦本，本固邦寧，以民家永建而後邦國安定也。」

盤庚下

盤庚既遷，奠厥攸居，乃正厥位，綏爰有衆。

盤庚既遷新邑，定其所居，正君臣上下之位，慰勞臣民遷徙之勞，以安有衆之情也。此史氏之言。

曰：「無戲怠，懋建大命！

曰，盤庚之言也。大命，非常之命也。遷國之初，臣民上下，正當勤勞盡瘁，趨事赴功，以爲國家無窮之計。故盤庚以「無戲怠」戒之，以「建大命」勉之。臨川吴氏曰：「無戲，欲其敬事；無怠，欲其勤事。大命，兼民命國命而言。建命，謂命雖在天，立之在我，使民有以遂其生，國有以永其祚也。當時傲上、從康，習於戲怠，未遷則以爲憚，既遷則以爲足，不復爲自勉自立之計，故以此戒之。」○新安陳氏曰：「戲即傲上，怠即從康，戲怠乃其故習。未遷則憚以爲難，既遷則苟以爲足，未必不謂不必更勉而自可以永命矣。命雖在天，建立之在我，必懋勉而後能立大命，必無戲怠而後能懋勉。故首以無戲怠，矯其舊習而新其精神也。」

「今予其敷心腹腎腸，歷告爾百姓于朕志。罔罪爾衆，爾無共怒，協比讒言予一人。

歷，盡也。百姓，畿内民庶，百官族姓亦在其中。臨川吴氏曰：「敷心腹腎腸，謂無一不布露也。臣民雖既遷，盤庚猶慮其强從上令，非出本心，怨怒未忘，故明白洞達以釋其疑。」○新安陳氏曰：「朕志，下文所言是也。意前日浮言之徒必有唱爲事定後有罪責之説者，故以此言釋衆疑而絶謗讒也。」

「古我先王將多于前功，適于山。用降我凶德，嘉績于朕邦。

古我先王，湯也。適于山，往于亳也。契始居亳，其後屢遷。成湯欲多于前人之功，故復往居亳。按《立政》「三亳」，鄭氏曰：「東成臯，南轘轅，西降谷。」以亳依山，故曰「適于山」也。降，下也。依山地高水下而無河圮之患，故曰用下我凶德。嘉績，美功也。臨川吴氏曰：「凶德，謂民受水患。適亳依山，自此民獲其吉，所以降其凶德，又成美功於我邦，謂湯由亳而興有天下也。」○王氏炎曰：「自此至『用宏兹賁』，言所以遷之意，以諭臣民也。自『邦伯師長』至篇終，既遷之後言欲爲之意，以望群臣也。此所謂朕志也。」

「今我民用蕩析離居，罔有定極，爾謂朕曷震動萬民以遷？

今耿爲河水圮壞，沈溺墊隘，民用蕩析離居，無有定止，將陷於凶德而莫之救。爾謂我何故震動萬民以遷也。

「肆上帝將復我高祖之德，亂越我家。朕及篤敬，恭承民命，用永地于新邑。

乃上天將復我成湯之德，而治及我國家。我與一二篤敬之臣，敬承民命，用長居于此新邑也。

「肆予沖人，非廢厥謀，弔由靈；各非敢違卜，用宏兹賁。

沖，童。弔，至。由，用。靈，善也。宏、賁，皆大也。言我非廢爾衆謀，乃至用爾衆謀之善者，指當時臣民有審利害之實以爲當遷者言也。爾衆亦非敢固違我卜，亦惟欲宏大此大業爾。言爾衆亦非有他意也。蓋盤庚於既遷之後，申彼此之情，釋疑懼之意，明吾前日之用謀，略彼既往之傲惰，委曲忠厚之意，藹然於言辭之表。大事以定，大業以興，成湯之澤於是而益永。盤庚其賢矣哉！張氏曰：「盤庚非特不廢人謀，卜者鬼謀亦不敢違之，是人謀、鬼謀皆以爲當遷。」〇新安陳氏曰：「此篇，如『多于前功』以下朱子本疑之，如『弔由靈』、『宏兹賁』等語實難曉，姑依前註觀之可也。」

「嗚呼！邦伯師長百執事之人，尚皆隱哉！

隱，痛也。盤庚復歎息，言爾諸侯公卿、百執事之人，庶幾皆有所隱痛於心哉！臨川吴氏曰：「自此至篇終，誥臣也。新遷之民，生理未復，諸臣當惻然憫痛，愛護封殖之。」

「予其懋簡相爾，念敬我衆。

相，《爾雅》曰「導也」。我懋勉簡擇導汝，以念敬我之民衆也。

「朕不肩好貨，敢恭生生。鞠人謀人之保居，敘欽。

肩，任。敢，勇也。鞠人、謀人，未詳。或曰：鞠，養也。我不任好賄之人，惟勇於敬民，以其生生爲念。使鞠人謀人之保居者，吾則敘而用之，欽而禮之也。臨川吴氏曰：「言我不任貪人，有能敢於恭承民之生生，俾貧富各保其居者，則任之敬之。」

「今我既羞告爾于朕志若否，罔有弗欽！

羞，進也。若者，如我之意，即「敢恭生生」之謂；否者，非我之意，即「不肩好貨」之謂。二者爾當深念，無有不敬我之言也。

「無總于貨寶，生生自庸！

無、毋同。總，聚也。庸，民功也。此則直戒其所不可爲，勉其所當爲也。

「式敷民德，永肩一心！」

式，敬也。敬布爲民之德，永任一心，欲其久而不替也。《盤庚》篇終戒勉之意，一節嚴於一節，而終以無窮期之。盤庚其賢矣哉！蘇氏曰：「民不悦而猶爲之，先王未之有也。祖乙圮於耿，盤庚不得不遷。然使先王處之，則動民而民不懼，勞民而民不怨。盤庚德之衰也，其所以信於民者未至，故紛紛如此。然民怨誹逆命，而盤庚終不怒，引咎自責，益開衆言，反復告諭，以口舌代斧鉞，忠厚之至。此殷之所以不亡而復興也。後之君子厲民以自用者，皆以盤庚藉口，予不可以不論。」臨川吴氏曰：「用敷布其德於民，永久守此一心而不變也。始終不貳之謂一。」○新安陳氏曰：「前告衆民，後告群臣，言庶幾皆有惻隱之仁心哉！新遷之民生理未復，尤當視之如傷，惻隱以愛之。我其懋簡相爾，爾當念我衆而不忘，敬我衆而不忽也。好貨之人，不能念敬我衆者也，我則不肩任之。敢於恭以生民生而安養人者，能念敬我衆者也，我則敘欽之。今我既盡告爾以朕之志所順與否，『敢恭』，所順者；『好貨』，所否者也，汝當無不敬我言也。敬我之所否而無總貨寶，申『不肩好貨』之戒也；敬我之所若而以生生自用，申『敢恭生生』之訓也。爾其用敷爲民之德，而永肩一心焉。此篇始曰『歷告爾百姓于朕志』，終曰『今我既羞告爾于朕志若否』。始以朕志告百姓，終以朕志告群臣，明示一人之心以通臣民千萬人之心。告民以朕志者，以釋其疑懼之情；告臣以朕志者，欲其審好惡之辨。前日群臣唱浮言以惑民者，傲上、從康，其病證也。具乃貝玉，其病根也。今雖已遷而病證猶未退，病根猶未除，故始曰『無戲怠』，以革傲上、從康之病證；終曰『不肩好貨』、『無總貨寶』，使除具乃貝玉之病根。然後上能敬君命，下能仁民生，而可以永建國家無窮之基矣。」

説命上

《説命》，記高宗命傅説之言，「命之曰」以下是也。猶《蔡仲之命》、《微子之命》。後世命官制詞，其原蓋出於此。上篇記得説命相之辭，中篇記説爲相進戒之辭，下篇記説論學之辭。總謂之「命」者，高宗命説，實三篇之綱領，故總稱之。今文無，古文有。問：「傅説版築，亦讀書否？」朱子曰：「不曾讀書，如何有《説命》三篇之文？」〇《史記》：高宗，盤庚弟，小乙之子也，名武丁。以夢得説於傅險中，遂以傅險姓之，號曰傅説。

王宅憂亮陰三祀。既免喪，其惟弗言。群臣咸諫于王，曰：「嗚呼！知之曰明哲，明哲實作則。天子惟君萬邦，百官承式，王言惟作命，不言臣下罔攸稟令。」

亮，亦作「諒」。陰，古作「闇」。按《喪服四制》：「高宗諒陰三年。」鄭氏註云：「諒，古作『梁』，楣謂之梁。闇，讀如『鶉鵪』之『鵪』。闇，謂廬也。」即「倚廬」之「廬」。《儀禮》「翦屏柱楣」，鄭氏謂「柱楣，所謂梁闇」是也。宅憂亮陰，言宅憂於梁闇也。先儒以「亮陰」爲信默不言，則於「諒陰三年不言」爲語復，而不可解矣。君薨，百官總己聽於冢宰，居憂亮陰不言，禮之常也。高宗喪父小乙，惟既免喪而猶弗言，群臣以其過於禮也，故咸諫之。歎息言有先知之德者謂之明哲，明哲實爲法於天下。今天子君臨萬邦，百官皆奉承法令，王言則爲命，不言則臣下無所稟令矣。問：「諒陰，以他經考之，皆以『諒陰』爲信默，惟鄭氏獨以爲凶廬。天子居凶廬，豈合禮制？」朱子曰：「所引翦屏、柱楣是兩事。柱，音知主反，似是從手不從木也。蓋始者户北向，用草爲屏，不翦其餘，至是改而西向，乃翦其餘草。始者無柱與楣，簷著於地，至是乃施短柱及楣以拄其楣，架起其簷，令稍高而下可作户也。梁闇，未詳古定制如何，不敢輒爲之説，但假使不如鄭説，亦未見天子不可居廬之法。」○陳氏雅言曰：「此群臣進戒高宗之辭。知之曰明哲，明哲實作則，此言有德者之爲法於天下也；天子惟君萬邦，百官承式，此言有位者之爲法於百官也；王言惟作命，不言臣下罔攸稟令，此言高宗既有明哲之德，固可作則於天下，又居天子之位，宜爲式於百官也。於是而言則爲命，奈之何可不言哉！上言『天子』是泛説，下言『王』方是指言高宗。」

王庸作書以誥曰：「以台正于四方，台恐德弗類，兹故弗言，恭默思道。夢帝賚予良弼，其代予言。」

庸，用也。高宗用作書告喻群臣以不言之意。言以我表正四方，任大責重，恐德不類于前人，故不敢輕易發言，而恭敬淵默以思治道。夢帝與我賢輔，其將代我言矣。蓋高宗恭默思道之心純一不二，與天無間，故夢寐之間，帝賚良弼。其念慮所孚，精神所格，非偶然而得者也。朱子曰：「高宗夢傅説，分明有箇傅説在那裏，高宗却不知。所以夢見，亦是朕兆先見者如此。」○「高宗夢傅説，據此，則是真有箇天帝與高宗對，❶曰：『吾賚汝以良弼。』今人但以主宰説帝，謂無形容，恐也不得。若世間所謂『玉皇大帝』，恐亦不可。」又曰：「夢之事，只説到感應處。高宗夢帝賚良弼，必是夢中有帝賚之。不得説無此事，只是天理亦不得。」○程子曰：「夢説之事，是傅説之感高宗，

❶ 「對」下，《朱子語録》有「答」字。

高宗感傳説。高宗只思得聖賢之人，須是聖賢之人方始應其感，若傅説非聖賢，自不相感。如今人卜筮，蓍在手，事在未來，吉凶在書策，其卒三者必合矣。使書策之言不合於理，則自不驗。」「高宗至誠思得賢相，寤寐不忘，故兆朕先見於夢。如常人夢寐間事有先得者多矣，亦何足怪？」問：「高宗往求説耶？説來入夢耶？」曰：「譬懸鏡於此，有物必照，亦非鏡往照物，亦非物來入鏡。大抵人心虚靈，善不善必先知之。」○張子曰：「高宗夢傅説，先見容貌，此是最神。」○張氏文蔚曰：「誠心求賢，寤寐不忘，此心足以合上天生賢之心矣。高宗之心有以合上天生賢之心，上天之心得不應高宗求賢之心？」○陳氏經曰：「至誠之道，可以前知。嵩前有董五經，隱者也。伊川聞其名，特往造焉，至中途遇之，曰：君非程先生乎？先生欲來，信息甚大。尹子問於伊川，伊川曰：静則自明，觀此則高宗夢説之事不誣矣。然此不可以常情拘常事論也。有高宗，有傅説，則可。君非高宗，臣非傅説，而效其所爲，必有以私意用人，不合於公論者。若漢文以夢得鄧通，光武以讖得王梁，豈足憑哉！」○陳氏雅言曰：「天之生賢，將欲以用世，而高宗求賢之心，能合上天生賢之心；賢之處世，將欲以得君，而高宗求賢之心，又能合賢人用世之心。」

乃審厥象，俾以形旁求于天下。説築傅巖之野，惟肖。

審，詳也。詳所夢之人，繪其形象，旁求于天下。旁求者，求之非一方也。築，居也。今言所居，猶謂之卜築。傅巖，在虞、虢之間。肖，似也，與所夢之形相似。

爰立作相，王置諸其左右。

於是立以爲相。按《史記》高宗得説，與之語，果聖人，乃舉以爲相。《書》不言，省文也。

未接語而遽命相，亦無此理。置諸左右，蓋以冢宰兼師保也。荀卿曰：「學莫便乎近其人。」置諸左右者，近其人以學也。史臣將記高宗命説之辭，先敘事始如此。新安陳氏曰：「王置諸左右，蓋不徒相之，而必親近之也。」

命之曰：「朝夕納誨，以輔台德。

此下命説之辭。「朝夕納誨」者，無時不進善言也。《孟子》曰：「人不足與適也，政不足與間也，惟大人爲能格君心之非。」高宗既相説，處之以師傅之職，而又命之朝夕納誨，以輔台德，可謂知所本矣。呂氏曰：「高宗見道明，故知頃刻不可無賢人之言。」新安胡氏曰：「相業莫大於輔君德。高宗命相，未及他事，而責之以納誨、輔德爲第一義，真知本之論矣。蓋其思道精、見道明，又素學於甘盤而有得，故其言如此。」

「若金，用汝作礪；若濟巨川，用汝作舟楫；若歲大旱，用汝作霖雨。

三日雨爲霖。高宗託物以喻，望説納誨之切。三語雖若一意，然一節深一節也。王氏曰：「作礪，使成己；舟楫，使濟難；霖雨，使澤民。」

「啓乃心，沃朕心。

啓，開也。沃，灌溉也。啓乃心者，開其心而無隱；沃朕心者，溉我心而厭飫也。陳氏大猷曰：「相業莫要於輔德，輔德莫切於格心。格心之道，非可外求，惟以心格心。啓，開而發之也。沃，灌而入之也。如渴之沃漿，神受心領而入之深也。」新安陳氏曰：「高宗命説之初，已有渴教之意，今欲遂沃其渴教之心。説果開誠心以進言，高宗心心相孚，必有如土受水之沃，如所謂『江海之浸、膏澤之潤，涣然冰釋，怡然理順』者矣。」○陳氏雅言曰：「金而非礪，則無以成器，此望於説者切矣，而猶未也；巨川而非舟楫，則無以濟險，此望於傅説者加切矣，而所及猶有限也；至大旱而非霖雨，則民無以爲食，望於傅説者至是愈至矣。傅説當何如而慰高宗之望哉？當啓其心而無隱，沃君心而厭飫。蓋是時高宗於傅説，謂若大旱之望霖雨，有渴教之意也，必知無不言、言無不盡，以遂沃其渴教之心。『飫』之一辭，有若土壤之焦而受江河之潤，欲其漸涵浸漬而入。蓋言而不倦，而聽之者神領心受而入之深也。」

「若藥弗瞑眩，厥疾弗瘳；若跣弗視地，厥足用傷。

《方言》曰：「飲藥而毒，海岱之間謂之瞑眩。」瘳，愈也。弗瞑眩，喻臣之言不苦口也。弗視地，喻我之行無所見也。王氏炎曰：「己之有失，非説之苦口不能藥；己之不明，非説之開導不能行。」○吕氏曰：「又恐説視己爲成德，無以扶持之，故譬如跣足之人，不視地則爲物所傷。此高宗倚説爲兩耳目，一時不可無説也。」○陳氏經曰：「受苦口之言，免妄行之害，皆有望於説。」

「惟暨乃僚，罔不同心，以匡乃辟。俾率先王，迪我高后，以康兆民。

匡，正。率，循也。先王，商先哲王也。説既作相總百官，則卿士而下皆其僚屬。高宗欲傅説暨其僚屬同心正救，使循先王之道，蹈成湯之迹，以安天下之民也。陳氏雅言曰：「相臣之職，下統百官，上佐天子。高宗之於傅説，不特望其以己正君，而又望其暨百僚同心以正君者，誠以君德之進退，係乎群臣之賢否。苟小人衆，則説雖賢，亦無以獨成正君之功，故謂之『曁乃僚，罔不同心』者，欲其擇群才以居庶職，則道同德合，庶能左右輔弼，交脩不逮，以正其君。然而正君之道當何如哉？亦惟使循先王之道，蹈成湯之迹，以安天下之民而已。夫成湯之創業垂統，所以遺後嗣者至矣。後世之君莫不遵守之，故高宗之命傅説先之以『俾率先王』而後言『迪我高后』者，與《君牙》所謂『用奉若于先王』以『對揚文武之光命』同也。成湯之迹，商之先王能迪蹈之，故高宗欲傅説使其率先王以迪高后也。能使其君率先王以迪高后，以康兆民，則安民之道盡，而匡君之道亦盡。」

「嗚呼！欽予時命，其惟有終。」

敬我是命，其思有終也。是命，上文所命也。新安陳氏曰：「即『相亦惟終』之意。」

説復于王曰：「惟木從繩則正，后從諫則聖。后克聖，臣不命其承，疇敢不祗若王之休命？」

答「欽于時命」之語。木從繩，喻后從諫，明諫之決不可不受也。然高宗當求受言於己，不必責進言於臣。君果從諫，臣雖不命，猶且承之，況命之如此，誰敢不敬順其美命乎？新安陳氏曰：「主聖臣直，導人使諫，在德不在言。君有聖德，則有從諫之實，雖不命亦諫。能爲江海，何憂百川之不歸？君無聖德，必無從諫之實，雖命之亦不諫。如器既滿，水將焉入？高宗以納誨輔德爲命，知命相之大本。説以從諫克聖復命，尤知致君之大本也。」〇陳氏雅言曰：「高宗之命傅説，托物以喻其意，故傅説之復高宗，亦托物以進其辭。謂君之從諫而聖，猶木之從繩而正也。木之生豈生而皆正？惟從繩則無不正。君之德豈生而皆聖？惟從諫則無不聖。傅説於此，將進其中篇陳戒之辭，故先説此以廣其從諫之量。『從諫』者，人君作聖之功，人臣進言之機也。高宗欲資之於人，故以納誨責其臣；傅説使反求諸己，故以從諫之道望其君。納誨者相臣之職，從諫者人君之道也。」

説命中

惟説命總百官，

説受命總百官，家宰之職也。

乃進于王曰：「嗚呼！明王奉若天道，建邦設都，樹后王君公，承以大夫師長，不惟逸豫，惟以亂民。

后王，天子也。君公，諸侯也。治亂曰亂。明王奉順天道，建邦設都，立天子諸侯，承以大夫師長，制爲君臣上下之禮，以尊臨卑，以下奉上，非爲一人逸豫之計而已也，惟欲以治民焉耳。孫氏曰：「后王君公，皆有君道，故曰『樹』；大夫師長，皆臣道，故曰『承』。后王君公皆有大夫師長以承之。大夫以下官各有長，故曰『師長』。」○武夷熊氏曰：「『明王奉若天道』至『惟以亂民』，至哉斯言，千萬世爲人君者之龜鑑也。桀惟不知此，而湯有鳴條之師；紂惟不知此，而武有孟津之會。師曠言於晉侯曰：『天之愛民甚矣，豈其使一人肆於民上，以從其淫，而棄天地之性？』爲人君者，聞斯言可以悚然懼矣。」○新安陳氏曰：「説初見高宗，上篇所言只及大略，至是乃詳及爲君立政之道，始望君從諫。自此以下至『事神則難』，乃其進諫之綱領條目也。」〇陳氏雅言曰：「奉若天道，孔疏以爲象天以設官，其説穿鑿不足取，《集傳》又無明白訓釋。大意謂天生民而不能以自治，故立之君；君奉天而不能以獨治，故任之臣。建邦設都，立天子諸侯，承以大夫師長，分地而居之，分職而任之者，非欲以天下奉一人，而使爲逸豫之計也。惟欲以一人治天下，而使之亂民焉耳。下文『憲天聰明』以至『事神則難』，方是詳及爲君治民之道。」

「惟天聰明，惟聖時憲，惟臣欽若，惟民從乂。

天之聰明，無所不聞，無所不見。無他，公而已矣。人君法天之聰明，一出於公，則臣敬順，而民亦從治矣。呂氏曰：「高宗已造明哲之地，若火然泉達，故説欲廣充高宗之明哲，必憲天之聰明而後已也。」〇陳氏大猷曰：「始告以『從諫則聖』，欲其取人爲善也。此告以『惟聖憲天』，欲其與天合德也。取人爲善固可成性，必與天合德始可以言聖，可謂善責難於君矣。」〇新安陳氏曰：「憲天聰明，則君與天一。臣民之心均此天理，自有不容違者。此四句因上文而申言之。」

「惟口起羞，惟甲冑起戎，惟衣裳在笥，惟干戈省厥躬。王惟戒茲，允茲克明，乃罔不休。

言語，所以文身也，輕出則有起羞之患；甲冑，所以衛身也，輕動則有起戎之憂。二者所以爲己，當慮其患於人也。衣裳，所以命有德，必謹於在笥者，戒其有所輕予；干戈，所以討有罪，必嚴於省躬者，戒其有所輕動。二者所以加人，當審其用於己也。王惟戒此四者，信此而能明焉，則政治無不休美矣。朱子曰：「口非欲起羞，而出言不當，則反足以起羞。甲胄本所以禦戎，而出謀不當，則反足以起戎。衣裳在笥，易以與人，則不可不謹。干戈討有罪，則因以省躬。四句皆是審底意。」〇吕氏曰：「此憲天聰明之條目也。上二事，人加於我者，不可不防；下二事，我加於人者，不可不省。四者皆聰明之發用也。知羞戎於未起之前，知衣裳干戈於在笥省躬之日，非聰明之大者乎？」〇王氏炎曰：「此所戒，皆恐其聰明蔽於私欲，而不與天相似也。『克明』，則庶幾於天之聰明矣。」〇陳氏大猷曰：「信於此能明其所當用，乃無不休美，而無起羞起戎等患矣。」

「惟治亂在庶官。官不及私昵，惟其能；爵罔及惡德，惟其賢。

庶官，治亂之原也。庶官得其人則治，不得其人則亂。《王制》曰：「論定而後官之，任官而後爵之。」六卿百執事，所謂官也；公卿大夫士，所謂爵也。官以任事，故曰「能」；爵以命德，故曰「賢」。惟賢惟能，所以治也；私昵惡德，所以亂也。〇按古者，公侯伯子男，爵之於侯國；公卿大夫士，爵之於朝廷。此言「庶官」，則爵爲公卿大夫士也。〇吴氏曰：「惡德，猶凶德也。人君當用吉士，凶德之人，雖有過人之才，爵亦不可及。」吕氏曰：「官爵及私惡，是蔽於私意，非憲天聰明矣。」〇董氏鼎曰：「至聰明者莫如天，能法天聰明者莫如聖，聖則聰明與天一，而臣民莫敢不敬順矣。然世之聰明者多明於人而暗於己，故必先自治，然後可以治人。自『惟口起羞』至『乃罔不休』，聰明之見於脩己者也。自『惟治亂』至『惟其賢』，聰明之見於用人者也。」

「慮善以動，動惟厥時。

善，當乎理也。時，時措之宜也。慮固欲其當乎理，然動非其時，猶無益也。聖人酬酢斯世，亦其時而已。王氏曰：「事固有善而非時所宜者，善如裘葛之良，時如寒暑之時，時非葛裘，雖善何施？惟未動審於慮善，將動審於時宜，然後事順理而當其可矣。不顧可否于時而動，非聰明也。」

「有其善，喪厥善；矜其能，喪厥功。

自有其善，則己不加勉而德虧矣；自矜其能，則人不效力而功隳矣。

「惟事事，乃其有備，有備無患。

惟事其事，乃其有備，有備故無患也。張氏曰：「修車馬，備器械，事乎兵事，則兵有其備，故外侮不能爲之憂；簡稼器，修稼政，事乎農事，則農有其備，故水旱不能爲之害。所謂『事事有備無患』者如此。」

「無啓寵納侮，無恥過作非。

毋開寵幸而納人之侮，毋恥過誤而遂己之非。過誤出於偶然，作非出於有意。新安陳氏曰：「啓寵納侮，即女子、小人近之不遜之意。過而改之，則無過矣。恥過而作非，則遂非而爲惡矣。本只無心之過，反成有心之惡。」

「惟厥攸居，政事惟醇。

居，止而安之義，安於義理之所止也。義理出於勉强，則猶二也；義理安於自然，則一矣。一，故政事醇而不雜也。朱子曰：「伊尹、傅説之言，雖爲告君而發，然人人皆可玩味，無不切於己者。」○陳氏雅言曰：「此篇以『憲天聰明』爲一篇綱領，此皆推言其用工之地。慮善以動，動惟厥時，戒其妄動則必至於有失，非憲天之聰明也。有其善，喪厥善；矜其能，喪厥功，戒其自滿則必至於招損，非憲天之聰明也。惟事事，乃其有備，有備無患，此欲其能思患預防，不思患預防則蔽於淺近，非憲天之聰明也。無啓寵納侮，無恥過作非，此欲其無溺愛狥己，或溺愛狥己，則縱於私欲，非憲天聰明也。於此數者，能隨事而致其戒，則聰明之用與天爲一，可謂聖矣。然其本則又在於人主之一心，能先正其心，而安於義理之所止，則政之所行醇而不雜，自無數者之失矣。傳說戒高宗，可謂至矣，而又必總結之『惟厥攸居』，誠以君者政事之根本，君心正而事無不正。」

「黷于祭祀，時謂弗欽。禮煩則亂，事神則難。」

祭不欲黷，黷則不敬；禮不欲煩，煩則擾亂。皆非所以交鬼神之道也。商俗尚鬼，高宗或未能脱於流俗，事神之禮必有過焉。祖己戒其祀無豐昵，傳說蓋因其失而正之也。陳氏曰：「黷祀將以爲欽，不知反所以爲不欽。黷、煩，皆以爲善而爲之，而乃陷於不善，非禮之禮也。」○新安陳氏曰：「『事神則難』以上，皆憲天聰明之事，事事物物皆有天然至當之理，惟聰明者能盡之。苟加一毫損益，即是私意，非天之聰明矣。」

王曰：「旨哉！說。乃言惟服。乃不良于言，予罔聞于行。」

旨，美也。古人於飲食之美者，必以旨言之，蓋有味其言也。服，行也。高宗贊美說之所言，謂可服行。使汝不善於言，則我無所聞而行之也。蘇氏曰：「說之言，譬如藥石，雖散而不一，然一言一藥，皆足以治天下之公患，所謂古之立言者。」

說拜稽首曰：「非知之艱，行之惟艱。王忱不艱，允協于先王成德，惟說不言有厥咎。」

高宗方味說之所言，而說以爲得於耳者非難，行於身者爲難。王忱信之，亦不爲難。信可合成湯之成德，說於是而猶有所不言，則有其罪矣。上篇言「后克聖，臣不命其承」，所以廣其從諫之量，而將告以爲治之要也。此篇言「允協先王成德，惟說不言有厥咎」，所以責其躬行之實，將進其爲學之說也。皆引而不發之義。朱子曰：「南軒云：『「非知之艱，行之惟艱」，此特傅說告高宗耳。蓋高宗舊學甘盤，於義理知之亦多，故知得這說。若常人，則須以致知爲先也。』此等議論儘好。」○南軒張氏曰：「孔子觀上世之化，曰大哉知乎，雖堯、舜之民，比屋可封，亦能使之、由之而已。知者，聖、凡之分也，豈可云易乎哉！傅說之告高宗，高宗蓋知之者，恭默思道，夢帝賚予良弼，非知之明哲者有此乎？故《君奭》篇言『在武丁，時則有若甘盤』，而未及乎傅說，蓋發高宗之知者甘盤也。說故告之以雖已知之，此非艱也，貴於身親實履之耳，此爲已知者言也。若高宗未克知之，而告之曰知之非艱，則說爲失言矣。」○西山真氏曰：「忱，誠也。使高宗以誠爲主，何患於行乎？」○李氏曰：「高宗望說以有言，而說勸高宗以力行。」○陳氏經曰：「未知，則知之爲難；既知，則行之爲難。高宗明哲如此，不患不知，患行之不力耳。知而不行，是亦徒知。以至誠行之，不見其難矣。」○新安陳氏曰：「說之意以爲，王能行，而說不言，則咎在說；說已言，而王不行，則咎在王，不在說也。上篇復君以從諫，此則責君以行言，必實見於行，而後始不爲徒從也。又按：知對行言，古所未發，自傅說始發之，而後致知力行，爲萬世學者爲學之法程。觀南軒復文公説『知』字如此其重，而文公稱賞其説如此，則可見矣。」○陳氏雅言曰：「『知之非艱，行之惟艱』，此謂已知者而言；王能誠信之，行亦非難，此謂能行者而言也。知、行兩盡，信可合於成湯之成德矣。蓋高宗舊學於甘盤，明哲作則，恭默思道，知之有素矣。當其望説以有言，而説則勸之以力行。知之而不能行，則義理雖聞於人，而與我猶二也。知之而能行，則義理斯得於己，而與我爲一矣。」

説命下

碧梧馬氏曰：「前篇訪以政事，故説以政事對。此篇訪以學，故説以學對。」

王曰：「來！汝説。台小子舊學于甘盤，既乃遯于荒野，入宅于河。自河徂亳，暨厥終罔顯。

甘盤，臣名。《君奭》言：「在武丁，時則有若甘盤。」遯，退也。高宗言我小子舊學於甘盤，已而退于荒野，後又入居于河。自河徂亳，遷徙不常。歷敘其廢學之因，而歎其學終無所顯明也。《無逸》言高宗「舊勞于外，爰暨小人」，與此相應。《國語》亦謂武丁入於河，自河徂亳。唐孔氏曰：「高宗爲王子時，其父小乙欲其知民之艱苦，故使居民間也。」蘇氏謂「甘盤遯于荒野」，以「台小子」語脉推之，非是。朱子曰：「『予小子舊學于甘盤，❶既乃遯于荒野』，東坡解作『甘盤遯于荒野』。據某看，只是高宗自言，觀上文曰『予小子』可見。但不知當初高宗因甚遯于荒野，不知甘盤是甚樣人，是學箇甚麽？今亦不敢斷。但據文義，疑是如此。兼《無逸》云『高宗舊勞于外』，亦與此相應。想見高宗三年不言，恭默思道，未知所發；又見世間未有箇人强得甘盤，所以思得大賢如傅説。高宗若非傅説，想不能致當日之治；傅説若非高宗，亦不能有所爲。故曰『惟后非賢不乂，惟賢非后不食』，言必相須也。」

「爾惟訓于朕志，若作酒醴，爾惟麴糵；若作和羹，爾惟鹽梅。爾交修予，罔予棄，予惟克邁乃訓。」

心之所之謂之志。邁，行也。范氏曰：「酒非麴糵不成，羹非鹽梅不和。人君雖有美質，必得賢人輔導，乃能成德。作酒者，麴多則太苦，糵多則太甘。麴糵得中，然後成酒。作羹者，鹽過則鹹，梅過則酸。鹽梅得中，然後成羹。臣之於君，當以柔濟剛，可濟否，左右規正以成其德，故曰爾交修予，爾無我棄，我能行爾之言也。」孔氏曰：「交者，非一之義。」陳氏大猷曰：「訓志，猶云格心。」○陳氏經曰：「中篇説謂患高宗之不能行，不患臣之不能言；此篇高宗謂患説之不能言，不患我之不能行。」○蘇氏曰：「麴糵、鹽梅，和而不同也。」○林氏曰：「『交修』者，剛

---

❶「予」，《朱子語類》作「台」。下「予」字同。

柔、可否相濟，以輔予之不逮也。」○新安陳氏曰：「此高宗因説『行之惟艱』之言，而許之以能行其言也。」

説曰：「王，人求多聞，時惟建事。學于古訓，乃有獲。事不師古，以克永世，匪説攸聞。

求多聞者資之人，學古訓者反之己。「古訓」者，古先聖王之訓，載修身治天下之道，二《典》三《謨》之類是也。説稱王而告之曰：人求多聞者，是惟立事。然必學古訓，深識義理，然後有得。不思古訓，而能長治久安者，非説所聞。甚言無此理也。○林氏曰：「傅説稱王而告之，與禹稱舜曰『帝光天之下』文勢正同。」朱子曰：「而今人只管説治心、脩身，若不見這箇理，心是如何地治？身是如何地脩？若如此説，資質好，便養成箇無能底人；資質不好，便都執縛不住了。傅説曰『學于古訓』至『匪説攸聞』，蓋聖賢説出道理在裏，必學乎此，後可以有得。經籍古人言『學』字方自《説命》始有。」○吕氏曰：「學問之博，貴有實用，非徒爲觀美也。大而建立大經，經綸大業，彌綸大化，至於贊天地化育，皆所謂建事也。此所謂有用之學，否則所聞雖多，亦奚以爲？」○西山真氏曰：「大學之道，自格物致知，推而至於治國平天下，蓋致知所以明理，理明則見諸行事者，舉而措之耳。此求多聞見事之意也。古者學與事爲一，故精義所以致用，利用所以崇德，本末非二致也。後世學與事爲二，故求道者以政事爲粗迹，任事者以講學爲空言，不知天下未嘗有無理之事、無事之理。老、莊言理而不及事，是有無事之理也；管、商言事而不及理，是有無理之事也。深味傅説之言，則古先聖王之正傳可以識矣。」○王氏曰：「求多聞而不惟古訓是式，則是非無所考正，而所聞愈惑矣。」○陳氏雅言曰：「自此以下，乃傅説論學之辭，古人言學自傅説君臣始。『王』者，傅説稱其君之辭，所以起其君之聽也。蓋求多聞者，建事之本；而學古訓者，明理之要。欲建事而非多聞之求，則所知有限，固不足以立事；既能多聞而非古訓之學，則擇而不精，亦安保其無失哉！此建事者，不徒貴於多聞，而尤貴於學古也。」

「惟學遜志，務時敏，厥修乃來。允懷于茲，道積于厥躬。

遜，謙抑也。務，專力也。「時敏」者，無時而不敏也。遜其志，如有所不能；敏於學，如有所不及。虛以受人，勤以勵己，則其所修，如泉始達，源源乎其來矣。茲，此也。篤信而深念乎此，其道積於身，不可以一二計矣。夫修之來，來之積，其學之得於己者如此。朱子曰：「遜順其志，捺下這志，入那事中，子細低心下意，與他理會。若高氣不伏，以爲無緊要，不能入細理會得，則其修亦不來矣。既遜其志，又須時敏，若似做不做，或作或輟，亦不濟事。須是『遜志』，又『務時敏』，則『厥修乃來』，爲學之道，只此二端而已。又戒以『允懷于茲』。二者，則道乃積于厥躬。積者，來得件數多也。」○李氏曰：「爲學之道，常以卑遜自下爲心，以能問不能，以多問寡，有若無，實若虛，遜志之謂也。」○呂氏曰：「爲學之初，先要虛心下氣，方能受天下之善。若氣高，則便與爲學工夫相背。」○陳氏經曰：「信道不篤，則所脩雖來亦不堅凝，惟允懷于此，篤信不忘，則來者積聚不散。來，如『日知其所無』。積，如『月無忘其所能』也。」○新安陳氏曰：「驕與怠，最害於學。驕則志盈，善不可入；怠則志惰，功不可進。學不謙卑退遜，則無以爲入門。一於謙退而不務時敏，則又不能進步。遜則不驕，敏則不怠，遜而濟以敏，厥修所以來也。道我所固有，非自外來。『來』云者，如『斯仁至矣』之謂也。『積』云者，如

『由有諸己之信』而進於充實之美也。」○陳氏雅言曰：「厥修乃來，是『遜志』、『時敏』之效。道積厥躬，是『允懷于茲』之效。修之來，來之積，其功效雖有淺深之不同，然合而言之，則皆自學之事也。」

「惟斆學半，念終始典于學，厥德修罔覺。

斆，教也，言教人居學之半。蓋道積厥功者，體之立；斆學于人者，用之行。兼體用，合內外，而後聖學可全也。始之自學，學也；終之教人，亦學也。一念終始，常在於學，無少間斷。則德之所脩，有不知其然而然者矣。或曰，受教亦曰斆，斆於爲學之道半之，半須自得。此說極爲新巧，但古人論學，語皆平正的實，此章句數非一，不應中間一語獨爾巧險。此蓋後世釋教機權，而誤以論聖賢之學也。朱子曰：「惟斆學半，蓋己學既成，居于人上，則須教人。自學者學也，而教人者亦學也。蓋初學得者是半；既學而推以教人，是斆之功亦半也。念終始典于學，始之所以學者，學也；終之所以教人者，亦學也。自學、教人，無非是學。自始至終，日日如此，忽不自知其德之修也。」又曰：「傅說此段說爲學工夫極精密，伊尹告太甲者極痛切。」○因說「斆學半」，或舉葛氏解云：「傅說與王說我教你者，只是一半事，那一半要你自去行取，故謂之終始。」曰：「近見喻子才跋某人《說命解》後，亦引此說。呂伯恭亦如此說。某舊爲同安簿時，學中一士子作《書》義如此說，見他說得新巧，大喜之。先說『王，人求多聞』，後面說得『監于先王成憲，其永無愆』數語，是平正實語；不應中間翻空一句，如此深險。如斆得一半不成，那一半掉放冷處，教他自得。此語全似禪語五通仙人問佛六通，如何是那一通？那一通便是妙處。且如《學記》引此，亦只依古註。」○西山真氏曰：「曰『終始』，不曰『始終』，學無止法也。上言道之積，下言德之修，以理之共由言之謂之道，以理之自得言之謂之德，非有二也。」○任氏曰：「『修乃來』者可見，『修罔覺』者不可見。惟其有可見之功，此厥修之進於『乃來』；惟其無可見之迹，此德修之妙於『罔覺』。」○陳氏雅言曰：「自學，學之半也；教人，亦學之半也。能自學而不能教人，則是能成己而不能成物，能明德而不能新民，非學之全也。必始之自學，念念不忘，常在于學；終之教人，亦念念不忘，常在於學，則德之所修有不知其然而然者矣，此爲學之極功也。」

「監于先王成憲，其永無愆。

憲，法。愆，過也。言德雖造於罔覺，而法必監于先王。先王成法者，子孫之所當守者也。《孟子》言「遵先王之法而過者，未之有也」，亦此意。張氏曰：「監先王成憲，欲高宗以湯爲法也。」○陳氏大猷曰：「德修罔覺，則德盛矣。必監先王成憲，始能無愆，何耶？蓋先王之道德法度，皆成憲之所在，歷萬世而無弊者也。佛、老之學，其凝神坐忘，亦幾於德修罔覺者矣，惟不知監先王成憲。故學其所學而非先王之學，德其所德而非先王之德，是以流弊不可勝救。」○吕氏曰：「無愆，德之至難也。舜德盛矣，皋陶惟曰『罔愆』而已。」○陳氏經曰：「自『遜志』至『典學』乃學之次序，『監先王成憲』乃學之準的。」

「惟說式克欽承，旁招俊乂，列于庶位。」

式，用也。言高宗之德，苟至於無愆，則說用能敬承其意，廣求俊乂，列于衆職。蓋進賢雖大臣之責，然高宗之德未至，則雖欲進賢，有不可得者。彭氏曰：「大臣以己事君，不若以天下之賢事君。一相得其人，則天下之賢兼收並蓄，庶位皆得其人。」○陳氏大猷曰：「君莫大於務學以進德，相莫大於爲君以求賢。」○武夷熊氏曰：「嘗讀《孟子》謂『湯執中，立賢無方』者，今觀《商書》，一則曰『敷求哲人』，二則曰『旁招俊乂』，伊尹、萊朱、巫賢、傅説諸大臣，非以其親，以其賢也。主於賢，則有德是視，故不問親；主於親，則未必皆賢，且妨天下之賢路矣。信矣，立賢無方，爲不易之中道。」○陳氏雅言曰：「爲君之道，莫大於法祖訓以行其政；爲相之道，莫大於求賢才而任之職。然必君德脩，而后相職舉。蓋人君之德苟未至於無愆，則惑於聲色，而便辟之臣得志；惑於貨利，而聚斂之臣得志。相臣雖欲招俊乂而用之，其可得乎？故進賢之責雖在於相，而用舍之權則在於君。君德之脩替，乃賢才進退之所係。此『欽承』之言必繼於『無愆』之後，而『旁招』之語特爲『欽承』而發也歟！」

王曰：「嗚呼！說，四海之内，咸仰朕德，時乃風。

風，教也。天下皆仰我德，是汝之教也。

「股肱惟人，良臣惟聖。

手足備而成人，良臣輔而君聖。高宗初以舟楫、霖雨爲喻，繼以麴蘖、鹽梅爲喻，至此又以「股肱惟人」爲喻，其所造益深，所望益切矣。新安陳氏曰：「高宗潛默之久，一旦舉説而相之，風聲所動，四海仰德。然非輔君作聖，則無以慰人心之仰。説始告君以從諫則聖，惟聖時憲，是臣以聖期待其君。今高宗語説以『良臣惟聖』，是君亦以聖自期待矣。」

「昔先正保衡作我先王，乃曰：『予弗克俾厥后惟堯、舜，其心愧恥，若撻于市。』一夫不獲，則曰：『時予之辜。』佑我烈祖，格于皇天。爾尚明保予，罔俾阿衡專美有商。先正，先世長官之臣。保，安也。保衡，猶阿衡。作，興起也。撻于市，恥之甚也。不獲，不得其所也。高宗舉伊尹之言，謂其自任如此，故能輔我成湯，功格于皇天。爾庶幾明以輔我，無使伊尹專美於我商家也。傅説以成湯望高宗，故曰「協于先王成德」、「監於先王成憲」；高宗以伊尹望傅説，故曰「罔俾阿衡專美有商」。陳氏大猷曰：「尹在畎畝，則欲使君爲堯、舜之君，民爲堯、舜之民，其自任之重如此。説起版築爲相，迹與尹同，則其自任不可不與尹同。」〇周子曰：「伊尹恥其君之不及堯、舜，『一夫不獲，則曰「時予之辜」。』學者當志伊尹之所志。」〇西山真氏曰：「學者口不可一日不誦此言，心不可一日不存此念。」

「惟后非賢不乂，惟賢非后不食。其爾克紹乃辟于先王，永綏民。」説拜稽首曰：「敢對揚天子之休命！」

君非賢臣不與共治，賢非其君不與共食，言君臣相遇之難如此。克者，責望必能之辭。敢者，自信無慊之辭。對者，對以己。揚者，揚於衆。休命，上文高宗所命也。至是高宗以成湯自期，傅説以伊尹自任，君臣相勉勵如此。異時高宗爲商令王，傅説爲商賢佐，果無愧於成湯、伊尹也。宜哉！朱子曰：「伊尹告太甲，便與傅説告高宗不同。伊尹之言，諄切懇到，蓋太甲資質低，不得不然。若高宗，則無許多病痛，所謂『黷于祭祀，時謂弗欽』之類，不過此等小事爾。」

○陳氏雅言曰：「高宗言今我而獲説，則后得賢矣，當與爾共治也；説而遇我，則賢得后矣，當與我共食也。以君臣相遇之難，而見今日相遇之盛。爾其克紹汝君於先王，安斯民於永久，此以致君澤民之事責其臣也。説於是拜稽首以致其敬君之禮，而謂之『敢對揚天子之休命』者，此以致君澤民之事任諸己也。君臣之相勉勵如此，罔俾阿衡專美有商，信哉！」

高宗肜日

高宗肜祭，有雊雉之異，祖己訓王。史氏以爲篇，亦訓體也，不言訓者，以既有《高宗之訓》，故只以篇首四字爲題。今文、古文皆有。高堂隆曰：「太戊有桑穀生朝，武丁有雊雉升鼎，皆因災恐懼，側身修行，故號曰『中宗』、『高宗』，興也勃焉。」

高宗肜日，越有雊雉。

肜，祭明日又祭之名。殷曰「肜」，周曰「繹」。雊，鳴也，於肜日有雊雉之異。蓋祭禰廟也，《序》言湯廟者非是。陳氏曰：「祭之明日，以禮享尸，行事之有司、助祭之賓客，皆與焉。然謂之『又祭』，而不謂之『享』者，以尸猶有鬼神之道也。」

祖己曰：「惟先格王，正厥事。」

格，正也，猶「格其非心」之「格」。詳下文。「高宗祀豐于昵」，昵者，禰廟也。豐於昵，失禮之正，故有雊雉之異。祖己自言當先格王之非心，然後正其所失之事。「惟天監民」以下，格王之言；「王司敬民」以下，正事之言也。蘇氏曰：「武丁不修人事，數祭媚神，又豐於親廟，儉於遠者，敬其父，薄其祖，此失德之大者。故傅説、祖己皆先格而正之。」○孔光曰：「上天聰明，苟無其事，變不虛生。《書》曰『惟先格王，正厥事』，言變異之來，起事有不正也。」○王氏曰：「祖考罔非天嗣，祀有典，不可豐殺，訓之使改，所謂『正厥事』。」

乃訓于王曰：「惟天監下民，典厥義。降年有永有不永，非天夭民，民中絶命。

典，主也。義者，理之當然，行而宜之之謂。言天監視下民，其禍福予奪，惟主義如何爾。「降年有永有不永」者，義則永，不義則不永。非天夭折其民，民自以非義而中絶其命也。意高宗之祀，必有祈年請命之事，如漢武帝五時祀之類。祖己言永年之道，不在禱祠，在於所行義與不義而已，禱祠非永年之道也。言民而不言君者，不敢斥也。

「民有不若德，不聽罪。天既孚命正厥德，乃曰：『其如台？』

不若德，不順於德；不聽罪，不服其罪，謂不改過也。孚命者，以妖孽爲符信而譴告之也。言民不順德，不服罪，天既以妖孽爲符信而譴告之，欲其恐懼脩省以正德。民乃曰：「孽祥其如我何？」則天必誅絶之矣。祖己意謂高宗當因雊雉以自省，不可謂適然而自恕。夫數祭豐昵，徼福於神，不若德也；瀆於祭祀，傅説嘗以進戒，意或吝改，不聽罪也。雊雉之異，是「天既孚命正厥德」矣，其可謂妖孽其如我何耶？

「嗚呼！王司敬民。罔非天胤，典祀無豐于昵。」

司，主。胤，嗣也。王之職，主於敬民而已，徼福於神，非王之事也。況祖宗莫非天之嗣，主祀其可獨豐於昵廟乎？孔氏曰：「昵，近也。豐於近廟。」○馬氏曰：「昵，考也，謂禰廟。」○陳氏經曰：「爲雊雉訓王而書不及雉，本以訓王而辭屢及民，未始指王而言，辭不迫而意獨至矣。」○呂氏曰：「災異有二，失道之君與天隔絶，災異之應常遲。賢君與天貫通，災異之應常速。高宗恭默夢帝，精神素與天通，又聰明憲天，脩德又與天合，故於祀事略過豐，飛雉隨即應之。此雖過於厚，亦過也。精誠積久，天既賚之；過失微形，天遽警之。固見天之警君無私，亦見天之愛君甚速也。黷于祭祀，禮煩則亂，説已知高宗之偏在此。旨哉惟艱，領略警省深矣。而此心終難除，氣質偏厚者尚難變，乃知行之果爲艱也。此篇爲雊雉作，而進戒之言不及災異，獨指大公之道示之。非祖己諷諫不敢直言，蓋高宗聰明從諫，不待深言也。」

西伯戡黎

西伯，文王也。名昌，姓姬氏。戡，勝也。黎，國名，在上黨壺關之地。按《史記》文王脱羑里之囚，獻洛西之地，紂賜弓矢鈇鉞，使得專征伐，爲西伯。文王既受命，黎爲不道，於是舉兵伐而勝之。祖伊知周德日盛，既已戡黎，紂惡不悛，勢必及殷，故恐懼，奔告于王，庶幾王之改之也。史録其言，以爲此篇，誥體也。今文、古文皆有。○或曰，西伯，武王也。《史記》嘗載紂使膠鬲觀兵，膠鬲問之曰：「西伯曷爲而來？」則武王亦繼文王爲西伯矣。朱子曰：「西伯戡黎，便是這箇事難判斷。觀戡黎，大故逼近紂都了，豈有諸侯臣子而敢稱兵於天子之都乎？看來文王只是不伐紂耳，其他事亦都做了，如伐崇、戡黎之類。」「若説文王終守臣節，何故伐崇侯虎？只是後人因孔子『以服事殷』一句，遂委曲回護箇文王，説教好看，殊不知孔子只是説文王不伐紂耳。嘗見雜説云：『紂殺九侯，鄂侯争之强，辨之疾，併醢鄂侯。西伯聞之切歎，崇侯虎譖之曰：「西伯欲叛。」紂怒，囚之羑里。西伯歎曰：「父有不慈，子不可以不孝；君有不明，臣不可以不忠。豈有君而可叛者乎？」於是諸侯聞之，以西伯能敬上而卹下也，遂相率而歸之。』看來只這般説得平。」○問：「西伯戡黎，舊説西伯多指文王，惟陳少南、吕伯恭、薛季隆以爲武王，吴才老亦曰乘黎恐是伐紂時事。按《書序》言『殷始咎周，周人乘黎』，則殷自此以前未嘗惡周也。殷始有惡周之心，而周又乘襲戡勝近畿之黎國，迫於王都，且見征伐，此祖伊所以恐，而奔告於受曰：『天既訖我殷命。』曰『恐』、曰『奔告』、曰『訖我殷命』，則其事勢亦且迫矣，恐非文王時事也。文王率殷之叛國以事紂，而孔子亦稱其『三分天下有其二，以服事殷』爲至德，所謂有事君之小心者正文王之事，孔子所以謂之『至德』也。當時征伐，雖或有之，未必迫近於畿甸。然《史記》又謂文王伐犬戎、伐密須、敗耆國，耆即黎也，音相近。文王得專征伐，故伐之。二説未知孰是。」曰：「此等無證據，可且缺之。殷始咎周，周人乘黎，祖伊恐，奔告于受，這事勢便自是住不得，若曰『奔告于受』，則商之忠臣義士，何嘗一日忘周？自是昏迷耳。」○問：「孔氏傳謂《書序》是後人傳會，❶不足信。」曰：「亦不必《序》，只經文謂『祖伊恐，奔告于王曰：「天子，天既訖我殷命。」』則是已交手爭競了。紂固無道，然亦是武王事勢不相安，住不得了。仲虺告成湯曰：『肇我邦于有夏，若苗之有莠，若粟之有秕，小大戰戰，罔不懼于非辜。』則仲虺分明言事勢不容住，我不誅彼，則彼將圖我矣。後人多曲爲之説以諱之，要之，自是避不得。」○臨川吴氏曰：「黎，畿内之國。文王三分天下有其二，以服事殷，決不稱兵於紂之畿内。武王嗣爲西伯，其事殷猶文王也。其伐殷在於嗣位十有二年之後，蓋天命未絶，則爲君臣；一日命絶，乃行天罰，此事間不容髮。今兵既逼王畿，祖伊恐而奔告，則震撼甚矣。豈得戡黎之後，班師而去，復就臣位，而紂恬不以爲意也？竊疑戡黎之師，當是伐紂之時，當時近畿有小國，周師先戡黎，而遂乘勝以進紂都也。」

西伯既戡黎，祖伊恐，奔告于王。

下文無及戡黎之事，史氏特標此篇首，以見祖伊告王之因也。祖，姓；伊，名。祖己後也。

奔告，自其邑奔走來告紂也。

曰：「天子！天既訖我殷命。格人元龜，罔敢知吉。非先王不相我後人，惟王淫戲用自絶。

祖伊將言天訖殷命，故特呼天子以感動之。訖，絶也。格人，猶言至人也。格人、元龜，

---

❶「孔氏」，《朱子語類》作「吴氏稗」。

皆能先知吉凶者。言天既以絶我殷命，格人、元龜皆無敢知其吉者，甚言凶禍之必至也。

非先王在天之靈不佑我後人，我後人淫戲用自絶於天耳。

「故天棄我，不有康食。不虞天性，不迪率典。

康，安。虞，度也。典，常法也。紂自絶於天，故天棄殷。不有康食，饑饉荐臻也。不虞天性，民失常心也。不迪率典，廢壞常法也。新安陳氏曰：「《詩》曰：『自天降康，豐年穰穰。』以豐穰爲降康，則『不有康食』爲天降饑饉明矣。《書》之言性，此第三見，蓋謂人所受於天之性爲私欲所蔽，而不能省察也。」

「今我民罔弗欲喪，曰：『天曷不降威？』大命不摯，今王其如台？」

大命，非常之命。摯，至也。《史記》云：「大命胡不至？」民苦紂虐，無不欲殷之亡，曰：「天何不降威於殷？」而受大命者何不至乎，今王其無如我何？言紂不復能君長我也。

上章言天棄殷，此章言民棄殷，祖伊之言可謂痛切明著矣。

王曰：「嗚呼！我生不有命在天？」

紂歎息謂：民雖欲亡我，我之生，獨不有命在天乎？

祖伊反，曰：「嗚呼！乃罪多，參在上，乃能責命于天？

紂既無改過之意，祖伊退而言曰：爾罪衆多，參列在上，乃能責其命於天耶？呂氏曰：

「責命於天，惟與天同德者方可。」呂氏曰：「責命于天，必大人與天合德，如孔子謂『天生德於予，天未喪斯文，桓魋、匡人其如予何』是也。」○臨川吴氏曰：「前與紂言，故稱『王』；此以下祖伊退而私言之，故稱『乃』。」

「殷之即喪，指乃功，不無戮于爾邦！」

功，事也。言殷即喪亡矣，指汝所爲之事，其能免戮於商邦乎？蘇氏曰：「祖伊之諫，盡言不諱，漢唐中主所不能容者。紂雖不改，而終不怒，祖伊得全，則後世人主有不如紂者多矣。」愚讀是篇而知周德之至也。祖伊以西伯戡黎不利於殷，故奔告於紂，意必及西伯戡黎不利於殷之語，而入以告后，出以語人，未嘗有一毫及周者。是知周家初無利天下之心。其戡黎也，義之所當伐也。使紂遷善改過，則周將終守臣節矣。祖伊，殷之賢臣也，知周之興必不利於殷，又知殷之亡初無與於周。故因戡黎告紂，反覆乎天命民情之可畏，而略無及周者，文、武公天下之心，於是可見。林氏曰：「『即喪』，言不旋踵而亡也。」○葉氏曰：「凡事積而成者，皆曰『功』。」○陳氏經曰：「善有善之功，惡有惡之功，蓋其惡之成也。」○王氏十朋曰：「指乃功，與『惟府辜功』之『功』同。辜功，猶言罪狀。」○呂氏曰：「伊反歸于家，亦無咎周之辭。大凡作事，黨友親姻以爲是，未必是；至仇敵亦以爲是，則是可知矣。於此知周之盛德也。」

微子

微，國名。子，爵也。微子名啓，帝乙長子，紂之庶母兄也。微子痛殷之將亡，謀於箕子、比干，史録其問答之語，亦誥體也。以篇首有「微子」二字，因以名篇。今文、古文皆有。孔氏曰：「微，圻内國名。」○唐孔氏曰：「鄭玄以爲微、箕俱在圻内。孔雖不言箕，亦當在圻内也。比干不言封爵，或本無爵，或有而不言也。」○吕氏曰：「天下有道，君子相與公議於朝，各盡致君之道；天下無道，君子相與私議於家，各盡致身之道。微子與二師，宗室大臣，與社稷爲存亡。當紂之時，無所致力，不得已謀各行其志，以不失其義。欲知三仁之心，此篇可見。」○陳氏經曰：「賢人君子，忠孝之心，不見於安平無事之際，每見於悲傷惻怛之時。」

微子若曰：「父師、少師，殷其弗或亂正四方。我祖底遂陳于上，我用沈酗于酒，用亂敗厥德于下。

父師，太師，三公箕子也。少師，孤卿比干也。「弗或」者，不能或如此也。亂，治也。言紂無道，無望其能治正天下也。底，致。陳，列也。我祖成湯致功陳列於上，而子孫沉酗于酒，敗亂其德於下。「沉酗」言我而不言紂者，過則歸己，猶不忍斥之言也。王氏肅曰：「箕子，紂諸父。」○《家語》曰：比干，紂諸父。○吕氏曰：「『其』者，未定之辭。『或』者，非斷然之辭。商亡形決矣，猶曰商其不或能治正四方乎。微子猶冀紂一旦悔悟，不謂其果不能也。」○《釋文》：以酒爲凶曰「酗」。○吕氏曰：「沉酗紂自爲，微子歸之我者，蓋以君爲體，視同己過。以商家體統言之，故總而言我，亦不忍斥言紂也，如《五子之歌》曰『萬姓仇予』。」○新安陳氏曰：「『敗于下』對『陳于上』而言，祖宗在上如彼，而子孫在下如此，忝厥祖甚矣，深歎傷之。」

「殷罔不小大，好草竊姦宄，卿士師師非度。凡有辜罪，乃罔恒獲，小民方興，相爲敵讎。今殷其淪喪，若涉大水，其無津涯。殷遂喪，越至于今。」

殷之人民，無小無大，皆好草竊姦宄。上而卿士，亦皆相師非法，上下容隱，凡有冒法之人，無有得其罪者。小民無所畏懼，强凌弱，衆暴寡，方起讎怨，争鬬侵奪，綱紀蕩然，淪喪之形，茫無畔岸，若涉大水，無有津涯。殷之喪亡，乃至於今日乎？微子上陳祖烈，下述喪亂，哀怨痛切，言有盡而意無窮。數千載之下，猶使人傷感悲憤。後世人主觀此，亦可深監矣。新安陳氏曰：「有罪罔常獲，紂爲逋逃主，如楚無宇之閽逃入王宫，執法者不能得之也。越，及也。」

曰：「父師、少師，我其發出狂，吾家耄遜于荒。今爾無指，告予顛隮，若之何其？」

「曰」者，微子更端之辭也。何其，語辭。言紂發出顛狂，暴虐無道，我家老成之人皆逃遁于荒野，危亡之勢如此。今爾無所指示，告我以顛隕隮墜之事，將若之何哉？蓋微子憂危之甚，特更端以問救亂之策。言我而不言紂者，亦上章「我用沉酗」之義。張氏曰：「微子有去之之意。」○陳氏經曰：「老成皆遁，留者父師、少師耳。」○鄭氏曰：「其，語助辭，齊、魯之間聲讀如姬。《記》曰『何居』，義與此同。」

父師若曰：「王子，天毒降災荒殷邦，方興沉酗于酒。

此下箕子之答也。王子，微子也。自紂言之，則紂無道，故天降災；自天下言之，則紂之無道，亦天之數。箕子歸之天者，以見其忠厚敬君之意，與《小旻》詩言「旻天疾威，敷于下土」意同。方興者，言其方興而未艾也。此答微子「沉酗于酒」之語，而有甚之之意。下同。王氏炎曰：「自此以下，箕子以其意剖析微子之言而答之。」○新安陳氏曰：「紂之惡皆原於酒，若天所使，乃無所歸咎之辭。惟紂之沉酗方興而未艾，下民化之，無怪其爲敵讎，亦方興而未艾也。」

「乃罔畏畏，咈其耉長舊有位人。

「乃罔畏畏」者，不畏其所當畏也。孔子曰：「君子有三畏：畏天命，畏大人，畏聖人之言。」咈，逆也。耉長，老成之人也。紂惟不畏其所當畏，故老成舊有位者，紂皆咈逆而棄逐之，即武王所謂「播棄黎老」者。此答微子「發狂」、「耄遜」之語。以上文特發問端，故此先答之。陳氏大猷曰：「沉酗昏迷，故當畏者皆無所畏，無所畏則無所不至矣。以下諸惡，皆無畏所致。」

「今殷民乃攘竊神祇之犧牷牲，用以容，將食無災。」

色純曰犧，體完曰牷，牛、羊、豕曰牲。犧、牷、牲，祭祀天地之物，禮之最重者。猶爲商民攘竊而去，有司用相容隱，將而食之，且無災禍。豈特「草竊姦宄」而已哉？此答微子「草竊姦宄」之語。

「降監殷民，用乂讎斂，召敵讎不怠。罪合于一，多瘠罔詔。」

讎斂，若仇敵掊斂之也。不怠，力行而不息也。詔，告也。下視殷民，凡上所用以治之者，無非讎斂之事。夫上以讎而斂下，則下必爲敵以讎上。下之敵讎，實上之讎斂以召之，而紂方且召敵讎不怠。君臣上下，同惡相濟，合而爲一，故民多饑殍而無所告也。此答微子「小民相爲敵讎」之語。

「商今其有災，我興受其敗。商其淪喪，我罔爲臣僕。詔王子出迪，我舊云刻子，王子弗出，我乃顛隮。」

商今其有災，我出當其禍敗。商若淪喪，我斷無臣僕他人之理。詔，告也。告微子以去爲道。蓋商祀不可無人，微子去，則可以存商祀也。刻，害也。箕子舊以微子長且賢，勸帝乙立之，帝乙不從，卒立紂，紂必忌之。是我前日所言，適以害子。子若不去，則禍必不免，我商家宗祀，始隕墜而無所托矣。箕子自言其義決不可去，而微子之義決不可不去也。此答微子「淪喪顛隮」之語。王氏炎曰：「微子不去，殺身之禍恐不獨在比干，尚何宗祀之可續乎？故曰『我乃顛隮』。」○陳氏經曰：「忠臣之於國，明知天命之將絶，未嘗不勉强扶持之，以求萬一之幸，未有安坐而視其亡者。」○新安陳氏曰：「箕子自言『我罔爲臣僕』，其後終不臣周，不負斯言矣。微子本有欲去之意，故箕子於此深贊其去之之謀。前後文尤相照應。」

「自靖，人自獻于先王，我不顧行遯。」

上文既答微子所言，至此則告以彼此去就之義。靖，安也。各安其義之所當盡，以自達其志於先王，使無愧於神明而已，如我則不復顧行遯也。按此篇，微子謀於箕子、比干，箕子答如上文，而比干獨無所言者，得非比干安於義之當死，而無復言歟？孔子曰：「殷有三仁焉。」三仁之行雖不同，而皆出乎天理之正，各得其心之所安，故孔子皆許之以仁。而所謂「自靖」者即此也。○又按《左傳》，楚克許，許男面縛啣璧，衰絰輿櫬以見楚子。楚子問諸逢伯，逢伯曰：「昔武王克商，微子啓如是。武王親釋其縛，受其璧而祓之，焚其櫬，禮而命之。」然則微子適周，乃在克商之後，而此所謂去者，特去其位而逃遯於外耳。論微子之去者，當詳於是。問《微子》篇。曰：「『詔王子出迪，我舊云刻子』一段，於三仁之去、就、死、生，未知其所以當留、當去、當死之切當不可易處。蓋嘗因是妄謂微子以宗國將亡，不勝其憂愁無聊之心，而謀出處於箕子、比干，故箕子爲言『我興受其敗』，不可逃免，當與宗國俱爲存亡。故雖商祀或至淪亡，我亦誓不臣屬他人。蓋將諫紂，紂不聽，亦不敢苟全逃死。而比干無以言者，孔氏所謂『心同』，不復重言是也。其後比干果以諫死，而箕子乃不死者，比干初心豈欲徒死以沽名哉？所以諫者，庶幾吾言得行而紂改焉耳。紂既不改，而言益切，故紂遂殺之，則比干亦不得而逃死耳。箕子初心，亦豈欲隱晦自存，以苟全其生哉？亦猶比干之諫，冀吾言得行而紂改焉耳。紂既不改而囚之，偶不死耳。紂囚之而不置之死，則箕子豈固欲自經於溝瀆，而爲匹夫之諒哉？故因遂佯狂而爲奴，蓋亦未欲即死，庶幾彌縫其失，而冀其萬有一之開悟耳。蓋諫行而紂改過者，二子之本心也；諫不行而或死或囚者，二子所遇之不同耳。使紂而囚比干，意比干亦未敢即死也；使紂而殺箕子，箕子敢求全哉？二子易地則皆然矣。至於箕子爲微子之計，則其意豈不以謂吾三人者皆宗國之臣，利害休戚，事體一同，皆當與社稷俱爲存亡，不可復顧明哲保身之義？然而微子國之元子也，往者紂未立，吾嘗言於帝乙而立子，帝乙不從而立紂，是以紂卒疑吾兩人，故吾舊所云者足以害子。子若起諫紂，則紂益生疑，非惟不從，害必先及子，而併我危矣。死，分也，不足惜，而未有毫髮益於紂而遽死，可惜也。東萊所謂『人先有疑心，則雖盡忠與言而未必聽，蓋疑心先入而爲之主』是也。故微子不可留，但當遯逃而出，乃合於道。又況我與比干，既留諫以事紂，則存亡未可知。萬一不死，固罔爲人臣僕，此心已堅定，則亦不可使成湯以來，廟不血食。況汝爲元子，又居危疑之地，義當逃去，萬有一全宗祀可也。此三子者其制行不同，各出於至誠惻怛之心，無所爲而爲之。故孔子並稱『三仁』，或以此歟？」朱子曰：「此説得之。《史記》亦説箕子諫而見囚也。」○「延平先生説三仁事，云：『當理而無私心，則仁矣。』今以此語推之，三仁之心，只欲紂改過而圖存。比干之殺身蓋非得已，箕子亦偶未見殺耳，非有意於爲奴也。事勢既爾，微子自是亦只得全身，以存先王之祀。皆理不得不然者，使其先有殺身强諫之心，則亦不得爲仁人矣。箕子、比干都是一樣心，箕子偶然不衝著紂之怒不殺他，然見比干恁地死，若更死諫，無益於國，徒使人君有殺諫臣之名。他處此最難，微子去却易，比干一向諫死，又却索性，箕子在半上落下，最是難處。被他監繫在那裏，不免佯狂。所以《易》中特説『箕子之明夷』，可見其難處，故曰『利艱貞，晦其明也。』内難而能正其志，箕子以之』。他外雖狂，心則定也。」○張氏廷堅曰：「君子之去就死生，其志在於天下國家，而不在於一身。故其死者非沽名，生者非懼禍，引身以去者非忘君也。故微子得奉先之孝，比干盡事君之節，箕子全愛君之仁。微子自獻以其孝，箕子、比干自獻以其忠，然《書》載箕子、微子之言，而比干不與焉。蓋人臣之義，莫易明於死節，莫難明於去國，而屈辱用晦者尤所難辨也。比干以死自誓，無足爲疑。而箕子不免云云者，重去就之義也。」○張氏曰：「三仁之志各有所在，微子自謀在宗祀以獻于先王，比干自謀死諫以獻于先王，箕子自謀佯狂俟紂改過以獻于先王。後世以死生爲重，古人以義理爲重。後世志慮淺狹，故見死爲高節；古人智慮廣大，故以死爲常事。或去或死或生，初無高下，義之所在，三人各安之矣。」○李太白《比干廟碑》曰：❶「昔殷王毒痡，公獨死之。非捐生之難，處死之難。故不可死而死，是輕其生，非孝也；可死而不死，是重其死，非忠也。周武以三分之業，有諸侯之師，實其十亂之謀，總其一心之衆，當公之存也，乃戢彼西土。及公

❶「太白」，《唐文粹》作「翰」，當是。

之喪也，乃觀于孟津。公存而殷存，公喪而殷喪，興亡兩繫，豈不重歟？夫子稱『殷有三仁』，豈無微旨？敢頌之曰：存其身，存其宗，亦仁矣；存其名，存其祀，亦仁矣；亡其身，圖其國，亦仁矣。若進死者，退生者，狂狷之士將奔走之；褒生者，貶死者，宴安之人將寘力焉。故同歸諸仁，各順其志。」○柳子厚《箕子碑》曰：「當其周時未至，殷祀未殄，比干已死，微子已去，向使紂惡未稔而自斃，武庚念亂以圖存，國無其人，誰與興理？是固人事之或然者也。然則先王隱忍而爲此，其有志於斯乎？」○五峰胡氏曰：「堯、舜與賢，三王與嫡，所以一民心，重天下也。然大君人命所係，興亡之本，聖人有權焉，未嘗執一也。是以武王雖弟，上承文王之命，而終不釋爲君。帝乙亦賢君也，泥於立嫡，而不知紂之足以亡天下也，亦不知變之過矣。使帝乙而知是道，商之卜世，猶未可知也。」○新安陳氏曰：「我以不去爲義之所安，微子則以去爲義之所安也。反之吾心而果安，則獻之先王而無愧。對越先王之心，不外乎吾心而已。若比干則死其心之所安歟？箕子又謂若我則留而不去，不復顛𩔖行遯矣。」

北京大學《儒藏》編纂與研究中心　編

《儒藏》精華編選刊

書傳大全（下）

〔明〕胡廣　等　撰
孫希國　宮長爲　校點

北京大學出版社
PEKING UNIVERSITY PRESS

書傳大全卷之六

周　書

周，文王國號，後武王因以爲有天下之號。書凡三十二篇。《史記》：后稷封於邰，别姓姬氏。傳十三世至季歷，季歷生昌，爲西伯。西伯崩，太子發立，是爲武王。○陳氏曰：「文王二十四年生武王，四十八年即諸侯位，在位五十年，年九十七而終。武王年七十三而嗣位，嗣位十三年而伐紂爲天子，七年而終，年九十三也。」

泰誓上

泰、大同。《國語》作「大」。武王伐殷，史録其誓師之言。以其大會孟津，編《書》者因以「泰誓」名之。上篇未渡河作，後二篇既渡河作。今文無，古文有。○按伏生二十八篇，本無《泰誓》。武帝時僞《泰誓》出，與伏生今文《書》合爲二十九篇。孔壁《書》雖出而未傳於世，故漢儒所引，皆用僞《泰誓》。如曰「白魚入于王舟」，「有火復于王屋，流爲烏」，

《太史公記·周本紀》亦載其語。然僞《泰誓》雖知剽竊經傳所引，而古書亦不能盡見。故後漢馬融得疑其僞，謂《泰誓》「按其文若淺露，吾又見書傳多矣，所引《泰誓》而不在《泰誓》者甚多」。至晉孔壁古文《書》行，而僞《泰誓》始廢。○吴氏曰：「湯、武皆以兵受命。然湯之辭裕，武王之辭迫；湯之數桀也恭，武之數紂也傲。學者不能無憾。疑其書之晚出，或非盡當時之本文也。」朱子曰：「文王之事紂，惟知以臣事君而已，都不見其他，兹其所以爲至德也。若謂三分天下，紂尚有其一，未忍輕去臣位，以商之先王德澤未亡，曆數未終，紂惡未甚，聖人若之何而取之？則是文王之事紂，非其本心，蓋有不得已焉爾。若是，則安得謂之至德哉？至於武王之伐紂，觀政于商，亦豈有取之之心？而紂罔有悛心，武王灼見天命人心之歸己也，不得不順而應之，故曰：『予弗順天，厥罪惟鈞。』以此觀之，足見武王之伐紂，順乎天而應乎人，無可疑矣。此處不容有毫髮之差，天理人欲王道霸術之所以分，其端特在於此爾。」○王氏炎曰：「古文『太』字只用『大』字，今文遂以『泰』易『大』。『太』者，大之至。」○吴氏曰：「按帝辛，《本紀》稱『紂』，《書》稱『受』，或二字古通用。」

惟十有三年春，大會于孟津。

十三年者，武王即位之十三年也。春者，孟春建寅之月也。孟津，見《禹貢》。○按漢孔氏言虞、芮質成，爲文王受命改元之年，凡九年而文王崩。武王立，二年而觀兵，三年而伐紂。合爲十有三年。此皆惑於僞《書·泰誓》之文，而誤解「九年大統未集」與夫「觀政于商」之語也。古者人君即位則稱元年，以計其在位之久近，常事也。自秦惠文始改十四年爲後元年，漢文帝亦改十七年爲後元年。自後説《春秋》因以改元爲重。歐陽氏曰：「果重事歟？西伯即位，已改元年。中間不宜改元而又改元。至武王即位，宜改元而反不改元，乃上冒先君之元年，并其居喪稱十一年；及其滅商而得天下，其事大於聽訟遠矣，而又不改元。」由是言之，謂文王受命改元，武王冒文王之元年者，皆妄也。歐陽氏之辨，極爲明著。但其曰「十一年」者，亦惑於《書序》十一年之誤也。詳見《序》篇。又按漢孔氏以春爲建子之月，蓋謂三代改正朔必改月數，改月數必以其正爲四時之首。《序》言「一月戊午」，既以一月爲建子之月，而經又係之以春，故遂以建子之月爲春。夫改正朔，不改月數，於《太甲》辨之詳矣。而四時改易，尤爲無藝。❶冬不可以爲春，寒不可以爲暖，固不待辨而明也。或曰，鄭氏箋《詩》「維暮之春」，亦言周之季春於夏爲孟春。曰，此漢儒承襲之誤耳。且《臣工》詩言：「維暮之春，亦又何求？如何新畬。於皇來牟，將受厥明。」蓋言暮春則當治其新畬矣，今如何哉？然牟麥將熟，可以受上帝之明賜。夫牟麥將熟，則建辰之月，夏正季春審矣。鄭氏於《詩》且不得其義，則其攷之固不審也。不

❶「藝」，《尚書集傳纂疏》作「義」。

然，則商以季冬爲春，周以仲冬爲春，四時反逆，皆不得其正。豈三代聖人奉天之政乎？朱子曰：「《泰誓序》『十有一年，武王伐殷』，經云『十有三年春，大會于孟津』，必差誤。説者乃以十一年爲觀兵，尤無義理。舊有人引《洪範》『十有三祀，王訪于箕子』，則十一年之誤可知矣。」問：「子丑寅之建正如何？」曰：「此是三陽之月。若秦用建亥之月爲正，直是無謂。大抵三代更易，須着如此更易一番。」

王曰：「嗟，我友邦冢君越我御事庶士，明聽誓。

「王曰」者，史臣追稱之也。友邦，親之也；冢君，尊之也。越，及也。御事，治事者。庶士，衆士也。告以伐商之意，且欲其聽之審也。

「惟天地萬物父母，惟人萬物之靈。亶聰明，作元后，元后作民父母。

亶，誠實無妄之謂，言聰明出於天性然也。「大哉乾元，萬物資始；至哉坤元，萬物資生。」天地者，萬物之父母也。萬物之生，惟人得其秀而靈，具四端，備萬善，知覺獨異於物。而聖人又得其最秀而最靈者。天生聰明，無待勉强，其知先知，其覺先覺，首出庶物，故能爲大君於天下。而天下之疲癃殘疾得其生，鰥寡孤獨得其養，舉萬民之衆無一而不得其所焉，則元后者又所以爲民之父母也。夫天地生物而厚於人，天地生人而厚於聖人。其所以厚於聖人者，亦惟欲其君長乎民，而推天地父母斯民之心而已。天之爲民如此，則任元后之責者，可不知所以作民父母之義乎？商紂失君民之道，故武王發此。是雖一時誓師之言，而實萬世人君之所當體念也。朱子曰：「氣質之性，古人雖不曾説着，考之經典，却有此意，如『人惟萬物之靈，亶聰明，作元后』、『天乃錫王勇智』，皆此意也。湯、武征伐，皆先自説一段義理。」○新安陳氏曰：「萬物莫不稟氣於天，受形於地。乾稱父，坤稱母，此天地所以爲萬物一大父母也。」○孫氏曰：「天地能生萬物而不能成，所以成之者，君也。」○唐氏曰：「配天地以作民父母，與《易·象》言『后以財成天地之道，輔相天地之宜，以左右民』者，一也。」○陳氏經曰：「人者，萬物之一也。物得氣之偏，人得氣之全，此人性所以獨靈於物。然人雖有此靈，有不能保此靈者，必得聰明之君以父母之，斯民始得以各全其靈。聰明亦靈也。聖人先得我心之所同然，而爲靈之靈者耳。」○吕氏曰：「此雖誓師之辭，乃六經之統攝，百王之標準。」○碧梧馬氏曰：「『作民父母』一語，武王以之首《泰誓》，箕子以之終『皇極』。」○陳氏雅言曰：「造化，生物之仁；聖人，養民之仁。『亶聰明，作元后』者，天之意也；『作民父母』者，君之責也。天地爲萬物之父母，聖人爲萬民之父母。武王於誓師之首言此，以見人君當與天地同其德，而盡君師之責也。」

「今商王受，弗敬上天，降災下民。

受，紂名也。言紂慢天虐民，不知所以作民父母也。慢天虐民之實，即下文所云也。

「沈湎冒色，敢行暴虐。罪人以族，官人以世。惟宫室、臺榭、陂池、侈服，以殘害于爾萬姓。焚炙忠良，刳剔孕婦。皇天震怒，命我文考，肅將天威，大勳未集。

沈湎，溺於酒也。冒色，冒亂女色也。族，親族也。一人有罪，刑及親族也。世，子弟也。

官使不擇賢才，惟因父兄而寵任子弟也。土高曰臺，有木曰榭，澤障曰陂，停水曰池。侈，奢也。焚炙，炮烙刑之類。刳剔，割剥也。皇甫謐云：「紂剖比干妻以視其胎。」未知何據。紂虐害無道如此，故皇天震怒，命我文王，敬將天威，以除邪虐。大功未集而文王崩。愚謂大勳在文王時，未嘗有意。至紂惡貫盈，武王伐之，敘文王之辭，不得不爾。學者當言外得之。問：「諸儒之説，以爲武王未誅紂，則稱文王爲『文考』，以明文王在位未嘗稱王之證。及既誅紂，乃稱文考爲『文王』。然既曰『文考』，則其謚定矣。若如其言，將稱爲『文公』耶？」朱子曰：「此等事無證佐，皆不可曉，闕之可也。文、武無伐紂之心，而天與之、人歸之，其勢必誅紂而後已，故有『肅將天威，大勳未集』之語。但紂罪未盈，天命未絶，故文王猶得以三分之二而服事紂。若使文王未崩，十二三年紂惡不悛，天命已絶，則孟津之事，文王亦豈得而辭哉？以此見文、武之心未嘗不同，皆無私意，視天與人而已。」○因説文王事商，曰：「文王但是做得從容不迫，武王便去伐商大猛耳。文王伐崇、伐密、戡黎等事，又自顯然。《書》説『王季勤勞王家』，《詩》云『太王翦商』，都是他子孫自説，不成他子孫誣其父祖！《春秋》分明説泰伯不從，是不從甚底事？若泰伯當武王之世，也只是爲諸侯。但時措之宜，聖人又有不得已處。横渠云：『商之中世，都棄了西方之地不管他，所以戎狄復進入中國，太王所以遷於岐。』然岐下也只是箇荒涼之地，太王自去立箇家計如此。」○陳氏大猷曰：「敬者，萬善之本；不敬者，萬惡之本。人雖至愚，猶知敬天，今紂天且不敬，宜其衆惡日深也。」

「肆予小子發，以爾友邦冢君，觀政于商。惟受罔有悛心，乃夷居，弗事上帝神祇，遺厥先宗廟弗祀。犧牲粢盛，既于凶盜。乃曰：『吾有民有命！』罔懲其侮。

肆，故也。觀政，猶伊尹所謂「萬夫之長可以觀政」。八百諸侯背商歸周，則商政可知。先儒以觀政爲觀兵，誤矣。悛，改也。夷，蹲踞也。武王言故我小子，以爾諸侯之向背，觀政之失得於商。今諸侯背叛既已如此，而紂無有悔悟改過之心，夷踞而居，廢上帝百神宗廟之祀。犧牲粢盛以爲祭祀之備者，皆盡于凶惡盜賊之人，即箕子所謂「攘竊神祇之犧牷牲」者也。受之慢神如此，乃謂我有民社，我有天命，而無有懲戒其侮慢之意。朱子曰：「伊川謂無觀政之事，非深見文、武之心，不能及此。非爲存名教而發也，若有心要存名教，而於事實有所改易，則夫子之録《泰誓》、《武成》，其不存名教甚矣。近世有存名教之說，大害事。將聖人心迹都做兩截看了，殊不知聖人所行便是名教。若所行如此，而所教如彼，則非所以爲聖人矣。」○程子曰：「觀政之說，必無此理。如今日天命絶，則紂今日便是獨夫，豈容更留之三年？今日天命未絶，便是君也，爲之臣子者敢以兵脅君乎？」○林氏曰：「夷，如『原壤夷俟』之『夷』。紂不祀，武伐之，如葛不祀，湯伐之也。」

「天佑下民，作之君，作之師，惟其克相上帝，寵綏四方。有罪無罪，予曷敢有越厥志？

佑，助。寵，愛也。天助下民，爲之君以長之，爲之師以教之。君、師者，惟其能左右上帝，以寵安天下。則夫有罪之當討，無罪之當赦，我何敢有過用其心乎？言一聽於天而已。朱子曰：「這箇道理雖人所固有，若非聖人，如何得如此光明盛大！你不曉得，我說在這裏教你曉；你不會做底，我做下樣子在此與你做。只是要持守這箇道理，教他常立在世間，上拄天，下拄地，常如此端正。纔一日無人維持，便顛倒了。少間脚拄天，頭拄地，顛倒錯亂，便都壞了。所以說：『天佑下民，作之君，作之師，惟其克相上帝，寵綏四方。』天只得生你，付得這道理與你，做與不做却在你。做得好，也由你；做得不好，也由你。所以又爲之立君師以作成之，既撫養你，又教導你，使無一夫不遂其性。如堯、舜之時，真箇是『寵綏四方』。只是世間不好底人，不定疊底事，纔遇堯、舜，都安帖平定了。所以謂之『克相上帝』，蓋助上帝之所不及也。自秦漢以來，講學不明。世之人君，固有因其才智做得功業，然無人知明德新民之事。君道間有得其一二，而師之道則絕無矣！」○陳氏經曰：「後世之君，刑政徒尚，教化不立，不知師道不盡則不足以盡君道矣。武王之意，謂紂既不能當君、師之任，則任君、師獨不在我乎？我當相天以討紂之有罪，而綏定天下之無罪者，所不得而私也。」○陳氏雅言曰：「天能與人以耳、目、口、鼻之形，而不能使之無饑餓凍餒之患；天能賦人以仁、義、禮、智之性，而不能使之無氣稟物欲之蔽。故立之君以養之，爲之師以教之。爲君、師者，當曰天之命我者，非以君位而貴我，非以師位而尊我，惟其能相上帝之所不及，撫養之使無一之不遂其生，教導之使無一之不成其性，然後可以無負乎上天立君、師之意。蓋是時紂暴虐，君、師之道廢，故武王誓師之際，首及乎此。」

「同力度德，同德度義。受有臣億萬，惟億萬心；予有臣三千，惟一心。

度，量度也。德，得也。行道有得於身也。義，宜也。制事達時之宜也。同力度德，同德度義，意古者兵志之詞，武王舉以明伐商之必克也。林氏曰：「《左氏》襄三十一年魯穆叔曰：『年鈞擇賢，義鈞以卜。』昭二十六年王子朝曰：『年鈞以德，德鈞以卜。』蓋亦舉古人之語，文勢正與此同。」百萬曰億。紂雖有億萬臣，而有億萬心，衆叛親離，寡助之至。力且不同，況德與義乎？林氏曰：「凡勝負之理，力同則有德者勝，德同則有義者勝。度德，校善惡也；度義，校曲直也。」○介軒董氏曰：「『行道有得於身』，『身』當作『心』。按《孟子》曰『道，若大路然』，邵子曰『道，猶路也』。萬古在前，萬世在後，誰能不由此道而行。凡日用事物當然之理，決不可不由者，是之謂道。道乃衆人公共之路，必須能行此道而有得於吾心，然後可謂之德。《禮記・鄉飲酒》曰『德者得也』，❶得於吾身也。朱子暮年榜公堂取『據於德』一條，改『有得於身』爲『有得於心』，仍俾六經用此爲通例。《禮記》其『身』已是切己，終必曰『心』，益見向裏下工夫耳。」○新安陳氏曰：「此謂『百萬曰億』，《洛誥》中又謂『十萬曰億』。韋昭註《楚語》云『十萬曰億，古數也』。秦改制，始以萬萬爲億。今解《尚書》合主十萬爲億之説。百萬爲億，未見所本。」

「商罪貫盈，天命誅之。予弗順天，厥罪惟鈞。

貫，通。盈，滿也。言紂積惡如此，天命誅之。今不誅紂，是長惡也，其罪豈不與紂鈞乎？如律：故縱者與同罪也。唐孔氏曰：「紂之惡，如繩貫物，其貫已滿。」

---

❶ 「鄉飲酒」，當是《樂記》之訛。

「予小子夙夜祇懼，受命文考，類于上帝，宜于冢土，以爾有衆，底天之罰。

底，致也。冢土，大社也。祭社曰宜。上文言縱紂不誅，則罪與紂鈞，故此言予小子畏天之威，早夜敬懼，不敢自寧，受命于文王之廟，告于天神地祇，以爾有衆致天之罰於商也。《王制》曰：「天子將出，類乎上帝，宜乎社，造乎禰。」受命文考，即「造乎禰」也。《王制》以神尊卑爲序，此先言「受命文考」者，以伐紂之舉，天本命之文王，武王特稟文王之命，以卒其伐功而已。陳氏經曰：「紂之惡在『不敬上天』，文王之德在肅將天威，武王之德在夙夜祇懼。敬與不敬，聖狂分焉，興亡判焉。」

「天矜于民，民之所欲，天必從之。爾尚弼予一人，永清四海。時哉，弗可失！」

天矜憐於民，民有所欲，天必從之。今民欲亡紂如此，則天意可知。爾庶幾輔我一人，除其邪穢，永清四海。是乃天人合應之時，不可失也。林氏曰：「天之立君，專以爲民，故武王於一篇之中三致意焉。首言『元后作民父母』，以見紂之不能爲民父母也；次言作之君、師，以見紂之不能爲君、師也；末言民欲天必從，以見民心欲亡紂而伐之必克也。去一紂則惡根除，故永清四海。堯授舜，舜授禹，天實與之，則堯、舜不可失其與之之時；湯放桀，武王伐紂，天實奪之，則湯、武不可失其取之之時。故韓獻子曰：『文王率商之叛國以事紂，惟知時也。』《禮器》亦曰：❶『堯授舜，舜授禹，湯放桀，武王伐紂，時也。』」○陳氏經曰：「君，源也；民，流也。源清則流清。四海本清，紂污濁之。伯夷、太公所以避之，以待天下之清也。去紂而除其穢惡，則清其源而天下清矣。」

泰誓中

惟戊午，王次于河朔。群后以師畢會，王乃徇師而誓。

次，止。徇，循也。河朔，河北也。戊午，以《武成》考之，是一月二十八日。唐孔氏曰：「《左》莊三年：『凡師一宿爲舍，再宿爲信，過信爲次。』此直取止舍之義，非《春秋》三日例也。」○林氏曰：「《漢・律曆志》曰：周師初發，以殷之十一月戊子，後三日，得周正月辛卯朔，至戊午渡孟津。孟津去周九百里，師行日三十里，凡三十一日渡河。三日三誓師。上篇不言日，以中篇攷當是丁巳日，在河南將渡孟津時誓而後渡河也。中篇，是戊午既渡而次河北所誓。下篇，戊午明日將趨商郊誓而後行也。三令五申，謹之至也。」

曰：「嗚呼！西土有衆，咸聽朕言。

周都豐、鎬，其地在西。從武王渡河者，皆西方諸侯，故曰「西土有衆」。呂氏曰：「上篇言友

❶「器」，原作「運」，今據《禮記》改。

邦冢君、御事庶士，先諸侯而後西土之人，所以明尊卑之分也。中、下篇先及西土，立法自近者始。」○新安陳氏曰：「伐紂之誓凡四：上篇併諸侯凡從者誓之；中、下篇惟誓西伯所統者；至《牧誓》，又併諸侯凡從者誓之。篇末軍法甚明。」

「我聞吉人爲善，惟日不足；凶人爲不善，亦惟日不足。今商王受，力行無度，播棄犂老，昵比罪人。淫酗肆虐，臣下化之，朋家作仇，脅權相滅。無辜籲天，穢德彰聞。

「惟日不足」者，言終日爲之，而猶爲不足也。將言紂力行無度，故以古人語發之。「無度」者，無法度之事。播，放也。犂、黧通，黑而黄也，微子所謂「耄遜于荒」是也。老成之臣，所當親近者，紂乃放棄之；罪惡之人，所當斥逐者，紂乃親比之。酗，醉怒也。肆，縱也。臣下亦化紂惡，各立朋黨，相爲仇讎，脅上權命，以相誅滅，流毒天下。無辜之人，呼天告冤，腥穢之德，顯聞于上。呂氏曰：「爲善至極，則至治馨香；爲惡至極，則穢德彰聞。」

「惟天惠民，惟辟奉天。有夏桀弗克若天，流毒下國。天乃佑命成湯，降黜夏命。

言天惠愛斯民，君當奉承天意。昔桀不能順天，流毒下國，故天命成湯，降黜夏命。

「惟受罪浮于桀，剥喪元良，賊虐諫輔。謂己有天命，謂敬不足行，謂祭無益，謂暴無傷。厥鑒惟不遠，在彼夏王。天其以予乂民，朕夢協朕卜，襲于休祥，戎商必克。

浮，過。剥，落。喪，去也，古者去國爲喪。元良，微子也。諫輔，比干也。「謂己有天命」，如答祖伊「我生不有命在天」之類。下三句亦紂所嘗言者。鑒，視也。其所鑒視，初不在遠。有夏多罪，天既命湯黜其命矣。今紂多罪，天其以我乂民乎。襲，重也。言我之夢，協我之卜，重有休祥之應，知伐商而必勝之也。此言天意有必克之理。張氏曰：「即所謂『商鑒不遠，在夏后之世』。」○林氏曰：「其者，未定之辭。猶曰『天其永我命于兹新邑』，言之於未然之前，辭當如此。」○新安胡氏曰：「蔡傳言『伐商』，以『伐』訓『戎』，謂以兵戎伐之也。」

「受有億兆夷人，離心離德；予有亂臣十人，同心同德。雖有周親，不如仁人。

夷，平也。夷人，言其智識不相上下也。治亂曰亂。十人，周公旦、召公奭、太公望、畢公、榮公、大顛、閎夭、散宜生、南宫括，其一文母。孔子曰：「有婦人焉，九人而已。」劉侍讀以爲子無臣母之義，蓋邑姜也。九臣治外，邑姜治内。言紂雖有夷人之多，不如周治臣之少而盡忠也。周，至也。紂雖有至親之臣，不如周仁人之賢而可恃也。此言人事有必克之理。朱子曰：「馬氏云：『亂，治也。』或曰：亂，本作『乿』，古『治』字。」

「天視自我民視，天聽自我民聽。百姓有過，在予一人。今朕必往。

過，《廣韻》：「責也。」武王言天之視聽，皆自乎民。今民皆有責於我，謂我不正商罪。以民心而察天意，則我之伐商，斷必往矣。蓋百姓畏紂之虐，望周之深，而責武王不即拯己於水火也。如湯東面而征西夷怨，南面而征北狄怨之意。「天視自我民視，天聽自我民聽」，或問：此若有不同，如何？朱子曰：「天豈曾有耳目以視聽？只是自民之視聽，便是天之視聽。如帝命文王，豈天諄諄然命之？只是文王要恁地，便是理合恁地，便是帝命之也。」又曰：「若一件事，民人皆以爲是，便是天以爲是；若民人皆歸往之，便是天命之也。」「此處甚微，故其理難看。」○問：「天視、天聽，謂天即理也？」曰：「天固是理，然蒼蒼者亦是天，在上而有主宰者亦是天，各隨他所說。今既曰視聽即理，又如何會視聽？雖說不同，又却只是一箇。知其同，不妨其爲異；知其異，不害其爲同。」○新安陳氏曰：「百姓有過，恐只如萬方有罪之意耳。」○王氏曰：「在予一人，蓋以其身任天下之責。不如是，不足以爲天吏也。」

「我武惟揚，侵于之疆，取彼凶殘。我伐用張，于湯有光。揚，舉。侵，入也。凶殘，紂也，猶《孟子》謂之「殘賊」。武王弔民伐罪，於湯之心，爲益明白於天下也。自世俗觀之，武王伐湯之子孫，覆湯之宗社，謂之湯讎可也。然湯放桀，武王伐紂，皆公天下爲心，非有私於己者。武之事，質之湯而無愧；湯之心，驗之武而益顯。是則伐商之舉，豈不於湯爲有光也哉？朱子曰：「武王威武奮揚，侵彼紂之疆界，取其殘賊，而殺伐之功因以張大，比於湯之伐桀，又有光焉。」

「勗哉，夫子！罔或無畏，寧執非敵。百姓懍懍，若崩厥角。嗚呼！乃一德一心，立定厥功，惟克永世。」

勗，勉也。夫子，將士也。勉哉！將士。無或以紂爲不足畏，寧執心以爲非我所敵也。商民畏紂之虐，懍懍若崩摧其頭角然。言人心危懼如此，汝當一德一心，立定厥功，以克永世也。林氏曰：「考之《孟子》，疑此二篇必有所增損潤色，其字大抵相同，其意旨則有不同者。蓋《康誥》伏生所傳，《泰誓》孔壁續出，孔氏爲隸古定，其間必有不能曉而以意增損者，則今《泰誓》、《康誥》與《孟子》所舉不同者，以此。」○董氏鼎曰：「『勗哉』數語，固不以至仁伐至不仁而萌倖勝輕敵之心，亦不以群臣同心同德而忘一德一心之戒。聖人之重用民命，臨事而懼也如此。」

泰誓下

時厥明，王乃大巡六師，明誓衆士。

厥明，戊午之明日也。古者天子六軍，大國三軍。是時武王未備六軍，《牧誓》敘「三卿」可見。此曰「六師」者，史臣之詞也。

王曰：「嗚呼！我西土君子，天有顯道，厥類惟彰。今商王受，狎侮五常，荒怠弗敬。自絕于天，結怨于民。

天有至顯之理，其義類甚明。至顯之理，即典常之理也。紂於君臣、父子、兄弟、夫婦典常之道，褻狎侮慢，荒棄怠惰，無所敬畏。上自絕于天，下結怨于民。「結怨」者，非一之謂。下文「自絶」、「結怨」之實也。林氏曰：「君子，統上下而言。越王勾踐伐吴，以其私卒君子六千人爲中軍，則士卒亦可言君子。」

「斮朝涉之脛，剖賢人之心，作威殺戮，毒痡四海。崇信姦回，放黜師保，屏棄典刑，囚奴正士，郊社不修，宗廟不享，作奇技淫巧以悦婦人。上帝弗順，祝降時喪。爾其孜孜奉予一人，恭行天罰。

斮，斫也。孔氏曰：「冬月見朝涉水者，謂其脛耐寒，斫而視之。」《史記》云：「比干强諫，紂怒曰：『吾聞聖人心有七竅。』遂剖比干，觀其心。」痡，病也。作刑威以殺戮爲事，毒病四海之人，言其禍之所及者遠也。回，邪也。正士，箕子也。郊，所以祭天；社，所以祭地。奇技，謂奇異技能；淫巧，爲過度之巧。《列女傳》：「紂膏銅柱，下加炭，令有罪者行，輒墮炭中，妲己乃笑。」夫欲妲己之笑，至爲炮烙之刑，則其奇技淫巧以悦之者，宜無所不至矣。祝，斷也。言紂於姦邪則尊信之，師保則放逐之。屏棄先王之法，囚奴中正之士，輕廢奉祀之禮，專意污褻之行，悖亂天常。故天弗順而斷然降是喪亡也。爾衆士其勉力不怠，奉我一人，而敬行天罰乎。

「古人有言曰：『撫我則后，虐我則讎。』獨夫受，洪惟作威，乃汝世讎。樹德務滋，除惡務本，肆予小子誕以爾衆士，殄殲乃讎。爾衆士其尚迪果毅，以登乃辟。功多有厚賞，不迪有顯戮。

洪，大也。獨夫，言天命已絶，人心已去，但一獨夫耳。《孟子》曰：「殘賊之人，謂之一夫。」武王引古人之言，謂撫我則我之君也，虐我則我之讎也。今獨夫受，大作威虐以殘害于爾百姓，是乃爾之世讎也。務，專力也。植德則務其滋長，去惡則務絶根本。兩句意亦古語，喻紂爲衆惡之本，在所當去。故我小子大以爾衆士，而殄絶殲滅汝之世讎也。迪，蹈。登，成也。殺敵爲果，致果爲毅。爾衆士其庶幾蹈行果毅，以成汝君。若功多則有厚賞，非特一爵一級而已。不迪果毅，則有顯戮，謂之「顯戮」，則必肆諸市朝以示衆庶。西山真氏曰：「武王舉古人之言，以明民之常情如此。若君民之分，豈以虐我而遂讎之哉？然君民之分不可恃，而民之常情不可不察。」

「嗚呼！惟我文考，若日月之照臨，光于四方，顯于西土。惟我有周，誕受多方。

若日月照臨，言其德之輝光也。光于四方，言其德之遠被也。顯于西土，言其德尤著於所發之地也。文王之地，止於百里；文王之德，達于天下。多方之受，非周其誰受之？文王之德，實天命人心之所歸。故武王於誓師之末，歎息而言之。陳氏雅言曰：「此武王稱文王聖德輝光，被於遠而著於近，故能受天命而得民心也。」

「予克受，非予武，惟朕文考無罪；受克予，非朕文考有罪，惟予小子無良。」

無罪，猶言無過也。無良，猶言無善也。商、周之不敵久矣，武王猶有勝負之慮，恐爲文王羞者。聖人臨事而懼也如此。林氏曰：「聖人至誠畏懼之心，充實於中，則發於言自然如此，非有一毫作僞於其間也。」○董氏鼎曰：「事幸而集，則文考之功；不幸不集，則予小子之過。善則稱親，過則稱己，❶禮所當然也。又按：三篇三數紂之惡，發舒萬民之氣。天怒已極，人怨已深，不待牧野之戰，而天下已無商矣。嗚呼！豈非萬世之永鑑哉！」

牧誓

牧，地名，在朝歌南。即今衛州治之南也。武王軍於牧野，臨戰誓衆。前既有《泰誓》三篇，因以地名别之。今文、古文皆有。陳氏曰：「禹征苗，誓只數語，《甘誓》、《湯誓》則一篇，武王之誓至四篇，世愈降而文愈繁也。」

時甲子昧爽，王朝至于商郊牧野，乃誓。王左杖黄鉞，右秉白旄以麾，曰：「逖矣，西土之人！」

甲子，二月四日也。昧，冥。爽，明也。昧爽，將明未明之時也。鉞，斧也，以黄金爲飾。

❶「稱」，《書傳輯録纂註》作「歸」。

王無自用鉞之理，左杖以爲儀耳。旄，軍中指麾，白則見遠。麾非右手不能，故「右秉白旄」也。按《武成》言「癸亥陳于商郊」，則癸亥之日，周師已陳牧野矣。甲子昧爽，武王始至而誓師焉。曰者，武王之言也。逖，遠也。以其行役之遠，而慰勞之也。林氏曰：「言日不言月，上本《泰誓》文也。」○孔氏曰：「牧野，紂近郊三十里也。」

王曰：「嗟！我友邦冢君，御事司徒、司馬、司空、亞旅、師氏、千夫長、百夫長，

司徒、司馬、司空，三卿也。武王是時尚爲諸侯，故未備六卿。唐孔氏曰：「司徒主民，治徒庶之政令；司馬主兵，治軍旅之誓戒；司空主土，治壘壁以營軍。」亞，次。旅，衆也。大國三卿，下大夫五人，士二十七人。亞者，卿之貳，大夫是也。旅者，卿之屬，士是也。師氏，以兵守門者，猶《周禮·師氏》「王舉則從」者也。千夫長，統千人之帥。百夫長，統百人之帥也。

「及庸、蜀、羌、髳、微、盧、彭、濮人。

《左傳》庸與百濮伐楚。庸、濮在江漢之南，羌在西蜀，髳、微在巴蜀，盧、彭在西北。武王伐紂，不期會者八百國。今誓師獨稱八國者，蓋八國近周西都，素所服役，乃受約束以戰者。若上文所言「友邦冢君」，則泛指諸侯而誓者也。陳氏曰：「文王化行江漢，自北而南，故八國皆來助。舉其遠，則近者可知。」○蘇氏曰：「楚饑，庸與百濮伐之。庸，上庸縣。濮，即百濮。又楚伐

羅，羅與盧戎兩軍之。蓋南蠻之屬楚者。羌，先零、罕、开之屬。彭，今屬武陽，有彭亡。髳、微缺。則知此數國皆西南之夷。」

「稱爾戈，比爾干，立爾矛，予其誓。」

稱，舉。戈，戟。干，楯。矛，亦戟之屬，長二丈。唐孔氏曰：「戈短，人執以舉之，故言『稱』。楯則並以扞敵，故言『比』。矛長，立之於地，故言『立』。器械嚴整，則士氣精明，然後能聽誓命。」

王曰：「古人有言曰：『牝雞無晨；牝雞之晨，惟家之索。』

索，蕭索也。牝雞而晨，則陰陽反常，是爲妖孽，而家道索矣。將言紂「惟婦言是用」，故先發此。

「今商王受，惟婦言是用，昬棄厥肆祀弗答，昬棄厥遺王父母弟不迪，乃惟四方之多罪逋逃，是崇是長，是信是使，是以爲大夫卿士。俾暴虐于百姓，以姦宄于商邑。

肆，陳。答，報也。婦，妲己也。《列女傳》云：「紂好酒淫樂，不離妲己。妲己所舉者貴之，所憎者誅之。」惟妲己之言是用，故顛倒昬亂。祭，所以報本也。紂以昬亂棄其所當陳之祭祀而不報。昆弟，先王之胤也。紂以昬亂棄其王父母弟，而不以道遇之。廢宗廟之禮，無宗族之義，乃惟四方多罪逃亡之人，尊崇而信使之，以爲大夫卿士。使暴虐于百姓，姦宄于商邑。蓋紂惑於妲己之嬖，背常亂理，遂至流毒如此也。孫氏曰：「《泰誓》言紂之惡終於悦婦人，《牧誓》言紂之惡始於用婦言，豈非紂之終始出於此乎？」○臨川吴氏曰：「四方多罪之人，逃亡而歸紂者，乃尊寵而任用之，以之居顯位，俾毒民爲惡也。此言紂反人道之常，天罰所宜加也。」○新安陳氏曰：「『厥遺王父母弟』，如《左傳》所謂『先君之遺姑姊妹』。」

「今予發，惟恭行天之罰。今日之事，不愆于六步七步，乃止齊焉。夫子勗哉！愆，過。勗，勉也。步，進趨也。齊，齊整也。今日之戰，不過六步七步，乃止而齊。此告之以坐作進退之法，所以戒其輕進也。

「不愆于四伐、五伐、六伐、七伐，乃止齊焉。勗哉夫子！伐，擊刺也。少不下四五，多不過六七而齊。此告之以攻殺擊刺之法，所以戒其貪殺也。上言「夫子勗哉」，此言「勗哉夫子」者，反覆成文，以致其丁寧勸勉之意。下倣此。王氏炎曰：「『六步、七步』，足法也；『六伐、七伐』，手法也。」○吕氏曰：「大司馬之法，伍、兩、卒、旅，各有其長。使止齊之者，使其部伍之長各自止其止，各自齊其齊，故當戰時，井然有序，不失紀律，三軍如一人。」

「尚桓桓，如虎如貔，如熊如羆，于商郊。弗迓克奔，以役西土，勗哉夫子！桓，胡官反。桓桓，威武貌。貔，執夷也，虎屬。欲將士如四獸之猛，而奮擊于商郊也。迓，迎也。能奔來降者，勿迎擊之，以勞役我西土之人。此勉其武勇，而戒其殺降也。陳氏大猷曰：「用兵以制節爲尚，以武勇爲主。武王慮其或拘，故喻以虎貔之勇；又慮過於勇而妄殺，故以殺降爲戒。」

「爾所弗勗，其于爾躬有戮！」

弗勗，謂不勉於前三者。愚謂此篇嚴肅而温厚，與《湯誓》、《誥》相表裏，真聖人之言也。《泰誓》、《武成》，一篇之中，似非盡出於一人之口，豈獨此爲全書乎？讀者其味之。王氏曰：「功多厚賞，前誓已言，此不再言。而獨言『有戮』者，軍事以嚴終，亦『威克厥愛』之意。」〇董氏鼎曰：「此臨戰誓師之辭。杖鉞、秉旄，所以肅己之容；稱戈、比干、立矛，所以肅人之容。軍容既肅，然後發命，則人無譁而聽者審矣。自『古人有言』至『恭行天罰』，所以聲罪致討，而激士卒之義也。自『今日之事』至『乃止齊焉』，所以明審法令而示行陣之禮也。自『勗哉』以下，又勉之以臨陣之勇，撫衆之仁也。以至仁伐至不仁，而謹畏戒懼尚如此，斯其爲王者之師歟！」

武　成

史氏記武王往伐，歸獸，祀群神，告群后，與其政事，共爲一書。篇中有「武成」二字，遂以名篇。今文無，古文有。問：「《武成》一篇，諸家多以爲錯簡，然反覆讀之，竊以爲自『王若曰』以後，皆是史官歷敘以前之事。雖作武王告群后之辭，而實史官敘述之文，故其間如『有道曾孫周王發』及『昭我周王』之語，皆是史官之言，非武王當時自稱如此也。亦如五誥中『王若曰』以下，多是周公之語。若如此看，則似不必改移亦自可讀。又，『既生魄』恐是晦日，『既』者言其魄之既足也，以曆推之當爲四月晦。

未知此篇先生尋常如何看？」朱子曰：「『王若曰』以下，固是告群后之辭兼敘其致禱之辭，亦與《湯誥》相類。但此辭却無結殺處，只自敘其功烈政事之美。又，書『戊午』、『癸亥』、『甲子』日辰，亦非誥命之體。恐須是有錯簡。然自王氏、程氏、劉原父以下所定，亦各不同。舊嘗考之，劉以爲王語之末有缺文，似得之。彼有《七經小傳》否？可檢看。又，《漢書・曆志》謂是歲有閏，亦是也。」〇吕氏曰：「《武成》見武王有取商之規模，有定商之規模。取商以至公大義，定商以常典成法。秦、晉、隋亦能一天下，而亡不旋踵，蓋無以定之也。」

惟一月壬辰，旁死魄。越翼日癸巳，王朝步自周，于征伐商。

一月，建寅之月。不曰「正」而曰「一」者，商建丑，以十二月爲正朔，故曰「一月」也。詳見《太甲》、《泰誓》篇。壬辰，以《泰誓》「戊午」推之，當是一月二日。死魄，朔也。二日，故曰「旁死魄」。翼，明也。先記壬辰旁死魄，然後言癸巳伐商者，猶後世言某日必先言某朔也。周，鎬京也，在京兆鄠縣上林，即今長安縣昆明池北鎬陂是也。朱子曰：「《漢志》引《武成》篇：『惟一月壬辰，旁死魄，若翌日癸巳，武王乃朝步自周，于征伐商。』又曰：『越若來三月，既死魄，粵五日甲子，咸劉商王紂。』又曰：『惟四月既旁生魄，粵六日庚戌，武王燎于周廟。翌日辛亥，祀于天位。粵五日乙卯，乃以庶國祀馘于周廟。』又《畢命豐刑》曰：『惟十有二年六月庚午朏，王命作策《豐刑》。』今按伏生今文《尚書》無《武成》，獨孔氏古文《尚書》乃有此篇。今顏氏註劉歆所引兩節，見其與古文不同，遂皆以爲今文《尚書》，不知何所考也。諸家推歷，以爲此年二月有閏，四月丁未爲十九日，庚戌爲二十二日。然二日皆在生魄之後，則古文爲倒，而此志所引者爲順。但其言『燎于周廟』，似無理耳。況古文此篇文皆錯謬，安知『既生魄庶邦冢君暨百工受命于周』十四字，非本在『示天下弗服』之下、『丁未祀于周廟』之上，而『王若曰』以下乃『大告武成』之文耶？」○王氏日休曰：「翼，輔也。以此日爲主，則明日爲輔翼此日者，故以明日爲『翼日』。」○唐孔氏曰：「舉事貴早朝，故皆言朝。」

厥四月，哉生明，王來自商，至于豐。乃偃武修文，歸馬于華山之陽，放牛于桃林之野，示天下弗服。

哉，始也。始生明，月三日也。豐，文王舊都也，在京兆鄠縣，即今長安縣西北靈臺豐水之上，周先王廟在焉。山南曰陽。桃林，今華陰縣潼關也。《樂記》曰：武王勝商，渡河而西。馬散之華山之陽而弗復乘，牛放之桃林之野而弗復服，車甲衅而藏之府庫，倒載干戈，包以虎皮。天下知武王之不復用兵也。○此當在「萬姓悅服」之下。唐孔氏曰：「生明、死魄，俱是月初。上云『死魄』，此云『生明』，互言耳。」○吕氏曰：「但歸放用以伐紂之牛馬耳。天子十二閑與丘甸之賦自不廢，與晉武平吳而去武備、唐穆平兩河而銷兵不同。」○王氏曰：「軍行，戰車用馬，任載之車用牛。服，乘用也。急於偃武如此，見以兵定天下，非其本心也。」

丁未，祀于周廟，邦甸、侯、衛駿奔走執豆籩。越三日庚戌，柴望，大告武成。

駿，《爾雅》曰：「速也。」周廟，周祖廟也。武王以克商之事祭告祖廟。近而邦甸，遠而侯、衛，皆駿奔走執事以助祭祀。豆，木豆；籩，竹豆。祭器也。既告祖廟，燔柴祭天，望祀山川，以告武功之成。由近而遠，由親而尊也。◯此當在「百工受命于周」之下。陳氏曰：「歸馬、放牛，此偃武之事；『祀于周廟』以下，皆修文之事。」◯唐孔氏曰：「六服，侯、甸、男、采、衛、要，此舉其要。」

既生魄，庶邦冢君暨百工，受命于周。

生魄，望後也。四方諸侯及百官，皆於周受命。蓋武王新即位，❶諸侯百官皆朝見新君，所以正始也。◯此當在「示天下弗服」之下。問：「『生明』『生魄』如何？」朱子曰：「日爲魂，月爲魄。魄是黯處。魄死則明生，《書》所謂『哉生明』是也。《老子》所謂『載營魄』，載，如『人載車』、『車載人』之『載』。月受日之光，魂加於魄，魄載魂也。明之生時，大盡則初二，小盡則初三。月受日之光常全，人望在下，❷却在側邊了，故見其盈虧不同。或云月形如餅，非也。《筆談》云：『月形如彈丸，其受光如粉塗一半；月去日近則光露一屑，漸遠則光漸大。且如月在午，日在酉，則是近一遠三，謂之弦。至日月相望，則去日十矣，故謂之望。❸日在西而月在東，人在下面，得以望見其光之全。月之中有影者，蓋天包

❶「王」，原作「正」，今據四庫本及建邑余氏本改。
❷「人望在下」，《朱子語類》作「人在下望之」。
❸「之」下，《朱子語類》有「既」字。

地外，地形小，日在地下，則月在天中；日甚大，從地四面光起，其影則地影也。地礙日之光，所謂山河地影是也。如星亦受日光，凡天地之光皆是日光也。自十六日生魄之後，其光之遠近如前之弦，謂之下弦。至晦，則月與日相疊，月在日後，光盡體伏矣。』」○新安陳氏曰：「諸家多謂生魄，望後也，而不察『既』字。以『望』與『既望』例之，則哉生魄，十六日；既生魄，十七日也。夏氏又謂：既，盡也，與《舜典》『既月』同，謂盡此生魄以後之日。殊不知此『既』字，乃已然之辭。與『食之既』、『既月』不同。其實十七日受命，十九日丁未祀周廟，簡倒耳。所以云此當在『示天下弗服』之下，而『丁未祀于周廟』當在『百工受命于周』之下也。」

王若曰：「嗚呼，群后！惟先王建邦啓土，公劉克篤前烈。至于太王肇基王迹，王季其勤王家。我文考文王，克成厥勳，誕膺天命，以撫方夏。大邦畏其力，小邦懷其德。惟九年，大統未集，予小子其承厥志。

群后，諸侯也。先王，后稷，武王追尊之也。后稷始封於邰，故曰「建邦啓土」。公劉，后稷之曾孫，《史記》云「能修后稷之業」。太王，古公亶父也，避狄去邠，居岐，邠人仁之，從之者如歸市。《詩》曰：「居岐之陽，實始翦商。」太王雖未始有翦商之志，然太王始得民心，王業之成，實基於此。王季能勤以繼其業。至於文王克成厥功，大受天命以撫安方夏，大邦畏其威而不敢肆，小邦懷其德而得自立。自爲西伯專征，而威德益著於天下。

凡九年崩。「大統未集」者，非文王之德不足以受天下，是時紂之惡未至於亡天下也。文王以安天下爲心，故予小子亦以安天下爲心。○此當在「大告武成」之下。問：「先生近定《武成》新本。」朱子曰：「前輩定本更差一節。『王若曰』一段，或接于『征伐商』之下以爲誓師之辭，或連『受命于周』之下以爲命諸侯之辭。以爲誓師，固當錯連下説了；以爲命諸侯之辭者，此去祭日只争一兩日，無緣有先誥命之理。某看，却諸侯來，❶便教他助祭，此是祭畢臨遣之辭，當在『大誥武成』之下，比前輩只差此一節。」○「周自積累以來，其勢日大；又當商家無道之時，天下趨周，其勢自爾。至於文王三分天下有其二，以服事商，孔子乃稱其『至德』。若非文王，亦須取了。孔子稱『至德』只二人，皆可爲而不爲者也。」○問：「文王更在十三四年，將終事紂乎？抑爲武王牧野之舉乎？」曰：「看文王亦不是安坐不做事底人。如《詩》中言『文王受命，有此武功。既伐于崇，作邑于豐』，則武功都是文王做來。《詩》載武王武功却少，但卒其伐功耳。觀文王一時氣勢如此，度必不終竟休了。一似果實，文王待他十分黄熟自落下來，武王却似生拍破一般。」○「商紂之世，文王三分天下有其二，以服事商。至武王十三年，乃伐紂而有天下。張子曰：『此事間不容髮，一日之間，天命未絶，則是君臣；當日命絶，則爲獨夫。然命之絶否，何以知之？人情而已。諸侯不期而會者八百，武王安得而止之哉？』詳考《詩》、《書》所載，則文、武之心可見。若使文王漠然無心於天下，則三分之二亦不當有矣。此等處難説。孔子謂『可與立，未可與

❶ 「却」下，《朱子語類》有「是」字。

權』，到那時事勢自是要住不得。後來人把文王説得忒恁地，却做一箇不做聲不做氣，如此形容文王，都没情理。以《詩》、《書》考之，全不是如此。如伐崇一節，不是一項小小侵掠。又如説『侵自阮疆』，看見都自據有其土地，這自大段施張了，事勢自是不可已。只當商之季，七顛八倒，上下崩頽，忽於岐山下突出許多人也。是誰當得？」○歐陽氏曰：「漢儒謂西伯受命稱王十三年者，妄也。以紂之暴虐，西伯竊歎，遂執而囚之。至其叛已稱王，反優容不問者十三年，此豈近於人情乎？孔子曰『三分天下有其二，以服事殷』，使西伯不稱臣而稱王，安能服事商乎？謂西伯稱王起於何説，而孔子之言，萬世之信也。夷、齊，義士也，方其辭國而去，聞西伯之賢，共往歸之。使西伯稱王，是僭叛之國，二子不以爲非，依之久而不去，至武王伐紂，始以爲非，不非其父而非其子，此豈近於人情耶？《泰誓》稱『十有三年』，説者因謂文王受命九年，及武王居喪三年，并數之爾。故以西伯聽虞、芮之訟謂之受命，以爲元年。古者人君即位，必稱元年，西伯即位久矣，中間不宜改元而又改元。至武王即位，宜改元而反不改元，乃上冒先君之元年，并其居喪稱十一年，及其滅商而得天下，其事大於聽訟遠矣，而又不改元。由是言之，謂文王受命改元，武王冒文王之元年者，皆妄也。學者知西伯生不稱王，中間不再改元，則《詩》、《書》所載，燦然不誣矣。孔子當衰周之時，患衆説之紛紜，惑亂當世，故修六經以示信萬世。孔子没，去聖稍遠，諸家小説復興，與六經相亂，自漢以來莫能辨正。今卓然一信於六經，則十有三年，武王即位之十三年爾，復何疑哉！」○新安陳氏曰：「后稷稱先王，如《周語》云『昔我先王后稷』，又云『我先王不窋』，韋昭註『王之先祖，故稱王』，《商頌》亦以契爲『玄王』是也。武王告諸侯，謂周之基業，自后稷、公劉、大王、王季、文王，建之、篤之、基之、勤之、成之，有自來矣，我不過承先志而爲之耳。意謂十五六世，數千百年，積德累功，前作後述以有今日，非一朝一夕之崛起以聳動諸侯之聽也。」○陳氏曰：「大邦以力自强，遇文王而力無所施，故以文王爲可畏，而有以畏其力；小邦以德望人，遇文王而獲適所願，故以文王爲可懷，而有以懷其德。文王初無心於德力之辨也。」

「底商之罪，告于皇天后土、所過名山大川，曰：『惟有道曾孫周王發，將有大正于商。』今商王受無道，暴殄天物，害虐烝民，爲天下逋逃主，萃淵藪。予小子既獲仁人，敢祗承上帝，以遏亂略。華夏蠻貊，罔不率俾。

底，至也。后土，社也。勾龍爲后土。《周禮·大祝》云：「王過大山川，則用事焉。」孔氏曰：「名山謂華，大川謂河。」蓋自豐鎬往朝歌，必道華涉河也。曰者，舉武王告神之語。有道，指其父祖而言。「周王」二字，史臣追增之也。正，即《湯誓》「不敢不正」之「正」。萃，聚也。紂殄物害民，爲天下逋逃罪人之主，如魚之聚淵，如獸之聚藪也。仁人，孔氏曰：「太公、周、召之徒。」略，謀略也。俾，《廣韻》曰：「從也。」仁人既得，則可以敬承上帝，而遏絶亂謀。內而華夏，外而蠻貊，無不率從矣。或曰，太公歸周在文王之世，周、召，周之懿親，不可謂之獲，此蓋仁人自商而來者。愚謂獲者，得之云爾，即《泰誓》之所謂「仁人」，非必自外來也。不然，經傳豈無傳乎？○此當在「于征伐商」之下。林氏曰：

稱『有道曾孫』，本其祖父而言，言己乃有道之人之曾孫，明周之世世修德有道，非一世也。」○復齋董氏曰：「下言『受無道』，故於此言『有道』，亦對稱之辭。『曾孫』，主祭者之稱。《曲禮》『外事曰曾孫某侯某』，《詩・甫田》曰『曾孫不怒』，《左》哀二年蒯聵臨戰禱辭亦稱『曾孫』。」○葉氏曰：「湯伐桀曰『聿求元聖』，武王伐紂曰『既獲仁人』。」

「恭天成命，肆予東征，綏厥士女。惟其士女，篚厥玄黄，昭我周王。天休震動，用附我大邑周。

成命，黜商之定命也。篚，竹器。玄黄，色幣也。敬奉天之定命，故我東征，安其士女。士女喜周之來，篚篚盛其玄黄之幣，明我周王之德者。是蓋天休之所震動，故民用歸附我大邑周也。或曰，玄黄，天地之色，「篚厥玄黄」者，明我周王有天地之德也。○此當在「其承厥志」之下。朱子曰：「商人而曰『我周王』，猶《商書》所謂『我后』也。」○陳氏曰：「成命，一定不易，決於伐商也。肆，遂也。武王爲西伯，紂在東，故曰『東征』。士女，猶曰男女。《詩》中『士』，多連『女』言之。」

「惟爾有神，尚克相予，以濟兆民，無作神羞！既戊午，師渡孟津。癸亥，陳于商郊，俟天休命。甲子昧爽，受率其旅若林，會于牧野。罔有敵于我師，前徒倒戈，攻于後以北，血流漂杵。一戎衣，天下大定。乃反商政，政由舊。釋箕子囚，封比干墓，式商容閭。散鹿臺之財，發鉅橋之粟，大賚于四海，而萬姓悅服。」

休命，勝商之命也。武王頓兵商郊，雍容不迫，以待紂師之至而克之。史臣謂之「俟天休命」，可謂善形容者矣。若林，即《詩》所謂「其會如林」者，紂衆雖有如林之盛，然皆無有肯敵我師之志。紂之前徒倒戈，反攻其在後之衆以走，自相屠戮，遂至血流漂杵。史臣指其實而言之。蓋紂衆離心離德，特刼於勢而未敢動耳。一旦因武王弔伐之師，始乘機投隙，奮其怨怒，反戈相戮，其酷烈遂至如此。亦足以見紂積怨于民，若是其甚。而武王之兵，則蓋不待血刃也。此所以一被兵甲，而天下遂大定乎。乃者，繼事之辭。反紂之虐政，由商先王之舊政也。式，車前橫木。有所敬，則俯而憑之。商容，商之賢人。閭，族居里門也。賚，予也。武王除殘去暴，顯忠遂良，賑窮賙乏，澤及天下，天下之人皆心悅而誠服之。《帝王世紀》云：「殷民言王之於仁人也，死者猶封其墓，況生者乎？王之於賢人也，亡者猶表其閭，況存者乎？王之於財也，聚者猶散之，況其復籍之乎？」唐孔氏曰：「是爲悅服之事。」○此當在「罔不率俾」之下。朱子曰：「血流漂杵，《孟子》說『盡信《書》不如無《書》』者，只緣當時恁地戰鬬殘戮，恐當時人以此爲口實，故說此。然看上文自說『前徒倒戈，攻于後以北』，不是武王殺他，乃紂之人自蹂踐相殺。《荀子》云：『所以殺之者，非周人也，商人也。』觀武王興兵，初無意於殺人，所謂『今日之事，不愆于六伐、七伐，乃止齊焉』是也。武王之心，非好殺也。杵，或作

『鹵』，楯也。一戎衣，言一着戎衣以伐紂也。」○唐孔氏曰：「《周語》曰：『王以二月癸亥夜陳，未畢而雨。』是雨而畢陳。」❶○蔡氏元度曰：「《詩》云『肆伐大商，會朝清明』，蓋謂雨止清明也。」○林氏曰：「武王臨戰，不敢以勝自必，待天之佑己而勝之。❷此謂『俟天之休命』。先儒雨止畢陳，蓋過論也。周師未嘗血刃，而紂衆自相屠戮，人心之叛商歸周如此，是即天命去商佑周之驗也。天之休命，豈不昭然在此哉！」○陳氏曰：「先驅，商之平民；陳後，乃紂之惡黨。民怨之深，遂因此易鄉反攻之。」○李氏曰：「湯伐夏曰『纘禹舊服』，武王伐商曰『反商政，政由舊』，禹、湯所行，桀、紂棄之，湯、武復之，適所以爲之資耳。」○新安陳氏曰：「『萬姓悦服』實總結『乃反商政』以下數句。《大學》『平天下』一章，不過好惡、財用二者與天下爲公而已。『釋箕子』至發粟賚四海，皆反商政之大者。『釋箕子』以下，好惡與民爲公也。散財以下，財用與民爲公也。」○董氏鼎曰：「漢高入關，除苛解嬈，與父老約法三章，得武王反商政之意。獨不能由舊，襲用秦法，所以周不愧商，而漢有愧於周也。」

列爵惟五，分土惟三。建官惟賢，位事惟能。重民五教，惟食喪祭。惇信明義，崇德報功。垂拱而天下治。

列爵惟五，公、侯、伯、子、男也。分土惟三，公、侯百里，伯七十里，子、男五十里之三等

❶「雨」下，《尚書正義》有「止」字。

❷「己」，林之奇《尚書全解》作「我國家」。

也。建官惟賢，不肖者不得進。位事惟能，不才者不得任。五教，君臣、父子、夫婦、兄弟、長幼，五典之教也。食以養生，喪以送死，祭以追遠。五教三事，所以立人紀而厚風俗，聖人之所甚重焉者。惇，厚也。厚其信，明其義，信義立而天下無不勵之俗；有德者尊之以官，有功者報之以賞，官賞行而天下無不勸之善。夫分封有法，官使有要，五教修而三事舉，信義立而官賞行。武王於此，復何爲哉？垂衣拱手而天下自治矣。史臣述武王政治之本末，言約而事博也如此哉。○此當在「大邑周」之下，而上猶有缺文。按此篇編簡錯亂，先後失序，今考正其文于後。新安陳氏曰：「所重教、食、喪、祭四者，證以《堯曰》可見。重五教而次以食，則斯民日用飲食，徧爲爾德。否則君不君，臣不臣，雖有粟，吾得而食諸？食足矣，即繼以慎終之喪，報本之祭，皆所以感發斯人之良心，而維持天下之教化也。」○王氏曰：「惇厚其信，使天下不趨於詐；顯明其義，使天下不徇於利。崇德，使人知所以尚賢；報功，使人知所以勸忠。」○呂氏曰：「武王至此，夫何爲哉！無爲而天下自治，以見武王能還唐虞風俗於千載之下，《武成》與堯、舜氣象不同矣。終篇一語，堯、舜無爲之治，乃恍然若存焉。」○陳氏雅言曰：「聖人詳於有爲，然後可以享夫無爲。蓋有爲者，所以致無爲之本；無爲者，所以收有爲之效。呂氏謂《武成》篇末有堯、舜氣象，信斯言也。」

今考定《武成》

惟一月壬辰，旁死魄。越翼日癸巳，王朝步自周，于征伐商。底商之罪，告于皇天后土、所過名山大川，曰：「惟有道曾孫周王發，將有大正于商。今商王受無道，暴殄天物，害虐烝民，爲天下逋逃主，萃淵藪。予小子既獲仁人，敢祗承上帝，以遏亂略。華夏蠻貊，罔不率俾。惟爾有神，尚克相予，以濟兆民，無作神羞。既戊午，師渡孟津。癸亥，陳于商郊，俟天休命。甲子昧爽，受率其旅若林，會于牧野。罔有敵于我師。前徒倒戈，攻于後以北，血流漂杵。一戎衣，天下大定。乃反商政，政由舊。釋箕子囚，封比干墓，式商容閭。散鹿臺之財，發鉅橋之粟，大賚于四海，而萬姓悦服。」厥四月，哉生明，王來自商，至于豐。乃偃武修文，歸馬于華山之陽，放牛于桃林之野，示天下弗服。既生魄，庶邦冢君暨百工，受命于周。丁未，祀于周廟，邦甸、侯、衛駿奔走執豆籩。越三日庚戌，柴望，大告武成。王若曰：「嗚呼，群后！惟先王建邦啓土，公劉克篤前烈。至于太王肇基王迹，王季其勤王家。我文考文王，克成厥勳，誕膺天命，以撫方夏。大邦畏其力，小邦懷其德。惟九年，大統未集，予小子其承厥志。恭天成命，肆予東征，綏厥士女。惟其士女，篚厥玄黄，昭我周王。天休震動，用附我大邑周。」列爵惟五，分土惟三。建官惟賢，位事惟能。重民五教，惟食喪祭。惇信明義，崇德報功。垂拱而天下治。

按劉氏、王氏、程子皆有改正次序。今參考定讀如此，大略集諸家所長。獨四月「生魄」、「丁未」、「庚戌」一節，今以上文及《漢志》日辰推之，其序當如此耳。疑先儒以「王若曰」宜繫「受命于周」之下，故以「生魄」在「丁未」、「庚戌」之後。蓋不知生魄之日，諸侯、百工雖來請命，而武王以未祭祖宗，未告天地，未敢發命。故且命以助祭，乃以丁未、庚戌祀于郊廟，大告武功之成，而後始告諸侯。上下之交，神人之序，固如此也。劉氏謂「予小子其承厥志」之下，當有缺文，以今考之，固所宜有。而程子從「恭天成命」以下三十四字屬于其下，❶則已得其一節。而「用附我大邑周」之下，劉氏所謂缺文，猶當有十數語也。蓋武王革命之初，撫有區夏，宜有退托之辭，以示不敢遽當天命，而求助於諸侯，且以致其交相警勑之意，略如《湯誥》之文，不應但止自序其功而已也。「列爵惟五」以下，又史官之詞，非武王之語，讀者詳之。朱子曰：「《武成》月日，以孔註、《漢志》參考，大抵多同。但《漢志》『二月，既死魄，越五日甲子』爲差速。而四月既生魄，與丁未、庚戌小不同耳。蓋以上文『一月壬辰，旁死魄』推之，則二月之死魄後五日，且當爲辛酉或壬戌，而未

❶ 「成」，原作「承」，今據經文改。

得爲甲子，此《漢志》之誤也。又以一月壬辰、二月甲子并閏推之，則《漢志》言四月既生魄，越六日庚戌，當爲二十二日。而經以生魄居丁未、庚戌之後，則恐經文倒也。歷法雖無四月俱小之理，然亦不過先後一二日耳，不應所差如此之多也。宗廟内事日用丁巳，《漢志》乃無丁未，而以庚戌『燎于周廟』，則爲剛日，非所當用。而燎又非宗廟之禮，且以翌日辛亥祀于天位，而粤五日乙卯又祀馘于周廟，則六日之間，三舉大祭，禮數而煩，近於不敬。抑亦經文所無有，不知劉歆何所據也。顏註以爲今文《尚書》，則伏生今文二十八篇中本無此篇，顏氏之云又未知其何所據也。讀者詳之。」

洪範

《漢志》曰：「禹治洪水，錫《洛書》，法而陳之，《洪範》是也。」《史記》：武王克殷，訪問箕子以天道，箕子以《洪範》陳之。按：篇内曰「而」、曰「汝」者，箕子告武王之辭。意《洪範》發之於禹，箕子推衍增益以成篇歟。今文、古文皆有。朱子曰：「《洪範》一篇，首尾都是歸『皇極』上去。蓋人君以一身爲至極之標準，最是不易。又須『斂是五福』，所以斂聚五福，以爲皇極之本。又須是敬五事，順五行，厚八政，協五紀，以結裹箇『皇極』。又須又三德，使事物之接，剛柔之辨，須區處教合宜。稽疑便是考之於神，庶徵便是驗之於天，五福是體之於人。這下許多，是維持這『皇極』。」○讀《洪範》，「且各還他題目：一則五行，二則五事，三則八政，四則五紀，五則皇極；至其後庶徵、五福、六極，乃權衡聖道而著其驗耳」。○說《洪範》，曰：「看來古人文字，也不被人牽强說得出。只是恁地熟讀，少間字字都自會着實。」又曰：「今人只管要說治道，這是治道最切緊處。這箇若理會不通，又去理會甚麽零零碎碎。」○陳氏大猷曰：「箕子之陳《洪範》，文王之演《易》，皆當殷之末、周之初也。」

惟十有三祀，王訪于箕子。

商曰祀，周曰年。此曰「祀」者，因箕子之辭也。箕子嘗言「商其淪喪，我罔爲臣僕」，《史記》亦載箕子陳《洪範》之後，武王封于朝鮮而不臣也。蓋箕子不可臣，武王亦遂其志而不臣之也。訪，就而問之也。箕，國名。子，爵也。○蘇氏曰：「箕子之不臣周也而曷爲爲武王陳《洪範》也？天以是道畀之禹，傳至於我，不可使自我而絶。以武王而不傳，則天下無可傳者矣。故爲箕子之道者，傳道則可，仕則不可。」朱子曰：「柯國材言：武王伐殷，《序》謂『十有一年』，《書》謂十有二年，《序》不足憑。《洪範》謂『十有三祀』，則十三年明矣。必是當年初克商，便釋箕子因而問之。若十一年釋了，十三年方問他，不應如此遲遲。此說有理。」○「伊川說《周書》『惟十有三祀』與『惟十有一年』，『三』與『一』須有一字錯，泉州高某說『一』字錯。」○孔氏曰：「箕子稱祀，不忘本。」○張氏曰：「稱『祀』不稱年，稱王訪箕子而不稱箕子朝王，稱『王乃言』而後『箕子乃言』，深見箕子爲天下萬世大法，不得已之意。」○陳氏經曰：「稱『祀』者，存商之舊，見箕子義當不屈也。稱『訪』者，就而見，不敢屈而致見，武王義當有所屈也。箕子之不屈，其守正不撓當如是也。武王之有所屈，其尊德樂道，不如是，不足與有爲也。」○新安陳氏曰：「武王下車之初，以道統爲重，即就問箕子，《孟子》所謂

『不召之臣，欲有謀焉，則就之』者也。雖封朝鮮，終稱箕子，而《洪範》終篇稱武王曰『而』曰『汝』，而自稱『我』，終不臣周也。不臣周，所以正萬世君臣之大法；陳《洪範》，所以傳萬世天人之大法歟！」○陳氏雅言曰：「『十有三祀』，即《泰誓》載武王伐紂之年。想其散財發粟之後，偃武脩文之時，箕子之囚既釋，而其罔爲臣僕之志終不渝也。武王於此，知其賢不可得而臣，而其道則當師也，於是不遑他務，首屈身以訪之。誠以爲君而不知爲治之道，何以爲君，可謂知所先務矣。史臣録其問答以爲此篇，不稱十有三年，而稱『十有三祀』；不稱箕子朝于王，而稱『王訪于箕子』。蓋深見箕子不臣周，爲天下萬世大計而爲武王陳《洪範》之意；亦深見武王遂箕子不臣之志，爲天下萬世大計而就見箕子以訪道之意。可謂善記載者矣。唐孔氏謂此篇不是史官敘述，必是箕子既對武王之問，退而自撰其事，故稱祀。夏氏謂古者史官於人君言動無不書者，豈有武王訪箕子，其事如此之大，史乃不録而箕子自録之理。此説極是。且如孔説，則於『惟十有三祀』一句雖説得通，而於『王訪于箕子』一句説不通矣。此亦可辨。」

王乃言曰：「嗚呼！箕子，惟天陰騭下民，相協厥居，我不知其彝倫攸敘。」

「乃言」者，難辭，重其問也。箕子，稱舊邑爵者，方歸自商，未新封爵也。騭，定。協，合。彝，常；倫，理也。所謂秉彝人倫也。武王之問，蓋曰：天於冥冥之中，默有以安定其民，輔相保合其居止，而我不知其彝倫之所以敘者如何也。朱子曰：「彝倫，指《洪範》『九疇』而言。切意箕子在商，潛心九疇之學，如文王之潛心於八卦。殷滅之後，武王恐其學不傳，故訪而問之，且退託於不知以發其言。」○新安陳氏曰：「斯民之生，其上棟下宇，群居聚處，是孰使之然哉？天意之陰騭默相，蓋存乎其間，而常理即寓乎其間。理雖高出乎無極太極之表，而其實不離乎日用常行之間。武王於陰騭、相協，而繼以彝倫之所以敘。『攸』者，所也，即所以然之意。武王其默識之矣，姑退託於不知以問耳。」○陳氏雅言曰：「此武王訪於箕子之辭。武王意謂天陰騭下民而相協其居，人君代天理物，必仰承天意以治民，而使其居之順其常、得其正，以無負上天陰騭、相協之心者，其道在於敘其秉彝人倫也。我欲敘之，不知所以敘之之道當何如？此問箕子以爲治之道也。箕子於是告以洪範『九疇』爲爲治之大法。蓋『九疇』之敘，即『彝倫』之所敘也。」

箕子乃言曰：「我聞在昔，鯀陻洪水，汩陳其五行。帝乃震怒，不畀洪範九疇，彝倫攸斁。鯀則殛死，禹乃嗣興，天乃錫禹洪範九疇，彝倫攸敘。

「乃言」者，重其答也。陻，塞。汩，亂。陳，列。畀，與。洪，大。範，法。疇，類。斁，敗。錫，賜也。帝以主宰言，天以理言也。洪範九疇，治天下之大法，其類有九，即下文「初一」至「次九」者。箕子之答，蓋曰：洪範九疇，原出於天，鯀逆水性，汩陳五行，故帝震怒，不以與之，此彝倫之所以敗也。禹順水之性，地平天成，故天出書于洛，禹别之以爲洪範九疇，此彝倫之所以敘也。彝倫之敘，即九疇之所敘者也。○按孔氏曰：天與禹，「神龜負文而出，列於背，有數至九。禹遂因而第之，以成九類」。《易》言：「河出圖，洛出書，聖人則之。」蓋治水功成，洛龜呈瑞，如《簫韶》奏而鳳儀，《春秋》作而麟至，亦其理也。世傳

「戴九履一，左三右七，二四爲肩，六八爲足」，即《洛書》之數也。問：「《洪範》之書，林氏以爲『洛出書』之説不可深信。又『帝乃震怒，不畀洪範九疇，彝倫攸斁』猶言天奪之監也，『天乃錫禹洪範九疇，彝倫攸敘』猶言天誘其衷也。又云《洪範》之書大抵發明彝倫之敘，本非由數而起。又曰『天乃錫禹洪範九疇』猶言天乃錫王勇智耳，不必求之太深也。某竊謂《易》明言『河出圖，洛出書』，豈得不之信耶？未知林説如何，望折衷。」朱子曰：「便使而今天錫《洛書》，若非天啓其心，亦無人理會得。兩説似不可偏廢也。」○「鯀、禹皆治水，天不以開發鯀而以開發禹，故言畀、不畀。要之，《洛書》乃天下之至理，鯀不順是理，自無可得之道；禹順是理，自有可得之道。畀、不畀，一歸之天者，特言理之至公無私爾。」○問：「鯀既被誅，禹又出而委質，不知如何？」曰：「蓋前人之愆。」又問：「禹以鯀爲有罪，而又蓋其愆，非顯父之惡否？」曰：「且如而今人，其父打碎箇人一件家事，其子買來填還，此豈是顯父之惡？」○問：「箕子爲武王陳《洪範》，言『彝倫攸敘』，見事事物物中，得其倫理則無非此道，非道便無倫理。」曰：「固是。」○劉氏歆曰：「《河圖》、《洛書》，相爲經緯；八卦、九章，相爲表裏。」○蘇氏洵曰：「五行一疇耳，一汩而九不畀，蓋五行綱、九疇目，綱壞而目廢也。」○呂氏曰：「洪水湮而五行汩，便見五行一源。以堯舜之時，法度彰，禮樂著，彝倫何嘗斁？此只就鯀身上説，自斁一身之彝倫爾。」○陳氏曰：「九疇謂之『彝倫』，蓋天下自然之理也。聖人推之天下，則爲彝倫；勒之於書，則爲洪範。」○西山真氏曰：「龜所負者數爾。大禹聖人，心與天通，見其數而知其理，因次之以爲九類，即今九疇是也。」○新安陳氏曰：「帝即天也，天者理而已。水，五行之首，鯀乃陻之，一行汩而餘皆汩，是逆理而獲罪於天，故天不畀以九疇，謂洛不爲之出書。天錫禹九疇，即『洛出書』也。且天錫之，惟有《洛書》之『九數』。自禹則之，則爲洪範之『九疇』，推道之大原出於天，故謂之天錫禹云爾。」○節初齊氏曰：「彝倫，乃天理之自然，而人類之所一日不可無者也。」○問：「『天乃錫禹洪範九疇』或謂即是《洛書》，不知經何取證？」潛室陳氏曰：「天以《洛書》之數闡道之秘，聖人以《洪範》敘道之用。道非數不闡，數非疇不敘，疇非聖人不能明其用也。《易大傳》曰：『洛出書，聖人則之』，今觀神龜負文而出，列於背有數。自『戴九履一，左三右七，二四爲肩，六八爲足，而五則居其中』，各有定位，而縱横錯綜，其數皆十五，非有次第之序也。自禹欲因之以明大法，遂因而第之以成九疇，而《洛書》之序始有條而不紊。故以《洛書》之一居初，而則之曰此『五行』也；以《洛書》之二居次，而則之曰此『五事』也；以其三又居次，而曰此『八政』也；以其四又居次，而曰此『五紀』也；以其五又居次，曰此『皇極』也。下四疇，皆自然。要之，自一至九，《洛書》之本數。加初次於上者，乃禹之所以次第之。疇凡言數者，未有言初次其上。既次其數，又復加初次者，非贅也，蓋别初次爲禹之次第，而九者之數則《洛書》之本文也。《洛書》之文具此章，而讀者不明其讀，《洛書》當以初一次二爲讀。概以爲禹敘九疇，而不悟其中含《洛書》，至以《洛書》爲不經無據之誕説，是不精《洪範》之學者。孔安國註九疇爲《洛書》，註初次爲禹所第次法則，註『一五行』以下爲箕子所演，最爲得之。」○臨川吴氏曰：「《洛書》不出於鯀治水之時，而出於禹治水之時，是天不以畀鯀而以錫禹也。《洛書》不出，《洪範》不作，人不得見此常道之次序，所謂『斁』也。《洛書》出，《洪範》作，人皆得見此常道之次序，所謂敘也。然洛之出書，不過龜背有一、二、三、四、五、六、七、八、九之文而已。五行至六極，皆禹所分配，則《洪範》之書，禹所自作也。今曰天錫禹，何也？蓋禹心得此道，前此未嘗爲書，因龜文有九，感觸其心，遂作洪範九疇。雖禹之自爲，然實因龜文發之，若天啓其衷云爾，故爲天所錫也。」

「初一曰五行，次二曰敬用五事，次三曰農用八政，次四曰協用五紀，次五曰建用皇極，次六曰乂用三德，次七曰明用稽疑，次八曰念用庶徵，次九曰嚮用五福，威用六極。

此九疇之綱也。在天惟五行，在人惟五事。以五事參五行，天人合矣。「八政」者，人之所以因乎天。「五紀」者，天之所以示乎人。「皇極」者，君之所以建極也。「三德」者，治之所以應變也。「稽疑」者，以人而聽於天也。「庶徵」者，推天而徵之人也。福、極者，人感而天應也。五事曰敬，所以誠身也。八政曰農，所以厚生也。五紀曰協，所以合天也。皇極曰建，所以立極也。三德曰乂，所以治民也。稽疑曰明，所以辨惑也。庶徵曰念，所以省驗也。五福曰嚮，所以勸也。六極曰威，所以懲也。五行不言用，無適而非用也。皇極不言數，非可以數明也。本之以五行，敬之以五事，厚之以八政，協之以五紀，皇極之所以建也；乂之以三德，明之以稽疑，驗之以庶徵，勸懲之以福極，皇極之所以行也。人君治天下之法，是孰有加於此哉？問《洪範》諸事。朱子曰：「此是箇大綱目，天下之事，其大者大概備於此矣。」又問「皇極」。曰：「此是人君爲治之心法。《周禮》一書，只是箇八政而已。」○「初一、次二，此讀也。全讀是以一、二爲次第。不見《洛書》本文，又不見聖人法象之義，故後人至以此章總爲《洛書》本文，皆爲句讀不明也。」○「《洛書》本文只有四十五點，班固云六十五字皆《洛書》本文。古字畫恐自有模樣，但今無所考。漢儒説此未是，恐只是以義起之，不是數如此。蓋皆以天道人事參互言之。五行最急，故第一；五事又參之於身，故第二；一身既脩，可推之於政，故八政次之；政既成，又驗之於天道，故五紀次之；又繼之以皇極居五，蓋能推五行，敬五事，厚八政，脩五紀，乃所以建極也。六三德，乃是權衡此皇極者也；德既脩矣，稽疑、庶徵繼之者，著其驗也；又繼之以福極，則善惡之效，至是不可加矣。皇極非大中，皇乃天子，極乃極至，言皇建此極也。東西南北，到此恰好，乃中之極，非中也。但漢儒雖説作『中』字，亦與今不同，如云『五事之中』是也。今人説『中』，只是含糊依違。善不必盡賞，惡不必盡罰，如此，豈得謂之中！」○「凡數自一至五，五居中；自九至五，五亦居中。戴九履一，左三右七，五亦在中。」「若有前四者，則方可以建極。前四者，乃一五行，二五事，三八政，四五紀是也。後四者，却自皇極中出。三德是皇極之權，人君所嚮用五福，所威用六極，此曾南豐所説。惟此説好。」○「箕子爲武王陳《洪範》，首言五行，次便及五事。蓋在天則是五行，在人則是五事。」○「五氣運行，而人稟之以成形，於是有五事，故次二曰『敬用五事』。『用』者，人所有事也，凡用，皆主人君而言。」○「德雖應變無方，而事又有非人謀所能決者，故當謀之鬼神，故次七曰『稽疑』。」○「《洛書》者，大禹治水之時，神龜負文而列於背，禹則之而爲疇也。《洛書》本無文字，但有奇、耦之數，自一至九，其數如此。禹敘而次第之，以其一居初，而爲五行；以其二居次，而爲五事；三又次之，而爲八政；四又次之，而爲五紀；五又次之，而爲皇極；六又次之，而爲三德；七又次之，而爲稽疑；八又次之，而爲庶徵；九居次之末，而爲福極。自一至九，《洛書》之本數；初、次者，禹次第之文。『五行』以下，即禹法則之事，蓋因《洛書》自然之數而垂訓於天下後世也。若其效法次第之義，大抵因《洛書》之位與數而爲之。《洛書》一位在子，其數則水之生數，氣之始也，故爲五行。五行則陽變陰合，交運而化生萬物，則爲人事之始矣。二位在坤，其數則火之生數，氣之著也，故爲五事。五事則五氣運行，人之稟形賦色，妙合而凝，脩身踐形之道立矣。三位在卯，其數則木之生數，氣至此而益著也，故爲八政。八政則脩身不止於貌、言、視、聽、思之事，而立經陳紀、創法立度，舉而措之天下矣。四位在巽，其數則金之生數，氣至此而著益久也，故爲五紀。五紀則治不止於食、貨、政、教之事，而察數觀象，治曆明時，仰以觀於天文矣。五居中央，爲八數之中，縱橫以成十五之變，蓋土之冲氣，所以管攝四時，故爲皇極耳。則人君居至尊之位，立至理之準，使四方之面內環觀者，皆於是而取則，所以總攝萬類也。六位在乾，其數則水之成數，氣合而成形也，故爲三德。三德則不徒立至極之準，而臨機制變，隨事制宜，且盡其變於人矣。七位在西，火之成數，氣合而形已著矣，故爲稽疑。稽疑則不徒順時措之宜，而嫌疑猶豫且決之人謀鬼謀，而盡其變於幽明矣。八位在艮，木之成數，氣合而形益著矣，故爲庶徵。庶徵則往來相盪，屈伸相感，而得失休咎之應定矣。九位在午，其數則金之成數，氣合而著已久矣，故爲福極。福極則休咎得失不徒見於一身，而通行於天下矣。其事廣大悉備，故居終焉。大抵九疇之序，順而言之，則五行爲始，故五行不言用，不言用者，乃衆用之所自出；錯而言之，則皇極爲統，故皇極不言數，不言數者，乃衆數之所由該。以五行爲始，則自一至九愈推愈廣，大衍相乘之法也；以皇極爲統，則生數主常，成數主變，太極動靜之分也。九疇本於《洛書》者如此，後學不悟此章具《洛書》

之文，例以空談而説之，則陋矣。」○孔氏曰：「此以上禹所第敘，『一五行』以下箕子所陳。」○陳氏大猷曰：「五氣運行於天地間，未嘗停息，故名『五行』。」○西山真氏曰：「『五行』者，天之所生以善乎人者也。其氣運於天而不息，其材用於世而不匱，其理則賦於人而爲五常。以天道言，莫大於此，故居九疇之首。五事，天之所賦而具於人者。貌之恭、言之從、視之明、聽之聰、思之睿，皆形色中天性之本然也。必以敬用之，則能保其本然之性；不以敬用之，則貌必慢，言必悖，視聽則昏且窒，思慮則粗且淺，而本然之性喪矣。五者治心治身之要。以人事言，莫切於此，故居五行之次。」○史氏曰：「劉歆以『初一曰』至『威用六極』六十五字皆《洛書》本文，豈知洛之所出者其數也，禹之所敘者今之九疇也，箕子所陳《洪範》則九疇之義疏也。」○張氏曰：「九疇雖多，人君所守惟在『敬用五事』。心敬，則貌、言、視、聽、思極於肅、乂、哲、謀、聖。其精神所運，上而五行，下而福極，無不得其所。《洪範》之要，在於敬而已。」○王氏曰：「皇極立本，三德趨時。」○新安陳氏曰：「建用皇極爲九疇之宗主，而敬用五事乃建用皇極之本根。敬以用五事，則身脩而極建，而天人之道備矣；不敬以用五事，則身不脩，而極不建，而天人之道胥失之矣。此九疇之樞在皇極，而皇極之要在五事，五事之要又在『敬』之一字也。」又曰：「自『歲』至『曆數』五者，如綱之有紀，天時所以相維者也，故曰『五紀』。民政既舉，則欽天授人，有不可後。推步占驗，以人合天，故『五紀』居『八政』之次。庶徵，驗吾之得失於天也；福極，驗吾之得失於民也。五事之得失，極之所以建不建也。何從而驗之？觀諸天而已。雨、暘、燠、寒、風皆時，建極之驗也；五者恒而不時，不極之驗也。此人君所當念念省察者也。皇極建，則舉世蒙其澤，而五福應之，此君所當嚮用以爲勸者也。極不建，則舉世蒙其禍，而六極随之，此君所當威用以爲懲者也。嚮與威，蓋君心所畏慕而兢業以制生民之命者，故以福、極終焉。」○徽庵程氏曰：「《九疇圖説》曰：『朱子曰：《洛書》九數而五居中，《洪範》九疇而皇極居五。順五行、敬五事以脩其身，厚八政、協五紀以齊其政，皇極之所以立也。』」又謂成就此極：「權之以三德，審之以十筮，驗其休咎於天，考其禍福於人，皇極之所以行也。」又謂維持此極：「竊謂在天爲五行，言其所自然；在人爲五事，言其所當然。厚乎人而爲八政，言其利，不言其弊；占乎天而爲五紀，言其常，不言其變。序其目於皇極之先者，皆皇極之本也。皇極建，則乂之以三德，而威福玉食出於上，否則，三德失其宜，而威福玉食移於下矣。皇極建，則明之以稽疑，而龜筮臣民從之而吉，否則，稽疑有不審，而龜筮臣民逆之而凶矣。皇極建，則肅、乂、哲、謀、聖，而卿士師尹舉其職，庶民遂其生，五氣順而四時和，否則，狂、僭、豫、急、蒙，而卿士師尹失其職，庶民傷其生，五氣戾而四時舛矣。皇極建，則斂五福以錫民爲壽、富、康寧、攸好德、考終命，否則，斂六極以厲民爲凶、短、折、疾、憂、貧、惡、弱矣。序其目於皇極之後者，皆皇極之驗也。本之前四疇以立其體，至嚴至密而無一毫之或失；驗之後四疇以達其用，至寬至廣而無一物之或遺。信乎天子作民父母以爲天下王，可以參天地而贊化育矣。此大禹則龜文以敘九疇，箕子本禹疇以陳《洪範》，必以皇極爲天地人之宗主歟！」○復齋董氏曰：「董仲舒、劉向《洪範傳》以五行、五事、皇極、庶徵、福極五者牽合相從，雖其援引《春秋》經、傳以發明其説，粗若可信，然其所配止於五者，而八政、五紀、三德、稽疑四者則不可得而配，此其爲説固已拘泥不通。至於庶徵分配五福而六極衍其一而無所當，則於咎徵各增其一曰皇之不極、厥咎眊、厥罰常陰、厥極弱，此則於箕文之外，別立此以遷就其説，其失箕子之意遠矣。眉山蘇氏雖不若漢儒之鑿，然相配亦止於五疇而已。」○蘇氏曰：「威，畏也。古者畏、威通用。『六極』之『極』，窮也，苦也。」○張氏曰：「福極之柄，以人主論之則在天，以民論之則在人主。」○臨川吴氏曰：「數之初爲一：一，《洛書》文之在後者。一之次爲二：二，《洛書》文之在右前者。凡言『用』者，有所待於人而後然也，蓋主於君人者而言。人稟五行之氣而成形，故以五事配數之二。二之次爲三：三，《洛書》文之在左者。先身而後及於人，故以八政配數之三。三之次爲四：四，《洛書》文之在左前者。先人而後及於天，故以五紀配數之四。四之次爲五：五，《洛書》文之在中者。皇極居天下之中，《洛書》之五亦居中，故以皇極配數之五。五之次爲六：六，《洛書》文之在右後者。惟皇作極，民所視效，日遷善而不知，無所事乎治也。或有未然，則治之各有所宜，故以三德配數之六。六之次爲七：七，《洛書》文之在右者。德雖應變無方，然有疑事非人謀所能決者，必須謀之鬼神，故以稽疑配數之七。七之次爲八：八，《洛書》文之在左後者。雖聽命於鬼神，猶不敢自是也，必驗吾之得失於天，故以庶徵配數之八。八之次爲九：九，《洛書》文之在前者。五福人心所同嚮慕也，君之所向在此，而常願民之獲此福，則凡可以致福者靡不勉矣。六極人心所同畏避也，君之所畏在此，而常恐民之至此極，則凡可以致極者靡不戒矣。自『五行』至『庶徵』皆得其道，則協氣成象，人蒙休祥，而五福應之。或失其道，則乖氣成象，人罹殃咎，而六極應之。故以五福、六極配數之九而爲九疇之終。」○陳氏雅言曰：「此大禹因《洛書》之數而敘《洪範》之疇。初一、次二、次三、次四、次五、次六、次七、次八、次九，此神龜所負之數也。曰『五行』、曰『敬用五事』、曰『農用八政』、曰『協用五紀』、曰『建用皇極』、曰『乂用三德』、曰『明用稽疑』、曰『念用庶徵』、曰『嚮用五福，威用六極』，此大禹所第之疇也。蓋數之出於天者，九前一後、三左七右、四前左、二前右、八後左、六後右、五居中，此自然之數也。大禹於此，見其數之一、二、三、四、五則以五行、五事、八政、五紀、皇極當之，見其數之六、七、八、九則以三德、稽疑、庶徵、福極當之。夫五行、五事、八政、五紀、皇極固非至是而始有，三德、稽疑、庶徵、福極亦非至是而始具，特聖人因其數而敘是疇，以立萬世爲治之法。」

「一，五行：一曰水，二曰火，三曰木，四曰金，五曰土。水曰潤下，火曰炎上，木曰曲直，金曰從革，土爰稼穡。潤下作鹹，炎上作苦，曲直作酸，從革作辛，稼穡作甘。

此下九疇之目也。水、火、木、金、土者，五行之生序也。天一生水，地二生火，天三生木，地四生金，天五生土。唐孔氏曰：萬物成形，以微著爲漸。「五行先後，亦以微著爲次。五行之體，水最微，爲一；火漸著，爲二；木形實，爲三；金體固，爲四；土質大，爲五。」潤下、炎上、曲直、從革，以性言也；稼穡，以德言也。「潤下」者，潤而又下也；「炎上」者，炎而又上也；「曲直」者，曲而又直也；「從革」者，從而又革也；「稼穡」者，稼而又穡也。稼穡獨以德言者，土兼五行，無正位，無成性，而其生之德，莫盛於稼穡，故以稼穡言也。稼穡不可以爲性也，故不曰「曰」而曰「爰」。爰，於也。於是稼穡而已，非所以名也。作，爲也。鹹、苦、酸、辛、甘者，五行之味也。五行有聲、色、氣、味，而獨言味者，以其切於民用也。朱子曰：「一五行者，次第之辭，與前章異。後倣此。」○「五行質具於地，而氣行於天。以質而語其生之序，則曰水、火、木、金、土；以氣而語其行之序，則曰木、火、土、金、水。」○問：「水、火、木、金、土，竊謂氣之初温而已。温則蒸溽，蒸溽則條達，條達則堅凝，堅凝則有形質。五者雖一，然推其先後之序，理或如此。」曰：「向見吴斗南説五事、庶徵，皆常依此爲序，其言亦有理。」○「自『水曰潤下』至『稼穡作甘』，皆是二意：水能潤，能下；火能炎，能上；金曰『從』曰『革』，從而又能革也。」○「潤下，潤濕而下流。炎上，炎熱而上升。曲直，謂生而有曲有直。從革，謂可因可革，無定體。種曰稼，斂曰穡，土性發生，稼穡乃所生之大者。」○問：「如何是『金曰從革』，是從人之革否？」曰：「不然，是或從或革爾。從者從所鍛制，革者又可革而之他，而其堅剛之質依舊自存，❶故與『曲直』、『稼穡』皆成雙字。『炎上』者，『上』字當作上聲；『潤下』者，『下』字當作去聲，亦此意。」○「『金曰從革』，一從一革，互相變而體不變。且如銀，打一隻盆，❷便是從；更要别作一件家事，便是革。依舊只是這物事，所以云體不變。」○「『從革作辛』，是其氣辛辣。『曲直作酸』，今以兩片木相擦，則齒酸，是其驗也。」○陳氏雅言曰：「此箕子所衍之疇。此『一』字，與『初一』之『一』字不同。『初一』之『一』乃《洛書》之數，此所謂『一』乃次第之辭。箕子於此將衍五行之疇，而先以『一五行』之辭總之，蓋目中之綱也。」○介軒董氏曰：「大抵天地之間，太極判而爲陰陽，陰陽分而爲五行。太極，理也。陰陽、五行，氣也。理必寓乎氣，氣不離乎理，故天一生水、天三生木、

❶「存」，原作「序」，今據《朱子語類》改。
❷「盆」，《朱子語類》作「盞」。

天五生土，三者皆陽之所生；地二生火、地四生金，二者皆陰之所生。析而言之爲五行，對而言之爲二氣，豈無其理而自爾哉！五行之質形於地，是以潤下之水、炎上之火、曲直之木、從革之金、稼穡之土；五行之神運於天，則爲春、夏、秋、冬。土寄旺於四季，而名曰冲氣。五行，一陰陽也；陰陽，一太極也，本未嘗相離也。五行之質存於人心者，爲肝、心、肺、腎、脾；五行之神舍於人身者，爲仁、義、禮、智、信。質者其粗也，神者其精也，亦未嘗相離也。」○徽庵程氏曰：「五行者，八疇之體；八疇者，五行之用。造化之初，一濕一燥。濕之流爲水，燥之爍爲火；濕之融爲木，燥之凝爲金，其融結爲土。自輕清而重濁，先天之五行，其體也；四時主相生，六府主相尅，後天之五行，其用也。其體對立，其用循環。」○陳氏經曰：「《洪範》所言，則五行生數，必得地六、天七、地八、天九、地十成之，然後陰陽各有匹配。然五行之生，一、二、三、四、五，亦未始無其序。蓋有生於無，著生於微，自無而有，自微而著。五行之體，水爲至微，自無而始入有者也。火則漸著，故火次水。木則性實，故次於火。金則體固，故次於木。土則質廣大，故次於金。」○陳氏大猷曰：「物之生，其初皆爲水，其終皆爲土。五行之相生，所以相繼也；其相克，所以相治也。潤以質言，炎以氣言，上下以位言，曲直以形言，從革以材言，稼穡以用言。土非止於稼穡，以生民粒食之用言之也，即稼穡而推五行，則潤下用之於灌溉也，炎上用之於烹飪也，曲直之斲削、從革之鎔範用之於宮室器用也。」○唐孔氏曰：「六府以土、穀爲二，五行以土、穀合爲一。」○陳氏雅言曰：「『曰』者，本然之體；『作』者，脩爲之用。」○夏氏曰：「五味必言『作』者，水之發源，未嘗鹹也，流而至海，凝結既久，而鹹之味成，則『鹹』者，潤下之所作。火之始炎，未嘗苦也，炎炎不已，焦灼既久，而苦之味成，則『苦』者，炎上之所作。木之初生，金之初鑛，土之始稼穡，亦然。」○董氏鼎曰：「草木之實多酸，雖甘者至乾壞亦酸。木擦齒酸之説，恐未然。」

二，五事：一曰貌，二曰言，三曰視，四曰聽，五曰思。貌曰恭，言曰從，視曰明，聽曰聰，思曰睿。恭作肅，從作乂，明作哲，聰作謀，睿作聖。

貌、言、視、聽、思者，五事之敘也：貌澤，水也；言揚，火也；視散，木也；聽收，金也；思通，土也。亦人事發見先後之敘：人始生則形色具矣，既生則聲音發矣，既又而後能視，而後能聽，而後能思也。恭、從、明、聰、睿者，五事之德也：恭者敬也，從者順也，明者無不見也，聰者無不聞也，睿者通乎微也。肅、乂、哲、謀、聖者，五德之用也：肅者嚴整也，乂者條理也，哲者智也，謀者度也，聖者無不通也。朱子曰：「自外而言之，則貌外於言；自內而言之，則聽內於視。自貌、言、視、聽言之，則思所以爲主於內，故曰『貌』，曰『言』，曰『視』，曰『聽』，曰『思』。彌遠者彌外，彌近者彌內，此其所以爲次序也。」「《洪範》『五事』，以思爲主，蓋不可見而行乎四者之間也。然操存之漸，必自其可見而爲之。」○「物則切近明白，而易以持守，故五事之次，思最在後。」○「貌、言、視、聽、思，皆只以次第相屬。」問：「貌如何屬水？」曰：「容貌光澤，故屬水；言發於氣，故屬火；眼主肝，故屬木；金聲清亮，故聽屬金。」問：「凡上四事皆原於思，亦猶水火木金皆出於土也？」曰：「然。」又問：「禮如何屬火？」曰：「以其光明。」問：「義之屬金，亦以其嚴否？」曰：「然。」○問：「視聽言動，比《洪範》五事，動是『貌』否？如『動容貌』之謂。」曰：「思也在裏了。❶『動容貌』是外面底，心之動便是思。」又問「五行比五事」。曰：「曾見吴人傑説得順。他云，貌是水，言是火，視是木，聽是金，思是土。將八庶徵來説，便都順。」問：「貌如何是水？」曰：「他云，貌是濕潤底，便是水，故其徵便是『肅，時雨若』。《洪範》乃是五行之書，看得他都是以類配。」○問「視曰明，聽曰聰，思曰睿」。曰：「視曰明，是視而便見之謂明；聽曰聰，是聽而便聞之謂聰；思曰睿，是思而便通之謂睿。」○「恭作肅，肅屬水，❷水有細潤意思。人之舉動，亦欲細潤。聽作謀，謀屬金，金有静密意思。人之爲謀，亦貴静密。」○「乂，謂理治。」○「『恭作肅』至『睿作聖』，此學問之極功，盡性踐形之事。」○伯謨云：「老蘇著《洪範論》不取《五行傳》，而東坡以爲漢儒《五行傳》不可廢，此亦自是。既廢，則後世有忽失之心。」曰：「漢儒也穿鑿。如五事，一事錯則皆錯，如何却云聽之不聰則某事應，貌之不恭則某事應？」○西山真氏曰：「貌、言、視、聽、思各有攸主，而總以『敬』之一言，何哉？蓋敬者五事之主也。敬不存於中，則形於貌者必輕且慢，無由而能恭；發於言者必易以肆，無由而能從。視聽蔽於物，何由而明且聰？思慮汩於多端，何由而通於微？故敬則五事皆得，不敬則五事皆失。程子曰：『聰明睿智皆此出，信哉！』」○勉齋黄氏曰：「水貌雨太陰，火言暘太陽，木視燠少陽，金聽寒少陰，四者或偏於陽、或偏於陰。惟土思風也，通乎四者而不同焉。

❶「在」下，《朱子語類》有「這」字。
❷「肅」，原作「恭」，今據《朱子語類》改。

質陰氣陽，身之全體，故貌言爲大。耳目聰明，體之虛者，故視聽次之。」又曰：「以造化生人之初驗之，便自將合。天一生水，水便有形，人生精血湊合成形，亦若造化之有水也。地二生火，火便有氣，人有體便能有聲者，氣之所爲，亦若造化之有火也。水陰而火陽，貌亦屬陰，而言亦屬陽也。水火雖有形質，然乃造化之初，故水但能潤下，火但能炎上，其質終是輕清。至若天三生木、地四生金，則形質已全具矣，亦如人身耳目既具，則人之形成矣。木陽而金陰，亦猶視陽而聽陰也。只以此配之，則人之身便是一箇造化，理自分明。」○「《洪範》五行、五事，皆以造化之初及人物始生而言也。造化之初，天一生水而三生木，地二生火而四生金，蓋陰陽之氣，一濕一燥而爲水火，濕極燥極而爲木與金也。人物始生，精與氣耳。《大傳》曰：『精氣爲物。』子産曰：『物生始化曰魄。既生魄，陽曰魂。』此皆精妙之語。人物之生，如此而已。精濕而氣燥，精實而氣虛，精沉而氣浮，故精爲貌而氣爲言。精之盛者濕之極，故爲木、爲肝、爲視；氣之盛者燥之極，故爲金、爲肺、爲聽。大抵貌與視屬精，故精衰而目暗；言與聽屬氣，故氣塞而耳聾。此曉然易見者也。然精衰則氣衰，精盛則氣盛，又初無間隔也。若以醫書所屬而疑之，則不知變之論也。」○徽庵程氏曰：「人之始生，精與氣耳。精之凝爲貌，氣之出爲言；精之顯爲視，氣之藏爲聽，其主宰爲思。」又曰：「《洪範》五事配五行，與《素問》、《五行傳》不合，自西京以來，説者不一，牽合傅會，莫能相通。千有餘年，至黄勉齋而後定。其言曰：配與屬不同。配者比並之謂，屬者管屬之謂。嘗得其説而推之，配與屬不同，配者對峙而爲體，猶《易》之先天卦圖也；屬者流行而爲用，猶《易》之後天卦圖也。《洪範》之五事配水、火、木、金、土，乃先天之五事，言其體也。《素問》屬土、金、木、水、火而相生，《五行傳》屬木、金、火、水、土而相克，乃後天之五事，言其用也。配與屬不相妨，體與用不相悖，千古之疑，於是判矣。」按：《素問》言相生亦有不合，木、水易置乃可。《五行傳》言相克亦與六府、五行、五事之序自上克下者不同，乃倒相克，自下克上耳。〇陳氏經曰：「五事以思爲主，猶五行以土爲主。土居中央，心亦虚中而居中者也。」〇李氏杞曰：「『曰』者，自然之理。『作』者，脩爲之效。貌之必恭，以至思之必睿，有物必有則也。『作肅』以至『作聖』，聖人而後可以踐形也。」〇新安陳氏曰：「五事皆當以敬用之。能以敬爲主，則物循其則，而貌、言、視、聽、思皆能盡性以踐形。恭從明、聰、睿，充而極於肅、乂、哲、謀、聖矣。不以敬爲主，則物失其則，性不盡而無以踐形矣。盡性踐形之學，貴乎内外交盡，以致夾持之功。五事固以思爲主，而思必以貌、言、視、聽爲先。貌、言、視、聽，在外而可見者也；思，在内而不可見者也。於外而可見者，先致持守之功，則百體各職其職；於内而不可見者，復致操存之力，則百體於天君而從其令。一敬之功，内外夾持，庶幾其無滲漏乎。又按：五事以思爲終，四勿不言思。真氏曰『勿』云者，正指思而言，乃人心所以爲主，而勝私復禮之機也。或曰：動兼貌與思而言。貌是動於外，思是動於内，引程子《動箴》『誠之於思，守之於爲』以證之。愚以爲五事自五事，四勿自四勿，不必牽合强説也。」

「三，八政：一曰食，二曰貨，三曰祀，四曰司空，五曰司徒，六曰司寇，七曰賓，八曰師。

食者，民之所急；貨者，民之所資。故食爲首，而貨次之。食、貨，所以養生也；祭祀，所以報本也；司空掌土，所以安其居也；司徒掌教，所以成其性也；司寇掌禁，所以治其姦也；賓者，禮諸侯遠人，所以往來交際也；師者，除殘禁暴也。兵非聖人之得已，故居末也。唐孔氏曰：「八政用於民，以緩急爲次。食、貨、祀、賓、師，指事爲名。三卿舉官爲名者，三官所主事多，若以一字爲名，則所掌不盡，故舉官名以見義。」○陳氏經曰：「八政或言事，或言官，互見也。」○史氏漸曰：「政莫大於是。舜總之九官，周分之六卿，箕子裂而爲八，名雖異，實無殊也。」○陳氏大猷曰：「八政以緩急爲序。民可百年無貨，不可一朝有饑。養生莫急於食，而貨次之。養生矣，當事死報本，故次祀。然皆貴安居，故次司空。不可逸居無教，故次司徒。教不從而刑之，刑以弼教，故次司寇。內治舉而後外治興，故次賓師。賓諸侯而或不庭，則不得已征之，故師終焉。」○吕氏曰：「衣食足，則教以祀。所以報本反始，教祀行乎其中矣。司寇以上皆內治，賓師爲外治。」○徽庵程氏曰：「食、貨與土，亦出於五行。皇極之政，必先有司三卿，率庶官以理其政者也。」○臨川吴氏曰：「民生所最急者，務農重穀以足其食，有食則種樹阜通以殖其貨。既有以養生，必有以事死，故祀以報本追遠。養生事死在乎安居，故司空掌土以定其居。居既得安，不可無教，故司徒掌教以導其善。教之不從，則齊之以刑，故司寇掌禁以懲其惡。內治舉而後及外，故賓以親邦國，往來交際有其禮；師以平邦國，立武足兵有其備。用師非得已，故最後。」○陳氏雅言曰：「人之生不可以無養，故君之治民，莫先於以政養之。此八政所以厚民生，而居五事之次也。八政之目，自『一曰食』至『六曰司寇』，此治內之事也；『七曰賓，八曰師』，此治外之事也。治內之事，則必致其詳；治外之事，則不過兩端而已。」

「四，五紀：一曰歲，二曰月，三曰日，四曰星辰，五曰曆數。

歲者，序四時也。月者，定晦朔也。日者，正躔度也。星，經星、緯星也。辰，日月所會十二次也。曆數者，占步之法，所以紀歲、月、日、星辰也。孔氏曰：「歲所以紀四時；月所以紀一月；日紀一日；二十八宿迭見以敘氣節，十二辰以紀日、月所會；曆數，節氣之度以爲曆，敬授民時。」○唐孔氏曰：「五者爲天時之經紀也。」○陳氏曰：「五紀，即《堯典》羲和所掌者。」○徽庵程氏曰：「五紀，四經而一緯。五氣順布，四時行焉。歲、月、日、星辰，經也。曆數者，推步歲月日星辰之數，以爲曆者也。曆象日、月、星辰，敬授人時，緯也。與庶徵相通而不同，彼以證王與卿士、師尹、庶民之得失，此特主於授時。」○臨川吳氏曰：「歲，自冬至至來歲冬至，凡三百六十五日四分日之一。日，行天一周也。以分至啓閉定歲之四時，是爲一歲之紀。月自合朔至來月合朔，凡二十九日六辰有奇，月與日一會也。以晦朔弦望定月之大小，是爲一月之紀。日，自日出至來日日出，歷十二辰，日繞地一匝也。以晨昏出没定晝夜長短，是爲一日之紀。星，謂二十八宿衆經星；辰，謂天之壤。因日月所會，分經星之度爲十二次。觀象測候，以驗天之體也，是爲星辰之紀。曆，謂日月五緯所歷之度數，謂一、二、三、四、五、六、七、八、九、十、百、千、萬，七政行度，各有盈縮疾遲。立數推算，以步天之用也，是爲曆數之紀。」○陳氏雅言曰：「『紀』者，如綱之有紀，天時所以相維者也。『歲』者，紀周天之度，故居一；『月』者，紀月行之數，故居二；『日』者，正天與日月之躔，故居三；『星』者在天之象，『辰』者在天之舍，故居四。四者皆係於天，天之示乎人者也。天與日月五星之運，雖有遲速順逆之不同，而皆有數以稽之，有曆以紀之，使四時以定而歲無不成，晦朔以辨而月無不協，甲乙以審而日無不正，經緯以彰而星辰無不著。是『曆』者，所以紀歲、月、日、星辰之數，以人而合於天者也。歲、月、日、星辰，此天道之所有曆數，此人事之所不可無。」

「五，皇極：皇建其有極。斂時五福，用敷錫厥庶民，惟時厥庶民于汝極。錫汝保極：

皇，君。建，立也。極，猶「北極」之「極」，至極之義，標準之名，中立而四方之所取正焉者也。言人君當盡人倫之至。語父子，則極其親，而天下之爲父子者，於此取則焉；語夫婦，則極其別，而天下之爲夫婦者，於此取則焉；語兄弟，則極其愛，而天下之爲兄弟者，於此取則焉。以至一事一物之接，一言一動之發，無不極其義理之當然，而無一毫過不及之差，則極建矣。極者福之本，福者極之效。極之所建，福之所集也。人君集福於上，非厚其身而已，用敷其福以與庶民，使人人觀感而化，所謂「敷錫」也。當時之民，亦皆於君之極，與之保守不敢失墜，所謂「錫保」也。言皇極君民，所以相與者如此也。朱子曰：「皇極一章，乃九疇之本。」○「今人將『皇極』作『大中』解，都不是。『皇建其有極』不成是『大建其有中』？『時人斯其惟皇之極』不成是『時人斯其惟大之中』？皇須是君，極須是人君建一箇表儀於上。且如北極是在天中，喚作北中不可；屋極是在屋中，喚作屋中不可。人君建一箇表儀於上，便有肅、乂、哲、謀、聖之應。五福備具，推以與民，民皆從其表儀。下文『凡厥庶民』以下，言人君建此表儀，又須知天下有許多名色人，須逐一做道理區處着始得。於是有『念之』、『受之』、『錫之福』之類，隨其人而區處之。大抵『皇極』是建立一箇表儀，後又有廣大含容區處周備底意思。」「『無偏無陂』以下，只是反覆歌詠。若細碎解，都不成道理。」○「皇指人君，極便是指其身爲天下做箇樣子。但緣聖人做得樣子高大，人所難及，而不可以此盡律天下之人，故雖不協于極者，君亦受之。至於『而康而色』，自言『好德』者，亦錫之福。」○「皇極，不可以『大中』訓之，只是前面五行、五事、八政、五紀是已，却都載在人君之身，包括盡了。五行是發源處，五事是操持處，八政是修人事，五紀是順天道，就中以五事爲主。視明聽聰便是建極，如明如聰只是合恁地。三德，亦只是就此道理上權衡，或放高，或捺下，是人事盡了。稽疑，又以卜筮參之。若能建極，則推之於人，使天下皆享五福；驗之於天，則爲休徵。若是不能建極，則其在人事便爲六極，在天亦爲咎徵。其實都在人君身上，又不過『敬用五事』而已，此即『篤恭而天下平』之意。以是觀之，人君之所任者，豈不重哉！如此，則九疇方貫通爲一。若以『大中』言之，則九疇散而無統。」○「『極』有湊會之義，所謂『三十輻共一轂』。斂福、錫民，聖人亦豈別有福以錫之？只取則於此，各正其身，順理而行，則爲福也。《孟子》謂『君仁莫不仁』亦此意。人君先正其身，故又有五事之説，若以皇極爲大中，則與五事似不相干。漢儒如谷永書，建大中正，五事猶相通説。今之所謂皇極者，只是順從，無所可否。」○「漢儒説『中』字，只是『五事之中』，猶未爲害。最是近世説『中』字不是。近日之説，只是含糊苟且，不分是非，不辨黑白，遇當做底事，只略略做些，不要做盡。此豈聖人之意？」○極，盡也。因指前面香桌：「四邊盡處是極，所以謂之四極。四邊視中央，中央是極也。堯都平陽，舜都蒲坂，四邊望之，一齊看着平陽、蒲坂。如屋之極，極高之處，四邊到此盡了，去不得，故謂之『極』。宸極亦然，至善亦如此。應于事到至善，是極盡了，更無去處，『故君子無所不用其極』。《書》之『皇極』，亦是四方所瞻仰者。皇，有訓『大』處，惟『皇極』之『皇』不可訓『大』。皇，只當作君，所以説『遵王之義』、『遵王之路』，直説到後面『以爲天下王』，其意可見。蓋

『皇』字下從『王』。」○問：「先生言『皇極』之『極』不訓『中』，只是標準之義。然『無偏無黨』，『無反無側』，亦有中意。」曰：「只是箇無私意。」問：「『標準之義』如何？」曰：「此是聖人正身以作民之準則。」問：「何以能斂五福？」曰：「當就五行、五事上推究。人君修身，使貌恭，言從，視明，聽聰，思睿，即身自正。❶五者得其正，則五行得其序。以之稽疑，則『龜從，筮從，卿士從，庶民從』，在庶徵，則有休徵而無咎徵。和氣致祥，有仁壽而無鄙夭，便是五福，反是則福轉爲極矣。」○「自『皇建其有極』以下，是總説人君正心脩身，立大中至正之標準以觀天下，而天下化之之義。『無偏無陂』以下，乃是反覆贊嘆、正説皇極體段。『曰皇極之敷言』以下，是推本結殺一章之大意。」○「東坡《書傳》中説得『極』字亦好。」○「《洛書》九數而五居中，《洪範》九疇而皇極居五。故自孔氏傳訓『皇極』爲『大中』，而諸儒皆祖其説。余獨以經之文義語脉求之，而有以知其不然也。蓋『皇』者，君之稱也；『極』者，至極之義。標準之名，常在物之中央，而四外望之以取正焉者也。故以『極』爲『在中之準的』則可，而便訓『極』爲『中』則不可。若北辰之爲天極，脊棟之爲屋極，其義皆然。而《禮》所謂『民極』、《詩》所謂『四方之極』者，於『皇極』之義爲尤近。顧今之説者，既誤於此而並失於彼，是以其説展轉迷謬，而終不能以自明也。即如舊説，姑亦無問其他，但即經文而讀『皇』爲『大』，讀『極』爲『中』，則夫所謂『惟大作中』、『大則受之』，爲何等語乎？今以余説推之，則人君以眇然之身，履至尊之位，四方輻輳，面内而環觀之。自東而望者，不過此而西也；自南而望者，不過

❶「即」，《朱子語類》作「則」。

此而北也。此天下之至中者也。既居天下之至中，則必有天下之純德，❶而後可以立至極之標準。故必順五行、敬五事以脩其身，厚八政、協五紀以齊其政，然後至極之標準卓然有以立乎天下之至中，使夫面内而環觀者莫不於是而取則焉。語其仁，則極天下之仁，而天下之爲仁者莫能加也；語其孝，則極天下之孝，而天下之爲孝者莫能尚也。是則所謂皇極者也。由是而權之以三德，審之以卜筮，驗其休咎於天，考其禍福於人，如挈裘領，豈有一毛之不順哉！此《洛書》之數，所以雖始於一，終於九，而必以五居其中；《洪範》之疇，所以雖本於五行，究於福極，而必以皇極爲之主也。『皇建其有極』云者，則以言夫人君，以其一身而立至極之標準於天下也。『斂時五福，用敷錫厥庶民』云者，則以言夫人君能建其極，則爲五福之所聚，而又有以使民觀感而化焉，則是又能布此福而與其民也。『惟時厥庶民于汝極，錫汝保極』云者，則以言夫民視君以爲至極之標準，而從其化，則是復以此福還錫其君，而使之長爲至極之標準也。」○蘇氏曰：「至而無餘之謂極。」○林氏曰：「皇極居中，可以包括上下。」○馮氏曰：「皇極居中，上總下貫，與八疇爲九。」○徽庵程氏曰：「『皇極』者，九疇之樞紐，五行之統會。」○新安陳氏曰：「五行之統會者，五居中，固合五行之數。而極者，仁、義、禮、智、信之至。五性亦合五行之理，五行散見諸疇中。皇極一疇，以五行之理統會之也。『皇建其有極』者，君尊爲天子，德爲聖人，能建實有之極，以爲天下之標準也。有極當借無極對觀，自至理之妙而無形可見者言之曰無極，自至理之實有言之曰有極。斂時五福，

❶「純」，原作「絶」，今據《晦庵集》及《朱子全書》改。

五福即第九疇之五福，九疇雖至五福而終，五福實自皇極而出。第九疇之五福，豈捨皇極疇中所斂之五福而他有所謂福哉？錫汝保極，蔡西山曰：『民享君之福，所以歸於君之極，而與君保此極也。』九峰蓋用父説而略師説。蓋師説有析『錫汝』與『保極』爲二義者，然《語録》一條又與蔡説合云。」

「凡厥庶民，無有淫朋，人無有比德，惟皇作極。

淫朋，邪黨也。人，有位之人。比德，私相比附也。言庶民與有位之人，而無淫朋比德者，惟君爲之極，而使之有所取正耳。重言君不可以不建極也。朱子曰：「『凡厥庶民，無有淫朋，人無有比德，惟皇作極』云者，則以言夫民之所以能有是德者，皆君之德有以爲其至極之標準也。」○新安陳氏曰：「《書》之『知人安民』，《詩》之『宜民宜人』，皆以人爲有位者，民爲下民，此亦當然，證之三德疇『人用側頗僻，民用僭忒』可見。朱子單言民，大約言之耳。民、人所以然，惟以君建極故也。作，有扶植振起之意。建、立、作、興，大略相似。不建不作，則斯道廢墜矣。」○陳氏雅言曰：「人君在上而能示之以大公至正之道，則臣民在下相率而爲大公至正之行，此《孟子》所謂『君正莫不正』者也。作極與建極大略相似，而微有不同：建者，植立之謂；作，則有鼓舞振起之意、匡直輔翼之意、提撕警覺之意，欲其無一時一事之不作也。」

「凡厥庶民，有猷、有爲、有守，汝則念之。不協于極，不罹于咎，皇則受之。而康而色，曰『予攸好德』，汝則錫之福，時人斯其惟皇之極。

此言庶民也。有猷，有謀慮者。有爲，有施設者。有守，有操守者。是三者，君之所當念也。「念之」者，不忘之也，「帝念哉」之「念」。不協于極，未合於善也；不罹于咎，不陷於惡也。未合於善，不陷於惡，所謂中人也，進之則可與爲善，棄之則流於惡，君之所當受也。「受之」者，不拒之也，「歸斯受之」之「受」。念之、受之，隨其才而輕重以成就之也。見於外而有安和之色，發於中而有好德之言，汝於是則錫之以福，而是人斯其惟皇之極矣。福者，爵禄之謂。或曰，「錫福」即上文「斂福錫民」之「福」，非自外來也。曰禄，亦福也，上文指福之全體而言，此則爲福之一端而發。苟謂非禄之福，則於下文「于其無好德，汝雖錫之福，其作汝用咎」爲不通矣。朱子曰：「有猷、有爲、有守是有德之人。」○「『凡厥庶民，有猷、有爲、有守，汝則念之。不協于極，不罹于咎，皇則受之』云者，則以言夫君既立極於上，而下之從化或有淺深緩速之不同，其有謀者、有才者、有德者，人君固當念之而不忘；其或未能盡合而未底乎大戾者，亦當受之而不拒也。」「『而康而色，曰予攸好德，汝則錫之福，時人斯其惟皇之極』云者，則以言夫人之有能革面從君而以好德自名，則雖未必出於中心之實，人君亦當因其自名而與之以善，則是人者亦得以君爲極而勉其實也。」○陳氏雅言曰：「見於外而有安和之色，發於中而有好德之言，此其好善之誠見於色辭之間，所謂容貌辭氣乃德之符者也。時人即指上三等之人。言廣收樂育，使皆知所以自勉，則人莫不觀感興起，因其所已能，而益勉進其未至，皆歸於皇之極矣。」

「無虐煢獨而畏高明。

煢獨，庶民之至微者也；高明，有位之尊顯者也。各指其甚者而言。庶民之至微者，有善則當勸勉之；有位之尊顯者，有不善則當懲戒之。此結上章而起下章之義。孔氏曰：「煢，單無兄弟也。無子曰獨。」○新安陳氏曰：「煢獨，如云孤寒，指民言；高明，如云高明之家，指人言。」

「人之有能有爲，使羞其行，而邦其昌。凡厥正人，既富方穀，汝弗能使有好于而家，時人斯其辜。于其無好德，汝雖錫之福，其作汝用咎。

此言有位者也。有能，有才智者。羞，進也。使進其行，則官使者皆賢才，而邦國昌盛矣。正人者，在官之人，如《康誥》所謂「惟厥正人」者。富，禄之也。穀，善也。在官之人，有禄可仰，然後可責其爲善。廩禄不繼，衣食不給，不能使其和好于而家，則是人將陷於罪戾矣。於其不好德之人，而與之以禄，則爲汝用咎惡之人也。此言禄以與賢，不可及惡德也。必富之而後責其善者，聖人設教，欲中人以上，皆可能也。朱子曰：「『無虐煢獨而畏高明。人之有能有爲，使羞其行，而邦其昌』云者，則以言夫君之於民，一視同仁。凡有才能使皆進善，則人才衆多，而國賴以興也。『凡厥正人，既富方穀，汝不能使有好于而家，時人斯其辜，于其無好德，汝雖錫之福，其作汝用咎』云者，則以言夫凡厥正人者，必先有以富之，然後可以納之於善。不能使之有賴於其家，則此人必將陷於不義。至於無有好德之心，而後始欲教之以脩身，勸之以求福，則已無及於事。而其起以報汝，惟有惡而無善矣。蓋人之氣稟，或清或濁，或純或駁，有不可一律齊者。是以聖人所以立極乎上者至嚴至密，而所以接引乎下者至寬至廣。雖彼之所以化於此者，淺深遲速，其效或有不同，而吾之所以應於彼者，長養涵育，其心未嘗不一也。」○西山蔡氏曰：「進其行者，進於皇之極也。」○陳氏大猷曰：「『上一節，是廣大以獎育人才；此一節，是公平以拔用人才。」○新安陳氏曰：「正人有四説，引《康誥》『惟厥正人』，以爲官之長者爲妥。於人、民之分，及上下文理相協。此疇首言建極錫福，皆爲民言。至此，則錫之福，雖錫之福，皆爲有位之人言。然於此三、四節，首以庶民與人對言，繼而『念之』、『受之』爲民言也，『則錫』、『雖錫』爲人言也。雖若雜舉，而實有條理。大意欲君於建極之餘，於民則隨才以成之，於有位之人則隨才而富以禄之。不特斂福以錫庶民，且錫福於有位之人也。又按：朱子欠分别民、人，三德疇『人頗僻，民僭忒』其證甚明。」○陳氏雅言曰：「朝廷有以福君子，則君子有以福斯民。此富之、禄之，雖所以爲君子計，而實所以爲斯民計也。」

「無偏無陂，遵王之義；無有作好，遵王之道；無有作惡，遵王之路。無偏無黨，王道蕩蕩；無黨無偏，王道平平；無反無側，王道正直。會其有極，歸其有極。

偏，不中也。陂，不平也。作好、作惡，好惡加之意也。黨，不公也。反，倍常也。側，不正也。偏、陂、好、惡，己私之生於心也；偏、黨、反、側，己私之見於事也。王之義、王之道、王之路，皇極之所由行也。蕩蕩，廣遠也。平平，平易也。正直，不偏邪也。皇極正大之體也。遵義、遵道、遵路，會其極也；蕩蕩、平平、正直，歸其極也。會者，合而來也。歸者，來而至也。此章蓋《詩》之體，所以使人吟詠，而得其情性者也。夫歌詠以協其音，反覆以致其意。戒之以私，而懲創其邪思；訓之以極，而感發其善性。諷詠之間，恍然而悟，悠然而得，忘其傾斜狹小之念，達乎公平廣大之理。人欲消熄，天理流行，會極、歸極，有不知其所以然而然者。其功用深切，與《周禮》大師教以六詩者，同一機而尤要者也。後世此意不傳，皇極之道其不明於天下也宜哉！朱子曰：「『無有作好』、『無有作惡』謂好所當好，惡所當惡，不可作爲耳。」○「曰『王道蕩蕩』又曰『王道平平』，曰『無黨無偏』又曰『無偏無黨』，只是一箇道，反覆説。」○「『無偏無陂，遵王之義；無有作好，遵王之道；無有作惡，遵王之路。無偏無黨，王道蕩蕩；無黨無偏，王道平平；無反無側，王道正直。會其有極，歸其有極』云者，則以言夫天下之人皆不敢徇其己之私，以從乎上之化而會歸乎至極之標準也。蓋偏陂好惡者，己私之生於心者也；偏黨反側者，己私之見於事者也。王之義、王之道、王之路，上之化也，所謂皇極者也。遵義、遵道、遵路，方會其極也。蕩蕩、平平、正直，則已歸於極矣。」○孫氏曰：「《老子》云：『大道甚夷，而民好徑。』王之道、王之路，所謂『甚夷』者也。蕩蕩，通達之意；平平，坦夷之意。」○張氏曰：「天下有公，好惡不必作也，作則非公矣。」○陳氏大猷曰：「此承上文。言人君能作成人，故人皆趨極。以申第一節『凡厥庶民』、『惟皇作極』之義。」○呂氏曰：「會，如『會聚』之『會』。歸，如『歸宿』之『歸』。有所會，然後有所歸。」○唐孔氏曰：「『天下歸仁焉。』此『歸』意與彼同。」○新安陳氏曰：「六『王』字即指皇極之君，義、路、道即指皇極，互辭協韻耳。遵，猶有不敢違之意。至『王道蕩蕩』三句，則自合乎王道，無事於遵矣。會合于君所建之有極，結遵義六句；歸宿于君所建之有極，結『蕩蕩』六句。二『有極』字，與章首『皇建其有極』之『有極』

相應。實有之極，亦君民同有之極也。」○陳氏雅言曰：「會極者，如行者之赴家，食者之求飽，與極猶二也；歸極者，如行者之到家，食者之得飽，與極爲一也。」

「曰：皇極之敷言，是彝是訓，于帝其訓。

曰，起語辭。敷言，上文敷衍之言也。言人君以極之理，而反復推衍爲言者，是天下之常理，是天下之大訓，非君之訓也，天之訓也。蓋理出乎天，言純乎天，則天之言矣。此贊敷言之妙如此。朱子曰：「『皇極之敷言，是彝是訓，于帝其訓』云者，則以言夫人君以身立極而布命于下，則其所以爲常爲教者，皆天之理，而不異乎上帝之降衷也。」○夏氏曰：「二『曰』字，皆箕子更端之言。」○蘇氏曰：「『天錫禹九疇』，不能如是諄諄也，粗有象數而已。禹與箕子推而廣之，至『皇極』尤詳。曰：此皆非帝之言也，皇極之敷言也。帝以象數告，而我敷廣其言爲彝訓耳，與帝言無異，故曰『于帝其訓』。」○陳氏雅言曰：「聖人在上，既建極而以身教於天下，復敷言而以言教於天下。蓋身教者，示以躬行踐履之實；言教者，使其歌誦吟詠而得。二者不可偏廢也。天下惟理爲至常，惟理爲至大，皇極之敷言，純乎一理，故謂之常理，故謂之大訓。是理也，本之於天，『惟皇上帝降衷』之理也。言而不異於降衷之理，是豈可以君之訓視之哉！乃天之訓也。天者其不言之聖人，聖人者其能言之天，一而二、二而一者也。」

「凡厥庶民，極之敷言，是訓是行，以近天子之光。曰：天子作民父母，以爲天下王。

光者，道德之光華也。天子之於庶民，性一而已。庶民於極之敷言，是訓是行，則可以近天子道德之光華也。「曰」者，民之辭也。謂之「父母」者，指其恩育而言，親之之意；謂之「王」者，指其君長而言，尊之之意。言天子恩育君長乎我者，如此其至也。言民而不言人者，舉小以見大也。朱子曰：「『凡厥庶民，極之敷言，是訓是行，以近天子之光』云者，則以言夫天下之人於君所命，皆能受其教而謹行之，則是能不自絶遠，而有以親被其道德之光華也。『天子作民父母，以爲天下王』云者，則以言夫人君能立至極之標準，所以能作億兆之父母，而爲天下之王也。不然，則有其位，無其德，不足以首出庶物、統御人群，而履天下之極尊矣。是書也，原於天之所以錫禹，雖甚茫昧微眇，有不可得而知者，然箕子之所以言之而告武王者，則已備矣。顧其辭之宏深奥雅，若有未易言者，然試嘗虚心平氣而再三反覆焉，則亦坦然明白，而無一字之可疑。但先儒未嘗深求其意，而不察乎人君所以脩身立道之本，是以誤訓『皇極』爲『大中』。又見其詞多爲含洪寬大之言，因復誤認『中』爲『含糊苟且』、『不分善惡』之意。殊不知，極居中而不可直謂之中，中之得名又以其無過不及、至精至當而無有毫釐之差。亦非如其所名之義也，乃以誤認之中爲誤訓之極。不謹乎至嚴至密之體，而務爲至寬至廣之量，其弊將使人君不知脩身以立政，而墮於漢元帝之優游、唐代宗之姑息，卒至於是非顛倒、賢否貿亂而禍敗隨之，尚何斂福錫民之可望哉？嗚呼！孔氏則誠誤矣。然迹其本心，亦曰姑以隨文解義爲口耳佔嗶之計而已。不知其禍之至此也。而自漢以來迄今千有餘年，學士大夫不爲不衆，更歷世變不爲不多，幸而遺經尚存，本文可考，其出於人心者又不可得而昧也。乃無一人覺其非是而以一言正之者，使其患害流于萬世，是則豈獨孔氏之罪哉！」○吕氏曰：「此彝此訓，非我所自作，乃帝之訓也。庶民不可視爲空言，必當踐行此訓可也。不言近皇極，而言近天子之光，天子既建極，則天子即皇極也。」○陳氏雅言曰：「『近』者，非『親近』之『近』，乃『性相近』之『近』。譬之水焉，天子之光則如水之至清，庶民則未免少有查滓者也；譬之鏡焉，天子之光則如鏡之至明，庶民則未免少有昏翳者也。」

「六，三德：一曰正直，二曰剛克，三曰柔克。平康正直，彊弗友剛克，燮友柔克。沈潛剛克，高明柔克。

克，治。友，順。燮，和也。正直、剛、柔，三德也。正者無邪，直者無曲。剛克、柔克者，威福予奪，抑揚進退之用也。「彊弗友」者，彊梗弗順者也。「燮友」者，和柔委順者也。「沉潛」者，沉深潛退，不及中者也。「高明」者，高亢明爽，過乎中者也。蓋習俗之偏，氣禀之過者也。故平康正直，無所事乎矯拂，無爲而治是也。彊弗友剛克，以剛克剛也；燮友柔克，以柔克柔也；沉潛剛克，以剛克柔也；高明柔克，以柔克剛也。正直之用一，而剛柔之用四也。聖人撫世酬物，因時制宜，三德乂用，陽以舒之，陰以斂之，執其兩端，用其中于民，所以納天下民俗於皇極者蓋如此。朱子曰：「『沉潛剛克，高明柔克。』克，治也。言人資質沉潛者，當以剛治之；資質高明者，當以柔治之。此説爲勝。」○張氏景曰：「三德，馭臣之道。見下文。」○唐氏曰：「以德行權，則威福不下移。」○陳氏經曰：「皇極以體常，三德以盡變。」○林氏曰：「『三德』者，聖人所以臨機制變，爲皇極之用而權其輕重也。正直、剛克、柔克，此三德之目。自『平康正直』而下，則釋三德之用，以盡其義也。三德乂，用之得其宜：平安無事之世則用正直以治之，彊禦弗順之世則用剛克以治之，和順之世則用柔克以治之。一於剛則失之亢，一於柔則失之懦。聖人宰制天下之權，可謂盡矣。」○新安陳氏曰：「習俗之偏，以彊燮言；氣禀之過，以沉潛高明言。」○徽庵程氏曰：「三德，一經而四權。正直之用一，經也；剛柔之用四，權也。四權之中，其二政以治之，其二教之自治也。」○臨川吴氏曰：「平康者，治之以正直，如《周官》所謂『刑平國用中典』也；彊弗友者，治之以剛克，如《周官》所謂『刑亂國用重典』也；燮友者，治之以柔克，如《周官》所謂『刑新國用輕典』也。」

「惟辟作福，惟辟作威，惟辟玉食。臣無有作福、作威、玉食。

「福」、「威」者，上之所以御下；「玉食」者，下之所以奉上也。曰「惟辟」者，戒其權不可下移。曰「無有」者，戒其臣不可上僭也。林氏曰：「此三者，人主之權勢所操以用夫三德者也。此三者，苟人君能自操持，則威福在己，名分謹嚴，故能操縱予奪，以用乎三德。其或假於臣下，則權勢下移，紀綱紊亂，其何以操縱三德而爲皇極之用哉！」○吴氏曰：「玉食非帝王所急，足以覶王威之不下移也。」○陳氏經曰：「三德之用，莫易於正直，莫難於剛柔。君道主剛，剛之失其過小，柔之失其過大。故又言威福玉食之柄在君，唯恐失之柔，而柄下移，如漢元、成也。」

「臣之有作福、作威、玉食，其害于而家，凶于而國。人用側頗僻，民用僭忒。

頗，不平也。僻，不公也。僭，踰。忒，過也。臣而僭上之權，則大夫必害于而家，諸侯必凶于而國。有位者固側頗僻而不安其分，小民者亦僭忒而踰越其常。甚言人臣僭上之患如此。新安陳氏曰：「此所謂臣，大臣也。大臣僭天子，則次而邦君，次而大夫，次而小臣，次而庶民，皆效而陵僭，無一安其分者。夫皇極，立本者也。三德，趨時者也。皇極建，則三德適時措之宜，而權出於上；皇極不建，則三德失時措之宜，而柄移於下矣。」

「七，稽疑：擇建立卜筮人，乃命卜筮：

稽，考也。有所疑，則卜筮以考之。龜曰卜，蓍曰筮。蓍、龜者，至公無私，故能紹天之明。卜、筮者亦必至公無私，而後能傳蓍龜之意。必擇是人而建立之，然後使之卜筮也。朱子曰：「龜歲久則靈。蓍生百年，一本百莖，亦物之神靈者。卜筮實問鬼神以蓍龜神靈之物，故假之以驗其卦兆。卜法，以明火爇柴灼龜爲兆。筮法，以四十九蓍分卦揲扐，凡十有八變而成卦。」○孔氏曰：「考正疑事，當選擇卜筮人而建立之，使爲卜筮之事。」○西山蔡氏曰：「皇極之君，以人謀未免乎有心，有心未免乎有私，此所以洗心齋戒以聽天命，而無所容其心也。『擇建立卜筮人』者，非其人則不可，非其職則不專，必得其人而立之，然後乃可命之卜筮。定天下之吉凶，成天下之亹亹，非細事也。」

「曰雨，曰霽，曰蒙，曰驛，曰克；

此卜兆也。雨者，如雨，其兆爲水；霽者，開霽，其兆爲火；蒙者，蒙昧，其兆爲木；驛者，絡驛不屬，其兆爲金；克者，交錯有相勝之意，其兆爲土。朱子曰：「《易》占不用龜，而每言蓍龜，皆具此理也。『蓍短龜長』者，謂龜惟鑽灼之易，而蓍有扐揲之煩。龜之兆一灼便成，亦有自然之易。《洪範》『卜五』即龜，『用二』即蓍。」

「曰貞，曰悔。

此占卦也。內卦爲貞，外卦爲悔，《左傳》「蠱之貞風，其悔山」是也。又有以遇卦爲貞，之卦爲悔，《國語》「貞屯悔豫，皆八」是也。問：「『貞悔』不止一說，如六十四卦，則每卦內三畫爲貞，外三畫爲悔；如揲蓍成卦，則正卦爲貞，之卦爲悔；如八卦之變，則純卦一爲貞，變卦七爲悔。」朱子曰：「是如此。」○胡叔器問「內卦爲貞，外卦爲悔」。曰：「『貞悔』出《洪範》。貞是正底，便是體；悔是過底，動則有悔。」又問「一貞八悔」。曰：「如《乾》、《夬》、《大有》、《大壯》、《小畜》、《需》、《大畜》、《泰》內體皆《乾》，是一貞；外體八卦是八悔。餘倣此。」○「『貞』訓『正』，事方正如此。悔吝皆是事過後方有。內卦之占，是事正如此；外卦之占，是已如此。二字有終始之意。」○西山蔡氏曰：「內卦曰貞，貞者事之幹也；外卦曰悔，悔者生乎動也。六爻不動，以內卦爲貞，外卦爲悔，見《左傳》『蠱之貞，風；其悔，山』是也。有動爻者，以遇卦爲貞，之卦爲悔，見《國語》『貞《屯》、悔《豫》皆八』是也。」

「凡七，卜五，占用二，衍忒。

凡七，雨、霽、蒙、驛、克、貞、悔也。卜五，雨、霽、蒙、驛、克也。占二，貞、悔也。衍，推；忒，過也，所以推人事之過差也。朱子曰：「衍，推。忒，變也。上七者，卜筮之大凡，而其變則無窮，皆當推衍以極其變。卜之變在經，兆之體百有二十，其頌千有二百體，色墨折方功義弓之類。筮之變，如老陽變爲少陰，老陰變爲少陽，一卦變爲六十四卦，六十四卦可變爲四千九十六卦之類。引而伸之，觸類而長之，其變無有終窮。」○「衍，疑是過多剩底意思。忒，是差錯了。」○高氏曰：「有心未若無心之爲公，有情未若無情之爲信。故盤庚遷都，成王東征，皆以卜筮爲主。」

「立時人作卜筮。三人占，則從二人之言。

凡卜筮，必立三人，以相參考。舊説卜有玉兆、瓦兆、原兆，筮有《連山》、《歸藏》、《周易》者，非是。謂之三人，非三卜筮也。唐孔氏曰：「三人從二，善鈞從衆也。卜筮各有三人，如《金縢》『乃卜三龜』、《儀禮》士喪卜葬『占者三人』。」○《周禮》「太卜掌三兆之法」，杜註：玉兆，顓帝之兆。瓦兆，堯之兆。原兆，周之兆。○西山蔡氏曰：「恐非是。禹敘《洛書》之時，未有原兆與《周易》也。」○徽庵程氏曰：「皇極雖建，不敢自是，國有大事，參諸人謀，鬼謀以決其疑。人謀本陰陽五行之理，鬼謀則以陰陽五行之象數參之，一從一逆可以驗其得失矣。然稽疑以卜筮爲重，而龜爲尤重也。」

「汝則有大疑，謀及乃心，謀及卿士，謀及庶人，謀及卜筮。

朱子曰：「卜筮處末者，占法先斷人志，後命於蓍龜之靈，不至越於人也。《周禮・卜人》：『國之大事，先筮而後卜。』」

「汝則從，龜從，筮從，卿士從，庶民從，是之謂大同。身其康彊，子孫其逢，吉。

朱子曰：「心者，人之神明，其虛靈知覺無異於鬼神，雖龜筮之靈不至踰於人，故自此以下，必以人謀爲首。然鬼神無心而人有欲，人之謀慮未必盡能無適莫之私，故自此以下，皆以龜筮爲主。人雖不盡從，不害其爲吉，若龜筮而逆，則凶咎必矣。此條無問尊卑，其謀皆配於龜筮，故爲大同之吉。」

「汝則從，龜從，筮從，卿士逆，庶民逆，吉。

朱子曰：「此條惟君謀配於龜筮，亦吉。」

「卿士從，龜從，筮從，汝則逆，庶民逆，吉。

朱子曰：「此條惟卿士謀配於龜筮，亦吉。」

「庶民從，龜從，筮從，汝則逆，卿士逆，吉。

朱子曰：「此條惟民謀配於龜筮，亦吉。」

「汝則從，龜從，筮逆，卿士逆，庶民逆，作內吉，作外凶。

朱子曰：「此條龜筮一從一違，本不可以舉事，但筮短龜長，又尊者之謀配合，故內事則可，外事則凶。」

「龜筮共違于人，用静吉，用作凶。

稽疑以龜筮爲重。人與龜筮皆從，是之謂大同，固吉也。人一從而龜筮不違者，亦吉。龜從筮逆，則可作内，不可作外。内謂祭祀等事，外謂征伐等事。龜筮共違，則可静，不可作。静謂守常，作謂動作也。然有龜從筮逆，而無筮從龜逆者，龜尤聖人所重也，故《禮記》「大事卜，小事筮」，傳謂「筮短龜長」是也。自夫子贊《易》，極著蓍卦之德，蓍重而龜書不傳云。朱子曰：「此條龜筮皆逆，人謀縱有從者，動則凶矣。」○王氏曰：「《周官》：有大事，衆庶得至外朝，與群臣以序進，而天子親問焉。」○張氏曰：「決疑主於蓍龜，故進於卿士庶民之上。龜筮既從而卿士庶民逆亦吉者，以我心與鬼神合也。我與庶民雖逆而亦吉者，以卿士與龜筮同也。我與卿士逆而亦吉者，以庶民與龜筮同也。」○高氏曰：「舜之禪禹，『朕志先定，詢謀僉同，龜筮協從』，此大同也，故歷數在躬，啓能敬承。成王宅洛，周召營相，四方和會，卜惟洛食，此大同也，故卜世卜年，卒過其歷。」○呂氏曰：「五者之中，三從二逆。從之理多，吉之所在也。然三從之中，必龜筮之從乃可。❶蓋龜筮無心，既已皆從，卿士庶民或別有私心，未可知也，如盤庚遷都，心已無疑，卜稽如台，獨臣民懷居而不欲還，何妨於吉哉！汝與民逆而吉者，如周公東征，成王既不知周公，民又不靖，反曰『艱大』，惟在朝大臣與二公及卜筮從，故亦吉也。聖人假至公無私之物，以寓吾之誠，惟龜筮皆從，庶足驗吾無一毫之未盡。苟龜從而筮不從，必尚有未盡者，故内事猶可，外事則否。苟我與臣民皆從而龜筮皆違，則是於理必有未盡，人己雖從，終未免於人爲，静而不爲則吉，動爲則凶矣。此義至精微，雖天下舉以爲然，不知又自有不然者。」○林氏曰：「卜筮，天所示也。人事盡，而後可以求之天。故必皇極建、三德乂，至於有疑，然後盡人謀而斷之卜筮。苟人事不盡而惟卜筮是拘，雖吉何補？故龜筮稽疑，必在皇極三德之後，不可驟語也。」○董氏鼎曰：「舜命禹曰：『朕志先定，詢謀僉同，鬼神其依，龜筮協從。』蓋所謂『官占惟先蔽志，昆命于元龜』。若此言謀及乃心卿士庶民，然後及卜筮，亦初不以卜筮爲先也。事之可否，固已默成於胸中，而人謀又協矣。猶有待於鬼神，不敢率意而行，故卜之。此見聖人謹重之至，亦所以示於民，使之信從其事，而不懼與惑也。若人謀未從，惟龜是聽，誠有如吴氏所慮矣。然天下之事，有我所欲爲而人不悦，有

❶「之」，呂氏《書説》作「皆」。

人所欲爲而已不從，亦有己與人皆疑其不可而天地鬼神自以爲可者，是皆當於卜筮決之。蓋人則有欲而卜筮無私，筮猶出於人而龜純乎天矣。此稽疑一疇，尤以龜爲重，非茫然無底止而一聽於卜也。」

「八，庶徵：曰雨，曰暘，曰燠，曰寒，曰風。曰時五者來備，各以其敘，庶草蕃廡。

徵，驗也。廡，豐茂。所驗者非一，故謂之「庶徵」。雨、暘、燠、寒、風，各以時至，故曰時也。備者，無缺少也。敘者，應節候也。五者備而不失其敘，庶草且蕃廡矣，則其他可知也。雨屬水，暘屬火，燠屬木，寒屬金，風屬土。吳仁傑曰：「《易》以坎爲水，北方之卦也。」又曰：「雨以潤之，則雨爲水矣。離爲火，南方之卦也。」又曰：「日以烜之，則暘爲火矣。」《小明》之詩首章云「我征徂西，二月初吉」，三章云「昔我往矣，日月方燠」，夫以二月爲燠，則燠之爲春爲木明矣。《漢志》引狐突「金寒」之言，顔師古謂「金行在西，故謂之寒」，則寒之爲秋爲金明矣。又按：「稽疑」以雨屬水，以霽屬火。霽，暘也。則「庶徵」雨之爲水，暘之爲火，類例抑又甚明。蓋五行乃生數自然之敘，「五事」則本於五行，「庶徵」則本於「五事」。其條理次第，相爲貫通，有秩然而不可紊亂者也。朱子曰：「自『五行』而下，得其道則有衆休之徵，失其道則有衆咎之徵，得失在於身，休咎應於天。匹夫尚然，況人主乎？」○「五者備敘，則庶草滋蕃豐廡，即下文之休徵也。有無相反，常雨則無暘，常燠則無寒，則草木不茂，百穀不成，即下文之咎徵也。」○問：「『八庶徵』『曰時』，林氏取蔡氏説，謂是歲、月、日之時。自『五者來備』而下，所以申言雨、暘、燠、寒、風之義。自『王省惟歲』而下，所以申言『曰時』之義。某切謂此『時』字，當如孔氏『五者各以其時』之説爲長。林氏徒見『時』字與雨、暘、燠、寒、風五者並列而爲六，則遂以此『時』字爲贅，不知古人之言如此類者多矣。且仁、義、禮、智是爲四端，加一『信』字則爲五常，非仁、義、禮、智之外別有所謂信也。故某以爲『時』之在庶徵，猶『信』之在五常，不知是否？」曰：「林氏之説，只與古説無異。但謂有以歲而論其時與不時者，有以月而論其時與不時者，有以日而論其時與不時者，可更推之。」○問：「吳斗南説如何？」曰：「舊謂雨屬木，暘屬金，燠屬火，寒屬水，與五行相配，皆錯亂了。雨只屬水自分曉，怎生屬得木？」問：「寒如何屬金？」曰：「他引《左傳》『金寒』之證甚佳。」又曰：「貌、言、視、聽、思，皆只以次第相屬。」○孔氏曰：「雨以潤物，暘以乾物，燠以長物，寒以成物，風以動物。五者各以其時，所以爲衆驗。」○林氏曰：「雨與暘對，燠與寒對，風行於四時之間。」○陳氏大猷曰：「陰陽之氣交則蒸而成雨，氣散則開而成暘，陰退陽進則成燠，陽退陰進則成寒，陰陽吹扇則成風。雨、暘、風則遊氣之聚散飛揚者爲之，燠、寒則二氣之循環往來者爲之。備，謂皆有而不缺。敘，謂應期而不亂。」○陳氏曰：「燠熱涼寒，四時之氣也。雨暘風，佐四時之氣以生育者也。止言燠寒者，燠者熱之始，寒者涼之極也。」○新安陳氏曰：「雨、暘、燠、寒，吳氏引證其屬水、火、木、金，甚當。風之屬土，獨缺其證，當如《莊子》風生於土囊之口及『大塊噫氣，其名爲風』證之。風爲土氣，豈不章章明矣乎？」○葵初王氏曰：「按吳斗南以雨、暘、燠、寒、風屬水、火、木、金、土，序與五行、五事相符。引諸證甚明，但風土無所證。今以陳氏之説補，極合造化。」○陳氏雅言曰：「庶徵之效，獨言『庶草蕃廡』者，草木得氣之先，庶草又爲易瘁者也。觀庶草之微蕃廡如此，則大者可知矣。」

「一極備，凶；一極無，凶。

極備，過多也。極無，過少也。唐孔氏曰：「雨多則澇，雨少則旱。是極備亦凶，極無亦凶。」餘准是。朱子曰：「『一極備凶，一極無凶』，多些子不得，無些子不得。」

「曰休徵：曰肅，時雨若；曰乂，時暘若；曰哲，時燠若；曰謀，時寒若；曰聖，時風若。曰咎徵：曰狂，恒雨若；曰僭，恒暘若；曰豫，恒燠若；曰急，恒寒若；曰蒙，恒風若。

狂，妄。僭，差。豫，怠。急，迫。蒙，昧也。在天爲五行，在人爲五事。五事脩則休徵各以類應之，五事失則咎徵各以類應之，自然之理也。然必曰某事得則某休徵應，某事失則某咎徵應，則亦膠固不通，而不足與語造化之妙矣。天人之際，未易言也。失得之機，應感之微，非知道者，孰能識之哉？朱子曰：「今人讀書麤心大膽，如何看得古人意思？如說『八庶徵』，這若不細心體識，如何會見得？『肅，時雨若』，肅是恭肅，便自有滋潤底意思，所以便説時雨順應之。『乂，時暘若』，乂是整治，便自有開明底意思，所以便説時暘順應之。『哲，時燠若』，哲是昭融，便自有和煖底意思，所以便説時燠順應之。『謀，時寒若』，謀是藏密，便自有寒結底意思，所以便説時寒順應之。『聖，時風若』，聖是通明，便自有爽快底意思，所以便説時風順應之。」符舜功云：「謀自有顯然著見之謀，聖是不可知之妙，不知於寒於風果相關否？」曰：「凡看文字，且就地頭看，不可將大底便來壓了。

箕子所指『謀』字只是且説密謀意思，聖只是説通明意思，如何將大底來壓了便休！ 如説喫棗，固是有大如瓜者，且就眼下説，只是常常底棗，如煎藥合用棗子幾箇，自家須要説棗如瓜大，如何用得許多！ 人若心下不細，如何讀古人書。《洪範》庶徵固不是必定如漢儒之説，必以爲有是事。 多雨之徵，必推説道是某時做某事不肅，所以致此。 爲此必然之説，所以教人難盡信。 但古人意思精密，只於五事上體察，是有此理。 如王荆公，又却要一齊都不消説感應，只把『若』字做『如似』字義説了，做譬喻説了，這也不得。 荆公固是也説道此事不足驗，然而人主自當謹戒。 如漢儒必然之説固不可，荆公全不相關之説亦不可。 古人意思精密，恐後世見未到耳。」○「人主之行事，與天地相爲流通，故行有善惡，則氣名以類而應。 然感應之理，非謂行此一事即有此一應。 統而言之，一德脩則凡德必脩，一氣和則凡氣必和。 固不必曰肅自致雨，無與於暘；乂自致暘，無與於雨，但德脩而氣必和矣。 分而言之，則德各有方，氣各有象。 肅者雨之類，乂者陽之類，求其所以然之故，固各有所當也。 咎徵亦然。」○問：「『休徵』、『咎徵』諸家多以義推説。 舉切以爲此猶《易》中取象相似，但可以髣髴看，而不可以十分親切求也。 庶徵雖有五者，大抵不出陰陽二端，雨、寒，陰也；暘、燠、風，陽也。 肅謀深而屬静，陰類也，故時雨時寒應之；乂、哲、聖發見而屬動，陽類也，故時暘、時燠、時風應之。 狂反於肅，急失於謀，故恒雨、恒寒應之；僭則不乂，豫則不哲，蒙則不聖，故恒暘、恒燠、恒風應之。 未知如此看得否？」曰：「大概如此。 然舊以雨屬木、暘屬金、燠屬火、寒屬水，而或者又以雨屬水、暘屬火、燠屬木、寒屬金，其説孰是？ 可試思之。」○林氏曰：「五者中節，爲五福之證；不中節，爲六極之證。 來備以敘，非其自爾，是君休嘉之證也；極備極無，亦非自爾，是君咎過之證也。休咎在此，而徵驗在彼。肅、乂、哲、謀、聖者，休之本，五者之時，休之徵也；狂、僭、豫、急、蒙者，咎之本，五者之恒，咎之徵也。氣一失其和，則必自省曰『是吾之咎歟』！故思去其咎而反其休。五者之咎，聖人雖無之，其徵則不可不自省也。」○陳氏大猷曰：「肅之反爲狂，狂則蕩，故常雨若。乂之反爲僭，政不治，則僭差也，僭則亢，故常暘若。哲之反，則猶豫不明，故爲豫，豫則解緩，故常燠若。謀之反，則不深密而急躁，急則縮栗，故常寒若。聖之反，則蔽塞不通而爲蒙，蒙則冥其心思，無所不入以濟四者之惡，故常風若。」又曰：「天地之間有必然之理，有或然之數。周末無寒歲，秦亡無燠年，理之常也；堯有九年之水，湯有七年之旱，數之變也。理者聖賢之所守，數非聖賢之所泥，然堯湯雖不能無水旱之變，而卒能消水旱之災，蓋或然之數終不能勝必然之理，聖人所以能回天地之造化也。」○李氏杞曰：「休咎之分，皆起於君一念之微。」○西山蔡氏曰：「君即五者之應，以察吾之得失。一事得則五事從，休徵無不應矣；一事失則五事違，咎徵無不應矣。鯀堙洪水，水失其性爾，而五行爲之汨陳，以是理也。漢儒不得其意，而自爲之説。驗之於古則鑿而不經，推之將來則膠而不應。又以福極强配五行，而以弱配皇之不極，非鑿歟？」○復齋董氏曰：「將以防其君之失，適以啓其君之惑。」

「曰王省惟歲，卿士惟月，師尹惟日。

歲、月、日，以尊卑爲徵也。王者之失得，其徵以歲；卿士之失得，其徵以月；師尹之失得，其徵以日。蓋雨、暘、燠、寒、風，五者之休咎，有係一歲之利害，有係一月之利害，有係一日之利害，各以其大小言也。朱子曰：「王省惟歲，言王之所當省者一歲之事，卿士所當省者一月之事，以下皆然。」○問「王省惟歲」三句。曰：「此但言職任之大小如此。」○林氏曰：「自『五者來備』以下，申言『曰雨』至『曰風』之義。自『王省惟歲』以下，申言『曰時』之義。或以『曰王省惟歲』以後，爲『五紀』一疇之傳錯簡在此，非也。九疇雖別爲九，實更相經緯，故庶徵有五事，而皇極有五福。」○新安陳氏曰：「《周禮》：太宰歲終受百官之會而詔王廢置，小宰月終受群吏之要，宰夫旬終正日成，以證此章，亦一説。但王、卿、尹省休咎於歲月日之時者，所包甚大，安止此哉！『曰』字，更端而言庶徵之候。王之得失，其徵以歲，故王乃所省察惟一歲之時之休咎；卿士得失，其徵以月，故卿士所省察惟一月之時之休咎。師尹放此。卿尹不言省，蒙上文也。歲統月，月統日，猶王統卿士，卿士統師尹。尊者所理大而要，卑者所理小而詳也。雨、暘、燠、寒、風之休咎，實行乎歲月日之中。五者時若，則歲月日之時無易，而休徵見矣；五者恒若，則日月歲之時既易，而咎徵見矣。氣行乎候之中，非氣自氣、候自候也。」

「歲月日時無易，百穀用成，乂用明，俊民用章，家用平康。

歲、月、日三者，雨、暘、燠、寒、風不失其時，則其效如此，休徵所感也。

「日月歲時既易，百穀用不成，乂用昏不明，俊民用微，家用不寧。

日、月、歲三者，雨、暘、燠、寒、風既失其時，則其害如此，咎徵所致也。休徵言歲、月、日者，總於大也；咎徵言日、月、歲者，著其小也。朱子曰：「此覆説時之徵，歲統月，月統日。職尊者所理大而要，職小者所理小而詳，取象於歲、月、日也。君秉君道，臣行臣職，君君臣臣猶歲月日時之不易，則休徵可致。反是，則爲咎徵。」

「庶民惟星，星有好風，星有好雨。日月之行，則有冬有夏。月之從星，則以風雨。」

民之麗乎土，猶星之麗乎天也。好風者箕星，好雨者畢星。《漢志》言軫星亦好雨，意者星宿皆有所好也。日有中道，月有九行。中道者，黄道也，北至東井去極近，南至牽牛去極遠，東至角、西至婁去極中是也。九行者，黑道二出黄道北，赤道二出黄道南，白道二出黄道西，青道二出黄道東，并黄道爲九行也。日極南至于牽牛則爲冬至，極北至於東井則爲夏至。南北中，東至角，西至婁，則爲春、秋分月。立春、春分從青道，立秋、秋分從白道，立冬、冬至從黑道，立夏、夏至從赤道，所謂「日月之行，則有冬有夏」也。月行東北入于箕則多風，月行西南入于畢則多雨，所謂「月之從星，則以風雨」也。民不言省者，庶民之休咎係乎上人之得失，故但以月之從星以見所以從民之欲者如何爾。夫民生之衆，寒者欲衣，饑者欲食，鰥寡孤獨者之欲得其所，此王政之所先，而卿士、師尹近民者之責也。然星雖有好風、好雨之異，而日月之行則有冬有夏之常。以月之常行而從星之異好，以卿士、師尹之常職而從民之異欲，則其從民者，非所以徇民矣。言日月而不言歲者，有冬有夏，所以成歲功也。言月而不言日者，從星惟月爲可見耳。問：「『庶民惟星』一句解不通，并下文『星有好風，星有好雨』意亦不貫。」朱子曰：「『家用不寧』以上，自結上文了，下文却又説起星之意，似是兩段。」○「庶民衆多，衆星之象也，當在『師尹惟日』之下。但其取證不同，故各發此義以互相見。」○「二十八宿環繞日月行道之側，故月行必經歷之。經于箕則多風，歷于畢則多雨。蓋二星各有所好，月經行其處，順時當候則陰陽和而風雨時應，言無差忒也。按星非有嗜好，但氣類相感；月亦非有順從，但行度所次耳。今曰『好』、曰『從』，乃假設以喻人事。民之情性莫不有所好，上之人能順其所好，所欲與聚、所惡勿施，則和氣致祥，猶如風雨之應。上言職分明則至治成，此言人心順則和氣應。皆庶徵之事也。」○問：「箕星好風，畢星好雨。」曰：「箕是簸箕，以其簸揚而鼓風，故月宿之則風。古語云：『月宿箕，風揚沙。』畢是叉網，漉魚底叉子亦謂之畢。漉魚，則其汁水淋漓而下若雨然，畢星名義蓋取此。今畢星上有一柄，下開兩叉，形象亦類畢，故月宿之則雨。《漢書》謂月行東北入軫，若東南入箕則風者，蓋箕是東南方屬巽，巽爲風，所以好風。恐未必然。」○唐孔氏曰：「箕，東方木宿；畢，西方金宿也。《詩》云：『月離于畢，俾滂沱矣。』經箕多風，傳記無其事。鄭氏引《春秋緯》云：『月離于箕則風揚沙。』」○西山蔡氏曰：「王、卿士、師尹，其得失驗之於歲、月、日。若庶民之得失則在君，所謂『百姓有過，在予一人』，故此以庶民省之於星，以驗其安與不安而已。《漢志》言日行陽道多風旱，行陰道多雨水。日象人君之行，不可指而知。以正行言之，冬則南，夏則北。然君行急則日行疾，君行緩則日行遲。疾則過乎中道，遲則不及乎中道。日之所行，月之所隨也。日失中道，則月亦變行，故去中道，移而東北入于箕則多風爲旱，移而西南入于畢則多雨爲水，所謂月之從星則以風雨也。蓋民之安否省之於星，星之風雨本之於日月，月之九道本之於日，故『庶民惟星』。繼之以日月之行，則有冬有夏，月之從星，則以風雨也。雨、暘、燠、寒、風，既徵於貌、言、視、聽、思，又以所職大小別之於歲月日。又以民之安否參之於星，于以見皇極之君，視履考祥如此之周旋而不敢忽也。」○新安陳氏曰：「按《前漢・五行志》『元光中，天星盡搖，上以問候星者。對曰：「星搖者，民勞也。」』又云：『五星同色，天下偃兵，百姓安寧，歌舞以行。』以此觀之，則以庶民省之於星以驗其安否之説，信矣。」○息齋余氏曰：「『庶徵』者，合五事、五紀以參驗者也。於此不言『曆數』者，曆數所以推天運之常，庶徵所以參人事之感，其進退飛伏有出於曆數所推之外者矣。唐一行《日食議》中有曆與占之説甚精。」○沈存中曰：「曆法，天有黄、赤二道，日月有九道，此皆强名而已，非實有也。亦猶天之有三百六十五度，天何嘗有度？以日行三百六十五日而一朞，强謂之度，以步日月五星行次而已。日之所由謂之黄道，南北極之中度最均處謂之赤道。月行黄道之南謂之朱道，行黄道之北謂之黑道，行黄道之東謂之青道，行黄道之西謂之白道。黄道内外各四，并黄道爲九。日月之行有遲有速，難可以一術御也。故因其合散分爲數段，每段以一色名之，欲以别算位而已，如算法用赤籌、黑籌以别正負之數。曆家不知其意，遂以爲實有九道，甚可嗤也。」

「九，五福：一曰壽，二曰富，三曰康寧，四曰攸好德，五曰考終命。

人有壽而後能享諸福，故壽先之。富者，有廩禄也；康寧者，無患難也；攸好德者，樂其道也；考終命者，順受其正也。以福之急緩爲先後。朱子曰：「休咎徵於天，則禍福加於人。福極，通天下人民而言，蓋人主不以一身爲福極，而以天下爲福極。民皆仁壽，堯、舜之福也；民皆鄙夭，桀、紂之極也。五福以人所尤好者爲先。」○孔氏曰：「壽，百二十年。」○唐孔氏曰：「世有長壽云百二十年，故傳言之，未必有正文。」○林氏曰：「唐李泌云：『天命他人皆可言，惟君相不可言，君相造命者也。

民命雖稟於天，君實制之。』自『五行』至『庶徵』各得其敘，則民歸於五福矣。五福雖天所畀，實自造命者嚮而致之也。自『五行』至『庶徵』失其敘，則民陷於六極矣。欲民不陷於極，亦造命者威而避之也。使民享五福而不知六極，此治道之極功也，故九疇以是終焉。」○陳氏大猷曰：「人莫不好生惡死，壽則生之長者，四代皆尚齒，故五福壽爲先。雖壽，不可無以養其生，故富次之。壽且富，或不免於憂患，則身心不安，故康寧又次之。形康心寧，安之至也。壽、富、康寧而不好德，則老而不死、爲富不仁、作僞心勞，何足貴哉！攸好德，則心逸日休，自求多福，福之本實在此，其爲福大矣，故好德又次之。考，成也。諸福備矣，必成其正命，則全而歸之，順受其正，然後爲福之至。使年雖壽而死非正命，雖壽何補？非福矣。故『考終命』終焉。此之『五福』，即皇極疇之『五福』，五福以『攸好德』爲根本。五福之目雖至第九疇而列，而五福之根本則已於第五疇而基，曰『予攸好德，汝則錫之福』是也。好德則必得其壽爲世耆老，無德而壽，罔之生也。好德則得祿而富，無德而富，怨之府也。好德則心廣體胖，無入不自得，無德則小人長戚戚，非安也。至於『考終命』，又未有不由德而能戰兢以全歸者。諸福固必本於好德，而好德又豈非本於建皇極哉？凶者考終命之反，短折者壽之反，貧者富之反，疾憂者康寧之反，惡弱者好德之反。陷于不善者，惡也；雖欲爲善而不能自强者，弱也。」○王氏炎曰：「年未六十死以正命，雖考終不得謂之壽；年過六十而死非正命，雖壽不得謂之考終。故『壽』與『考終命』各一福也。」○王氏曰：「富貴人所欲，貧賤人所惡，而福極不言貴賤，何也？曰：五福者，自天子至庶人皆可使慕而嚮，六極亦皆可使畏而遠，若貴賤則有常分矣。使自公侯至庶人皆慕貴欲其至，而不欲賤之在己，則陵犯篡奪何有終窮？《詩》曰『寔命不猶』，蓋王者之世欲賤者之安其賤如此。」○顧氏臨曰：「不言貴，雖以嚴分，然貴者未必爲福，賤者未必爲極。故桀、紂貴爲天子而不得其死，顔回、原憲到今稱之。」○徽庵程氏曰：「壽、富、康寧、考終命，全五行之氣；『攸好德』者，全五行之理。」

「六極：一曰凶短折，二曰疾，三曰憂，四曰貧，五曰惡，六曰弱。」

凶者，不得其死也。短折者，横夭也。禍莫大於凶、短折，故先言之。疾者，身不安也。憂者，心不寧也。貧者，用不足也。惡者，剛之過也。弱者，柔之過也。以極之重輕爲先後。五福、六極，在君則係於極之建不建，在民人則由於訓之行不行，感應之理微矣。朱子曰：「六極，以人所尤惡者爲先。」○「三衢夏唐老作《九疇圖》，因執以問。讀未竟，至所謂『皆天也，非人之所能爲也』，遂指前圖子云：『此乃人爲，安得而皆天也！《洪範》文字最難作，向來亦將天道人事分配爲之，後來覺未盡，遂已之。直是難以私意安排。若只管外邊出意推將去，何所不可，只是理不如此。蘇氏以皇極之建，爲雨、暘、寒、燠、風之時，皇極不建則反此。漢儒之説尤疎，如以五般皇極配庶徵，❶却外邊添出一箇皇極，或此邊減却一箇庶徵。自增自損，皆出己意。然此一篇文字極是不齊整，不可曉解。如「五福」對「六極」，「一曰壽」正對「凶短折」，「二曰富」正對「貧」，「三曰康寧」對「疾與弱」，皆其類也。「攸好德」却對「惡」，參差不齊，不容布置。如曰「斂時五福，錫厥庶民」，不知如何斂？又復如何錫？此

❶「五」，原作「百」，今據《朱子語類》改。

只是順五行，不違五事，自己立標準以示天下，使天下之人得以觀感而復其善耳。」今即以『皇極』爲『大中』者，更不賞善，亦不罰惡，好善惡惡之理都無分別，豈理也哉！」說夏唐老《九疇圖》。「五福、六極，也是配得，但是略有不齊。」問：「皇極五福，即是此五福否？」曰：「便即是這五福，如『斂時五福，用敷錫厥庶民』，斂底，即是盡得這五事。以此錫庶民，便是使民也盡得這五事。盡得五事，便有五福。」○王氏炎曰：「比干死刑，仇牧死亂，狼瞫死戰，亦凶乎？楚執晉解揚，揚曰：『下臣獲考，死又何求？』死而合義，雖不斃牖下，非凶也。惡者，小人之剛，自暴者也；弱者，小人之柔，自棄者也。」○吕氏曰：「弱何以與六極？蓋弱，人之大患，人所以不自强於善，或牽引入於惡，而不能自拔，皆弱故也。故特以居六極之終。」○息齋余氏曰：「『六極』大率五行之反，好德無反者，求在我者也。」○董氏鼎曰：「自『初一曰五行』至『威用六極』，禹之本文，九疇之經也。自『一，五行』至篇終，箕子之敘論，九疇之傳也。先經以明其綱，後傳以詳其目，《洪範》可得而讀矣。蓋天地之所以爲造化者，陰陽五行而已，聖人不能違也。天地以其氣生育民物，而理行乎其中，聖人以其理脩己治人，而氣參乎其上。大抵一、二、三、四，皆經常之疇，法天以治乎人者也。六、七、八、九，皆權變之疇，即人以驗諸天者也。而『五，皇極』一疇，則守常制變之主，與天爲徒，爲民之則者也。伏羲本《河圖》而畫八卦，八卦一陰陽也；神禹本《洛書》而敘九疇，九疇一五行也。然《易》不言五行，《範》不言陰陽，蓋陰陽一五行也，五行一太極也。《河圖》、《洛書》相爲經緯，八卦九章相爲表裏，一而二，二而一者也。《洪範》法之大，不出九疇外，則彝倫道之常，即在九疇中矣。舍是何以敘彝倫哉！」

書傳大全卷之七

旅　獒

西旅貢獒，召公以爲非所當受，作書以戒武王，亦訓體也，因以「旅獒」名篇。今文無，古文有。朱子曰：「近諸孫將《旅獒》來讀，是時武王已八十餘歲矣。太保此書諄諄告之，如教小兒相似。若自後世言之，爲非所宜言，不尊君矣。」○西山真氏曰：「武王大聖人也。西旅貢獒，初未之受。召公恐其恃大德而忽細行，以獻獒之受爲無損，故豫戒之如此。蓋積行而成德，猶累土而成山。一行失則全體皆失，亦猶一簣虧而全功俱虧也。彼以聖人而猶致其謹，今人未有寸善則曰『吾知顧其大、不暇卹其細』，可乎哉！」

惟克商，遂通道于九夷八蠻。西旅底貢厥獒，太保乃作《旅獒》，用訓于王。

九夷八蠻，多之稱也。《職方》言「四夷八蠻」，《爾雅》言「九夷八蠻」，但言其非一而已。武王克商之後，威德廣被九州之外，蠻夷戎狄莫不梯山航海而至。曰「通道」云者，蓋蠻夷來王，則道路自通，非武王有意於開四夷，而斥大境土也。西旅，西方蠻夷國名。犬高四尺曰獒。按《説文》曰：「犬知人心可使者。」《公羊傳》曰：「晉靈公欲殺趙盾，盾躇階而走。靈公呼獒而屬之，獒亦躇階而從之。」則獒能曉解人意，猛而善搏人者，異於常犬，非特以其高大也。太保，召公奭也。《史記》云：「與周同姓，姬氏。」此《旅獒》之本序。朱子曰：「舉夷蠻以見其餘也。『子欲居九夷』，東方夷有九種。八蠻，今猶云然。《明堂位》言『六戎』、『五狄』。《職方》言『五戎、六狄』。召地在岐邦内，召公食采於召，後封燕。」○張氏曰：「當未克商，王未必受；此既克商，於此受而不却，王心亦少懈矣。召公此訓，若嚴父師訓子弟。然非公高識，安能見微格非如此？」○林氏曰：「公恐四夷聞之，將争以珍奇進也。」○吕氏曰：「創業之君有一毫之失，後世便有丘山之害。此於王業已成則爲謹終，於示後嗣則爲謹始。以此爲防，後猶有求白狼、白鹿如周穆王者。」○陳氏經曰：「武王非求之，公諫之若其失德，何也？聖狂遠矣，而根於一念之微。流金爍石，而一陰生寒於此始；墮指折膠，而一陽生暑於此萌。諫於微則爲力易，待其著則難矣。」○《公羊傳音釋》：躇，丑略反，起遽不暇以次也。

曰：「嗚呼！明王慎德，四夷咸賓。無有遠邇，畢獻方物，惟服食器用。」

謹德，蓋一篇之綱領也。方物，方土所生之物。明王謹德，四夷咸賓，其所貢獻，惟服食器用而已，言無異物也。新安陳氏曰：「一篇皆自『明王慎德』一句推廣之。曰『昭德之致』、曰『惟德其物』、曰『德盛不狎侮』、曰『玩人喪德』、曰『終累大德』，德之一辭諄諄焉。惟『慎德』，所以自能致貢物；惟所貢無異物，所以見其慎德。若奇玩之物，非所當獻，亦非所當受。一受之，則荒怠之心生，而慎德之意失矣。」○陳氏雅言曰：「四夷，專指中國之外而言。遠邇，兼指中國之内而言。」○林氏曰：「穎達以器用爲一。或謂羽毛齒革之類，器也；牛馬犬鼉之類，用也。先王於四夷不責彼之難得，不求我之所無用。」

「王乃昭德之致于異姓之邦，無替厥服；分寶玉于伯叔之國，時庸展親。人不易物，惟德其物。

昭，示也。德之致，謂上文所貢方物也。昭示方物于異姓之諸侯，使之無廢其職；分寶玉于同姓之諸侯，使之益厚其親，如分陳以肅慎氏之矢，分魯以夏后氏之璜之類。王者以其德所致方物分賜諸侯，故諸侯亦不敢輕易其物，而以德視其物也。問：「時庸展親，諸家多訓『展』作『信』，是否？」朱子曰：「展，審視也，不當訓『信』。」○王氏十朋曰：「苟非王德所致，其頒也以物不以德。」○陳氏經曰：「四夷不敢私其物，所以表奉上之誠；聖人不敢私其物，所以示錫予之恩。予異姓，固昭德之致；分同姓以寶玉，亦德所致也。以物視物，則金玉輕如鴻毛；以德視物，雖一介重於九鼎。」○林氏曰：「獒之爲物，小不可爲服食，大不可爲器用；疎不可昭德於異姓，親不可展親於同姓。」○吕氏曰：「聖人公天下爲心，天下之物與天下共之。非如秦皇以千七百國獨奉一身而已。然一視同仁之中，文理密察，未嘗無等差。自親及疎，待同姓必厚於待異姓，非如墨子之兼愛也。」○陳氏雅言曰：「昭其德之所致，其所分賜之物，雖若有親疎、厚薄之殊，然皆所以昭其德之所致，而欲堅其事上之義，示其厚下之恩也。故昭德之致雖於異姓之邦言之，而寶玉之分亦爲昭德之致者可知；寶玉之分雖於伯叔之國言之，而昭德之致必爲方土之物者可知。其文互相備也。『無替厥服』雖又於異姓之邦言之，而伯叔之國亦欲使之堅其事上之義者可知；『時庸展親』雖又於伯叔之國言之，而異姓之邦亦所以示其厚下之恩者可知。其文亦互相備也。聖人於一視同仁之中，而有文理密察之別，仁之至、義之盡也。」○新安陳氏曰：「必服食器用之常物，始足以見君德之所致。若異物，適足以昭君之不德。物皆君德之所致，則此物非徒物也，即君之德也。」○王氏曰：「人以王德所致，故不敢易其物而德其物。」

「德盛不狎侮。狎侮君子，罔以盡人心；狎侮小人，罔以盡其力。

德盛，則動容周旋皆中禮，然後能無狎侮之心。言謹德不可不極其至也。德而未至，則未免有狎侮之心。狎侮君子，則色斯舉矣，彼必高蹈遠引，望望然而去，安能盡其心？狎侮小人，雖其微賤畏威易役，然至愚而神，亦安能盡其力哉？陳氏大猷曰：「德愈盛者禮愈恭。德盛則心無限量，自不狎侮人。狎侮之形，由德薄心隘，而驕矜乘之也。此因言慎德而推廣言之。狎侮，則非所以慎德矣。」○孫氏曰：「君子者，天下之所歸心也，待之不以禮，則君子去矣，何以盡人之心？小人，以力輔我者也，使之不以禮，則小人怠矣，何以盡彼之力？」○新安陳氏曰：「君子人心所同歸，狎侮之，則惡人之所好，失人心矣，安能得人盡心？小人以力事人，狎侮之，雖刑驅勢迫，勉强用力爾，安能得盡其力？必如文王感民子來，方爲盡其力。須玩味『人』與『其』字。」

「不役耳目，百度惟貞。

貞，正也。不役於耳目之所好，百爲之度，惟其正而已。王氏炎曰：「心官爲主，而耳目從其令，則非禮勿聽視，百度正矣；耳目爲主，而心爲所役，則物交物而爲所引，百度何由而正？」○陳氏大猷曰：「受獒，是役於耳目之玩也。」

「玩人喪德，玩物喪志。

玩人，即上文「狎侮君子」之事。玩物，即上文「不役耳目」之事。德者，己之所得。志者，心之所之。王氏十朋曰：「玩人，則以驕而滅敬，故喪德；玩物，則以慾而勝剛，故喪志。」○吕氏曰：「玩人、玩物，反覆論狎侮之弊。」○陳氏大猷曰：「受獒，則玩人玩物也。」○林氏曰：「恃獒之所指如意，而有玩忽人之心，則人必以爲薄德矣，故喪德。以獒如人意而受之，則玩弄於物，溺志於此而不自覺，豈不喪志？」○新安陳氏曰：「喪志則亦必喪德矣，未有溺志於物而可以脩德者。受獒即玩物。」

「志以道寧，言以道接。

道者，所當由之理也。己之志以道而寧，則不至於妄發；人之言以道而接，則不至於妄受。存乎中者，所以應乎外；制乎外者，所以養其中。古昔聖賢相授心法也。問：「『志以道寧，言以道接』，『接』字如何？」朱子曰：「接者，酬應之謂，言當以道酬應也。」又曰：「志，我之志；言，人之言。」○陳氏大猷曰：「受獒則志動於物，而非以道寧矣。」○林氏曰：「獒之獻，必甘言以求納，亦必有言其可納者。太保言不當受，乃若言逆耳。以道揆之，則知所從違矣。」○吕氏曰：「既説玩好之害，又説存養工夫。志以道寧，《孟子》所謂『持其志』；言以道接，《孟子》所謂『我知言』。内外交養如此，自然不作無益，不貴異物。」○陳氏雅言曰：「志以道寧，即舜授禹以『人心惟危，道心惟微，惟精惟一，允執厥中』者也。言以道接，即舜授禹以『無稽之言勿聽，弗詢之謀勿庸』者也。」

「不作無益害有益，功乃成；不貴異物賤用物，民乃足。犬馬非其土性不畜，珍禽奇獸不育于國。不寶遠物則遠人格，所寶惟賢則邇人安。

孔氏曰：「遊觀爲無益，奇巧爲異物。」蘇氏曰：「周穆王得白狼、白鹿，❶而荒服因以不至。」此章凡三節，至「所寶惟賢」則益切至矣。陳氏曰：「志言如此，則本正矣，豈復有作無益貴異物之事？不貴異物賤用物，則珍玩不貴，所貴皆服食器用之物矣。遠格，則邇者可知；邇安，則遠者可知。」又曰：「寶賢則天下安，然其安自近始。」○林氏曰：「漢文却千里馬，光武以駕鼓車，三代後能行召公之言，二君是也。虞寶璧乘，故視宮之奇爲路人；齊寶四臣，故視照乘之珠爲土苴。」○唐孔氏曰：「晉惠乘小駟，旋濘見獲，馬非土性故也。趙簡子問王孫圉：『楚白珩在乎？』對曰：『楚所寶，觀射父、左史倚相也。白珩，先王所玩，何寶爲？』知所寶矣。」

「嗚呼！夙夜罔或不勤，不矜細行，終累大德。爲山九仞，功虧一簣。

或，猶言萬一也。呂氏曰：「此即謹德工夫。」「或」之一字，最有意味。一暫止息，則非謹德矣。矜，「矜持」之「矜」。八尺曰仞。細行、一簣，指受獒而言也。問：「『不矜細行』與『矜而不爭』之『矜』，如何？」朱子曰：「相似，是箇矜惜持守之意。」○王氏十朋曰：「此書始終皆曰『嗚呼』，

❶「狼」，原作「狐」，今據四庫本及《史記·周本紀》改。

始欲其慎，終欲其勤也。」○新安陳氏曰：「武王治定功成如此，或受一獒，遂略大德而虧成功，實深可惜。此篇始以『慎』言，終以『勤』言，必無一息不勤，始爲慎德之至，夙夜罔或不勤，體天之行健，而自强不息也。一受獒，是怠忽而勤息矣，豈所以慎德哉！」○陳氏雅言曰：「《旅獒》一篇，以『慎德』爲綱領。而此之『夙夜罔或不勤』，又慎德之工夫也。」○陳氏大猷曰：「『細行』，猶言小節，即《畢命》所謂『小物』，《易》所謂『庸行』。受獒雖若小節，所損甚大。」○吕氏曰：「當於一嚬一笑一動一作之時，子細體察，蓋小處易得放過。功虧一簣，非止欠一簣，做了便是聖人。雖作之不已，常若欠一簣。」○林氏曰：「世豈有爲山者哉？蓋假設以見意爾。孔子之言蓋本乎此。夫却一獒之獻，亦細行爾，而世王之兆實見於此。箕子曰：『彼爲象箸，必爲玉杯；爲玉杯，必思遠方珍異之物。』紂之亡原於此，豈在大乎？此所以言不矜細行而欲享世王之功也。」○陳氏經曰：「一簣之虧，是爲山未成也。人主常持未成之心於既成之日，此見純亦不已之意。」❶○張氏曰：「受獒，是一簣之虧也。」

「允迪兹，生民保厥居，惟乃世王。」

信能行此，則生民保其居，而王業可永也。蓋人主一身，實萬化之原。苟於理有毫髮之不盡，即遺生民無窮之害，而非創業垂統可繼之道矣。以武王之聖，召公所以警戒之者如此，後之人君可不深思而加念之哉？王氏日休曰：「兹，謂此一篇之言，謂誠能行此言也。」○

❶ 「已」，《尚書詳解》作「一」。

董氏鼎曰：「前則告以『慎德』、『昭德』，後則戒以『喪德』、『累德』，然其曰『志以道寧，言以道接』，雖不待竟其説，而旅之獒可以不受，吾之訓不可以不從，固已明矣。聖人不以細行而不謹，大臣不以細過而不諫。此古者所以君明臣良，而後世鮮儷也。」

金縢

武王有疾，周公以王室未安，殷民未服，根本易摇，故請命三王，欲以身代武王之死。史録其册祝之文，并敘其事之始末，合爲一篇。以其藏於金縢之匱，編《書》者因以「金縢」名篇。今文、古文皆有。○唐孔氏曰：「發首至『王季、文王』，史敘將告神之事也。『史乃册祝』至『屏璧與珪』，記告神之辭也。自『乃卜』至『乃瘳』，記卜吉及王病瘳之事也。自『武王既喪』已下，記周公流言居東及成王迎歸之事也。」朱子曰：「《金縢》之作，在周公東征而歸之後，以其記武王時事且備東征本末，故敘之於此。」○孔氏曰：「書藏於匱，緘之以金，不欲人開。」○鄭氏曰：「凡藏秘書皆然，非始周公。」○王氏日休曰：「縢，緘也。以金緘封，若今鎖然。」

既克商二年，王有疾，弗豫。

記年，見其克商之末久也。弗豫，不悦豫也。蘇氏曰：「弗豫，猶言不懌。」○陳氏梅叟曰：「是時成王生纔五年。」

二公曰：「我其爲王穆卜。」

二公，大公、召公也。李氏曰：穆者，敬而有和意。穆卜，猶言共卜也。愚謂古者國有大事卜，則公卿、百執事皆在，誠一而和同，以聽卜筮，故名其卜曰「穆卜」，下文成王因風雷之變，王與大夫盡弁，啓金縢之書以卜者是也。先儒專以穆爲敬，而於所謂「其勿穆卜」，則義不通矣。陳氏大猷曰：「穆，敬和而有深遠之意。」○新安陳氏曰：「蔡傳非。孔註專以穆爲敬是矣。以『昭穆』之『穆』證之，又有幽陰深遠之意。」

周公曰：「未可以戚我先王。」

戚，憂惱之意。未可以武王之疾而憂惱我先王也，蓋欲二公之卜。

公乃自以爲功，爲三壇同墠。爲壇於南方，北面，周公立焉。植璧秉珪，乃告太王、王季、文王。

功，事也。築土曰壇，除地曰墠。三壇，三王之位，皆南向。三壇之南，别爲一壇北向，周公所立之地也。植，置也。圭璧，所以禮神，《詩》言「圭璧既卒」，《周禮》「祼圭以祀先王」。周公卻二公之卜，而乃自以爲功者，蓋二公不過卜武王之安否爾，而周公愛兄之切，危國之至，忠誠懇懇於祖父之前。如下文所云者，有不得盡焉。此其所以自以爲功也。又二公穆卜，則必禱於宗廟，用朝廷卜筮之禮，如此則上下喧騰而人心摇動，故周公不於宗廟，而特爲壇墠以自禱也。孔氏曰：「公自以請命爲己事。」○復齋董氏曰：「古者有事祖考，當夫無廟與不得入廟，則爲壇以祭。禮，支子不得祭祖，故周公不敢入廟而爲壇也。」○臨川吴氏曰：「古禮，凡於遠祖之無廟者、及宗子去其宗廟而在他國者、及支子雖在本國而於禮不得入廟者，或有禱告，必須墠地爲壇，以棲祖考之神。周公支子爲臣，故不敢告于廟，而爲壇以告也。」○林氏曰：「植璧於壇，秉珪於手。」○鄭氏曰：「植，古『置』字。置璧於三王之壇以禮神。秉珪，公自執桓圭也。」○或曰：《金縢》之禱，不知命乎？程子曰：「周公誠心欲代其兄，豈問命耶！」○陳氏經曰：「孔子曰某之禱久矣。孔子之不禱，爲己也；周公之禱，爲君親也。爲己而禱，是不知命；爲君親而不禱，是不知義。」

史乃册祝，曰：「惟爾元孫某，遘厲虐疾。若爾三王是有丕子之責于天，以旦代某之身。

史，太史也。册祝，如今祝版之類。元孫某，武王也。遘，遇。厲，惡。虐，暴也。丕子，元子也。旦，周公名也。言武王遇惡暴之疾，若爾三王是有元子之責于天。蓋武王爲天元子，三王當任其保護之責于天，不可令其死也。如欲其死，則請以旦代武王之身。「于天」之下，疑有缺文。舊説謂天責取武王者，非是。詳下文「予仁若考」、「能事鬼神」等語皆主祖父人鬼爲言，至於「乃命帝庭」、「無墜天之降寶命」，則言天命武王如此之大而三王不可墜天之寶命，文意可見。又按：死生有命，周公乃欲以身代武王之死，或者疑之。蓋方是時，天下未安，王業未固，使武王死，則宗社傾危，生民塗炭，變故有不可勝言者。

周公忠誠切至，欲代其死以輸危急，其精神感動，故卒得命於三王。今世之匹夫匹婦，一念誠孝，猶足以感格鬼神，顯有應驗，而況於周公之元聖乎？是固不可謂無此理也。問：「周公代武王死，亦有此理否？」朱子曰：「聖人爲之，亦須有此理。」○林氏曰：「自太王、王季言，則曰『元孫』；自文王言，則曰『丕子』。元，長。丕，大。皆指武王也。」○問：「或問正叔，周公欲以身代武王之死，其知命乎？正叔曰：『只是要代兄死，豈更問命？』此語如何？」龜山楊氏曰：「是也。」曰：「聖人不應不知天理，天理既不然而必行之，其誠不幾於無物否？」曰：「聖人固知天理，然只爲情切，猶於此僥倖萬一也，故至誠爲之。」○臨川吴氏曰：「武王喪于克商七八年之後，天下大勢已定，猶有武庚之叛，周室幾危。設使喪于克商甫二年之時，則禍變又將若何？周公蓋覩事勢之必至於此，所以欲代武王之死也。或曰：『死生有命，而周公欲代死，理有之乎？』曰：『有匹夫匹婦發一誠心，可動天地，況聖人至誠至公，心與天一，志一則動氣，固有轉移造化之理。若理之所無，則周公豈爲之哉！』」

「予仁若考，能多材多藝，能事鬼神。乃元孫不若旦多材多藝，不能事鬼神。

周公言我仁順祖考，多材幹，多藝能，可任役使，能事鬼神。武王不如旦多材多藝，不任役使，不能事鬼神。材藝，但指服事、役使而言。朱子曰：「周公以身代武王之説，只緣人看錯了。此乃周公誠意篤切，以庶幾其萬一。『丕子之責于天』只是以武王受事天之責任，如今人説話『他要箇人來服事』。周公便説是『他不能服事天，不似我多材多藝，自能服事天』。」○「『元孫不若旦』非周公自誇而貶武王，蓋欲代其死，不得不然。言武王不救則天命墜、宗社亡，非過爲危言，理勢實然也。後來王崩在定商八年後。三監之變尚如此，况克商二年乎？周公忠誠懇切，欲代武王死，以輸危急，蓋以武王一身，宗社生民之身。周公之禱，非獨弟爲兄、臣爲君，乃爲先王禱、爲天下禱、爲萬世社稷生靈禱也。至聖至誠，卒感通於先王，而轉移乎造化。烏可謂無此理哉！」

「乃命于帝庭，敷佑四方，用能定爾子孫于下地，四方之民罔不祗畏。嗚呼！無墜天之降寶命，我先王亦永有依歸。

言武王乃受命於上帝之庭，布文德以佑助四方，用能定爾子孫於下地，使四方之民無不敬畏。其任大，其責重，未可以死，故又歎息申言三王不可墜失天降之寶命，庶先王之祀亦永有所賴以存也。寶命，即帝庭之命也。謂之『寶』者，重其事也。朱子曰：「『若爾三王有丕子之責于天，以旦代某之身。』此一段，先儒都解錯了，只有晁以道説得好。他解『丕子之責』如史傳中『責其侍子』之『責』。蓋云上帝責三王之侍子。侍子，指武王也。上帝責其來服事左右，故周公乞代其死云：『以旦代某之身，予仁若考，能多材多藝，能事鬼神，乃元孫不若旦多材多藝，不能事鬼神。』『用能定爾子孫于下地，四方之民罔不祗畏』。言三王若有侍子之責于天，則不如以我代之。我多材多藝，能事上帝。武王不若我多材多藝，不能事鬼神，不如且留他在世上，定爾之子孫與四方之民。文意如此，伊川却疑周公不應自説多材多藝。不是如此，他止是要代武王之死爾。」○林氏曰：「旦多材藝，元孫之死不若旦之死；元孫能畏服四方，則旦之生不若元孫之生。」

「今我即命于元龜，爾之許我，我其以璧與珪歸俟爾命；爾不許我，我乃屏璧與珪。」

即，就也。歸俟爾命，俟武王之安也。屏，藏也。屏璧與珪，言不得事神也。蓋武王喪，則周之基業必墜，雖欲事神，不可得也。其稱爾、稱我，無異人子之在膝下以語其親者。此亦終身慕父母與不死其親之意，以見公之達孝也。林氏曰：「自『惟爾元孫某』至『我乃屏璧與珪』，即册上所書祝辭全文。本用武王名，記載代以『某』字，周人以諱事神，諱名始於周也。」○張氏曰：「武王若死，事未可知。大位者奸之窺，危病者邪之伺。異時三監之畔，周公之先見微矣。」

乃卜三龜，一習吉。啓籥見書，乃并是吉。

卜筮必立三人，以相參考。「三龜」者，三人所卜之龜也。習，重也，謂三龜之兆一同。開籥見卜兆之書，乃并是吉。朱子曰：「或曰，三王前各一龜卜之。」○林氏曰：「習，與『習坎』之『習』同，舜亦曰『卜不習吉』。」

公曰：「體！王其罔害。予小子新命于三王，惟永終是圖；兹攸俟，能念予一人。」

體，兆之體也。言視其卜兆之吉，王疾其無所害。我新受三王之命，而永終是圖矣。「兹攸俟」者，即上文所謂「歸俟」也。一人，武王也。言三王能念我武王使之安也。詳此言「新命于三王」，不言「新命于天」，以見果非謂天責取武王也。薛氏曰：「體，與《詩》『爾卜爾筮，❶體無

❶「筮」，原作「誓」，今據《詩經・氓》改。

咎言』之『體』同。《周禮・占人》云是卜『君占體，大夫占色，史占墨，卜人占坼』。然證以《詩》之語，則卜看兆體，亦可通上下言之。」○新安陳氏曰：「『茲攸俟』上下疑有闕誤。」

公歸，乃納冊于金縢之匱中。王翼日乃瘳。

冊，祝冊也。匱，藏卜書之匱。金縢，以金緘之也。翼日，公歸之明日也。瘳，愈也。按：金縢之匱，乃周家藏卜筮書之物。每卜，則以告神之辭書於冊；既卜，則納冊於匱而藏之。前後卜皆如此。故前周公「乃卜三龜，一習吉，啓籥見書」者，啓此匱也。後成王遇風雷之變，欲卜啓金縢者，亦啓此匱也。蓋卜筮之物，先王不敢褻，故金縢其匱而藏之，非周公始爲此匱，藏此冊祝，爲後來自解計也。朱子曰：「『既克商二年』至『王翼日乃瘳』，此敘周公請命之事。」○問：「周公既禱三王而藏其文於金縢之匱中，豈逆知成王之信流言將以語之乎？」程子曰：「以近世觀焉，祝冊既用，則或焚之、或埋之，豈周公之時未有焚埋之禮也，而欲敬其事，故若此乎？」○王氏曰：「卜筮既畢而不敢褻，必納其冊書於匱，異時將卜，則復啓焉，乃國家故事，非特爲此匱藏其冊爲後來自解之計也。」○問：「周公代武王，武王以有瘳，有如此理否？」和靖尹氏曰：「盡周公之意而已。然有瘳，乃感應也。」○林氏曰：「請代武王之死者，周公之本心也。王瘳而公不死者，天也，非人之所能爲也。」

武王既喪，管叔及其群弟乃流言於國，曰：「公將不利於孺子。」

管叔名鮮，武王弟，周公兄也。群弟，蔡叔度、霍叔處也。流言，無根之言，如水之流，自彼而至此也。孺子，成王也。商人兄死弟立者多。武王崩，成王幼，周公攝政，商人固已疑之。又管叔於周公爲兄，尤所覬覦。故武庚、管、蔡流言於國，以危懼成王，而動摇周公也。史氏言管叔及其群弟而不及武庚者，所以深著三叔之罪也。朱子曰：「『武王既喪』此以下記周公、成王時事。」○「『管叔及其群弟』至『不利於孺子』，此即《大誥》所謂『三監及淮夷叛』也。意其稱兵舉事，必以誅周公爲辭，若王敦之於劉隗、刁協爾。《詩序》所謂周公遭變，陳后稷先公風化之所由，而作《七月》之詩，以陳王業，風喻成王者，蓋此時也。」

周公乃告二公曰：「我之弗辟，我無以告我先王。」

辟，讀爲避，鄭氏《詩》傳言「周公以管、蔡流言辟居東都」是也。漢孔氏以爲「致辟於管叔」之「辟」，謂誅殺之也。夫三叔流言，以公將不利於成王，周公豈容遽興兵以誅之耶？且是時王方疑公，公將請王而誅之耶？將自誅之也？請之，固未必從；不請自誅之，亦非所以爲周公矣。「我之弗辟，我無以告我先王」，言我不避則於義有所不盡，無以告先王於地下也。公豈自爲身計哉？亦盡其忠誠而已矣。朱子曰：「『周公乃告二公曰』至『告我先王』，作《大誥》，遂東征。」○吕氏曰：「舜封象於有庳，所以爲至仁；周公之誅三叔，所以爲大義。事異而心則一也。」○張氏行成曰：「仁人之於兄弟也，有怨於身則不宿，獲罪於天下則必誅。」

周公居東二年，則罪人斯得。

居東，居國之東也。鄭氏謂避居東都，未知何據。孔氏以居東爲東征，非也。方流言之起，成王未知罪人爲誰。二年之後，王始知流言之爲管、蔡。「斯得」者，遲之之辭也。朱子曰：「『周公居東二年，則罪人斯得』、『殺武庚』、『致辟管叔于商，因蔡叔于郭鄰，降霍叔于庶人』、『命微子啓代殷後，作《微子之命》』，皆此時事。」○「周公東征，不必言用權。自是王室至親，與諸侯連衡背叛，當國大臣豈有坐視不救之理？帥師征之，乃是正義，不待可與權者而後能也。若馬、鄭以爲東行避謗，乃鄙生腐儒不達時務之説，可不辨而自明。若夫所謂周公之志，非爲身謀也，爲先王謀也；非爲先王謀也，以身任天下之重也。此語極佳。」○「罪人斯得，須着箇極廣大、無物我底心胸看方得，若有一毫私吝，自愛惜、避嫌疑之心，則與聖人做處天地懸隔矣。萬一成王終不悟，周公更待罪幾年，不知如何收殺。」○問「罪人斯得」，或以爲管、蔡，或以爲周公官屬。如何？曰：「非也。管、蔡既流言，成王疑之，未知罪人之爲誰也。及周公居東二年，成王因風雷之變，啓金縢而悟，乃知罪在管、蔡也，若曰『所謂罪人者，今得之矣』。」又問：「所謂『居東二年』即東征否？」曰：「成王方疑周公，豈得便東征乎？二年，待罪也。東征三年，非二年也。」○董銖問《金縢》：「『我之弗辟，我無以告我先王』，馬、鄭皆音『辟』爲『避』，其意蓋謂管、蔡流言，成王既疑周公，公乃避居東都二年之久，以待成王之察。及成王遭風雷之變，啓金縢之書，迎公來返，返乃攝政，方始東征。所謂『罪人斯得』者，成王得其流言之罪人也。陳少南、吳才老從之，而詆先儒誅辟之説。切謂周公之誅管、蔡，與伊尹之放太甲，皆聖人之變。惟二公至誠無愧，正大明白，故行之不疑，未可以淺俗之心窺之也。此『辟』字，與《蔡仲之命》所謂『致辟』之『辟』同，安得以『辟』爲『避』？

且使周公委政而去二年之久，不幸成王終不悟，而小人得以乘間而入，則周家之禍可勝言哉！周公是時不知何以告我先王也。觀公之告二公曰『我之弗辟，我無以告我先王』，其言正大明白、至誠惻怛，則區區嫌疑有所不敢避矣。惟有此心無懼，而先王可告也。自潔其身而爲匹夫之諒，周公豈爲之哉！」曰：「『辟』字當從古註説。《與蔡沈帖》曰：『「弗辟」之説，只從鄭氏爲是。向董叔重得書，亦辨此條，一時信筆答之，謂當從古註説，後來思之不然。是時三叔方流言於國，周公處兄弟骨肉之間，豈應以片言半語便遽然興師以誅之？聖人氣象，大不如此。又成王方疑周公，周公固不應不請而自誅之。若請之於王，王亦未必見從，則當時事勢，亦未必然。雖曰聖人之心公平正大，區區嫌疑似不必避。但舜避堯之子於南河之南，禹避舜之子於陽城，自是合如此。若居堯之宫，逼堯之子，即爲簒矣。或又謂：成王疑周公，故周公居東。不幸成王終不悟，不知周公又如何處？曰：亦惟盡其忠誠而已矣。』」○吕氏曰：「方是時，内而少主疑惑，外而四國倡亂，周公何恃而敢出征二年之久？蓋十亂尚有如二公者爲太師、太保而在内，可以委付内事，調護鎮定於其間故也。後世權臣，安敢輕去君側？舉足左右，變不旋踵矣。」

于後，公乃爲詩以貽王，名之曰《鴟鴞》。王亦未敢誚公。

鴟鴞，惡鳥也。以其破巢取卵，比武庚之敗管、蔡及王室也。誚，讓也。上文言「罪人斯得」，則是時成王之疑十已去其四五矣。朱子曰：「『于後公乃爲詩』至『誚公』，公既滅武庚、管、蔡，而成王之疑未釋，故公不欲遽歸，留居東方。而周大夫爲作《破斧》、《伐柯》、《九罭》、《狼跋》之詩。」○「管、蔡流言，使成王疑周公，周公雖已滅之，然成王之疑未釋，則亂未弭也。故周公作《鴟鴞》之詩以遺王，而告以王業艱難，不忍毀壞之意，所以爲救亂也。」○「管、蔡流言以謗周公而公征之，不知者以爲公之爲是以救其身而已，故爲此詩者爲之發明其心如此。學者於此玩味而有得焉，則正大而天地之情可見矣。」○呂氏曰：「王欲誚公而未敢，所謂『未敢』，則悔過之根本也。」

秋，大熟。未穫，天大雷電以風，禾盡偃，大木斯拔，邦人大恐。王與大夫盡弁以啓金縢之書，乃得周公所自以爲功代武王之説。

王與大夫盡弁以發金縢之書，將卜天變，而偶得周公册祝請命之説也。孔氏謂「二公倡王啓之」者，非是。按：「秋，大熟」係于二年之後，則成王迎周公之歸，蓋二年秋也。《東山》之詩言「自我不見，于今三年」，則「居東」之非東征明矣。蓋周公居東二年，成王因風雷之變既親迎以歸，三叔懷流言之罪遂脅武庚以叛。成王命周公征之，其東征往反，首尾又自三年也。

二公及王乃問諸史與百執事。對曰：「信。噫！公命。句。我勿敢言。」

周公卜武王之疾，二公未必不知之。周公册祝之文，二公蓋不知也。諸史、百執事，蓋卜筮執事之人。成王使卜天變者，即前日周公使卜武王疾之人也。二公及成王得周公自以爲功之説，因以問之。故皆謂信有此事。已而歎息，言此實周公之命，而我勿敢言爾。孔氏謂「周公使之勿道」者，非是。朱子曰：「『秋大熟』至『我勿敢言』，金縢所藏代武王之説。」○葵初王氏曰：「如蔡點，當云我莫敢言耳。《説文》：勿，莫也。」

王執書以泣，曰：「其勿穆卜！昔公勤勞王家，惟予沖人弗及知。今天動威以彰周公之德，惟朕小子其新逆，我國家禮亦宜之。」

新，當作「親」。成王啓金縢之書，欲卜天變。既得公册祝之文，遂感悟執書以泣，言不必更卜。昔周公勤勞王室，我幼不及知。今天動威以明周公之德，我小子其親迎公以歸，於國家禮亦宜也。按鄭氏《詩》傳：「成王既得金縢之書，親迎周公。」鄭氏學出於伏生，而此篇則伏生所傳，當以「親」爲正。「親」誤作「新」，正猶《大學》「新」誤作「親」也。馬融本「新逆」作「親逆」。

王出郊，天乃雨，反風，禾則盡起。二公命邦人，凡大木所偃，盡起而築之。歲則大熟。

國外曰郊。「王出郊」者，成王自往迎公，即上文所謂「親迎」者也。天乃返風，感應如此之速，《洪範》「庶徵」孰謂其不可信哉？又按：武王疾瘳，四年而崩。群叔流言，周公居東二年，罪人既得。成王迎周公以歸，凡六年事也。編《書》者附于《金縢》之末，以見請命事之首末，《金縢》書之顯晦也。朱子曰：「『王執書』至『歲則大熟』，《歸禾》、《嘉禾》之書皆此後作。周公自是歸，大夫美之，而作《東山》之詩也。」〇「成王方疑周公，二公何不爲周公辨明？若天不雷電以風，二公終不進説矣。當是時，成王欲誚周公而未敢。蓋周公東征，其勢亦難誚也。此成王雖深疑之，而未敢誚之也。若成王終不悟，周公須有所處矣。」○「《書》中可疑諸篇，若一齊不信，恐倒了六經。如《金縢》亦有非人情者，『雨，反風，禾盡起』，也是咤異。成王又如何恰限去啓《金縢》之書？然當周公納策於匱中，豈但二公知之？」○林氏曰：「公尚欲以身代兄之死，況肯奪兄子之位乎？此成王所以感悟也。『出郊』者，及公至則郊勞而親迎之也。孔氏以爲郊天，誤矣。又謂木有偃拔起而立之，亦非。凡禾爲木所仆，而不能自立者，則爲之起而築之，加人力焉。『築』者，築禾也。」○新安陳氏曰：「成王未知周公，則天爲之雷風偃禾；既知周公，則天爲之反風起禾。感應之速，如影響然。天豈在君心外耶！」○林氏曰：「自『周公居東』而下，其事迹皆在《大誥》之後，然實與周公請死之事相爲終始，故於此并載之。」○董氏鼎曰：「帝王之興，自有天命，必至於極而後見。武王崩，成王幼，天下之重懸於周公。公負謗而不遑自安，王得詩而尚猶未悟。文武之業，危如一髮，非天其孰能警悟而扶持之！故天之動威，不特以彰周公之德，實以表見三監之罪，而顯相文武之業也，如漢高困於項籍而大風爲之揚沙，光武窘於王郎而河冰爲之自合，庸非天乎？」

大誥

武王克殷，以殷餘民封受子武庚，命三叔監殷。武王崩，成王立，周公相之。三叔流言：「公將不利於孺子。」周公避位居東。後成王悟，迎周公歸。三叔懼，遂與武庚叛。成王命周公東征以討之，大誥天下。《書》言武庚而不言管叔者，爲親者諱也。篇首有「大誥」

二字，編書者因以名篇。今文、古文皆有。○按：此篇誥語，多主卜言，如曰「寧王遺我大寶龜」、曰「朕卜并吉」、曰「予得吉卜」、曰「王害不違卜」、曰「寧王惟卜用」、曰「矧亦惟卜用」、曰「予曷其極卜」、曰「矧今卜并吉」，至於篇終，又曰「卜陳惟若兹」，意邦君御事有曰「艱大」、「不可征」，欲王違卜。故周公以討叛卜吉之義，與天命人事之不可違者，反復誥諭之也。朱子曰：「《大誥》一篇不可曉。據周公在當時，外則有武庚管蔡之叛，内則有成王之疑，周室方且岌岌然。他作此書，決不是備禮苟且爲之，必欲以此聳動天下也。而今《大誥》大意，不過說周家辛苦做得這基業在此，我後人不可不有以成就之而已。其後又却專歸在卜上，其意思緩而不切，殊不可曉。」○「因言武王既克紂，武庚、三監及商民叛，曰：『當初紂之暴虐，天下之人胥怨，無不欲誅之。及武王既奉天下之心以誅紂，於是天下之怨皆解，而歸德於周矣。然商之遺民及與紂同事之臣，一旦見故主遭人殺戮，宗社爲墟，寧不動心！兹固畔心之所由生也。蓋始於苦紂之暴而欲其亡，固人之心；及紂既死，則怨已解，而人心復有所不忍，亦事勢人情之必然者。又況商之流風善政畢竟尚有在人心者，及其頑民感商恩意之深，此其所以叛也。後來樂毅伐齊，亦是如此。』」○陳氏大猷曰：「武王以公義封武庚而不虞其怨，以親愛用三叔而不料其反，仁人之過也。使捨武庚而立微子，三監雖欲叛而不從；捨三叔而任他人，武庚雖欲反而不敢。」○陳氏經曰：「使三叔監殷，亦如舜之封象，不得有爲於其國，使吏治其國之意。讀《泰》、《牧誓》而知武王取商之易，讀《大誥》諸篇而知周家安商之難。」○新安陳氏曰：「傳『避位』之說，蓋以照應《金縢》。」

王若曰："猷！大誥爾多邦越爾御事。弗弔！天降割于我家，不少延。洪惟我幼冲人，嗣無疆大歷服。弗造哲，迪民康，矧曰其有能格知天命？

猷，發語辭也，猶《虞書》"咨"、"嗟"之例。按《爾雅》"猷"訓最多，曰"謀"、曰"言"、曰"已"、曰"圖"，未知此何訓也。弔，恤也，猶《詩》言"不弔昊天"之"弔"。言我不爲天所恤，降害於我周家，武王遂喪而不少待也。冲人，成王也。歷，歷數也。服，五服也。哲，明哲也。格，"格物"之"格"。言大思我幼冲之君，嗣守無疆之大業，弗能造明哲以導民於安康，是人事且有所未至，而況言其能格知天命乎？朱子曰："'王若曰'，'若'字只是一似如此說底意思，如《漢書》中'帝意若曰'之類。蓋或宣道德意者敷演其說，或記録者失其語而追記其意如此也。"○"《書》中'弗弔'字，只如字讀。解者欲訓弔爲至，故音的聲，非也。其意止如《詩》中所謂'不弔昊天'耳，言不見閔弔於上帝也。"○林氏曰："政雖攝於周公，而成王在上爲天子，故必稱王命以告也。猷，發語之辭，若二《典》所謂'咨'，《甘誓》、《胤征》所謂'嗟'，切意至周時發語之辭變而爲猷，故《微子之命》、《多士》、《多方》皆言'王若曰猷'。越，及也。"○吕氏曰："叛者，三監、武庚耳，何必大誥多方，蓋天下初定，人情未安。三監煽變，恐亂之牽引，不止於此，所以大誥諭之。人心有定，則變無由生也。"○西山真氏曰："聖賢舉事，必先誥諭多方者，所以昭大公而一衆志，非但防亂而已。"○馬融讀"不少延"爲句。○薛氏曰："'洪惟'，與'洪惟作威'同。"○復齋董氏曰："幼，謂年少；冲，童也。"○陳氏大猷曰："格知，格之至也。下文將言用龜紹天命，故先謙言己不知天命也。"○王氏安石曰："《大誥》疑有脱誤，其不可知者輒闕之，而釋其可知者。」○新安陳氏曰：「朱子所以取荆公者在此，此可爲解《盤》、《誥》諸篇之法。」

「已！予惟小子，若涉淵水，予惟往求朕攸濟。敷賁，敷前人受命，兹不忘大功。予不敢閉于天降威用。

已，承上語詞，已而有不能已之意。「若涉淵水」者，喻其心之憂懼。「求朕攸濟」者，冀其事之必成。敷，布。賁，飾也。「敷賁」者，脩明其典章法度。「敷前人受命」者，增益開大前王之基業。若此者，所以不忘武王安天下之大功也。今武庚不靖，天固誅之，予豈敢閉抑天之威用而不行討乎？朱子因論點書，曰：「人説荆公穿鑿，只是好處亦用還他，如『天降割于我家不少延』、『用寧王遺我大寶龜』，皆非諸家所及。」○葉氏曰：「《禮》：天子在喪，稱『予小子』，《詩·閔予小子》是也。」○陳氏大猷曰：「渡水曰涉，渡訖曰濟。」○夏氏曰：「敷布賁飾之事，以敷布恢張前人所受之命，於此不忘前人之大功烈也。」○孔氏曰：「我不敢閉絶天所下威用而不行。」○新安陳氏曰：「若涉淵水，畏之之深也；往求攸濟，濟之之道也。知懼、自强，兩者並行，方能濟難。不知畏者忽，徒知畏者沮，皆非也。惟天惟祖宗所以付任我者甚重，今日不敢不力、不敷賁敷受命，是不能繼志述事而忘祖宗之大功也。不用兵伐四國，是不能奉行天討而閉天之降威也。」○西山真氏曰：「天降威，謂天以商有罪，降之黜罰，非我所敢拒也。王者用威，聽乎天而已。天未降威不敢先，文王事殷是也；天既降威不敢後，武王伐殷是也。」○王氏曰：「閉，拒也。天降威，成王不敢拒，故用寧王所用大寶龜紹天之明，以斷吉凶而即天命也。」

「寧王遺我大寶龜，紹天明。即命曰：『有大艱于西土，西土人亦不静，越兹蠢。』

寧王，武王也，下文又曰「寧考」。蘇氏曰：「當時謂武王爲寧王，以其克殷而安天下也。」蠢，動而無知之貌。「寧王遺我大寶龜」者，以其可以紹介天命，以定吉凶。曩嘗即龜所命，而其兆謂將有大艱難之事于西土，西土之人亦不安静。是武庚未叛之時，而龜之兆蓋已預告矣。及此果蠢蠢然而動，其卜可驗如此。將言下文伐殷卜吉之事，故先發此，以見卜之不可違也。呂氏曰：「『寧王遺我大寶龜』，《大誥》一篇之綱領也。自始至終，皆以卜爲言。」○林氏曰：「天之吉凶，示人甚明，然其道幽冥，無介紹以傳其意。惟卜之以龜，則天之明曉然可見。此成王所以即而受命焉。」○薛氏曰：「即命與《金縢》『即命于元龜』同意。」○蘇氏曰：「曰『有大艱于西土，西土人亦不静』，此龜所以告也。及是三監果動。」○史氏漸曰：「文、武、成之際，事之大者凡三，皆以卜而決。文王將獵，得非虎非熊之卜，而太公起於渭濱，造周之謀自此而成；武王師渡孟津，曰『朕夢協朕卜』，興周之基自此而定；成王主少國疑之際，而三監、商、奄相煽而起，賴『朕卜并吉』，故周公寧違衆而舉師，不敢違卜而逆天，而安周之功自此而著。周家三世以三卜而興，則大龜爲世守之寶也亦宜。」○新安陳氏曰：「武庚之亂在東，非西土也。孔註『四國作大難于京師』，意其指流言於國歟？」○葵初王氏曰：「『西土指鎬京爲是，即《牧誓》所謂『西土之人』。『大艱』以下，艱大例之，是因流言而有東征之役。」

「殷小腆誕敢紀其敘。天降威，知我國有疵，民不康，曰：『予復！』反鄙我周邦。

腆，厚。誕，大。敘，緒。疵，病也。言武庚以小厚之國，乃敢大紀其既亡之緒。是雖天降威于殷，然亦武庚知我國有三叔疵隙，民心不安。故敢言我將復殷業，而欲反鄙邑我周邦也。呂氏曰：「『反鄙』之『鄙』，如鄭子産曰『鄭，鄙邑也』。」

「今蠢，今翼日，民獻有十夫予翼以于，敉寧武圖功。我有大事休，朕卜，并吉。

于，往。敉，撫。武，繼也。謂今武庚蠢動，今之明日，民之賢者十夫，輔我以往撫定商邦，而繼嗣武王所圖之功也。大事，戎事。《左傳》云：「國之大事，在祀與戎。」休，美也。言知我有戎事休美者，以朕卜三龜而并吉也。按：上文「即命曰『有大艱于西土』」蓋卜於武王方崩之時，此云「朕卜，并吉」乃卜於將伐武庚之日，先儒合以爲一，誤矣。林氏曰：「民之賢者有十夫來助予往征，以撫安武王所圖之功，則得人心矣。『朕卜并吉』，則得天心矣。天人俱應，則我周有必勝之理，武庚有必亡之勢，如之何不征？民獻與『黎獻』同。欒武子以三卿爲主，不與楚戰，亦周公從十夫之意。曰『艱大』者，雖衆，皆不知天者也。知天之十獻爲主，可謂衆矣。惜十民獻名氏不見於後世耳。」○楊氏曰：「惟至誠爲能通天下之志，誠而不疑，其類自合。方是時危疑之甚，惟周公以身任之而不疑，故十夫予翼，此『勿疑朋盍簪』之謂也。」○新安陳氏曰：「公之東征，邦君御事皆疑，民獻十夫先至，故公表其人以告天下。蓋天之視聽在民，而民之去就視賢。蓍龜固可以紹天明，賢人尤可以占天意。賢人，人中之蓍龜也。此章言武庚作亂，不可不征，而決之賢與卜。民獻龜卜，乃《大誥》之綱領也。」

「肆予告我友邦君越尹氏、庶士、御事，曰：『予得吉卜，予惟以爾庶邦于伐殷逋播臣。』

此舉嘗以卜吉之故，告邦君御事往伐武庚之詞也。肆，故也。尹氏，庶官之正也。「殷逋播臣」者，謂武庚及其群臣，本逋亡播遷之臣也。

「爾庶邦君越庶士、御事罔不反曰：『艱大，民不靜，亦惟在王宮、邦君室。越予小子考翼不可征，王害不違卜？』

此舉邦君、御事不欲征，欲王違卜之言也。邦君、御事無不反曰：艱難重大，不可輕舉，且民不靜，雖由武庚，然亦在於王之宮、邦君之室。謂三叔不睦之故，實兆釁端，不可不自反。害，曷也。越我小子與父老敬事者皆謂不可征，王曷不違卜而勿征乎？

「肆予沖人永思艱，曰：嗚呼！允蠢鰥寡，哀哉！予造天役，遺大投艱于朕身，越予沖人不卬自恤。義爾邦君越爾多士、尹氏、御事，綏予曰：『無毖于恤，不可不成乃寧考圖功！』

造，爲。卬，我也。故我沖人亦永思其事之艱大，歎息言：信四國蠢動，害及鰥寡，深可哀也。然我之所爲，皆天之所役使。今日之事，天實以其甚大者遺於我之身，以其甚艱者投於我之身。於我沖人固不暇自恤矣。然以義言之，於爾邦君、於爾多士及官正治事之臣，當安我曰：無勞於憂，誠不可不成武王所圖之功，相與戮力致討可也。此章深責邦君、御事之避事。朱子曰：「『卬』字即『我』字，沈存中以爲秦語平音，故謂之『卬』。」○新安陳氏曰：「以大任責己，以大義責臣，非不知遺我以大，投我以艱，而責不得辭也。以義言之，當如此。反觀之，則以艱大沮撓者，其爲不義大矣。」

「已！予惟小子，不敢替上帝命。天休于寧王，興我小邦周，寧王惟卜用，克綏受茲命。今天其相民，矧亦惟卜用。嗚呼！天明畏，弼我丕丕基！」

卜伐武庚而吉，是上帝命伐之也。上帝之命，其敢廢乎？昔天眷武王，由百里而有天下，亦惟卜用，所謂「朕夢協朕卜，襲于休祥」是也。今天相佑斯民，避凶趨吉，況亦惟卜是用。是上而先王，下而小民，莫不用卜，而我獨可廢卜乎？故又歎息言天之明命可畏如此，是蓋輔成我丕丕基業，其可違耶？天明，即上文所謂「紹天明」者。呂氏曰：「天之明示威畏，非以困我，乃欲輔成我大業也，如《孟子》言『天將降大任，必先苦其心志』。畏之者，乃所以弼之也。多難興邦，殷憂啓聖，此周公自强處，即所以畏天命。」

王曰：「爾惟舊人，爾丕克遠省，爾知寧王若勤哉！天閟毖我成功所，予不敢不極卒寧王圖事。肆予大化誘我友邦君，天棐忱辭，其考我民，予曷其不于前寧人圖功攸終？天亦惟用勤毖我民，若有疾，予曷敢不于前寧人攸受休畢？」

當時邦君、御事有武王之舊臣者，亦憚征役，上文「考翼不可征」是也。故周公專呼舊臣而告之曰：爾惟武王之舊人，爾大能遠省前日之事，爾豈不知武王若此之勤勞哉？閟者，否閉而不通。毖者，艱難而不易。言天之所以否閉艱難、國家多難者，乃我成功之所在，我不敢不極卒武王所圖之事也。化者，化其固滯。誘者，誘其順從。棐，輔也。寧人，武王之大臣。當時謂武王爲寧王，因謂武王之大臣爲寧人也。民獻十夫以爲可伐，是天輔以誠信之辭，考之民而可見矣。我曷其不於前寧人而圖功所終乎？「勤毖我民，若有疾」者，四國勤毖我民，如人有疾，必速攻治之。我曷其不於前寧人所受休美而畢之乎？按：此三節謂不可不卒終畢寧王寧人事功休美之意。言「寧人」，則舊人之不欲征者，亦可愧矣。朱子曰：「諸家『棐』字，並作『輔』字訓，固爲可通。後讀《漢書》，顏師古註云『匪』、『棐』通用。如《書》中『棐』字，亦合作『匪』字義。」○「忱」，『諶』字，只訓『信』。天棐忱，如云『天不可信』。」○唐孔氏曰：「三節文辭略同，義不甚異。」○林氏曰：「武庚之叛，是天閟塞之而欲其毖慎。蓋將使我操心危而慮患深，養其德慧術智於疢疾之中，此正我戡定禍難以成武功之所也。」○新安許氏曰：「天意欲征武庚，故此歸之於天，非諄諄然命之也。民心之所欲，即是天意如此。」○陳氏大猷曰：「圖事，以其所行言；圖功，以其所成言；休，以受命言。反覆論之耳。」

王曰：「若昔朕其逝，朕言艱日思。若考作室，既底法，厥子乃弗肯堂，矧肯構？厥父菑，厥子乃弗肯播，矧肯穫？厥考翼其肯曰：『予有後，弗棄基？』肆予曷敢不越卬敉寧王大命？

昔，前日也，猶《孟子》「昔者」之「昔」。若昔我之欲往，我亦謂其事之難，而日思之矣，非輕舉也。以作室喻之，父既底定廣狹高下，其子不肯爲之堂基，況肯爲之造屋乎？以耕田喻之，父既反土而菑矣，其子乃不肯爲之播種，況肯俟其成而刈穫之乎？考翼，父敬事者也。爲其子者如此，則考翼其肯曰「我有後嗣，弗棄我之基業乎」？蓋武王定天下，立經陳紀，如作室之底法，如治田之既菑。今三監叛亂，不能討平以終武王之業，則是不肯堂、不肯播，況望其肯構、肯穫而延綿國祚於無窮乎？武王在天之靈，亦必不肯自謂其有後嗣而不棄墜其基業矣。故我何敢不及我身之存以撫存武王之大命乎？按：此三節，申喻不可不終武功之意。

「若兄考乃有友伐厥子，民養其勸弗救？」

民養，未詳。蘇氏曰：「養，厮養也。」謂人之臣僕。大意言若父兄有友攻伐其子，爲之臣僕者其可勸其攻伐而不救乎？父兄以喻武王，友以喻四國，子以喻百姓，民養以喻邦君、御事。今王之四國毒害百姓，而邦君臣僕乃憚於征役。是長其患而不救，其可哉？此言民被四國之害，不可不救援之意。

王曰：「嗚呼！肆哉！爾庶邦君，越爾御事，爽邦由哲，亦惟十人迪知上帝命，越天棐忱，爾時罔敢易法。矧今天降戾于周邦？惟大艱人誕鄰胥伐于厥室，爾亦不知天命不易？

肆，放也。欲其舒放而不畏縮也。爽，明也，「爽厥師」之「爽」。桀昏德，湯伐之，故言「爽師」；受昏德，武王伐之，故言「爽邦」。言昔武王之明大命於邦，皆由明智之士，亦惟亂臣十人，蹈知天命，及天輔武王之誠，以克商受。爾於是時，不敢違越武王法制，憚於征役。矧今武王死，天降禍於周，首大難之四國大近相攻於其室？事危勢迫如此，爾乃以爲不可征，爾亦不知天命之不可違越矣。此以今昔互言，責邦君、御事之不知天命。按：先儒皆以十人爲十夫。然十夫，民之賢者爾，恐未可以爲「迪知帝命」，未可以爲「越天棐忱」。所謂「迪知」者，蹈行真知之詞也。越天棐忱，天命已歸之詞也。非亂臣昭武王以受天命者，不足以當之。況《君奭》之書，周公歷舉虢叔、閎夭之徒亦曰「迪知天威」，於受殷命亦曰「若天棐忱」。詳周公前後所言，則十人之爲亂臣，又何疑哉？

「予永念曰：天惟喪殷，若穡夫，予曷敢不終朕畝？天亦惟休于前寧人。

天之喪殷，若農夫之去草，必絕其根本，我何敢不終我之田畝乎？我之所以終畝者，是天亦惟欲休美於前寧人也。林氏曰：「我長念於心，則謂天以紂之暴虐而改命我周，其於殷人也，若穡夫治田，去其稂莠，必芟夷蘊崇之，絕其本根，勿使能植而後已。今也有遺種焉，則我何敢不於田畝之中而畢其事乎？蓋武庚之叛而不去，則爲不終朕畝矣。」

「予曷其極卜？敢弗于從？率寧人有指疆土，矧今卜并吉？肆朕誕以爾東征。天命不僭，卜陳惟若兹！」

我何敢盡欲用卜？敢不從爾勿征？蓋率循寧人之功，當有指定先王疆土之理。卜而不吉，固將伐之，况今卜而并吉乎？　故我大以爾東征。　天命斷不僭差，卜之所陳蓋如此。　按：此篇專主卜言。　然其上原天命，下述得人，往推寧王、寧人不可不成之功，近指成王、邦君、御事不可不終之責。　諄諄乎民生之休戚、家國之興喪，懇惻切至，不能自已。而反復終始乎卜之一説，以通天下之志，以斷天下之疑，以定天下之業。　非聰明睿知，神武而不殺者，孰能與於此哉？　朱子曰：「如周《誥》諸篇，不過説周合代商之意。　是當時説話，其間多有不可解者，亦且觀其大意所在而已。」○「《書》亦難點，如《大誥》語句甚長，今人都碎讀了，所以曉不得。」○新安陳氏曰：「東征之舉，以天命與先王之責決之，本不待卜，况今卜又并吉。　故我大以爾東征，天命討罪，決不僭差，卜之所陳蓋如此。　此總陳前諸章之意，而結之以哲人與元龜知天意之當從，前業之當終，而決於東征也。」○西山真氏曰：「此章以『予永念』發端，下分三説：天命喪殷，我不可不終其事，一也；天降休命于武王，凡今所有之疆土皆前人之所區畫，我可不率其舊，如韓愈所謂『惟天惟祖宗所以付任予者，庶其在此，予曷敢不力』，二也；其下乃言『今卜并吉』，是天實命我所不可違，三也。『予曷其極卜』言不必窮極於卜也，『卜陳惟若兹』言卜亦不外乎此也，先以理斷，而後以卜參之，蓋不特不違卜，亦本不專恃於卜也。」○董氏鼎曰：「帝王之決大疑，必詢謀僉同，謀及乃心、卿士、庶民而後及卜筮。　蓋以人謀既協，乃決於天。　商之亡也，格人元龜罔敢知吉。　周之東征也，民獻十夫予翼，而卜又并吉，此《大誥》書所以始終言之。」

微子之命

微，國名。子，爵也。成王既殺武庚，封微子於宋以奉湯祀。史録其誥命，以爲此篇。今文無，古文有。《史記》：帝乙長子曰微子啓，母賤不得嗣。少子辛之母正后，辛立，是爲紂。○林氏曰：「『詔王子出迪』，《語》云『微子去之』。微子當紂之時，處可疑之地而去商，亦遯于荒野而已。及武王克商，始抱祭器歸周，武王使復其位，初以殷之封爵居舊位也。不曰『宋公之命』，而曰『微子之命』，蓋周以賓待之，非欲臣之也。箕子、微子雖歸周而未嘗臣周，所以與比干並稱『三仁』。」○吴氏曰：「武王克殷，封武庚於殷墟，封微子於宋。《樂記》言『武王下車，投殷後於宋』是也。及武庚叛，成王殺之，始即微子已封之宋國，建之爲上公以奉湯祀。蓋申命之書，非先未封，至此始封之也。凡策命諸侯，必有初封之辭，如《蔡仲之命》乃命諸王邦之蔡之類，此篇初無此等語也。《史記》「世家」言周公既承王命誅武庚，乃命微子代殷後，奉其先祀，作《微子之命》以申之。其説爲是。且武王猶封箕子於朝鮮，豈有捨微子不封，待成王而後封乎？」○陳氏經曰：「當武庚叛後，殷餘民猶思商。以微子之賢，處疑忌之地，而命之之辭如此，聖人寛大公平之用心也。」○新安陳氏曰：「殺武庚始命微子奉湯祀者，蓋紂以嫡子立爲天子。武庚紂子，實爲大宗子，微子不過支子爾。武庚在，爲殷後奉湯祀者，武庚也，微子不得與也；武庚死，殷命黜，微子始得代之爲殷後歟。」○王氏炎曰：「紂之後可絶，湯之祀不可絶也。」

王若曰：「猷！殷王元子。惟稽古崇德象賢，統承先王，脩其禮物，作賓于王家，與國咸休，永世無窮。

元子，長子也。微子，帝乙之長子，紂之庶兄也。崇德，謂先聖王之有德者，則尊崇而奉祀之也。象賢，謂其後嗣子孫有象先聖王之賢者，則命之以主祀也。言考古制，尊崇成湯之德，以微子象賢而奉其祀也。禮，典禮。物，文物也。脩其典禮文物，不使廢壞，以備一王之法也。孔子曰：「夏禮，吾能言之，杞不足徵也；殷禮，吾能言之，宋不足徵也。文獻不足故也。」殷之典禮，微子脩之。至孔子時，已不足徵矣，故夫子惜之。賓，以客禮遇之也，《振鷺》言「我客戾止」，《左氏》謂「宋，先代之後，天子有事膰焉，有喪拜焉」者也。

吕氏曰：「先王之心，公平廣大，非若後世滅人之國，惟恐苗裔之存爲子孫害。成王命微子，方且撫助愛養，欲其與國咸休，永世無窮。公平廣大氣象，於此可見。」張氏曰：「本湯言之曰『崇德』，自微子言之曰『象賢』。」○王氏炎曰：「脩禮物者，自正朔外，不用時王制度而用其舊儀。」○吕氏曰：「象，非止訓『似』，曰『象』者，欲其盛德之象形容長存而不泯也。先王封先代之後，欲存先代典禮者，蓋以損益之理若循環然。先代禮物不脩，後聖有作，扶衰救弊，何所稽考乎？孔子歎文獻之不足徵，與《商頌》僅得十二之五，皆後世不能脩禮物故也。」○新安陳氏曰：「『稽古崇德象賢』一句，爲一篇之綱領。此章自『崇德象賢』至『作賓王家』，皆承『稽古』二字。崇德象賢固稽古典爲之，使脩先代禮物，作時王之賓客，亦稽古典爲之也。如立堯後以作虞賓，立夏後以脩夏禮，皆古人所已行者。『稽古』以下四句，所以考之於既往；『與國咸休』二句，所以期之於方來。」又曰：「『象賢』之『賢』，獻也。禮物，文也。文非獻不能脩，宋初所以能脩禮物，以有微子之賢也。孔子時，宋文獻不足徵，繼之者不能賢如微子故也，故尤以象賢爲重。前日失之於武庚，今日得之於微子，所以下文深取其『踐脩厥猷』，『恪慎孝恭』。有此賢德，上可象湯德以繼前聖，下可脩禮物以俟後聖焉！」

「嗚呼！乃祖成湯，克齊聖廣淵，皇天眷佑，誕受厥命，撫民以寬，除其邪虐，功加于時，德垂後裔。

齊，肅也。齊則無不敬，聖則無不通，廣言其大，淵言其深也。誕，大也。皇天眷佑，誕受厥命，即伊尹所謂「天監厥德，用集大命」者。撫民以寬，除其邪虐，即伊尹所謂「代虐以寬，兆民允懷」者。功加于時，言其所及者衆。德垂後裔，言其所傳者遠也。後裔，即微子也。此崇德之意。呂氏曰：「齊聖廣淵，於此識湯德之全體。湯克寬克仁，代虐以寬，則其開六百年基業，正在於寬。」○新安陳氏曰：「齊，誠一也。齊，如《中庸》所謂『惟天下至誠』。聖，即『惟天下至聖』。廣淵，即所謂『溥博淵泉』。湯之寬，亦非縱弛之寬，乃自齊聖廣淵盛德中流出。總言之，皆垂後裔之德之源也。功加于時，功即德之效；德垂後裔，德即功之本。互言之爾。湯之功德，傳祀六百，開闢以來莫加焉，而可使之不祀乎？此所以生下文之意也。」

「爾惟踐脩厥猷，舊有令聞。恪慎克孝，肅恭神人。予嘉乃德，曰篤不忘。上帝時歆，下民祗協，庸建爾于上公，尹兹東夏。

猷，道。令，善。聞，譽也。微子踐履脩舉成湯之道，舊有善譽，非一日也。恪，敬也。恪謹克孝，肅恭神人，指微子實德而言。抱祭器歸周，亦其一也。篤，厚也。我善汝德，曰厚而不忘也。歆，饗。庸，用也。王者之後稱公，故曰上公。尹，治也。宋亳在東，故曰「東夏」。此象賢之意。張氏曰：「恪慎在心，肅恭在貌。克孝，内也，故言『恪慎』。神人，外也，故言『肅恭』。」○唐孔氏曰：「《左傳》僖十二年王命管仲有曰『謂督不忘』，即此『曰篤不忘』之類也。」○王氏曰：「宋，商後，得郊天，故云『上帝時歆』。《記》曰：『宋之郊也，契也。』」○西山真氏曰：「恪慎克孝，是事親以敬也。肅恭神人，是事神治人亦以敬也。敬以事神，故『上帝時歆』；敬以治人，故『下民祇協』。古聖賢惟於敬用功而已。微子之德，信乎其爲象賢也。」○葉氏曰：「周制三公在朝八命，有功德出封作伯。九命謂之上公，二王後亦出封之公也。」○陳氏經曰：「鎬在西，故以宋爲東夏。」○息齋徐氏曰：「抱祭器歸周，與《商書·微子》篇末傳異。」

「欽哉！往敷乃訓，慎乃服命，率由典常，以蕃王室。弘乃烈祖，律乃有民，永綏厥位，毗予一人。世世享德，萬邦作式，俾我有周無斁。

此因戒勉之也。服命，上公服命也。宋，王者之後，成湯之廟當有天子禮樂。慮有僭擬之失，故曰謹其服命，率由典常，以戒之也。弘，大。律，範。毗，輔。式，法。斁，厭也，即《詩》言「在此無斁」之意。○林氏曰：「偪生於僭，僭生於疑。非疑無僭，非僭無偪。謹其服命，遵守典常，安有偪僭之過哉？魯實侯爵，乃以天子禮樂祀周公，亦既不謹矣。其後遂用於群公之廟，甚至季氏僭八佾，三家僭《雍》徹，其原一開，末流無所不至。成王於宋，謹慎如此，必無賜周公以天子禮樂之事。豈周室既衰，魯竊僭用，託爲成王之賜、伯禽之受乎？」西山真氏曰：「微子既篤於敬矣，而猶勉以『欽哉』，欲其敬而益敬也。能敬，始能全敷教訓。慎服命以下之衆美，因以戒勉期望之也。」○陳氏大猷曰：「此章廣上文『統承先王』至『永世無窮』之意。」○陳氏雅言曰：「以者，承上之辭，如『以親九族』之『以』。蓋能戒其所不當爲者，即能勉其所當爲。非於所戒之外，别有所勉之事也。」○蘇氏曰：「當武庚叛餘，以新造之周，侯前代未盡亡之賢子，則微子蓋處可疑之地，禁戒之辭，隄防之具宜悉也。乃命之曰『上帝時歆』，曰『弘乃烈祖』，曰『萬邦作式』，此三代之事，後世胡可及也？」

「嗚呼！往哉！惟休，無替朕命。」

歎息言，汝往之國，當休美其政，而無廢棄我所命汝之言也。呂氏曰：「君子所過者化，殺武庚，叛者殺之爾；封微子，賢者封之爾，周何心哉？殺武庚，義也；封微子，仁也。」○陳氏曰：「武庚以叛黜，復命微子，常情於此，孰不暴白其罪，明黜殷之由。今此篇丁寧惻怛，無一言及武庚事，以傷微子之心。蓋誥命賢者，其體當如此。」○西山真氏曰：「此非特得誥命賢者之體，蓋武庚之罪當行天討，微子之德當加天命，非有一毫喜怒之私，故其從容和平，略無忿疾之意。於此可見聖人之心矣。」○王氏炎曰：「《泰誓》、《牧誓》言紂之失至于再三，與周之友邦及從征之臣言也；《酒誥》言紂之失亦無所隱，兄弟之間相與言也；至《多士》、《多方》言紂之失則略，與殷之遺民言也；《微子之命》並無一字及紂與武庚之事，不可對商之賢子言也。而惟言湯之聖、微子之賢，其言有體也哉！」

康誥

康叔，文王之子，武王之弟。武王誥命爲衛侯。今文、古文皆有。○按：《書序》以《康誥》爲成王之書。今詳本篇，康叔於成王爲叔父，成王不應以弟稱之。説者謂周公以成王命誥，故曰弟。然既謂之「王若曰」，則爲成王之言，周公何遽自以弟稱之也？且《康誥》、《酒誥》、《梓材》三篇，言文王者非一，而略無一語以及武王，何耶？説者又謂「寡兄勖」爲稱武王，尤爲非義。「寡兄」云者，自謙之辭，寡德之稱。苟語他人，猶之可也？武王，康叔之兄，家人相語，周公安得以武王爲寡兄而告其弟乎？或又謂康叔在武王時尚幼，故不得封。然康叔，武王同母弟，武王分封之時年已九十，安有九十之兄，同母弟尚幼不可封乎？且康叔，文王之子；叔虞，成王之弟。周公東征，叔虞已封於唐。豈有康叔得封，反在叔虞之後？必無是理也。又按：《汲冢周書·克殷篇》言「王即位於社南，群臣畢從，毛叔鄭奉明水，衛叔封傳禮，召公奭贊采，師尚父牽牲」。《史記》亦言「衛康叔封布茲」，與《汲書》大同小異。康叔在武王時非幼亦明矣。特序《書》者，不知《康誥》篇首四十八字爲《洛誥》脱簡，遂因誤爲成王之書。是知《書序》果非孔子所作也。《康誥》、《酒誥》、《梓材》篇次當在《金縢》之前。或問：「孔氏《小序》以《康誥》爲成王、周公之書，而子以武王言之，何也？」朱子曰：「此五峰胡氏之説也，嘗因而考之。其曰『朕弟』、『寡兄』皆爲武王之自言，乃得事理之實，而其他證亦多。《小序》之言，不足深信。」○「胡氏於《皇王大紀》考究得《康誥》非周公、成王時，乃武王時。蓋有『朕其弟』之語，若成王，則康叔爲叔父矣。又首尾只稱『文考』，成王、周公必不只稱『文考』。又有『寡兄』之語，亦是武王自稱無疑，如今人稱『劣兄』之類。又唐叔得禾，傳記所載，成王先封唐叔，後封康叔，決無姪先叔之理。」○「《康誥》三篇，此是武王書無疑。其中分明説：『王若曰：「孟侯，朕其弟，小子封。」』豈有周公方以成王之命命康叔，而遽述己意以告之乎？決不解如此。五峰、吴才老皆説是武王書，只緣誤以《洛誥》書首一段置在《康誥》之前，故敘其書於《大誥》、《微子之命》之後。」問：「如此，則封康叔在武庚未叛之前矣。」曰：「想是同時。商畿千里，紂之地亦甚大，所封必不止三兩國也。」「『惟三月哉生魄』一段，自是脱落分曉。且如『朕弟』、『寡兄』，是武王自告康叔之詞無疑。蓋武王，周公、康叔同叫作兄，豈應周公對康叔一家人説話，安得叫武王作『寡兄』以告其弟乎？蓋『寡』者，是向人稱我家、我國長上之詞也。只被其中有『作新大邑於周』數句，遂牽引得《序》來作成王時書。若是成王，不應所引多文王而不及武王。且如今人纔説太祖，便必及太宗也。」○問：「殷地，武王既以封武庚，而使三叔監之矣，又以何處封康叔？」曰：「既言『以殷餘民封康叔』，豈非封武庚之外，又以封之乎？」孔氏曰：「康叔」「康，圻内國名。叔，封字。」○林氏曰：「康，乃叔未受封時食采之地。或曰：康，謚也。」○鄭氏曰：「康叔初封衛，至子孫而并邶、鄘地。」

惟三月哉生魄，周公初基，作新大邑于東國洛，四方民大和會。侯甸男邦采衛百工播民和，見士于周。周公咸勤，乃洪大誥治。

三月，周公攝政七年之三月也。始生魄，十六日也。百工，百官也。士，《説文》曰：「事也。」《詩》曰：「勿士行枚。」吕氏曰：「斧斤版築之事，亦甚勞矣。而民大和會，悉來赴役，即文王作靈臺，『庶民子來』之意。」蘇氏曰：「此《洛誥》之文，當在『周公拜手稽首』之上。」唐孔氏曰：「『男』下獨有『邦』，以五服『男』居其中，則五服皆有『邦』可知。《禹貢》五服通王畿，此在畿外。」○林氏曰：「周九服：侯、甸、男、采、衛、蠻、夷、鎮、藩。會于洛邑者，惟内五服也。」○潘氏曰：「勤，猶『《杕杜》以勤歸』之『勤』。洪，大也。經之言複者多矣。」○新安陳氏曰：「初基，定基址也。鎬在西，洛在東，故曰『東國洛』。見士，朝見而趨事也。民大和會，人心本自和也。播民和，因人心之和而播敷宣暢其和也。悦以使民，民忘其勞，公不忘民之勞而勤勞之，所以得民心也。以《召誥》攷之，周公以三月十二日乙卯至洛，先觀召公營洛規模，十四日丁巳行郊禮，十五日戊午行社禮，十六日己未初基作洛。繼此五日内號召齊集，計度區畫，分配科派，至二十一日甲子朝乃用書命庶殷，諸侯丕作。《召誥》所謂『用書命』、『丕作』，即此所謂『洪大誥治』也。如《召誥》傳中引《春秋傳》『士彌牟營成周』之類，參以《召誥》日月脗合，《洛誥》冠以此九句方有頭緒，强附之此，全不相應，其爲《洛誥》脱簡，何可疑者？諸家阿附牽强解之，非矣。」○陳氏雅言曰：「遷都定國之事，非民之和則不足以有爲，非民力之勤則不足以有成。然其所以能勤者，皆由於能和也。其心既和，則其力自勤，而況有百工以播其和，有周公以咸其勤。」

王若曰：「孟侯，朕其弟，小子封。

王，武王也。孟，長也。言爲諸侯之長也。封，康叔名。舊説周公以成王命誥康叔者，非是。吴氏曰：「《詩序》言『衛不能脩方伯連帥之職』，康叔之爲方伯無疑。先儒謂康叔受封時尚幼者，以此書稱『小子』之故。康叔與武王、周公皆太姒之子，安得爲尚幼？今陝右之俗，凡尊命卑、貴命賤，雖長且老者亦以『小子』呼之，表見親愛之辭。此所謂『小子』亦然。」

「惟乃丕顯考文王，克明德慎罰；

《左氏》曰：「明德謹罰，❶文王所以造周也。明德，務崇之之謂。謹罰，務去之之謂。」明德謹罰，一篇之綱領。「不敢侮鰥寡」以下，文王明德謹罰也；「汝念哉」以下，欲康叔明德謹罰也；「敬明乃罰」以下，欲康叔謹罰也；「爽惟民」以下，欲其以德行罰也；「封，敬哉」以下，欲其不用罰而用德也。終則以天命殷民結之。林氏曰：「此篇多及慎罰用刑者，按《左傳》『周克商，蘇忿生以温爲司寇』，《立政》『司寇蘇公』是也。又曰：『武王之母弟八人，康叔爲司寇』，則康叔以衛侯入繼蘇爲之，故并以『詰姦』、『刑暴』之事告之。其曰『外事』、『外正』，以『外』言者，治殷民於衛也。」

❶「謹」，《左傳》成公二年引《周書》作「慎」，南宋避宋孝宗名諱改「慎」爲「謹」。下「謹罰」同，不再出校。

以衛爲外，則内事者，王朝司寇之事也，故於刑罰爲詳。」○陳氏大猷曰：「治天下不過德、刑兩端。德者人所同慕，感化人心之本也，文王則克明之，使民慕而入於德；罰者人所同畏，防範人心之具也，文王則克謹之，使民畏而不入於罰。」

「不敢侮鰥寡，庸庸祗祗，威威顯民。用肇造我區夏。越我一、二邦以脩。我西土惟時怙冒，聞于上帝，帝休，天乃大命文王，殪戎殷，誕受厥命。越厥邦厥民，惟時敘，乃寡兄勖。肆汝小子封，在兹東土。」

鰥寡，人所易忽也。於人易忽者而不忽焉，以見聖人無所不敬畏也，即堯「不虐無告」之意。論文王之德而首發此，非聖人不能也。庸，用也。用其所當用，敬其所當敬，威其所當威，言文王用能敬賢討罪，一聽於理，而己無與焉。故德著於民，用始造我區夏，及我一二友邦漸以脩治。至罄西土之人，怙之如父，冒之如天，明德昭升，聞于上帝，帝用休美，乃大命文王，殪滅大殷，大受其命。萬邦萬民各得其理，莫不時敘，汝寡德之兄，亦勉力不怠。故爾小子封，得以在此東土也。吳氏曰：「殪戎殷，武王之事也。此稱文王者，武王不敢以爲己之功也。」○又按：「東土」云者，武王克商，分紂城朝歌以北爲邶，南爲鄘，東爲衛。意邶、鄘爲武庚之封，而衛即康叔也。《漢書》言周公善康叔不從管、蔡之亂，似地相比近之辭，然不可攷矣。陳氏大猷曰：「『不敢侮鰥寡』者，仁民也；『庸庸』，使能也；『祗祗』，尊賢也，明德之事；『威威』，懲惡也，慎罰之事。是是非非，使民曉然知所好惡，所以顯民也。恐康叔以受封爲當然，故歷言文王之積累，汝兄之勉勵，故汝得以有此土地，庶其念所自之艱難，而不敢慢易也。」○新安陳氏曰：「諸儒泥周公命康叔之説者，謂公呼武王爲寡有之兄，言其德不群也，豈事理名稱之實乎？惟是武王自言，故稱文王詳而自謂甚略，只以一『勖』字見其自勉。若周公之言，豈論武王如此簡略？且『勖』字，惟自謙乃可言耳。」

王曰：「嗚呼！封，汝念哉！今民將在祗遹乃文考，紹聞衣德言。往敷求于殷先哲王，用保乂民，汝丕遠惟商耇成人，宅心知訓。別求聞由古先哲王，用康保民。弘于天，若德裕乃身，不廢在王命！」

此下明德也。遹，述。衣，服也。今治民將在敬述文考之事，繼其所聞，而服行文王之德言也。往，之國也。宅心，處心也，「安汝止」之意。知訓，知所以訓民也。由，行也。曰「保乂」、曰「知訓」、曰「康保」，經緯以成文爾。武王既欲康叔祗遹文考，又欲敷求商先哲王，又丕遠惟商耇成人，又別聞由古先哲王。近述諸今，遠稽諸古，不一而足，以見義理之無盡。《易》曰：「君子多識前言往行以蓄其德。」弘者，廓而大之也。天者，理之所從出也。康叔博學以聚之，集義以生之，真積力久，衆理該通。此心之天理之所從出者，始恢廓而有餘用矣。若是，則心廣體胖，動無違禮，斯能不廢在王之命也。○吕氏曰：「康叔歷求聖賢問學，至於弘于天，德裕身，可謂盛矣。止能不廢王命，才可免過而已，此見人臣職分之難盡。若欲爲子，必須如舜與曾、閔，方能不廢父命；若欲爲臣，必須如舜與周公，方能不廢君命。」林氏曰：「雖求老成，法往古，又當弘于天。《召誥》曰『則無遺壽耇』、『其稽我古人之德』，又『能稽謀自天』，即此意。」〇陳氏雅言曰：「明德之道，固當全備衆理，而後有以窮天下之善；尤當貫通一理，而後有以廓此心之天。此即伊尹告太甲以『主善爲師，協于克一』之意也。」

王曰：「嗚呼！小子封，恫瘝乃身，敬哉！天畏棐忱，民情大可見，小人難保。往盡乃心，無康好逸豫，乃其乂民。我聞曰：『怨不在大，亦不在小，惠不惠，懋不懋。』

恫，痛。瘝，病也。視民之不安，如疾痛之在乃身，不可不敬之也。天命不常，雖甚可畏，然誠則輔之；民情好惡，雖大可見，而小民至爲難保。汝往之國所以治之者非他，惟盡汝心，無自安而好逸豫，乃其所以治民也。古人言：「怨不在大，亦不在小，惟在順不順、勉不勉耳。」順者，順於理；勉者，勉於行。即上文所謂「往盡乃心，無康好逸豫」者也。朱子曰：「恫瘝，常如疾痛之在身，則無不覺矣。」〇孔氏曰：「治民務除惡政，當如痛病在汝身，欲去之。」〇夏氏曰：「民之休戚，汝之休戚也，故曰『恫瘝乃身』。『敬哉』以下，即當敬之事。呂氏曰：命爾爲侯，非富貴之也，乃委痛病于爾身。爾上則天棐忱，下則民難保，非痌瘝乃身乎？」〇陳氏經曰：「不必求之天，求之民可也。」〇林氏曰：「致怨無小無大，皆足以召亂。當順而不順，當勉而不勉，皆致怨之道。必順於理而勉於行，怨庶可弭也。」

「已！汝惟小子，乃服惟弘王，應保殷民，亦惟助王宅天命，作新民。」

服，事。應，和也。汝之事，惟在廣上德意，和保殷民，使之不失其所，以助王安定天命，而作新斯民也。此言「明德」之終也。《大學》言「明德」，亦舉「新民」終之。朱子曰：「鼓之舞之之謂作，言振起其自新之民也。」○鼓之舞之之謂作。曰：「如擊鼓然，自然使人跳舞踴躍。然民之所以感動者，由其本有此理。但上之人既自有以明其明德，時時提撕警發，則下之觀瞻感化，各自有以興起其同然之善心，而不能已耳。」○林氏曰：「應保者，因人情而安之，謂應其所欲也。如人情莫不欲壽，則生之而不傷；人情莫不欲富，則厚之而不困；人情莫不欲安，則扶之而不危。所欲與聚，所惡勿施，皆所以應而保之也。」○陳氏大猷曰：「殷民，乃天命所視以去留，人心所視以觀化。保殷民，所以助王宅天命而作新民也。」○新安陳氏曰：「此欲康叔法文王之明德，而極於新民也。《大學》傳引《康誥》曰『克明德』即截上文『克明德慎罰』一句上三字，引『作新民』即此章此一句也。《大學》三綱領之二，其源實出於《康誥》。二帝、夏商以來，言『明德』者有矣，未有言『新民』者。言『克明德』、『作新民』體用相對，首見於《康誥》，而《大學》祖述之。謂《康誥》非《大學》之宗祖，可乎？」

王曰：「嗚呼！封，敬明乃罰。人有小罪非眚，乃惟終，自作不典，式爾，有厥罪小，乃不可不殺。乃有大罪，非終，乃惟眚災，適爾，既道極厥辜，時乃不可殺。」

此下謹罰也。式，用。適，偶也。人有小罪非過誤，乃其固爲亂常之事，用意如此，其罪雖小，乃不可不殺，即《舜典》所謂「刑故無小」也。人有大罪，非是故犯，乃其過誤，出於不幸，偶爾如此，既自稱道盡輸其情，不敢隱匿，罪雖大，時乃不可殺，即《舜典》所謂「宥過無大」也。諸葛孔明治蜀，服罪輸情者雖重必釋，其「既道極厥辜，時乃不可殺」之意歟！朱子曰：「不典式爾，古註『式』訓『勉』。蘇云『爾是人自言法當如此』，皆迂。予謂此不可曉，大概是『宥過刑故』之意。」○蘇氏曰：「此設爲死罪之大小，以明其情之有輕重，非謂小罪爲可殺也。如甲乙皆有死罪，而甲之罪小於乙，非謂其罪不至死也。今世之法，謀殺已傷，雖未殺，皆死；雖未傷而寘人於必死之地，亦死；過失殺，雖已殺，皆贖。與此意略相似。」○蔡氏元度曰：「『欽哉欽哉』，用刑不可不敬也；『惟明克允』，用刑不可不明也。」○新安陳氏曰：「小罪不可不殺，小罪怙終，刑之可也，殺之無乃過乎？蓋敗常越軌，其罪雖小，其情乃亂之原，不殺，則爲害將甚大。曰『有』者，謂小罪中有如此者，非謂凡有小罪而『怙終』者皆殺之也。此又宜於『作不典』觀之。」

王曰：「嗚呼！封，有敘時，乃大明服，惟民其勑懋和。若有疾，惟民其畢棄咎。若保赤子，惟民其康乂。

「有敘」者，刑罰有次序也。「明」者，明其罰。「服」者，服其民也。《左氏》曰：「乃大明服，己則不明，而殺人以逞，不亦難乎？」勑，戒勑也。民其戒勑而勉於和順也。「若有疾」者，以去疾之心去惡也，故民皆棄咎。「若保赤子」者，以保子之心保善也，故民其安治。

朱子曰：「若有疾，刑人如痛在己，又恫瘝之意。」○張子曰：「刑罰足以制人之形，而不足以服人之心。必不紊刑之倫序，時乃大明刑罰而足以服其心，宜民勑懋而且和也。」○林氏曰：「若有疾、若保赤子，皆出於中心之誠然。蓋人有疾而欲去之，有赤子而欲保之，此豈可以僞爲？舉斯心以加諸彼，則無往而不爲仁矣。」○陳氏大猷曰：「去民之惡如去己疾，則調治無所不至，必盡棄其咎矣；保其民如保己之赤子，則愛護無所不至，民必康且乂矣。先言『有疾』，後言『赤子』，蓋民棄咎，然後可康乂也。」○新安陳氏曰：「此處三言『惟民其』，必加以後之二譬，使民棄咎康乂，而後可全其勑懋和也。」

「非汝封刑人殺人，無或刑人殺人。非汝封又曰劓刵人，無或劓刵人。」

刑殺者，天之所以討有罪，非汝封得以刑之殺之也，汝無或以己而刑殺之。刵，截耳也。刑殺，刑之大者；劓刵，刑之小者。兼舉小大以申戒之也。「又曰」當在「無或刑人殺人」之下。又按：刵，《周官》「五刑」所無，《吕刑》以爲苗民所制。朱子曰：「康叔爲周司寇，故一篇多説用刑。須改其句。吕氏説：『非汝封刑人殺人，則人亦無敢刑人殺人。又曰非汝封劓刵人，則人亦無敢劓刵人。』蓋言用刑之權，正在康叔，不可不謹之意耳。」

王曰：「外事，汝陳時臬，司師兹殷罰有倫。」

外事，未詳。陳氏曰：外事，有司之事也。臬，法也，爲準限之義。言汝於外事，但陳列是法，使有司師此殷罰之有倫者用之爾。○吕氏曰：「外事，衛國事也。《史記》言康叔爲周司寇。司寇，王朝之官，職任内事，故以衛國對言爲外事。今按：篇中言『往敷求』、『往盡乃心』，篇終曰『往哉！　封』，皆令其之國之辭，而未見其留王朝之意。但詳此篇，康叔蓋深於法者。異時成王或舉以任司寇之職，而此則未必然也。」陳氏大猷曰：「上章概言用刑，此章專言衛國之刑，故以『外事』別之，猶下文言『外庶子』、『外正』也。臬，門梱也，有限準之義，故以訓法，猶謂法爲律也。衛居殷墟，法乃殷民所安也。」

又曰：「要囚，服念五、六日至于旬、時，丕蔽要囚。」

要囚，獄辭之要者也。服念，服膺而念之。旬，十日。時，三月。爲囚求生道也。蔽，斷也。蘇氏曰：「服念，爲囚求生道也。求之旬時而終無生道，乃可殺。」○林氏曰：「唐太宗謂群臣曰：死者不可復生，決囚須三覆奏，頃刻之間，何暇思慮？自今宜五覆奏。正得《康誥》『要囚』之意。」○新安陳氏曰：「按歐陽公《瀧岡阡表》，載其父崇公任獄官，每爲囚求生道，嘗曰：『爲之求生道而不得，夫然後我與死者可以俱無憾矣。』亦合此意。」

王曰：「汝陳時臬事，罰蔽殷彝，用其義刑義殺，勿庸以次汝封。乃汝盡遜曰時敘，惟曰未有遜事。」

義，宜也。次，「次舍」之「次」。遜，順也。申言敷陳是法與事，罰斷以殷之常法矣。又慮其泥古而不通，又謂其刑其殺，必察其宜於時者而後用之。既又慮其趨時而徇己，又謂刑殺不可以就汝封之意。既又慮其刑殺雖已當罪，而矜喜之心乘之，又謂使汝刑殺盡順於義，雖曰是有次敘，汝當惟謂未有順義之事。蓋矜喜之心生，乃怠惰之心起，刑殺之所由不中也，可不戒哉？ 孔氏曰：「用舊法典刑宜於時世者。」○陳氏大猷曰：「罰獨言之，則兼刑殺，上文『殷罰有倫』是也。與刑殺對言，則罰輕刑重，殺尤重也。」○新安陳氏曰：「雖盡遜而惟曰未遜，心常不自是，則虛明公正之體不失，而審慎矜恤之念常存，刑罰之不中者鮮矣，即《呂刑》所謂『雖休勿休』，曾子所謂『如得其情，則哀矜而勿喜』也。」

「已！汝惟小子，未其有若汝封之心。朕心朕德，惟乃知。

「已」者，語辭之不能已也。小子，幼小之稱。言年雖少，而心獨善也。爾心之善，固朕知之。朕心朕德，亦惟爾知之。將言用罰之事，故先發其良心焉。新安陳氏曰：「能慎罰者汝之心，欲汝慎罰者我之心。我之心，惟欲以德行罰耳。我之與汝心實相知，所以深相孚契，相戒飭也。」

「凡民自得罪：寇攘姦宄，殺越人于貨，暋不畏死，罔弗憝。」

越，顛越也，《盤庚》云「顛越不恭」。暋，强。憝，惡也。自得罪，非爲人誘陷以得罪也。凡民自犯罪，爲盜賊姦宄，殺人、顛越人以取財貨强狠亡命者，人無不憎惡之也。用罰而加是人，則人無不服。以其出乎人之同惡，而非即乎吾之私心也。特舉此以明用罰之當罪。唐孔氏曰：「顛越人，謂不死而傷。」○夏氏曰：「此不待教而誅之者也。」○陳氏大猷曰：「此一節上下疑有闕文。」○呂氏曰：「說者以『凡民自得罪』以下，與上文不叶，蓋舉一端以爲證驗也。蓋謂如此等罪之人，人所同惡而刑加焉，豈容以次汝封乎？所謂刑加於自犯之罪也。用刑皆如此，則契公理矣。所刑苟非人所同惡，是移法就己也。」○新安陳氏曰：「吕説奇，蔡亦略取之。然平心讀此五句，實與上文不貫，缺之良是。」

王曰：「封，元惡大憝，矧惟不孝不友？子弗祗服厥父事，大傷厥考心；于父不能字厥子，乃疾厥子；于弟弗念天顯，乃弗克恭厥兄；兄亦不念鞠子哀，大不友于弟。惟弔兹，不于我政人得罪，天惟與我民彝大泯亂。曰：乃其速由文王作罰，刑兹無赦。

大憝，即上文之「罔弗憝」。言寇攘姦宄，固爲大惡而大可惡矣，况不孝不友之人，而尤爲可惡者。當商之季，禮義不明，人紀廢壞。子不敬事其父大傷父心，父不能愛子乃疾惡其子，是父子相夷也。天顯，猶《孝經》所謂「天明」，尊卑顯然之序也。弟不念尊卑之序而不能敬其兄，兄亦不念父母鞠養之勞而大不友其弟，是兄弟相賊也。父子兄弟至於如此，苟不於我爲政之人而得罪焉，則天之與我民彝，必大泯滅而紊亂矣。「曰」者，言如此，則汝其速由文王作罰，刑此無赦，而懲戒之不可緩也。朱子曰：「惟弔兹，惟痛憫此得罪之人也。不于我政人得罪，憫痛之深，恨不自我得罪也。」○蔡氏元度曰：「先責子之不孝，然後責父之不慈；先責弟之不恭，然後責兄之不友。《周禮》有『不孝』、『不弟』之刑，而無不慈、不友之罪，即此意也。」○張氏曰：「民之秉彝，『民彝』，常性之謂也。」○吕氏曰：「前言『殷罰』、『殷彝』，此言『文王作罰刑』者，殷法常事，用之父子兄弟之獄則用文王之法經。紂之惡，人倫戕敗，文王於維持綱常之罰有作焉。如《地官》『不孝』、『不弟』之刑之類，故以殷罰治殷俗，因人情之所安也。以文王罰刑誅不孝、不友，撥殷亂之所在也。」○新安陳氏曰：「按前已告康叔明德以作新民矣，此言慎罰而速懲不孝不友者，蓋已致新民之功，不率而後方嚴齊民之刑，何用法峻急之有？又按此章孔註甚明，蔡傳從之，當矣。」

「不率大戛，矧惟外庶子訓人，惟厥正人，越小臣諸節，乃别播敷，造民大譽，弗念弗庸，瘝厥君，時乃引惡，惟朕憝。已！汝乃其速由茲義率殺。

戛，法也。言民之不率教者，固可大寘之法矣。况外庶子以訓人爲職，與庶官之長及小臣之有符節者，乃别布條教，違道干譽，弗念其君，弗用其法，以病君上。是乃長惡於下，我之所深惡也。臣之不忠如此，刑其可已乎！汝其速由此義，而率以誅戮之，可也。○按：上言民不孝不友，則「速由文王作罰，刑茲無赦」。此言外庶子、正人小臣背上立私，則「速由茲義率殺」。其曰刑曰殺，若用法峻急者，蓋殷之臣民化紂之惡，父子兄弟之無其親，君臣上下之無其義，非繩之以法，示之以威，殷民孰知不孝、不義之不可干哉？《周禮》所謂「刑亂國，用重典」者是也。然曰「速由文王」、曰「速由茲義」，則其刑、其罰亦仁厚而已矣。孔氏曰：「戛，常也。凡民不循大常之教，猶刑之無赦。」○新安陳氏曰：「『不率大戛』一句，或以屬上文，或以屬下文，不勝異説，此句合缺疑。」○吴氏曰：「速由茲義率殺，即前文王所作罰刑無非義也。」○王氏日休曰：「前言『速由文王作罰刑』，此言『茲義』，豈非指文王之義刑、義殺乎？」

「亦惟君惟長，不能厥家人，越厥小臣、外正，惟威惟虐，大放王命，乃非德用乂。

君、長，指康叔而言也。康叔而不能齊其家，不能訓其臣，惟威惟虐，大廢棄天子之命，乃欲以非德用治，是康叔且不能用上命矣，亦何以責其臣之瘝厥君也哉？朱子曰：「乃非德用乂，言汝若寬縱，則小臣外正皆得爲威虐。汝之爲此，欲以德乂民，而實非德也，姑息而已。蘇等説懲王氏之弊，❶一概以寬爲説，恐非聖人刑人正法之意也。」○林氏曰：「不能厥家人，如《左傳》云『不能其大夫，至于君祖母，以及國人』也。」

「汝亦罔不克敬典，乃由裕民，惟文王之敬忌，乃裕民，曰：『我惟有及。』則予一人以懌。」

汝罔不能敬守國之常法，由是而求裕民之道，惟文王之敬忌，敬則有所不忽，忌則有所不敢。期裕其民曰：「我惟有及於文王。」則予一人以悦懌矣。此言「謹罰」之終也。穆王訓刑亦曰「敬忌」云。朱子曰：「文王之敬忌，忌，惡也。」○林氏曰：「裕民豈他求哉？『惟文王之敬忌』而已。敬則有所尊而能順其所爲，忌則有所畏而能戒其所不爲。」○陳氏大猷曰：「敬則律己嚴而感率者盡，裕則待人寬而從容自從。然敬典而不知忌刑，亦非所以全裕民之道。惟法文王之敬典忌刑，乃能裕民耳。弗念弗庸，既以爲朕憝，則敬忌裕民，人其有不懌乎？」○唐孔氏曰：「敬忌，謂敬德忌刑。」○新安

❶「蘇」下，《晦庵集》有「陳」字，《書傳輯録纂注》亦無。

陳氏曰：「前言『速由文王罰刑』、『速由兹義率殺』，兩言『速由』，何其急速也？此言『乃由裕民』、『乃裕民』，兩言『乃裕』，又何其寬緩也？始欲其以刑齊民，以懲戒人之惡習；終欲其以身率人，以容養人之善心。其急其緩，並行而不相悖也。」○陳氏大猷曰：「此上三節，疑有錯簡，諸家皆意其然耳。」

王曰：「封，爽惟民，迪吉康，我時其惟殷先哲王德，用康乂民，作求。矧今民罔迪不適，不迪，則罔政在厥邦。」

此下欲其以德用罰也。求，等也。《詩》曰「世德作求」，言明思夫民，當開導之以吉康。我亦時其惟殷先哲王之德，用以安治其民，爲等匹於商先王也。迪，即「迪吉康」之「迪」。況今民無導之而不從者，苟不有以導之，則爲無政於國矣。迪言德而政言刑也。前既嚴之民，又嚴之臣，又嚴之康叔，此則武王之自嚴畏也。西山真氏曰：「欲導民於吉康，其何以哉？惟於殷先哲王之德用以康乂民者，作而求之而已。蓋殷先哲王之所爲，無非導民吉康之道也。導之以仁義而民趨於仁義，導之以孝弟而民趨於孝弟，此則所謂『吉康』也。『政』者，所以正民，不能導民俾知所遵，尚何政之有？古之所謂『政』者，合教化而言；後世所謂『政』者，離教化而言。」

王曰：「封，予惟不可不監，告汝德之説于罰之行。今惟民不静，未戾厥心，迪屢未同。爽惟天其罰殛我，我其不怨。惟厥罪，無在大，亦無在多，矧曰其尚顯聞于天？」

戾，止也。又言民不安静，未能止其心之狠疾，迪之者雖屢，而未能使之上同乎治。明思天其殛罰我，我何敢怨乎？　惟民之罪不在大，亦不在多。　苟爲有罪，即在朕躬。　況曰今庶群腥穢之德，其尚顯聞于天乎？　新安陳氏曰：「我惟不可不監視古義，即指文王明德慎罰之義，故告汝以德之説，於罰之行之時。　蓋欲以德行罰，而非以罰行罰也。　今惟民不安静，未定其心，迪之雖屢，而猶未同。　民之不静未同，天將不罪民而罪導民者，故爽明惟天，其將罰殛我矣，我其不當怨也。　惟其罪不在大與多，一毫不盡，且爲有罪，況曰其已上顯聞于天，而欲逭天之罰殛，可乎？　『爽惟天其罰殛我』，與『爽惟民迪吉康』同。　『爽惟』蓋當時語。　此王責己以勵康叔也。　要之此等語言，多不可强解，難通者不如缺之。」

王曰：「嗚呼！　封，敬哉！　無作怨，勿用非謀非彝。　蔽時忱，丕則敏德，用康乃心，顧乃德，遠乃猷，裕乃以民寧，不汝瑕殄。」

此欲其不用罰而用德也。　歎息言汝敬哉，毋作可怨之事，勿用非善之謀、非常之法。　惟斷以是誠，大法古人之敏德，用以安汝之心，省汝之德，遠汝之謀，寬裕不迫，以待民之自安。　若是，則不汝瑕疵而棄絶矣。　陳氏經曰：「毋作致怨之事，用敗事之謀，變常之法，皆起怨之道也。　蔽，如『一言以蔽之』之『蔽』。　惟斷以至誠，則能不惑於非謀非彝矣。　心之不安，則必喜異而厭常；德之不顧，則無内省之實；猷之不遠，則貪目前之利，忘他日之患。　凡此皆基於不誠也。」○陳氏大猷曰：「爲治有不易之定論，通行之常道，『明德慎罰』是也。　捨是，則爲非謀非彝。　王恐叔惑於邪説異術，謂民難以德化，易以刑服，如封德彝之惑太宗者，故戒以勿用，而惟斷以至誠也。　『丕則敏德』，大法古人之敏德，如上章法文王之明德，作求殷先哲王德是也。慮其悠悠，而欲其汲汲，故以『敏德』言。又恐其欲速也，故又欲其安汝心；安則恐其警省不至也，故又欲其回顧汝德；顧則又恐其察慮之太迫也，故又欲其弘遠汝謀，庶能優游寬裕，而與民相安矣。」○西山真氏曰：「裕乃以民寧，不必言行寬政，但自『無作怨』以下數句行之優裕，即所以致民之寧，而民不瑕絶之也。蓋爲善未至於優裕，皆勉强也，與前『德裕乃身』之『裕』同。至此，則不言用罰而純言用德矣。」○陳氏雅言曰：「非謀非彝，即作怨之事，『用康乃心，顧乃德，遠乃猷，裕乃以民寧』皆敏德之事。」

王曰：「嗚呼！肆汝小子封。惟命不于常，汝念哉！無我殄享。明乃服命，高乃聽，用康乂民。」

肆，未詳。惟命不于常，善則得之，不善則失之，汝其念哉！毋我殄絶所享之國也。明汝侯國服命，高其聽，不可卑忽我言，用安治爾民也。《爾雅》曰：肆，今也。○復齋董氏曰：「肆，語辭。如『肆徂厥敬勞』、『肆往姦宄』，皆語辭也。」○陳氏大猷曰：「無使我所與爾之爵土殄絶而不能享也。『服命』，即所服受之誥命。『高乃聽』，猶尊所聞。」

王若曰：「往哉！封，勿替敬典，聽朕告，汝乃以殷民世享。」

勿廢其所敬之常法，聽我所命而服行之，乃能以殷民而世享其國也。世享，對上文「殄享」而言。朱子曰：「殄享、世享，皆享於天子。」○李氏杞曰：「《康誥》一篇，始終以『敬哉』、『敬典』爲言，是知致敬之道，乃脩身治民之本。康叔所以化商民之綱要莫大於此。」○新安陳氏曰：「勿替所當敬之典常，即所謂『罔不克敬典』者。篇將終，復申言之。《大學》引『惟命不于常』，而斷之曰『道善則得之，不善則失之矣』。弗念、弗聽則殄享，不善而失之也；敬典、聽告則世享，善則得之也。武王封康叔，拳拳反覆於文王『明德慎罰』之家法，無慮數百言，末復以天命之無常，享國之難必者警戒之。康叔實能敬聽而力行其言，衛之享國，卒與周家相爲長久。吁！豈偶然哉！」

酒誥

商受酗酒，天下化之。妹土，商之都邑，其染惡尤甚。武王以其地封康叔，故作書誥教之云。今文、古文皆有。○按吴氏曰：「《酒誥》一書，本是兩書，以其皆爲酒而誥，故誤合而爲一。自『王若曰，明大命于妹邦』以下，武王告受故都之書也。自『王曰，封我西土棐徂邦君』以下，武王告康叔之書也。《書》之體，爲一人而作，則首稱其人；爲衆人而作，則首稱其衆；爲一方而作，則首稱一方；爲天下而作，則首稱天下。《君奭》書首稱『君奭』，《君陳》書首稱『君陳』，爲一人而作也；《甘誓》首稱『六事之人』，《湯誓》首稱『格汝衆』，此爲衆人而作也；《湯誥》首稱『萬方有衆』，《大誥》首稱『大誥多邦』，此爲天下而作也；《多方》書爲四國而作，則首稱『四國』；《多士》書爲多士而作，則首稱『多士』。今《酒誥》爲妹邦而作，故首言『明大命于妹邦』，其自爲一書無疑。」按：吴氏分篇引證，固爲明甚。但既謂專誥毖妹邦，不應有「乃穆考文王」之語。意《酒誥》專爲妹邦而作，而妹邦在康叔封圻之内，則明大命之責，康叔實任之。故篇首專以妹邦爲稱，至中篇始名「康叔」以致誥。其曰「尚克用文王教」者，亦申言首章文王誥毖之意。其事則主於妹邦，其書則付之康叔。雖若二篇而實爲一書，雖若二事而實相首尾。反復參究，蓋自爲書之一體也。朱子曰：「當初周公使管、蔡者，想見那時好在，必不疑他。後來必是武庚與商之頑民每日將酒去灌啗他，乘醉以語言離間之，曰：『你是兄，却出來在此；周公是弟，反執大權以臨天下！』管、蔡獃，想得被這幾箇喚動了，所以流言説：『公將不利於孺子。』這箇都是武庚與商之頑民教他，所以使得這管、蔡如此。後來周公所以做《酒誥》，丁寧如此，必是當日因酒做出許多事，中間想煞有説話，而今《書傳》只載得大概，其中更有幾多機變曲折在。」○徐孟寶問：「楊子雲言：『《酒誥》之篇俄空焉。』」答曰：「孔《書》以巫蠱事不曾傳，漢儒不曾見者多，如鄭康成、晉杜預皆然。想楊子雲亦不曾見。」○林氏曰：「紂以酒亡國，餘習猶存，《酒誥》所以作也。」○新安陳氏曰：「此篇初以酗酒戒妹土之人，不專爲康叔言，但責之康叔，使明戒酒之命於國人。後方呼康叔名以丁寧之，至末云『勿汝剛制于酒』，則專戒康叔之身，欲其以身率國人也。」

王若曰：「明大命于妹邦。

妹邦，即《詩》所謂「沬鄉」。篇首稱「妹邦」者，誥命專爲妹邦發也。孔氏曰：「妹地，紂所都，朝歌以北是。」○薛氏曰：「妹，古『沬』字。沬，水名，因水名地。」○新安陳氏曰：「提起頭説今明大命令于妹邦。大命，即下文是。」

「乃穆考文王，肇國在西土。厥誥毖庶邦庶士越少正御事，朝夕曰：『祀兹酒。』惟天降命，肇我民，惟元祀。

穆，敬也，《詩》曰「穆穆文王」是也。上篇言文王明德則曰「顯考」，此篇言文王誥毖則曰「穆考」，言各有當也。或曰，文王世次爲穆，亦通。毖，戒謹也。少正，官之副貳也。文王朝夕勑戒之曰：「惟祭祀則用此酒。」天始令民作酒者，爲大祭祀而已。西土庶邦，遠去商邑，文王誥毖，亦諄諄以酒爲戒，則商邑可知矣。文王爲西伯，故得誥毖庶邦云。新安陳氏曰：「按『昭穆』之『穆』，與《左傳》合，不易之論。以『穆考』爲『穆穆』之『穆』，則《詩》稱武王曰『率見昭考』，此『昭』字又如何訓耶？『穆穆』之證非也。」〇王氏炎曰：「官正曰長，亞曰少。御事，治事之臣也，有正有少。」〇唐孔氏曰：「《世本》云：『儀狄造酒。』又云：『杜康造酒。』本人以意爲之。今言天降命，蓋人爲，亦天之所使也。」〇林氏曰：「非大祀而用酒，則非天之所以降命之本意矣。」

「天降威，我民用大亂喪德，亦罔非酒惟行；越小大邦用喪，亦罔非酒惟辜。

酒之禍人也，而以爲天降威者，禍亂之成是亦天爾。箕子言受酗酒，亦曰「天毒降災」，正此意也。民之喪德，君之喪邦，皆由於酒。喪德故言「行」，喪邦故言「辜」。朱子曰：「南軒《酒誥》一段解『天降命』、『天降威』處，誠千百年儒者所不及。今備載其説曰：酒之爲物，本以奉祭祀、供賓客，此即天之降命也；而人以酒之故，至於失德喪身，即天之降威也。釋氏本惡天之降威者，乃併與天之降命者去之，吾儒則不然，去其降威者而已，降威者去，而降命者自在。如飲食而至於暴殄天物，釋氏惡之，必欲食蔬茹，吾儒則不至於暴殄而已；衣服而至於窮極奢侈，釋氏惡之，必欲衣壞色之衣，吾儒則去其奢侈而已。至於惡淫慝而絶夫婦，吾儒則去其淫慝而已。釋氏本惡人欲，并與天理之公者去之，吾儒去人欲，所謂天理者昭然矣。譬如水焉，釋氏惡其泥沙之濁，而窒之以土，不知土既窒，則無水可飲矣，吾儒不然，澄其泥沙，而水之清者可酌。此儒、釋之分也。」○呂氏曰：「天降命，所以使民置酒者，以祭祀無酒，無以薦馨香，非以資人之酣飲也。後人失其本意，乃以酒得禍，而亦曰『天降』者，天理不在人心外。民爲酒所困，即天降威也。」○林氏曰：「聖人所爲而以爲天降命，人以酒喪德喪邦，皆自作孽，而以爲天降威。蓋古人於事之成敗，未嘗不歸之天。天雖高高在上，人之起居動静未有不與之俱者，則人之所爲，孰非天之所爲哉！」○陳氏曰：「『朝夕曰』之下，此文王『誥毖庶邦庶士』之辭。」○新安陳氏曰：「『天降命』與『天降威』當對觀。設酒之初意，本爲祭祀，乃天之降命也。酒之流生禍，亦天之降威也。酒一而已，用以祀者此酒也，喪德、喪邦者亦此酒也。天理人欲，同行異情。人之於酒，知其祭祀而本於降命之天，又能於燕飲而凛然知有降威之天，則天理行而人欲窒，方無酒禍矣。」○史氏漸曰：「吾切喜衛人何其服《酒誥》之訓，世守於無窮也。始也商俗淫湎，武王以《酒誥》戒之。逮幽王之世，上下沈湎，衛武公作《賓之初筵》，以見衛人非特一時聞訓不敢自越於禁防，又能以其所以爲禁防者傳爲子孫法焉。」

「文王誥教小子、有正、有事：無彝酒。越庶國：飲惟祀，德將無醉。

小子，少子之稱。以其血氣未定，尤易縱酒喪德，故文王專誥教之。有正，有官守者。有事，有職業者。無、毋同。彝，常也。毋常於酒，其飲惟於祭祀之時。然亦必以德將之，無至於醉也。陳氏大猷曰：「此文王又誥教庶邦庶士之小子。」○林氏曰：「禁於未發之謂豫。發然後禁，則扞格而難勝。故湯訓蒙士、文王教小子、穆王告幼子童孫，與《易》養蒙，一也。」○蘇氏曰：「溺酒，則正事曠矣，故不可彝酒。」○陳氏曰：「有官則不敢飲，有事則不暇飲。飲惟祀酒，飲福受胙也。」○林氏曰：「無常者，❶非不飲也，蓋不可非所當飲而飲之，故於庶國之飲者，惟因賜祀胙而已。」○呂氏曰：「以德將之，不至於醉。中無所主，則爲麯蘖所迷矣。」○新安陳氏曰：「以德將之，不至於醉，天理足以制人欲也。及亂而燕喪威儀，無德以將之故耳。」

「惟曰我民迪小子，惟土物愛，厥心臧。聰聽祖考之彝訓，越小大德，小子惟一。

文王言我民亦常訓導其子孫，惟土物之愛，勤稼穡，服田畝，無外慕，則心之所守者正，而善日生。爲子孫者，亦當聰聽其祖父之常訓，不可以謹酒爲小德。小德、大德，小子爲一視之，可也。薛氏曰：「糜穀爲酒，非愛土物也。」○呂氏曰：「大抵縱酒者多不事稼穡，勤稼心臧者必不暇縱酒。聽貴聰，不聰，則誨諄諄，聽藐藐矣。當時飲酒者，必以爲小德無害於事，但於大德用力足矣。殊不知以酒爲小德，正病之根源也。以爲小而不戒，必至縱而不已，故欲其合而爲一。不可分彼爲大德，

❶「常」下，《尚書全解》有「酒」字。

此爲小德，當以一體觀之也。」○西山真氏曰：「民蒙文王之化，亦各訓迪子弟，惟土地所生之物是愛，故其心臧。蓋一溺於酒，則必旁求珍異以自奉，其欲廣則其心蠹矣。是時爲子弟者，亦各聽聽祖考之常訓。訓之常，則入于耳者熟；聽之聰，則志于心也恪。故於小大之德，視之惟一，不以謹酒爲小焉。謹酒非小德，則湎酒非小過亦明矣。」

「妹土，嗣爾股肱，純其藝黍稷，奔走事厥考厥長。肇牽車牛，遠服賈，用孝養厥父母。厥父母慶，自洗腆，致用酒。

此武王教妹土之民也。嗣，續。純，大。肇，敏。服，事也。言妹土民當嗣續汝四肢之力，無有怠惰，大脩農功，服勞田畝，奔走以事其父兄。或敏於貿易，牽車牛，遠事賈，以孝養其父母。父母喜慶，然後可自洗腆，致用酒。洗以致其潔，腆以致其厚也。薛氏曰：或大脩農功，或遠服商賈，以養父母。父母慶，則汝可以用酒也。葵初王氏曰：「既種黍稷，肇牽車牛，民以農爲本，賈爲末。」○西山真氏曰：「妹土之民，久染沉酣之俗，繼自今宜純用股肱之力以從事於農商，以養其父母。兼農商言之，於理爲長。」○新安陳氏曰：「此以下，武王通教妹土之民與臣及康叔也。蓋欲妹土臣民與康叔，先藝黍稷，後遠服賈，以嗣續其股肱之力，而凡用心，惟在於事考長，養父母，不敢分心於他適也。先用心於黍稷，餘力始從事於服賈，見急於務本而不急於逐末，亦風俗之厚也。服田與服賈者，皆以孝養爲先，尚奚暇於縱酒哉！」○呂氏曰：「前禁酒如此之嚴，至此復教之使用酒者，聖人之教至於斷絶人情則不行。所以閉其飲酒之門者多矣，故開其一而使之有節，但不可踰此節耳。」

「庶士、有正越庶伯、君子，其爾典聽朕教！爾大克羞耇惟君，爾乃飲食醉飽。丕惟曰：爾克永觀省，作稽中德。爾尚克羞饋祀，爾乃自介用逸。兹乃允惟王正事之臣，兹亦惟天若元德，永不忘在王家。」

此武王教妹土之臣也。伯，長也。曰「君子」者，賢之也。典，常也。羞，養也。言其大能養老也。惟君，未詳。丕惟曰者，大言也。介，助也。用逸者，用以宴樂也。言爾能常常反觀内省，使念慮之發、營爲之際，悉稽乎中正之德，而無過不及之差，則德全於身，而可以交於神明矣。如是，則庶幾能進饋祀，爾亦可自副而用宴樂也。如此則信爲王治事之臣，如此亦惟天順元德，而永不忘在王家矣。按：上文父母慶則可飲酒，克羞耇則可飲酒，羞饋祀則可飲酒。本欲禁絶其飲，今乃反開其端者，不禁之禁也。聖人之教不迫而民從者，此也。孝養、羞耇、饋祀，皆因其良心之發而利導之。人果能盡此三者，且爲成德之士矣，而何憂其湎酒也哉？林氏曰：「先王養老之禮，執醬執爵，割牲奉俎，凡以致其醉飽耳。作而稽於中德，未嘗過差，則庶幾能進饋食於祖考，乃自助而用逸也。喪德喪邦，皆以爲天之降威，則『永觀省』、『稽中德』者，天安得不若其元德乎？」○吕氏曰：「開人飲酒之門，不過奉親、養老、祭祀三節，皆自其良心發見處開之也。」○西山真氏曰：「此乃武王誥教庶正、庶伯之詞，欲其能長自觀省，每有動作，必稽乎中德，無過與不及也。中德，即中道也，即身而言則曰『中德』，即事而言則曰『中道』。」○新安陳氏曰：「此數句以『稽中德』爲主，能稽中德，則無過不及。飲惟見於羞饋祀，而非祀不飲，以此乃可爲王正事之臣。以此天亦若其元德，由中德可充之爲大德也。『德』之一字，爲《酒誥》一篇之綱領，譬之救千丈渾之一寸膠也。上文之『德將無醉』，下文之『經德』、『德顯』、『德馨』，與此之『稽中德』、『若元德』，實互相照應云。」

王曰：「封，我西土棐徂邦君御事小子，尚克用文王教，不腆于酒，故我至于今，克受殷之命。」

徂，往也。輔佐文王往日之邦君御事小子也。言文王毖酒之教，其大如此。西山真氏曰：「夫有司之不腆酒，於天命何預？而王乃以克受殷命爲職此之由，何耶？但觀幽、厲、陳、隋之朝，上下沈酗，以致墜失天命，則謹酒而受天命，復何疑哉！」○吴氏曰：「凡稱『我』，皆武王自謂也。余謂三篇皆武王書，觀此一節可以無疑矣。或者終謂周公代成王之言，何爲三篇無一言及武王，周公達孝不應遽忘之若是也。若果周公之言，則『尚克用文王教，不腆于酒』之下，但繼以『故我至于今，克受殷之命』，乃周公受之而武王不與也。無是理矣。」○新安陳氏曰：「上文言邦君以下『用文王教』，故武王即以我受殷命承之。若以爲周公之言，則是『用文王教』之下略無一字及武王，周公敢自謂我克受殷命耶？我受殷命，武王可自言，周公不可言，不待明者而後知也。」

王曰：「封，我聞惟曰：『在昔殷先哲王迪畏天顯小民，經德秉哲。自成湯咸至于帝乙，成王畏相，惟御事厥棐有恭，不敢自暇自逸，矧曰其敢崇飲？

以商君臣之不暇逸者告康叔也。殷先哲王，湯也。「迪畏」者，畏之而見於行也。畏天之明命，畏小民之難保。經其德而不變，所以處己也；秉其哲而不惑，所以用人也。湯之垂統如此。故自湯至于帝乙，賢聖之君六七作。雖世代不同，而皆能成就君德，敬畏輔相。故當時御事之臣，亦皆盡忠輔翼，而有責難之恭，自暇自逸猶且不敢，況曰其敢尚飲乎？唐孔氏曰：「周受命於殷，兼衛居殷地，故舉殷代以酒興亡爲戒。」○林氏曰：「經德秉哲，乃商先王持養到處。」○陳氏大猷曰：「經德秉哲，乃畏天畏民之實。」○王氏炎曰：「御事，猶言治事。凡經言『御事』，兼小大之臣皆可稱也。」○新安陳氏曰：「上文言周受殷命，故舉殷之以酒興亡以爲戒。此先言殷先王以不湎酒而興也。『迪畏』以下數句，與『崇飲』相反。迪畏天民，則常若上帝之臨汝，常見小人之難保，敢縱酒乎？一縱酒，則玩而不知畏。天顯雖可畏，酣飲則不暇顧；小民雖可畏，酣飲則不暇恤矣。常其德，持其哲，則有守而不昏，必不縱酒。一縱酒，則酗于酒德而所守變，荒迷于酒而所見昏矣。畏相棐恭，不暇不逸則有敬畏。無暇逸，必不縱酒。一縱酒，則君臣淪胥釀酣之場，而荒酖逸豫不暇顧矣。商人以尚敬爲法，尚飲爲戒，曰『畏』、曰『恭』，皆尚敬之謂也。尚敬，則百善成；尚飲，則百邪生。」○西山真氏曰：「此章乃一篇之根本。凡人敬則不縱欲，縱欲則不敬，商之君臣既一於敬，舉天下之物不足以動之，況荒敗於酒乎？此正天理、人欲相爲消長之幾，宜深味之。」

「『越在外服侯、甸、男、衛、邦伯，越在内服百僚、庶尹、惟亞、惟服、宗工越百姓、里居，罔敢湎于酒。不惟不敢，亦不暇，惟助成王德顯越，尹人祗辟。』

自御事而下，在外服則有侯、甸、男、衛諸侯與其長伯，在內服則有百僚、庶尹、惟亞、惟服、宗工、國中百姓與夫里居者，亦皆不敢沉湎于酒。「不惟不敢，亦不暇」，不敢者，有所畏；不暇者，有所勉。惟欲上以助成君德，而使之昭著；下以助尹人祗辟，而使之益不怠耳。成王，顧上文「成王」而言；祗辟，顧上文「有恭」而言。呂氏曰：「尹人者，百官諸侯之長也。」指上文「御事」而言。陳氏大猷曰：「越，及也。伯，諸侯之長。內服，畿內也。庶尹，衆官之正，樂正、酒正之類。亞，次大夫。惟服，奔走服事之人，下士府、史之屬。宗工，尊官及百官族姓，不仕而居閭里者。朝廷君臣風化如此，宜乎內外皆不敢湎于酒。不敢，畏而不敢縱耳。不暇，則有職者勤於職，無職者勤於德，自不暇飲。縱之爲，亦不爲也。祗辟，敬君也。」○陳氏經曰：「商先哲王以迪畏爲心，己之所行無非此畏，子孫之所遵無非此畏，群臣之所效法無非此畏。前乎此，堯舜之兢業，此畏也；後乎此，文王之不侮鰥寡，武王之夙夜祗懼，此畏也。商先王恭行敬畏，不惟其子孫爲能然，王朝之御事皆然。不惟御事皆然，外服之諸侯，內服之百官，里居之百姓亦然。以見君臣上下內外，無一不在敬畏中。豈惟不敢飲，亦且不暇飲。所以不暇者，果何事哉？上以助成君德之顯明，下以盡正人之道，而自敬其法而已矣。」○新安陳氏曰：「此一全章，言商先王之前後君臣內外，一皆以敬畏脩德爲心，故不暇湎酒而興，欲康叔法其所以興也。」

「我聞亦惟曰：『在今後嗣王酣身，厥命罔顯于民，祗保越怨不易。誕惟厥縱淫泆于非彝，用燕喪威儀，民罔不盡傷心。惟荒腆于酒，不惟自息乃逸。厥心疾狠，不克畏死。辜在商邑，越殷國滅無罹。弗惟德馨香祀登聞于天，誕惟民怨，庶群自酒，腥聞在上。故天降喪于殷，罔愛于殷，惟逸。天非虐，惟民自速辜。』」

以商受荒腆于酒者告康叔也。後嗣王，受也。受沉酣其身，昏迷於政，命令不著於民。其所祗保者，惟在於作怨之事，不肯悛改。大惟縱淫泆于非彝，《泰誓》所謂「奇技淫巧」也。燕，安也。用安逸而喪其威儀。《史記》：「受爲酒池肉林，使男女倮而相逐。」其威儀之喪如此，此民所以無不痛傷其心，悼國之將亡也。而受方且荒怠，益厚于酒，不思自息其逸，力行無度。其心疾狠，雖殺身而不畏也。辜在商邑，雖滅國而不憂也。弗事上帝，無馨香之德以格天。大惟民怨，惟群酗腥穢之德以聞于上。故上天降喪于殷，無有眷愛之意者，亦惟受縱逸故也。天豈虐殷？惟殷人酗酒自速其辜爾。曰「民」者，猶曰「先民」，君臣之通稱也。陳氏大猷曰：「殷先王之興邦，在於『迪畏』。紂死滅且不畏，此所以喪邦也。」○西山真氏曰：「今之小人，一醉之餘，急疾强狠，水火可入，兵刃可蹈，則受之情狀可知矣。」○馬氏曰：「古『民』、『人』字通用。」○新安陳氏曰：「此繼言紂以湎酒而亡也。紂之君臣上下，一以荒淫爲心，故沉湎于酒而亡，欲康叔戒其所以亡也。此章與前多相反相應，前曰『祀茲酒』，此曰『弗惟德馨香祀』、『庶群自酒，腥聞在上』。設酒初意，本以祭祀，今不以祭祀而惟用於群飲，無馨香之聞而惟腥穢之聞，不亡何待？前曰『天降喪』、『小大邦用喪』、『罔非酒惟辜』，此曰『天降喪于殷』、『惟民自速辜』。前乃泛言其理，此專指殷亡之事以實其説也。前曰『自介用逸』，繼曰『不敢自逸』，此又曰『不惟自息乃逸』、『罔愛于殷，惟逸』。自介用逸，以介用逸也。自逸、乃逸、惟逸，以逸爲逸也。使不以『剛介』之『介』訓之，而但曰『助』、曰『副』，則與此所云『逸』者，何以異哉？」

王曰：「封，予不惟若兹多誥。古人有言曰：『人無於水監，當於民監。』今惟殷墜厥命，我其可不大監撫于時！

我不惟如此多言，所以言湯言受如此其詳者。古人謂「人無於水監」，水能見人之妍醜而已；「當於民監」，則其得失可知。今殷民自速辜，既墜厥命矣，我其可不以殷民之失爲大監戒，以撫安斯時乎！　新安陳氏曰：「此總結上文，引殷先哲王、後嗣王兩章而起下章，欲康叔率群臣以剛制酒之意。」

「予惟曰：『汝劼毖殷獻臣、侯、甸、男、衛，矧太史友、内史友越獻臣、百宗工，矧惟爾事服休、服采，矧惟若疇圻父薄違，農父若保，宏父定辟，矧汝剛制于酒！』

劼，用力也。汝當用力戒謹殷之賢臣與鄰國之侯、甸、男、衛，使之不湎于酒也。「毖殷獻臣、侯、甸、男、衛」與文王「毖庶邦、庶士」同義。殷之賢臣、諸侯固欲知所謹矣，況太史掌六典、八法、八則，内史掌八柄之法，汝之所友者及其賢臣、百寮、大臣可不謹於酒乎？太史、内史、獻臣、百宗工固欲知所謹矣，況爾之所事，服休坐而論道之臣，服采起而作事之臣，可不謹於酒乎？曰「友」曰「事」者，國君有所友有所事也。然盛德有不可友者，故《孟子》曰：「古之人曰：『事之云乎，豈曰友之云乎？』」服休、服采固欲知所謹矣，況爾之疇匹而位三卿者，若圻父迫逐違命者乎？若農父之順保萬民者乎？若宏父之制其經界以定法者乎？皆不可不謹于酒也。圻父，政官，司馬也，主封圻。農父，教官，司徒也，主農。宏父，事官，司空也，主廓地居民。謂之「父」者，尊之也。先言圻父者，制殷人湎酒，以政爲急也。圻父、農父、宏父固欲知所謹矣，況汝之身所以爲一國之視傚者，可不謹於酒乎？故曰「矧汝剛制于酒」。剛制，亦「劼毖」之意，剛果用力以制之也。此章自遠而近，自卑而尊，等而上之，則欲其自康叔之身始。以是爲治，孰能禦之？而況毖於酒德也哉？朱子因論點《書》，曰：「人説荆公穿鑿，只是好處亦用還他。且如『矧惟若疇』至『定辟』，古注從『父』字絶句，荆公從『違』、『保』、『辟』絶句，夐出諸儒之表。」○王氏曰：「殷獻臣，謂獻臣嘗仕商而今里居者。侯、甸、男、衛，謂四方諸侯接於衛者。服休者，以德爲事，謂在位者也。『服采』者，以事爲事，謂在職者也。戒康叔劼毖于酒，先當劼毖所賓、所友、所事之人，亦畏相之類也。」○林氏曰：「康叔爲諸侯長，故劼毖及侯、甸、男、衛。上言『殷獻臣』，下言獻臣之爲『百宗工』者。此『獻臣』，乃周官之致仕里居者。」○薛氏曰：「二史掌邦法。在王朝，則貳冢宰；在侯國，則居賓友之地。」○陳氏傅良曰：「諸侯有太史，無内史。内史惟天子有之。内史是商故臣，康叔所當親之爲友者也。」○王氏虔曰：「服休，以德爲事。休，德也，『作德日休』是也。服采，以事爲事。采，事也，『若予采』是也。」○蘇氏曰：「酒非剛者不能制。」○呂氏曰：「『剛制』二字最有意，當時酒之爲病甚深，苟泛泛悠悠，則不能制。」○新安陳氏曰：「『剛制』固劼毖之意，而用力加重焉，亦前自介之意也。此章有四『矧』字，一節重於一節，所職愈重，則所戒愈嚴。『劼毖』以上所戒勑言，『剛制』以己所檢制言。在群臣，則當謹上之戒；在康叔，則當防己之欲，嚴於身以率其下也。」

「厥或誥曰：『群飲。』汝勿佚，盡執拘以歸于周，予其殺。

「群飲」者，商民群聚而飲，爲姦惡者也。佚，失也。其者，未定辭也。蘇氏曰：「予其殺者，未必殺也，猶今法曰當斬者，皆具獄以待命，不必死也。然必立法者，欲人畏而不敢犯也。群飲，蓋亦當時之法。有群聚飲酒，謀爲大姦者，其詳不可得而聞矣，如今之法有曰『夜聚曉散者皆死罪』，蓋聚而爲妖逆者也。使後世不知其詳而徒聞其名，凡民夜相過者輒殺之，可乎？」林氏曰：「西土邦君御事小子克用文王教，不腆于酒，是周人已率教者也。而或群飲，不可不嚴爲之法。商人則反是。」○史氏漸曰：「王非果於殺也，飲至於群，壞風俗者也。商人群飲，固已不善，此風又及於周人，則何以爲國耶？故於商人則待之以教而使悛，於周人則嚴之以殺而使懼。其云者，非必殺也，有殺之之理。語曰其然，豈其然乎？傳曰『天其或者』，『其』之爲言，有疑意存焉，將開其恐懼悛省之心，而激其遷善遠罪之念，初不必於殺也。」○劉氏真曰：「此書不責商民之湎淫，而責在位之躬化。商之故都大家世族猶多，而康叔之百官有司自周而往者亦有之。自『矧太史友』以下，皆康叔之百官有司也。曰『群飲』，指此輩也。使民爲群飲，有司之事耳。康叔以國君治之，豈曰不可，而何必歸之于京師乎？執歸于周，亦恐康叔之專殺。曰『予其殺』，嚴爲之刑而未必殺也，忠厚之意寓於嚴厲之言，豈不明哉？一篇始終之意，皆以在位者爲言，而解者不察，盡以民言之，過矣。」

「又惟殷之迪諸臣惟工，乃湎于酒，勿庸殺之，姑惟教之。

殷受導迪爲惡之諸臣、百工，雖湎于酒，未能遽革，而非群聚爲姦惡者，無庸殺之，且惟教之。董氏鼎曰：❶「殷諸臣湎酒者，勿殺而姑教之，以其染惡深而被化淺也。」

「有斯明享，乃不用我教辭，惟我一人弗恤，弗蠲乃事，時同于殺。」

有者，不忘之也。斯，此也，指教辭而言。享，「上享下」之「享」。言殷諸臣、百工，不忘教辭，不湎于酒，我則明享之。其不用我教辭，惟我一人不恤於汝，弗潔汝事，時則同汝于群飲誅殺之罪矣。王氏日休曰：「此三節，皆王告康叔之辭。」○呂氏曰：「明享，彰明使享禄位，以示勸也。」

王曰：「封，汝典聽朕毖，勿辯乃司，民湎于酒。」

辯，治也。乃司，有司也，即上文諸臣、百工之類。言康叔不治其諸臣、百工之湎酒，則民

❶「董氏鼎」，原作「新安陳氏」，今據《書傳輯録纂註》及《尚書集傳纂疏》改。

之湎酒者不可禁矣。唐氏曰：「或曰『誥毖』，或曰『典聽朕教』，或曰『典聽朕毖』，何也？曰：毖者爲教之心，教者爲毖之辭。」○新安陳氏曰：「汝當常主於聽我毖謹之言。《酒誥》一篇，始終以『毖慎』言。始曰『厥誥毖庶邦庶士』，將終曰『劼毖殷獻臣』，篇終又曰『汝典聽朕毖』。『毖』之一辭，一篇三致意。又提其要以致諄切之訓云。按『勿辯乃司，民湎于酒』，説者不同，句讀亦異。孔氏作一句讀，曰：『辯，使也，勿使汝所司之民沉湎于酒。』唐孔氏略轉一機，謂勿使汝所司民之吏沉湎于酒，吏當正身以率民也。王氏曰：『汝司民有湎于酒，則以正治之，勿爲之辯以爲無罪。』蘇氏曰：『當專一司以察沉湎，若以汎責群吏而不辯其司，禁必不行矣。』吕氏讀『勿辯』爲句，謂復有循舊習者，汝不可辯説諉之舊習，實乃所司牧之民湎于酒，是誰之過歟？蔡氏讀『勿辯乃司』爲句，其説最優於諸家。然此句恐有脱誤，不如缺之。」○董氏鼎曰：「古之爲酒，本以供祭祀，灌地降神，取其馨香下達，求諸陰之義也。後以其能養陽也，故用之以奉親養老。又以其能合歡也，故用之冠婚賓客。然曰『賓主百拜』而酒三行，又曰『終日飲酒而不得醉焉』，未嘗過也。自禹飲儀狄之酒而疏之，寧不謂其太甚？已而亡國之君、敗家之子，接踵於後世，何莫由斯？然則文王之教，不惟當明於妹邦家寫一通，猶恐覆車之不戒也。」

梓材

亦武王誥康叔之書。諭以治國之理，欲其通上下之情，寬刑辟之用。而篇中有「梓材」二字，比稽田作室爲雅，故以爲簡編之别，非有他義也。今文、古文皆有。○按此篇文多不類。自「今王惟曰」以下，若人臣進戒之辭。以《書》例推之，曰「今王惟曰」者，猶《洛誥》之「今王即命曰」也；「肆王惟德用」者，猶《召誥》之「肆惟王其疾敬德，王其德之用」也；「已若兹監」者，猶《無逸》「嗣王其監于兹」也；「惟王子子孫孫永保民」者，猶《召誥》「惟王受命，無疆惟休」也。反覆參考，與周公、召公進戒之言若出一口。意者此篇得於簡編斷爛之中，文既不全，而進戒爛簡有「用明德」之語，編《書》者以與「罔厲殺人」等意合；又武王之誥有曰「王」、曰「監」云者，而進戒之書亦有曰「王」、曰「監」云者，遂以爲文意相屬，編次其後。而不知前之所謂王者指先王而言，非若今王之爲自稱也；後之所謂「監」者乃「監視」之「監」，而非「啓監」之「監」也。其非命康叔之書，亦明矣。讀書者優游涵泳，沉潛反覆，繹其文義，審其語脉，一篇之中，前則尊諭卑之辭，後則臣告君之語，蓋有不可得而强合者矣。朱子曰：「吴才老辨《梓材》後半截不是《梓材》，緣其中多是勉君，乃臣告君之辭，未嘗如前一半稱『王曰』，又稱『汝』，爲上告下之辭。亦有此理。」○又説：「《梓材》是《洛誥》中書，甚好。其他文字亦有錯亂而移易得出人意表者，然無如才老此樣處恰恰好。」○「吴才老考究得《梓材》只前面是告戒臣下，其後都稱『王』，恐別是一篇，不應王告臣下不稱『朕』、『予』而自稱『王』。斷簡殘編，無從考正，只得於言語句讀中有不曉者缺之。」又曰：「《梓材》後半篇，又不知何處録得來，此與他人言皆不領。嘗與陳同父言，陳曰：『每嘗讀，亦不覺。』今思之，誠然。」

王曰：「封，以厥庶民暨厥臣達大家，以厥臣達王，惟邦君。

以厥大家，巨室也。《孟子》曰：「爲政不難，不得罪於巨室。」孔氏曰：卿大夫及都家也。以厥庶民暨厥臣達大家，則下之情無不通矣；以厥臣達王，則上之情無不通矣。王言臣而不言民者，『率土之濱，莫非王臣』也。邦君上有天子，下有大家，能通上下之情而使之無間者，惟邦君也。陳氏大猷曰：「大家，如晉六卿、魯三桓、齊諸田、楚昭、屈、景之類。《左傳》載封康叔，分以『殷民七族』，自『陶氏』至『終葵氏』，即衛之大家也。大家之情，與國君常疏，與國之臣民常親。蓋臣民素服屬於大家，而大家之强阻，亦臣民擁助之也。國君能施仁政，撫其臣民，由臣民以達其情於大家，則巨室之所慕，一國慕之。又由臣以達其情於天子，而邦君之責盡矣。」○呂氏曰：「自康叔言，則有臣、民、大家三等；自王言之，則率土皆王臣，但言『厥臣』，皆在其中矣。」○新安陳氏曰：「邦君處上下之間，達王必自達大家始。得罪於巨室者，不公正而無以服其心也。巨室難以强力服，而可以公心化，以庶民及臣達之。是邦君一人之心，其公正能通乎一國千萬人之心。以一國臣民千萬人之心，通達於大家之心，以其下達者而上達，其流通而無留滞也必矣。」

「汝若恒。越曰我有師師司徒、司馬、司空、尹、旅。曰：『予罔厲殺人。』亦厥君先敬勞，肆徂厥敬勞。肆往姦宄、殺人、歷人，宥；肆亦見厥君事，戕、敗人，宥。

恒，常也。師師，以官師爲師也。尹，正官之長。旅，衆大夫也。敬勞，恭敬勞來也。徂，往也。歷人者，罪人所過，律所謂「知情藏匿資給」也。戕敗者，毁傷四肢面目，漢律所謂「疻」也。此章文多未詳。朱子曰：「『亦厥君先敬勞』至『戕敗人宥』之類，都不成文理，不可曉。」○新安陳氏曰：「蔡傳僅訓字，而云『此章文多未詳』，信當缺之。今姑采合諸説解之，曰：『汝若常發越，謂群臣言我有交相師師之三卿與正長之尹、衆大夫之旅，我意言我欲無虐殺人耳，亦以其君先恭敬勞來其民。爲臣者，遂往效君以敬勞。遂與往日爲姦宄、殺人者、罪人所經歷者，今皆寬宥與之爲新。群臣遂亦見其君之事，凡戕傷人、毁敗人物者，亦寬宥之矣。君宥其大者，臣亦宥其小者。』大意欲康叔率其臣以戒虐殺，施寬宥也。」○《玉篇》：「疻，之移、之氏二反，毆傷也。」

「王啓監，厥亂爲民。曰：『無胥戕，無胥虐。至于敬寡，至于屬婦，合由以容。』王其效邦君越御事，厥命曷以？引養引恬。自古王若兹監，罔攸辟！

監，「三監」之「監」，康叔所封，亦受畿内之民，當時亦謂之監。故武王以先王啓監意而告之也。言王者所以開置監國者，其治本爲民而已。其命監之辭蓋曰：無相與戕殺其民，無相與虐害其民。人之寡弱者則哀敬之，使不失其所；婦之窮獨者則聯屬之，使有所歸。保合其民，率由是而容蓄之也。且王所以責效邦君御事者，其命何以哉？亦惟欲其引掖斯民於生養安全之地而已。自古王者之命監若此。汝今爲監，其無所用乎刑辟以戕虐人可也。陳氏大猷曰：「《周禮》『建牧立監，以爲邦國』，自黄帝已立左、右監以監視萬國，乃諸侯之長也。康叔孟侯，故稱之爲監。」○新安陳氏曰：「三篇意相承而相濟。康叔以衛侯爲司寇，故武王命之多及於刑。《康誥》反覆於明德慎罰悉矣，不得已而及於『速由文王作罰刑』、『速由兹義率殺』。《酒誥》又以懲群飲爲務，而曰『予其殺』，『時同于殺』，皆非得已也。逮至《梓材》，告戒於此終矣。慮康叔因前二篇之屢及於殺，而意或偏倚於刑也，故此篇惟以尚寬宥、無刑辟爲言。仁哉武王之心，其帝舜刑期于無刑之心歟！」

「惟曰：若稽田，既勤敷菑，惟其陳脩，爲厥疆畎。若作室家，既勤垣墉，惟其塗塈茨。若作梓材，既勤樸斲，惟其塗丹雘。

稽，治也。敷菑，廣去草棘也。疆，畔也。畎，通水渠也。塗塈，泥飾也。茨，蓋也。梓，良材可爲器者。雘，采色之名。敷菑以喻除惡，垣墉以喻立國，樸斲以喻制度，武王之所已爲也。疆畎、塈茨、丹雘，則望康叔以成終云耳。朱子曰：「《梓材》一篇有可疑者，如『稽田』、『垣墉』之喻，却與『無胥戕，無胥虐』之類不相似。以至於『欲至于萬年，惟王子子孫孫永保民』，却又似《洛誥》之文，乃臣戒君之辭，非《酒誥》語也。」○蘇氏曰：「敷，治也。」○陳氏大猷曰：「敷，開墾也。」○孫炎曰：「菑，始去草也。」○孔氏曰：「陳，列。脩，治。疆，畔也，《左傳》：『如農之有畔。』」○《周禮》：「匠人爲溝洫，廣尺深尺曰畎。」○孔氏曰：「垣，牆也。馬氏曰：『卑曰垣，高曰墉。』」○《説文》：「塈，仰塗也。」○《穀梁傳》：「焚雍門之茨。」范甯註「茨，謂茅蓋屋也」。○陳氏大猷曰：「具粗曰樸，致巧曰斲。」○唐孔氏曰：「雘，是采色之名，有青、有朱。丹雘，則是朱色者。」○新安陳氏曰：「三者之譬，謂武王既盡勞以始之，叔當因舊成就潤飾以終之，不可變成規而隳前功也。」

「今王惟曰：先王既勤用明德，懷爲夾。庶邦享作，兄弟方來，亦既用明德。后式典集，庶邦丕享。

先王，文王、武王也。夾，近也。懷遠爲近也。兄弟，言友愛也，《泰誓》曰「友邦冢君」。方來者，方方而來也。既，盡也。先王盡勤用明德，而懷來于上。諸侯亦盡用明德，而視效於下也。后，後王也。式，用也。典，舊典也。集，和輯也。此章以後，若臣下進戒之辭，疑簡脱誤於此。唐孔氏曰：「夾者，是人左右而夾之，故言近。夾，音協。」○《左傳》：「以夾輔周室。」夾，音甲。○陳氏曰：「人心尊君親上之天，惟用明德足以感動之，懷來諸侯，爲己夾輔。庶邦享上，親若兄弟，各以其方而來。其來享也，亦皆盡用明德，非勉强而然也。式，法也。用明德，則先王之典也。後王式典，法先王之用明德而已。如是則集，庶邦丕享矣。前之庶邦享，未盡丕享。今曰『丕享』，則無乎不享也。」○新安陳氏曰：「朱子既謂自此章以後爲他書錯簡誤綴於此，則不當復以武王命康叔解之，只作臣告君之辭可也。」

「皇天既付中國民越厥疆土于先王，

越，及也。皇天既付中國民及其疆土于先王也。朱子曰：「《尚書》句讀有長者，如『皇天既付中國民越厥疆土于先王』是一句。」

「肆王惟德用，和懌先後迷民，用懌先王受命。

肆，今也。德用，用明德也。和懌，和悦之也。先後，勞來之也。迷民，迷惑染惡之民也。命，天命也。用慰悦先王之克受天命者也。陳氏大猷曰：「迷民未率，故王惟德是用以和懌先後之。和之使不乖，懌之使不怨。先引之於前，後助之於後。不惟以悦民心，亦所以悦先王受命之心。」○新安陳氏曰：「蔡氏訓『肆』爲『今』，未安。肆，故也，遂也，朱子曰『承上起下之辭』。《書》中『肆』字在句首者，如『肆類于上帝』、『肆嗣王丕承基緒』，『肆惟王其疾敬德』，與上文『肆往姦宄』、『肆亦見厥君事』，皆『故』與『遂』之意耳，不必訓爲『今』也。又按：『明德』者，人心虚靈不昧之理，無上下之間，亦無前後之間。先王所勤用以懷諸侯，諸侯所既用以享天子，均用此明德也，何上下之間乎？『王惟德用』，『德』即所謂『明德』。後王所用以懌迷民及用以懌先王受命，無非用此明德也，何前後之間乎？」

「已！若兹監，惟曰欲至于萬年，惟王子子孫孫永保民。」

已，語辭。監，視也。此人臣祈君永命之辭也。按《梓材》有「自古王若兹監，罔攸辟」之言，而編《書》者誤以「監」爲句讀，而爛簡適有「已！若兹監」之語，以爲語意相類，合爲一篇，而不知其句讀之本不同，文義之本不類也。孔氏依阿其説，於篇意無所發明。王氏謂成王自言必稱王者，以《覲禮》考之，天子以正遏諸侯則稱王，❶亦强釋難通。獨吴氏

❶「遏」，《尚書全解》引作「遇」。

以爲誤簡者爲得之。但謂「王啓監」以下，即非武王之誥，則未必然也。新安陳氏曰：「『已若茲監』與『自古王若茲監』相似，而實不同。上文之『監』平聲，『三監』之『監』；此之『監』去聲，『監觀』之『監』。已乎君其監觀于茲，臣所祈於君，惟曰欲自今至于萬年，當爲天下王，王之子子孫孫永保民而已。曰『萬年惟王』，若止於長有天下；曰『子子孫孫永保民』，則欲世王之長保安天下也，意實公而非私於王家也。其人臣祈君永命，忠愛無窮之心歟！讀此篇只依朱子以殘編錯簡讀之，庶其免於穿鑿云。」○蘇氏曰：「此書專言王惟不殺，則子孫萬年享國，故以皇天所付爲言。詳考《大誥》、《康誥》、《酒誥》、《梓材》四篇，反覆丁寧以殺爲戒，以不殺爲德，此《易》所謂『聰明睿智，神武而不殺者』。故周有天下八百餘年，後之王者以不殺享國，以好殺殃其身及其子孫者多矣。而世主不以爲監，小人又或附會六經以勸之殺，悲夫殆哉！唐末、五代之亂，殺人如飲食。周太祖叛漢，漢隱帝役開封尹劉銖屠其家百口。❶太祖既克京師，夜召其故人知星者趙延義，問漢祚所以短促。延義答曰：『漢本未亡，以刑殺冤濫，故不及期而滅。』時太祖方以兵圍劉銖及蘇逢吉第，期滅其族，聞延義言，矍然貸之，誅止其身。予讀至此，未嘗不流涕大息，故表其義以救世云。」○葵初王氏曰：「蘇氏此論，大爲有勸戒，有裨世主。述作必有此等議論，方可行世。」

❶「役」，四庫本及《東坡書傳》作「使」。

書傳大全卷之八

召誥

《左傳》曰：「武王克商，遷九鼎于洛邑。」《史記》載武王言：「我南望三途，北望嶽鄙，顧詹有河，粵詹洛、伊，毋遠天室。」營周居于洛邑而後去。則宅洛者，武王之志，周公、成王成之，召公實先經理之。洛邑既成，成王始政。召公因周公之歸，作書致告，達之於王。其書拳拳於歷年之久近，反復乎夏商之廢興。究其歸，則以誠小民爲祈天命之本，以疾敬德爲誠小民之本。一篇之中，屢致意焉。古之大臣，其爲國家長遠慮蓋如此。以召公之書，因以「召誥」名篇。今文、古文皆有。問：「周《誥》辭語艱澀，如何看？」朱子曰：「此等是不可曉。」「林丈說：艾軒以爲方言。」❶曰：「只是古語如此。切意當時風俗，恁地說話，人便都曉得。如這物事喚做這物事，今風俗不喚做這物事，便曉不得。如《蔡仲之命》、《君牙》等篇，乃當時與士大夫語，似今

❶「丈」，原作「文」，今據《朱子語類》改。

翰林所作制誥之文，故甚易曉。如誥，是與民語，乃今官司行移曉諭文字，有帶時語在其中。今但曉其可曉者，不可曉處則闕之可也。如《詩》『景員維河』，上下文皆易曉，却此一句不可曉。又如『三壽作朋』，三壽是何物？歐陽記古語亦有『三壽』之説，想當時自有此般説話，人都曉得，只是今不可曉。」○王氏曰：「『洛』者，天下之中。以天事言，則日東景夕多風，日西景朝多陰，日南景短多暑，日北景長多寒；以人事言，則四方朝聘貢賦道里均焉。非特如此而已，懲三監之難，毖殷頑民，遷以自近，洛距妹邦爲近，則易使之；遷作王都焉，則易以鎮服也。雖然，鎬京宗廟社稷、官府宫室具在，不可遷也，故於洛邑會諸侯而已。」○陳氏大猷曰：「成王實都鎬京，特往來朝諸侯，祀清廟於洛。故鎬京謂之宗周，以其爲天下所宗也。洛邑謂之東都，又謂之成周，以周道成於此也。洛邑，天下之至中；豐鎬，天下之至險。成王於洛邑定鼎以朝諸侯，所以承天地沖和之氣，宅土中以莅四海，其示天下也公。於鎬京定都以壯基本，所以據天下形勝，處上游以制六合，其慮天下也遠。漢、唐並建兩京，蓋亦識形勢之所在，而有得於成王、周公之遺意歟！」○林氏曰：「周自后稷，始封於邰，在漢右扶風斄縣。夏后政衰，稷之子不窋出奔於戎狄之間。至孫公劉，始立國於豳，在栒邑豳鄉。十世至太王，避狄人，遷於岐山之下，在美陽縣岐山。文王遷於豐，在鄠縣東豐水。武王遷于鎬，在長安西南昆明池，所謂鎬池也。岐在邰西北無百里，豳又在岐西北四百餘里，豐在岐山東南一百餘里，鎬在豐東二十五里。」○新安陳氏曰：「宅洛之事，武王志之，成王述之，上告祖廟，迭咨大臣，一日而建千萬年宅中圖大之基。謹重如此，以至於召公因周公之歸而作誥以告王，序不及之，何也？宅中圖大固難，保大定功尤難，王之在豐，召之相宅，固見宅中圖大之難矣。召公拳拳以

『敬德』、『永命』戒王，敬、不敬之異效凡七言之，至謂不敬德則必墜厥命，其辭甚危，見保大定功之尤難也。」

惟二月既望，越六日乙未，王朝步自周，則至于豐。

日月相望謂之望。既望，十六日也。乙未，二十一日也。周，鎬京也，去豐二十五里，文武廟在焉。成王至豐，以宅洛之事告廟也。朱子曰：「豐鎬去洛邑三百里，長安所管六百里。王畿千里，亦有横長處，非若今世畫圖之爲方也。恐井田之制亦是此類，此不可執畫方之圖以定之。」○或問：「周都豐鎬，則王畿之内當有西北之戎。如此，則稍、甸、縣、都，如之何其可爲也？」曰：「《周禮》一書，聖人作爲一代之法爾。到不可用法處，聖人須别有權變之道。」○王氏曰：「以朏望明魄紀月，以甲子紀日，書法也。」○林氏曰：「《漢志》曰：周公攝政七年，二月乙亥朔，庚寅既望。」

惟太保先周公相宅。越若來三月，惟丙午朏。越三日戊申，太保朝至于洛，卜宅。厥既得卜，則經營。

成王在豐，使召公先周公行，相視洛邑。越若來，古語辭，言召公於豐迤邐而來也。朏，孟康曰：「月出也。三日明生之名。」戊申，三月五日也。卜宅者，用龜卜宅都之地。既得吉卜，則經營規度其城郭、宗廟、郊社、朝市之位。林氏曰：「《漢志》曰：『三月甲辰朔，三日丙午。』」

越三日庚戌，太保乃以庶殷攻位于洛汭。越五日甲寅，位成。

庶殷，殷之衆庶也。用庶殷者，意是時殷民已遷于洛，故就役之也。位成者，左祖、右社、前朝、後市之位成也。唐孔氏曰：「庚戌，三月七日。甲寅，三月十一日。」○葉氏曰：「攻位者，闢荆棘、平高下，以定所經營之位也。庶殷，所遷殷民也。讎民爲役，則友民可知。」○林氏曰：「盤庚之遷亳，太王之遷岐，衛文之遷楚丘，未嘗不卜。然君臣既有定議，故至洛乃卜，《洪範》所以先乃心、卿士、庶民而後卜筮也。太王聿來胥宇而後爰契我龜，衛文望楚與堂而後卜云其吉，皆此類也。」○臨川吴氏曰：「召公之攻位，但用殷民，不用周民，何也？蓋洛邑畿内之民不征其力，諸侯四方之民又未至洛，惟殷民遷在洛者可役，而攻位之功力亦省且易故也。」

若翼日乙卯，周公朝至于洛，則達觀于新邑營。

周公至，則徧觀新邑所經營之位。唐孔氏曰：「乙卯，十二日也。」○蘇氏曰：「按後篇是日再卜。」○吕氏曰：「召公已成位，周公方來觀，上相之體然也。」

越三日丁巳，用牲于郊，牛二。越翼日戊午，乃社于新邑，牛一，羊一，豕一。

郊，祭天地也，故用二牛。社祭用大牢，禮也。皆告以營洛之事。唐孔氏曰：「丁巳，十四日也。戊午，十五日也。」○吕氏曰：「郊，祭天。社，祭地。」○孔氏曰：「社、稷共牢。」○馬氏曰：「言社，則稷在其中。」○陳氏經曰：「郊不曰『新邑』者，郊在國外，社在國内故也。」○王氏曰：「於尊以簡爲誠，於卑以豐爲貴，故郊特牲而社稷太牢，先祭告於郊社，然後用工。」○陳氏大猷曰：「此蓋即洛邑新立之郊社，以告作洛於天地。不告廟者，在豐已告也。時洛邑宗廟未成，故至十一月始烝祭宗廟也。」

越七日甲子，周公乃朝用書，命庶殷侯甸男邦伯。

書，役書也。《春秋傳》曰：「士彌牟營成周，計丈數，揣高低，度厚薄，仞溝洫，物土方，議遠邇，量事期，計徒庸，慮材用，書糇糧，以令役於諸侯。」亦此意。王氏曰：「『邦伯』者，侯、甸、男服之邦伯也。庶邦冢君咸在，而獨命邦伯者，公以書命邦伯，而邦伯以公命命諸侯也。」唐孔氏曰：「甲子，二十一日也。書，賦功屬役之書也。侯、甸、男服之邦伯，不偏舉五服者，文略耳。邦伯，州牧也。」〇葉氏曰：「不及采衛者，不以遠役衆也。」

厥既命殷庶，庶殷丕作。

「丕作」者，言皆趨事赴功也。殷之頑民，若未易役使者，然召公率以攻位而位成，周公用以書命而丕作。殷民之難化者猶且如此，則其悦以使民可知也。陳氏大猷曰：「獨言『庶殷丕作』，則諸侯可知。」〇林氏曰：「召公營洛，自戊申至甲寅，七日而成。周公繼至，自乙卯距甲子，十日而用書，庶殷丕作。周召之規模，其敏如此。總而計之，自成王至豐，距甲子凡一月耳。萬年之業，成於一月之間，此豈後世可及哉！」〇新安陳氏曰：「觀此，則殷民之遷，在未作洛之前明矣。讀此當參看《洛誥》。《洛誥》曰『予惟乙卯，朝至於洛師』，此云『乙卯，周公朝至於洛』，其日同，但《洛誥》言是日再卜，此不言者，周公之吉卜不殊召公之吉卜也，兼《洛誥》自詳之，此可略也。乙卯至甲子十日，乙卯日卜及達觀新營，丙辰不言事，蓋丁巳、戊午將行郊社大禮，前一日養精神以無爲也。己未至癸亥五日，又不言事，乃將用書命丕作，竭精神以有爲也。此五日中，必會集臣庶計丈數、揣高卑等事。役書一定，然後甲子朝頒布之。《洛誥》脱簡之在《康誥》者，曰『惟三月哉生魄，周公初基』至『乃洪大誥治』，即是三月十六日己未，戊午祭社後一日也。曰『大誥治』，即用書命丕作也。細而考之，脗合無間，誰謂殘編斷簡，不可見聖人經理之微密哉！」

太保乃以庶邦冢君出取幣，乃復入錫周公。曰：「拜手稽首，旅王若公。誥告庶殷，越自乃御事。

吕氏曰：「洛邑事畢，周公將歸宗周。召公因陳戒成王，乃取諸侯贄見幣物以與周公。且言其拜手稽首，所以陳王及公之意。蓋召公雖與周公言，乃欲周公聯諸侯之幣，與召公之誥，併達之王。謂洛邑已定，欲誥告殷民，其根本乃自爾御事。不敢指言成王，謂之『御事』，猶今稱人爲執事也。」問：「據《召誥》文，只説召公先至洛而周公繼至，不説成王亦來也。然召公出取幣入錫周公，乃曰『旅王若公』，其辭又多是戒成王，未知如何。」朱子曰：「此蓋因周公以告于王耳。」〇王氏曰：「庶邦冢君諸侯會于洛者，洛邑成而獻幣，所以爲禮，且致慶也。」〇新安陳氏曰：「作洛之急務在化殷人，而化殷之大本在於王身，下文遂詳言之，此召公納忠之大者，幣特恭敬之寓焉耳。取幣獨言庶邦而不及庶殷者，蓋用書命丕作無間於庶殷，而取幣陳王不及庶殷歟？篇末奉幣供王，即此出取之幣。前後相照應。」

「嗚呼！皇天上帝改厥元子茲大國殷之命。惟王受命，無疆惟休，亦無疆惟恤。嗚呼！曷其奈何弗敬？

此下皆告成王之辭，託周公達之王也。曷，何也。其，語辭。商受嗣天位爲元子矣，元子不可改而天改之，大國未易亡而天亡之。皇天上帝，其命之不可恃如此。今王受命，固有無窮之美，然亦有無窮之憂，於是歎息言王「曷其奈何弗敬」乎？蓋深言不可以弗敬也。又按：此篇專主敬，言敬則誠實無妄，視聽言動一循乎理，好惡用捨不違乎天，與天同德，固能受天明命也。人君保有天命，其有要於此哉？伊尹亦言：「皇天無親，克敬惟親。」敬則天與我一矣，尚何疎之有？

朱子曰：「此數句者，一篇之大旨也。元子者，天之元子也。下文至篇終，反覆推衍此數句意耳。」〇吕氏曰：「人君代天作子，是爲天之長子。」〇西山真氏曰：「《大明》詩云『天位殷適，使不挾四方』，亦『改厥元子大國殷命』之意。」〇新安陳氏曰：「此『元子』字，當與下文『元子哉』對觀。元子，天之元子，即『大君者，吾父母宗子』之意。此元子謂殷紂，後元子謂成王。天命靡常，人君所以保天命，惟有敬耳。昔殷元子嘗受天命矣，天竟改其命而王受之，固有無窮之美，然今日之受，安知不爲他日之改？是亦有無窮之憂也，何可以不敬哉！此一節始曰『嗚呼』，末又曰『嗚呼』，元老大臣拳拳忠愛，嗟歎以深警上心，不能自已之至情也。」

「天既遐終大邦殷之命，茲殷多先哲王在天，越厥後王後民，茲服厥命。厥終，智藏瘝在。

夫知保抱攜持厥婦子，以哀籲天，徂厥亡，出執。嗚呼！天亦哀于四方民，其眷命用懋。王其疾敬德！

後王後民，指受也。此章語多難解。大意謂天既欲遠絶大邦殷之命矣，而此殷先哲王其精爽在天，宜若可恃者。而商紂受命，卒致賢智者退藏，病民者在位。民困虐政，保抱攜持其妻子，哀號呼天，往而逃亡，出見拘執，無地自容。故天亦哀民，而眷命用歸於勉德者。天命不常如此，今王其可不疾敬德乎？孔氏曰：「殷多先哲王，精神在天，不能救者，以紂不能敬歟！」○漢上朱氏曰：「人之死各反其根。體魄陰也，故降而在下；魂氣陽也，故升而在上，則無不在矣。衆人物欲蔽之，故魂散而氣不能升。惟聖人清明在躬，志氣如神，故其死也，精神在天，與天爲一。」○袁氏曰：「疾敬德者，更無等待遲疑，只今便下手。」○新安陳氏曰：「祖宗之不可憑藉如此。言外之意，蓋謂成王今日安可盡恃大王、王季、文、武也？此章言天命不可恃、祖宗不可恃，惟敬德庶可凝固天命而迓續祖德爾。敬德而言『疾』，最有力。蓋人心操則存、捨則亡，必緊著精神，汲汲用工，則莊敬日强而能敬。苟悠悠玩愒，則安肆日偷而不能敬矣。後又言『肆惟王其疾敬德』，一篇綱領在『敬』字，而敬之工夫又在『疾』字。」

「相古先民有夏，天迪從子保；面稽天若，今時既墜厥命。今相有殷，天迪格保；面稽天若，今時既墜厥命。

「從子保」者，從其子而保之，謂禹傳之子也。面，鄉也。視古先民有夏，天固啓迪之，又從其子而保佑之。禹亦面考天心，敬順無違，宜若可爲後世憑藉者，今時已墜厥命矣。今視有殷，天固啓迪之，又使其格正夏命而保佑之；湯亦面考天心，敬順無違，宜亦可爲後世憑藉者，今時已墜厥命矣。以此知天命誠不可恃以爲安也。朱子曰：「此一節，間有不可曉處。」〇新安陳氏曰：「從其子而保之，即《孟子》『天與子，則與子』之意。開萬世傳子之端自禹始，故於夏言『從子保』，而於商只言『格保』，蒙上文也。兩『面稽天若』，即『對越在天』之意。此一節，蓋謂天與祖宗皆不可恃也。」

「今沖子嗣，則無遺壽耇，曰其稽我古人之德，矧曰其有能稽謀自天？

稽，考。矧，況也。幼沖之主於老成之臣，尤易踈遠，故召公言今王以童子嗣位，不可遺棄老成。言其能稽古人之德，是固不可遺也，況言其能稽謀自天，是尤不可遺也。稽古人之德，則於事有所證；稽謀自天，則於理無所遺。無遺壽耇，蓋君天下者之要務，故召公特首言之。朱子曰：「已陳夏商敬德墜命之所由，又戒王也。」〇新安陳氏曰：「老成知古，又能知天，所賴以稽古道天道，幸有壽耇如太公、周、畢諸公在，不可遺也。稽考古德，非壽耇者聞見之遠無所質；稽考天意以定謀慮，非壽耇者德盛智明不能決也。」

「嗚呼！有王雖小，元子哉。其丕能諴于小民，今休。王不敢後，用顧畏于民碞。

召公歎息言王雖幼沖，乃天之元子哉。謂其年雖小，其任則大也。「其」者，期之辭也。誠，和。碞，險也。王其大能誠和小民，爲今之休美乎。小民雖至微，而至爲可畏，王當不敢緩於敬德，用顧畏于民之碞險可也。蘇氏曰：「民猶水也，水能載舟，亦能覆舟，物無險於民者矣。」○新安陳氏曰：「誠于小民而今休矣，猶欲王汲汲於畏民碞者，蓋民之碞險可畏，常伏於太和盛美之中。恃其已和且美，而不回顧却慮以畏之，則福兮禍所伏矣。此所以爲險也。是以莊生曰：『人心險於山川。』」

「王來紹上帝，自服于土中。旦曰：『其作大邑，其自時配皇天，毖祀于上下，其自時中乂，王厥有成命治民，今休。』

洛邑，天地之中，故謂之「土中」。王來洛邑，繼天出治，當自服行於土中。是時洛邑告成，成王始政，故召公以自服土中爲言。又舉周公嘗言作此大邑，自是可以對越上天，可以饗答神祇，自是可以宅中圖治。「成命」者，天之成命也。成王而能紹上帝，服土中，則庶幾天有成命治民，今即休美矣。○王氏曰：「成王欲宅洛邑者，以天事言，則日東景夕多風，日西景朝多陰，日南景短多暑，日北景長多寒。洛，天地之中，風雨之所會，陰陽之所和也。以人事言，則四方朝聘、貢賦、道里均焉。故謂之『土中』。」朱子曰：「言王來居洛邑，繼天爲治。服，事也。土中，洛邑爲天下中也。林氏以此句『王來』爲王亦至洛邑之驗，恐未必然，但王命來此定邑耳。」○「稱周公言當作大邑，而自此以祀上帝以及愼祀上下神祇。又自此居中以爲治，則是王受天成命以治民矣。蓋召公述周公宅洛之意。」○陳氏大猷曰：「君前臣名，故稱『旦曰』。又舉周公之言以告，謂今作大邑，其自是而配天，使仰無愧於天；自是而毖祀上下，使幽無愧於鬼神；自是而宅中爲治，使俯無愧於民。王其有成命而治民今休，可也。周公所期如此之重，王可不思所以稱之。」○新安陳氏曰：「作洛之事，召公任之而未嘗明言之，至此方言『服于土中』。而舉周公之言，以見作洛所以配上帝、奉祭祀、成治功、凝天命，其重如此。蓋下文將自進其敬德、祈天之忠言，所以先引周公期望之語以開其端也。」○陳氏雅言曰：「是時召公知成王已有退辟于周之意，故言此以勸勉之也。活動之意，全在『來』字。」

「王先服殷御事，比介于我有周御事，節性惟日其邁。

言治人當先服乎臣也。王先服殷之御事，以親近副貳我周之御事，使其漸染陶成，相觀爲善，以節其驕淫之性，則日進於善而不已矣。

「王敬作所，不可不敬德。

言化臣必謹乎身也。所，處所也，猶「所其無逸」之「所」。王能以敬爲所，則動靜語默，出入起居，無往而不居敬矣。「不可不敬德」者，甚言德之不可不敬也。朱子曰：「『王敬作所不可不敬德』只是一句。」○《召誥》中，其初說許多言語艱深難曉，却緊要處，只是『惟王不可不敬德』而已。」○林氏曰：「周遷殷頑民于洛，蓋與洛之舊民雜居，其善惡之習不同，非有以和一之，不能相安以處。

故必有以服殷御事，使之親比介助於周之御事然後可。蓋周御事習於教令，無事於服之，故以服殷御事爲先也。然服殷御事在節其性而已。蓋人性無不善，殷人特化紂之惡，是以不義之習遂與性成而忘反耳，上之人有以節之，使日進於善，則與周人亦何異哉！然欲節民之性，又在王之所化，故王又當以敬爲所，不可不敬德以率之，非政刑所及也。」○陳氏大猷曰：「既以周臣率之，使之相觀而善；又以身率之，使之下觀而化也。」○新安陳氏曰：「『王敬作所，不可不敬德』，朱子本孔氏只作一句說，蔡氏以『所』字爲句，作兩句說。真氏《乙記》以蔡說爲長。然蔡說實自吕氏『所其無逸之所』發之。殷人污於舊染而其性流，今欲節之而使其性復，亦惟化之以敬德爾。敬者一身之主宰，性即心所具之理也。敬則此心收斂於天理之中而性可節，不敬則此心放縱於人欲之僞而性日流。日其邁，即上達反天理而日進乎高明之意也。」「謂之不可不敬，蓋『敬』者人心所當然而不可不然者，非有所勉强而然，如饑食渴飲之常，無所爲而爲者也。能如是，則敬盡於此而人化於彼矣。」

「我不可不監于有夏，亦不可不監于有殷。我不敢知曰：有夏服天命，惟有歷年。我不敢知曰：不其延。惟不敬厥德，乃早墜厥命。我不敢知曰：有殷受天命，惟有歷年。我不敢知曰：不其延。惟不敬厥德，乃早墜厥命。

夏、商歷年長短，所不敢知。我所知者，惟不敬厥德，即墜其命也。與上章「相古先民」之意相爲出入。但上章主言天眷之不足恃，此則直言不敬德則「墜厥命」爾。林氏曰：「古人於天命，不以爲必有，不以爲必無，故召公於歷年、不其延皆不敢知者，疑之也。至於敬德則有歷年，不敬德則墜厥命，蓋無可疑者。」

「今王嗣受厥命，我亦惟兹二國命嗣若功。王乃初服。

今王繼受天命，我謂亦惟此夏、商之命，當嗣其有功者。謂繼其能敬德而歷年者也。況王乃新邑初政，服行教化之始乎？陳氏大猷曰：「此章言尤懇切。」○新安陳氏曰：「『王乃初服』者，善始可以善終，法二國之敬德而歷年，尤當謹之初服也。此句吕、蔡以屬上章，孔、朱、真、陳以冠下章，使與『初生』、『初服』、『宅新邑』爲一套語，亦通。但此句實結上生下，『若生子』一段議論，實因此句而申明之。」

「嗚呼！若生子，罔不在厥初生，自貽哲命。今天其命哲、命吉凶、命歷年，知今我初服。

歎息言王之初服，若生子，無不在於初生，習爲善則善矣，自貽其哲命。爲政之道，亦猶是也。今天其命王以哲乎？命以吉凶乎？命以歷年乎？皆不可知。所可知者，今我初服如何爾。初服而敬德，則亦自貽哲命而吉與歷年矣。吕氏曰：「人自初生而保養，乃可以全其善。『哲命』者，人心所有之明哲，非自外求也。」○林氏曰：「天以正性命人，初無智愚之別。所以有智愚者，於己取之而已。下愚爲自暴自棄，則上智豈非自貽乎？」○葉氏曰：「哲命，以哲爲天所命也。」○新安陳氏曰：「按：吕、林皆以『哲命』爲『性命』之『命』，然『哲命』之『哲』，不應遽有性命眷命之分。當以葉氏之説爲正。」

「宅新邑，肆惟王其疾敬德？王其德之用，祈天永命。

宅新邑，所謂初服也。王其疾敬德，容可緩乎？王其德之用，而祈天以歷年也。朱子曰：「王之初服，不可不謹其習，猶子之初生，不可不慎其初所教。蓋習于上則智，習于下則愚矣。故今天命正在初服之時，敬德則哲、則吉、則歷年，不敬則愚、則凶、則短折也。」○「天無一物之不體，已知我初服宅洛矣，王其可不疾敬德哉！所以求天永命者，只在德而已矣。」○陳氏曰：「『自貽哲命』命在我也，『天其命哲』命在天也。」○西山真氏曰：「天命至公，不可以求而得也。曰『祈』者，蓋一於用德，乃不祈之祈也。」○呂氏曰：「祈永命無他術，惟敬德爲可耳。曰『祈』者，欲王知天命之未定也。」○新安陳氏曰：「明哲之性，與生俱生。初生之時習於善則明可作哲，習於惡則靡哲不愚。哲則爲天所命，愚則天不命焉。是自貽哲命，如所謂自求多福，此所謂無不在其初生時自貽哲命者。王之初服，亦猶是也。此一節，發明『王乃初服』之意，蓋今日作邑而自服土中，乃所謂初服，是又中天下定四海之一初也。天之命吉凶判於此，王之能敬德祈永命與不能亦判於此。召公所以欲王乘此一初之機而疾敬德也。疾敬德，則能用德。『疾』云者，欲其乘此機而速勉之，有今罔後之謂也。疾敬德者，勿失此機於今日之初。而能用德以祈天者，可永命於千萬年之久，今此一初，豈可又以悠悠失之哉！肆惟王其疾敬德，蓋申上文『王其疾敬德』之語，而致重復懇切之意云。」

「其惟王勿以小民淫用非彝，亦敢殄戮用乂，民若有功。

刑者德之反，疾於敬德，則當緩於用刑，勿以小民過用非法之故，亦敢於殄戮用治之也。惟順導民，則可有功。民猶水也，水泛濫橫流，失其性矣。然壅而遏之，則害愈甚。惟順而導之，則可以成功。

「其惟王位在德元，小民乃惟刑用于天下，越王顯。」

元，首也。居天下之上，必有首天下之德。王位在德元，則小民皆儀刑用德于下，於王之德益以顯矣。朱子曰：「『其惟王勿以小民』至『越王顯』爲一節。」○蘇氏曰：「商俗靡靡，其過用非常也久矣。召公戒王勿以小民過用非常之故，亦敢於法外殄戮以治之。蓋民之有過，罪實在我；及其有功，則王亦有德，何也？王之位，民德之先倡也。如此則法行於天下，而王亦顯矣。」○陳氏大猷曰：「順夏商之有功者，猶上言『嗣若功』，王位不在於土地人民，惟在德元而已。『德元』，亦猶乾元、坤元之始生萬物者也。」○呂氏曰：「以小民淫用非彝，而敢於殄戮，忿嫉一生，則損君德矣。人君之德，止於好生。元者善之長，君以德元覆冒天下，安可以小民淫用遂損君德？」○新安陳氏曰：「至此，則非彝之小民，化爲用德之小民，正所謂若順導之而有功者。王奚以尚刑不尚德爲哉！」

「上下勤恤，其曰我受天命，丕若有夏歷年，式勿替有殷歷年。欲王以小民受天永命。」

其，亦期之辭也。君臣勤勞，期曰我受天命，大如有夏歷年，用勿替有殷歷年。欲兼夏、殷歷年之永也。召公又繼以「欲王以小民受天永命」，蓋以小民者，勤恤之實；受天永命者，歷年之實也。蘇氏曰：「君臣一心，以勤恤民。庶幾王受命歷年如夏商，且以民心爲天命也。」朱子曰：「『以小民』如『以某師』之『以』。」○林氏曰：「王能敬德于上，而小民儀刑於下，則天永命之矣，所謂用小民以受天永命也。」○呂氏曰：「召公拳拳言小民者，國之根本，全在小民。其興其亡，不在大族、不在諸侯，止在小民之身。」○陳氏曰：「小民，人所易忽，澤及小民則無不及矣，堯之『不虐無告』、文王之施仁先四者是也。」○新安陳氏曰：「勤恤，即『無疆惟恤』之『恤』，上下勤勞以軫無疆之恤，惟期於兼二代之歷年，非他有以也，惟欲王以小民受永命耳。三節三言『小民』，始戒王以非彝殄戮之，繼欲以元德儀刑之，末欲以之而受永命。以之者何？惟尚德不尚刑，知其生雖至微，而關於天命者至大至久也。」○西山真氏曰：「前言『王其德之用祈天永命』，此言『欲王以小民受天永命』。蓋永命之道無他，惟脩德與愛民而已。命在天，於小民何與？蓋天無心，以民爲心耳。一篇之中，言敬者凡七八：曰『曷其奈何弗敬』，曰『王敬作所』，曰『不可不敬德』，曰『王其疾敬德』，兩言『惟不敬厥德，乃早墜厥命』，曰『肆惟王其疾敬德』，言之諄，望之切。老臣事少主，惓惓之心也。異時成王爲守文令主，而周家卜世卜年過於夏商，且過其曆，然後知召公之言，真人主之藥石，國家之蓍龜也哉！」○臨川吴氏曰：「勤恤，猶《帝典》言『欽哉欽哉，惟刑之恤』。『欲王以小民受天永命』一語，通結上三節，與『王其德之用，祈天永命』一語相始終。」

拜手稽首，曰：「予小臣敢以王之讎民百君子越友民，保受王威命明德。王末有成命，王亦顯。我非敢勤，惟恭奉幣，用供王能祈天永命。」

讎民，殷之頑民，與三監叛者。百君子，殷之御事庶士也。友民，周之友順民也。保者，保而不失。受者，受而無拒。威命明德者，德威德明也。末，終也。召公於篇終致敬，言予小臣，敢以殷周臣民，保受王威命明德。王當終有天之成命，以顯于後世。我非敢以此爲勤，惟恭奉幣帛，用供王能祈天永命而已。蓋奉幣之禮，臣職之所當恭。而祈天之實，則在王之所自盡也。又按「恭奉幣」意，即上文取幣以錫周公而旅王者。蓋當時成王將舉新邑之祀，故召公奉以助祭云。薛氏曰：「先讐民後友民者，作洛以鎮靜商人爲先也，與前言『先服殷御事』同意。」○陳氏經曰：「保受王之威德奉行之，此臣之職也。王既有成命，當求所以永命。成命在今日，永命在子孫。保受王之威德者，臣下之所能，至於祈天永命，則非人臣之所能，在于君疾敬德以祈天命。我非敢勤者，召公不敢自以治洛爲功勞也。至此，則責望於王之身者甚重，恐成王專倚恃臣下也。我但能恭奉幣以供王，慶王之能祈天永命而已，則祈天永命，在王而不在召公矣。」○陳氏大猷曰：「篇終復總始末之要以告王。敢以讐民等保受威命明德者，因庶殷侯甸和會作洛而言。敢以者，自任之辭，如命侯甸庶殷即王之威命，宅洛圖治即王之明德，和會丕作即保受也。『王末有成命』與上『王厥有成命』相應，『王亦顯』與上『越王顯』相應。我非敢自居其勤，慮王以人心已從，天命已定，而自足也。惟恭奉幣指前『取幣』、『旅王』而言。待王能祈天永命，將以致慶而已。期望不已之意，可謂婉而篤矣。《記》曰：『頌而無諂，諫而無驕。』召公以之。」○新安陳氏曰：「所謂能祈天永命，不過上文敬德愛小民之事；敬德愛小民，即祈天永命之能也。上文已盡之，故於篇終特以『能』字該之。」○臨川吴氏曰：「『王末有成命』因上文『王厥有成命』而言，『顯』字、『勤』字因上文『越王顯，上下勤恤』而言，『恭奉幣』因上文『取幣』、『旅王若公』而言，『能祈天永命』亦因上文而言，以結一篇之意。」

洛誥

洛邑既定，周公遣使告卜。史氏録之以爲《洛誥》，又并記其君臣答問及成王命周公留治洛之事。今文、古文皆有。○按：「周公拜手稽首」以下，周公授使者告卜之辭也；「王拜手稽首」以下，成王授使者復公之辭也；「王肇稱殷禮」以下，周公教成王宅洛之事也；「公明保予沖子」以下，成王命公留後治洛之事也；「王命予來」以下，周公許成王留洛，君臣各盡其責難之辭也；「伻來」以下，成王錫命毖殷命寧之事也；「戊辰」以下，史又記其祭祀册誥等事及周公居洛歲月久近以附之，以見周公作洛之始終，而成王舉祀發政之後即歸于周，而未嘗都洛也。朱子因讀《尚書》曰：「其間錯誤解不得處煞多。昔呂伯恭解《書》，因問之云：『《尚書》還有解不通處？』答曰：『無有。』因舉《洛誥》問之云：『據成王只使周公往營洛，故伻來獻圖及卜，成王未嘗一日居洛，後面如何却與周公有許多答對？』又云：『「王在新邑」，此如何解？』伯恭遂無以答。後得書云：『誠有解不得處。』」○「《洛誥》之文，有不可曉者。其後乃言『王在新邑』，而其前已屢有答問之詞矣。」○葉氏曰：「此篇當與《召誥》參看。蓋非一時之言，史取周公得卜至遣使告卜，相與往來告戒，本末序次之，以示後世也。」○王氏安石曰：「此誥有不可知者當缺之，而釋其可知者。」○新安陳氏曰：「此篇大可疑者，惟有公告王宅洛、行祀出命之辭，而不載王至洛之事與其日月。觀十二月在洛祭告命周公留治洛之事尚謹書之，則自三月後至十二月前此數月中至洛之大事其當書也必矣！又此篇首章九句脱簡在《康誥》之首，則首至洛之事其脱簡又可想矣。且『孺子其朋』及『汝惟冲子，惟終』等處，聱牙難通。又王曰『公功棐迪篤』之下無周公答辭，而即又繼以『王曰』，豈非此等處有脱簡錯簡耶？」

周公拜手稽首曰：「朕復子明辟。

此下周公授使者告卜之辭也。「拜手稽首」者，史記周公遣使之禮也。復，如「逆復」之「復」。成王命周公往營成周，周公得卜，復命于王也。謂成王爲「子」者，親之也；謂成王爲「明辟」者，尊之也。周公相成王，尊則君，親則兄之子也。「明辟」者，明君之謂。先儒謂成王幼，周公代王爲辟，至是反政成王，故曰「復子明辟」。夫有失，然後有復。武王崩，成王立，未嘗一日不居君位，何復之有哉？《蔡仲之命》言「周公位冢宰，正百工」，則周公以冢宰總百工而已，豈不彰彰明甚矣乎？王莽居攝，幾傾漢鼎，皆儒者有以啓之。是不可以不辨。○蘇氏曰：「此上有脱簡，在《康誥》自『惟三月哉生魄』至『洪大誥治』四十八字。」王氏安石曰：「復，如『復逆』之『復』。成王命公往營成周，公得卜復命于王。曰『子』，親之也；曰『明辟』，尊之也。先儒以周公代王爲辟，至是反政，以《書》攷之，『周公位冢宰，正百工』而已，未嘗代王爲辟，何復之有？」○程子曰：「猶言告嗣天子王矣。」○葉氏曰：「復，如《孟子》『有復于王』之『復』。自孔氏以『復子明辟』謂周公攝而歸政之辭，古今儒者從之不敢易，獨王氏以爲不然，世或未之信焉。以予考之，周公踐天子位以治天下，初無經見，獨《明堂位》云爾，《明堂位》非出吾夫子也。蓋武王崩，周公以冢宰攝政，此禮之常。攝者，攝其事，非攝其位，世見周公在喪之攝，不知其非以成王幼而攝，故至卜洛猶有歸政之言，則王氏之言爲有證。」○新安陳氏曰：「按王莽廢漢孺子嬰爲安定公，執其手流涕曰：『昔周公攝位，終得復子明辟。今予獨迫皇天威命，不得如意！』蓋因孔氏釋經之誤，莽遂借此以文其姦。」

「王如弗敢及天基命定命，予乃胤保大相東土，其基作民明辟。

凡有造，基之而後成，成之而後定。基命，所以成始也；定命，所以成終也。言成王幼沖退託，如不敢及知天之基命定命，予乃繼太保而往，大相洛邑，其庶幾爲王始作民明辟之地也。洛邑在鎬京東，故曰「東土」。朱子曰：「周公不欲斥言王幼不能，故言王若不敢及天之初命定命，則不得不嗣攝政事，保佑王躬而相此洛邑，以爲王當於此初作民主也。」○王氏炎曰：「承天命以作新邑，是謂『基命』；都邑既成，久安長治，是謂『定命』。」○葵初王氏曰：「朱子釋『胤保』，不若傳順，正與『太保先周公相宅』合。」

「予惟乙卯，朝至于洛師，我卜河朔黎水。我乃卜澗水東、瀍水西，惟洛食；我又卜瀍水東，亦惟洛食。伻來以圖及獻卜。」

乙卯，即《召誥》之「乙卯」也。洛師，猶言京師也。河朔黎水，河北黎水交流之内也。澗水東、瀍水西，王城也，朝會之地。瀍水東，下都也，處商民之地。王城在澗、瀍之間，下都在瀍水之外，其地皆近洛水，故兩云「惟洛食」也。食者，史先定墨而灼，龜之兆正食其墨也。伻，使也。圖，洛之地圖也。獻卜，獻其卜之兆辭也。張氏曰：「王者以民爲重，故曰『師』。」○袁氏曰：「黎水言河朔，則知澗、瀍皆河南。」○陳氏經曰：「先言『惟洛食』，即今河南。後言『惟洛食』，即今洛陽。言公於洛卜此二處也。《召誥》曰：『太保朝至于洛，卜宅』，則卜乃召公卜。今周公曰『我卜』者，二公同心同謀，召公之卜即周公之卜也。」○蘇氏曰：「黎水，今黎陽也。營洛以處殷民，民重遷，以河朔爲近便。卜不吉，然後卜洛也。」○吕氏曰：「卜都之意，主於商民。先卜河朔黎水者，固其所安也。❶意在近地者，商民之心。意在地中者，周公之心。並列二説以聽於天而已。卜黎於先者，先人後己之心也。黎既不吉，改卜洛邑，龜乃協從，蓋周公之心即天心也。無間，故無違也。」○史氏漸曰：「世或謂周公三卜而後洛，初於黎水，再於澗東瀍西，又於瀍東，皆不若洛之吉。豈知澗、瀍之東西即洛之中也，澗水之東即洛之偏也，同名爲洛，而王城、頑民之居不同。非洛自爲洛，澗、瀍自爲澗、瀍，洛邑居天下之中，伊、洛、瀍、澗實周流於其間。天子南嚮，則澗水在洛之右，瀍水在洛之左，周公於澗、瀍之中，龜兆告吉，遂營王城以建王宮，定郊社宗廟，是爲郟鄏之地，今之河南是也。又循之左，越瀍水之東，龜復告吉，遂營下都，名曰『成周』，又曰『東郊』，以居殷民，今之洛陽是也。二城相距，蓋十有八里。」○臨川吴氏曰：「龜卜占法今不傳。據褚少孫所録在《史記·龜策傳》者，每一事有一占，法各不同。疑卜宅之占以

❶「固」，建邑余氏本及四庫本作「因」，康熙版《通志堂經解》本《增修東萊先生書説》亦作「因」。

兆食墨而明爲吉，不食則其兆曖昧，非吉兆也。先卜黎陽不吉，乃卜洛邑二處，而龜兆皆食其墨也。」

王拜手稽首曰：「公不敢不敬天之休，來相宅，其作周匹休。公既定宅，伻來，來視予卜，休恒吉。我二人共貞。公其以予萬億年敬天之休。」拜手稽首誨言。

此王授使者復公之辭也。「王拜手稽首」者，成王尊異周公而重其禮也。匹，配也。公不敢不敬天之休命，來相宅，爲周匹休之地。言卜洛以配周命於無窮也。視，示也，示我以卜之休美而常吉者也。二人，成王、周公也。貞，猶當也。十萬曰億。言周公宅洛，規模宏遠，以我萬億年敬天休命。故又拜手稽首，以謝周公告卜之誨言。朱子曰：「拜受公言，猶禹之拜昌言也。」○呂氏曰：「營洛實配宗周，其作我周匹休之地。『匹』者，對宗周之辭。『以予』者，使之之辭。倚之者甚重，而望之者甚長也。」○或曰，王不在洛，言「來」者，順公所在而言。○王氏十朋曰：「《詩》之『作豐伊匹』，與此『匹休』同意。」○夏氏曰：「貞，如『厥賦貞』之『貞』，謂相當也。王欲與公共當此吉祥。」○王氏曰：「言宅洛之事定矣，公當以予永遠敬天之休，以承此休常吉之卜也。」○新安陳氏曰：「『視』與『示』同，古通用，《漢書》凡『示』字例作『視』。十萬曰億，《泰誓》又云『百萬曰億』，不同何也？《詩》『禾三百億』，鄭注『十萬曰億』，毛公『萬萬曰億』，孔疏『今《九章算術》皆以萬萬爲億。鄭以古數言之』。韋昭注《楚語》曰：『十萬曰億，古數也。秦始以萬萬爲億。』百萬爲億，未見所本。」

周公曰：「王肇稱殷禮，祀于新邑，咸秩無文。

此下周公告成王宅洛之事也。殷，盛也，與「五年再殷祭」之「殷」同。秩，序也。無文，祀典不載也。言王始舉盛禮，祀于洛邑，皆序其所當祭者。雖祀典不載，而義當祀者亦序而祭之也。呂氏曰：「定都之初，肇舉盛禮，大饗群祀。雖祀典不載者，咸秩序而祭之。有告焉，有報焉，有祈焉。始建新都，昭假上下，告成事也；雨暘時若，大役以成，報神賜也；自今以始，永奠中土，祈鴻休也。後世不知祭祀之義，鬼神之德，觀周公首以『祀于新邑』爲言，若闊於事情者，抑不知人主臨鎮新都之始，齊祓一心，對越天地，達此精明之德，放諸四海，無所不準。而助祭諸侯，下逮胞翟之賤，亦皆有孚顒若，收其放而合其離。蓋格君心，萃天下之道，莫要於此。宜周公以爲首務也。」朱子曰：「自此以下，漸不可曉，蓋不知是何時所言。傳疏以爲王與公俱在洛對問之言。葉氏以爲王得卜而至洛，既祭復歸鎬，因留周公居守，而周公有此言。皆不可考。然葉氏說後數章貫穿，今從之。」○復齋董氏曰：「《易》曰『殷薦之上帝』，《禮》有『殷祭』、『殷奠』，皆取殷盛之義。」○新安陳氏曰：「王氏謂此『殷禮』，疑即篇末十二月戊辰之祭。史述其語於前，而記其事於後也。竊意十二月之祭，不過以周公留治洛之事就冬烝以告文武耳。此曰『殷禮』、曰『秩無文』，乃非常盛禮，豈十二月之祀足以當之？三月後以至十一月，王必當親至洛，行大祀禮，今脱去矣。自此下至『無遠用戾』，乃洛邑既成，公自洛歸鎬，告王以宅洛所當行之事及欲退老之辭也。『肇稱殷禮』以下，乃周公至鎬請王往新邑，舉祀禮及朝諸侯。證之《召誥》，公至洛定宅後，當還鎬京。觀召公取諸侯之幣錫公，由公以達王，則可見矣。『孺子其朋』以下，必有訛誤脱簡漏却，『王祀新邑』，必在此處無疑也。況《梓材》『庶邦享』、『集』、『丕享』等語，其爲『敬識百辟享』之上下文，脱簡在彼，尤爲顯然乎！」

「予齊百工，伻從王于周，予惟曰：『庶有事。』

周公言予整齊百官，使從成王于周，謂將適洛時也。予惟謂之曰：「庶幾其有所事乎？」公但微示其意，以待成王自教詔之也。夏氏曰：「王祭于新邑，我則整齊百官，使從王往新邑。惟謂百官言：『汝從王而往，庶幾必有事於周。』欲禮樂自天子出也。」○新安陳氏曰：「周公言我今整齊共營洛之百官，使從王于宗周，我惟謂之曰：『王庶幾將適新邑而有事乎！』『國之大事，在祀與戎』，故古人於祭祀皆曰『有事』，公但微示王將行祀事於洛之意於百官，以待王之自教詔之也。」

「今王即命曰：『記功宗，以功作元祀。』惟命曰：『汝受命篤弼，

功宗，功之尊顯者。《祭法》曰：「聖王之制祭祀也，法施於民則祀之，以死勤事則祀之，以勞定國則祀之，能禦大災則祀之，能捍大患則祀之。」蓋功臣皆祭於大烝，而勳勞之最尊顯者則爲之冠，故謂之「元祀」。周公教成王即命曰：「記功之尊顯者，以功作元祀矣。」又惟命之曰：「汝功臣受此褒賞之命，當益厚輔王室。」蓋作元祀，既以慰答功臣，而又勉其左右王室，益圖久大之業也。呂氏曰：「洛邑既成，周業既定，論創業之勳不可後也。功臣之冠，天下觀瞻，鎮服群下，實繫此舉。論功莫先於宗，言宗則凡功臣可得而推矣；報功莫重於祀，言祀則凡慶賞可得而推矣。」

「丕視功載，乃汝其悉自教工。」

丕，大。視，示也。功載者，記功之載籍也。大視功載而無不公，則百工效之，亦皆公也；大視功載而或出於私，則百工效之，亦皆私也。其公其私，悉自汝教之，所謂「乃汝其悉自教工」也。上章告以褒賞功臣，故戒其大視功載者如此。朱子曰：「今王乃命曰：我嘗記人之功而尊之，又以此功因新邑殷祀而告之神明矣。」○吴氏曰：「已死者祀之，其生者則載以旌賞之。」○新安陳氏曰：「公因告王今當即出命曰：『新邑之祀，將記録創業功臣之宗，勳勞最顯者，以其功列之大祀，使與享矣。』又當專命群臣曰：『汝之受命而能厚輔王室者，亦將大視其功而紀載之於册書。』以功作元祀者，所以報功臣於既往；丕視功載者，所以勵功臣於方來。載之今日，又當祀之後日也。公又謂王言上『即命』、『惟命』二説，乃汝其悉自教詔於百工，其機雖自公發之，其教當自王出之也。」

「孺子其朋，孺子其朋，其往！無若火始燄燄，厥攸灼敘弗其絶。

孺子，稚子也。朋，比也。上文百工之視傚如此，則論功行賞，孺子其可少徇比黨之私乎？孺子其少徇比黨之私，則自是而往，有若火然，始雖燄燄尚微，而其灼爍將次第延爇，不可得而撲滅矣。言論功行賞，徇私之害其初甚微，其終至於不可遏絶，所以嚴其辭而禁之於未然也。朱子曰：「周公言既如此，則孺子往矣。燄，火始然尚微而方進之貌。灼，焚也。敘，次第也。」○林氏曰：「如漢之朋黨始於甘陵南北部，唐之朋黨始於牛、李，其終搢紳稳禍，海内塗炭是也。」

「厥若彝及撫事如予，惟以在周工。往新邑，伻嚮，即有僚，明作有功，惇大成裕，汝永有辭。」其順常道及撫國事，常如我爲政之時，惟用見在周官，勿參以私人。往新邑，使百工知上意嚮，各就有僚，明白奮揚而赴功，惇厚博大以裕俗，則王之休聞亦永有辭于後世矣。朱子曰：「戒成王歸宗周，其所順之常道及撫臨衆事，皆當如我所行也。在周百工皆我所總齊者習於事，當惟用此人明作有功之事，務爲惇大之道，以成寬裕之政，則汝亦長有寬裕之辭於後世矣。言『往』者，如云『來相宅』，順王所在而言。趨事赴功常失之急薄，故又言『惇大成俗』以救其失。」○呂氏曰：「漢文近於『惇大成裕』，而無所謂『明作有功』；漢宣近於『明作有功』，而無所謂『惇大成裕』。」○新安陳氏曰：「彰明振作以有功績，而又惇厚廣大以成寬裕，是立精明之治功而存渾厚之治體也。」

公曰：「已！汝惟冲子，惟終。

周之王業，文、武始之，成王當終之也。此上詳於記功教工，内治之事；此下則統御諸侯，教養萬民之道也。朱子曰：「周公言：已矣乎！汝成王惟冲子當惟其終。猶伊尹言『慎厥終』也。」

「汝其敬識百辟享，亦識其有不享。享多儀，儀不及物，惟曰不享，惟不役志于享，凡民惟曰不享，惟事其爽侮。

此御諸侯之道也。百辟，諸侯也。享，朝享也。儀，禮。物，幣也。諸侯享上有誠有僞，惟人君克敬者能識之。識其誠於享者，亦識其不誠於享者。享不在幣而在於禮，幣有餘而禮不足，亦所謂不享也。諸侯惟不用志於享，則國人化之，亦皆謂上不必享矣。舉國無享上之誠，則政事安得不至於差爽僭侮，隳土度而爲叛亂哉？人君可不以敬存心辨之於早、察之於微乎？朱子曰：「享朝而以幣享王，誠以奉上之辭。幣有餘而禮不及者，往往有輕上之心，以爲可以幣交也。曰：吾幣足矣，何以禮爲？如是者猶不享也。」○蘇氏曰：「小人賄以悦人，必簡於禮。公戒王責諸侯以禮不以幣，恐其役志乎物，而不役志乎禮，則諸侯慢而王室輕矣。此治亂之本，故公特言之。《春秋傳》曰：晉趙文子爲政，薄諸侯之幣，而重其禮。晉穆叔曰：『自今已往，兵其少弭矣。』夫以列國之卿，輕幣重禮猶足以弭兵，王而賄，其致寇也必矣。唐之衰，君相皆可以賄取，方鎮爭貢羡餘、行苞苴，而天子始失其政，以至於亡。周公之戒至矣。」○新安陳氏曰：「此因將往新邑朝諸侯而言，亦因召公取諸侯之幣旅王而言也。」

「乃惟孺子，頒朕不暇，聽朕教汝于棐民彝，汝乃是不蘉，乃時惟不永哉！篤敘乃正父罔不若予，不敢廢乃命。汝往敬哉！兹予其明農哉！彼裕我民，無遠用戾。」

此教養萬民之道也。頒朕不暇，未詳。或曰，成王當頒布我汲汲不暇者，聽我教汝所以輔民常性之道。汝於是而不勉焉，則民彝泯亂，而非所以長久之道矣。正父，武王也，猶今稱「先正」云者。篤者，篤厚而不忘。敘者，先後之不紊。言篤敘武王之道，無不如我，則人不敢廢汝之命矣。呂氏曰：「武王没，周公如武王，故天下不廢周公之命；周公去，成王如周公，則天下不廢成王之命。」戾，至也。王往洛邑，其敬之哉！我其退休田野，惟明農事。蓋公有歸老之志矣。彼，謂洛邑也。王於洛邑，和裕其民，則民將無遠而至焉。朱子曰：「周公戒成王，使聽我教汝以輔民常性之道，若汝不勉，則不能永保天命也。然則所以輔民常性者，惟在乎勉而已。篤敘汝武王之所行，無不如予之所以厚敘者。」○陳氏經曰：「汝當頒我前日未暇爲之事，一一行之。」○息齋余氏曰：「《説命》『先正』訓爲先世長官之臣，此指武王。而引先正爲比，何也？或曰，武王撥亂反正，故稱『正父』。」○新安陳氏曰：「此一節，除『汝往敬哉，茲予其明農哉』二句外，皆不可曉，皆當缺之。味此二句，可見公時在鎬，欲王往新邑，而已將退老也。此章之下，當必有公從王至新邑舉祀發命之事，而今缺矣。」

王若曰：「公！明保予冲子。公稱丕顯德，以予小子揚文、武烈，奉答天命，和恒四方民，居師。

此下成王答周公及留公也，大抵與上章參錯相應。明，顯明之也。保，保祐之也。稱，舉也。和者，使不乖也。恒者，使可久也。居師者，宅其衆也。言周公明保成王，舉大明德，使其上之不忝於文武，仰不愧天，俯不怍人也。朱子曰：「居師，營洛邑、定民居也。」○新安陳氏曰：「此王既至洛，舉祀後，與公言，將留公治洛，先敘述公之功德以慰藉之也。」

「惇宗將禮，稱秩元祀，咸秩無文。

宗，「功宗」之「宗」也，下文「宗禮」同。將，大也。孔氏曰：「厚尊大禮，舉秩大祀。」○新安陳氏曰：「此蓋王述已行之事之辭，即答公所謂『王肇稱殷禮，祀于新邑，咸秩無文』也。」

「惟公德明光于上下，勤施于四方，旁作穆穆迓衡，不迷文、武勤教。予沖子夙夜毖祀。」

旁，無方所也，因上下四方爲言。穆穆，和敬也。迓，迎也。言周公之德，昭著於上下，勤施于四方，旁作穆穆以迎治平，不迷失文、武所勤之教於天下。公之德教加於時者如此，予沖子夫何爲哉？惟早夜以勤祭祀而已。蓋成王知周公有退休之志，故示其所以留之之意也。朱子曰：「穆穆，和敬之貌，天子之容。旁作，謂周公輔成己德，以迎迓太平之治，而不迷於先王之教。」○陳氏大猷曰：「不曰已太平，方且和敬以迓之，已治猶未治也。使以爲既平，則無亹亹方進之意，盈而不可久矣。」○蘇氏曰：「祭則我沖子，政則周公，成王言我歸宗周毖祀而已。」○唐孔氏曰：「衛獻公云：『政由甯氏，祭則寡人。』亦略猶是。言祭則我小子，迓太平、明教化皆委重於公也。」○新安陳氏曰：「此王推美歸重於公，猶欲其益因德業之盛而加自强不息之誠。我小子但主祀而已，此已示留公之意也。」

王曰：「公功棐迪篤，罔不若時。」

言周公之功，所以輔我、啓我者厚矣，當常如是，未可以言去也。朱子曰：「公之功輔導我已厚矣，無不若是，以上所稱也。」

王曰：「公！予小子其退，即辟于周，命公後。

此下成王留周公治洛也。成王言我退即居于周，命公留後治洛。蓋洛邑之作，周公本欲成王遷都以宅天下之中，而成王之意則未欲捨鎬京而廢祖宗之舊。故於洛邑舉祀發政之後，即欲歸居于周，而留周公治洛。謂之「後」者，先成王之辭，猶後世留守、留後之義。先儒謂封伯禽以爲魯後者，非是。攷之《費誓》「東郊不開」，乃在周公東征之時，則伯禽就國蓋已久矣。下文「惟告周公其後」，「其」字之義，益可見其爲周公，不爲伯禽也。朱子曰：「上文『王曰』兩段，周公無答辭，疑有缺文。成王言我當歸即政于宗周，而命公留于洛，猶唐節度留後之意。」○「史丞相説《書》，亦有好處。如『命公後』，衆説亦皆云命伯禽爲周公之後，史云成王既歸，命周公在後，看『公定予往已』一言，便見得是周公且在後之意。」○西山真氏曰：「按《史記・魯世家》伯禽即位之後，管、蔡等反，淮夷、徐戎亦並興。於是伯禽帥師伐之於肹，遂平徐戎。據此，則蔡説當矣。」○新安陳氏曰：「成王自謂『其退即辟于周』，味『退』之一字，則王時進在洛邑可知。據身在洛邑言，故以還歸宗周爲退，退固王之謙辭，亦述往返，語勢之當然耳。先儒於此皆忽之，故不敢質言此章爲王至洛後之辭也。」

「四方迪亂，未定于宗禮，亦未克敉公功。

宗禮，即功宗之禮也。亂，治也。四方開治，公之功也。未定功宗之禮，故未能敉公功也。「敉功」者，安定其功之謂，即下文「命寧」者也。朱子曰：「迪，順也。四方雖已順治，猶未定于尊公之禮，未有以撫治公之功。」「迪將其後，監我士、師、工，誕保文、武受民，亂爲四輔。」將，大也。周公居洛，啓大其後，使我士、師、工有所監視，大保文、武所受於天之民，而治爲宗周之四輔也。漢三輔蓋本諸此。今按：先言啓大其後，而繼以「亂爲四輔」，則命周公留後於洛明矣。朱子曰：「周公在後監我百官，士也，師也，工也。四輔，猶四鄰。」○新安陳氏曰：「《文王世子》曰：❶『設四輔及三公。』四輔，左輔、右弼、前疑、後丞也。引《文王世子》之『四輔』解此『四輔』，亦與朱子四鄰之說合。王以治爲四輔之大臣望公，下文公以治爲四方之新辟望王，君臣交相期望也。」

王曰：「公定，予往已。公功肅將祗歡，公無困哉！我惟無斁其康事，公勿替刑，四方其世享。」

定，《爾雅》曰：「止也。」成王欲周公止洛，而自歸往宗周。言周公之功，人皆肅而將之，欽而悦之，宜鎮撫洛邑以慰懌人心，毋求去以困我也。我惟無厭其安民之事，公勿替所以

❶「文王世子」，原作「王制」，今據《禮記・文王世子》篇改。下句「文王世子」同此。

監我士、師、工者，四方得以世世享公之德也。吳氏曰：《前漢書》兩引「公無困哉」，皆以「哉」作「我」，當以「我」爲正。朱子曰：「此王與公決而歸之言也。公定居洛，予往歸周已，公無困哉！言公無以事自困，猶漢所謂『閔勞公以官職之事』也。我則當無厭倦於安國安民之事，公但勿廢其所以儀刑四方者，則四方其世享矣。」〇「一說，世享，世世尊享我周，無困勿替，皆欲公留而勿去之意。」〇新安陳氏曰：「此章之上，必有公答王之辭，蓋不許王留後之請也。所以王言公止，我往歸周矣。公無困我，是以不許留爲困我，其辭危。『勿替刑』以下，其望遠。又上章言『予沖子夙夜毖祀』，成王全倚重於公，而已僅主祭，宜公未許留。至此曰我惟無倦於康安之事，是王能以安天下自任，而不全倚於公，宜公下章幡然許留也。」

周公拜手稽首曰：「王命予來，承保乃文祖受命民，越乃光烈考武王，弘朕恭。此下周公許成王留等事也。來者，來洛邑也。「承保乃文祖受命民」及「光烈考武王」者，答「誕保文武受民」之言也。責難於君謂之恭。「弘朕恭」者，大其責難之義也。陳氏曰：「弘大我事君之恭。」

「孺子來相宅，其大惇典殷獻民，亂爲四方新辟，作周恭先。曰：其自時中乂，萬邦咸休，惟王有成績。

典，典章也。殷獻民，殷之賢者也。言當大厚其典章及殷之獻民。蓋文獻者，爲治之大要也。亂，治也。言成王於新邑致治，爲四方新主也。「作周恭先」者，人君恭以接下，以恭而倡後王也。公又言其自是宅中圖治，萬邦咸底休美，則王其有成績矣。此周公以治洛之效望之成王也。新安陳氏曰：「孺子來相宅，乃公述王之此行也。作周恭先，爲周家恭敬之王之先，以恭而率先後之爲王者也。曰者，公期望於王之辭。其自時中乂，其即將然之辭也。」

「予旦以多子越御事，篤前人成烈，答其師，作周孚先。考朕昭子刑，乃單文祖德。

「多子」者，衆卿大夫也。唐孔氏曰：「子者，有德之稱，大夫皆稱子。」師，衆也。周公言我以衆卿大夫及治事之臣，篤厚文、武成功，以答天下之衆也。孚，信也。「作周孚先」者，人臣信以事上，以信而倡後人也。考，成也。昭子，猶所謂「明辟」也。親之故曰子。刑，儀刑也。單，殫也。言成我明子儀刑，而殫盡文王之德。蓋周公與群臣篤前人成烈者，所以成成王之刑，乃殫文祖德也。此周公以治洛之事自效也。新安陳氏曰：「作周孚先，爲周家孚信之臣之先，以信而率先後之爲臣者也。『亂爲四方新辟』當與『亂爲四輔』對觀，『作周孚先』當與『作周恭先』對觀，蓋公與王交相期望，各盡責任之辭也。」○陳氏大猷曰：「此處上下疑有缺文。」

「伻來毖殷，乃命寧予。絶句。以秬鬯二卣，曰：『明禋。拜手稽首，休享。』

此謹毖殷民，而命寧周公也。秬，黑黍也。秠二米，和氣所生。鬯，鬱金香草也。卣，中尊也。明，潔。禋，敬也。以事神之禮事公也。蘇氏曰：「以黑黍爲酒，合以鬱鬯，所以祼也。宗廟之禮，莫盛於祼。王使人來戒敕庶殷，且以秬鬯二卣，綏寧周公。」「曰『明禋』、曰『休享』者，何也？事周公如事神明也。古者有大賓客，以享禮禮之，酒清人渴而不飲，肉乾人飢而不食也，故享有體薦。豈非敬之至者，則其禮如祭也歟！」新安陳氏曰：「寧，如『歸寧父母』之『寧』。曰『明禋。拜手稽首，休享』者，述王命使之辭，曰此明潔以禋祀之酒，今拜稽而致休美以享公焉。敬之至者，其禮如祭。傳曰『享有體薦』，一證也；《記》曰『君子敬則用祭器』，又一證也。」

「予不敢宿，則禋于文王、武王。

宿，與《顧命》「三宿」之「宿」同。禋，祭名。周公不敢受此禮，而祭於文、武也。息齋余氏曰：「《顧命》『宿』訓爲『進爵』，孔氏説也。唐孔氏申其義，以爲進爵於神前。」

「惠篤敘，無有遘自疾，萬年厭于乃德，殷乃引考。

此祭之祝辭，周公爲成王禱也。惠，順也。篤敘，與「篤敘乃正父」同。順篤敘文、武之道，身其康强，無有遘遇自罹疾害者，子孫萬年厭飽乃德，殷人亦永壽考也。陳氏大猷曰：「惠順文武之道，篤敘而行之。」

「王伻殷，乃承敘萬年，其永觀朕子懷德。」

承，聽受也。敘，教條次第也。王使殷人承敘萬年，其永觀法我孺子而懷其德也。蓋周公雖許成王留洛，然且謂「王伻殷」者，若曰：「遷洛之民，我固任之，至於使其承敘萬年，則實繫于王也。」亦責難之意。與《召誥》末「用供王能祈天命」語脉相類。❶張氏曰：「觀此書，周公不敢當成王秬鬯之禮，則天子之禮樂，公其敢當乎？所以《春秋》於魯之郊禘，皆貶其僭。則成王之賜，伯禽之受，其失可見，豈周公之所敢安乎？」

戊辰，王在新邑烝祭。歲，文王騂牛一，武王騂牛一。王命作册，逸祝册，惟告周公其後。王賓，殺禋咸格。王入太室，祼。

此下史官記祭祀册誥等事，以附篇末也。戊辰，十二月之戊辰日也。是日，成王在洛舉烝祭之禮。曰「歲」云者，歲舉之祭也。周尚赤，故用騂。宗廟禮太牢，此用特牛者，命周公留後於洛，故舉盛禮也。逸，史佚也。作册者，册書也。逸祝册者，史逸爲祝册以告神也。惟告周公其後者，祝册所載，更不他及，惟告周公留守其後之意，重其事也。王賓，猶「虞賓」，杞、宋之屬，助祭諸侯也。諸侯以王殺牲，禋祭祖廟，故咸至也。太室，清廟中央室也。祼，灌也。以圭瓚酌秬鬯，灌地以降神也。

王命周公後，作册，逸誥，在十有二月。

❶「天」下，《書傳輯録纂注》有「永」字，明德堂本、建邑余氏本、四庫本同。

「逸誥」者，史逸誥周公治洛留後也。「在十有二月」者，明戊辰爲十二月日也。惟周公誕保文、武受命，惟七年。

吴氏曰：周公自留洛之後，凡七年而薨也。成王之留公也，言「誕保文、武受民」；公之復成王也，亦言「承保乃文祖受命民，越乃光烈考武王」。故史臣於其終計其年曰：「惟周公誕保文、武受命，惟七年。」蓋終始公之辭云。

多士

商民遷洛者，亦有有位之士，故周公洛邑初政，以王命總呼「多士」而告之。編書者因以名篇。亦誥體也。今文、古文皆有。◯吴氏曰：「方遷商民于洛之時，成周未作。其後王與周公患四方之遠，鑒三監之叛，於是始作洛邑，欲徙周而居之。其曰『昔朕來自奄，大降爾四國民命。我乃明致天罰，移爾遐逖，比事臣我宗多遜』者，述遷民之初也。曰『今朕作大邑于兹洛，予惟四方罔攸賓，亦惟爾多士攸服奔走臣我多遜』者，言遷民而後作洛也。故《洛誥》一篇終始皆無欲遷商民之意，惟周公既誥成王留治于洛之後，乃曰『伻來毖殷』，又曰『王伻殷乃承敘』。當時商民已遷于洛，故其言如此。」愚謂武王已有都洛之志，故周公黜殷之後，以殷民反覆難制，即遷于洛。至是建成周，造廬舍，定疆埸，乃告命與之更始焉爾。此《多士》之所以作也。由是而推，則《召誥》攻位之庶殷，其已遷洛之民歟。不然，則受都，今衛州也，洛邑，今西京也，相去四百餘里，召公安得捨近之友民，而役遠之讎民哉？《書序》以爲成周既成，遷殷頑民者，謬矣。吾固以爲非孔子所作也。吕氏曰：「遷洛之事，《召誥》經營之、《洛誥》考成之、《多士》則慰安之也。」○張氏曰：「周之頑民，乃商之忠臣也。」○王氏曰：「篇名『多士』，而《序》以爲頑民，何也？在官者謂之士，卿、大夫、士是也；在民者謂之士，士、農、工、商是也。此書稱士，皆在官之殷士也。且周公未始以殷民爲頑，成王命君陳始有『無忿疾于頑』之語。夫殷民不附周謂之頑可也，不忘殷謂之頑可乎？故『頑』之一字，周公於《康誥》、《酒誥》、《多士》、《多方》等書未嘗出諸口也。」○新安陳氏曰：「諸家過信《小序》，所以於『昔朕來自奄』全説不通，吴、蔡當矣。」

惟三月，周公初于新邑洛，用告商王士。

此《多士》之本序也。三月，成王祀洛次年之三月也。周公至洛久矣，此言「初」者，成王既不果遷，留公治洛，至是公始行治洛之事，故謂之初也。曰「商王士」者，貴之也。孔氏曰：「周公致政明年三月也。或曰：于，於也。」○王氏曰：「殷民遷于成周，從舊長所治，故先告之。殷士順從，則殷民皆然矣。」

王若曰：「爾殷遺多士！弗弔旻天大降喪于殷，我有周佑命，將天明威，致王罰，勑殷命，終于帝。

弗弔，未詳，意其爲歎憫之辭，當時方言爾也。旻天，秋天也，主肅殺而言。歎憫言旻天大降災害而喪殷，我周受眷佑之命，奉將天之明威，致王罰之公，勅正殷命而格之，以終上帝之事。蓋推革命之公，以開諭之也。息齋余氏曰：「弗弔，《大誥》引『不弔旻天』爲訓甚明。」○呂氏曰：「以天言之，曰『明威』；以人言之，曰『王罰』。」○王氏曰：「終，與『受終于文祖』之『終』同。」

「肆爾多士！非我小國敢弋殷命，惟天不畀，允罔固亂；弼我，我其敢求位？

肆，與《康誥》「肆汝小子封」同。弋，取也，「弋鳥」之「弋」。言有心於取之也。呼多士誥之，謂以勢而言，我小國亦豈敢弋取殷命？蓋栽者培之，傾者覆之，固其治而不固其亂者，天之道也。惟天不與殷，信其不固殷之亂矣。惟天不固殷之亂，故輔我周之治，而天位自有所不容辭者，我其敢有求位之心哉？蘇氏曰：「固，如『推亡固存』之『固』。信矣天之固治，不固亂也。」○林氏曰：「告殷士以天命之公，使知殷失天命而亡則誰能與之，周得天命而興則誰能違之。」

「惟帝不畀，惟我下民秉爲，惟天明畏。

秉，持也。言天命之所不與，即民心之所秉爲；民心之所秉爲，即天威之所明畏者也。反覆天民相因之理，以見天之果不外乎民，民之果不外乎天也。《詩》言「秉彝」，此言「秉爲」者，彝以理言，爲以用言也。陳氏經曰：「紂之惡至於失人心，則天命之所去；❶周之德至於下民秉爲，即天命之所與。」○新安陳氏曰：「既曰『惟天不畀』，又曰『惟帝不畀』；既曰『將天明威』，又曰『惟天明畏』，反覆以天命之去留曉殷士，而潛消其覬覦猜疑之私耳。」○息齋余氏曰：「明畏，只如《皋謨》篇所訓爲『明』。」

「我聞曰：『上帝引逸。』有夏不適逸，則惟帝降格，嚮于時夏。弗克庸帝，大淫泆有辭。惟時天罔念聞，厥惟廢元命，降致罰。

引，導。逸，安也。降格，與《吕刑》「降格」同。吕氏曰：「『上帝引逸』者，非有形聲之接也，人心得其安，則亹亹而不能已，斯則上帝引之也。是理坦然，亦何間於桀？第桀喪其良心，自不適於安耳。帝實引之，桀實避之。帝猶未遽絶也，乃降格災異，以示意嚮於桀。桀猶不知警懼，不能敬用帝命，乃大肆淫逸。雖有矯誣之辭，而天罔念聞之，仲虺所謂『帝用不臧』是也。廢其大命，降致其罰，而夏祚終矣。陳氏大猷曰：「天於人君，常欲導之於安逸之地，如爲善最樂。『作德』、『日休』即帝之引逸也，桀乃不適於逸，自趨於危。」○吕氏曰：「天人之際，惟極乃通。治極則通，『格于皇天』是也；亂極亦通，『惟帝降格』是也。桀惡升聞，故帝降格，譴告災異以

❶「則」，建邑余氏本作「即」。

示所嚮，於是覆邦。董子曰：「天心仁愛人君，必出災異以警戒之，即『降格』之謂也。自絶于天，天亦絶之。國之元命，猶人之元氣，有則生，無則死者也。」

「乃命爾先祖成湯革夏，俊民甸四方。

甸，治也。伊尹稱湯「旁求俊彦」，《孟子》稱湯「立賢無方」。蓋明揚俊民，分布遠邇，甸治區畫，成湯立政之大經也。周公反復以夏、商爲言者，蓋夏之亡即殷之亡，湯之興即武王之興也。商民觀是，亦可以自反矣。新安陳氏曰：「甸，如『奄甸萬姓』之『甸』。」

「自成湯至于帝乙，罔不明德恤祀。

「明德」者，所以修其身。「恤祀」者，所以敬乎神也。

「亦惟天丕建，保乂有殷。殷王亦罔敢失帝，罔不配天其澤。

亦惟天大建立，保治有殷。殷之先王，亦皆操存此心，無敢失帝之則，無不配天以澤民也。薛氏曰：「無所不浹，天之澤也。王者宅天下無彼疆此界之殊，配天其澤也。」○新安陳氏曰：「此之『罔不明德』，與下文『惟天不畀，不明厥德』當對觀。『恤祀』與罔失帝、配天澤，皆自克明德中來也，商先王以明德而得天命也如此。」

「在今後嗣王，誕罔顯于天，矧曰其有聽念于先王勤家？誕淫厥泆，罔顧于天顯民祇。

後嗣王，紂也。紂大不明於天道，况曰能聽念商先王之勤勞於邦家者乎？大肆淫泆，無復顧念天之顯道、民之敬畏者也。

「惟時上帝不保，降若兹大喪。

「大喪」者，國亡而身戮也。

「惟天不畀不明厥德。

商先王以明德而天丕建，則商後王不明德而天不畀矣。

「凡四方小大邦喪，罔非有辭于罰。」

凡四方小大邦國喪亡，其致罰皆有可言者。況商罪貫盈，而周奉辭以伐之者乎？ 吕氏曰：「天也，祖宗也，民也，自古帝王所共畏也。紂不聽念先王，罔顧天顯、民祗，三畏皆亡，無所不至矣。」○新安陳氏曰：「紂之衆惡皆自不明德中來，其以不明德而失天命也如此。」

王若曰：「爾殷多士，今惟我周王丕靈承帝事。

靈，善也。大善承天之所爲也。《武成》言「祗承上帝，以遏亂略」是也。

「有命曰：『割殷！』告勑于帝。

帝有命曰「割殷」，則不得不戡定剪除，告其勑正之事于帝也。《武成》言「告于皇天后土，將有大正于商」者是也。

「惟我事不貳適，惟爾王家我適。

上帝臨汝，毋貳爾心，「惟我事不貳適」之謂。上帝既命，侯于周服，「惟爾王家我適」之謂。言「割殷」之事，非有私心，一於從帝而無貳適，則爾殷王家自不容不我適矣。周不貳于帝，殷其能貳於周乎？蓋示以確然不可動摇之意，而潛消頑民反側之情爾。然聖賢事不貳適，日用飲食，莫不皆然，蓋所以事天也。豈特「割殷」之事而已哉！

「予其曰：『惟爾洪無度，我不爾動，自乃邑。』

三監倡亂，予其曰：「乃汝大爲非法，非我爾動，變自爾邑。」猶《伊訓》所謂「造攻自鳴條」也。

「予亦念天即于殷大戾，肆不正。」

予亦念天就殷邦屢降大戾，紂既死，武庚又死，故邪慝不正。言當遷徙也。

王曰：「猷！告爾多士，予惟時其遷居西爾。非我一人奉德不康寧，時惟天命。無違！朕不敢有後，無我怨。

時，是也。指上文「殷大戾」而言。謂惟是之故，所以遷居西爾。非我一人樂如是之遷徙震動也，是惟天命如此，汝毋違越。我不敢有後命，謂有他罰，爾無我怨也。唐孔氏曰：「從殷適洛，南行而西向，故爲西。」

「惟爾知，惟殷先人有册有典，殷革夏命。

即其舊聞以聞諭之也。殷之先世有册書典籍，載殷改夏命之事，正如是耳。爾何獨疑於今乎？

「今爾其曰：❶『夏迪簡在王庭，有服在百僚。』予一人惟聽用德，肆予敢求爾于天邑商，予惟率肆矜爾。非予罪，時惟天命。」

周公既舉商革夏事以論頑民，頑民復以商革夏事責周。謂商革夏命之初，凡夏之士，皆啓迪簡拔在商王之庭，有服列于百僚之間。今周於商士，未聞有所簡拔也。周公舉其言以大義折之，言爾頑民雖有是言，然予一人所聽用者，惟以德而已，故予敢求爾於天邑商，而遷之於洛者，以冀率德改行焉。予惟循商故事，矜恤於爾而已。其不爾用者，非我之罪也，是惟天命如此。蓋章德者天之命，今頑民滅德而欲求用，得乎？陳氏大猷曰：「迪簡王庭，職之大者；有服百僚，職之小者。聽用德，聽察其有德者而用之。」○陳氏經曰：「『聽用德』者，爾有德我何敢不用，爾無德我何敢苟用。商士所言皆私情，王所言皆天理，不擇賢否而用，非天理矣。」○吕氏曰：「商猶謂之天邑者，蓋言其地舊爲天子之都，重其事而敬其辭，裁之者固甚正，待之者亦甚厚矣。」

❶「其」，明德堂本、建邑余氏本及四庫本作「又」，宋刻《書經集傳》、《書傳輯録纂注》同，《纂疏》作「其」。誤，當改。

王曰：「多士，昔朕來自奄，予大降爾四國民命。我乃明致天罰，移爾遐逖，比事臣我宗多遜。」

降，猶今法「降等」云者。言昔我來自商奄之時，汝四國之民罪皆應死，我大降爾命，不忍誅戮。乃止明致天罰，移爾遠居于洛，以親比臣我宗周有多遜之美。其罰蓋亦甚輕，其恩固已甚厚。今乃猶有所怨望乎？詳此章，則商民之遷，固已久矣。朱子曰：「奄，東方之國。」○陳氏大猷曰：「此奄與淮夷三監，同助武庚以叛。周公東征，一舉而誅四國，獨言『來自奄』者，伐奄在後，誅奄即來也。四國，殷、管、蔡、霍也。以親我、事我、臣我，宗法成周濟濟多遜之盛。」

王曰：「告爾殷多士，今予惟不爾殺，予惟時命有申。今朕作大邑于茲洛，予惟四方罔攸賓，亦惟爾多士攸服奔走臣我多遜。

以自奄之命爲初命，則此命爲申命也。言我惟不忍爾殺，故申明此命。且我所以營洛者，以四方諸侯無所賓禮之地，亦惟爾等服事奔走臣我多遜而無所處故也。詳此章，則遷民在營洛之先矣。吴氏曰：「『來自奄』稱『昔』者，遠日之辭也；『作大邑』稱『今』者，近日之辭也。移爾遐逖，比事臣我宗多遜者，期之之辭也。攸服奔走臣我多遜者，果能之辭也。」以此又知遷民在前，而作洛在後也。

「爾乃尚有爾土，爾乃尚寧幹止。

幹，事。止，居也。爾乃庶幾有爾田業，庶幾安爾所事，安爾所居也。詳此章所言，皆仍舊有土田居止之辭，信商民之遷舊矣。孔氏不得其説而以得「反所生」釋之，於文義似矣而事則非也。

「爾克敬，天惟畀矜爾；爾不克敬，爾不啻不有爾土，予亦致天之罰于爾躬！

敬，則言動無不循理，天之所福，吉祥所集也。不敬，則言動莫不違悖，天之所禍，刑戮所加也。豈特竄徙不有爾土而已哉，身亦有所不能保矣。新安陳氏曰：「蔡傳釋『不啻不有爾土』，加『竄徙』二字，尤善。」

「今爾惟時宅爾邑，繼爾居，爾厥有幹有年于兹洛。爾小子乃興，從爾遷。」

邑，「四井爲邑」之「邑」。「繼」者，承續安居之謂。有營爲，有壽考，皆于兹洛焉。爾之子孫乃興，自爾遷始也。夫自亡國之末裔爲起家之始祖，頑民雖愚，亦知所擇矣。

王曰又曰：「時予乃或言爾攸居。」

「王曰」之下，當有缺文。以《多方》篇末「王曰」、「又曰」推之可見。時我或有所言，皆以爾之所居止爲念也。申結上文「爾居」之意。王氏炎曰：「『王曰』下必有脱簡，『又曰』下必有脱文，不可强解。」〇新安陳氏曰：「《多士》一書中，言興、喪則祖於天，言天命則繫於德，言德則本於敬，終之以『爾土』、『爾邑』。有恒産者有恒心，而非誘之以利也。」

無逸

逸者，人君之大戒。自古有國家者，未有不以勤而興，以逸而廢也。益戒舜曰：「罔遊于逸，罔淫于樂。」舜，大聖也，益猶以是戒之，則時君世主其可忽哉？成王初政，周公懼其知逸而不知無逸也，故作是書以訓之。言則古昔，必稱商王者，時之近也；必稱先王者，王之親也；舉三宗者，繼世之君也；詳文祖者，耳目之所逮也。上自天命精微，下至畎畝艱難、閭里怨詛，無不具載。豈獨成王之所當知哉？實天下萬世人主之龜鑑也。是篇凡七更端，周公皆以「嗚呼」發之，深嗟永歎，其意深遠矣。亦訓體也。今文、古文皆有。

張氏曰：「周、召之於成王，所陳在敬，所戒在逸。蓋敬則不逸，逸則不敬。敬、逸之分，而歷年之延否、享國之壽夭判焉。召公以敬陳於前，周公以無逸戒於後。不如是，不足以爲周、召。」○吕氏曰：「逸者，禍亂之源。三年東征以定外亂，此特治其末流爾。《無逸》者，治源之書也。《無逸》作於作洛之後，成王即政之初。」○陳氏大猷曰：「逸者，萬惡之根；戒無逸者，萬善之本。《無逸》一書，所以爲百代元龜。」

周公曰：「嗚呼！君子所其無逸。

所，猶處所也。君子以無逸爲所，動静食息無不在是焉，作輟則非所謂所矣。萍鄉柳兄言：「吕東萊解《無逸》一篇極好。」朱子扣之曰：「伯恭如何解『君子所其無逸』？」柳兄曰：「吕東萊解『所』字爲『居』字。」曰：「若某則不敢如此說。」諸友請曰：「先生將如何說？」曰：「恐有脱字，則不可知。若說不行而必强立一說，雖若可觀，只恐道理不如此。」○吕氏曰：「凡人乍勤乍怠，亦有無逸之時。然能暫而不能居，非『所其無逸』者也。惟君子以無逸爲所，如魚之於水、鳥之於林，有不可得而離者焉。」○陳氏大猷曰：「所，若『北辰居其所』之『所』，蓋居而不移之謂。」○李氏杞曰：「所，安也，猶『止其所』之『所』。所其無逸，安於無逸也。」○新安陳氏曰：「『所其無逸』與『王敬作所，不可不敬德』，朱子皆不欲以『處所』、『安居』之意釋之，懼其巧鑿，非古人之本意也。然吕說爲可喜，所以朱子非之，而蔡氏仍本之。」

「先知稼穡之艱難乃逸，則知小人之依。

先知稼穡之艱難乃逸者，以勤居逸也。依者，指稼穡而言，小民所恃以爲生者也。農之依田，猶魚之依水，木之依土，魚無水則死，木無土則枯，民非稼穡則無以生也。故舜自耕稼以至爲帝，禹稷躬稼以有天下。文、武之基，起於后稷。四民之事莫勞於稼穡，生民之功莫盛於稼穡。周公發《無逸》之訓，而首及乎此，有以哉！林氏曰：「惟知稼穡之艱難爲念而不留意於逸者，乃所以能逸。蓋好逸者未必能逸，無逸者乃能逸也。」○吕氏曰：「此非始於憂勤，終於逸樂之論也。蓋言先備嘗稼穡之艱難，乃處於安逸，則深知小人之所依；未嘗知稼穡之艱難，而遽處安逸，興一宫室，起一力役，視若易然，而民有不得其死者矣。成王生於深宫，遽處人上，公深爲之懼，故以此章警之。若以始勤終逸釋之，是乾健之體有時而息矣。後世漸不克終之患，未必非此論啓之。」○陳氏經曰：「乃逸，非先艱難而後逸樂也。艱難之中自有逸樂之理。君子當以艱難爲逸，不當以逸爲逸也。」〇南軒張氏曰：「周自后稷以農事開國，歷世相傳，相與咨嗟歎息，服習乎艱難而詠歌其勞苦，此實王業之根本也。周公之告成王，《詩》有《七月》，皆言農桑之候；《書》有《無逸》，欲其知稼穡，知小人之依。帝王所傳心法之要端在於此。夫治常生於敬畏，而亂常起於驕逸，使爲國者每念稼穡之艱難，而心不存焉者寡矣。是心常存，則驕矜逸豫何自而生？豈非治之所由興歟！」〇陳氏大猷曰：「所其無逸，知小人之依，此一篇之綱領。後章言三宗、文王及怨詈之事，皆反覆推明乎此也。」〇新安陳氏曰：「先知稼穡之艱難乃逸，以爲先艱難而後可謀安逸固非矣，以爲艱難乃所以爲安逸亦非也。蓋君逸於上，君本逸也，惟以勤居逸，雖逸而能無逸。吕氏此論，超出諸家。下文『厥子不知稼穡之艱難，乃諺，既誕』，文勢似若六字一句，蔡氏提出謂此爲以『逸』爲『逸』，與上文『乃逸』以勤居逸者爲對，提得精神，如兩眼然。雖六字仍作一句讀，亦不妨如此説云。」

「相小人，厥父母勤勞稼穡，厥子乃不知稼穡之艱難，乃逸乃諺既誕。否則，侮厥父母曰：『昔之人無聞知。』」

「不知稼穡之艱難，乃逸」者，以逸爲逸也。俚語曰諺。言視小民，其父母勤勞稼穡，其子乃生於豢養，不知稼穡之艱難，乃縱逸自恣，乃習俚巷鄙語，既又誕妄無所不至。不然，則又訕侮其父母曰：「古老之人，無聞無知，徒自勞苦，而不知所以自逸也。」昔劉裕奮農畝而取江左，一再傳後，子孫見其服用，反笑曰：「田舍翁得此，亦過矣。」此正所謂「昔之人無聞知」也。使成王非周公之訓，安知其不以公劉、后稷爲田舍翁乎？蘇氏曰：「農夫之子，生而飽暖，且不知艱難，而況於王乎？」○《南史》：宋高祖劉裕孫孝武帝駿，壞高祖所居陰室爲玉燭殿，牀頭有土障，壁上掛葛燈籠，麻蠅拂，袁顗因盛稱高祖儉德，上曰：「田舍翁得此，已爲過矣。」

周公曰：「嗚呼！我聞曰：昔在殷王中宗，嚴恭寅畏，天命自度，治民祇懼，不敢荒寧。肆中宗之享國七十有五年。

中宗，太戊也。嚴則莊重，恭則謙抑，寅則欽肅，畏則戒懼。天命，即天理也。中宗嚴恭寅畏，以天理而自檢律其身，至於治民之際，亦祇敬恐懼，而不敢怠荒安寧。中宗無逸之實如此，故能有享國永年之效也。按《書序》，太戊有《原命》、《咸乂》等篇，意述其當時敬天治民之事。今無所攷矣。孔氏曰：「以敬畏之故，得壽考之福。下文言逸樂之損壽。」○吕氏曰：「上既論無逸之理，此復舉無逸之君，以示之法。此中宗無逸之實，嚴恭寅畏，合而言之，敬也。因桑穀而修省，亦其畏天命之一端。天人一理，既畏天命，必不敢輕下民。祇懼、不敢荒寧，皆敬也，惟敬故壽也。主静，則悠遠博厚；自强，則堅實精明；操存，則血氣循軌而不亂；收斂，則精神内固而不浮。至於儉約克治，去戕賊之累，又不在言。凡此皆敬之力，壽之理也。自此至文王，其壽莫非此理。」○陳氏經曰：「以天命之理自爲法度，凡身所躬行合於法度者，無非天命之流行。」○李氏杞曰：「無逸必寡慾，寡慾而不壽者，鮮矣；逸樂必多慾，多慾而能全生者，亦鮮矣。既以無逸致壽者爲之勸，又以逸樂損壽者爲之戒，使前有所慕，後有所警。有所慕，則知無逸之可法；有所警，則知逸樂之不可縱。」

「其在高宗，時舊勞于外，爰暨小人。作其即位，乃或亮陰，三年不言。其惟不言，言乃雍。

不敢荒寧，嘉靖殷邦。至于小大，無時或怨。肆高宗之享國五十有九年。

高宗，武丁也。未即位之時，其父小乙使久居民間，與小民出入同事。故於小民稼穡艱難備嘗知之也。雍，和也。發言和順，當於理也。嘉，美。靖，安也。嘉靖者，禮樂教化蔚然於安居樂業之中也。漢文帝與民休息，謂之靖則可，謂之嘉則不可。小大無時或怨者，萬民咸和也。乃雍者，和之發於身。嘉靖者，和之達於政。無怨者，和之著於民也。餘見《說命》。高宗無逸之實如此，故亦有享國永年之效也。呂氏曰：「三年不言，聖賢之君未必盡然，故謂之『乃或』，是或一道也。小大無怨，民氣大和，導迎和氣，是亦壽考之理。又發此意以申勸成王，下章論文王咸和萬民，亦是意也。篇末二章之論，違怨詛祝怨詈，實申此而盡發之。」○張氏曰：「不敢荒寧，則志氣凝定、精神純一，此長年之基。民心大和，導迎善氣，又所以致長年也。蓋神氣耗散則根本不固，厲氣外襲則天和日消，有一于此，皆足致夭。」

「其在祖甲，不義惟王，舊爲小人。作其即位，爰知小人之依，能保惠于庶民，不敢侮鰥寡。肆祖甲之享國三十有三年。

《史記》：高宗崩，子祖庚立；祖庚崩，弟祖甲立。則祖甲，高宗之子，祖庚之弟也。鄭玄曰：高宗欲廢祖庚，立祖甲。祖甲以爲不義，逃於民間，故云「不義惟王」。按：漢孔氏以祖甲爲太甲，蓋以《國語》稱「帝甲亂之，七世而殞」，孔氏見此等記載，意爲帝甲必非周公所稱者。又以「不義惟王」與《太甲》「此乃不義」文似，遂以此稱「祖甲」者爲太甲。然詳此章，「舊爲小人，作其即位」與上章「爰暨小人，作其即位」文勢正類。所謂小人者，皆指微賤而言，非謂憸小之人也。作其即位，亦不見太甲復政思庸之意。又按：邵子《經世書》：高宗五十九年，祖庚七年，祖甲三十三年。世次歷年皆與《書》合，亦不以太甲爲祖甲。況殷世二十有九，以甲名者五帝，以太、以小、以沃、以陽、以祖別之，不應二人俱稱「祖甲」。《國語》傳訛承謬，旁記曲説，不足盡信，要以周公之言爲正。又下文周公言「自殷王中宗及高宗及祖甲及我周文王」，「及」云者，因其先後次第而枚舉之辭也，則祖甲之爲祖甲而非太甲明矣。呂氏曰：「商去周未遠，故公以王耳目所接者言之。」○陳氏經曰：「中宗近生知，高宗學知，祖甲困知者也。」

「自時厥後，立王生則逸，生則逸，不知稼穡之艱難，不聞小人之勞，惟耽樂之從。自時厥後，亦罔或克壽，或十年，或七八年，或五六年，或四三年。」

過樂謂之耽。泛言自三宗之後，即君位者生則逸豫，不知稼穡之艱難，不聞小人之勞，惟耽樂之從，伐性喪生。故自三宗之後，亦無能壽考。遠者不過十年、七八年，近者五六年、三四年爾。耽樂愈甚，則享年愈促也。凡人莫不欲壽而惡夭，此篇專以享年永不永爲言，所以開其所欲，而禁其所當戒也。陳氏經曰：「逸樂人所好，然所好有甚於逸樂者，苟以艱難而得壽，奚爲而逸樂？艱難人所惡，然所惡有甚於艱難者，苟以逸樂而促壽，奚爲而不艱難？公之言，奪常情之好惡，而示以所甚好、甚惡也。」○蘇氏曰：「人莫不好逸欲，而其所甚好者生也。以其所甚好，禁其所好，庶幾必信，然猶有不信者，以逸豫爲未必害生也。漢武帝、唐明皇豈無欲者哉？而壽如此。夫多欲不享國者皆是也，武帝、明皇千一而已，豈可專望乎此哉！」○呂氏曰：「憂勤者必壽，逸豫者必夭，此周公格言大訓，非特以戒成王，實萬世人主之龜鑑也。蓋人之一心，苟有所操存，則精神思慮日由乎天理之中，其壽固可必。孔子所謂『仁者壽』，《詩》人所謂『樂只君子，萬壽無期』，亦即其理而推之耳。後世之君憚憂勤而恣逸樂，伐性傷生，靡所不至。乃欲慕神仙之術以求長年，何其愚之甚也歟！」○葵初王氏曰：「蘇氏之說，於經有助，使好逸者無以漢武、明皇藉口。呂氏求神仙延壽之說，三代前未有也，然亦可備經筵進讀之一義。」

周公曰：「嗚呼！厥亦惟我周太王、王季，克自抑畏。

商猶異世也，故又即我周先王告之。言太王、王季，能自謙抑謹畏者。蓋將論文王之無逸，故先述其源流之深長也。大抵抑畏者，無逸之本。縱肆怠荒皆矜誇無忌憚者之爲。故下文言文王曰「柔」、曰「恭」、曰「不敢」，皆原太王、王季抑畏之心發之耳。陳氏大猷曰：「『克自』者，真能自用其力而人不與也。『抑』者，所以下之也，如制忿欲、去奢侈皆是也。畏，敬畏也，人所以肆行無畏，不能自抑故也。抑其私欲，惟義是從，則必畏天命、畏祖宗、畏小民矣。」

「文王卑服，即康功田功。

卑服，猶禹所謂惡衣服也。康功，安民之功；田功，養民之功。言文王於衣服之奉所性不存，而專意於安養斯民也。卑服，蓋舉一端而言。宮室、飲食自奉之薄，皆可類推。孔氏曰：「就田功，以知稼穡之艱難。」○新安陳氏曰：「孔氏以『即田功』爲『知稼穡之艱難』，甚好。知稼穡艱難，乃無逸之根本，一篇之綱領也。迪哲四君皆由於此，彼生則逸之君，只爲不知稼穡艱難耳！」

「徽柔懿恭，懷保小民，惠鮮鰥寡。自朝至于日中昃，不遑暇食，用咸和萬民。

徽、懿，皆美也。昃，日昳也。柔謂之徽，則非「柔懦」之「柔」。恭謂之懿，則非「足恭」之「恭」。文王有柔恭之德，而極其徽懿之盛，和易近民。於小民則懷保之，於鰥寡則惠鮮之。「惠鮮」云者，鰥寡之人垂首喪氣，賚予賙給之，使之有生意也。自朝至于日之中，自中至于日之昃，一食之頃，有不遑暇，欲咸和萬民，使無一不得其所也。文王心在乎民，自不知其勤勞如此。豈秦始皇衡石程書，隋文帝衛士傳餐，代有司之任者之爲哉？《立政》言「罔攸兼于庶言，庶獄庶慎」，則文王又若無所事事者。不讀《無逸》，則無以知文王之勤；不讀《立政》，則無以知文王之逸。合二書觀之，則文王之所從事可知矣。問：「『徽柔懿恭』是一字，是二字？」朱子曰：「二字，柔者須徽，恭者須懿。柔而不徽則姑息，恭而不懿則非由中出。柔易於暗弱，徽者發揚之意；恭形於外，懿則有蘊藏之意。」○陳氏大猷曰：「卑服，非止惡衣服，凡服用皆卑損。」

「文王不敢盤于遊田，以庶邦惟正之供。文王受命惟中身，厥享國五十年。」

遊田，國有常制，文王不敢盤遊無度。上不濫費，故下無過取，而能以庶邦惟正之供於常貢正數之外無橫斂也。言庶邦，則民可知。文王爲西伯，所統庶邦皆有常供。春秋貢於霸主者班班可見。至唐猶有送使之制。則諸侯之供方伯舊矣。受命，言爲諸侯也。「中身」者，漢孔氏曰：「文王九十七而終，即位時年四十七，言『中身』，舉全數也。」上文崇素儉，恤孤獨，勤政事，戒遊佚，皆文王無逸之實，故其享國有歷年之永。呂氏曰：「凡有血氣，患於上陵，必學問以下之，抑損祗畏以自下，則用力於無逸深矣。力不分於奉己，故功全歸於恤民，惠澤之使鮮鮮有生意。盤遊田曰『不敢』，翼翼之小心也。此章言文王家法，凡無逸之條目，如崇儉素、重農畝、恤窮困、勤政事、戒遊田、損橫斂，大略皆備。其稱文王之壽，即前章之意，以此爲防。後世猶爲文王憂勤損壽之説，以啓人主之好逸，如鄭玄者。」

周公曰：「嗚呼！繼自今嗣王，則其無淫于觀、于逸、于遊、于田，以萬民惟正之供。

則，法也。其，指文王而言。淫，過也。言自今日以往，嗣王其法文王，無過于觀逸遊田，以萬民惟正賦之供。上文言「遊田」而不言「觀逸」，以大而包小也；言「庶邦」而不言「萬民」，以遠而見近也。

「無皇曰：『今日耽樂。』乃非民攸訓，非天攸若，時人丕則有愆。無若殷王受之迷亂，酗于酒德哉！」

無，與「毋」通。皇，與「遑」通。訓，法。若，順。則，法也。毋自寬假曰：「今日姑爲是耽樂也。」一日耽樂，固若未害。然下非民之所法，上非天之所順，時人大法其過逸之行，猶商人化受而崇飲之類。故繼之曰：毋若商王受之沈迷，酗于酒德哉。酗酒謂之德者，德有凶有吉，韓子所謂「道與德爲虚位」是也。陳氏經曰：「兩『惟正之供』，皆不以貢賦爲吾逸樂之用也。觀逸遊田，人君未嘗無，特不可過其則耳。一日暫樂，若未害也，而以爲不可者，蓋此心不可以斯須忘。斯須而忘，是放其心，自此以往，不可收拾矣。」○吕氏曰：「雖戒成王，實欲後嗣共守此訓，故以『繼自今嗣王』言。觀覽以舒其目，安逸以休其身，遊豫以省風俗，田獵以習武備，人君不能無也，不可過爾，過則人欲肆而入於亂亡矣。故公使之無淫過于此，必絶之使無，則迫蹙拘制矣。觀、逸、遊、田，横斂之源，四者既省，用有常經，自應『以萬民惟正之供』。始耽樂者每自恕曰：『今日耽樂爾。』是心一流，將一日二日浸浸終身不返矣。苟不戒一日之耽樂，必至爲紂之徒。無皇曰『今日耽樂』，蓋原淫樂之始，使之深絶其微。『無若殷王受』，蓋要淫樂之終，使知必至此極始終備矣。」○林氏曰：「隱公觀魚，莊公觀社，觀也；唐敬宗日晏坐朝，逸也；周穆所至有車轍馬迹，遊也；太康畋洛表，田也。皆淫於此者。」○西山真氏曰：「前舉三宗，後舉文王，俾王知所法；又舉紂，俾王知所戒。紂之惡無不有，酗酒其最也。人無智愚，皆知憂勤必享國，逸欲必戕生，惟沈湎于酒，心志昏亂，則雖死亡在前亦不知畏。故欲無逸則不可酗酒，酗酒則必不能無逸。公所以專以此申戒也。」○薛氏曰：「今日耽樂與《詩》所謂『一醉日富』

同義。」

周公曰：「嗚呼！我聞曰：『古之人猶胥訓告，胥保惠，胥教誨。民無或胥譸張爲幻。』胥，相。訓，誡。惠，順。譸，誑。張，誕也。變名易實以眩觀者曰幻。歎息言古人德業已盛，其臣猶且相與誡告之，相與保惠之，相與教誨之。「保惠」者，保養而將順之，非特誡告而已也；教誨，則有規正成就之意，又非特保惠而已也。惟其若是，是以視聽思慮無所蔽塞，好惡取予明而不悖。故當時之民，無或敢誑誕爲幻也。呂氏曰：「訓告、教誨皆見於言語，保惠則調護於日用，功用相表裏也。」○新安陳氏曰：「訓誨，忠言也。譸張，邪說也。忠言交進，則邪說莫行。」

「此厥不聽，人乃訓之，乃變亂先王之正刑，至于小大。民否則，厥心違怨；否則，厥口詛祝。」

正刑，正法也。言成王於上文古人胥訓告、保惠、教誨之事而不聽信，則人乃法則之。君臣上下，師師非度，必變亂先王之正法，無小無大，莫不盡取而紛更之。蓋先王之法甚便於民，甚不便於縱侈之君。如省刑罰以重民命，民之所便也，而君之殘酷者則必變亂之；如薄賦斂以厚民生，民之所便也，而君之貪侈者則必變亂之。「厥心違怨」者，怨之蓄于中也；「厥口詛祝」者，怨之形於外也。爲人上而使民心口交怨，其國不危者，未之有也。

此蓋治亂存亡之機，故周公懇懇言之。陳氏大猷曰：「承上章無怨咸和之意，遂及於違怨、詛祝。」○唐孔氏曰：「請神加殃謂之詛，以言告神謂之祝。」

周公曰：「嗚呼！自殷王中宗及高宗及祖甲及我周文王，茲四人迪哲。

迪，蹈。哲，智也。《孟子》以知而弗去爲智之實。「迪」云者，所謂「弗去」是也。人主知小人之依，而或忿戾之者，是不能蹈其知者也。惟中宗、高宗、祖甲、文王，允蹈其知，故周公以「迪哲」稱之。

「厥或告之曰：『小人怨汝詈汝！』則皇自敬德。厥愆，曰：『朕之愆。』允若時不啻不敢含怒。

詈，罵言也。其或有告之曰：「小人怨汝詈汝。」汝則皇自敬德，反諸其身，不尤其人。其所誣毁之愆，安而受之，曰：「是我之愆。」「允若時」者，誠實若是，非止隱忍不敢藏怒也。蓋三宗、文王於小民之依，心誠知之，故不暇責小人之過言。且因以察吾身之未至，怨詈之語乃所樂聞，是豈特止於隱忍含怒不發而已哉？唐孔氏曰：「皇，大。大自敬德。」○朱氏方大曰：「聞謗而自反以敬德，則凡怨詈之來，皆箴砭之益，吾方資之以自反，何止不敢含怒於心而已？苟非發於中心之誠，惟不敢含怒而止，則是僅能恕人之言，而未盡反己之功也。」○陳氏大猷曰：「四君至明，故能如此。凡聞謗而責人，皆不明所致也。」

「此厥不聽，人乃或譸張爲幻，曰：『小人怨汝詈汝。』則信之。則若時不永念厥辟，不寬綽厥心，亂罰無罪，殺無辜。怨有同，是叢于厥身。」

綽，大。叢，聚也。言成王於上文三宗、文王迪哲之事，不肯聽信，則小人乃或誑誕變置虛實，曰：「小民怨汝詈汝。」汝則聽信之。則如是，不能永念其爲君之道，不能寬大其心，以誑誕無實之言羅織疑似，亂罰無罪，殺戮無辜。天下之人，受禍不同而同於怨，皆叢於人君之一身，亦何便於此哉？大抵《無逸》之書，以「知小人之依」爲一篇綱領。而此章則申言既知小人之依，則當蹈其知也。三宗、文王能蹈其知，故其胸次寬平，人之怨詈不足以芥蔕其心。如天地之於萬物，一於長育而已，其悍疾憤戾，天豈私怒於其間哉？天地以萬物爲心，人君以萬民爲心。故君人者，要當以民之怨詈爲己責，不當以民之怨詈爲己怒。以爲己責，則民安而君亦安；以爲己怒，則民危而君亦危矣。吁！可不戒哉！林氏曰：「以譸張之說妄殺，如幽、厲之監謗，秦立誹謗法之類。」○陳氏經曰：「以一人之身，當天下之怨，皆自幻言有以惑之。始人主憂勤，則心莊氣肅而一身和，下無怨詛而天下和，壽所以長也；人主逸樂，則心有所蠱壞，而一身失其和，邪説進、小人怨、殺戮肆行，而天下失其和，此壽所以短也。推言人主之壽，下及小人怨詈之情，可謂深切矣。」○夏氏曰：「向之怨詈，猶有限也，至此普天同怨，是怨叢於一身矣。民氣如此，欲享國長久，得乎？此意蓋在言外也。」○范氏曰：「明君惟聽正直，故讒慝之言不入於耳；暗君好聽讒佞，故欺誑之言日至於前。人君當修德以弭怨，不可以刑殺止怨。以刑殺止怨，怨之愈甚，大決所潰，不可收拾矣。」○吕氏曰：「《無逸》始以逸豫爲戒，終則以棄忠言、惑邪説、壞法度、治誹謗結之。惟無逸，然後能去是疾，而所以保無逸者，亦不過戒是數者也。」○新安陳氏曰：「末章承上章以論處怨詈之道，然召民和而使自無時或怨，上也；因怨言而自反，次也；以殺罰止怨而怨叢，無次矣。周公以怨詈等事，寬廣君心而伸舒民氣，其爲邦本國脉計，豈淺淺哉！」

周公曰：「嗚呼！　嗣王其監于兹。」

「兹」者，指上文而言也。《無逸》一篇七章，章首皆先致其咨嗟詠歎之意，然後及其所言之事。至此章，則於嗟歎之外更無他語，惟以「嗣王其監于兹」結之，所謂言有盡而意則無窮，成王得無深警於此哉？　董氏鼎曰：「此篇挈『所其無逸』以爲之綱，而分先知稼穡艱難與不知艱難以爲之目，此一書之大旨也。商三君，先知艱難者也。後王生則逸，不知艱難者也。戒嗣王之觀逸遊田，懼其不知艱難也。遠引古人，恐不盡信，故尤欲其師文王、懲商紂，以耳目所及者爲言焉。真萬世之龜鑑哉！」

君奭

召公告老而去，周公留之，史氏録其告語爲篇。亦誥體也。以周公首呼「君奭」，因以「君奭」名篇。篇中語多未詳。今文、古文皆有。○按：此篇之作，《史記》謂召公疑周公當國踐祚；唐孔氏謂召公以周公嘗攝王政，今復在臣位；葛氏謂召公未免常人之情，以爵位先後介意，故周公作是篇以諭之。陋哉斯言！要皆爲《序》文所誤。獨蘇氏謂召公之意「欲周公告老而歸」爲近之。然詳本篇旨意，迺召公自以盛滿難居，欲避權位，退老厥邑，周公反復告諭以留之爾。熟復而詳味之，其義固可見也。朱子曰：「召公不悅，這意思曉不得。若論事亦儘未了。看來是見成王已臨政，便也小定了，許多事周公自可了得，所以求去。」〇程子曰：「師保之任，古人難之。故召公不說者，不敢安於保也。周公作書以勉之，以爲在昔人君所以致治者，皆賴其臣，而使召公謀所以裕己也。」〇問召公不悅之意。朱子曰：「召公不悅，只是《小序》恁地說，裏面却無此意。這只是召公要去後，周公留他，説道朝廷不可無老臣。」又問：「『又曰』等語不可曉。」曰：「這箇只是大綱綽得箇意脉子，便恁地說。不要逐箇字去討，便無理會。這箇物事難理會。」又曰：「『弗弔』只當作去聲讀。」又曰：「召公不悅，蓋以爲周公歸政之後，不當復留，而己亦老而當去，故周公言二人不可不留之意，曰：『嗚呼！君已曰：「時我。」我亦不敢寧于上帝命，弗永遠念天威，越我民罔尤違。』又歷道古今聖賢倚賴老成以固其國家之事，又曰：『予不惠，若兹多誥，予惟用閔于天越民。』只此便見周公之心。每讀至此，未嘗不喟然太息也。試於此等處虛心求之如何？」〇吕氏曰：「召公以盛滿欲去，周公反復留之。後世權位相軋，排使去者有之，挽之留者鮮矣。大臣之秉心，公則深恐無助，私則惟恐不專也。」又曰：「成功不可居，洛邑成而周公告歸，召公亦同此心也。已而成王留周公，周公幡然改矣。召公猶守欲退之心也，周公遂力留之。及其既喻，非特留於一時，終相成王，且相康王，身任托孤之責而不辭。惟不苟於隨，所以篤於信也。」○陳氏大猷曰：「或謂周公去朝居洛，召公獨執政柄，所以欲去。今以《洛誥》、《君陳》攷之，周公故居洛以化殷民；以《無逸》、《蔡仲》等攷之，周公未嘗不在朝以輔大業，意其往來鎬、洛之間也。方是時，洛邑雖成而殷民尚未孚，四方雖定而天命人心尚未固，宜周公諄諄於留召公歟！」

周公若曰：「君奭！

「君」者，尊之之稱。奭，召公名也。古人尚質，相與語多名之。

「弗弔天降喪于殷，殷既墜厥命，我有周既受。我不敢知，曰：厥基永孚于休。若天棐忱，我亦不敢知，曰：其終出于不祥。

不祥者，休之反也。天既下喪亡于殷，殷既失天命，我有周既受之矣。我不敢知曰：其基業長信於休美乎。如天果輔我之誠耶，我亦不敢知曰：其終果出於不祥乎。○按：此篇，周公留召公而作此，其言天命吉凶，雖曰「我不敢知」，然其懇惻危懼之意，天命吉凶之決，實主於召公留不留如何也。呂氏曰：「自後世之私觀之，殷之禍，周之福也。述殷之喪亡，亦曰『弗弔』，聖賢公天下之心也。人之於天，或恃而不自修，或懼而不自強。謂『永孚于休』，恃而不自修也，意天不福己也；謂終出不祥，懼而不自強也，意天必禍己也。皆非也。」○新安陳氏曰：「此數句與《召誥》『不敢知曰有歷年、不其延』語脉略同。」○臨川吴氏曰：「不幸天大降喪亡之禍于殷，殷既墜其命，而我有周既受之矣。然天命難諶，有德則常留，無德則旋去。孚者，以實感、以實應也。永孚于休，命之留也。不祥者，休之反。出于不祥，命之去也。雖曰我周既受天命，然謂其基必可久長，我所不敢知也。雖曰天非可信，然謂其終必至失墜，我亦不敢知也。」

「嗚呼！君已曰：『時我。』我亦不敢寧于上帝命，弗永遠念天威越我民罔尤違，惟人。在我後嗣子孫，大弗克恭上下，遏佚前人光，在家不知。

尤，怨。違，背也。周公歎息言召公已嘗曰：「是在我而已。」周公謂我亦不敢苟安天命，而不永遠念天之威於我民無尤怨背違之時也。天命民心，去就無常，實惟在人而已。今召公乃忘前日之言，翻然求去，使在我後嗣子孫，大不能敬天敬民，驕慢肆侈，遏絶佚墜文、武光顯，可得謂在家而不知乎？朱子曰：「諸誥多是長句。如《君奭》『弗永遠念天威越我民罔尤違』，只是一句。『越』只是『及』，『罔尤違』是總説上天與民之意。《漢·藝文志》註謂誥是曉諭民，若不速曉，則約束不行。便是誥辭如此，只是欲民易曉。」

「天命不易，天難諶，乃其墜命，弗克經歷嗣前人恭明德。

天命不易，猶《詩》曰「命不易哉」。命不易保，天難諶信，乃其墜失天命者，以不能經歷繼嗣前人之恭明德也。吴氏曰：「弗克恭，故不能嗣前人之恭德；遏佚前人光，故不能嗣前人之明德。」

「在今予小子旦，非克有正，迪惟前人光，施于我冲子。」

吳氏曰：「小子，自謙之辭也。」非克有正，亦自謙之辭也。言在今我小子旦，非能有所正也，凡所開導，惟以前人光大之德使益焜燿，而付于冲子而已。以前言後嗣子孫「遏佚前人光」而言也。

又曰：「天不可信。我道惟寧王德延，天不庸釋于文王受命。」

「又曰」者，以上文言「天命不易，天難諶」，此又申言「天不可信」，故曰「又曰」。天固不可信，然在我之道，惟以延長武王之德，使天不容捨文王所受之命也。新安陳氏曰：「周公舉召公前日之言以質之，謂君昔已嘗言是其責在我矣。周公自述己意，謂我亦不敢安於天命而不永遠念天威及我民之無怨尤違背也。若果委之而去，使我後嗣子孫無所輔助，將大不能敬天敬民而至於遏佚前人之光顯，此時吾等可諉以退老在家而不知乎？天命不易保，天難諶信，恐其墜命者，以嗣君涉歷未深，弗能經歷而嗣前人恭明之德故也。我非能有正，我所啓迪，惟以前人光明之德施及於我冲子而已。施，如《詩》所謂『施于孫子』。此章大意謂今日天命人心未爲固，成王經歷未爲深，所當輔之以嗣前人之光，延長世德，凝固天命，吾等當留而不當去也。此篇語句多有難曉，只得其大意可也。」

公曰：「君奭！我聞在昔成湯既受命，時則有若伊尹，格于皇天。在太甲，時則有若保衡。在太戊，時則有若伊陟、臣扈，格于上帝；巫咸乂王家。在祖乙，時則有若巫賢。在武丁，時則有若甘盤。

「時則有若」者，言當其時有如此人也。保衡，即伊尹也，見《説命》。太戊，太甲之孫。伊陟，伊尹之子。臣扈，與湯時臣扈二人而同名者也。巫，氏；咸，名。祖乙，太戊之孫。巫賢，巫咸之子也。武丁，高宗也。甘盤，見《説命》。吕氏曰：此章序商六臣之烈，蓋勉召公匹休於前人也。伊尹佐湯，以聖輔聖，其治化與天無間；伊陟、臣扈之佐太戊，以賢輔賢，其治化克厭天心。自其偏覆言之謂之天，自其主宰言之謂之帝。《書》或稱天或稱帝，各隨所指，非有重輕。至此章對言之，則聖賢之分而深淺見矣。巫咸止言其「乂王家」者，咸之爲治，功在王室，精微之藴，猶有愧於二臣也。亡《書》有《咸乂》四篇，其乂王家之實歟。巫賢、甘盤而無指言者，意必又次於巫咸也。○蘇氏曰：「殷有聖賢之君七，此獨言五。下文云『殷禮陟配天』，豈配祀于天者止此五王，而其臣偕配食于廟乎？在武丁時不言傅説，豈傅説不配食於配天之王乎？其詳不得而聞矣。」陳氏曰：「湯初勝夏，已有臣扈，湯至太戊百三十年，必有臣而名同也。《詩》有『家父』，《春秋》又有『家父』，亦此類。」○復齋董氏曰：「言『甘盤』者，高宗舊學之臣。」○吕氏曰：「捨傅説，言甘盤。盤，源也；説，委也。」○息齋余氏曰：「不言説，即下文不言尚父之意。」○臨川吴氏曰：「周公舉商家所以能創業守成中興者，皆得大臣爲之輔相，以見召公未可去也。成湯之時，其臣有如伊尹能相湯以格于皇天，湯雖聖，亦賴伊尹之助也。湯孫太甲之時，有臣有如保衡，保衡即伊尹，以其保護王躬而天下之事皆取平焉，故曰『保衡』。蓋太甲始立是號，以尊伊尹而不名。太甲孫太戊之時，則有如伊尹之子陟與臣扈，亦能治王家之事。巫賢，巫咸子。保衡、巫賢、甘盤之下，不言其事，蓋無可指定而言者也。」○陳氏雅言曰：「此周公敘商六臣之烈，以告召公而勉其匹休於前人也。伊尹之佐成湯，保衡之佐太甲，伊陟、臣扈、巫咸之佐太戊，巫賢之佐祖乙。甘盤之佐武丁，雖其君臣有聖賢之分、治化有淺深之異，然皆爲一代之名臣。格皇天者，無間於天之辭，與天爲一者也。格上帝者，克厭於天之辭，與天猶二者也。『乂王家』者，功著於民之辭。召公於此，上比伊尹而無所讓，次比伊陟、臣扈、巫咸而有餘，下比巫賢、❶甘盤而遠過之。今而求去，則殷民反側之未安，成王守成之無助，寧不愧於商之諸臣者乎？此周公所以勉留之之意也。周公此言，雖主於留召公而發，非爲人物評論，然其立言之意，抑揚高下自是如此。」

「率惟兹有陳，保乂有殷，故殷禮陟配天，多歷年所。

陟，升遐也。言六臣循惟此道，有陳列之功，以保乂有殷。故殷先王終以德配天，而享國長久也。葉氏曰：「以其祭上陟而配天，猶言『郊祀后稷以配天，宗祀文王於明堂以配上帝』。」○唐孔氏曰：「多歷年之次所。」

「天惟純佑命，則商實。百姓王人，罔不秉德明恤。小臣屏侯甸，矧咸奔走。惟兹惟德稱，用乂厥辟，故一人有事于四方，若卜筮，罔不是孚。」

❶「比」，原作「此」，今據建邑余氏本及四庫本改。

佑，助也。實，「虚實」之「實」。國有人則實，《孟子》言「不信仁賢則國空虚」是也。稱，舉也，亦秉持之義。事，征伐會同之類。承上章六臣輔君，格天致治，遂言天佑命有商，純一而不雜，故商國有人而實。內之百官著姓與夫王臣之微者，無不秉持其德，明致其憂。外之小臣與夫藩屏侯甸，矧皆奔走服役。惟此之故，惟德是舉，用乂其君。故君有事于四方，如龜之卜，如蓍之筮，天下無不敬信之也。王氏炎曰：「商大臣事業至於有爲而罔不孚，今四國多方諄諄告命，猶懼不信，召公豈可求去？」○陳氏雅言曰：「周公言不特上文六臣能有輔君之功，天之於商，其佑命之也純一而不二，故商國賢才衆多而能實，言國以有人爲實也。是以當時在內則大而百官著姓，小而王臣之微，莫不秉德明恤，此其在內者之皆賢也；在外則微而小臣，大而藩屏侯甸者，又莫不奔走服役，此其在外者之皆賢也。惟天佑命之純之故，故君之用人惟有德者是舉，而此衆賢之多皆能治君之事以與君共理也。是則商之賢才登庸，無間內外，其衆多如此。群臣有輔君之功，故君有化民之效，一人有所命令於天下，天下之民如敬聽於卜筮而無不孚信也。周公此言，意謂商賢聖之君，其始以得五六大臣佐佑之助，故能得天佑命之純。是以衆賢維持而出，無內外大小之間，明商之得人，實由於五六大臣之得人也。周公此意，政欲召公知吾二人，其進退係於國體者如此。豈可以盛滿難居爲懼而果於求退也？」

公曰：「君奭！天壽平格，保乂有殷。有殷嗣天，滅威。今汝永念，則有固命，厥亂明我新造邦。」

呂氏曰：坦然無私之謂平。「格」者，通徹三極而無間者也。天無私壽，惟至平通格于天者則壽之。伊尹而下六臣，能盡平格之實，故能保乂有殷，多歷年所。至于殷紂亦嗣天位，乃驟罹滅亡之威，天曾不私壽之也。「固命」者，不墜之天命也。今召公勉爲周家久永之念，則有天之固命，其治效亦赫然明著於我新造之邦，而身與國俱顯矣。孔氏曰：「言天壽有平至之君，故安治有殷。殷嗣子紂不能平至，天滅亡加之有威。」「今汝長念平至者安治，反是者滅亡。以爲法戒，則有堅固之命。其治理，足以明我新成國矣。」○臨川吴氏曰：「平格，謂無一事不與天通者也。心通乎天，必得其壽。伊尹而下六臣，能相其君以平格于天，故能保乂有殷，多歷年所。至于殷紂亦嗣天位，乃驟罹滅亡之威，天不壽之者，何哉？蓋無賢臣輔之以格于天故爾。今汝永念及此，則我周可有堅固不墜之命，其能常治而顯明我新造之周邦歟！」

公曰：「君奭！在昔上帝割，申勸寧王之德，其集大命于厥躬。

申，重。勸，勉也。在昔上帝降割于殷，申勸武王之德，而集大命於其身，使有天下也。新安陳氏曰：「寧王，孔註以爲文王，蔡傳以爲武王。果武王也，則下接『惟文王尚克脩和我有夏』，必有缺文矣。」

「惟文王尚克脩和我有夏，亦惟有若虢叔，有若閎夭，有若散宜生，有若泰顛，有若南宫括。」

虢叔，文王弟。閎、散、泰、南宫，皆氏；夭、宜生、顛、括，皆名。言文王庶幾能修治燮和我所有諸夏者，亦惟有虢叔等五臣爲之輔也。《康誥》言「一二邦以修」，《無逸》言「用咸和萬民」，即文王修和之實也。

又曰：「無能往來茲，迪彝教，文王蔑德降于國人。

蔑，無也。夏氏曰：周公前既言文王之興本此五臣，故又反前意而言曰：「若此五臣者，不能爲文王往來奔走於此，導迪其常教，則文王亦無德降及於國人矣。」周公反覆以明其意，故以「又曰」更端發之。

「亦惟純佑秉德，迪知天威，乃惟時昭文王迪見冒，聞于上帝。惟時受有殷命哉。

言文王有此五臣者，故亦如殷爲天純佑命，百姓王人罔不秉德也。上既反言文王若無此五臣爲迪彝教，則亦無德下及國人，故此又正言亦惟天乃純佑文王，蓋以如是秉德之臣蹈履至到，實知天威，以是昭明文王，啓迪其德，使著見於上，覆冒於下，而升聞于上帝。惟是之故，遂能受有殷之天命也。新安陳氏曰：「此言以文王之聖，猶不可無五臣之助也。」○陳氏雅言曰：「『亦惟純佑』者，即上章『天惟純佑命』之謂也。『秉德迪知天威，乃惟時昭文王，迪見冒聞于上帝』者，即上章『罔不秉德明恤』、『惟茲惟德稱，用乂厥辟』之意也。上章言商賢聖之君，皆已受天命之君也，故以一人有事於四方，若卜筮罔不是孚言之，言其效足以化民也。此言文王始受天命之君也，故以『惟時受有殷命哉』言之，言其效有以得於天也。周公言此，意謂文王得此五臣之助，亦如商之衆君得上六臣之助。五臣之輔周無異於六臣之輔商，故佑命之純於周無異於昔之純於商也。天眷厚而賢才衆多者，蓋以大臣之德有以契於天，故其道有以顯其君。賢臣輔而君德脩著，不惟其君之德有以被於時，而其極有以格夫天，是則文王之所以受有殷命之故，雖文王之德也，亦五臣之助也。周公此言，主於留召公，故皆歸重於臣之辭。召公縱不以商之六臣爲念，獨不以周之五臣爲意乎？」

「武王惟茲四人尚迪有禄。後暨武王誕將天威，咸劉厥敵，惟茲四人昭武王，惟冒，丕單稱德。

虢叔先死，故曰「四人」。劉，殺也。單，盡也。武王惟此四人，庶幾迪有天禄。其後暨武王盡殺其敵，惟此四人能昭武王，遂覆冒天下，天下大盡稱武王之德，謂其達聲教于四海也。文王冒西土而已，丕單稱德惟武王爲然。於文王言命，於武王言禄者，文王但受天命，至武王方富有天下也。呂氏曰：「師尚父之事文、武，烈莫盛焉，不與五臣之列。蓋一時議論，或詳或略，隨意而言。主於留召公，而非欲爲人物評也。」新安陳氏曰：「此言以武王之聖，猶不可無四臣之助也。上言殷先王猶有賴於六臣，此二章言周文、武猶有賴於五臣、四臣，召公可不鑒之而遽求去乎？留之之意切矣。」○陳氏雅言曰：「武以定亂，文以致治。武王之興，皆賴此四臣之功也。四臣之才德兼全，志慮中正，出之可以爲將，入之可以爲相，無所不可，於此可見。其即《立政》所謂『義德』、『容德』之士也歟！」○臨川吴氏曰：「林氏云：文、武佐命元功多矣，獨稱虢叔等五人者，豈其逮事王季，遂及文、武耶？伊尹事湯，又事太甲，伊陟乃尹子。臣扈非湯舊臣，即殷世臣。巫咸、巫賢世爲大臣。甘盤，小乙舊臣，以遺武丁。周公所舉，皆世臣舊德，故武丁世不及傅說，文、武世不及太公。今周公與召公，正如殷之六臣、文武之五臣豈可去乎？」

「今在予小子旦，若游大川，予往暨汝奭其濟。小子同未在位，誕無我責，收罔勖不及。耇造德不降，我則鳴鳥不聞，矧曰其有能格？」

小子旦，自謙之稱也。浮水曰游。周公言承文、武之業，懼不克濟。若浮大川，罔知津涯，豈能獨濟哉？予往與汝召公其共濟可也。小子，成王也。成王幼沖，雖已即位，與未即位同。誕，大也。「大無我責」上疑有缺文。收罔勖不及，未詳。耇造德不降，言召公去，則耇老成人之德不下於民，在郊之鳳將不復得聞其鳴矣，況敢言進此而有感格乎？是時周方隆盛，鳴鳳在郊。《卷阿》「鳴于高罔」者，乃詠其實。故周公云爾也。夏氏曰：「大無盡責於我一人。」○息齋余氏曰：「召公若收斂退藏，罔勖勉成王之所不逮。亦通。」○張子曰：「耇造德降，則民誠和而鳳可致，❶故鳴鳥聞所以爲和氣之應也。」○王氏炎曰：「文王之興，鳳鳴岐山，爲周受命之符。召公苟去，固不能如五臣輔文王以聞鳴鳳之祥，況能如伊陟、臣扈之格天格帝乎？」○孔氏曰：「我往與汝奭其共濟渡成王。」○新安陳氏曰：「大無專責於我，召公苟收斂退藏，不勉王所不及，以老成之德自居，我恐鳴鳳之祥不復聞矣，況曰其有能如古人之格天格帝乎？然此等句，實聱牙難通，唯

❶「誠」，建邑余氏本及四庫本作「誠」，是。

挽留召公之意，猶可認耳。」

公曰：「嗚呼！　君肆其監于兹！　我受命無疆惟休，亦大惟艱。　告君：乃猷裕，我不以後人迷。」

肆，大。　猷，謀也。　兹，指上文所言。　周公歎息欲召公大監視上文所陳也。　我文、武受命，固有無疆之美矣，然迹其積累締造，蓋亦艱難之大者，不可不相與竭力保守之也。　告君謀所以寬裕之道，勿狹隘求去，我不欲後人迷惑而失道也。　○吕氏曰：「大臣之位，百責所萃。　震撼擊撞，欲其鎮定；　辛甘燥濕，欲其調齊；　槃錯棼結，欲其解舒；　黯闇污濁，欲其茹納。　自非曠度洪量與夫患失乾没者，未嘗無翩然捨去之意。　況召公親遭大變，破斧缺斨之時，屈折調護，心勞力瘁，又非平時大臣之比。　顧以成王未親政，不敢乞身爾。　一旦政柄有歸，浩然去志，固人情之所必至。　然思文、武王業之艱難，念成王守成之無助，則召公義未可去也。　今乃汲汲然求去之不暇，其迫切已甚矣。　盍謀所以寬裕之道，圖功攸終，展布四體，爲久大規模，使君德開明，未可捨去而聽後人之迷惑也。」鄭氏曰：「召公不悦，似隘急，故令謀於寬裕。」○吕氏曰：「周公自言我終不獨善而使後人迷惑，自言所以不去者，以勉召公也。」○陳氏曰：「不以後人迷，謂欲使後人嗣前人恭明德，不至於遏佚前人光也。」○新安陳氏曰：「不以後人迷，如『以其君霸』、『以其君顯』之『以』。　留而明保啓迪成王，是不以後人迷也；　去而聽其迷惑，是以後人迷也。」

公曰：「前人敷乃心，乃悉命汝，作汝民極。曰：汝明勖偶王在亶，乘茲大命，惟文王德，丕承無疆之恤！」

偶，配也。蘇氏曰：「周公與召公同受武王顧命輔成王，故周公言前人敷乃心腹，以命汝召公位三公以爲民極。且曰：『汝當明勉輔孺子，如耕之有偶也在於相信，如車之有馭也并力一心，以載天命。念文考之舊德，以丕承無疆之憂。』武王之言如此，而可以去乎？」張氏曰：「臣者君之偶，如婦者夫之偶。」〇陳氏曰：「乘，載也，猶負荷也。」〇吕氏曰：「命作民極，置之具瞻，以爲民極也。其命之辭則曰：汝明明勉勵，以偶配輔佐後王，命之大如此。在今當亶誠以乘載此大命，不可失墜。今而遽去，是墜此命，非乘此命矣。又欲其追念文王眷遇之德，爲我周大受無窮之憂責。《洛誥》周公之復留，實以文、武之故，今召公欲去，周公復舉文、武以感動之。」

公曰：「君！告汝朕允，保奭。其汝克敬以予，監于殷喪大否，肆念我天威。

大否，大亂也。告汝以我之誠，呼其官而名之。言汝能敬以我所言，監視殷之喪亡大亂，可不大念我天威之可畏乎？西山真氏曰：「周公言天威曰『肆念我天威』，蓋天在我而不在外，此心少有不存，則是不念天威矣，豈必求之外乎？」〇新安陳氏曰：「我天威，如《召誥》言『我受天命』。大臣與國同體，天命、天威，皆以我負荷之，不敢以不切己視之也。」

「予不允，惟若茲誥？　予惟曰：『襄我二人，汝有合哉？』言曰：『在時二人。　天休滋至，惟時二人弗戡。』其汝克敬德，明我俊民，在讓後人丁丕時。

戡，勝也。　戡、堪，古通用。　周公言我不信於人，而若此告語乎？　予惟曰：「王業之成，在我與汝而已，汝聞我言而有合哉？」亦曰：「在是二人。　但天休滋至，惟是我二人將不堪勝。」汝若以盈滿爲懼，則當能自敬德，益加寅畏，明揚俊民，布列庶位，以盡大臣之職業，以答滋至之天休，毋徒惴惴而欲去爲也。　他日在汝推遜後人于大盛之時，超然肥遯，誰復汝禁？　今豈汝辭位之時乎？　朱子曰：「『襄我二人』，周公自謂己與召公。」○王氏曰：「大臣之善，在乎能讓。　讓則推賢揚善，而無妨功害能，此所以能明俊民。」○陳氏經曰：「今時未至盛大，未有賢俊可讓，召公未可去也。　大臣進退，常以得人爲慮。　有賢者可以讓，則身可以退。　蕭何且死，必引曹參；管仲不能薦賢，所以不免於議也。」

「嗚呼！　篤棐時二人，我式克至于今日休。　我咸成文王功于不怠，丕冒，海隅出日，罔不率俾。」

周公復歎息言篤於輔君者，是我二人，我用能至于今日休盛。　然我欲與召公共成文王功業于不怠，大覆冒斯民，使海隅日出之地無不臣服，然後可也。　周都西土，去東爲遠，故以「日出」言。　吴氏曰：「周公未嘗有其功，以其留召公故言之。　蓋敘其所已然，而勉其所未至，亦人所説而從者也。」蘇氏曰：「以我二人厚輔之故，周室乃有今日之休。然今日之休，未可以爲足也。惟至於日月所照莫不率服，乃已耳。」○陳氏大猷曰：「伐淮夷、踐奄，在此書後，可見當時未能『罔不率俾』也。右二章，以文、武留召公也。」○新安陳氏曰：「『告汝朕允』與『予不允惟若茲誥』，下文『予不惠若茲多誥』，語皆相應，告汝皆我允信之心也。我豈不信而惟若此誥語乎？我豈不相惠順而若此多誥乎？末謂今日之休不可恃，前人之功所當終，必極天所覆、日之所照皆臣服，然後文王之功方可以成。言我與汝當同任其責而咸成之，惟不倦可以成終，召公殆未可去也。前以商六臣、周五臣、四臣留之，末以文、武與身留之，諄切至此，召公得不留哉！」○陳氏雅言曰：「是時洛邑既宅，頑民既遷，有《卷阿》『鳳凰』之歌，有《既醉》、《鳧鷖》之雅，謂之『今日休』，宜矣。然而淮夷未滅，西奄未踐，東夷未伐，肅慎氏未來，謂之『我咸成文王功于不怠』，召公得不留意哉！吴氏之言，可謂深達周公之心，而善達人情之論者矣。」

公曰：「君！予不惠若茲多誥，予惟用閔于天越民。」

周公言我不順於理而若茲諄複之多誥耶。予惟用憂天命之不終及斯民之無賴也。韓子言「畏天命而悲人窮」，亦此意。前言「若茲誥」，故此言「若茲多誥」。周公之告召公，其言語之際，亦可悲矣。夏氏曰：「天命難諶，民心難保。大臣去留，繫天命之從違、民心之向背。今召公欲去，實周公之憂也。」○陳氏大猷曰：「召公去，則天命將替、民生失所，此周公所閔也。」

公曰：「嗚呼！君！惟乃知民德，亦罔不能厥初，惟其終。祗若茲，往敬用治！」

上章言天命、民心，而民心又天命之本也，故卒章專言民德以終之。周公歎息謂召公踐歷諳練之久，惟汝知民之德。民德，謂民心之嚮順，亦罔不能其初。今日固罔尤違矣，當思其終，則民之難保者尤可畏也。其祗順此誥，往敬用治，不可忽也。此召公已留，周公飭遣就職之辭。厥後召公既相成王，又相康王，再世猶未釋其政，有味於周公之言也夫？張氏曰：「召公初輔成王，有始矣而求去，不能終也。」○董氏鼎曰：「一書之中，首言憂國之心，非人所知；次言天民可畏，惟人是賴；又次言殷先王與我文、武得人之助。然文王時五人，至武王時四人，今又惟我二人而已。君若求去，豈我一人所能戡哉？憂之深，是以留之切；留之切，是以言之詳。召公同功一體之人，均有忠君愛國之心者也，安得不油然而感，幡然而留哉！」○新安陳氏曰：「《盤誥》聱牙，《君奭》尤甚，多不可解，惟留召公之意可想耳。姑采衆説之略通者而缺其不可通者，可也。」

蔡仲之命

蔡，國名。仲，字。蔡叔之子也。叔没，周公以仲賢，命諸成王，復封之蔡。此其誥命之詞也。今文無，古文有。○按：此篇次敘，當在《洛誥》之前。

惟周公位冢宰，正百工，群叔流言。乃致辟管叔于商；囚蔡叔于郭鄰，以車七乘；降霍叔于庶人，三年不齒。蔡仲克庸祗德，周公以爲卿士。叔卒，乃命諸王邦之蔡。

周公位冢宰，正百工，武王崩時也。郭鄰，孔氏曰：「中國之外地名。」蘇氏曰：「郭，虢也。《周禮》六遂，五家爲鄰。」管、霍，國名。武王崩，成王幼。周公居冢宰，百官總己以聽者，古今之通道也。當是時，三叔以主少國疑，乘商人之不靖，謂可惑以非義，遂相與流言倡亂以摇之。是豈周公一身之利害？乃欲傾覆社稷，塗炭生靈，天討所加，非周公所得已也。故「致辟管叔于商」，「致辟」云者，誅戮之也；「囚蔡叔于郭鄰，以車七乘」，「囚」云者，制其出入，而猶從以七乘之車也；「降霍叔于庶人，三年不齒」，三年之後方齒録以復其國也。三叔刑罰之輕重，因其罪之大小而已。仲，叔之子，克常敬德，周公以爲卿士。叔卒，乃命之成王而封之蔡也。周公留佐成王，食邑於圻内。圻内諸侯，孟、仲二卿，故周公用仲爲卿，非魯之卿也。蔡，《左傳》在淮、汝之間。仲不別封而命邦之蔡者，所以不絶叔於蔡也。封仲以他國，則絶叔於蔡矣。吕氏曰：「象欲殺舜，舜在側微，其害止於一身，故舜得遂其友愛之心。周公之位則繫于天下國家，雖欲遂友愛於三叔，不可得也。舜與周公，易地皆然。史臣先書『惟周公位冢宰，正百工』，而繼以群叔流言，所以結正三叔之罪也。後言『蔡仲克庸祗德，周公以爲卿士』，叔卒，即命之王以爲諸侯。以見周公蹙然於三叔之刑，幸仲克庸祗德，則亟擢用分封之也。」吴氏曰：「此所謂『冢宰正百工』，與《詩》所謂『攝政』，皆在成王諒闇之時，非以幼冲而攝。而其攝也，不過位冢宰之位而已，亦非如荀卿所謂『攝天子位』之事也。三年之喪，二十五月而畢。方其畢時，周公固未嘗攝，亦非有七年而後還政之事也。百官總己以聽冢宰，未知其所從始。如殷之高宗已然，不特周公行之。」此皆論周公者所當先知也。問：「周公誅管、蔡，自公義言之，其心固正大直截；自私恩言之，其情終有不自滿處。所以《孟子》謂：『周公之過，不亦宜乎！』」朱子曰：「是。但他豈得已爲此哉？莫到恁地較好。看周公當初做這一事，也大段疎脱，他也看那兄弟不過。怕武庚叛，故遣管、蔡、霍去監他，爲其至親可恃，不知他反去與那武庚同作一黨。不知如何紂出得箇兒子也恁地狡猾！想見他當時日夜去炒那管叔説道：『周公是你弟，今却欲篡爲天子；汝是兄，今却只恁地！』管叔被他炒得心熱，他性又急，所以便發出這件事來。」李堯卿問：「是時可調護莫殺否？」曰：「他已叛，只得殺，如何調護得！蔡叔、霍叔性較慢，罪較輕，所以只囚于郭鄰、降于庶人。想見當時被管叔做出這事來，騷動許多百姓，想見也怕人。『鴟鴞鴟鴞，既取我子，無毁我室！』當是時，也是被他害得猛。」義剛曰：「周公也豈不知管叔狡猾？但當時於義不得不封他。」曰：「看來不是狡猾，只是獃子。周公使三叔監殷，他却與武庚叛，此是一段大疎脱事。若當時不便平息得，模樣做出西晉初年時事。想見武庚日夜去説誘三叔，以爲周公弟也，却在周作宰相；管叔兄也，却去監商。故管叔生起不肖之心如此。」○《史記》：武王同母兄弟十人，長伯邑考，次武王，次管叔鮮，次周公，次蔡叔度，次霍叔處。○孔氏曰：「蔡仲能用敬德，稱其賢也。明王之法，誅父用子，言至公也。」「叔之所封，圻内之蔡。仲之所封，淮、汝之間。圻内之蔡名已滅，故取其名以名新國，欲其戒之。」○唐孔氏曰：「管，在滎陽京縣東北。不立管叔之後者，罪重，或無子，或有而不賢也。杜預曰：『武王封叔度於汝南上蔡，胡徙新蔡，昭侯徙九江下蔡。圻内蔡地，不知所在。』」○張氏震曰：「象得罪於舜，安得不貸之以恩？管叔得罪於周，安得不斷之以義？霍叔不絶其身，蔡叔不絶其子，而管叔獨不免誅，絶恩與義並行而不悖也。」○林氏曰：「蔡叔有罪則囚之，不以弟而私；蔡仲賢而封之，不以父而棄。」○葉氏曰：「舜殛鯀而興禹，周公囚蔡叔而命仲，一也。」○魏氏了翁曰：「《左傳》定公四年云：『蔡仲改行率德，周公舉之以爲己卿士。』『己』字極好玩味，可見周公大聖人，蔡叔有罪而囚之，有子仲祇德則以爲己卿士，真與天地同其大也。」○蘇氏曰：「蔡叔未卒，仲無君國之理。蒯聵在而輒立，衛所以亂。所以封仲必在叔卒之後也。」

王若曰：「小子胡，惟爾率德改行，克慎厥猷，肆予命爾侯于東土。往即乃封，敬哉！

胡，仲名。言仲循祖文王之德，改父蔡叔之行，能謹其道，故我命汝爲侯於東土。往就汝所封之國，其敬之哉。呂氏曰：「『敬哉』者，欲其無失此心也。」命書之辭，雖稱成王，實周公之意。

「爾尚蓋前人之愆，惟忠惟孝。爾乃邁迹自身，克勤無怠，以垂憲乃後。率乃祖文王之彝訓，無若爾考之違王命。

蔡叔之罪，在於不忠不孝。故仲能掩前人之愆者，惟在於忠孝而已。叔違王命，仲無所因，故曰「邁迹自身，克勤無怠」。所謂「自身」也，垂憲乃後；所謂「邁迹」也，率乃祖文王之彝訓。無若爾考之違王命，上文所謂「率德改行」也。吕氏曰：「子之新善著，則父之舊愆庶乎可掩。蔡叔之惡既無以貽子孫，仲乃一國始封之祖，創業垂統之責繫焉。盍進其步武，自我作古，克勤無怠，以垂法於後。斯須之怠，則流弊或在於數百年後，不可不謹其源也。」○張氏曰：「邁迹自身，謂生於群叔之間，而能脱身自立爲善。」○陳氏傅良曰：「舜命禹，未嘗戒以鯀；周公命微子，未嘗及武庚。今命仲而尤其父者，於越人疎之，於其兄戚之也。父子兄弟之間，猶有諱而不敢盡言，是愈疎矣。成王於仲，親親之道也。有禹，故鯀得以郊；有安世、延年，故張湯、杜周得不列於酷吏。蔡仲在，人其謂叔曰：幸哉有子如此歟！故曰『蓋前人之愆』。」○西山真氏曰：「按《書·蔡仲之命》：『爾尚蓋前人之愆，惟忠惟孝。』人子不幸，如大禹之承鯀、蔡仲之承蔡叔，又當思所以蓋之。故治水成功而鯀配夏郊，率德改行而蔡叔世祀，豈非孝之大乎？後世如沈充，叛臣也，其子勁以死節著。李義甫，姦臣也，其子湛以忠義聞。若勁與湛，可謂能蓋其父之愆矣。」○新安陳氏曰：「子能改父之惡而爲善，則孝矣。爲子而孝，斯爲臣而忠。古人云：『求忠臣於孝子之門。』是惟忠本於惟孝也。『克勤無怠，以垂憲乃後』，即所謂『邁迹自身』，此一語不必分也。」

「皇天無親，惟德是輔；民心無常，惟惠之懷。爲善不同，同歸于治；爲惡不同，同歸于亂。爾其戒哉！

此章與伊尹申誥太甲之言相類而有深淺不同者，太甲、蔡仲之有間也。善固不一端，而無不可行之善；惡亦不一端，而無可爲之惡，爾其可不戒之哉！

「慎厥初，惟厥終，終以不困。不惟厥終，終以困窮。

惟，思也。窮，困之極也。思其終者，所以謹其初也。吕氏曰：「建國之始，必審其始而思其終，終始具舉，然後可久、可大而不至於困。徒謹初而不思其終，則終必困窮，雖蒽然憂懼無益也。語以謹始，而即援以慮終，竭兩端之教也。」○陳氏大猷曰：「仲率德改行，能謹初矣。尤當克勤無怠，是在於『惟厥終』也。」○張氏曰：「感激者，多鋭於初而怠於終。」

「懋乃攸績，睦乃四鄰，以蕃王室，以和兄弟，康濟小民。

勉汝所立之功，親汝四鄰之國，蕃屏王家，和協同姓，康濟小民。五者，諸侯職之所當盡也。陳氏雅言曰：「此成王命蔡仲爲諸侯。傳云『五者，諸侯職之所當盡也』，所謂畫一以告之，亦以見侯職之所當盡者不一而足也。」

「率自中，無作聰明亂舊章。詳乃視聽，罔以側言改厥度：則予一人汝嘉。」

率，循也。無、毋同。詳，審也。「中」者，心之理而無過不及之差者也。「舊章」者，先王之成法；「厥度」者，吾身之法度，皆中之所出者。作聰明，則喜怒好惡皆出於私而非中矣，其能不亂先王之舊章乎？戒其本於己者然也。側言，一偏之言也。視聽不審，惑於一偏之説，則非中矣，其能不改吾身之法度乎？戒其徇於人者然也。仲能戒是，則我一人汝嘉矣。吕氏曰：「作聰明者，非天之聰明，特沾沾小智耳。作與不作，而天人判焉。」陳氏經曰：「舊章、法度，皆中之所寓。度即舊章也。舊章，則已然之法度，則當然之制，無非中也。周公慮仲懲創乃父之愆用意過當，反以生事爲奇，故有此戒。」○吕氏曰：「舊章往往不與新進喜事者合，故作聰明者尤欲亂之。聽覽不貴於速而貴於詳，迎刃立決，見事風生，宜若可喜，然忽略踈快，動皆愆尤，讒説姦言每乘其忽遽而入之。惟詳其視聽，安徐審訂，表裏畢陳，側媚之言將不得售。故『詳』者，乃聽覽之大法也。規矩準度，未至於樂，循理者則常若爲其縶維。側言乃解其縶維而縱之放逸之塲者，故從之也輕。仲以英妙之年任國事，周公老成深慮，故戒如此。」○陳氏大猷曰：「舊章常度，則中道所存。内不變於己之私智，外不變於人之私言，則中道合而侯職盡矣。」○陳氏雅言曰：「『中』者，人心所同有之理。成王之命蔡仲，特欲率之而已。舊章法度皆中之理所寓，能遵夫舊章，守夫法度，則不替於已然之法，不廢其當然之制，無非中也。苟不循聰明之自然，則矜肆之心生，未免有非古之愆，此非能率中者也。不審視聽之間，則一偏之言易入，未免有敗常之愆，亦非能率中者也。故必循其聰明之自然，而不至於妄作，則有所守而内無所恃，孰肯非古是今而亂先王之典章乎？審於視聽之際，而不至於或苟，則公心益持而私意不奪，孰肯從欲背理而更其常行之法度乎？内外不變，則中道合而侯職盡，成王之於蔡仲，勉之者未幾而戒之者隨至也。」

王曰：「嗚呼！小子胡，汝往哉！無荒棄朕命！」

飭往就國，戒其毋廢棄我命汝所言也。董氏鼎曰：「此篇大體與《微子之命》相似，而微子之辭温厚，蔡仲之辭嚴厲。蓋微子先代之後，周賓而不臣，又本賢人也。蔡仲父爲不道，忠孝兩虧，已無足法。

所望仲能率祖德，改父行，邁迹自身，以垂憲乃後耳。蓋以拳拳圖終之説，且戒之以無亂舊章，無改法度，無同歸于亂。嗚呼仁哉！」

書傳大全卷之九

多方

成王即政，奄與淮夷又叛。成王滅奄，歸作此篇。按：《費誓》言「徂茲淮夷、徐戎並興」，即其事也。疑當時扇亂，不特殷人，如徐戎、淮夷，四方容或有之，故及多方。亦誥體也。今文、古文皆有。○蘇氏曰：「《大誥》、《康誥》、《酒誥》、《梓材》、《召誥》、《洛誥》、《多士》、《多方》八篇，雖所誥不一，然大略以殷人心不服周而作也。予讀《泰誓》、《武成》，常怪周取殷之易。及讀此八篇，又怪周安殷之難也。《多方》所誥，不止殷人，乃及四方之士。是紛紛焉不心服者，非獨殷人也。予乃今知湯已下七王之德深矣。方殷之虐，人如在膏火中，歸周如流，不暇念先王之德。及天下粗定，人自膏火中出，即念殷先七王如父母。雖以武王、周公之聖，相繼撫之，而莫能禦也。夫以西漢道德比之殷，猶碔砆之與美玉，然王莽、公孫述、隗囂之流，終不能使人忘漢，光武成功若建瓴然。使周無周公，則亦殆矣。此周公之所以畏而不敢去也。」朱子曰：「《大誥》、《梓材》、《多士》、《多方》等篇，乃當時編人君告其民之辭，多是方言。故諸誥等篇，當時士民曉得，而今士人不曉得。」○林氏曰：「奄即淮夷之一種，總言則謂之淮夷，如《春秋》赤狄之有潞氏、甲氏也。周公攝政時，奄嘗與三監同叛，《多士》曰『昔朕來自奄』，已嘗征之。今成王即政，奄又叛，成王滅之而歸鎬京。諸侯來朝，周公又稱王命以告之，故作此篇。」○唐孔氏曰：「雖普告多方，意在殷之舊國。」○吕氏曰：「自《大誥》至《多方》，所以處殷民者何其勞也。武王崩，以喜亂之徒，因思舊之情，乘内難之隙，三者參合，其禍至此。是固周之不造，實則天之大扶持保佑有周者也。人之稚齒，百疾先見，則必過加調護，凡伐性傷生者一切不敢萌。所以培固真源，克登上壽者，少年多疾之力也。成周八百年之基業，可於此占之。《多士》、《多方》辭旨相出入，《多士》既遷殷民而獨告新民也，故視《多方》爲略；《多方》既踐奄而偏告庶邦也，故視《多士》爲詳。」

惟五月丁亥，王來自奄，至于宗周。

成王即政之明年，商奄又叛，成王征滅之。杜預云：「奄，不知所在。」宗周，鎬京也。吕氏曰：「王者定都，天下之所宗也。東遷之後，定都于洛，則洛亦謂之宗周。衛孔悝之鼎銘曰：『隨難于漢陽，即宫于宗周。』是時鎬已封秦，宗周蓋指洛也。然則宗周初無定名，隨王者所都而名耳。」孔氏曰：「周公歸政之明年，淮夷、奄又叛，魯征淮夷，作《費誓》；王征奄，滅之，五月還鎬京。」○新安陳氏曰：「《洛誥》『戊辰，王在新邑』，孔註：『十二月戊辰晦。』此七年之十二月，即成王即政之年也。《多士》作於是年三月，曰『昔朕來自奄』，是述東征時事，乃自武王誅紂伐奄後，第二番叛也。《多方》作於即政之明年五月，《成王政》序曰『成王遂踐奄』，《多方》序曰『王歸自奄』，《書》曰『王來自奄』，乃奄之第三番叛，王墮其地，遷其君，又因以告多方也。以去年十二月戊辰晦筭之，則次年正月朔己巳，五月朔非丁卯則戊辰，丁亥非二十日即二十一日也。《多士》與《多方》之作，先後蓋一年有三月云。」

周公曰：「王若曰：『猷！告爾四國多方惟爾殷侯尹民。我惟大降爾命，爾罔不知。

呂氏曰：「先曰『周公曰』，而復曰『王若曰』，何也？明周公傳王命，而非周公之命也。周公之命誥終於此篇，故發例於此，以見《大誥》諸篇凡稱『王曰』者，無非周公傳成王之命也。」成王滅奄之後，告諭四國殷民，而因以曉天下也。所主殷民，故又專提殷侯之正民者告之。言殷民罪應誅戮，我大降宥爾命，爾宜無不知也。

「『洪惟圖天之命，弗永寅念于祀。

圖，謀也。言商奄大惟私意圖謀天命，自底滅亡，不深長敬念以保其祭祀。呂氏曰：「天命可受而不可圖，圖則人謀之私，而非天命之公矣。此蓋深示以天命不可妄干，乃《多方》一篇之綱領也。」下文引夏、商所以失天命、受天命者，以明示之。呂氏曰：「徧告四方者，何也？殷奄屢叛，驅扇者廣。今雖平殄，譬餘邪遺疾，猶或在肺腑間，恐或有時而發也。故渙發大號，歷敘天命之公，前代之事，征誅安集之本末，俾四方咸與聞之，大破群疑，深絕亂根。蓋本於是，兵寢刑措者四十餘年，其亦訓誥之助歟！」

「『惟帝降格于夏，有夏誕厥逸，不肯慼言于民，乃大淫昏，不克終日勸于帝之迪，乃爾攸聞。

言帝降災異以譴告桀，桀不知戒懼，乃大肆逸豫，憂民之言尚不肯出諸口，況望其有憂民之實乎？勸，勉也。迪，啓迪也。視聽動息日用之間，洋洋乎皆上帝所以啓迪開導斯人者。桀乃大肆淫昏，終日之間不能少勉，於是天理或幾乎息矣，況望有惠迪而不違乎？此乃爾之所聞，欲其因桀而知紂也。厥逸，與《多士》「引逸」不同者，猶亂之爲亂、爲治耳。逸豫以民言，淫昏以帝言，各以其義也。此章上疑有缺文。王氏曰：「『惟帝降格于夏』與《多士》『則惟帝降格嚮于時夏』同意。」

「『厥圖帝之命，不克開于民之麗，乃大降罰，崇亂有夏。因甲于内亂，不克靈承于旅。罔丕惟進之恭，洪舒于民。亦惟有夏之民叨懫日欽，劓割夏邑。

此章文多未詳。麗，猶「日月麗乎天」之「麗」，謂民之所依以生者也，依於土、依於衣食之類。甲，始也。言桀矯誣上天，圖度帝命，不能開民衣食之原，於民依恃以生者一皆抑塞遏絶之，猶乃大降威虐于民，以增亂其國。其所因則始于内嬖，蠱其心，敗其家，不能善承其衆，不能大進於恭，而大寛裕其民。亦惟夏邑之民貪叨忿懫者，則日欽崇而尊用之，以戕害於其國也。呂氏曰：「原其所因，蓋始於内亂，末喜之嬖是也。❶蠱其心、敗其家，然後流毒於

❶「末」，《尚書集傳纂疏》作「妹」。

國與天下，探其根而言之也。」

「『天惟時求民主，乃大降顯休命于成湯，刑殄有夏。

言天惟是爲民求主耳，桀既不能爲民之主，天乃大降顯休命於成湯，使爲民主，而伐夏殄滅之也。○呂氏曰：「曰『求』、曰『降』，豈真有求之、降之者哉？天下無統，涣散漫流，勢不得不歸其所聚。而湯之一德，乃所謂『顯休命』之實，一衆離而聚之者也。民不得不聚於湯，湯不得不受斯民之聚，是豈人爲之私哉？故曰天求之、天降之也。」

『惟天不畀純，乃惟以爾多方之義民，不克永于多享；惟夏之恭多士，大不克明保享于民，乃胥惟虐于民，至于百爲，大不克開。

純，大也。義民，賢者也。言天不與桀者大，乃以爾多方賢者，不克永于多享，以至于亡也。言桀於義民不能用，其所敬之多士率皆不義之民，上文所謂「叨懫日欽」者，同惡相濟，大不能明保享于民，乃相與播虐于民，民無所措其手足。凡百所爲，無一能達，上文所謂「不克開于民之麗」者。政暴民窮，所以速其亡也。此雖指桀多士，爾殷侯尹民嘗逮事紂者，寧不惕然内愧乎？　葉氏曰：「天佑之，則曰『純佑命』；不畀之，則曰『不畀純』。」○林氏曰：「此篇陳桀紂之亡、商周之興皆出於天。天之所奪，非人力所能支；天之所予，非人力所能移。而其所以爲予奪者，以其德與不德耳。爾多方當知天命，不可有他志也。」○「保享于民，安民而以之享國長久也。」

○呂氏曰：「義民，知義之民也。桀之時三宅無義民，義民在下，雖多何補？以爾多方之義民，不能永受衆多之服享，如負米而饑、載泉而渴，蓋哀之也。百爲大不克開，欲耕害其耕，欲賈害其賈，四向皆窮，無一能達，民窮如此也。」

「『乃惟成湯，克以爾多方簡代夏作民主。』簡，擇也，民擇湯而歸之。葉氏曰：「簡，如『簡在帝心』之『簡』。」

「『愼厥麗，乃勸；厥民刑，用勸。』湯深謹其所依，以勸勉其民，故民皆儀刑而用勸勉也。人君之於天下，仁而已矣。仁者，君之所依也，君仁則莫不仁矣。

「『以至于帝乙，罔不明德愼罰，亦克用勸；』明德，則民愛慕之；謹罰，則民畏服之。自成湯至于帝乙，雖歷世不同，而皆知明其德，謹其罰，故亦能用以勸勉其民也。明德謹罰，所以謹厥麗也。明德，仁之本也；謹罰，仁之政也。

「『要囚殄戮多罪，亦克用勸；開釋無辜，亦克用勸。』德，明之而已。罰，有辟焉，有宥焉。故再言辟而當罪，亦能用以勸勉；宥而赦過，亦能用以勸勉。言辟與宥，皆足以使人勉於善也。呂氏曰：「赦而民勸猶可也，刑而民亦勸，則有默行於刑赦之間者矣。每語結之以勸者，天下非可驅以智力、束以法制，惟勸化其民，使常有欣欣不自已之意，乃維持長久之道也。」○陳氏經曰：「商家法在『明德慎罰』，明德化民，用德其本心；慎罰不濫及民，用刑不得已也。本原既正，則或刑或宥，皆足以勸民於善。刑一也，先王用之而使民勸，後世用之而爲民毒，何也？先王之刑，皆仁之寓；後世之刑，不仁之具也。夫子未嘗不釣弋也，而仁見於不綱不弋宿之際；❶文王非不蒐田也，而仁見於一發不再舉之時也。」○新安陳氏曰：「明德以慎罰，所以亦能用勸。戮之釋之，刑所當刑，宥所當宥，無不能用勸也。」○陳氏雅言曰：「仁者君之所依，湯能以仁爲依而致謹於上，所以爲民之勸，故民亦以仁爲勸而儀刑於下，用以自勉其身，是上下同一心也。自是而後，至于帝乙，雖歷世不同而皆能明其德、慎其罰，故亦能用以勸勉其民。罰之所慎，於要囚而多罪者或殄戮之，亦能用以勸勉其民；無辜者或開釋之，亦能用以勸勉其民。蓋德者，化民之本，使人知所慕而樂於爲善。刑者，輔治之具，使民知所畏而不敢爲惡。有商哲王，不徒以刑用刑，而以德用刑故也。『慎厥麗』者，以仁之全體而言。『明德慎罰』者，以仁之目而言。『乃勸』者，上之勸下也。『刑用勸』者，下之自勸也。『亦克用勸』者，蓋兼上下而言也。人知明德之爲仁，而不知慎罰之防範人心者蓋亦所以爲仁也；人知開釋無辜之爲慎罰，而不知殄戮多罪之懲創人心者尤所以止罰也。有商以仁爲家法，於是深可見矣。」

「『今至于爾辟，弗克以爾多方享天之命。』」

---

❶「弋」，四庫本及《尚書集傳纂疏》作「射」。

呂氏曰：「爾辟，謂紂也。商先哲王世傳家法，積累維持如此。今一旦至于汝君，乃以爾全盛之多方，不克坐亨天命而亡之，是誠可閔也。天命至公，操則存，舍則亡。以商先王之多，基圖之大，紂曾不得席其餘蔭，其亡忽焉。危微操舍之幾，周公所以示天下深矣，豈徒曰慰解之而已哉？」陳氏曰：「多方，一也。湯以之而作民主，紂不能以之而享天命，在所以如何耳。」○王氏曰：「此言殷之興甚詳，言其亡甚略，蓋對殷遺民不忍痛言其失也。」

「嗚呼！　王若曰：『誥告爾多方，非天庸釋有夏，非天庸釋有殷。

先言「嗚呼」，而後言「王若曰」者，唐孔氏曰：「周公先自歎息，而後稱王命以誥之也。」庸，用也，有心之謂。釋，去之也。上文言夏殷之亡，因言非天有心於去夏，亦非天有心於去殷，下文遂言乃惟桀紂自取亡滅也。○呂氏曰：「周公先自歎息，而始宣布成王之誥告，以見周公未嘗稱王也。又此篇之始，❶周公曰『王若曰』，復語相承，《書》無此體也。至於此章，先『嗚呼』而後『王若曰』，《書》亦無此體也。周公居聖人之變，史官豫憂來世傳疑襲誤，蓋有竊之爲口實矣。故於周公誥命終篇，發新例二，著周公實未嘗稱王，所以別嫌明微，而謹萬世之防也。」夏氏曰：「『誥告』，以誥辭告之也。」

---

❶「又」，原作「入」，今據明德堂本、建邑余氏本及四庫本改。

「『乃惟爾辟，以爾多方大淫，圖天之命，屑有辭。

殷紂以多方之富，大肆淫泆，圖度天命，瑣屑有辭。與《多士》言桀「大淫泆有辭」義同。殷之亡，非自取乎？以下二章推之，此章之上當有缺文。孔氏曰：「惡事盡有辭說，布在天下。」○吕氏曰：「惡之播於人口者，謂之『辭』。惡之未熟，大者傳道，瑣屑者未盡舉；至惡已熟，瑣屑之惡極口歷數，一一有辭。」

「『乃惟有夏，圖厥政，不集于享，天降時喪，有邦間之。

集，萃也。享，「享有」之「享」。桀圖其政，不集于享，而集于亡，故天降是喪亂，而俾有殷代之，夏之亡非自取乎？唐孔氏曰：「湯是夏之諸侯，故曰『有邦』。」

「『乃惟爾商後王逸厥逸，圖厥政不蠲烝，天惟降時喪。

蠲，潔。烝，進也。紂以逸居逸，淫湎無度，故其爲政，不蠲潔而穢惡，不烝進而怠惰，天以是降喪亡于殷。殷之亡非自取乎？此上三節，皆應上文「非天庸釋」之語。陳氏曰：「上『逸』，過逸也。下『逸』，安逸也。謂過逸其安逸，猶言安其危。」○林氏曰：「逸厥逸，甚言其逸也，猶言『醇乎醇』。」

「『惟聖罔念作狂，惟狂克念作聖。天惟五年須暇之子孫，誕作民主，罔可念聽。

聖，通明之稱。言聖而罔念，則爲狂矣；愚而能念，則爲聖矣。紂雖昏愚，亦有可改過遷善之理。故天又未忍遽絶之，猶五年之久，須待暇寬於紂，覬其克念，大爲民主，而紂無可念、可聽者。五年，必有指實而言。孔氏牽合歲月者非是。或曰，狂而克念，果可爲聖乎？曰：聖固未易爲也。狂而克念，則作聖之功，知所向方。太甲其庶幾矣。聖而罔念，果至於狂乎？曰：聖固無所謂罔念也。禹戒舜曰：「無若丹朱傲，惟慢遊是好。」一念之差雖未至於狂，而狂之理亦在是矣。此人心惟危，聖人拳拳告戒，豈無意哉！朱子曰：「艾軒云：『文字只看易曉處，如《尚書》「惟聖罔念作狂，惟狂克念作聖」，不與上下文相似，下文便不可曉，只看這兩句。』」○或謂：「『性相近，習相遠』，『惟上智與下愚不移』，《書》中謂『惟聖罔念作狂，惟狂克念作聖』，若如此，則又有移得者，如何？」曰：「上智下愚不移，如狂作聖則有之，既是聖人，決不到作狂。此只是甚言，不可不學。」○問：「『惟聖罔念作狂，惟狂克念作聖』，竊謂『聖』者，謂有聖人資質，一不念則流入於狂，狂者進取，曾晳之徒是也。借如顏子不能拳拳服膺，亦必至於此。若是聖人，則從心所欲不踰矩，雖不念亦無害也。」程子曰：「六德，智、仁、聖、義、中、和。聖，通明之稱；狂，狂愚之稱。」○王氏曰：「操則存，舍則亡，其心之謂歟？思曰睿，睿作狂。操其心以思，所謂念也。罔念，雖聖可以作狂，故克念則狂亦可以作聖。」○林氏曰：「念不念之間，聖狂所以分也。苟其質之聖矣，自恃其聖而不之思，日復一日，天命之性益就彫喪，其作狂也何有？苟其質之狂矣，自耻其狂而思之，日復一日，天命之性忽然而復，其作聖也何有？」○陳氏經曰：「子曰：『惟上智與下愚不移。』《書》乃曰：聖可作狂，狂可作聖，則可移歟？曰：孔子之言，聖狂之成也。其習既成，則不移矣。《書》之言，聖狂之分也。聖狂之分，生於一念之頃，堯、舜而忘兢業，豈不趨於狂？桀、紂而能改過遷善，豈不趨於聖？孔子雖曰不移，實有可移之理，但恐下愚自暴自棄不肯移耳。肯移之，是狂之克念也。公言此者，明紂之爲惡，倘一旦改悔，天不終棄之也。」○吕氏曰：「紂固無能改之事，而有可改之理。罔念、克念之機，所謂可改之理。聖，通明之稱。《周官》『六德』，聖居其一，非大而化之之聖也。若大而化之，寧有罔念？又豈狂者一克念而遽可至哉！然大而化之，亦通明之極而至於化耳。狂而克念，亦大而化之之基也。雖曰通明，不念則狂；雖曰狂惑，克念則通。其機惟在念不念之間耳。紂雖狂惑，使其克念，作聖孰禦？惟其有可改之理，天故以商先王之故，徘徊五年須待寬暇之，依依於商王子孫而冀其改焉！」○李氏樗曰：「紂惡甚矣，天猶待之如此，見天心仁愛人君，自非大無道，天皆欲扶持而全安之。惟終無悛心，所以禍不可遏也。」○林氏曰：「晉武帝以孫皓淫暴，有問罪之志，王濬曰：孫皓荒淫，宜速征伐，若一旦皓死，更立賢主，則彊敵也。晉武之心，惟恐吳之有賢主；武王之心，惟恐紂之不能改過。觀於晉武，尤知武王之爲德。」

「『天惟求爾多方，大動以威，開厥顧天，惟爾多方罔堪顧之。

紂既罔可念聽，天於是求民主於爾多方，大警動以禨祥譴告之威，以開發其能受眷顧之命者。而爾多方之衆，皆不足以堪眷顧之命也。

「『惟我周王靈承于旅，克堪用德，惟典神天。天惟式教我用休，簡畀殷命，尹爾多方。

典，主。式，用也。「克堪」者，能勝之謂也。德輶如毛，民鮮克舉之，言德舉者莫能勝也。文、武善承其衆，克堪用德，是誠可以爲神天之主矣。故天式教文、武用以休美，簡擇畀付殷命以正爾多方也。呂氏曰：「式教用休者，如之何而教之也？文武既得乎天，天德日新，左右逢原。其思也若或起之，其行也若或翼之，乃天之所以教而用以昌大休明者也，非諄諄然而教之也。此章深論天下。向者天命未定，眷求民主之時，能者則得之。孰有過汝者，乃無一能當天之眷。今天既命我周而定于一矣，爾猶洶洶不靖，欲何爲耶？明指天命，而讋服四海姦雄之心者，莫切於是。」呂氏曰：「前論夏之亡，本於『不克靈承于旅』。此論周之興，亦曰『靈承于旅』。文、武於德能勝而用之，其力過孟賁遠矣。漢唐賢主，豈無欲布德於天下者？惟力薄而奪於私欲，故駁而不純。是知德非真力，則莫能勝、莫能用也。」○新安陳氏曰：「『克堪』二字，下得極有力，非有仁以爲己任之弘，兼死而後已之毅，不能堪而用之也。克堪用之，必有非力之力，如真積力久之力而後可。」○陳氏大猷曰：「可爲神與天之主，山川鬼神之得其安，三光寒暑之得其序，皆人君有以主之。」○陳氏雅言曰：「成王言昔者，天求民主於爾多方之時，惟我文武能温然以愛其民，毅然以脩其德，是誠可以爲神天之主。故上天於是式教之，而使之治用以休美焉；復簡擇之，而畀付以殷命，尹爾多方，使爲天下之主也。德者，事神治民之本。人君者，兼有事神、治民之責。文、武之克堪用德，既有以靈承其旅於先，則能治民者，未有不能推以事神者也。上天之式教用休，蓋將以簡畀殷命於後，蓋可以事神，未有不可付以治民者也。於此見文、武之得天下固非苟得於天，而天之予以天下者亦不輕畀於文、武矣。爾多方於此，寧不爲之釋然乎？」

「『今我曷敢多誥。我惟大降爾四國民命。

言今我何敢如此多誥。我惟大降宥爾四國民命。舉其宥過之恩，而責其遷善之實也。「『爾曷不忱裕之于爾多方？爾曷不夾介乂我周王享天之命？今爾尚宅爾宅，畋爾田，爾曷不惠王熙天之命？

夾，「夾輔」之「夾」。介，「賓介」之「介」。爾何不誠信寬裕於爾之多方乎？爾何不夾輔介助我周王享天之命乎？爾之叛亂，據法定罪，則瀦其宅，收其田可也。今爾猶得居爾宅，耕爾田，爾何不順我王室，各守爾典，以廣天命乎？此三節，責其何不如此也。呂氏曰：「教以誠信寬裕。惟詐故迫，惟誠故裕。」〇陳氏大猷曰：「『乂我周王』，如『乂用厥辟』之『乂』，謂治其君之事。」

「『爾乃迪屢不靜，爾心未愛。爾乃不大宅天命，爾乃屑播天命，爾乃自作不典，圖忱于正。

爾乃屢蹈不靜，自取亡滅，爾心其未知所以自愛耶！爾乃大不安天命耶！爾乃輕棄天命耶！爾乃自爲不法，欲圖見信于正者，以爲當然耶！此四節，責其不可如此也。陳氏大猷曰：「自作不典，亂綱常之事，苟欲人信以爲正，蓋四國從殷以求興復，自以爲正義也。」

「『我惟時其教告之，我惟時其戰要囚之，至于再，至于三。乃有不用我降爾命，我乃其大罰殛之！非我有周秉德不康寧，乃惟爾自速辜！』」

我惟是教告而誨諭之，我惟是戒懼而要囚之。今至于再，至于三矣。爾不用我降宥爾命，而猶狃於叛亂反覆，我乃其大罰殛殺之。非我有周持德不安静，乃惟爾自爲凶逆以速其罪耳。孔氏曰：「教告之，謂訊之以文誥。戰要囚，謂誅其禍亂，執其朋黨。再，謂三監、淮夷叛；三，謂王即政又叛。言屢迪不静之事。」

王曰：「嗚呼！猷！告爾有方多士暨殷多士，今爾奔走臣我監五祀。監，監洛邑之遷民者也。猶諸侯之分民，有君道焉，所以謂之「臣我監」也。言商士遷洛，奔走臣服我監於今五年矣。不曰「年」而曰「祀」者，因商俗而言也。又按：成周既成而成王即政，成王即政而商奄繼叛，事皆相因，纔一二年耳。今言五祀，則商民之遷，固在作洛之前矣，尤爲明驗。

「越惟有胥、伯、小大多正，爾罔不克臬。臬，事也。《周官》多以胥、以伯、以正爲名。胥、伯、小大衆多之正，蓋殷多士授職於洛，共長治遷民者也。其奔走臣我監亦久矣，宜相體悉，竭力其職，無或反側偷惰而不能事也。

「自作不和，爾惟和哉！爾室不睦，爾惟和哉！爾邑克明，爾惟克勤乃事。心不安静，則身不和順矣；身不安静，則家不和順矣。言「爾惟和哉」者，所以勸勉之也。和其身，睦其家，而後能協于其邑。驩然有恩以相愛，粲然有文以相接，爾邑克明，始爲不負其職，而可謂「克勤乃事」矣。前既戒以「罔不克臬」，故以「克勤乃事」期之也。

「爾尚不忌于凶德，亦則以穆穆在乃位，克閲于乃邑謀介。

忌，畏也。穆穆，和敬貌。頑民誠可畏矣，然如上文所言，爾多士庶幾不至畏忌頑民凶德，亦則以穆穆和敬端處爾位，以潛消其悍逆悖戾之氣，又能簡閲爾邑之賢者以謀其助，則民之頑者且革而化矣。尚何可畏之有哉？成王誘掖商士之善，以化服商民之惡。其轉移感動之機，微矣哉！

「爾乃自時洛邑，尚永力畋爾田，天惟畀矜爾，我有周惟其大介賚爾，迪簡在王庭。尚爾事，有服在大僚。」

爾乃自時洛邑，庶幾可以保有其業，力畋爾田。天亦將畀予矜憐於爾，我有周亦將大介助賚錫於爾，啓迪簡拔，置之王朝矣。其庶幾勉爾之事，有服在大僚，不難至也。《多士》篇，商民嘗以「夏迪簡在王庭，有服在百僚」爲言，故此因以勸厲之也。新安陳氏曰：「爾能和身及家以及爾邑，則爾邑之教化能修明，爾方爲能勤乃事矣。又告以和之之道，爾庶幾寬綽其心、不忌嫉，凶德者亦則以和敬，居爾位。蓋服凶人，莫如和敬也。又能簡閲爾邑，求賢以謀自介助。和敬盡於己，而介助資於人，庶凶德化而人和洽矣。爾果能此，庶幾自此洛邑長保田禄。豈惟此哉？天亦惟畀矜爾。豈惟天哉？我周亦大介助賚錫爾。介，如『佑賢輔德』；賚，如『錫之土田』。且將自此洛邑之胥伯正，而迪簡在王朝矣。又有尊尚爾職事者，且將有事而升在大僚矣。此即所謂『大介賚』也。蓋遷殷民時，就拔其豪俊爲胥伯正以共長治之，乃用其素所服習者，此安集新民之要道。故今特勸勵之，使表率殷士、殷民，而躋于泰和也。」○吕氏曰：「《多士》序商民之怨周，曰『「夏迪簡在王庭，有服在百僚」。予一人惟聽用德，肆予敢求爾于天邑商，予惟率肆矜爾。非予罪，時惟天命』，則以大義裁之；此乃以『迪簡在王庭。尚爾事，有服在大僚』爲勸。何也？爵位上之所命，非下之可干。自其怨望而許之，姑息之政也；示以好惡而勸之，磨厲之具也。此周公御商士之開闔大用也。」

王曰：「嗚呼！多士，爾不克勸忱我命，爾亦則惟不克享，凡民惟曰不享。爾乃惟逸惟頗，大遠王命，則惟爾多方探天之威，我則致天之罰，離逖爾土。」

誥告將終，乃歎息言爾多士，如不能相勸信我之誥命，爾亦則惟不能享上。凡爾之民，亦惟曰上不必享矣。爾乃放逸頗僻，大違我命，則惟爾多士自取天威，我亦致天之罰，播流蕩析，俾爾離遠爾土矣。爾雖欲宅爾宅，畋爾田，尚可得哉？「多方」疑當作「多士」。上章既勸之以休，此章則董之以威。商民不惟有所慕而不敢違越，且有所畏而不敢違越矣。王氏曰：「上告以『承之庸之』，此告以『威之』也。」

王曰：「我不惟多誥，我惟祗告爾命。」

我豈若是多言哉？我惟敬告爾以上文勸勉之命而已。陳氏經曰：「我豈欲多言以告，惟敬告爾以天命而已。不知天命乃商民之病根，故此篇言天命尤詳。」○張氏曰：「稱『天』者無慮二十，稱『帝』者三。」

又曰：「時惟爾初，不克敬于和，則無我怨。」

與之更始，故曰「時惟爾初」也。爾民至此，苟又不能敬于和，猶復乖亂，則自底誅戮，毋我怨尤矣。開其爲善，禁其爲惡，周家忠厚之意，於是篇尤爲可見。○呂氏曰：「『又曰』二字，所以形容周公之惓惓斯民，會已畢而猶有餘情，誥已終而猶有餘語。顧眄之光，猶曄然溢於簡册也。」呂氏曰：「是又爾更端爲善之一初也。蓋殷民與紂同惡，武王克紂，是維新之一初也。不能而從三監之叛，則既失此初矣。遷洛又一初也，復不能而屢迪不静，則又失此初矣。今歸自踐奄，而又爲多方之誥，丁寧反覆諭以『時惟爾初』。初之過一皆洗滌，今之善當相與維新，豈非又一初乎？若又失此初，不能敬以納民于和，則永無可望矣。但曰『則無我怨』，而自取誅戮之意隱然於不言之表，周家忠厚，何其至哉！」

立政

吴氏曰：「此書戒成王以任用賢才之道，而其旨意則又上戒成王專擇百官、有司之長，如所謂『常伯』、『常任』、『準人』等云者。蓋古者外之諸侯，一卿已命於君，内之卿大夫則亦自擇其屬，如周公以蔡仲爲卿士、伯冏謹簡乃僚之類。其長既賢，則其所舉用無不賢者矣。」葛氏曰：「誥體也。」今文、古文皆有。呂氏曰：「《無逸》、《立政》二篇，相爲經緯，以『無逸』之心，明『立政』之體，君道備矣。自《立政》後，周公不復有書納忠於王，此絶筆也。爲治體統，固臻其極，而反覆申重之意，忠愛惇篤之誠，深長遠大之慮，學者當於言外體之。」○新安陳氏曰：「此篇以用三宅爲立政用人之綱領。『立政』二字，每段多提掇之，故以名篇。《孟子》曰：『人不足與適也，政不足與間也，唯大人爲能格君心之非。』《無逸》，周公格心之書也。《立政》，公言用人爲政之書也。忠愛拳拳，體用備矣。」

周公若曰：「拜手稽首，告嗣天子王矣。」用咸戒于王曰：「王左右常伯、常任、準人、綴衣、虎賁。」周公曰：「嗚呼！休兹，知恤鮮哉！

此篇周公所作，而記之者周史也，故稱「若曰」。言周公帥群臣進戒于王，贊之曰：「拜手稽首，告嗣天子王矣。」群臣用皆進戒曰：「王左右之臣，有牧民之長曰常伯，有任事之公卿曰常任，有守法之有司曰準人。三事之外，掌服器者曰綴衣，執射御者曰虎賁，皆任用之所當謹者。」周公於是歎息言曰：「美矣此官！然知憂恤者鮮矣。」言五等官職之美，而知憂其得人者少也。吴氏曰：「綴衣、虎賁，近臣之長也。」葛氏曰：「綴衣，《周禮》『司服』之類。虎賁，《周禮》之『虎賁氏』也。」唐孔氏曰：「周公既拜手稽首而後發言，還自言『拜手稽首』

者，示己重其事，欲君受其言，如《召誥》言『拜手稽首，旅王若公』，亦是召公自言，與此同也。」○陳氏大猷曰：「嗣天子今臨政天下矣，此王初即政時，前此幼沖皆倚成於公，故警之如此，用悉意以告王。」○林氏曰：「下文『宅乃牧』，即常伯。此以爲伯，下以爲牧，以伯爲牧民之長也。而曰『左右』者，以牧伯兼公卿也。三宅固不可不得人，然進見有時。虎賁、綴衣之類，則朝夕與王處，最親且密，苟非其人，則主德内蔽，大臣雖賢，何所施其力哉！」○吕氏曰：「常伯等，即三宅。三代之書，他無所見，意者公卿輔相之別名歟！官有別名，如相曰『阿衡』、『保衡』；三卿曰『圻父』、『農父』、『宏父』，此亦三代輔政大臣別名耳。綴衣、虎賁，特於侍御僕從中錯舉二者，以見其餘耳。職重者有安危之寄，職親者有習染之移，其繫天下之本，一也。能休嘉此數職，知憂恤，審擇之者鮮焉！先言『休兹』而繼以『知恤』，必知建官之美意，然後深以爲恤也。三宅，左右大臣；綴衣、虎賁，左右小臣。職有小大，而經綸康濟、薰陶涵養賴焉。知其美而加之憂，庶不以非人處之矣。」○新安陳氏曰：「常任即宅事，所職必廣，凡任事之大臣也。常伯即宅牧，主牧養之大臣也。準人即宅準，主平法之大臣也。又按：虞有十二牧，夏、周有九牧，皆在邦國，意必有大臣在朝者以統之。如虞四岳統十二牧，周六卿倡九牧。《立政》所謂常伯、宅、牧，必掌牧養而在朝，以統牧伯者歟！」○陳氏雅言曰：「周公言立政之道，以得人爲本。是以統率群臣將有言於王，而先贊之以『拜手稽首』，竭其事君之禮。復稱『嗣天子王』，尊其爲君之名，所以開其進言之端也。群臣於是咸戒于王，謂王之左右常伯、常任、準人之當謹，綴衣、虎賁之當擇，所以致其告君之説。周公於是復歎息而言，謂五者之職雖美，而自古知恤爲鮮，所以申其陳戒之義也。」○臨川吴氏曰：「伯，長民者也。文、武時，召公爲伯而宣化於外，蓋其職也。任，任事者也。文、武時，周公爲宰而兼政於中，蓋其職也。準人，掌法之官。刑法當如準之平，故曰『準人』。綴衣，幄帳也，如幕人、掌次之類。虎賁，衛王者，如虎賁氏、旅賁氏之類。周公帥群臣進戒于王而贊之曰：『拜手稽首，告嗣天子王矣。』群臣用皆進戒而曰：『王左右之臣，有長民者、有任事者、有平法者、有居而張設者、有行而護衛者，皆不可不謹選其人。』周公不待其辭之畢，於王前嗟嘆，謂：『能以五官不得其人爲憂者鮮哉！』」

「古之人迪惟有夏，乃有室大競，籲俊尊上帝，迪知忱恂于九德之行。乃敢告教厥后曰：『拜手稽首后矣！』曰：『宅乃事，宅乃牧，宅乃準，茲惟后矣。謀面，用丕訓德，則乃宅人，茲乃三宅無義民。』

古之人有行此道者，惟有夏之君。當王室大强之時，而求賢以爲事天之實也。「迪知」者，蹈知而非苟知也。「忱恂」者，誠信而非輕信也。言夏之臣蹈知誠信于九德之行，乃敢告教其君曰「拜手稽首后矣」云者，致敬以尊其爲君之名也。曰「宅乃事，宅乃準，茲惟后矣」云者，致告以敘其爲君之實也。「茲」者，此也。言如此而後可以爲君也，即皐陶與禹言「九德」之事。「謀面」者，謀人之面貌也。言非迪知忱恂于九德之行，而徒謀之面貌，用以爲大順於德，乃宅而任之。如此，則三宅之人，豈復有賢者乎？蘇氏曰：「事，則向所謂『常任』也；牧，則向所謂『常伯』也；準，則向所謂『準人』也。一篇之中，所論宅俊者，參差不齊。然大要不出是三者，其餘則皆小臣百執事也。」吳氏曰：「古者凡以善言語人皆謂之教，不必自上教下而後謂之教也。」林氏曰：「惟禹以籲俊爲心，故其臣亦以薦揚爲務。」○陳氏大猷曰：「『宅』者，居而安之之謂。或才德不稱，或委任不篤，皆非宅也。」○呂氏曰：「自皋陶以九德告禹，夏后蓋世守以爲知人之法焉。方夏之盛，任三宅者如此。及其衰也，並至於曾無義民，言所任者皆不義之人，無一君子也。『茲乃』云者，此乃三宅之位，非他位也。猶無義民，則他可知矣。」○新安陳氏曰：「公既嘆知恤者鮮，歷舉古之知恤者以告王。夏后、商湯、文、武，皆知恤此者，以次言之也。無競維人，人中之俊，乃天生之以遺國家者。九德之行，即《皋陶謨》『亦行有九德』，自『寬栗』至『彊義』之德之見於躬行者也。俊，非徒才俊，必有德如所謂『以克俊有德』。皋陶亦曰『九德咸事，俊乂在官』，未嘗歧俊與德而二之。」○陳氏雅言曰：「有夏之君，信能行此用賢之道，不以國家之盛治爲已足，惟以賢俊之當籲爲未至，其事天之道至矣。有夏之臣信能有此九德之行，故不徒致敬以尊其爲君之名，而且致告以敘其爲君之實，其事君之道得矣。夏之君臣各盡其道，此其立政之要也。以上『迪』字與下『迪知忱恂』作對說。呂氏謂周公之戒成王自綴衣、虎賁之外，其禮其辭與夏略同，然則以圖任三宅爲人君之職者，三代告君之常法也。表親近之職，使人君不敢輕者，周公養源之精意也。」

「桀德惟乃弗作往任，是惟暴德，罔後。

夏桀惡德弗作往昔先王任用三宅，而所任者，乃惟暴德之人，故桀以喪亡無後。呂氏曰：「非人才果異於往日也，桀之惡德弗作往日先王之任用而已。往惟俊德是任，效見於有室大競；桀惟暴德是任，效見於絶世無後。信乎存亡在所任也。」

「亦越成湯，陟丕釐上帝之耿命。乃用三有宅，克即宅；曰三有俊，克即俊。嚴惟丕式，克用三宅三俊。其在商邑，用協于厥邑；其在四方，用丕式見德。

「亦越」者，繼前之辭也。耿，光也。湯自七十里升爲天子，典禮命討，昭著於天下，所謂陟丕釐上帝之光命也。三宅，謂居常伯、常任、準人之位者。三俊，謂有常伯、常任、準人之才者。「克即」者，言湯所用三宅實能就是位而不曠其職，所稱三俊實能就是德而不浮其名也。三俊，説者謂他日次補三宅者。詳宅以位言，俊以德言，意其儲養待用，或如説者所云也。惟，思。式，法也。湯於三宅、三俊，嚴思而丕法之，故能盡其宅俊之用，而宅者得以效其職，俊者得以著其才，賢智奮庸，登于至治。其在商邑，用協于厥邑，近者察之詳，其情未易齊，畿甸之協，則純之至也。其在四方，用丕式見德，遠者及之難，其德未易偏，觀法之同，則大之至也。至純、至大，治道無餘藴矣。曰「邑」、曰「四方」者，各極其遠近而言耳。陳氏大猷曰：「事事物物之理，莫非天命之流行，典禮刑賞則其大者。湯升天位，大理治上帝之明命，謂大治天下，使事物昭然各當於理，即『丕釐上帝之耿命』也。」○吕氏曰：「漢高儲參、陵、平、勃於身後，迄定再世之亂；孔明儲琬、禕、允等於身後，亦維持數十年。況三代爲天下長慮，固宜儲三俊以繼三宅也。嚴惟丕式，嚴思賢者惟大則效之，然後能用宅俊，所謂學於伊尹而後臣之，其一證也。未用宅俊之前，知之者惟湯；既用之後，則夫人而信之。」○新安陳氏曰：「宅俊用而遠近孚，蓋舉用當而人心服，好人所好，不咈人之性故也。嚴惟丕式，君大法乎賢也。用丕式見德，下之人因之而大法乎君也。湯用三宅，而且儲三俊以供無窮之用，上廣夏后之所未及，而下爲文、武之所取法焉。」

「嗚呼！其在受德暋，惟羞刑暴德之人同于厥邦；乃惟庶習逸德之人同于厥政。帝欽罰之，乃伻我有夏，式商受命，奄甸萬姓。

羞刑，進任刑戮者也。庶習，備諸衆醜者也。言紂德强暴，又所與共國者惟羞刑暴德之諸侯，所與共政者惟庶習逸德之臣下。上帝敬致其罰，乃使我周有此諸夏，用商所受之命，而奄甸萬姓焉。甸者，井牧其地，什伍其民也。王氏曰：「羞，進也，有崇尚之意。桀、紂所用非人，皆本於身有惡德，故曰『桀德』、『受德』者，推本言之也。」○吕氏曰：「論夏、商之興亡，不出於任用得失之間，立政之體統端在此矣。」○鄒氏曰：「井牧，《周禮・小司徒》『井牧其田野』，註云『井牧』者，《春秋傳》所謂『井衍沃』、『牧隰皐』是也。田制一夫百畝，故百畝爲夫，九夫爲井。隰皐之地，九夫爲牧，二牧而當一井。以田有不易、一易、再易，通率二而當一也。什伍，《周禮・士師》『掌其民人之什伍』。又《族師》云『五家爲比，十家爲聯，五人爲伍，十人爲聯』，『以受邦職，以役國事』。」

「亦越文王、武王，克知三有宅心，灼見三有俊心，以敬事上帝，立民長伯。

三宅、三俊，文武克知、灼見，皆曰「心」者，即所謂「迪知忱恂」而非「謀面」也。三宅已授之位，故曰「克知」；三俊未任以事，故曰「灼見」。以是敬事上帝，則天職脩而上有所承；

以是立民長伯，則體統立而下有所寄。人君位天人之兩間，而俯仰無怍者以是也。夏之尊帝，商之丕釐，周之敬事，其義一也。長如《王制》所謂「五國以爲屬，屬有長」，伯如《王制》所謂「二百一十國以爲州，州有伯」是也。呂氏曰：「論成湯、文、武皆以『亦越』發語，蓋與上文相參也。桀之時若不可爲矣，亦於成湯而遽如是焉；紂之時若不可爲矣，亦於文、武而遽如是焉。治亂同機而異發，聖狂同心而異念，賢才同世而異用，人君盍於此深省乎？三宅，共政者也，知其心者猶未盡，則不能無間，惟文、武真能知其心也。三俊，待用者也，未與事遇，則底蘊不外見，惟文、武灼然見其心也。知宅俊皆曰『心』者，君臣相與，萬化之源。苟貌親口惠，相期於肝膽之外，則無其本矣。」〇新安陳氏曰：「立民長伯，當時宅俊或有出而封爲長伯者歟。諸侯入爲王官，王官出爲諸侯，古常有之。」

「立政：任人、準夫、牧，作三事；

言文、武立政三宅之官也。任人，常任也；準夫，準人也；牧，常伯也。以職言，故曰「事」。

「虎賁、綴衣、趣馬、小尹、左右攜僕、百司、庶府；

此侍御之官也。趣馬，掌馬之官。小尹，小官之長。攜僕，攜持僕御之人。百司，若司裘、司服。庶府，若内府、大府之屬也。鄒氏季友曰：「『趣馬』，掌馬。《周禮·校人》『掌王馬之政』，趣馬其屬也。註云：趣馬，下士趣養馬者。馬七十二疋，立趣馬一人。」

「大都、小伯、藝人，表臣百司；太史、尹伯，庶常吉士；

此都邑之官也。呂氏曰：「大都小伯者，謂大都之伯、小都之伯也。大都言都不言伯，小伯言伯不言都，互見之也。藝人者，卜祝巫匠執技以事上者。表臣百司，表，外也。表，對裏之詞。上文『百司』，蓋内百司，若内府、内司服之屬，所謂裏臣也。此百司，蓋外百司，若外府、外司服之屬，所謂『表臣』也。『太史』者，史官也。『尹伯』者，有司之長，如庖人、内饔、膳夫，則是數尹之伯也；鐘師尹鐘，磬師尹磬，大師司樂，則是數尹之伯也。凡所謂官吏，莫不在内外百司之中。至於特見其名者，則皆有意焉。虎賁、綴衣、趣馬、小尹、左右攜僕，以扈衛親近而見；庶府，以冗賤人所易忽而見；藝人，恐其或興淫巧機詐以蕩上心而見；太史，以奉諱惡，公天下後世之是非而見；尹伯，以大小相維，體統所係而見。若大都小伯，則分治郊畿，不預百司之數者。既條陳歷數文武之衆職，而總結之曰『庶常吉士』。庶，衆也。言在文、武之廷，無非常德吉士也。」復齋董氏曰：「《周官註》『大都，公之采邑；小都，卿之采地』是也。古人立言之法，有互文見意者，如《詩》『鉦人伐鼓』之類是也。」○鄒氏季友曰：「《禮記・王制》太史掌所執簡，『記奉諱惡』，註云：『諱，先生名。惡，忌日，若子、卯。』」

「司徒、司馬、司空、亞旅；

此諸侯之官也。司徒主邦教，司馬主邦政，司空主邦土，餘見《牧誓》。言諸侯之官莫不得人也。諸侯之官獨舉此者，以其名位通於天子歟。問：「『司徒、司馬、司空、亞旅』不知何故敘於『太史、尹伯、庶常吉士』之下，呂氏以爲諸侯之官，未知是否。」朱子曰：「謂三官之副與其屬耳。亞，謂小司徒之屬。旅，即下士也。見《周禮》序官。」

「夷、微、盧、烝、三亳、阪尹。

此王官之監於諸侯四夷者也。微、盧，見經。亳，見史。三亳：蒙爲北亳，穀熟爲南亳，偃師爲西亳。烝，或以爲衆，或以爲夷名。阪，未詳。古者險危之地，封疆之守，或不以封而使王官治之，參錯於五服之間，是之謂尹。《地志》載王官所治非一，此特舉其重者耳。夫上自王朝，自諸侯三卿以降，惟列官名而無他語，承上「庶常吉士」之文，以内見外也。内而都邑，外而諸侯，遠而夷狄，莫不皆得人以爲官使，何其盛歟！王氏曰：「此篇屢言『三宅』，而先後之序不同者，官使之際，皆當致謹，初無一定之先後也。」○陳氏曰：「伯舉其長，亞旅舉其屬，互相備也。以上詳言文、武用人，凡大小、内外、遠近皆各得其人也。君子用心常久則爲吉士，小人用心不常則爲凶人。『彰厥有常，吉哉』，亦此意。夷、微、盧、烝，四國也。三亳，商故地分而爲三也，如後世三楚、三吴。阪險之地皆立官以長之，故曰『尹』。言四國、三亳與阪險之地皆有尹也。文、武以一人之聰明，豈能周知内外遠近小大之臣哉？三宅大臣人主所親擇，其下小大之臣又各委之三宅。高宗曰『惟暨乃僚』，穆王亦曰『愼簡乃僚』，皆然也。」○新安陳氏曰：「文、武立政之本，在用任人、準夫、牧三宅，以作三宅之職事而已。『百司庶府』以上，此内百司，所謂裏臣也；『表臣百司』以下，此外百司，所謂『表臣』

也。以下之『表臣』，見上爲裏臣也。文武時得人之盛如此，推其本原，由其知立政綱領在『用三宅』。三宅得人，故内外衆職皆得人也。下文遂復以三宅參錯言之。」

「文王惟克厥宅心，乃克立茲常事司牧人，以克俊有德。

文王惟能其三宅之心，能者，能之也，知之至、信之篤之謂。故能立此常任、常伯，用能俊有德也。不言「準人」者，因上章言文王用人，而「申克知三有宅心」之説，故略之也。朱子曰：「『文王惟克厥宅心』，人皆以『宅心』爲『處心』，非也，即前面所説『三有宅心』耳。若處心，則云『克宅厥心』。」○西山真氏曰：「不曰『克宅厥心』而曰『克厥宅心』，猶皋陶不曰『慎脩厥身』而曰『慎厥身修』也。」○新安陳氏曰：「以『宅心』爲『三宅之心』，與上文『克知三有宅心』合爲一説。」○臨川吴氏曰：「惟能心其心，故能於其官而能得其人也。三『克』字，皆謂文王能之。」○陳氏雅言曰：「天下之賢，固莫難於獲其用，尤莫難於盡其用。用而不能盡，猶未用也。是以文王之於三宅謂之以『克俊有德』者，蓋才德雖常事司牧人之所固有，然所以能究其才德之用者，實由於文王之克厥宅心有以致之也。克厥宅心者，知之至、信之篤。文王之心與三宅之心脗合交契，無毫髮彼此之間，故能立此常事司牧人。而其有才有德，莫不竭盡其蘊，無敢或隱其賢，是豈徒常事司牧人之所自能哉？皆以文王克之而後能也。」

「文王罔攸兼于庶言、庶獄、庶慎，惟有司之牧夫是訓用違。

庶言，號令也。庶獄，獄訟也。庶慎，國之禁戒儲備也。有司，有職主者。牧夫，牧人也。文王不敢下侵庶職，惟於有司牧夫訓勑用命及違命者而已。漢孔氏曰：「勞於求才，逸於任賢。」

「庶獄、庶慎，文王罔敢知于兹。

上言「罔攸兼」，則猶知之，特不兼其事耳；至此「罔敢知」，則若未嘗知有其事。蓋信任之益專也。上言「庶言」，此不及者，號令出於君，有不容不知者故也。吕氏曰：「不曰『罔知于兹』，而曰『罔敢知于兹』者，徒言『罔知』則是莊、老之無爲也。惟言『罔敢知』，然後見文王敬畏思不出位之意。毫釐之辨，學者宜精察之。」王氏曰：「君道以擇人爲職，上必無爲而用天下，下必有爲而爲天下用，此君臣之分也。」○新安陳氏曰：「文王用三宅得人，則委任責成，不復侵其職，惟加重於有司之爲牧夫者，訓勑其用命與否而已。牧夫，即宅牧之屬。上文只及常事司牧人而不及準人，庶獄即準人之事也。此篇論三宅，有全言之者，有舉其二者，有舉其一者，參錯及之耳。」○陳氏雅言曰：「庶言、庶獄、庶慎，文王於三者一無所兼，但於有司牧夫之用違，則訓之而已。有司牧夫，即任庶言、庶慎者也。訓其用命，則其事可以不問而自理；訓其不用命，則其事可以不嚴而自治。文王豈屑屑焉於此三者，而下侵於衆職哉？抑有司者治之耳。有司治庶獄、庶言、庶慎之事，而吾則治有司之不治者焉。於此三者固罔攸兼，而於庶獄、庶慎則又罔敢知焉。『罔攸兼』者，委任之至，不敢以身與其事也。『罔敢知』者，敬忌之至，不敢以心與其事也。常人之任人或能不以身與其事，而不能不以心慮其事。文王則不然，所當知者不得不知，則特不兼之而已；不當知之者不惟不兼，并於罔敢與知焉。此所以於庶言、庶慎、庶獄則言『罔攸兼』，於『罔敢知』則止及於庶獄、庶慎二者也。蓋命令之奉行於有司者，人君雖不得兼，而樞機之發於一人者，人君豈容有所不知哉？論者以爲聖人之道猶天然，天無爲而歲功成者，四時之佐，五行之吏，分其氣矣。聖人無爲而天下治者，百官分治，群賢共理，代其職也。知天之所以爲天，則知文王之所以爲文矣。」

「亦越武王，率惟敉功，不敢替厥義德，率惟謀，從容德，以並受此丕丕基。

率，循也。敉功，安天下之功。義德，義德之人。容德，容德之人。蓋義德者有撥亂反正之才，容德者有休休樂善之量，皆成德之人也。周公上文言武王率循文王之功，而不敢替其所用義德之人；率循文王之謀，而不敢違其容德之士。意如虢叔、閎夭、散宜生、泰顛、南宫括之徒，所以輔成王業者，文用之於前，武任之於後。故周公於《君奭》言五臣克昭文王，「受有殷命」、「武王惟茲四人尚迪有禄」，正猶此敘文、武用人，而言「並受此丕丕基」也。葵初王氏曰：「紂用『暴德』『逸德』之人，正與此相反。」○新安陳氏曰：「蔡氏承上文之用三宅而言，蓋不改父之臣之意。此説出於夏氏，真氏取之，以其切於立政用人故也。」○臨川吴氏曰：「武王率循文王之功，其於義德之人，用之而不敢替；率循文王之謀，其於容德之人，從之而不敢違。蓋拯民危急必資剸裁之能，詒謀宏遠必資寬大之度。此武王述事繼志而不改父之臣，故父子並受此大大之基業也。」

「嗚呼！孺子王矣！繼自今，我其立政：立事、準人、牧夫，我其克灼知厥若，丕乃俾亂。相我受民，和我庶獄庶慎，時則勿有間之。

「我」者，指王而言。若，順也。周公既述文武基業之大，歎息而言曰：孺子今既爲王矣，繼此以往，王其於立政。立事、準人、牧夫之任，當能明知其所順。順者，其心之安也。孔子曰：「察其所安，人焉廋哉。」察其所順者，知人之要也。夫既明知其所順，果正而不他，然後推心而大委任之，使展布四體以爲治。相助左右所受之民，和調均齊獄慎之事，而又戒其勿以小人間之，使得終始其治。此任人之要也。民而謂之受者，言民者乃受之於天，受之於祖宗，非成王之所自有也。吕氏曰：「申前告嗣天子王矣之意，屢言深警之，非前日委重視成比也。物莫不有所順，水順而下，火順而上，蓋有湮之而不下、鬱之而不上者矣，終非其所順也。人豈無矯飾以勉爲善者？苟能灼知其所順，則心之所安，不得遁矣。夏后宅人，亦曰『用丕訓德』，訓，順也。知厥若，又勿使異意者間之。知人不可不盡，任人不可不專，竭兩端告之也。一篇之間，所謂『王矣』者，蓋屢言而屢歎之，深恐成王今猶不自知身當職分之大，故警之不一而足也。」○陳氏大猷曰：「『我』者，我其君，君臣一體也。」○張氏曰：「王繼文武以立政，可謂難矣。而難之中自有簡易之道，亦曰『立事、準人、牧夫，我其克灼知厥若』而已。知三宅之心，即所以立政。」○復齋董氏曰：「孔氏以立政爲大臣，立事爲小臣，諸家皆以立政、立事爲一意，而於準人、牧夫則以爲舉其二以包其一，理所未安。竊意從張氏之説，則立政乃作書之本意，立事乃任人之官，庶於經意爲兩得。」○葵初王氏曰：「提起『立政』二字最是。下文商人、周文王立政『國則罔有立政用憸人』，在『今後嗣王立政』皆是提起作書之本意，立政之要在於事、牧、準人。」○新安陳氏曰：「孔氏謂立政大臣、立事小臣，以『事』字爲句，非也。惟張氏辨句讀甚合經旨，證以上、下文，上提三政而下列三宅，甚協。兼之『繼自今立政，立事、準人、牧夫』與『我周文王立政，立事、牧夫、準人』，立政下列三宅，則並有『立事』字。『國則罔有立政用憸人』、『繼自今立政其勿以憸人』，『立政』下不列『三宅』，則並無『立事』字，尤爲顯證。」○陳氏雅言曰：「『克灼知厥若』者，此明於知人。時則勿有間之，此誠於任人。始焉而非知之明，則無以得賢才之用；終焉而非任之誠，則無以盡賢才之用。成湯之『克宅』、『克即』，文武之『克知灼見』，皆『克知厥若』之謂也。成湯之『嚴惟丕式』，文王之『罔攸兼』、『罔敢知』，皆『時則勿有間之』之意也。周公前舉三事以爲告，此則欲其法三代之法以爲政。上言知人之要，則舉三宅之名；下言任人之要，則舉三宅之職。《立政》一篇之旨，萃於此矣。」

「自一話一言，我則末惟成德之彦，以乂我受民。

末，終。惟，思也。自一話一言之間，我則終思成德之美士，以治我所受之民而不敢斯須忘也。王氏曰：「一話，言一事之始終。一言，一句而已。」○新安陳氏曰：「相受民，牧之責也；和庶獄，準之責也；和庶所當慎之事，事之責也，三宅備矣。話、言，樞機之發也。委任三宅，欲勿以小人間之，苟或一話言間微不終於專主君子，則小人乘間入之矣。此公戒王以委任三宅，專一周密之法也。」

「嗚呼！　予旦已受人之徽言咸告孺子王矣。繼自今文子文孫，其勿誤于庶獄庶慎，惟正是乂之。

前所言禹、湯、文、武任人之事，無非至美之言。我聞之於人者，已皆告孺子王矣。「文子文孫」者，成王，武王之文子，文王之文孫也。成王之時，法度彰，禮樂著，守成尚文，故曰

「文」。誤，失也。有所兼，有所知，不付之有司而以已誤之也。正，猶《康誥》所謂「正人」與「宫正」、「酒正」之「正」，指當職者爲言。不以已誤庶獄庶慎，惟當職之人是治之。下文言「其勿誤庶獄，惟有司之牧夫」，即此意。

「自古商人亦越我周文王立政立事、牧夫、準人，則克宅之，克由繹之，兹乃俾乂。

自古及商人及我周文王，於立政所以用三宅之道。「則克宅之」者，能得賢者以居其職也；「克由繹之」者，能紬繹用之而盡其才也。既能宅其才以安其職，又能繹其才以盡其用，兹其所以能俾乂也歟！　陳氏曰：「繹，如繹絲，謂窮其端緒。克宅，任之當矣，又紬繹之，詳其所行，考其所就，猶堯之『詢事考言』、舜之『明試』『考績』也。」○吕氏曰：「由繹，由其外而繹其中也。由其言而繹其心，由其才而繹其德，由其發舒於一時而繹其持久於歲晏者，繹之蓋不一端而足也。克宅之，則人與位相稱；克由繹之，則表與裏相符。其審如是，然後俾之爲治。既俾之爲治，則一委之其人矣。」○陳氏雅言曰：「三宅之官，百官有司之長也。擇之不審，則以正爲邪，以不肖爲賢，固不足以得賢才之用；用之不至，則禮貌之或衰，意見之或殊，亦何足以盡賢才之用。故『克宅之』者，以心相照，此知人之明也。『克由繹』者，以心相與，此待人之誠也。始能明於知人，終能誠於待人，人雖欲自隱，其可得乎？是以謂之『乃』者，言必如是而後有以得其心也；謂之『俾』者，言下之治由於上之使也。《立政》一篇之旨，皆是言人君之用人，當擇之於始，善用之於終。」

「國則罔有立政用憸人，不訓于德，是罔顯在厥世。繼自今，立政其勿以憸人，其惟吉士，用勱相我國家。

自古爲國，無有立政用憸利小人者。小人而謂之憸者，形容其沾沾便捷之狀也。憸利小人，不順于德，是無能光顯以在厥世。王當繼今以往，立政勿用憸利小人。其惟用有常吉士，使勉力以輔相我國家也。呂氏曰：「君子陽類，用則升其國於明昌；小人陰類，用則降其國於晻昧。陰陽升降，亦各從其類也。」張氏曰：「『憸人』者，傾巧辯給之人，詐足飾非，言足拒諫，悦其心，則譽桀、紂爲堯、舜；失其意，則誣伯夷爲盜跖。」○陳氏大猷曰：「憸人矯飾以爲德，然非其心之所順，與『丕訓』、『厥若』正相反。」○呂氏曰：「人主惟以別白君子、小人爲職，國之興亡常必由之。此篇反覆於君子、小人之際，有旨哉！文、武有『庶常吉士』，公復以『其惟吉士』望王。召公之歌詩，『王多吉士』亦至于再。穆王命伯冏，『吉士』猶在口也。是則周家父祖所傳，師保所訓，子孫所守，惟在『吉士』，一代治體可識矣。『憸人』者，吉士之反，周之家法所嚴惡斥絶者也。」

「今文子文孫孺子王矣！其勿誤于庶獄，惟有司之牧夫。

始言「和我庶獄庶慎，時則勿有間之」，繼言「其勿誤于庶獄庶慎，惟正是乂之」，至是獨曰「其勿誤于庶獄，惟有司之牧夫」。蓋刑者，天下之重事，挈其重而獨舉之，使成王尤知刑獄之可畏，必專有司牧夫之任，而不可以己誤之也。呂氏曰：「始言『庶言、庶獄、庶慎』；繼去其一，止曰『庶獄、庶慎』；又去其一，獨曰『庶獄』，蓋挈其尤重獨舉之。獄曷爲其獨重也？民命所繫，亦國命所繫也。導迎善氣、祈天永命者，獄也；並告無辜、無世在下者，亦獄也。宜周公獨言而獨戒之。」○蔡氏元度曰：「以『庶獄』、『庶慎』對『庶言』，則獄慎尤重，故不及庶言；以『庶獄』對『庶慎』，則庶獄尤重，故不及庶慎。」○唐孔氏曰：「言『庶獄』欲其重刑，言『有司』、『牧夫』欲其謹官人。」○王氏曰：「獄者政之終，牧者官之長，政舉其終，官舉其長，則無不舉矣。」

「其克詰爾戎兵以陟禹之迹，方行天下，至于海表，罔有不服，以覲文王之耿光，以揚武王之大烈。

詰，治也。治爾戎服兵器也。陟，升也。禹迹，禹服舊迹也。方，四方也。海表，四裔也。言德威所及，無不服也。覲，見也。耿光，德也。大烈，業也。於文王稱德，於武王稱業，各於其盛者稱之。呂氏曰：「兵，刑之大也。故既言『庶獄』，而繼以治兵之戒焉。或曰：周公之訓，稽其所弊，得無啓後世好大喜功之患乎？曰：周公詰兵之訓，繼勿誤庶獄之後。犴獄之間，尚恐一刑之誤，況六師萬衆之命，其敢不審而誤舉乎？推勿誤庶獄之心，而奉克詰戎兵之戒，必非得已不已而輕用民命者也。」林氏曰：「呼『文子文孫』，言守成以文。終以『詰爾戎兵』，則武不可弛。」○呂氏曰：「公非教王用兵，恐其宴安而使之自强。如《易・謙》卦言『利用侵伐』，亦是於謙抑之中，有自强之意也。是役也，蓋奮張其氣而不使墮偷，操握其衆而不使扞格，摧壓其姦而不使覬覦，保治之良圖也。古人治兵，乃所以弭兵；後世銷兵，乃所以召兵。」○陳氏大猷曰：「耿，亦光也。耿光，光之著也。」○陳氏雅言曰：「治平無事之時，乃禍患之所自起。苟安於逸樂，憚於自强，則偷墮之氣由是而益勝，扞格之衆由是而難化，覬覦之奸由是而或生。豈所以匡王室而壯天威？豈所以繼志述事而承祖宗全付予有家之托者乎？故周公之告成王，使之治其戎服兵器，以陟禹之迹而方行於天下，使至於四海之外、地之所至，皆德威之所至。德威之所至，無敢有不服者。夫如是，文王之耿光，能覲之使益顯；武王之大烈，能揚之使益著。豈惟無愧於前王，亦無負於前王矣。前王可謂能紹前代之休，後王可謂能繼前王之志，述前王之事也。周公以此告成王，其推廣勿誤庶獄之音，而并及於此者，固非後世導其君以窮兵黷武好大喜功者比也。」

「嗚呼！繼自今後王立政，其惟克用常人。」

并周家後王而戒之也。常人，常德之人也。皐陶曰：「彰厥有常，吉哉！」常人與吉士，同實而異名者也。呂氏曰：「常人之於國也，蓋食之穀粟，衣之布帛，雖無異味異文，而有生者常用，而不可一日易也。然每多重遲木訥，不能與小慧新進者争長於頰舌之間，故世主惑於取捨而治亂分焉。此周公所以慨歎而深致意於卒章歟！」○陳氏大猷曰：「理之常行而不可易者爲常道，行此常理而不易者爲常人。常，言其體之不易。吉，言其用之休祥也。言常人於兵刑之後，以常人尤宜任此而謹之歟！」○新安陳氏曰：「庶常吉士，文王用人家法也。故上文言『其惟吉士』，此又言『克用常人』。常人，常德之人；吉士，吉德之士。未有常人而不吉，吉士而不常者也。」

周公若曰：「太史！司寇蘇公式敬爾由獄，以長我王國。兹式有慎，以列用中罰。」

此周公因言慎罰，而以蘇公敬獄之事告之太史，使其并書以爲後世司獄之式也。蘇，國名也。《左傳》：「蘇忿生以温爲司寇。」周公告太史以蘇忿生爲司寇，用能敬其所由之獄，培植基本，以長我王國。令於此取法而有謹焉，則能以輕重條列，用其中罰，而無過差之患矣。孔氏曰：「忿生，爲武王司寇，封蘇國。能用法敬汝所用之獄，言主獄當求蘇公之比。此法有所慎行，必以其列用中罰，不輕不重。蘇公所行，太史掌六典，有廢置官人之制，故告之。」○陳氏大猷曰：「周公舉太史所記蘇公之事以告王，蘇公能以法式而敬其所用之獄，重民命以延國命，治獄者當以爲法式而有謹焉。『列』者，前後相比，猶今言例也。以舊事爲比，而用其輕重之中者也。立政以用人爲本，而兵刑乃政之大者，故以此終焉。」○新安陳氏曰：「立政之綱領在三宅，三宅中所重尤在準人之刑獄，故既告王以勿誤庶獄，末復命太史書蘇公敬獄事以示法焉。蘇公所以爲司寇在乎敬，後人之法蘇公在乎慎，能慎則能敬矣。固爲後之司獄者慮，尤爲後之君用人以司獄者慮。能如蘇公者則用，否則斥。蓋以此終立政用人之意歟！」○陳氏雅言曰：「刑罰，重事也，民心天命之本實係於此。周公作《立政》，舉司寇蘇公敬獄之事以告太史，使書以爲歷代後世司獄之法。謂昔武王之時，蘇忿生以温爲司寇，小大之獄莫不由之，而所由之獄莫不能敬，故能重民命以延國命。蓋民命之有永，乃天命之所由永也。用刑之極功，至是蔑以加矣。後之典獄者於此取法而能謹焉，則能用其中罰而無過差之患。此無他，蘇公之爲司寇其道惟在乎敬；後人之法蘇公其道惟在乎慎。敬者，慎之存於心；慎者，敬之見於事。慎謹之心，一敬畏之心也。蘇公一念之敬，可以通天人而無間，可以垂百世而無愆，用刑之法，不可以復加於此。雖舉以告太史，而實以告之於王；雖爲後世之司獄者慮，而實爲後之用司獄者慮。使後世之用司獄，得蘇公其人而用之，豈非所謂『吉士』、『常人』者乎？立政之道，以任賢爲本，以庶獄爲大，故一篇之中凡五致意於獄，而終結之以此云。」○董氏鼎曰：「周公復政成王而作《立政》，以王政莫大於用人，用人莫先於三宅，三宅得人則百官皆得人，而王政立矣。公前日攝政，猶可無言，今歸政留洛，心在王室，豈容默乎？此《立政》所以作也。一篇之中，宅、事、牧、準，其綱領也。休茲知恤，其血脈也。自『迪惟有夏』至『暴德罔後』，言夏先后知恤乎此，乃室大競，休何如哉！桀不知恤也，故罔有後，而成湯陟焉。自『亦越成湯』至『奄甸萬姓』，言商先王知恤乎此，故用協、用見德，休何如哉！紂不知恤也，故帝罰之，而我周式商受命焉。自『亦越文王、武王』至『並受丕丕基』，言文、武亦猶夏、商先王之知恤也，是以並受丕基，式克至今日休也。自『孺子王矣』以下至終篇，拳拳以去憸人、用常吉、詰戎兵、謹刑獄爲王告。蓋欲王以先王之知恤爲法，以夏、商後王之不知恤爲鑒，忠愛之至，至今可挹也。」

周官

成王訓迪百官，史録其言，以「周官」名之。亦訓體也。今文無，古文有。○按：此篇與今《周禮》不同，如三公、三孤，《周禮》皆不載。或謂公、孤兼官，無正職，故不載。然三公論道經邦，三孤貳公弘化，非職乎？職任之大，無踰此矣。或又謂師氏即太師，保氏即太保。然以師保之尊，而反屬司徒之職，亦無是理也。又此言「六年，五服一朝」，而《周禮》

六服諸侯有一歲一見者，二歲一見者，三歲一見者，亦與此不合。是固可疑，然《周禮》非聖人不能作也。意周公方條治事之官，而未及師保之職。所謂未及者，鄭重而未及言之也。書未成而公亡，其間法制有未施用，故與此異，而《冬官》亦缺。要之，《周禮》首末未備，周公未成之書也。惜哉！讀《書》者參互而考之，則周公經制可得而論矣！問：「司徒、司馬、司空、三公、三少之官。」朱子曰：「漢自古文《尚書》出，方有《周官》篇。伏生口授二十五篇無《周官》，故漢只置太尉、司徒、司空爲三公，而無周三公、三少，蓋未見古文《尚書》。但見伏生《書》《牧誓》、《立政》篇中所説司徒、司馬、司空而置也。古者，諸侯之國只置得司徒、司馬、司空三卿，惟天子方得置三公、三少、六卿。《牧誓》、《立政》所説，周家是時方爲諸侯，故不及三公、三少。及《周官》篇所説，則周是時已得天下矣。三公、三少，本以師道輔佐天子，只是加官。周公以太師兼冢宰，召公以太保兼冢宰，❶是以加官而兼宰相之職也。後世官職益紊，今遂以三公、三少之官爲階官，不復有師保之任、論道經邦之責矣。然古者猶是文臣之有功德重望者方得加師保之官，以其有教輔天子之名也。後世遂以諸子或武臣爲之，既是天子之子與武臣，豈可任師保之責耶？訛謬傳襲，不復改正。」○陳氏經曰：「《周官》、《立政》之效也。二篇大率相爲表裏，周公作《立政》告成王，王能推行之。考此篇如『撫萬邦』、『征弗庭』，即詰戎兵、行天下之意也。立太師、傅、保以下，即『用三宅』之意也。戒有官以典常作師，即『克用常

❶「冢宰」，《朱子語類》作「宗伯」。

人』之意也。成王尊所聞、行所知如此，其高明光大宜哉！」○吕氏曰：「《金縢》，成王初年之書也；《洛誥》，周公還政之書也；《無逸》、《立政》，周公教戒成王之書也；《周官》，成王親政開物成務之書也。合是數篇以觀成王，可以見其本質焉，可以見其昏明疑信之變焉，可以見其講貫啓發之深焉，可以見其知類通達、離師傅而不反焉。過此而有《君陳》，乃周公既没之後。又過此而有《顧命》，乃其身將没之時。成王進德始終之序備矣，周公格君始終之功著矣。」○新安陳氏曰：「《周禮》，乃周公擬議未全未行之書。《周官》，則成王建置訓迪而已施行之書也。今只當據《周官》以解《周官》，其與《周禮》未脗合處，姑略之可也。及吕氏以作《周官》時爲周公尚在，此亦以亡《書序》及《君陳》挨排而意之耳，未見其必然也。深玩《周官》文意，周公時不在矣，此殆成王老於世故後之書也，如以『不學』、『驕』、『侈』戒卿士可見。」

惟周王撫萬邦，巡侯甸，四征弗庭，綏厥兆民。六服群辟，罔不承德。歸于宗周，董正治官。

此《書》之本《序》也。庭，直也。葛氏曰：弗庭，弗來庭者。六服，侯、甸、男、采、衛并畿内，爲六服也。《禹貢》五服通畿内，周制五服在王畿外也。《周禮》又有九服，侯、甸、男、采、衛、蠻、夷、鎮、蕃，與此不同。宗周，鎬京也。董，督也。治官，凡治事之官也。言成王撫臨萬國，巡狩侯、甸，四方征討不庭之國，以安天下之民。六服諸侯之君，無不奉承周德。成王歸于鎬京，督正治事之官。外攘之功舉，而益嚴内治之脩也。唐孔氏曰：「周制無萬國，惟伐淮夷，非四征也，大言之爾。」吕氏曰：「天下，大物也，非綿力小才所能運量，非薄物細故所能維持。向也成王不出閨闥之孱王耳，今『撫萬邦』至『罔不承德』，乾開坤闔，秋殺春生，四海皆隨其運轉，功成治定，歸于宗周，董正治官，訓督裁正，品式備具，本末内外，體統相承，萬世皆入其維持。不如是，何以覲文王之耿光、揚武王之大烈乎！」〇新安陳氏曰：「巡侯甸，即六服而略言之也。六服承德，即九服而以内五服并王畿言之也。内五服，九州内；外五服，九州外。以内五服并畿内爲六，正與侯、甸、男、邦、采、衛之辭合，略外四服耳，無不同也。又按：成王巡狩征討綏御之大，力量如此，可謂能以周公詰戎兵、陟禹迹、行天下、至海表罔不服之言而真見之行事矣。周公宗臣，成王賢君，蓋兩得之。」〇王氏充耘曰：「史臣記周之成王爲萬邦之君，盡撫綏之道，侯甸之諸侯以時而來朝者，則巡守其土而察其政治焉；四方之諸侯其或有弗庭者，則征伐其國而使畏懼焉。或巡守而省之，或征伐而討之，皆以綏安億兆之民而已，六服之群辟無有一之不承順於德者。兆民既安，群辟承德，巡守征伐，在外之事，無不舉矣。於是歸于鎬京國都，以爲端本澄源之計。庶官者，天子所與共治於内者也。庶官莫大於三公，而其亞爲三孤，又次爲六卿，而其下各有屬。昔非無是官也，有是官而綱紀之未定；昔非無是職也，有是職而體統之未明。故立三公使論道，而三孤則輔之於後；命六卿使分職，而其屬則任之於下。如絲牽而繩聯，如臂動而指隨，以立一代之定制，以承歷代之弘規。庶事之官亦無有董之而不治，正之而或紊者。既治其外，復詳其内，傳所謂『外攘之功舉，而益嚴内治之修』者如此。」〇陳氏雅言曰：「史臣記成王之君天下也，當功成治定之日，而致謹於建官分職之命。蓋天下以一人爲主，致治以任官爲要。萬邦雖廣，而承德之心無不同；外攘既舉，而治官之政不敢後。史臣將欲述成王訓迪之辭，而先敘其本末如此，所以著成王之善於爲政也。」

王曰：「若昔大猷，制治于未亂，保邦于未危。」

若昔大道之世，制治保邦于未亂、未危之前，即下文「明王立政」是也。

曰：「唐虞稽古，建官惟百，内有百揆四岳，外有州牧侯伯，庶政惟和，萬國咸寧。夏商官倍，亦克用乂。明王立政，不惟其官，惟其人。

百揆，無所不總者。四岳，總其方岳者。州牧，各總其州者。侯伯，次州牧而總諸侯者也。百揆四岳總治于内，州牧侯伯總治于外，内外相承，體統不紊，故庶政惟和，而萬國咸安。夏商之時，世變事繁，觀其會通，制其繁簡，官數加倍，亦能用治。明王立政不惟其官之多，惟其得人而已。張氏震曰：「唐、虞官百，夏、商倍之，周又倍之。事繁故官多，然大體未嘗變也。舜命九官，至商列爲八政，至周合爲六典，大綱皆出於一，所增特其屬耳。」〇陳氏雅言曰：「唐、虞之時，稽古之制，建官惟百，有百揆四岳以總治於内，有州牧侯伯以總治于外，内外相承，何其簡也，而當時之庶政無不和，萬國無不寧。夏、商之時，建官之數視唐虞之制加倍，因時制宜亦何簡也，而當時之官亦能用以制乂。惟百而治，倍百而又治，是果何道哉？明王之立政，不惟其官之多，惟在於得人而已。嘗考之唐、虞之官，所謂『百』者無非『三德』『六德』之賢、曰『俊』曰『乂』之才；夏、商之官，所謂『倍』者無非『惟賢』『惟能』之人、『即宅』『即俊』之士。此宜四代之官，自其數而論則曰『惟百』、曰『官倍』，自其效而論則曰『和』『寧』、曰『用乂』，所以致是者，有本也。成王之言可謂深知歷代建官之道，而得『訓迪厥官』之本者矣。」

「今予小子，祗勤于德，夙夜不逮。仰惟前代時若，訓迪厥官。

逮，及。時，是。若，順也。成王祗勤于德，早夜若有所不及然。蓋修德者，任官之本也。張氏曰：「仰惟前代時若，即前所謂『若昔大猷』也。」○陳氏經曰：「仰前代唐、虞、夏、商建官之意而時若之。」○林氏曰：「『董正』者，『立太師』以下是也。『訓迪』者，『凡我有官君子』以下是也。董正而後訓迪之也。」○新安陳氏曰：「王意謂今兆民綏，六服承，若已安已治。然治亂在庶官，當先幾而備之。將言唐、虞、夏、商、周之建官，故以此三言開端焉。『唐虞稽古』至『亦克用乂』，此唐虞夏商之建官，所以制治保邦者也。立政而官惟其人，爲政在人也；訓官而先祗勤于德，取人以身也。此成王仰若唐、虞、夏、商，而訓官以制治保邦者也。」

「立太師、太傅、太保，兹惟三公，論道經邦，燮理陰陽。官不必備，惟其人。

立，始辭也。三公非始於此，立爲周家定制，則始於此也。賈誼曰：「保者，保其身體。傅者，傅之德義。師，道之教訓。」此所謂三公也。陰陽以氣言。「道」者，陰陽之理，恒而不變者也，《易》曰「一陰一陽之謂道」是也。「論」者，講明之謂。「經」者，經綸之謂。「燮理」者，和調之也。非經綸天下之大經，參天地之化育者，豈足以任此責？故官不必備，惟其人也。陳氏雅言曰：「居非常之位者，必任非常之責，必求非常之才。三公之設雖不始於此，而王公之制則蓋定於此，所謂定其制也。講明天人之道，經綸乎邦國，變理乎陰陽，所謂專其職也。有其人則使之居是官，非其人不若虚是職，所謂難其人也。嗚呼！三公之官，位尊責重如此，是豈可以庶官百職事之才例任之哉！」

「少師、少傅、少保，曰三孤，貳公弘化，寅亮天地，弼予一人。

孤，特也，三少雖三公之貳，而非其屬官，故曰孤。天地以形言。「化」者，天地之用，運而無迹者也，《易》曰「範圍天地之化」是也。「弘」者，張而大之。「寅亮」者，敬而明之也。公論道，孤弘化；公變理陰陽，孤寅亮天地；公論於前，孤弼於後：公、孤之分如此。孔氏曰：「師，天子所師。傅，傅相天子。保，保安天子。孤卑於公，尊於卿。特置此三者，副貳三公，弘大道化。」○葉氏曰：「成王以周、召爲師、保，而太傅無聞。周公没，召公仍爲保，而不聞設師、傅，蓋難之也。」○陳氏傅良曰：「周、召以師、保爲冢宰，是卿兼三公也。《顧命》自『同召太保奭』以下皆卿也。是時召公爲保兼冢宰，芮伯爲司徒，彤伯爲宗伯，畢公爲司馬，皆是以三公兼之。衛侯康叔爲司寇，毛公爲司空，審如是則三公多是六卿兼之。但其人足以兼公則加其公之職位，無其人則止爲卿而已。三公、三孤皆無其人，則闕焉而已，而六卿自若也。要之成周以三公、三孤待非常之德，故曰『官不必備，惟其人』。○吕氏曰：「明則邦國，幽則陰陽，幽明之所以然，所謂道也。經綸之用藏於無迹，和調之妙間不容聲，何待於論？論云者，擬議以成其變化，講明啓沃而精一之者也。陰陽以氣言，天地以形言。變理，運之者也；寅亮，承之者也，公、孤之分，於此著矣。然弼予一人，乃格君心之任，獨於孤言之，而公之職反不與焉，何也？論道經邦，燮理陰陽，未有不自君心者。特成王尊三公之至，若不敢以身煩之，蓋曰：斯人也，乃造化之友，非予一人之弼也。」○新安陳氏曰：「文王時太公已爲太師，武王時召公已爲太保，是三公非自成王始立也。『貳公弘化』，蓋貳公以弘大其論道經邦之化耳。弘大道化以寅亮天地，體用之謂也。孔註當矣。」○陳氏雅言曰：「『公』者，無私之義；『孤』者，無朋之義；『太』者，尊無以加之辭；『少』者，位次於尊之辭。此其立言之異也。道與化、陰陽與天地，其辭若一，其職實殊。『道』者化之體，『化』者道之用。『陰陽』者，氣也；『天地』者，形也。化待道而後立，天地待陰陽而後立。公論道，孤弘化；公燮理陰陽，孤寅亮天地。論道者，弘化之本也；燮理者，寅亮之本也。公濬其源，孤導其流；公正其本，孤治其末；公提其綱，孤張其目。公、孤之職雖異而實同、雖同而實異者如此。然於三公，則曰『官不必備』，於三孤，則曰『弼予一人』，豈三公無與於格心之論，而三孤可不擇人以居之乎？無他，公、孤之職比他官尤重，而三公之職比他官爲尤重。曰『官不必備』者，以間世之才非天下所常有，不可同於他官也。曰『弼予一人』者，以致君之功雖臣職所當盡，君不可累於三公也。公、孤輕重之分，豈不於此益可見乎？」

「冢宰掌邦治，統百官，均四海。

冢，大。宰，治也。天官卿，治官之長，是爲冢宰，内統百官，外均四海，蓋天子之相也。百官異職，管攝使歸于一，是之謂統；四海異宜，調劑使得其平，是之謂均。鄭氏曰：「山頂曰『冢』。」○呂氏曰：「三公、三孤，天子所與調精侵之原，而無所治者也。統萬事而分治之，則六卿之職。六卿者，萬事之綱也。冢宰管攝百官，非官官而控制之，自百而歸六，自六而歸一，所操至簡也。所謂劑者，非人人而稱量之也，大與之爲大，小與之爲小，所居至易也。明乎簡易之道，相業無餘蘊矣。」○復齋董氏曰：「《周禮》『太宰』掌建邦之六典，一曰治典，二曰教典，三曰禮典，四曰政典，五曰刑典，六曰事典。六典，太宰兼掌。此言『掌邦治』者，教禮政刑之屬，莫非治也。」○新安陳氏曰：「冢宰雖與五卿並列而各爲一卿，實總統乎五卿。所掌雖邦治，必教、禮、兵、刑、土之並舉其職，而後可以治歟！」○陳氏雅言曰：「此六官之長，綱在綱中也。冢宰與六卿雖分掌一職，而其官則尊於衆卿，故以『冢』言；六卿之事，雖各列一職，而冢宰得以兼之，故以『宰』言。此董正其官也。『統百官』者，即『亮采』之謂；『均四海』者，即『惠疇』之謂。百官異職而能統之，則有倫有要、有綱有紀，咸得其序矣；四海異宜而能均之，則或遠或近、或多或寡，咸得其正矣。此訓迪其職也。」

「司徒掌邦教，敷五典，擾兆民。

擾，馴也。地官卿，主國教化，敷君臣、父子、夫婦、長幼、朋友五者之教，以馴擾兆民之不順者，而使之順也。唐虞司徒之官，固已職掌如此。陳氏大猷曰：「徒，衆也。主民衆，故稱『司徒』。」○呂氏曰：「『擾』者，馴習而熟之，拊摩而入之，畜養而寬之之謂。」○張氏曰：「擾，猶『擾龍』之『擾』，馴習而安之也。○新安陳氏曰：「『擾』者，順其自然而導之，即《舜典》『在寬』之意。」

「宗伯掌邦禮，治神人，和上下。

春官卿，主邦禮，治天神、地祇、人鬼之事，和上下尊卑等列。春官於四時之序爲長，故其官謂之「宗伯」。成周合樂於禮官，謂之「和」者，蓋以樂而言也。孔氏曰：「春官卿，治天神、地祇、人鬼之事及國之吉、凶、軍、賓、嘉五禮。禮所以辨上下，定民志。上下辨，民志定，則和矣。和有樂之意耳。」○呂氏曰：「治，理也。壇坎昭穆之等，聘享射御之節，貫本末而等文質，所謂禮也。神人所以治，上下所以和者也。一失其禮，則僭亂謟妄而瀆乎神，陵犯乖争而悖乎人，上下皆失其分，安得而和乎？」○新安陳氏曰：「秩宗典天神、地祇、人鬼之三禮，此之治神人，蓋以神包祇，即三禮也。」

「司馬掌邦政，統六師，平邦國。

夏官卿，主戎馬之事，掌國征伐，統御六軍，平治邦國。平，謂强不得陵弱，衆不得暴寡，而人皆得其平也。軍政莫急於馬，故以「司馬」名官。何莫非政，獨戎政謂之政者，用以征伐而正彼之不正，王政之大者也。呂氏曰：「自夏命胤侯掌六師舉政典以誓，則邦政掌於司馬舊矣。國之大事，何莫非政，獨戎政謂之政，何也？天下無事，寓兵於農，然後賦役百爲始有所施，是固政之所從出也；天下有事，舉兵討亂，邦之存亡安危係焉，其爲政之大固不待論矣。此戎政所以獨謂之『政』也。統六師而謂之『平邦國』，則王者用師之本旨，特欲平邦國之不平者耳。」

「司寇掌邦禁，詰姦慝，刑暴亂。

秋官卿，主寇賊法禁。群行攻刼曰寇。詰姦慝，刑彊暴作亂者。掌刑不曰「刑」而曰「禁」者，禁於未然也。呂氏曰：「姦慝隱而難知，故謂之『詰』，推鞫窮詰而求其情也。暴亂顯而易見，直刑之而已。」陳氏大猷曰：「詰而後刑，刑者必詰，互文也。」○陳氏經曰：「刑曰『邦禁』，此初設刑美意，禁民使不爲惡，而非以虐民也。虞禮、樂分二官，周合爲一；虞以士兼兵，周分爲二。帝世詳於化而略於政，王世詳於政而略於化，世道升降之異也。」

「司空掌邦土，居四民，時地利。

冬官卿，主國空土，以居士農工商四民，順天時以興地利。按：《周禮·冬官》則記考工之事，與此不同。蓋本闕《冬官》，漢儒以《考工記》當之也。陳氏大猷曰：「爲治莫先於教化，故冢宰之後，司徒次之；教化莫先於禮樂，故宗伯次之；教之和之而猶有不率者，則大者加以甲兵，小者加以刑罰，不得已也，故司馬、司寇次之；暴亂去而後民得安居，故以司空之居民終焉。」

「六卿分職，各率其屬，以倡九牧，阜成兆民。

六卿分職，各率其屬官，以倡九州之牧，自内達之於外，政治明，教化洽，兆民之衆莫不阜厚而化成也。按：《周禮》每卿六十屬，六卿三百六十屬也。吕氏曰：「冢宰相天子，統百官，則司徒以下，無非冢宰所統。乃均列一職，而併數之爲六者，綱在綱中也。乾坤之與六子，並列於八方。冢宰之與五卿，並列於六職也。」吕氏曰：「冢宰列於六卿，綱固在綱之中，而首非處身之外也。六卿分職各率其屬，以倡九牧，自内而達之外；九牧各率其州之諸侯，以應六卿之令，自外而承乎内。内倡外應，周浹泰和，此成周治天下之體統也。」○新安陳氏曰：「成周以六卿倡九牧，亦猶唐虞以揆岳統牧伯，故阜成之效，不減和寧。泰和在唐虞、成周，豈非以治天下之綱紀立而體統定歟！」

「六年，五服一朝。又六年，王乃時巡，考制度于四岳。諸侯各朝于方岳，大明黜陟。」

五服，侯、甸、男、采、衛也。六年一朝會京師，十二年王一巡狩。「時巡」者，猶舜之四仲巡狩也；「考制度」者，猶舜之「協時月正日，同律度量衡」等事也；「諸侯各朝方岳」者，猶舜之「肆覲東后」也；「大明黜陟」者，猶舜之「黜陟幽明」也。疏數異時，繁簡異制。帝王之治，因時損益者可見矣。呂氏曰：「六卿倡九牧，既立爲治之綱矣，繼以朝覲巡狩之制，所以振其綱也。卿牧倡和，固有體統，然多歷年歲，非時有以振之，豈無壅滯而不達乎？六年一朝，所以達其壅也。豈無廢壞而不脩乎？又六年王時巡至，大明黜陟，所以脩其廢也。諸侯既親承德意於天子，天子復親考制度於諸侯，禮樂刑政，斯四達而不悖矣。是制也，嘗一見於《虞書》，後千餘年復出於此。驗其疏數，而世之升降、事之繁簡、兵衛之多寡、用度之豐約，與夫成王觀會通以行其典禮者，皆可得而推矣。」○張氏曰：「《周官・行人》之職曰『侯服歲一見，其貢祀物』；『甸服二歲一見，其貢嬪物』；『男服三歲一見，其貢器物』；『采服四歲一見，其貢服物』；『衛服五歲一見，其貢材物』；『要服六歲一見，其貢貨物』，是六年六服各一朝也。今止言『五服』者，要服不必其來。《周官》又云：十有二年，王巡狩服國。是五服已更兩朝矣。」○王氏曰：「每一歲一服入見，五服有一年休息。又六年五服兩朝，然後王一巡狩也。」○林氏曰：「大明黜陟，即《王制》所謂『不敬者君削以地』、『不孝者君黜以爵』、『有功德於民者，加地進律』是也。此皆斟酌舜事行之。舜『五載一巡狩』，此十二年，何也？文中子曰：舜一歲而巡四岳，兵衛少而徵求寡也。以是觀之，則周時兵衛日多，徵求日衆，故不能五年而以十二年也。」

王曰：「嗚呼！凡我有官君子，欽乃攸司，慎乃出令，令出惟行，弗惟反。以公滅私，民其允懷。

建官之體統，前章既訓迪之矣。此則居守官職者咸在，曰「凡有官君子」者，合尊卑小大而同訓之也。「反」者，令出不可行而壅逆之謂。言敬汝所主之職，謹汝所出之令，令出欲其行，不欲其壅逆而不行也。以天下之公理，滅一己之私情，則令行而民莫不敬信懷服矣。陳氏經曰：「令未出而致謹可也，既出則有行無反矣。不謹於未令之先，必反於既令之後，何以示信乎？」○呂氏曰：「戒以審令於未出之前，令出則惟行而不可反矣。令之大者固出於君，百司庶府自下教條於其屬亦令也。」○王氏曰：「令出而反，民輕上而不信令矣，然必謹出令不至於反。」○蘇氏曰：「此教以謹令，非欲其遂非也。」○新安陳氏曰：「民之從違，視公私之消長。『滅私』者，純乎天理而私欲淨盡之謂。欲民之允懷，非以公盡滅其私者不可。『允懷』，誠服之謂也。『滅』字、『允』字，皆須勘破。」

學古入官，議事以制，政乃不迷。其爾典常作之師，無以利口亂厥官。蓄疑敗謀，怠忽荒政，不學牆面，蒞事惟煩。

學古，學前代之法也。制，裁度也。迷，錯繆也。典常，當代之法也。周家典常，皆文、武、周公之所講畫，至精至備，凡蒞官者謹師之而已，不可喋喋利口，更改而紛亂之也。

積疑不決，必敗其謀；怠惰忽略，必荒其政。人而不學，其猶正牆面而立，必無所見，而舉錯煩擾也。○蘇氏曰：「鄭子產鑄刑書，晉叔向譏之曰：『昔先王議事以制，不爲刑辟。』其言蓋取諸此。先王人法並任，而任人爲多，故律設大法而已。其輕重之詳，則付之人，臨事而議，以制其出入，故刑簡而政清。自唐以前，治罪科條，止於今律令而已。人之所犯，日變無窮，而律令有限。以有限治無窮，不聞有所闕，豈非人法兼行，吏猶得臨事而議乎？今律令之外，科條數萬，而不足於用，有司請立新法者日益不已。嗚呼！任法之弊，一至於此哉！」王氏炎曰：「議事以古義裁之，故曰『以制』。」○吕氏曰：「議事斷之以制，制即前日所學之成法也。」○陳氏大猷曰：「事有施於古而不宜於今、施於今而不合於古者，皆非典常。『典常』者，理之通古今，常行而不可易者也。爾當以之爲師法。」○吕氏曰：「有疑則辨，可否立決。蓄而不辨，一前一却，謀所以不成也。怠失之不及，忽失之過荒，其政均也。既歷數莅官之病，復勉以學之不可已。學者應事以理，雖萬變而不勞；不學者應事以才，不通於理，觸事面牆，始猶以才力營之，事漸多則不勝其煩矣。」○新安陳氏曰：「成王訓官，以學勉之，以不學戒之。學古而後入官，則謀事必能以古制裁酌之，而政不迷矣。然世亦有好古而至於好異者，如王荆公是已，故又欲其以典常之理爲師也。不學則於理不明，惟見其煩擾而已。學不學之得失相去如此，成王此言，真萬世有官君子之龜鑑也。」○陳氏雅言曰：「前代之法者，堯、舜、禹、湯之所垂訓，其法固善，然有宜於古而不宜於今者，故學之於入官之先而議之於制事之際，則事得其宜而無或有迷繆矣。當代之法者，文、武、周公之所講畫，其法亦善，是皆宜於今而不戾於古者，故爲典常而不可易，但當謹師而不可亂，則事皆有所守而不至或輕改矣。爲政之道，二者兼盡，豈復有餘蘊乎？」

「戒爾卿士，功崇惟志，業廣惟勤，惟克果斷，乃罔後艱。

此下申戒卿士也。王氏曰：「功以志崇，業以仁廣，斷以勇克。此三者，天下之達道也。」呂氏曰：「功者，業之成也；業者，功之積也。崇其功者存乎志，廣其業者存乎勤。勤由志而生，志待勤而遂。雖有二者，當幾而不能果斷，則志與勤虛用，而終蹈後艱矣。」陳氏大猷曰：「事之所成爲『功』，職之所務爲『業』。如士業於學，學問思辨皆學業，至於道充德備，則學之功成矣。農業於田，播耨耘耔皆農業，至收穫有秋，則農功成矣。功之高卑，由立志之高下，欲功之高，立志固貴乎高。然必勤以廣業，則職業日勉日高，其基立而其成高也。否則事業以怠惰而狹小，如築臺然，安有基狹而臺高者？雖有此志終不遂矣。」〇林氏曰：「猛虎之猶豫，不若蜂蠆之致螫；賁育之狐疑，不若童子之必至，所以貴於果斷也。志非果斷則不立，勤非果斷則易倦。」〇新安陳氏曰：「『功崇』至『後艱』四句，乃申言上文『蓄疑敗謀，怠忽荒政』之意而加警策耳。『功崇惟志，業廣惟勤』，『怠忽荒政』之反也。『惟克果斷』，乃『罔後艱』，『蓄疑敗謀』之反也。」〇陳氏雅言曰：「功以志崇，柔懦而無志，則功無自而崇矣；業以勤廣，若怠惰而不勤，則業無自而廣矣。然所以崇功廣業之道，又在於當幾而能果斷，然後無後艱之患矣。」

「位不期驕，祿不期侈。恭儉惟德，無載爾僞。作德，心逸日休；作僞，心勞日拙。

貴不與驕期，而驕自至；禄不與侈期，而侈自至。故居是位，當知所以恭；饗是禄，當知所以儉。然恭儉豈可以聲音笑貌爲哉？當有實得於己，不可從事於僞。作德，則中外惟一，故心逸而日休休焉；作僞，則撑護不暇，故心勞而日著其拙矣。或曰：期，待也。位所以崇德，非期於爲驕；禄所以報功，非期於爲侈。亦通。呂氏曰：「天下之至逸而無憂者，莫如德；天下之至勞而無益者，莫如僞。」○陳氏經曰：「制驕莫如恭，制侈莫如儉。實有得於恭儉則爲德，以聲音笑貌爲之則僞矣。恭儉出於德者，逸而休；恭儉出於僞者，勞而拙。」

「居寵思危，罔不惟畏，弗畏入畏。

居寵盛，則思危辱，當無所不致其祗畏。苟不知祗畏，則入于可畏之中矣。後之患失者，與思危相似。然思危者以寵利爲憂，患失者以寵利爲樂，所存大不同也。新安陳氏曰：「『居寵』之『寵』，即指禄位言，利禄與危辱爲隣，甚可畏也。思其危則畏懼不暇，何敢驕侈乎？」

「推賢讓能，庶官乃和，不和政厖。舉能其官，惟爾之能。稱匪其人，惟爾不任。」

賢，有德者也。能，有才者也。王氏曰：「道二，義、利而已。推賢讓能，所以爲義。大臣出於義，則莫不出於義，此庶官所以不争而和。蔽賢害能，所以爲利。大臣出於利，則莫不出於利，此庶官所以争而不和。庶官不和，則政必雜亂而不理矣。」稱，亦舉也。所舉之人，能修其官，是亦爾之所能。舉非其人，是亦爾不勝任。古者大臣以人事君，其責如此。陳氏經曰：「人能推讓，樂善故也；不能推讓，忌嫉故也。九官相讓，衆賢和朝。范宣子讓，其下皆讓，安有不和者？我忌嫉人，人必忌嫉我，交相忌嫉，何有於和？」〇董氏鼎曰：「因所稱舉之賢否，益足以見我之賢否，則推人之賢乃我之賢也，讓人之能乃我之能也。爲人臣者，以是觀之，必無妬賢嫉能之事。賢者有所勸，而不肖者亦可以自警矣。」〇新安陳氏曰：「以上成王晝一以教戒卿士，言言精當，脱佶屈聱牙而得此，猶芻豢之悦口云。」

王曰：「嗚呼！三事暨大夫，敬爾有官，亂爾有政，以佑乃辟。永康兆民，萬邦惟無斁。」

三事，即《立政》「三事」也。亂，治也。篇終歎息，上自三事，下至大夫，而申戒勑之也。其不及公、孤者，公、孤德尊位隆，非有待於戒勑也。吕氏曰：「訓戒既終，復提要總告之。各敬爾官，以治爾政，即前所謂『欽乃攸司』也。統而言之，惟在於輔君以永安民耳。」〇陳氏大猷曰：「前言『阜成兆民』，指當時言；此言『永康兆民』，期於永久也。」〇董氏鼎曰：「唐虞建官，庶政和，萬國寧；我周建官，庶政之和亦若是，則我周萬邦之寧者，其有厭斁乎？此成王歸于宗周，不暇他及，而汲汲於董正治官，以國家紀綱所係，根本所關，至不輕也。」〇陳氏雅言曰：「成王『訓迪厥官』之末，發爲嗟嘆之辭，呼三事大夫而告之，蓋總上文六卿百執事之人而申戒勑之也。蓋謂爾之所有，官也，不可以不敬；爾之所有，政也，不可以不治。敬則無怠忽慢易之失，治則無瘝曠廢弛之憂，則爲能佑乃之辟，以永康兆民矣。蓋天下之民，其數有兆，饑者欲食，寒者欲衣，勞困者欲求休息，而永康者尤未易也。所以任永康之責者在於君，所以分永康之任者在於臣。官雖有不同，政雖有或異，然所以佐佑乃辟、永康兆民者，則無或殊也。

兆民之衆而果能使之永底于康，則萬邦之廣親附愛戴者，豈復有厭斁之心乎？ 此以安民無窮之效期之也。 成王於此期之至、訓之切而歎之深，兹善於命官者歟！」

君陳

君陳，臣名。 唐孔氏曰：「周公遷殷頑民於下都，周公親自監之。 周公既殁，成王命君陳代周公，此其策命之詞。 史録其書，以『君陳』名篇。」今文無，古文有。 夏氏曰：「必封國爲君，故稱『君』。」○李氏曰：「亦猶君奭、君牙稱君，貴之也。」○鄭氏註《中庸》云：❶「君陳，周公子。」○葵初王氏曰：「觀篇中『爾尚式時周公之猷訓』，與《畢命》『今予祗命公以周公之事』語意略同，不見君陳爲周公之子。 使是其子，則當如《微子之命》云『殷王元子』『乃祖成湯』、❷《康誥》云『朕其弟』、《酒誥》云『乃穆考文王』、《蔡仲之命》云『率乃祖文王之彝訓，無若爾考之違王命』，此書中命體大抵然也。 今不曰『爾考周公』，而但與《畢命》同稱『周公』，若言他人耳。 周公以王叔父有大勳勞於天下，安有命其子以繼父職，獨無一語及父子相繼以寵之乎？」○吕氏曰：「此篇戒勑之詞，與《畢命》輕重不類，見《君陳》蓋新進者也。」○李氏舜臣曰：「周公化商民已無不盡，繼其後者，不必創爲新政以駭之，惟一循周公軌轍可也。

❶「中庸」，據引文當爲「坊記」之訛，係蔡傳誤抄《禮記正義》之文。
❷「云」，原作「雲」，今據四庫本改。

故王命君陳，三舉周公之訓以告之。今但一遵周公之訓，無忿嫉，無求備，有忍從容，則東郊之民耳目不駭，常如周公之在其左右，安静帖息可前卜也。此命君陳之大指也。宜康王曰：『惟君陳克和厥中。』」

王若曰：「君陳，惟爾令德孝恭。惟孝友于兄弟，克施有政。命汝尹兹東郊，敬哉！

言君陳有令德，事親孝，事上恭。惟其孝友於家，是以能施政於邦。孔子曰：「居家理，故治可移於官。」陳氏曰：天子之國，五十里爲近郊。自王城言之，則下都乃東郊之地。故《君陳》、《畢命》，皆指下都爲東郊。呂氏曰：「令德，即孝恭也。『令』者，所以形容孝恭之粹美。『孝恭』者，所以指其德之實也。」○西山真氏曰：「惟孝者必友，不友于兄弟，則戚其親之心，非孝矣。《詩》曰『兄弟既翕，和樂且湛』，子曰『父母其順矣乎』，必兄弟和而後父母順，友之關於孝蓋如此。」○陳氏曰：「商民難化，由於民彝泯亂，王屬之孝友之君陳，所以正其本。」又曰：「王化頑民，不求威猛剛克之臣，而屬之孝恭孝友之君陳，仁哉！」○新安陳氏曰：「治洛，化商民爲重，故《君陳》、《畢命》皆曰『尹兹東郊』、『保釐東郊』，其任一也。『孝恭』之『恭』，其德性本敬也。『敬哉』之『敬』，勉其加敬也。」

「昔周公師保萬民，民懷其德。往慎乃司，兹率厥常，懋昭周公之訓，惟民其乂。

周公之在東郊，有師之尊，有保之親。師教之，保安之，民懷其德。君陳之往，但當謹其所司，率循其常，勉明周公之舊訓，則民其治矣。蓋周公既殁，民方思慕周公之訓。君陳能發明而光大之，固宜其翕然聽順也。呂氏曰：「民深懷周公之德，苟君陳一事少異於公之初，一法少變於公之舊，則觀聽疑駭，民不可得而治矣。」○新安陳氏曰：「化商之要，莫大於法周公。爾今所司，即周公之舊所司也。周公之訓，即公舊日所以師保萬民者也。繼公所司之職，以化公所化之民，豈可少異於公之訓乎？曰『慎』曰『懋』，上文所謂『敬哉』者，莫大於是。」○陳氏雅言曰：「遷殷頑民于洛，周公實師保之。謂之『師』，則所以教之者至矣；謂之『保』，則所以養之者至矣。周公教養斯民之至，故民懷慕周公之德。今周公往矣，命君陳往繼周公之任，尹兹東郊之民。所居之職，前日周公之職也；所理之民，前日周公之民也。繼周公之職，治周公之民，其道豈在他求哉？亦惟率循其常法，勉明周公之訓而已。蓋周公舊訓，即所謂常法也。周公既没，民之思慕惟在於周公；君陳爲治，政之取法者亦惟在於周公。我既能以周公之道待彼，彼亦安得不以周公之道待我哉！此『民懷其德』與『惟民其乂』，雖有敘已往、期方來之不同，然其爲效則一而已。」

「我聞曰：『至治馨香，感于神明。黍稷非馨，明德惟馨。』爾尚式時周公之猷訓，惟日孜孜，無敢逸豫。

吕氏曰：「成王既勉君陳昭周公之訓，復舉周公精微之訓以告之。『至治馨香』以下四語，所謂周公之訓也。既言此而揭之以『爾尚式時周公之猷訓』，則是四言爲周公之訓明矣。物之精華固無二體，然形質止而氣臭升，止者有方，升者無間，則馨香者精華之上達者也。至治之極，馨香發聞，感格神明，不疾而速。凡昭薦黍稷之苾芬，是豈黍稷之馨哉？所以苾芬者，實明德之馨也。至治舉其成，明德循其本，非有二馨香也。周公之訓，固爲精微，而舉以告君陳，尤當其可。自殷頑民言之，欲其感格，非可刑驅而勢迫，所謂洞達無間者，蓋當深省也。自周公法度言之，典章雖具，苟無前人之德，則索然萎薾，徒爲陳迹也，故勉之以用是猷訓，惟日孜孜，無敢逸豫焉。是訓也，至精至微，非日新不已，深致敬篤之功，孰能與於斯？」陳氏大猷曰：「治本無馨香，然善治之極，則曰『至治馨香』。協氣休聞之所發越，猶馨香之旁達而可愛也。惡政之極，則曰『刑發聞惟腥』，醜聲穢德之彰聞，猶腥臭之旁達而可惡也。故善譽謂之『流芳』，惡聲謂之『遺臭』。神聰明不可欺，故曰『神明』。」○林氏曰：「德之昭明，發爲至治；至治之馨香，即明德之馨香，合而爲一者也。使但黍稷之苾芬可以爲馨香，則隨之粢盛豐備，虞之享祀豐潔，亦可以感神明矣。王意謂德之馨香尚能感神，豈不能感化商民哉？式時猷訓，孜孜無逸豫，上文所謂『懋昭周公之訓』者，即此是也。」○陳氏經曰：「至治之馨香，非以黍稷，以明德也。有其德，有其物，則假物以薦德之馨，非專在物也。有其物，無其德，則物徒物耳。論馨香之效至於感神明，極所以馨香之本又根諸明德，有是德則有是治，有是治則有是馨香，有是馨香則有是感應。」○董氏鼎曰：「益贊禹曰『惟德動天』、『至誠感神』，周公化商之訓曰『明德惟馨』、『感于神明』，幽遠難通，莫天與神若，猶可以德感動，況苗民、商民乎？周公與益之言，其意一也。」○陳氏雅言曰：「周公之訓，惟在於『明德』；法公之訓，惟在於『篤敬』。能明其德，則治無不至；能篤於敬，則德無不明。『明德』者，致治之本；『篤敬』者，明德之功。至治之極，雖神明之難感者猶且感之，況殷之頑民乎？即所謂『懋昭周公之訓，惟民其乂』者也。」

「凡人未見聖，若不克見；既見聖，亦不克由聖。爾其戒哉！爾惟風，下民惟草。

未見聖，如不能得見；既見聖，亦不能由聖。人情皆然。君陳親見周公，故特申戒以此。「君子之德，風也；小人之德，草也。草上之風必偃。」君陳克由周公之訓，則商民亦由君陳之訓矣。陳氏大猷曰：「『戒哉』，戒其勿如凡人也。」○董氏鼎曰：「秉彝好德，誰無是心？故『未見聖若不克見』者，凡人皆然。而志氣昏惰，不能自彊者，又多見聖而亦不克由聖也。孔門弟子朝夕遊從，尚有『非不悦子之道，力不足也』之歎，況他人乎？然學者不得爲聖人，特一身之病耳。君陳繼周公之後，撫周公之民而不能用周公之化，殷頑苟有不服，豈不大爲國家之病乎？又爾所當戒也。風之動物也妙於無迹，草之從風也亦不知其然而然，所謂『神而化之』、『使民宜之』者，誠在君陳自求之周公而已。」○陳氏雅言曰：「凡人之情，未見聖則惟恐不能見聖者，秉彝好德之良心也；既見聖則又不能由聖者，氣稟物欲之所蔽也。君陳親見周公之聖，往繼周公之任，其可不以常人徒然慕聖人之情爲戒哉！君子之德，風也；小人之德，草也。此喻夫德化之速，猶《易》所謂『神而化之』者。君陳能式時周公之訓，不至如常人之不克由聖，則民將待周公者待我，風行草偃之速，有不足以喻其從化之易矣。此申言上文『懋昭周公之訓，惟民其乂』之意，而反其辭以戒之，喻其效以勉之。」

「圖厥政，莫或不艱，有廢有興，出入自爾師虞，庶言同則繹。

師，衆。虞，度也。言圖謀其政，無小無大，莫或不致其難。有所當廢，有所當興，必出入反覆，與衆共虞度之。衆論既同，則又紬繹而深思之而後行也。蓋「出入自爾師虞」者，所以合乎人之同；「庶言同則繹」者，所以斷於己之獨。《孟子》曰「國人皆曰賢，然後察之」、「國人皆曰可殺，然後察之」，「庶言同則繹」之謂也。陳氏大猷曰：「周公之訓，所不可易。至於政，則謹始和中，由俗而革，或當廢，或當興，必出謀之國人，入謀之左右。」○呂氏曰：「廢興者，非更革周公之法，蓋政事舉措之間，斟酌權量，以求其當而已。」○陳氏雅言曰：「事有當廢，事有當興，即所圖謀之政也。虞之於人，繹之於己，即能致其艱者矣。」

「爾有嘉謀嘉猷，則入告爾后于内，爾乃順之于外，曰：『斯謀斯猷，惟我后之德。』嗚呼！臣人咸若時，惟良顯哉！」

言切於事謂之謀，言合於道謂之猷。道與事非二也，各舉其甚者言之。良以德言，顯以名言。或曰：成王舉君陳前日已陳之善，而歎息以美之也。○葛氏曰：「成王殆失斯言矣。欲其臣善則稱君，人臣之細行也。然君既有是心，至於有過，則將使誰執哉？禹聞善言則拜，湯改過不吝，端不爲此言矣。嗚呼！此其所以爲成王歟？」陳氏大猷曰：「『臣人』，猶言人臣。」○王氏炎曰：「良言其善，顯言其善之昭著也。」○呂氏曰：「此王舉君陳前日之善也。君陳平昔謀猷入告及既施行，則澹然不有前日尚忘己之善，而皆歸之於君，今日豈忘人之善，而欲出於己乎？」○西山真氏曰：「善則稱君，舍美從王，此義乃人臣自處者所當知，若君以是語其臣，則不可也。漢高祖稱李斯善則稱君，而王衛尉深非之，衛尉之名不著，然其言足爲萬世法。呂氏說亦回護之辭耳。」○

新安陳氏曰：「此承上文謂謀於衆、審於己，而有嘉謀猷，則入告爾后于內，爾乃順之于外，曰：『斯謀斯猷，惟我后之德。』嗚呼！ 臣人咸若時，惟良顯哉！ 非特善則稱君，臣之義當然。 以善言上聞，而君不我違，使得行之於外，非有德之君不能若此。 此乃人臣宣上德意，以明示於衆也。 成王非欲臣之譽己，蓋欲君陳審謀猷以見之設施，庶幾君蒙其歸美而臣遂其良顯耳。 又按：成王此言，前此聖帝明王未有是也。葛、真之疑亦未爲過，蓋恐啓導諛之漸也。」

王曰：「君陳，爾惟弘周公丕訓，無依勢作威，無倚法以削，寬而有制，從容以和。

此篇言周公訓者三，曰「懋昭」，曰「式時」，至此則弘周公之丕訓，欲其益張而大之也。 君陳何至依勢以爲威，倚法以侵削者，然勢我所有也，法我所用也，喜怒予奪毫髮不於人而於己，是私意也，非公理也，安能不作威以削乎？ 君陳之世，當寬和之時也。 然寬不可一於寬，必寬而有其制；和不可一於和，必從容以和之，而後可以和厥中也。 吕氏曰：「周公之訓大矣，猶欲弘之者，繼前人之政，苟止以持循因襲爲心，其所成必降前人數等。 惟奮然開拓，期以光大前業，然後僅能不替。 蓋造始之與繼成，其力量不同也。 和中之時，大體固當寬，苟無制則流蕩放肆，安能從容以和乎？ 馴擾調娛於品制之中，游息化養於範圍之內，斯其所以和也。」又曰：「寬而有制，從容以和，此最難。 常人欲爲防閑，則多失之迫切無和氣。 此雖寬而有制，雖有制而能和。」○孔氏曰：「無倚法制以行刻削之政。」○夏氏曰：「上文言周公之訓不可不遵，然未言今日治商民當如何，故此及之。『無依勢』至『以和』，此言商民不犯法者，待之當如此。 其下則言不幸入於法者，待之當如此。 姦宄敗亂，又非此比，故『三細不宥』。」〇陳氏雅言曰：「成王於此，非以周公之訓爲未弘，蓋持循繼守之道，非奮迅作興其力，則必今日之治有未至，而視前日之成爲有歉，故以『弘周公丕訓』爲言。勢我所有，不可依之以至於作威；法我所用，不可倚之以至於以削。苟毫髮之不得平，即爲非所當用，此戒之以所當慮之事也。寬固得衆，然不可失於縱，而必行之有制；和固爲貴，然不可失於流，而必出於從容。苟毫髮之或過於中，即爲陷於一偏，此勉之以所當爲之則也。上文告以廢興，恐君陳易於變易，故此復戒之，以弘周公丕訓。君陳之政以寬和爲主，故下文皆反覆言寬和之意。作威以削，此寬和之反也。」

「殷民在辟，予曰辟，爾惟勿辟；予曰宥，爾惟勿宥，惟厥中。

上章成王慮君陳之徇己，此則慮君陳之徇君也。言殷民之在刑辟者，不可徇君以爲生殺，惟當審其輕重之中也。陳氏經曰：「君之喜怒無常情，法之輕重有常理，不徇君而徇理之中可也。君言苟是，從君可也，非從君，乃從理也；君言苟未是，則從理可也，從理，乃所以從君也。」

「有弗若于汝政，弗化于汝訓，辟以止辟，乃辟。

其有不順于汝之政，不化于汝之訓，刑之可也。然刑期無刑，刑而可以止刑者，乃刑之。

此終上章之「辟」。

「狃于姦宄，敗常亂俗，三細不宥。

狃，習也。常，典常也。俗，風俗也。狃于姦宄與夫毀敗典常、壞亂風俗，人犯此三者，雖小罪亦不可宥。以其所關者大也。此終上章之「宥」。

「爾無忿疾于頑，無求備于一夫。

無忿疾人之所未化，無求備人之所不能。陳氏曰：「頑不率教者，不可忿疾之。率教者，則當獎拔之，然不可以求備。下文分言之，必有忍至德乃大，即『無忿疾于頑』之意。『簡厥修』至『率其或不良』，即『無求備』之意。」

「必有忍，其乃有濟；有容，德乃大。

孔子曰：「小不忍，則亂大謀。」必有所忍，而後能有所濟。然此猶有堅制力蓄之意。若洪裕寬綽，恢恢乎有餘地者，斯乃德之大也。忍言事，容言德，各以深淺言也。林氏曰：「『忍』者，勉强而行，人與己猶二；『容』者，自然而然，人己渾乎爲一矣。自有忍而充於有容，則忍之迹泯，而廣大之德成矣。」又曰：「勾踐於吴、太王於狄，忍也。使其不忍，則趣亡矣，其何以濟？湯之於葛、文王於昆夷，容也。包之度内，若天地然，孰得而測度之？非德之大而何？」○侯氏曰：「『無忿疾于頑』，有忍者也；『無求備于一夫』，有容者也。」○陳氏傅良曰：「習忍可以至容。」

「簡厥修，亦簡其或不修；進厥良，以率其或不良。

王氏曰：「修謂其職業，良謂其行義。職業有修與不修，當簡而別之，則人勸功；進行義之良者，以率其不良，則人勵行。」林氏曰：「殷民雖染紂之惡，然亦已薰陶於周公之訓。故有修者亦有不修者，有良者亦有不良者，以其或已化、或未化故也。」○陳氏大猷曰：「『修』者，方修於善。『良』者，已進於善。」○夏氏曰：「修者簡别之，不使與不修者混；不修者亦簡别之，不使與修者雜。既簡别之如此，然後於中選其能自修而至於爲良善者進用之，則不良者知所愧慕，亦必修飭而至於良善，是進其良，所以率其不良者也。」○新安陳氏曰：「修不修皆可簡别，故『不修』者亦以『簡』言。惟良者可進用，故『不良』者以『率』言。此其立言所以不同也。」

「惟民生厚，因物有遷。違上所命，從厥攸好。爾克敬典在德，時乃罔不變，允升于大猷。惟予一人，膺受多福，其爾之休，終有辭於永世。」

言斯民之生，其性本厚，而所以澆薄者，以誘於習俗而爲物所遷耳。然厚者既可遷而薄，則薄者豈不可反而厚乎？反其歸厚，特非聲音笑貌之所能爲爾。民之於上，固不從其令而從其好。《大學》言「其所令反其所好，則民不從」，亦此意也。「敬典」者，敬其君臣、父子、兄弟、夫婦、朋友之常道也。「在德」者，得其典常之道而著之於身也。蓋知敬典而不知在德，則典與我猶二也。惟敬典而在德焉，則所敬之典無非實有諸己。實之感人，捷於桴鼓，所以時乃罔不變，而信升于大猷也。如是，則君受其福，臣成其美，而有令名於永世矣。孔氏曰：「民不從所令而從所好，在上者不可不慎所好。」○夏氏曰：「向之厚者雖化而爲薄，而其本厚者未嘗不存。爾能敬典在德以化之，民無不變薄爲厚，而躋於大道者。」○呂氏曰：「化之博、福之厚、名之長，所以致之不出於敬典在德而已。東郊之命，君陳始以令德孝恭得之，成王終以敬典在德勉之。取之以實，期之以實，始終一實也。」〇張氏曰：「觀《康誥》所言商民父子兄弟之倫如此，風俗之薄可知。君陳欲藥其病，惟『敬典在德』而已。人君不言福，風俗淳厚，偕之大道，此人君之福也。」〇鄭氏景望曰：「『時乃罔不變，允升于大猷』，成王自謂膺受多福。『道洽政治，澤潤生民』，康王亦自謂膺受多福。成康言福，皆以商民之化爲説，然則民俗趨化，非人君受福之實乎？《天保》，報上受福之詩也，其詩曰：『群黎百姓，徧爲爾德。』詩之意，即成、康之意。」〇陳氏經曰：「民變其舊俗，而後進於大道；允升大猷，則化頑成仁，反薄歸厚矣。」〇新安陳氏曰：「敬典在德，是能謹其所好；時罔不變，是即從厥攸好也。商民未化，原於昧天敘之典，惟敬天敘之典可以化之。敬典在德以化民，惟令德孝友之君陳能之。君陳厚於天敘之典久矣，成王即其所素履以勉之也，其成和中之化也亦宜。蓋『德』者，化商民之本；『敬』者，又以德化商民之本。始曰『命汝尹兹東郊，敬哉』，終曰『爾克敬典在德』，始終一敬而德有諸己矣。德有諸己，而商民可化矣。一篇綱領中之綱領，捨敬，吾何以觀之哉！」〇陳氏雅言曰：「民之厚，即『升于大猷』可知，蓋所謂『猷』者，其本厚之理也。違命從好，即『乃罔不變』而可見，蓋所以變其從好之實也。民之厚雖遷而薄，而其厚者亦未嘗不存。己之典能敬而有得，而其所得者又即其本厚，且『敬典在德』，則上之好無不謹矣；『升于大猷』，則下之典無不謹矣。以《康誥》觀之，殷民之病在於不能敬典，故必求敬典之人而道之，莫令德孝友之君陳若也。成王此言，蓋因其素履者勉之。」

顧命

成王將崩，命群臣立康王，史序其事爲篇。謂之「顧命」者，鄭玄云：「回首曰顧，顧，還視也。」臨死回顧而發命也。今文、古文皆有。○呂氏曰：「成王經三監之變，王室幾搖，故此正其終始特詳焉。《顧命》，成王所以正其終；《康王之誥》，康王所以正其始。」呂氏曰：「天子，天下之共主也。成王力疾，臨廟朝而命之；二公受遺，率諸侯而輔之，所以公天位而嚴大寶也。如世稱漢武帝拔霍光於宿衛，託以幼孤爲知人。抑不知所謂大臣者，非可寄安危、屬存亡者不在此選。周、召內爲師保，外統諸侯；君存則輔政，君歿則託孤，所謂受遺，蓋其一職也。武帝垂歿，始拔一人付之，平時大臣果安用乎？無具甚矣。」○陳氏經曰：「死生夜旦也，人道之常，始終之義也。非學問之深，不足以語此。成王自幼得周、召二公養成其德，緝熙其學，至於臨死生始終之變，卓然不亂，觀此書當與曾子易簀、《春秋》書『公薨于路寢』參看。又書載顧命，獨成王有焉，蓋自艱難變故中得之。王當幼沖，遭四國之難，事亦殆矣。經一變，長一智，顧命之重，成王亦折肱而知醫歟！」又曰：「後世之主以死爲諱，繼成之際，鮮有能正其終始者。唐順宗嗣子已壯，一旦病不能言，不能召宰相託孤，使宦寺得擬議所立，非因衛次公等草詔得入，抗議立廣寧王，事亦危矣。可不監哉！」

惟四月，哉生魄，王不懌。

始生魄，十六日。王有疾，故不悦懌。《皇極經世書》：「成王在位三十七年，起丙戌，盡壬戌。」○臨川吴氏曰：「惟四月，成王崩年之四月也。不懌，疾甚也。天子之疾曰不懌、曰不豫，崩曰登遐、曰晏駕，皆臣子不忍斥言之也。」

甲子，王乃洮頮水，相被冕服，憑玉几。

王發大命臨群臣，必齊戒沐浴，今疾病危殆，故但洮盥頮面。扶相者被以衮冕，憑玉几以發命。唐孔氏曰：「《漢·律曆志》：『成王即位三十年，四月庚戌朔，十五日甲子哉生魄。』即引此《顧命》之文，此劉歆説也。孔以爲十六日，則不與歆同矣。下云『彌留』，則疾已多日。甲子，是發命之日耳。」○夏氏曰：「《漢志》言『哉生魄』即甲子日，恐不然。《武成》言『一月壬辰，旁死魄，越翼日癸巳』。今此『哉生魄』上無日辰，故甲子不可考其爲何日也。」○吕氏曰：「甲子去崩纔一日耳，猶盥洮以致潔，冕服以致嚴。顧託之言，淵奥精明。蓋臨衆之敬不以困憊廢，素定之理雖垂歿固炯如也。惟善治氣者能歷疾病而不惰，善養心者能臨死亡而不昏，豈一朝一夕之積哉！」○陳氏曰：「加朝服拖紳，孔子疾不敢以褻服見君也。此即成王不敢以褻服臨臣也。」○臨川吴氏曰：「洮，盥手也。頮，沃面也。水，以水洮頮之也。發大命臨群臣，必齊戒沐浴。今疾病，故但洮頮也。相，相禮者。被冕服，以衮冕服被王身也。几，所憑以爲安。玉几，以玉飾几也。凡大朝覲，王位設黼扆前，設左右玉几。」

乃同召太保奭、芮伯、彤伯、畢公、衛侯、毛公、師氏、虎臣、百尹、御事。

同召六卿，下至御治事者。太保、芮伯、彤伯、畢公、衛侯、毛公，六卿也。冢宰第一，召公領之；司徒第二，芮伯爲之；宗伯第三，彤伯爲之；司馬第四，畢公領之；司寇第五，衛侯爲之；司空第六，毛公領之。太保、畢、毛，三公兼也。芮、彤、畢、衛、毛，皆國名，入爲天子公卿。師氏，大夫官；虎臣，虎賁氏；百尹，百官之長；及諸御治事者。平時則召六卿使率其屬，此則將發顧命，自六卿至御事同以王命召也。朱子曰：「《顧命》排得三公、三孤、六卿齊整，如曰『太保奭、芮伯、彤伯、畢公、衛侯、毛公』，召公與畢公、毛公是三公，芮伯、彤伯、衛侯是三孤。太保是冢宰，芮伯是司徒，衛侯是康叔爲司寇，所以《康誥》中多説刑。三公只是以道義傳保王者，無職事官屬，却下行六卿事。漢時太傅亦無官屬。」○唐孔氏曰：「高官兼攝下司者，漢世以來謂之領，故召、畢、毛言領。王肅云：『彤，姒姓之國。其餘五國，姬姓。畢、毛，文王庶子。』」○林氏曰：「後世人君將託後嗣，獨引親信入受遺詔，謂之『顧命之臣』。漢唐末國嗣多立於戚宦，或有夜半禁中出片紙以某人爲嗣，群臣拱手莫敢違，雖有嫡嗣不能屬於大臣，倉卒之際，廢立紛然。《顧命》之書，誠萬世之法。」

王曰：「嗚呼！疾大漸，惟幾，病日臻。既彌留，恐不獲誓言嗣，兹予審訓命汝。

此下成王之顧命也。自嘆其疾大進，惟危殆，病日至。既彌甚而留連，恐遂死不得誓言以嗣續我志，此我所以詳審發訓命汝。統言曰「疾」，甚言曰「病」。夏氏曰：「恐其既死，則不得出誓以言嗣續之事。」

「昔君文王、武王宣重光，奠麗陳教則肄，肄不違，用克達殷，集大命。

武猶文謂之「重光」，猶舜如堯謂之「重華」也。奠，定。麗，依也。言文、武宣布重明之德，定民所依，陳列教條，則民習服，習而不違，天下化之，用能達於殷邦，而集大命於周也。問：「奠麗陳教則肄，『麗』字，據孔氏，『音力馳反，施也』；諸家多作『附麗』之『麗』，謂王著也，『奠麗』謂養之，『陳教』謂教之。未知其説如何？某竊謂從孔氏説亦自平直，『奠麗』者謂定其所施之號令也，『陳教』則陳其所以教之之道也。肄，或訓『勞』，或訓『習』，愚意謂從『習』爲長，未敢自決。」朱子曰：「前篇有以『麗』訓『刑』者。肄，當訓『習』。」○蘇氏曰：「奠定民所麗著，定民居也。」○陳氏雅言曰：「宣重光，言先王相繼而能明其德也。『奠麗』至『不違』，言能盡教養之政而化服民心也。『用克』至『天命』，言能推教養之效以大受天命也。成王意謂昔者文、武相繼爲君，皆有大德，故有重光之宣著，此聖德之盛無不同也。惟德之盛者無不同，故其政之善者無或異。言夫養民之政，則九一世禄，此文王奠民之所麗也；武王之奠麗，亦無異於文王，觀其散財發粟，則其初蓋可知矣。言其教民之道，則『明德慎罰』，此文王已陳之教條也；武王之陳教，亦無異於文王，觀其『惇信明義』，則其初又可知矣。是以斯民至于服習不違者，武王之民無異於文王之民。由是自友邦之修治以至于西土之怙冒，自東征之撫綏以至于蠻貊之率俾，教養之效無遠不及，謂之『用克達殷』者信矣。有商之季而不能盡教養之道，則大命之集非文、武而誰歟？于以見文、武以德爲善政之本，以善政爲化服民心之本，以化服民心爲大受天命之本。成王此言，可謂深知文、武有天下之故也。」

「在後之侗，敬迓天威，嗣守文、武大訓，無敢昏逾。

侗，愚也，成王自稱。言其敬迎上天威命而不敢少忽，嗣守文、武大訓而無敢昏逾。天威，天命也。大訓，述天命者也。於天言天威，於文、武言大訓，非有二也。

「今天降疾，殆弗興弗悟。爾尚明時朕言，用敬保元子釗，弘濟于艱難。

釗，康王名。成王言：今天降疾我身，殆將必死，弗興弗悟。爾庶幾明是我言，用敬保元子釗，大濟于艱難。曰「元子」者，正其統也。夏氏曰：「王業以艱難而成，成王今既死，則艱難之業將責之康王矣。」○臨川吴氏曰：「弗興，弗能起；弗悟，不蘇醒。明是朕言者，不昧我所命而遵用之也。宗社之重，基業之大，付之一人，可謂艱難。言當敬保護康王大渡脱艱難也。」

「柔遠能邇，安勸小大庶邦。

懷來馴擾，安寧勸導，皆君道所當盡者。合遠邇、小大而言，又以見君德所施，公平周溥，而不可有所偏滯也。

「思夫人自亂于威儀，爾無以釗冒貢于非幾。」

亂，治也。「威」者有威可畏，「儀」者有儀可象，舉一身之則而言也。蓋「人受天地之中以生，是以有動作威儀之則」。成王思夫人之所以爲人者，自治於威儀耳。自治云者，正其身而不假於外求也。貢，進也。成王又言群臣其無以元子而冒進於不善之幾也。蓋「幾」者動之微，而善惡之所由分也。非幾，則發於不善而陷於惡矣。威儀，舉其著於外者而勉之也；非幾，舉其發於中者而戒之也。威儀之治，皆本於一念一慮之微，可不謹乎？孔子所謂「知幾」，子思所謂「謹獨」，周子所謂「幾善惡」者，皆致意於是也。成王垂絶之言，而拳拳及此，其有得於周公者，亦深矣。○蘇氏曰：「死生之際，聖賢之所甚重也。成王將崩之一日，被冕服以見百官，出經遠保世之言，其不死於燕安、婦人之手也，明矣。其致刑措宜哉！」問：「非幾，『幾』字多訓『危』，竊謂幾即事也，猶『萬幾』之『幾』。『冒貢于非幾』，謂冒進于非所當爲之事。未知是否？」朱子曰：「『幾』者，事之微也。」○陳氏經曰：「成王所得於周、召者在敬，既以敬而迓天威，復以敬授群臣，使輔嗣王。曰『弘濟艱難』，天下本非逸樂之具，乃艱難之器也。柔能安勸之要自一身始。下文遂及『威儀非幾』焉。此成王平生學問所得處。」○陳氏大猷曰：「『夫人，猶言大凡人。』○新安陳氏曰：「曾子將終，示孟敬子以君子所貴乎道者三，惟在於容貌、顔色、辭氣之間，與成王臨崩告戒之言如出一律。其聞聖學之淵源於周公，而垂其流派於洙泗者歟！」

兹既受命，還，出綴衣于庭。越翼日乙丑，王崩。

綴衣，幄帳也。群臣既退，徹出幄帳於庭，《喪大記》云「疾病，君徹懸，東，首於北墉下」是也。於其明日王崩。復齋董氏曰：「《周禮·射人》：『掌國之三公、三孤、卿、大夫之位，公北面，孤東面，卿大夫西面。』此『受命還』，謂還就此位也。」○王氏曰：「綴衣，其衣連綴，帷幄之屬。在旁曰帷，在上曰幕，四合象宫室曰幄，幄上承塵曰帟。庭，路寢之庭。」○王氏炎曰：「成王幼立，三叔流言，王不無疑，則其性非卓然高明也。臨歿之際，乃能如此，得非周、召師保輔翼教誨有以養成其德，意誠心正，雖死生之際而志氣清明如是乎？是知三代而下，人主天資未必不及古人而德不逮者，無古帝王之學也。」

太保命仲桓、南宫毛俾爰齊侯吕伋，以二干戈、虎賁百人，逆子釗於南門之外，延入翼室，恤宅宗。

桓、毛，二臣名。伋，太公望子，爲天子虎賁氏。延，引也。翼室，路寢旁左右翼室也。太保以冢宰攝政，命桓、毛二臣使齊侯吕伋以二干戈、虎賁百人，逆太子釗于路寢門外，引入路寢翼室，爲憂居宗主也。吕氏曰："發命者冢宰，傳命者兩朝臣，承命者勳戚顯諸侯。體統尊嚴，樞機周密，防危慮患之意深矣。入自端門，萬姓咸覩，與天下共之也。延入翼室，爲憂居之宗，示天下不可一日無統也。唐穆、敬、文、武以降，閹寺執國命，易主於宫掖，而外廷猶不聞，然後知周家之制曲盡備豫，雖一條一節亦不可廢也。"夏氏曰："桓、毛，必宿衛之臣。"○王氏曰："稱『子』者所以正名，明父子繼世之義。稱名，未成君也。王宫南向，南門，王宫之外門也。"○范氏曰："成王崩，太子必在側，當是時本在内，特出而迎之，所以顯之於衆也。"

丁卯，命作册度。

命史爲册，書法度，傳顧命於康王。復齋董氏曰："成王命周公留後，康王命畢公保釐，皆作册。此將以父命傳子，故亦作册。"○陳氏大猷曰："成王雖有遺命，未有册書，將傳之康王，故作册書。紀先王之言以授之，因并作受册法度。下文升階即位及受同祭饗等，其法度也。"○臨川吴氏曰："丁卯，王崩之第三日也。命，亦太保命也。成王有遺命，將傳之於康王，故作册以紀其言而授之也。既作册，因作受册之度也。凡喪禮厥明而小斂，又厥明而大斂，尊卑皆同。『命作册度』者，既大斂之後也。」

越七日癸酉，伯相命士須材。

伯相，召公也。召公以西伯爲相。須，取也。命士取材木以供喪用。鄭氏曰：「大夫以上殯斂皆以死之來日數，天子七日而殯，於死爲八日。『癸酉』者，殯之明日也。」○王氏肅曰：「召公爲方伯，居冢宰，故又曰『伯相』。」○薛氏曰：「士，山虞、匠人之屬。命士取材木須待，以供凡喪事之用。」○吕氏曰：「自成王崩後，訖康王受命前，命皆出於召公，曰『太保命仲桓、南宫毛』，又曰『命作册度』，又曰『伯相命士』，所以一號令而無二門也。」○臨川吴氏曰：「癸酉，王崩之第九日。天子七日而殯，自死之明日數，此既殯之後也。殯畢，則送死之事略具矣，故於此時傳顧命於嗣君也。命士取材木以供喪用，《士喪禮》『獻材于殯門外』，《檀弓》『旬而布材與明器』。」

狄設黼扆、綴衣。

狄，下士。《祭統》云：「狄者，樂吏之賤者也。」《喪大記》：「狄人設階。」蓋供喪役而典設張之事者也。黼扆，屏風畫爲斧文者。設黼扆幄帳，如成王生存之日也。唐孔氏曰：「自『設黼扆』至陳輅車，各有所司，皆是相命。不言『命』者，蒙上『命士』之文也。此下皆爲將傳顧命而陳儀物也。經於四座上言『設黼扆、綴衣』，則四座皆設也。先施屏風於前，又施帳幄於上。」

牖間南嚮，敷重篾席，黼純，華玉仍几。

此平時見群臣、覲諸侯之坐也。敷，設。重席，所謂天子之席三重者也。篾席，桃竹枝席也。黼，白黑雜繒。純，緣也。華，彩色也。華玉以飾几。仍，因也。因生時所設也，《周禮》「吉事變几，凶事仍几」是也。呂氏曰：「牖，序夾房階、塾前，指路寢言之。牖間南嚮，就路寢牖間南嚮設此座也。『間』者，牕東户西，户牖之間也，即當宁之所。」

西序東嚮，敷重厎席，綴純，文貝仍几。

此旦夕聽事之坐也。東西廂謂之序。厎席，蒲席也。綴，雜彩。文貝，有文之貝，以飾几也。呂氏曰：「就路寢西廂設座東嚮也。」

東序西嚮，敷重豐席，畫純，雕玉仍几。

此養國老、饗群臣之坐也。豐席，筍席也。畫，彩色。雕，刻鏤也。呂氏曰：「東序西嚮，就路寢東廂設座西嚮也。」

西夾南嚮，敷重筍席，玄紛純，漆仍几。

此親屬私燕之坐也，西廂夾室之前。筍席，竹席也。紛，雜也。以玄黑之色雜爲之緣。漆，漆几也。牖間兩序西夾，其席有四。牖户之間謂之扆，天子負扆朝諸侯，則牖間南嚮之席，坐之正也。其三席各隨事以時設也。將傳先王顧命，知神之在此乎？在彼乎？故兼設平生之坐也。夏氏曰：「廂之夾室謂之夾，又謂之房。西夾，乃西廂之夾室，即下文所謂『東房』、『西房』，以其夾中央之大室。西夾南嚮，蓋在西廂之夾室中南嚮設此座也。」〇《説文》：「筍，竹胎。」

筍席，取筍皮織爲席也。

越玉五重，陳寶：赤刀、大訓、弘璧、琬琰，在西序。大玉、夷玉、天球、《河圖》，在東序。胤之舞衣、大貝、鼖鼓，在西房。兑之戈、和之弓、垂之竹矢，在東房。

於東西序坐北列玉五重及陳先王所寶器物。赤刀，赤削也。大訓，三皇五帝之書，訓誥亦在焉。文武之訓亦曰「大訓」。弘璧，大璧也。琬琰，圭名。夷，常也。球，鳴球也。《河圖》，伏羲時龍馬負圖出於河，一、六位北，二、七位南，三、八位東，四、九位西，五、十居中者，《易大傳》所謂「河出圖」是也。胤，國名。胤國所制舞衣。大貝，如車渠。鼖鼓，長八尺。兑、和，皆古之巧工。垂，舜時共工。舞衣、鼖鼓、戈、弓、竹矢，皆制作精巧中法度，故歷代傳寶之。孔氏曰：「弘璧、琬琰、大玉、夷玉、天球，玉之五重也。」吕氏曰：「西序所陳，不惟赤刀、弘璧，而大訓參之；東序所陳，不惟大玉、夷玉，而《河圖》參之。則其所寶者斷可識矣！」愚謂寶玉器物之陳，非徒以爲國容觀美，意者成王平日之所觀閲，手澤在焉，陳之以象其生存也。楊氏《中庸傳》曰：「宗器於祭陳之，示能守也；於顧命陳之，示能傳也。」陳氏大猷曰：「此陳先王世傳之寶也。越，及也，承上文而言。『玉五重，陳寶』，總言之，下復分別焉。玉一雙曰重，古雙玉爲瑴，圓玉曰璧，鋭上曰圭。琰有鋒芒，琬無鋒芒。大玉，華山之玉。夷玉，東夷之美玉。」〇王氏曰：「宗社守器，明前王所守，後王所受，皆在是也。」

大輅在賓階面，綴輅在阼階面，先輅在左塾之前，次輅在右塾之前。

大輅，玉輅也。綴輅，金輅也。先輅，木輅也。次輅，象輅、革輅也。王之五輅，玉輅以祀不以封，爲最貴；金輅以封同姓，爲次之；象輅以封異姓，爲又次之；革輅以封四衛，爲又次之；木輅以封蕃國，爲最賤。其行也，貴者宜自近，賤者宜遠也。王乘玉輅。綴之者金輅也，故金輅謂之「綴輅」。最遠者木輅也，故木輅謂之「先輅」。以木輅爲先輅，則革輅、象輅爲次輅矣。賓階，西階也。阼階，東階也。面，南嚮也。塾，門側堂也。五輅陳列，亦象成王之生存也。❶《周禮·典路》云：「若有大祭祀，則出路。大喪、大賓客亦如之。」是大喪出輅爲常禮也。又按所陳寶玉器物，皆以西爲上者，成王殯在西序故也。《爾雅》：阼階，主階也。○鄭氏曰：「阼，猶酢也，東階所以荅酢賓客。」○夏氏曰：「『階面』者，據人在堂上面向南方比輅陳之，其轅向南，故謂之『面』，蓋在階之南面也。先輅在左塾之前，蓋在門内之西。以塾在堂之前，故自内向外言之雖在西，自外向内言之實在左也；次輅在右塾之前，蓋在門内之東，自内向外言之雖在東，自外向内言之實在右也。」○顧氏曰：「先輅在寢門内之西北面，對玉輅；次輅在寢門内之東北面，對金輅。」○呂氏曰：「此非獨盛彌文而彰備物，天位峻極，幄座靚深，寶鎮燁華，車輅峙列，入其庭，肅

❶「亦」，《書集傳》作「以」。

然起敬，懼不克承委重投艱之意，不言而已傳矣。《禮記》『周人殯於西階之上』。」

二人雀弁，執惠，立于畢門之内。四人綦弁，執戈上刃，夾兩階戺。一人冕，執劉，立于東堂。一人冕，執鉞，立于西堂。一人冕，執戣，立于東垂。一人冕，執瞿，立于西垂。一人冕，執鋭，立于側階。

弁，士服。雀弁，赤色弁也。綦弁，以文鹿子皮爲之。惠，三隅矛。路寢門，一名畢門。上刃，刃外嚮也。堂廉曰「戺」。冕，大夫服。劉，鉞屬。戣、瞿，皆戟屬。鋭，當作「鈗」，《説文》曰：「鈗，侍臣所執兵，從金，允聲。《周書》曰：『一人冕，執鈗。』讀若允。」東、西堂，路寢東、西廂之前堂也。東、西垂，路寢東、西序之階上也。側階，北陛之階上也。○呂氏曰：「古者執戈戟以宿衛王宫，皆士大夫之職。無事而奉燕私，則從容養德，而有膏澤之潤；有事而司禦侮，則堅明守義，而無腹心之虞。下及秦漢，陛楯執戟，尚餘一二。此制既廢，人主接士大夫者，僅有視朝數刻，而周廬陛楯，或環以椎埋嚚悍之徒。有志於復古者，當深繹也。」孔氏曰：「側階，北下階上。」○唐孔氏曰：「垂旒爲冕，無旒爲弁。弁冕版皆廣八寸，長尺六寸，前圓後方。雀弁，色赤而微黑如雀頭也。垂，堂上之遠地也。堂廉廉者，稜也。立在堂下，近於堂稜。鄭、王皆以側階爲東下階，然立于東垂者，已在東下階上，何由此人復共並立？故傳以爲北下階上，謂當北階。北階，則惟堂北一階而已。側，猶特也。執兵宿衛，先東後西者，以王在東，宿衛敬新王故也。」○夏氏曰：「四人既立於東西廂之前堂，二人又立於東西廂堂上之遠地，則堂之南宿衛備矣。故此一人冕執鋭，立于堂北之特階。」○吕氏曰：「凡弁，士也，皆立堂下。冕，大夫也，皆立堂上。」○陳氏經曰：「自『設黼扆』至此，典章文物之備，豈爲華侈之具哉？一以象前王平生所坐所寶所乘所衛，以起嗣王之追慕，而盡誠紹述也；一以昭前王委重投艱之意，使嗣王肅敬以祗承也；一以起群臣諸侯之尊敬，想慕前王而繫心於嗣王也；一以表人主之崇高富貴，尊無二上，而傳授之正如此，以絶天下覬覦之萌也。」

王麻冕黼裳，由賓階隮。卿士、邦君麻冕蟻裳，入即位。

麻冕，三十升麻爲冕也。隮，升也。康王吉服，自西階升堂，以受先王之命，故由賓階也。蟻，玄色。公卿大夫及諸侯皆同服，亦廟中之禮。不言「升階」者，從王賓階也。「入即位」者，各就其位也。○吕氏曰：「麻冕黼裳，王祭服也。」「卿士、邦君祭服之裳皆纁。今蟻裳者，蓋無事於奠祝，不欲純用吉服。有位於班列，不可純用凶服。酌吉凶之間，示禮之變也。」吕氏曰：「儀物既備，然後延嗣王受顧命而踐位，自此始稱王。」○夏氏曰：「麻冕用極細布，即衮冕。」○蘇氏曰：「麻冕之裳四章，此獨用黼，示變也。由賓階隮，未受顧命，猶以子道自居，不敢當主也。」○復齋董氏曰：「孔氏以卿士爲公、卿、大夫，按《左傳》鄭武公爲平王卿士，《洪範》曰『卿士惟月』，則卿士指朝之執政者而言。」○唐孔氏曰：「禮祭服，皆玄衣纁裳。纁，赤色之淺者。蟻，色玄如蟻。」

太保、太史、太宗皆麻冕彤裳。太保承介圭，上宗奉同瑁，由阼階隮。太史秉書，由賓階隮，御王册命。

太宗，宗伯也。彤，纁也。太保受遺，太史奉册，太宗相禮，故皆祭服也。介，大也。大圭，天子之守，長尺有二寸。同，爵名，祭以酌酒者。瑁，方四寸，邪刻之以冒諸侯之珪璧，以齊瑞信也。太保、宗伯以先王之命，奉符寶以傳嗣君，有主道焉，故升自阼階。太史以册命御王，故特書由賓階以升。蘇氏曰：「凡王所臨所服用，皆曰御。」蘇氏曰：「彤裳亦變也。彤，赤色。」○董氏曰：「介圭，天子所守。瑁，以朝諸侯。」○陳氏大猷曰：「太保冢宰總大權，故承鎮圭；宗伯主祭祀朝覲禮，故奉同瑁。書，即册命也。秉，言持之以升。御，言奉之以進。」○夏氏曰：「圭瑁先王所執，今將授嗣王，若先王予之，故自阼階而升。太史執書將進之嗣王，故與王接武同升。」○陳氏經曰：「上宗，即宗伯。或言大宗伯一人、小宗伯二人，凡三人，使其上二人也。其一人奉同，一人奉瑁。」

曰：「皇后憑玉几，道揚末命，命汝嗣訓，臨君周邦，率循大卞，燮和天下，用答揚文、武之光訓。」

成王顧命之言，書之册矣，此太史口陳者也。皇，大。后，君也。言大君成王力疾，親憑玉几，道揚臨終之命，命汝嗣守文、武大訓。曰「汝」者，父前子名之義。卞，法也。臨君周邦，位之大也；率循大卞，法之大也；燮和天下，和之大也。居大位，由大法，致大和，然後可以對揚文、武之光訓也。陳氏大猷曰：「道，言。揚，稱也。《顧命》中成王自言『嗣守文、武大訓』，故此言『命汝嗣訓』。燮，亦和也。答揚文武光訓，即所謂『嗣訓』也。竊意册命中必述成王命召、畢之因，載顧命之語，史略其前之已見者，而獨載此口陳語也。」

王再拜，興，答曰：「眇眇予末小子，其能而亂四方以敬忌天威？」眇，小。而，如。亂，治也。王拜受顧命，起答太史曰：「眇眇然予微末小子，其能如父祖治四方以敬忌天威乎？」謙辭退托於不能也。《顧命》有「敬迓天威，嗣守文、武大訓」之語，故太史所告，康王所答，皆於是致意焉。陳氏大猷曰：「其，未定之辭。」

乃受同瑁，王三宿，三祭，三咤。上宗曰：「饗！」王受瑁爲主，受同以祭。宿，進爵也。祭，祭酒也。咤，奠爵也。禮成於三，故三宿，三祭，三咤。葛氏曰：「受上宗同瑁，則受太保介圭可知。宗伯曰『饗』者，傳神命以饗告也。」林氏曰：「受瑁必授之人，受同則以祭。」○鄭氏曰：「《釋詁》云：肅，進也。宿，即肅也。三肅爲三進爵，從立處而三進至神所也。三祭，三酹酒於神座也，每一酹酒，則一奠爵。王肅以『咤』爲奠爵，經典無此『咤』字。曰『饗』，所謂『嘏』也，《詩箋》曰『予福曰嘏』，《特牲》、《少牢》之禮『尸嘏主人』，此則上宗嘏王也。」○新安陳氏曰：「『咤』有兩説，孔氏以爲『奠爵』，諸儒多因之。蘇氏以爲至齒不飲，與『嚌』同義。初疑『咤』從口，意蘇説爲是，及考字書，方知『咤』與『吒』同。吒，怒也。《禮記》『無咤食』，亦怒也。『詫』

與『吒』同，陟駕反，祭奠酒爵也。吒，本『詫』字，傳爲訛耳。孔註音釋下有云：『《説文》作「詫」。』由此觀之，則『咤』訓『奠爵』不可易也。若與『嚌』同義，則此處何爲君咤而臣嚌，且與吕氏太保飲福不甘味、王飲福亦廢之説不合矣。」

太保受同，降，盥，以異同秉璋以酢。授宗人同，拜。王答拜。

太保受王所咤之同，而下堂盥洗，更用他同秉璋以酢。酢，報祭也。《祭禮》「君執圭瓚祼尸，太宗執璋瓚亞祼」。報祭亦亞祼之類，故亦秉璋也。以同授宗人而拜尸。王答拜者，代尸拜也。宗人，小宗伯之屬，相太保酢者也。太宗供王，故宗人供太保。新安陳氏曰：「報祭者，亞祼之類，即今之亞獻也。王祭告成王，言己已受顧命也。太保秉璋以酢，授同而拜，告成王言已傳顧命也。」

太保受同，祭，嚌，宅，授宗人同，拜。王答拜。

以酒至齒曰嚌。太保復受同以祭，飲福至齒。宅，居也。太保退居其所，以同授宗人，又拜，王復答拜。太保飲福至齒者，方在喪疚，歆神之賜而不甘其味也。若王則喪之主，非徒不甘味，雖飲福亦廢也。新安陳氏曰：「王答拜，蔡氏則曰『代尸拜』，王氏則曰『因太保拜而對拜』，夏氏則曰『王亦拜成王柩』，紛紛揣度，要之，王答召公拜，何疑焉？君在廟門外則全於君，在廟門内則全於子，況康王方在廟中柩前受顧命，未出廟門臨朝堂而受群臣朝也。冢宰以元老大臣受託孤重寄，先王臨之在上，先之拜告傳顧命，繼之拜告禮成。康王爲喪主立柩前，其答拜禮亦宜之。冢宰傳顧命以相授，見大臣如見先王也。答之拜，敬大臣即所以敬先王也。何必如諸説之紛紜哉！」

太保降，收。諸侯出廟門俟。

太保下堂，有司收撤器用。廟門，路寢之門也，成王之殯在焉，故曰「廟」。言諸侯，則卿士以下可知。俟者，俟見新君也。新安陳氏曰：「成王以乙丑崩，越九日癸酉，命士須材，傳顧命不言日，其在癸酉後必矣。曷不如後世嗣君當日於柩前即位，而涉旬日乎？曰：君薨百官總己以聽於冢宰，尚矣。有召公爲冢宰以攝政，紀綱政令，周密備具如此，故嗣君可以旬日方即位也。古今異宜，何必同哉！」○西山真氏曰：「此篇見周公養成君德之效，又見召公當危疑之際區處周密，皆可爲來世法。」

康王之誥

今文、古文皆有，但今文合于《顧命》。朱子曰：「伏生以《康王之誥》合於《顧命》。今除却《序》文讀著，則文勢自相接連。」

王出，在應門之内。太保率西方諸侯入應門左，畢公率東方諸侯入應門右，皆布乘黄朱。賓稱奉圭兼幣，曰：「一二臣衛敢執壤奠。」皆再拜稽首。王義嗣德，答拜。

漢孔氏曰：王出畢門，立應門内。鄭氏曰：「《周禮》五門，一曰皋門，二曰雉門，三曰庫門，四曰應門，五曰路門。路門，一曰畢門，外朝在路門外。」則應門之內，蓋內朝所在也。周中分天下諸侯，主以二伯。自陝以東，周公主之；自陝以西，召公主之。召公率西方諸侯，蓋西伯舊職；畢公率東方諸侯，則繼周公爲東伯矣。諸侯入應門，列于左右。布，陳也。乘，四馬也。諸侯皆陳四黄馬而朱其鬣，以爲庭實；❶或曰，黄朱，若「篚厥玄黄」之類。賓，諸侯也。稱，舉也。諸侯舉所奉圭兼幣。曰「一二臣衛」，「一二」見非一也，爲王蕃衛，故曰「臣衛」。敢執壤地所出奠贄，皆再拜首至地以致敬。義，宜也。「義嗣德」云者，史氏之辭也。康王宜嗣前人之德，故答拜也。吴氏曰：「穆公使人弔公子重耳，重耳稽顙而不拜。穆公曰：『仁夫公子！稽顙而不拜，則未爲後也。』蓋爲後者拜，不拜故未爲後也。弔者、含者、襚者升堂致命，主孤拜稽顙，成爲後者也。康王之見諸侯，若以爲不當拜而不拜，則疑未爲後也，且純乎吉也。答拜既正其爲後，且知其以喪見也。」夏氏曰：「敢執土地所有，獻之於王庭。」○新安陳氏曰：「奠，如『奠鴈』之『奠』。」

太保暨芮伯咸進，相揖，皆再拜稽首，曰：「敢敬告天子，皇天改大邦殷之命，惟周文、武誕受羑若，克恤西土。

❶「庭」，原作「廷」，今據《尚書集傳纂疏》改。

冢宰及司徒與群臣皆進，相揖定位，又皆再拜稽首，陳戒於王，曰「敢敬告天子」，示不敢輕告，且尊稱之，所以重其聽也。曰「大邦殷」者，明有天下不足恃也。羑若，未詳。蘇氏曰：「羑，羑里也。文王出羑里之囚，天命自是始順。」或曰，羑若，即下文之「厥若」也，「羑」、「厥」或字有訛謬。西土，文、武所興之地，言文、武所以大受命者，以其能恤西土之衆也。進告不言諸侯，以內見外。呂氏曰：「二伯率諸侯列門左、右，朝會分班儀也。太保及芮伯咸進相揖，朝會合班儀也。始而分班，則諸侯兩列，西伯與東伯之位相對；今而合班，則六卿前列，冢宰與司徒之位相次。」○蘇氏曰：「康王生長富貴，告以文王羑里之難，欲其知創業之艱難也。」○張氏曰：「言『克恤西土』，以文、武基業本於西土，示不忘本也。」○臨川吳氏曰：「前之拜，諸侯拜，群臣不拜；此之拜，群臣拜，諸侯不拜也。王答諸侯拜，而不答群臣拜，蓋諸侯自外初見，群臣在內日見也。『曰』者，太保言也。太保爲外諸侯之伯、內群臣之長，故率諸侯群臣進戒于王也。羑若，未詳。或曰：若，順也，羑里之囚，逆境也，而文王以順處之，因此遂受天命。或曰：文王自出羑里之囚，而天命始順。或曰：羑，善也，天所善、天所若，謂眷佑之也。或曰：羑若，即下文『厥若』，或字有訛。按：四説俱未安。西土，文、武所興之地，言文、武所以誕受天命，以其能恤西土之民也。」

「惟新陟王『畢協賞罰』，戡定厥功，用敷遺後人休。今王敬之哉！張皇六師，無壞我高祖寡命！」

陟，升遐也。成王初崩，未葬未謚，故曰「新陟王」。畢，盡。協，合也。好惡在理不在我，故能盡合其賞之所當賞，罰之所當罰，而克定其功，用施及後人之休美。今王嗣位，其敬勉之哉！皇，大也。張皇六師，大戒戎備，無廢壞我文、武艱難寡得之基命也。按召公此言，若導王以尚威武者。然守成之世，多溺宴安而無立志，苟不詰爾戎兵，奮揚武烈，則廢弛怠惰，而陵遲之漸見矣。成康之時，病正在是，故周公於《立政》亦懇懇言之。後世墜先王之業，忘祖父之讎，上下苟安，甚至於口不言兵，亦異於召公之見矣。可勝嘆哉！問：「太保稱成王，獨言『畢協賞罰』何也？」朱子曰：「只爲賞不當功，罰不當罪，故事差錯。若『畢協賞罰』，非至公至明，何以能此？」又問「張皇六師」。曰：「古者兵藏於農，故六軍皆寓於農，『張皇六師』則是整理民衆底意思。」○張氏曰：「今王繼新陟王，惟敬而已。敬則歷年，不敬則早墜，此召公平生所學，昔以告成王，今又以告康王。然有疑焉。新王即位，元老大臣當以道德進戒，乃先區區以賞罰六師言，何也？曰：周自祖宗以來，仁深澤厚，規模已定，惟商民猶伺間隙欲逞其禍，元老深謀遠慮，不得已而及此。是説也，施於康王之時則可，不可泛言之於新王之前也。」○孔氏曰：「高德之祖，寡有之命。」○一説高祖，猶《説命》言「高后」。○新安陳氏曰：「周以仁厚立國，盈成之久，其流弊易至於弛而弱，弊政雖甚於東遷之後，幾微已兆於一再傳之餘，周、召、畢諸公已預見先憂於未然之前矣，正如太公言魯後世浸弱者此也。康王之子昭王即有舟膠楚澤之陵夷，召公之言，豈過也哉！」○臨川吴氏曰：「賞當功，罰當罪，盡合其宜，克勝其任，安定文、武之功，用能延及於今，後人有此休美。今王嗣位，其敬之哉！張，猶『張弓』之『張』，言無弛也。六師，六軍也，天子六軍。高祖，謂文、武。寡命，言周之受命，世所寡有。

今王不忘戎備，無或弛怠，而隳壞我文、武不易得之天命也。」

王若曰：「庶邦侯甸男衛！惟予一人釗報誥。

報誥而不及群臣者，以外見內。康王在喪，故稱名。《春秋》嗣王在喪，亦書名也。林氏曰：「『報誥』者，諸侯戒我，故我以誥報之。報，答也。」

「昔君文、武，丕平富，不務咎，底至齊信，用昭明于天下。則亦有熊羆之士，不二心之臣，保乂王家，用端命于上帝。皇天用訓厥道，付畀四方。

「丕平富」者，溥博均平，薄斂富民，言文、武德之廣也。「不務咎」者，不務咎惡，輕省刑罰，言文、武罰之謹也。「底至」者，推行而底其至也。「齊信」者，兼盡而極其誠也。文、武務德不務罰之心，推行而底其至，兼盡而極其誠。內外充實，故光輝發越，用昭明于天下。蓋誠之至者，不可揜也。而又有熊羆武勇之士，不二心忠實之臣，戮力同心，保乂王室。文、武用受正命於天，上天用順文、武之道，而付之以天下之大也。康王言此者，求助群臣諸侯之意。新安陳氏曰：「王資助於內外，而首述文、武得熊羆勇士、不二心忠臣之助者，蓋有感於『張皇六師』之言也。」○臨川吴氏曰：「丕平富，謂無一人不富也。平者各得其分願，富者家給人足也。不務咎，不以咎人之咎爲務，慎刑罰也。底至，致于極也。齊信，盡其誠也。文、武之心如是，用能顯著于天下。文、武既聖，則亦有勇猛如熊羆之士，忠一不二心之臣，共保乂王家，用能受正命于上帝。若仁於民，臣忠於君，兩盡其道，天用順之而付畀以四方，謂得天下也。」○陳氏雅言曰：「『昔君文、武』至『昭明于天下』，言聖人之仁極其誠，故其德有以著于民也。『則亦有熊羆之士』至『保乂王家』，言才德之臣爲之輔，故其治有益於國也。『用端命于上帝』，言文、武之德既如此，其賴群臣之助又如此，所以能受正命於天。皇天用訓厥道付畀四方，言上天眷於聖人之德而付之以天下之大也。『則亦』云者，康王意謂文、武之聖本無賴於群臣之助力，而當時則亦有群臣爲之輔佐，而況我之今日得不賴爾臣之助乎？其求助群臣諸侯之意可見矣。唐孔氏云：文、武既聖，時臣亦賢，以君聖臣賢之故，用能受端正之命于上天，言文武得賢臣之力也。」

「乃命建侯樹屏，在我後之人。今予一二伯父尚胥暨顧綏爾先公之臣服于先王。雖爾身在外，乃心罔不在王室，用奉恤厥若，無遺鞠子羞！」

天子稱同姓諸侯曰「伯父」。康王言：文、武所以命建侯邦，植立蕃屏者，意蓋在我後之人也。今我一二伯父庶幾相與顧綏爾祖考所以臣服于我先王之道，雖身守國在外，乃心當常在王室，用奉上之憂勤，其順承之，毋遺我稚子之恥也。林氏曰：「諸侯祖父，嘗臣服于周先王，今汝當相與顧安之。顧，謂顧念而不忘，則先公在天之靈於是安矣。」○吕氏曰：「戒之以用奉承憂恤其所當順者而順行之，順理則一，而時位則殊。『厥若』者，諸侯之所當順也。人孰不欲順理，時位之不識，則其順或非所當順者矣。」○林氏曰：「『鞠子』，未離鞠養之嗣子，康王自謂。」○臨川吴氏曰：「文、武封建諸侯，樹立藩屏，在我後之人，言先王之有臣以保乂王家，所以厲群臣也；言先王之建侯以藩屏後人，所以厲諸侯也。天子稱同姓大國曰伯父、小國曰叔父，異姓大國曰伯舅、小國曰叔舅，今獨舉同姓大國以包其餘也。王室若此，汝則奉承而同恤之，言以王室之憂爲憂也。鞠子，王自謂。諸侯不能盡職，豈不貽我之羞乎？」

群公既皆聽命，相揖，趨出。王釋冕，反喪服。

始相揖者，揖而進也；此相揖者，揖而退也。蘇氏曰：「成王崩，未葬，君臣皆冕服，禮歟？曰：非禮也。謂之變禮可乎？曰：不可。禮變於不得已。嫂非溺，終不援也。三年之喪既成服，釋之而即吉，無時而可者。曰：成王顧命，不可以不傳；既傳，不可以喪服受也。曰：何爲其不可也？孔子曰：『將冠子，未及期日而有齊衰、大功之喪，則因喪服而冠。』冠，吉禮也，猶可以喪服行之，受顧命見諸侯，獨不可以喪服乎？太保使太史奉册授王于次，諸侯入哭於路寢而見王於次。王喪服受教戒諫，哭踊答拜。聖人復起，不易斯言矣。《春秋傳》曰：鄭子皮如『晉葬晉平公，將以幣行。子産曰：喪安用幣？子皮固請以行。既葬，諸侯之大夫欲因見新君，叔向辭之曰：大夫之事畢矣，而又命孤。孤斬焉在衰絰之中，其以嘉服見則喪禮未畢，其以喪服見，是重受弔也。大夫將若之何？皆無辭以退。』今康王既以嘉服見諸侯，而又受乘黄玉帛之幣。使周公在，必不爲此。然則孔子何取此書也？曰：至矣！其父子君臣之間，教戒深切著明，足以爲後世法。孔子何爲不取哉？然其失禮則不可不辯。」問：「康王釋喪服而被袞冕，受虎賁之逆于南門之外，且受黄朱、圭幣之獻。諸家皆以爲禮之變，獨蘇氏以爲失禮，使周公在必不爲此，未知當此際合如何區處。」朱子曰：「天子、諸侯之禮，與士庶人不同，故《孟子》有『吾未之學』之語，蓋謂此類耳。如《伊訓》『元祀十有二月朔』，亦是新喪，伊尹已『奉嗣王祇見厥祖』，固不可用凶服矣。漢唐新主即位，皆行册禮，君臣亦皆吉服，追述先帝之命以告嗣王。《韓文外集·順宗實録》中有此事，可考。蓋易世傳授，國之大事，當嚴其禮。而王侯以國爲家，雖先君之喪，猶以爲己私服也。五代以來，此禮不講，則始終之際，殊草草矣。康王釋斬衰而服袞冕，於禮爲非。孔子取之，又不知如何？設使制禮作樂，當此之職，只得除之。」○葉氏曰：「天子即位之禮，後世無傳焉，《春秋》猶有可考。君薨，世子嗣位於喪次，殯而未葬，葬而未踰年者，不敢死其君，故不敢踐其正位，不敢朝廟而主祭封内，三年稱子。緣臣民之心不可一日無君，則不得已而嗣位；緣始終之義，一年不可以兩君，則猶不敢當君位，故必至明年而後朝廟，正君位改元，《春秋》始書『公即位』焉。然則成王始殯，而康王即内朝以見諸侯，禮歟？諸侯踰年而朝廟即位，以吉服乎？以凶服乎？不可知也。然古者吉凶不同事，孔子曰『羔裘玄冠不以弔』，吉服不可爲凶事，則凶服不可爲吉事亦明矣。魯莊未終桓喪，王命主王姬嫁。説者曰：衰麻不可以接弁冕。諸侯大夫葬晉平公，將以幣行，子産曰：『喪安用幣？』子皮固請以行。既葬，諸侯之大夫欲因見新君，叔向辭之，曰：『大夫之事畢矣，而又命孤。孤斬焉在衰絰之中，其以嘉服見則喪禮未畢，其以喪服見是重受弔也。』古人謹於吉凶之服，如此其嚴也。康王之事，必有不得已而然者。蓋成王初即位，猶有三監、淮夷、殷民之變，微周公天下未可知，況不及成王、周公者乎？故召公權一時之宜，而遽正君臣之分。若曰三年之喪，天下之通喪也；繼世以正大統，亦天下之大義也。通喪上下之所同，而大義天子諸侯之所獨，故不以通喪廢大義，而吉凶不可相亂，則以冕服朝諸侯，以爲常禮則不可，以爲非禮則亦不可。傳及後世，卒不能奪康王之爲，然後知二書之録於經，非孔子不能權之於道，以盡萬世之變也。」○呂氏曰：「舜除堯喪，格廟而咨岳牧；成王除武王喪，朝廟而訪群臣。皆百代之正禮。然成湯方殁，伊尹遽偕侯甸群后以訓太甲，禮固有時而變也。說者不疑太甲受伊尹之訓於居憂之時，乃疑康王受召、畢諸侯之戒於宅恤之日，過矣。」○復齋董氏曰：「伊尹以冕服奉嗣王歸于亳，乃在三祀之十有二月，是時三年之喪畢，去凶即吉，禮之常也。《伊訓》所謂『惟元祀十有二月乙丑，伊尹祠于先王』，乃太甲居仲壬之喪，伊尹攝政，則祭于湯廟者，伊尹也。援此爲證，恐未爲安。」○陳氏傅良曰：「『釋冕反喪服』，東坡嘗疑之，某嘗以問之鄉先生，鄉先生曰：惜乎東坡疑之而不加察也。召公、畢公皆盛德，又老於更事者，豈不知禮？蓋其身先見周公以叔父之親擁輔太子，而流言之變起於兄弟，非周公之忠誠則社稷岌岌乎殆哉矣。故於康王之立，特爲非常之禮，迎之南門，衛之干戈，奉之册書，被之冕服，而又率諸侯北面而朝之，以與天下共立新君，使之曉然知所定而無疑，其意遠矣。蓋自秦漢而下，授受成於宫闈之曖昧，而擁立出於一人之予奪，禍天下國家不少，然後知二公老練，坐鎮安危之機，送往事君，中外無間，未易以泥常論也。」○新安陳氏曰：「蘇氏之論，主於守經；葉、呂、陳氏之論，出於達權。守經，合理之正而不可破；達權，亦當察事之宜而不可膠。召公在當時必有迫於不得已懲創於往事而不敢輕者。觀其布置舉措，重大周密；徵召會集，翕合安徐，若臨大敵、當大難然。諸侯咸在，或謂問疾者尚留而因受其朝，非也。觀其言曰『庶邦侯甸男衛』、曰『率西方諸侯入左，率東方諸侯入右』，則徵召於既崩之餘，翕集於一旬之内可見。又觀『張皇六師』一語，則當時事勢亦可想矣。紀載始末節節備具，兩篇之中辭繁不殺，前後五十六篇紀載無似此之詳者。復齋援伊尹事，謂祠先王者，伊尹攝行固然矣，然『奉嗣王祗見厥祖』即其下一句。不知伊尹奉太甲廟見成湯，其凶服乎？抑吉服乎？證之朱子之説，當制禮職一條固主蘇氏，答潘子善一條未嘗必主蘇氏。但未知二説孰先孰後耳。莫若兩存之。」

書傳大全卷之十

畢命

康王以成周之衆，命畢公保釐，此其册命也。今文無，古文有。○唐孔氏曰：「《漢·律曆志》云：康王《畢命豐刑》曰：『惟十有二年六月庚午朏，王命作册書《豐刑》。』此僞作者傳聞舊語，得其年月，不得以下之辭，妄言作《豐刑》耳，亦不知《豐刑》之言何所道也。」呂氏曰：「周公始遷商民，戒長治者不忌于凶德，包涵大度，善惡並育，以安反側也。至君陳，則商民寖服周化，故簡修進良，猶未大區別也。至康王，則世變風移矣，苟猶兼蓄並容，則餘孽不除，終爲良民之害。故命畢公分別居里，不惟惡不能以染善，亦將無以自容，勢不得不入於善矣，此周之治所以成也。蓋惟此時，然後可以舉此政，爲治之序固如此。」○「問：商之代夏，去唐、虞未遠，而湯之得民，不聞有誥諭之勤。至周之代商，自后稷、公劉至于文、武、成王之世，商民未愜周化，尚勤諸書之訓，而世變風移僅見於三紀之後，其遺風猶未殄，何耶？潛室陳氏曰：三代子孫，惟商多賢君，故其德意在人。久而未忘，雖王澤既斬之後，猶有一線之微在也。」

惟十有二年六月庚午朏，越三日壬申，王朝步自宗周，至于豐，以成周之衆命畢公保釐東郊。

康王之十二年也。畢公嘗相文王，故康王就豐文王廟命之。成周，下都也。保，安。釐，理也。保釐，即下文「旌別淑慝」之謂。蓋一代之治體，一篇之宗要也。陳氏大猷曰：「釐，雖有辨別分理之意，曰『保』則有恩意行乎其間，非斬然割裂無復潤澤也。以保爲釐，蓋有欲並生哉之意。」

王若曰：「嗚呼！父師，惟文王、武王敷大德于天下，用克受殷命。

畢公代周公爲太師也。文王、武王布大德于天下，用能受殷之命。言得之之難也。

「惟周公左右先王，綏定厥家，毖殷頑民，遷于洛邑，密邇王室，式化厥訓。既歷三紀，世變風移，四方無虞，予一人以寧。

十二年曰「紀」，父子曰「世」。周公左右文、武、成王，安定國家，謹毖頑民，遷于洛邑，密近王室，用化其教。既歷三紀，世已變而風始移，今四方無可虞度之事，而予一人以寧。言化之之難也。

「道有升降，政由俗革，不臧厥臧，民罔攸勸。

有升有降，猶言有隆有污也。周公當世道方降之時，至君陳、畢公之世，則將升於大猷矣。爲政者因俗變革，故周公毖殷而謹厥始，君陳有容而和厥中，皆由俗爲政者。當今之政，旌别淑慝之時也，苟不善其善，則民無所勸慕矣。新安陳氏曰：「臧厥臧，即下文『旌淑彰善』之事。所謂『勸』，則使慝惡者皆克畏慕也。」

「惟公懋德，克勤小物，弼亮四世，正色率下，罔不祗師言，嘉績多于先王，予小子垂拱仰成。」

懋，盛大之義，「予懋乃德」之「懋」。小物，猶言細行也。言畢公既有盛德，又能勤於細行，輔導四世，風采凝峻，表儀朝著，若大若小，罔不祗服師訓，休嘉之績，蓋多於先王之時矣。今我小子復何爲哉？垂衣拱手以仰其成而已。康王將付畢公以保釐之寄，故叙其德業之盛而歸美之也。唐孔氏曰：「小物，猶小事也。能勤小事，大事必勤矣。故舉此以爲畢公之善。《晉語》言文王之事云：『詢于八虞，訪于莘尹，❶重之以周、召、畢、榮。』是畢公文王之世已爲大臣也。」○吕氏曰：「畢公天下大老，康王不稱其成德而稱其懋德，不稱其總大體而稱其勤小物者，蓋以成德自居則止矣，於小物忽焉亦非造次必於是者，惟勉於德者貫稚耄而不息，故勤於物者一小大而無間。」○新安陳氏曰：「不矜細行，終累大德。公於小物克勤，所以愈見其懋德之誠也。」○林氏曰：「正色率下，所謂『正其衣冠，尊其瞻視，儼然人望而畏之』者也。」○史氏漸曰：「忠厚近迂闊，老成若遲鈍。先王終不以此易彼者，蓋世臣舊德功業已見於時，聞望已孚於人。商功利，課殿最，雖不若新進者，至於雍容廟堂，

❶「莘」，《尚書正義》作「辛」。

天下想聞其風采，足以廉頑立懦，敦薄厲偷，如泰山喬嶽，初無運動之勞，而功之及人厚矣。畢公四世元老，雖有不可及之盛德，常有不自足之誠心。小物不以不必勤而不勤，嘉績不以已多於前時而或怠，正色斂容而使人之非意自消，出辭吐氣而使天下之群心胥服，保釐之任，捨公其誰？」

王曰：「嗚呼！父師，今予祗命公以周公之事，往哉！

今我敬命公以周公化訓頑民之事，公其往哉！言非周公所爲，不敢屈公以行也。

「旌別淑慝，表厥宅里，彰善癉惡，樹之風聲。弗率訓典，殊厥井疆，俾克畏慕。申畫郊圻，慎固封守，以康四海。

淑，善。慝，惡。癉，病也。旌善別惡，成周今日由俗革之政也。表異善人之居里，如後世旌表門閭之類。顯其爲善者，而病其爲不善者。以樹立爲善者風聲，使顯於當時，而傳於後世，所謂「旌淑」也。其不率訓典者，則殊異其井里疆界，使不得與善者雜處。《禮記》曰「不變移之郊」、「不變移之遂」，即其法也。使能畏爲惡之禍，而慕爲善之福，所謂「別慝」也。圻，與「畿」同。郊圻之制，昔固規畫矣，曰「申」云者，申明之也。封域之險，昔固有守矣，曰「謹」云者，戒嚴之也。疆域障塞歲久則易湮，世平則易玩，時緝而屢省之，乃所以尊嚴王畿。王畿安，則四海安矣。王氏曰：「彰善者而著之，則惡者耻其不若，然則惡者病矣。使人有所感動曰『風』，使人有所聽聞曰『聲』。」○夏氏曰：「庶望風而化，聞聲而應，如風動於此而物偃於彼，聲振於此而響應於彼也。」○吕氏曰：「榮辱不止於一時，而流芳、遺臭將傳百世而未泯，所謂樹之風聲也。人存政舉，人亡政息，惟風聲所傳，則可以鼓動千百年之遠，雖事往迹陳，而興起如新。弗率者殊其井疆，豈真欲絶之而置之人類之外哉？欲其畏慕而卒歸於善而已，此旌別之本心也。五陽一陰，然後可以夬決揚庭。不知時義而錯施之，爲惡者衆，或以召亂矣。因區別里閭，遂并郊圻、封守而整齊之。公其念哉！當以渾厚敦朴鎮之也。」○新安陳氏曰：「『旌別淑慝』一句，綱也。『表厥』至『風聲』三句，旌淑也；『弗率』至『畏慕』三句，別慝也。東郊之政，以保爲釐。『旌別淑慝』者，釐也，義之盡也。本心欲其畏慕而同歸于善者，以保爲釐也，仁之至也。乂樹立爲善者之風聲，見其善善之長，俾爲惡者畏慕，見其惡惡之短，有以人治人改而止之意。愛之深、待之厚如此。卒化浮薄爲忠厚，宜哉！風必有聲，『聞夷、惠之風』，『聞』即『聞風之聲』也。王、夏分爲二字，未當。吕以使惡者遺臭兼言，不若專以樹善者風聲使流芳而人聞風興起。表宅里、樹風聲，使人知善之可慕，旌淑也。弗率訓、殊井疆，使人知惡之可畏，別慝也。不可爲癉惡所礙，彰善即癉惡。」❶

「政貴有恒，辭尚體要，不惟好異。商俗靡靡，利口惟賢，餘風未殄，公其念哉！

對暫之謂恒，對常之謂異，趣完具而已之謂體，衆體所會之謂要。政事純一，辭令簡實，深戒作聰明、趨浮末、好異之事。凡論治體者皆然，而在商俗則尤爲對病之藥也。蘇氏

❶「癉」，明德堂本及建邑余氏本作「知」。

曰：「張釋之諫漢文帝：『秦任刀筆之吏，争以亟疾苛察相高。其弊徒文具，無惻隱之實。以故不聞其過，陵夷至於二世，天下土崩。今以嗇夫口辯而超遷之，臣恐天下隨風靡，争口辯，無其實。』凡釋之所論，則康王以告畢公者也。」夏氏曰：「體則具於理而無不足，要則簡而亦不至於有餘，謂辭理足而簡約也。政辭如此，皆不好異者能之。政而好異，則悦須臾而厭持久，不能有恒；言而好異，則言浮於理，言徒多而理不足，安能體要？」○唐孔氏曰：「韓宣子稱『紂使師襄作靡靡之樂』，❶『靡靡』者，相隨順之意。」○新安陳氏曰：「利口，即辭體要之反。惡利口，遠佞人，所關大矣。」○陳氏雅言曰：「政有恒，則純清而不擾，故以爲『貴』；辭體要，則典重而不浮，故以爲『尚』。若政而好異，則安能有恒？言而好異，則安能體要？畢公四世元老，雖無此失，而所以告戒之道當如此也。」

「我聞曰：『世禄之家，鮮克由禮。以蕩陵德，實悖天道，敝化奢麗，萬世同流。』

古人論世禄之家，逸樂豢養，其能由禮者鮮矣。既不由禮，則心無所制，肆其驕蕩，陵蔑有德，悖亂天道，敝壞風化，奢侈美麗，萬世同一流也。康王將言殷士怙侈滅義之惡，故先取古人論世族者發之。家氏復禮曰：「觀此，則洛邑所遷，豈多世禄之家歟？」

「兹殷庶士，席寵惟舊，怙侈滅義，服美于人，驕淫矜侉，將由惡終。雖收放心，閑之惟艱。

❶ 「襄」，《尚書正義》作「延」，當是。

呂氏曰：「殷士憑藉光寵，助發其私欲者，有自來矣。私欲公義，相爲消長，故怙侈必至滅義，義滅則無復羞惡之端。徒以服飾之美侈之於人，而身之不美則莫之耻也。流而不反，驕淫矜侉，百邪並見，將以惡終矣。洛邑之遷，式化厥訓，雖已收其放心，而其所以防閑其邪者，猶甚難也。」陳氏經曰：「人之心，莫難收於已放之時，尤莫難閑於既收之後。苟其根尚在，雖一時知所收斂，將觸事而發，此閑之所以爲難也。」○夏氏曰：「周公、君陳相繼化商，雖收其放心，然閑之尚難，畢公當有以閑之。下文訓以德義古訓，又言閑之之道。」

「資富能訓，惟以永年。惟德惟義，時乃大訓。不由古訓，于何其訓？」

言殷士不可不訓之也。資，資財也。資富而能訓，則心不遷於外物，而可全其性命之正也。然訓非外立教條也，惟德惟義而已。德者，心之理；義者，理之宜也。德義，人所同有也。惟德義以爲訓，是乃天下之大訓。然訓非可以己私言也，當稽古以爲之説。蓋善無證，則民不從。不由古以爲訓，于何以爲訓乎？陳氏經曰：「禮義生於富足，既富以養其身，又訓以養其心、全正性，所以順正命，此所以永年也。所謂『能訓』，豈外人心、天理，而他有所謂訓哉？『德』者人心之所得，『義』者人心之所宜，根於人心之所同然，此之謂大訓。古訓所載，亦惟德義而已，即人心之所同然而證諸古所已然，非德義之外有古訓也。畢公之化，本諸同然而民易從，參諸已然而民易信。閑之之道，孰過於此？《君陳》尚有『辟以止辟』、『三細不宥』之説，此篇雖歷數商俗之不美，然惟務區别以生其愧，教訓以導其善，無片言及於刑。蓋純以德化，而刑措不用，信矣。」○新安陳氏曰：「訓以德，所以化其陵德；訓以義，所以化其滅義。旌别淑慝，以商人化商人也，所以興起其勸慕之微機。崇德義，稽古訓，反身以化商人也，所以反求其訓化之大本。化商之道，至是盡矣。」○陳氏大猷曰：「不由古人德義之訓以訓之，是非德之德、非義之義也。如老氏以『清静』爲德，楊氏以『爲我』爲義，何以爲訓乎？」○陳氏雅言曰：「殷民固不可以不使之富，而尤不可以不使之知。所訓也，富而不知所訓，則不與驕奢期而驕奢至，不與危亡期而危亡至，求欲永年，其可得乎？故既富之餘，則必當使之知訓；而訓之大者，則惟在於德義而已。蓋殷士之失，在於以蕩陵德，怙侈滅義，失其同然。故訓以德所以化其陵德，訓以義所以化其滅義，亦因其所同然者還以導之而已。然而德義雖出於人心同然之理，故爲訓之大也，而非稽諸古以爲訓，則吾恐德其德而非古人之所謂德，義其義而非古人之所爲義。《禮記》所謂『無徵不信，不信民弗從』者也。故不由古訓，其將何以爲訓乎？此欲反求其爲訓之本也。」

王曰：「嗚呼！父師，邦之安危，惟兹殷士，不剛不柔，厥德允修。

是時四方無虞矣，蕞爾殷民，化訓三紀之餘，亦何足慮？而康王拳拳以邦之安危惟繫於此，其不苟於小成者如此。文、武、周公之澤，其深長也宜哉！不剛，所以保之；不柔，所以釐之。不剛不柔，其德信乎其修矣。王氏炎曰：「忿其不從而以剛制之，則必怨；慮其難制而以柔遇之，則必玩。惟不偏於剛柔而處之以中，則德允修而商人化矣。」○吕氏曰：「始皇以安危係於匈奴而急之以剛，德宗以安危係於蕃鎮而緩之以柔，皆以致亂。」○葉氏曰：「不剛不柔，即寛而有制、從容以和之意。周公、君陳、畢公，非有意於同，同合於道耳。」

「惟周公克慎厥始，惟君陳克和厥中，惟公克成厥終。三后協心，同底于道，道洽政治，澤潤生民。四夷左衽，罔不咸賴予小子永膺多福。

殊厥井疆，非治之成也。使商民皆善，然後可謂之成。此曰成者，預期之也。三后所治者洛邑，而施及四夷。王畿，四方之本也。吴氏曰：「道者，致治之道也。始之、中之、終之，雖時有先後，皆能即其行事，觀其用心，而有以濟之。若出於一時，若成於一人，謂之協心如此。」朱子曰：「衽，衣衿也。左衽，夷狄之俗。」○張氏曰：「三后猶四時之序不同，而同於成歲功也。」○陳氏經曰：「慎始，毖殷頑民也。和中，從容以和也。今日惟防閑之，使前日之功不壞耳。事莫難於成終，少有懈弛，則二公之化皆爲之不終矣。聖賢之政雖有始、中、終之異，其心與道則無始、中、終之殊。謂之『洽』，謂之『潤』，漸漬積累，豈一日之功，遽能如此哉？商民蕞爾甚微，而所係甚重。遠而四夷，尊而人主，近而畢公之身，遠而畢公之子孫，皆有賴於此。可見周家以化商民爲重，必如是而後可以盡成終之責。」○陳氏雅言曰：「殷民初遷，周公治之，造端正始不可少忽也，故曰『克慎』。周公既没，君陳繼之，保養撫摩以和爲貴也，故曰『克和』。既歷三紀，世變風移，旌別淑慝，申畫郊圻，此政畢公其時也。有周公、君陳以慎之、和之於始、中，而無畢公以任之於其後，則是猶耕而不穫，前人之功皆爲虚棄矣，故曰『克成』。三后之政雖有克慎、克和、克成之不同，三后之時雖有厥始、厥中、厥終之或異，然其心則無不協，論其道則無不同，猶四時之運、寒暑温涼之候有異，生長收藏之化有殊，而皆相資以成歲功一也。三后之意，皆期於化殷而已，故曰『協心』。所施雖異，然因時制宜，各得當於理，故曰『同底于道』。聖賢心協道同，故能仁漸義摩而道化浹洽，綱舉目張而政事修治。漸漬積累，澤之深入於民者，豈一朝一夕所能致哉？康王此言，期望於畢公者至矣。」

「公其惟時成周，建無窮之基，亦有無窮之聞。子孫訓其成式，惟乂。

建，立。訓，順。式，法也。成周，指下都而言。呂氏曰：「畢公四世元老，豈區區立後世名者？而勳德之隆，亦豈少此？康王所以望之者，蓋相期以無窮事業，乃尊敬之至也。」

「嗚呼！罔曰弗克，惟既厥心；罔曰民寡，惟慎厥事。欽若先王成烈，以休于前政！」

蘇氏曰：「曰『弗克』者，畏其難而不敢爲者也；曰『民寡』者，易其事，以爲不足爲者也。」前政，周公、君陳也。陳氏大猷曰：「事之不立，非視之太重而畏其難，則視之太輕而忽其易。能盡其心，則雖難無不舉；不謹其事，則雖易不能舉。」○王氏炎曰：「觀殷民不輕於從周，見殷先王德澤之深；觀三后化殷，殷卒依於周者八百年，見周家仁厚之至。」○張氏曰：「觀周公之處商民，其忠厚仁恕激勵之方，非後人可及也。在白起、項羽處之，則坑之矣；若晉武、苻堅處之，則有劉元海、慕容垂之亂矣。周公肯爲此乎？嗚呼！殺之既不可，用之又不可，於是遷之洛邑，使日見周之仁政，日聞周之仁聲，日親周之仁人君子，優游涵養以變易其不服之心，如此者三十六年矣。難化者或老或死，已化者方少方生，於是時也，得不有激勵之方以一新其耳目，爲永久之計乎？君陳分正，固有其兆矣。至於畢公，乃曉然旌別淑慝，使善惡有所勸戒。又申畫郊圻，慎固封守，使姦者無所覬，而居者常慮危。抑又思風俗之根本，在於世禄之家，乃訓之使皆由於德義。既有善惡之分以起其心，又有德義之訓以美其俗，則非特中國尊榮，而四夷亦皆受其賜矣。皆周公經營之，君陳祖述之，而畢公成就之也。『三后協心，同底于道』，豈虚辭哉！」○董氏鼎曰：「或曰，成湯革夏未幾，繼以太甲敗度敗禮，伊尹居之桐者三年，夏之餘民帖然安静，伊尹輔商，不見有區處夏人事，何其易也。武王克商，繼以武庚之叛，周公、成王、康王所以區處殷人，今見於《大誥》、《洛誥》、《多士》、《多方》、《君陳》、《畢命》諸書，何其難也！豈夏之民醇，至商獨頑歟？得非湯僅放桀，武王乃殺紂，成王又殺武庚，商之餘民豈無忠臣義士痛心疾首者乎？况又辟管叔于商，骨肉至親尚猶不免，何以服讎民哉！所以紛紛久而不定歟？愚曰：不然。湯、武於桀、紂，同謂之伐。桀敗而遁，因放之巢；紂敗而死，遂謂之殺。乃紂罪浮丁桀，非武不仁於湯也。紂既死，立其子以奉其祀，終武之世無叛意。武崩成幼，管、蔡流言，以王室至親反率前代餘孽以叛，由此一動而不復静，則管叔之罪也。故曰『民不静，亦惟在王宫、邦君室』，蓋謂亂始於汝而禍延於我，管叔不叛則武庚不誅。以此不服，而非讎於武王、成王也。然其所以久而未革者，則以殷俗尚質，其蔽也易惑而難曉。盤庚遷都，爲民利耳，浮言胥動，至煩三書之訓諭，猶父兄之訓子弟，尚且如是，况視鄰人爲讎者，於其言肯遽從乎？雖然，無殷人之頑，不見周家之仁。錮陰沍寒，終消融於春風和氣中。嗚呼仁哉！」○吕氏曰：「成、康並稱，成王見於《詩》、《書》者多。康王自誥諸侯外，惟《畢命》耳。讀此亦可見其賢矣。」

君牙

君牙，臣名。穆王命君牙爲大司徒，此其誥命也。今文無，古文有。問：「《君牙》、《冏命》等篇，見得穆王氣象甚好，而後來乃有車轍馬迹馳天下之意，何如？」朱子曰：「此篇乃内史之屬所作，猶今之翰林作制誥然。如《君陳》、《周官》、《蔡仲之命》、《微子之命》等篇，亦是當時此等文字自有格子。首呼其名而告之，末又爲『嗚呼』之辭以戒之。篇篇皆然，觀之可見。」○吕氏曰：「穆王書三篇，《君牙》、《冏命》初年書也，《吕刑》末年書也。中雖放逸，不克保其始之祗畏，然暮年哀敬，初心復還。舜命契爲司徒止一語，而君牙贊書至一篇，世降而文勝也。然周家之典刑，文獻在焉。」

王若曰：「嗚呼！君牙，惟乃祖乃父，世篤忠貞，服勞王家，厥有成績，紀于太常。

王，穆王也，康王孫，昭王子。《周禮·司勳》云：「凡有功者，銘書於王之太常。」《司常》云：「日月爲常。」畫日月於旌旗也。

「惟予小子嗣守文、武、成、康遺緒，亦惟先王之臣克左右亂四方。心之憂危，若蹈虎尾，涉于春冰。

緒，統緒也。若蹈虎尾，畏其噬；若涉春冰，畏其陷。言憂危之至，以見求助之切也。張氏曰：「穆王父昭王，南征不復，故有蹈虎、涉冰之喻。然隱諱其事，又迂緩其辭，不足以感動人心，無志可知矣。其後車轍馬迹周於天下，周道衰焉。」○新安陳氏曰：「『先王之臣』或作『先正』，孔註『亦惟祖父之臣』，正作『先正』。東齋云：先正，說見《說命》，作『先正』，當從孔註。又按：君牙稱「君」，必有國。成康時，芮伯爲司徒，伯爵諸侯也，君牙當是其後。」

「今命爾予翼，作股肱心膂。纘乃舊服，無忝祖考。

膂，脊也。舊服，忠貞服勞之事。忝，辱也。欲君牙以其祖考事先王者而事我也。

「弘敷五典，式和民則。爾身克正，罔敢弗正。民心罔中，惟爾之中。

「弘敷」者，大而布之也。「式和」者，敬而和之也。則，「有物有則」之「則」，君臣之義、父子之仁、夫婦之別、長幼之序、朋友之信是也。典，以設教言，故曰「弘敷」。則，以民彝言，故曰「式和」。此司徒之教也。然教之本，則在君牙之身。正也，中也，民則之體，而人之所同然也。正以身言，欲其所處無邪行也；中以心言，欲其所存無邪思也。孔子曰：「子率以正，孰敢不正？」周公曰：「率自中。」此告君牙以司徒之職也。張氏曰：「和民則在我而已。惟正與中，民則和矣。」○葉氏曰：「示以正在身，復其中在心，此言教之本。」○陳氏大猷曰：「以其常行而不可易，謂之『典』；以其截然而不可越，謂之『則』。教之理雖不外乎人之性，然教之本則在君牙之身與心。正者容有不中，中則無有不正。身之正，勉强修飭者能之；心之中，非存養純熟不能也。故穆王既欲君牙正身以率民身之正，尤欲其存心之中以感民心之中，則民則和，五典惇矣。敷典和則，因民心之同得者教之；爾正爾中，即吾心之先得者率之也。於身先言爾，於心先言民，互文耳。」○陳氏雅言曰：「典曰『弘敷』，欲其大而布之，使民無不聞也；則曰『式和』，欲其敬以和之，使民無不化也。然此特爲教之道耳，至於立教之本，則在君牙之身與心焉。爾身正，爾心中，則爾之典修而則治；民身正，民心中，則民之典亦無不修，民之則亦無不治矣。此立教之本也。」

「夏暑雨，小民惟曰怨咨；冬祁寒，小民亦惟曰怨咨。厥惟艱哉！思其艱以圖其易，民乃寧。

祁，大也。暑雨、祁寒，小民怨咨，自傷其生之艱難也。「厥惟艱哉」者，嘆小民之誠爲艱難也。思念其難以圖其易，民乃安也。「艱」者，饑寒之艱；「易」者，衣食之易。司徒敷五典，擾兆民，兼教養之職。此又告君牙以養民之難也。陳氏雅言曰：「夏而暑，暑而至於雨，此天時之常也，然小民不得其食，殆其怨咨；冬而寒，寒而至於祁，此亦天時之常也，然小民之不得其衣者，殆其怨咨。暑雨之時而阻之以無食，祁寒之時而厄之以無衣，民生之艱難，誠何如也！爲人上者，其可以肥甘適口、輕煖適體而或忘之？故民饑寒之艱既不可不爲之思，而其衣食之易尤不可不爲之圖。能思其艱而不能圖其易，則亦徒思而已耳，與不知者奚以異？惟能思之，而又能圖之，則所謂艱者易而怨咨者寧矣。司徒之職，實兼教養，穆王告君牙以此，欲其共此心也。」

「嗚呼！丕顯哉，文王謨！丕承哉，武王烈。啓佑我後人，咸以正罔缺。爾惟敬明乃訓，用奉若于先王，對揚文、武之光命，追配于前人。」

丕，大。謨，謀。烈，功也。文顯於前，武承於後。曰謨、曰烈，各指其實而言之。「咸以正」者，無一事不出於正；「咸罔缺」者，無一事不致其周密。若，順。對，答。配，匹也。前人，君牙祖父。唐孔氏曰：「文始謀造周，故美其謀。武功業成就，故美其業。」○張氏曰：「先王，指成、康。」○新安陳氏曰：「『光命』即顯謨，武烈不過承文謨，雖烈亦謨也，所以於文、武總言『光命』也。文、武之光命，成、康已對揚之。今又能奉若成、康，所以對揚文、武之意也。如此，則君牙可追配其祖父矣。舜命契爲司徒，不過曰『敬敷五教，在寬』。今穆王命君牙，其詳雖至於一篇，其要不出舜之一語。前曰『弘敷五典，式和民則』，『敷五教，在寬』也；此曰『敬明乃訓』，『敬敷五教』也。帝舜此言，豈惟穆王不能易，萬世掌教者不能易也。」○陳氏雅言曰：「文王之謨，大而能顯，則其造有周之謀者於是至矣；武王之烈，大而能承，則其成有周之功者亦於是至矣。文顯於前，武承於後，曰『謨』、曰『烈』，所以開啓佑助我之後人者，無一事而不出於正，亦無一事而不致其周，前王之爲子孫慮至矣。今爾君牙爲司徒之官，所居之職前日乃祖乃父之職，所訓之民昔君文、武、成、康之民也。爲訓之道，不可以不敬，而尤不可以不明。敬以待之，明以告之，則爲教之道得矣。如是，豈特司徒之職能盡而已？將以奉若先王之道兼得之也；豈但先王之道能奉若之而已？將以追配前人之美在於此也。能敬明乃訓，則於先王之道見其能奉承而不墜，若順而不違於祖父之政，能追及而不失，配合而不爽。是則君牙豈惟無負於君？抑無負於先王，無負於文武矣。豈惟無愧於己？抑無愧於乃祖乃父矣。此在君牙所當深勉也。」

王若曰：「君牙！乃惟由先正舊典時式，民之治亂在兹。率乃祖考之攸行，昭乃辟之有乂。」

先正，君牙祖父也。君牙由祖父舊職而是法之，民之治亂在此而已。法則治，否則亂也。循汝祖父之所行，而顯其君之有乂，復申戒其守家法以終之。按：此篇專以君牙祖父爲言，曰「纘舊服」、曰「由舊典」、曰「無忝」、曰「追配」、曰「由先正舊典」、曰「率祖考攸行」，然則君牙之祖父嘗任司徒之職，而其賢可知矣，惜載籍之無傳也。陳氏曰：「康王時芮伯爲司徒，君牙豈其後耶？」董氏鼎曰：「司徒職在掌教，敷五典，擾兆民，所當爲也。蓋必先教之以倫理明，然後治之而争奪息。苟非以教化爲急先務，則爲之民者冥行罔覺，卒犯刑辟，是所謂罔民以陷罪也。爲民父母，豈忍爲之哉！穆王肆其侈心，所至將有車轍馬迹，而猶知以大司徒爲重，此所以雖荒而不至於亡歟！」

冏命

穆王命伯冏爲太僕正，此其誥命也。今文無，古文有。◯吕氏曰：「陪僕暬御之臣，後世視爲賤品而不之擇者，曾不知人主朝夕與居，氣體移養常必由之，潛消默奪於冥冥之中，而明争顯諫於昭昭之際，抑末矣！自周公作《立政》，而嘆綴衣、虎賁知恤者鮮，則君德之所繫，前此知之者亦罕矣。周公表而出之，其選始重。穆王之用太僕正，特作命書，至與大司徒略等，其知本哉。」陳氏大猷曰：「《周禮》止有『太僕，下大夫二人』，此言『太僕正』，正，其長也。又有祭僕、御僕、隸僕、戎僕、濟僕、道僕、田僕等正皆長之。上薰陶涵養乎君德，下簡擇表率乎群僚，所繫甚重，故册命焉。」○蘇氏曰：「昭王南征不復，至齊桓乃以問楚，是終穆王之世，君弑而賊不討也。王終無憤恥之心，乃欲車轍馬迹周於天下。今觀《君牙》、《伯冏》二書，皆無哀痛慘怛之意，但曰『嗣先人宅丕后』而已。❶非祭公謀父以《祈招》之詩收王放心，王其不没乎？」○張氏曰：「伯冏之爲太僕正，穆王馳騁天下而不能正救者也。然三復二篇，其言殷勤懇惻，何也？曰：唐德宗何人哉？陸贄作《奉天詔書》，山東父老爲之感泣。則二篇之命，豈非當時仁人君子閔王之無志，故修辭立誠以勸勵其臣下歟？」○復齋董氏曰：「夫子何爲録之？曰：聖人不以人廢言，亦取秦穆悔過之意。」

王若曰：「伯冏，惟予弗克于德，嗣先人宅丕后，怵惕惟厲，中夜以興，思免厥愆。

伯冏，臣名。穆王言：我不能于德，繼前人居人君之位，恐懼危厲，中夜以興，思所以免其咎過。復齋董氏曰：「穆王命君牙曰：『心之憂危，若蹈虎尾。』命伯冏曰：『怵惕維厲，中夜以興。』此即位之初，知以父讎爲恥，故言如此。然終穆王之世，復讎之事無聞焉。二篇之書，豈果出穆王之口也哉？」

「昔在文、武，聰明齊聖，小大之臣咸懷忠良，其侍御僕從罔匪正人，以旦夕承弼厥辟，出入

❶「人」，原作「王」，今據經文改。

起居罔有不欽，發號施令罔有不臧，下民祗若，萬邦咸休。

侍，給侍左右者。御，車御之官。僕從，太僕、群僕凡從王者。承，承順之謂。弼，正救之謂。雖文、武之君聰明齊聖，小大之臣咸懷忠良，固無待於侍御僕從之承弼者。然其左右奔走，皆得正人，則承順正救，亦豈小補哉？陳氏大猷曰：「聰明，自其質之生知者言之；齊聖，自其德之充於極至者言之。出入起居，發號施令，就太僕職掌而言。蓋太僕掌正王之服位，出入王之大命，掌諸侯之復逆，復王之答報，逆下之敷奏，君之起居號令，皆與有職焉。」○吕氏曰：「文、武動容周旋，何嘗不中禮？號令何嘗不善？今必先言近臣承弼之功，而後及此，蓋左右交修，近臣之常職；而内外交相養，亦聖人不已之誠也。」又曰：「世主出入起居，漫不加省，徒欲謹於議令之時，所謂『咸其輔頰舌』，感人之末者也。民若邦休，豈口舌所能辦哉！」○林氏曰：「左右近習非人，則朝夕漸染，入於邪僻而不自知。大臣雖賢，君心已蠹矣。故須小大忠良，必群僕皆正人而後可。」○陳氏雅言曰：「穆王命伯冏爲太僕正，意謂昔在文、武之爲君，有聰明齊聖之德，其小大之臣又皆懷忠良之志，君聖臣賢，若無待於侍御僕從之助矣。而當時給侍左右，與凡車御之官，其太僕群僕與凡從王之職，又莫匪正直之人，而能自旦至夕以承其君之善，以弼其君之過，則其得近臣之助者如此。是以文、武之德修於上，舉動之間無有不敬，號令之出無有不善。是以文、武之化行於下，下民之衆無不祗若，萬邦之廣無不休美。以文、武之聖且必得近習之助，而況於穆王乎？以文王、武王之臣咸懷忠良，且尤謹此，而況穆王之時乎？穆王此言，蓋有求助於伯冏之意也。」

「惟予一人無良，實賴左右前後有位之士匡其不及，繩愆糾謬，格其非心，俾克紹先烈。

無良，言其質之不善也。匡，輔助也。繩，直。糾，正也。非心，非僻之心也。先烈，文、武也。問：「『格其非心』之『格』訓『正』，恐是如『格式』之『格』，以此律人之不正者否？」朱子曰：「今人如言合格，只是將此一物格其不正者，使歸于正。如『格其非心』，是說得深者；大人『格君心之非』，是說得淺者。」○陳氏大猷曰：「文、武猶資左右，況予之無良乎？匡救其惡而不知格其心，則止於東而生於西，惟格其非心，則拔本塞源，末流自善。」

「今予命汝作大正，正于群僕侍御之臣，懋乃后德，交修不逮。

大正，太僕正也。《周禮》：「太僕，下大夫也。」群僕，謂祭僕、隸僕、戎僕、齊僕之類。穆王欲伯冏正其群僕侍御之臣，以勉進君德，而交修其所不及。或曰，《周禮》下大夫不得爲正。漢孔氏以爲太御中大夫。蓋《周禮》太御最長，下又有群僕，與此所謂「正于群僕」者合。且與君同車，最爲親近也。張氏曰：「公卿進見有時，僕御褻近無間。有時者見其尊嚴，無間者知其情性。方其進見，君臣之分甚嚴，未易犯其顏色；及其褻近，君臣之情無間，故可糾其過失。救過於無間之時易爲力，救過於已發之後難爲功。懋德交修，正侍御僕從之職也。」○鄒氏季友曰：「《周禮·夏官·司馬》：祭僕掌眡祭祀，隸僕掌五寢掃除，戎僕掌馭戎車，齊僕掌馭金輅以賓。」

「慎簡乃僚，無以巧言令色、便辟側媚，其惟吉士。

巧，好。令，善也。好其言，善其色，外飾而無質實者也。便者順人之所欲，辟者避人之所惡，側者姦邪，媚者諛悦，小人也。吉士，君子也。言當謹擇汝之僚佐，無任小人，而惟用君子也。又按，此言謹簡乃僚，則成周之時，凡爲官長者，皆得自舉其屬，不特辟除府、史、胥、徒而已。呂氏曰：「治有體統，王雖急於求助，苟徧擇之，則叢脞矣。故命一伯冏作大正，使精擇其僚，固不待王親擇也。此爲治之體統也。陸贄在唐，欲使諸司長官各舉其屬，亦庶幾有見於此。」〇張氏曰：「其惟吉士，見巧、令、便、媚爲凶人也。」

「僕臣正，厥后克正；僕臣諛，厥后自聖。后德惟臣，不德惟臣。

自聖，自以爲聖也。僕臣之賢否，係君德之輕重如此。呂氏曰：「自古小人之敗君德，爲昏爲虐，爲侈爲縱，曷其有極？至於自聖，猶若淺之爲害。穆王獨以是蔽之者，蓋小人之蠱其君，必使之虛美熏心，傲然自聖，則謂人莫己若，而欲予言莫之違。然後法家拂士日遠，而快意肆情之事，亦莫或齟齬其間。自聖之證既見，而百疾從之，昏虐侈縱，皆其枝葉而不足論也。」

「爾無昵于憸人，充耳目之官，迪上以非先王之典。

汝無比近小人，充我耳目之官，導君上以非先王之典。蓋穆王自量其執德未固，恐左右以異端進而蕩其心也。

「非人其吉，惟貨其吉，若時瘝厥官。惟爾大弗克祗厥辟，惟予汝辜。」

戒其以貨賄任群僕也。言不于其人之善，而惟以貨賄爲善，則是曠厥官。汝大不能敬其君，而我亦汝罪矣。呂氏曰：「後世近習，更相表裏，鮮不以利合。捨人才而論貨賄，近習之通弊也。自盤庚總貨寶之戒，至此復見之。成湯、文、武之隆，木數數以貨防其臣也，❶其商、周之衰乎？」○陳氏經曰：「穆王於此及《呂刑》皆言『貨』，亦可見其風俗之漸衰矣。」

王曰：「嗚呼！欽哉！永弼乃后于彝憲。」

彝憲，常法也。呂氏曰：「穆王卒章之命，望於伯冏者深且長矣。此心不繼，造父爲御，周遊天下，將必有車轍馬跡。導其侈者，果出於僕御之間，抑不知伯冏猶在職乎？否也？穆王豫知所戒，憂思深長，猶不免躬自蹈之。人心操捨之無常，可懼哉！」王氏曰：「近習之臣，不患其不能將順而莫之承，惟患其不能正救而莫之弼。故在先王則稱其『承弼』，在己則責之以『永弼』而不及於承焉。」

呂刑

呂侯爲天子司寇，穆王命訓刑以詰四方。史録爲篇。今文、古文皆有。○按：此篇專訓

❶「防」，四庫本及呂氏《書説》作「飭」，義長。

贖刑，蓋本《舜典》「金作贖刑」之語。今詳此書，實則不然。蓋《舜典》所謂「贖」者，官府學校之刑爾，若五刑則固未嘗贖也。五刑之寬惟處以流，鞭扑之寬方許其贖。今穆王贖法，雖大辟亦與其贖免矣。漢張敞以討羌，兵食不繼，建爲入穀贖罪之法，初亦未嘗及夫殺人及盜之罪。而蕭望之等猶以爲：如此，則富者得生，貧者獨死，恐開利路以傷治化。曾謂唐虞之世而有是贖法哉！穆王巡遊無度，財匱民勞，至其末年無以爲計，乃爲此一切權宜之術以歛民財。夫子録之，蓋亦示戒。然其一篇之書，哀矜惻怛，猶可以想見三代忠厚之遺意云爾。又按：書傳引此多稱《甫刑》。《史記》作「甫侯言於王，作修刑辟」。「吕」後爲「甫」歟？朱子曰：「《吕刑》一篇，如何穆王説得散漫，直從苗民蚩尤爲始作亂道起？若説道都是古人元文，如何出於孔氏者多分明易曉，出於伏生者都難理會？」○問：「贖刑所以寬鞭扑之刑，則《吕刑》之贖刑如何？」曰：「《吕刑》蓋非先王之法也。故程子有一策問云：『商之《盤庚》，周之《吕刑》，聖人載之於《書》，其取之乎？抑將垂戒後世乎？』」○蔡仲默論五刑不贖之意，曰：「是穆王方有贖法。嘗見蕭望之言古不贖刑，某甚疑之，後來方省得贖刑不是古。」因取《望之傳》看畢，曰：「説得也無引證。」○問：「鄭敷文所謂《甫刑》之意，是否？」曰：「便是他門都不去攷那贖刑。如古之『金作贖刑』，只是刑之輕者。如『流宥五刑』之屬，皆是流竄。但有『鞭作官刑，扑作教刑』，便是法之輕者，故贖。想見那穆王胡做，到那晚年無錢使，後撰出那般法來。聖人也是志法之變處。但是他其中論不可輕於用刑之類，也有許多好説話，不可不知。」○唐孔氏曰：「書傳引此篇語，多稱《甫刑》者，吕侯子孫後改封甫，如《詩》之『生甫及申』、『不與我戍甫』。穆王時未有甫名，後人以子孫國號名之，追稱《甫刑》。若叔虞封唐，子孫封晉，而《史記》作《晉世家》。」○林氏曰：「吕與甫，猶荆與楚、殷與商。」○王氏炎曰：「此書穆王之言，而名『吕刑』者，吕侯爲王司寇言於王，王命之參定刑書，乃推作刑之意以訓四方司政典刑者，故以『吕刑』名之。」

惟吕命，王享國百年，耄荒，度作刑以詰四方。

惟吕命，與「惟説命」語意同。先此以見訓刑爲吕侯之言也。耄，老而昏亂之稱。荒，忽也。《孟子》曰：「從獸無厭謂之荒。」穆王享國百年，車轍馬跡遍于天下，故史氏以「耄荒」二字發之，亦以見贖刑爲穆王耄荒所訓耳。蘇氏曰：「荒，大也。大度作刑，猶禹曰『予荒度土功』。『荒』當屬下句，亦通。然『耄』亦貶之之辭也。」孔氏曰：「王享國百年，耄亂荒忽。度時世所宜，訓刑以治四方。」○唐孔氏曰：「《記》云：『八十、九十曰耄。』是『耄荒』爲年老。《周本紀》云：『穆王即位，春秋已五十矣』，『立五十五年崩』。《無逸》言其享國，皆謂在位之年。此乃從王生年而數，文不害意，不與彼同。」○新安陳氏曰：「『王享國百年，耄荒』，如《舜典》云『朕在位三十有三載，耄期』耳。❶當百年耄荒之時，而能裁度作刑以詰四方，乃見其篤老而尚精明仁厚，非真耄亂荒迷也。荒度，雖有《益

❶「朕在」至「耄期」十字，今不見于《舜典》，見于《大禹謨》。「在」，彼作「宅帝」。

稷》語可證，然土功可言『荒度』，作刑何荒度之有？蔡氏只存蘇曰於下以備一説，得之矣。詰，如『詰姦慝』之『詰』。」○臨川吴氏曰：「吕侯爲王司寇，更定贖刑新制，具載刑書，因諸侯來朝，王使吕侯以書之意告命諸侯也。穆王嗣位時，年已五十，享國百年，蓋在位五十年之後也。詰，治也。揆度作爲刑書，以詰治四方也。」

王曰：「若古有訓，蚩尤惟始作亂，延及于平民，罔不寇賊，鴟義姦宄，奪攘矯虔。

言鴻荒之世，渾厚敦龐，蚩尤始開暴亂之端，驅扇熏炙，延及平民，無不爲寇爲賊。「鴟義」者，以鴟張跋扈爲義。「矯虔」者，矯詐虔劉也。《史記·五帝本紀》：神農世衰，諸侯侵伐。蚩尤最强暴，黄帝與蚩尤戰于涿鹿之野，殺之。

「苗民弗用靈，制以刑，惟作五虐之刑曰法。殺戮無辜，爰始淫爲劓、刵、椓、黥，越兹麗刑，并制，罔差有辭。

苗民承蚩尤之暴，不用善而制以刑。惟作五虐之刑，名之曰法，以殺戮無罪。於是始過爲劓鼻、刵耳、椓竅、黥面之法，於麗法者必刑之。并制無罪，不復以曲直之辭爲差别，皆刑之也。孔氏曰：「九黎之君，號曰『蚩尤』，爲鴟梟之義。三苗之君習蚩尤之惡，頑凶若民。」○唐孔氏曰：「《楚語》云：『少昊氏之衰，九黎亂德，顓帝受之，使復舊常。』則九黎在少昊之末，非蚩尤也。《楚語》又云：『三苗復九黎之惡。』鄭氏以『苗民即九黎之後，顓帝誅九黎，至其子孫爲三國』。有罪者無辭，無罪者有辭。苗民斷獄，並皆罪之，無差簡有直辭者。」○新安陳氏曰：「蚩尤苗民，前後隔遠，不必以九黎混雜言之。二孔、鄭氏之說，皆未敢信。又按：呂氏謂古未有五刑，自苗民制之，然後聖人始不得已而用之，非也。《舜典》稱『象以典刑，流宥五刑』，下文方及誅四凶，三苗居一焉。蓋五刑其來久矣，豈有苗民始作五刑，舜乃效尤用之之理？鄭殺鄧析而用其竹刑，傳猶譏之，孰謂舜以三苗虐威而竄其身，乃效其虐威而用其法乎？曰『作五虐之刑』、曰『淫爲劓、刵、椓、黥』，曰『虐』與『淫』，可見非即古之五刑，必又暴虐淫過用之。或如紂之炮烙、剖心，孫皓之鑿人目、剥人面之類耳。天討有罪，五刑五用，帝王二千年相承，莫之能改，而謂始於苗民乎？使果創始於苗民，穆王方諄諄以苗民爲戒，乃遵用其法乎？不然必矣。」○臨川吴氏曰：「苗民，三苗之君也，蠻獠之處擅自長雄，雖君其國，非受天子命而爲諸侯也，其實一民而已。五虐之刑，比舊五刑更加酷虐也。曰法，非法而謂之法也。殺戮，大辟也。劓、刵，皆劓辟。不言剕辟者，包於劓、宫。或曰『刖』字誤爲『刵』也。椓，宫辟。黥，墨辟。并制，一并制之，不分輕重也。有辭，無罪者也。凡對獄，有罪者無辭，無罪者有辭。苗民承蚩尤之暴，不用善而制以刑，改作五虐之刑爲法。大辟既施於無罪，而又過爲四者深刻之刑，凡麗於刑不分輕重而并其制，無復簡别其無罪而有辭者。」

「民興胥漸，泯泯棼棼，罔中于信，以覆詛盟。虐威庶戮，方告無辜于上。上帝監民，罔有馨香德，刑發聞惟腥。

泯泯，昏也。棼棼，亂也。民相漸染，爲昏爲亂，無復誠信相與，反覆詛盟而已。虐政作威，衆被戮者方各告無罪於天。天視苗民無有馨香德，而刑戮發聞莫非腥穢。呂氏曰：

「形於聲嗟，窮之反也；動於氣臭，惡之熟也。」馨香，陽也；腥穢，陰也。故德爲馨香，而刑發腥穢也。陳氏曰：「罔中于信，無中心出於誠信者，信不由中也。無馨香之德，而發聞者惟腥穢之虐刑。觀二『始』字，見蚩尤爲作亂之始，而苗民爲淫刑之始。」

「皇帝哀矜庶戮之不辜，報虐以威，遏絶苗民，無世在下。

皇帝，舜也。以《書》攷之，治苗民，命伯夷、禹、稷、皐陶，皆舜之事。報苗之虐，以我之威。絶，滅也。謂竄與分比之類，遏絶之，使無繼世在下國。

「乃命重、黎，絶地天通，罔有降格。群后之逮在下，明明棐常，鰥寡無蓋。

重，少昊之後。黎，高陽之後。重即羲，黎即和也。吕氏曰：「治世公道昭明，爲善得福，爲惡得禍。民曉然知其所由，則不求之渺茫冥昧之間。當三苗昏虐，民之得罪者莫知其端，無所控訴，相與聽於神。祭非其鬼，天地人神之典雜揉瀆亂。此妖誕之所以興，人心之所以不正也。在舜當務之急，莫先於正人心。首命重、黎，修明祀典，天子然後祭天地，諸侯然後祭山川，高卑上下，各有分限。絶地天之通，嚴幽明之分。君蒿妖誕之説，舉皆屏息。」「群后及在下之群臣，皆精白一心，輔助常道。民卒善而得福，惡而得禍。雖鰥寡之微，亦無有蓋蔽而不得自伸者也。」○按：《國語》曰：「少皥氏之衰，九黎亂德，民神雜揉，家爲巫史，民瀆齊盟，禍災荐臻。顓頊受之，乃命南正重司天以屬神，北正黎司地以屬民，使無相侵瀆。其後三苗復九黎之德，堯復育重、黎之後不忘舊者，使復典之。」

唐孔氏曰：「義，是重之子孫；和，是黎之子孫。『司天屬神，司地屬民』者，令神與天在上，民與地在下，定上下之分，使民、神不雜，則祭享有度。」○蘇氏曰：「自苗民瀆於詛盟，人神相亂。虢之亡也，有神降于莘，即此類也。」○張氏曰：「傳曰：『國將興，聽於民；將亡，聽於神。』三苗之俗以詛盟爲事，是聽命於神也。姦人每假神以作亂，如漢末張角謀叛一日同起者三十六方，張魯起兵亦以五斗米首過於神以誘人，皆是也。『絶地天通，罔有降格』者，絶在地之民，使人不得以妖術格在天之神；絶在天之神，使人不得假其名字以降于在地之民。」○龜山楊氏曰：「楊雄云『南正重司天，北正黎司地』、『義近重，和近黎』，義、和非重、黎也，近之而已。重、黎，司天地之官也。義、和，掌日時之官也。春夏，陽也，故義近重；秋冬，陰也，故和近黎。」○吕氏曰：「治世神怪所以不興者，只爲善惡分明，自然不求之神；亂世善惡不明，自然專言神怪，言鬼言命。」○新安陳氏曰：「此非專重、黎之力，亦由朝之群后及在下之衆臣，明顯明之理，使人不惑於茫昧之説；輔經常之道，使人不撓於妖怪之習。雖窮民亦無蔽蓋而不得自伸者，民心坦然無疑而不復求之於神，此重、黎所以得舉其職也。蓋人惟昧正理、悖常道，而後惑神怪、亂祀典。『明明棐常』乃絶地天通之本也。使人心未知顯明之理、未順彝常之經，則必惑於冥昧，撓於怪異。重、黎雖禁絶之，未易行也。惟『明明棐常』，人心先正，自將求之明而不求之幽，于其常而不于其怪。絶地天通，庶其易於絶乎？又按：北正黎，或作『火正黎』，『北』字與『火』字相似，又黎以北正兼火正，黎即祝融也。所以《祕註楊子》云：『北正黎，即火正黎也。』北正對南正爲是。」

「皇帝清問下民，鰥寡有辭于苗。德威惟畏，德明惟明。

清問，虚心而問也。有辭，聲苗之過也。苗以虐爲威，以察爲明。帝反其道，以德威，而天下無不畏；以德明，而天下無不明也。

「乃命三后，恤功于民。伯夷降典，折民惟刑；禹平水土，主名山川；稷降播種，農殖嘉穀。三后成功，惟殷于民。

恤功，致憂民之功也。典，禮也。伯夷降天地人之三禮，以折民之邪妄。蘇氏曰：「失禮則入刑。禮、刑一物也。」伯夷降典以正民心，禹平水土以定民居，稷降播種以厚民生。三后成功，而致民之殷盛富庶也。吴氏曰：「二《典》不載有兩刑官，蓋傳聞之謬也。愚意臯陶未爲刑官之時，豈伯夷實兼之歟？下文又言伯夷『播刑之迪』，不應如此謬誤。」夏氏曰：「九州各有名山大川爲之主名，如揚州山有會稽、川曰三江之類。」○臨川吴氏曰：「伯，爵。夷，名。猶崇伯名禹，稱伯禹也；稷封於邰，以有邰之君入爲稷官，故稱后稷。恤功，以民事爲憂也。自上教下曰『降』，《内則》曰『降德于衆兆民』。伯夷教民以禮，民入於禮而不入於刑，折絶斯民入刑之路也。禹爲司空治水，水由地中行而上可居，❶九州各主有名之山川以表疆域。稷降下播種之法，三農得以豐殖其嘉

❶「上」，明德堂本、建邑余氏本及四庫本作「土」。

穀。三后各成其事，惟務繁盛其民之生聚。降典，教之也。平水土，安之也。降播種，養之也。」

「士制百姓于刑之中，以教祗德。

命皋陶爲士，制百姓于刑辟之中，所以檢其心，而教以祗德也。○吴氏曰：「皋陶不與三后之列，遂使後世以刑官爲輕。後漢楊賜拜廷尉，自以代非法家，言曰：『三后成功，惟殷于民。皋陶不與，蓋吝之也。』是後世非獨人臣以刑官爲輕，人君亦以爲輕矣。觀舜之稱皋陶曰：『刑期于無刑，民協于中，時乃功。』又曰：『俾予從欲以治，四方風動，惟乃之休。』其所繫乃如此，是可輕哉？」吕氏曰：「《吕刑》一篇，以刑爲主，故歷敘本末，而歸之於皋陶之刑，勢不得與伯夷、禹、稷雜稱，言固有賓主也。」

「穆穆在上，明明在下，灼于四方，罔不惟德之勤。故乃明于刑之中，率乂于民棐彝。

「穆穆」者，和敬之容也。「明明」者，精白之容也。「灼于四方」者，穆穆明明，輝光發越而四達也。君臣之德，昭明如是，故民皆觀感動盪，爲善而不能自已也。如是而猶有未化者，故士師明于刑之中，使無過不及之差。率乂于民，輔其常性，所謂刑罰之精華也。吕氏曰：「苗既遏絶而猶有辭于苗，蓋苗在舜世叛、服不常。元惡遏絶，餘孽猶存，或竄、或分北、或徂征，考之《書》可見。當時承蚩尤之弊，妖誕怪神深溺人心。重、黎絶地天通，固區别其大分矣，然蠱惑之久，未易遽勝。伯夷復降天地人之祀典，使知天地之性，鬼神之德，森然各有明法，向之蠱惑消蕩不留，所謂折民于刑也。自不知本者觀之，平水、播穀若所急，而降典可緩，抑不知人心不正，胥爲禽夷，雖有土安得而居？有粟安得而食？伯夷降典，先其本也。後之知道者，亦謂去神祠然後人爲善，其旨微矣。自伯夷之典，迄皐陶之刑，制度文爲之具也。自『穆穆在上，明明在下』至『率乂于民棐彝』，精神心術之運也。苟無其本，則前數者不過卜祝、工役、農圃、胥史之事耳。」〇新安陳氏曰：「『鰥寡』得言其害於『清問』之下，其無蓋可知。《表記》引『德威惟畏，德明惟明』，繼之曰『非虞帝其孰能如是乎』，則皇帝爲舜明矣。夫舜不輕於用刑也，先命重、黎絶地天褻瀆之禮，次首命伯夷降天、地、人之禮，又命禹除民害、稷興民利，夫然後始命皐陶以刑。且本之以威明之德，繼期民以祇德勤德。刑之本必主於德，而刑之用必合於中，德與中爲《吕刑》一篇之綱領。繼此曰『惟克天德』、曰『以成三德』、曰『有德惟刑』，無非以德爲本也；曰『觀于五刑之中』、曰『中聽，獄之兩辭』、曰『罔非在中』、曰『咸庶中正』、曰『非德于民之中』、曰『咸中有慶』，無非以中爲用也。刑必合於中而後刑，即所以爲德。以此意讀《吕刑》，其庶幾乎？」〇陳氏雅言曰：「此穆王言帝舜之世，在上者君也，而能有穆穆和敬之容；在下者臣也，而能有明明精白之容。君臣之德充積於中，發見於外，無遠弗届，可謂極其盛矣。是以當時之民，感慕於君臣盛德之容而能勤於德者，此不待教之而能自勉於善；畏服於士師明刑之中而能復其性者，于以見帝舜之時，不徒以刑治民而必以德爲化民之本，初非以刑殘民而必以刑爲輔治之法。傳『所謂刑罰之精華』者也。」

「典獄，非訖于威，惟訖于富。敬忌，罔有擇言在身。惟克天德，自作元命，配享在下。」

訖，盡也。威，權勢也。富，賄賂也。當時典獄之官，非惟得盡法於權勢之家，亦惟得盡法於賄賂之人。言不爲威屈，不爲利誘也。敬忌之至，無有擇言在身。大公至正，純乎天德，無毫髮不可舉以示人者。天德在我，則大命自我作，而配享在下矣。「在下」者，對天之辭，蓋推典獄用刑之極功，而至於與天爲一者如此。呂氏曰：「典獄不得行其公者，非爲威脅，則爲利誘。欲威不能屈、富不能淫，惟在『敬忌』，無擇言在身而已。」○夏氏曰：「行之於身，皆可言之於口，不必擇而後言。則汝之所爲無瑕可指矣，是能與天合德。如此，則典獄之官身雖在下，而仰合天德，如所謂『配天其澤』；仰當天意，如所謂『克享天心』。謂之『配享在下』，豈不信哉！」○張氏曰：「穆王戒典獄諄諄以『富』、『貨』言，當時風俗衰敝可知。敬則善心生，忌則惡念滅。」○陳氏經曰：「天德無私，威富之事絶於外，敬忌之誠存於中，此無私之天德也。死生壽夭之命，乃天以制斯人者。令典獄者德與天一，則制生人之大命，不在天而在我矣。天能制人之大命，典獄者亦能制人之大命，豈非在下而與天配合乎？自作元命，猶言『自貽哲命』。」○新安陳氏曰：「敬忌，如《康誥》『文王之敬忌』，畏忌，敬之一事也。罔有擇言，口無擇言也。言行相表裏，『罔有擇言在身』，併身無擇行言矣。典獄之事，天實臨之，非惟天實臨之，吾身即天也。天德克於我，則大之元命自作於我。配天澤，享天心，皆我也。『配享在下』與苗之『無世在下』對，典獄者欲『配享在下』，不至如苗之『無世在下』。何怵於富威，而不加之敬忌乎？念念知有天在上，且知天實在吾一心中，斯爲得之。」○董氏鼎曰：「穆王諄諄以富貨戒臣下，而五刑皆有贖，貨莫甚焉。可謂不揣其本而齊其末者矣。」○陳氏雅言曰：「『威』者，法所未易加。『富』者，人鮮能自克。虞廷典獄之官，非惟不怵于勢而心無所憚，亦且不誘於利而心無所陷，此其不徇於人也。『敬』者，事無敢或忽。『忌』者，意無敢或縱。虞廷典獄之官，既能察其情而心無所慢，又能慎其法而心無所易，此其致謹於己者也。推敬畏之心，以之聽獄折辭，宜無一言之可愧；不待擇而出諸口者，無片言之少慈，備衆善而有諸身也。吾見上下之間，彼此交契，天此心而人此心，天此理而人此理。栽培傾覆，有以見天道之至公；賞善罰惡，有以見人心之至公。或刑或宥，一出於公，則元命之作不在天而在我也。自天工人代而言，謂之天作；自至公無私而言，謂之自作。天能制人之大命，典獄者亦能制人之大命，非克配在下者乎？天欲折民之邪妄，典獄者亦能折人之邪妄，非克享在下者乎？用刑之極功，至於與天爲一者如此，蓋能無間於天，斯能無負於君矣。穆王之言，蓋欲當時典獄之官取此以爲法也。」

王曰：「嗟！四方司政典獄，非爾惟作天牧？今爾何監？非時伯夷播刑之迪？其今爾何懲？惟時苗民匪察于獄之麗，罔擇吉人觀于五刑之中，惟時庶威奪貨，斷制五刑，以亂無辜。上帝不蠲，降咎于苗。苗民無辭于罰，乃絶厥世。」

司政典獄，漢孔氏曰：「諸侯也。」爲諸侯主刑獄而言，非爾諸侯爲天牧養斯民乎？爲天牧民，則今爾何所監懲？所當監者，非伯夷乎？所當懲者，非有苗乎？伯夷布刑以啓迪斯民，捨皋陶而言伯夷者，探本之論也。麗，附也。苗民不察於獄辭之所麗，又不擇吉人俾觀于五刑之中，惟是貴者以威亂政，富者以貨奪法，斷制五刑，亂虐無罪。上帝不蠲貸而降罰于苗，苗民無所辭其罰，而遂殄滅之也。陳氏大猷曰：「惟吉人能慈祥哀矜，察刑之中理而不妄用。察獄既不得其情，任獄又不得其人，是人與法俱弊也。」〇新安陳氏曰：「此因上章言苗民及虞廷之刑，而欲典獄者有所監懲也。伯夷典禮，而言『播刑之迪』，實難强通。或謂降典以折絶民於刑，是乃伯夷播刑之道，未知是否。庶威奪貨，蔡氏分説，與上文『訖威』、『訖富』相照應，優於諸家。不蠲，不蠲貨其所爲也。」〇陳氏大猷曰：「自古酷吏如郅都、甯成、嚴延年、王温舒、周興、來俊臣之流，未有不反中其身及其子孫者。上帝不蠲而絶厥世，古今一律也。」

王曰：「嗚呼！念之哉。伯父、伯兄、仲叔、季弟、幼子、童孫，皆聽朕言，庶有格命。今爾罔不由慰日勤，爾罔或戒不勤。天齊于民，俾我一日。非終惟終，在人。爾尚敬逆天命，以奉我一人。雖畏勿畏，雖休勿休。惟敬五刑，以成三德。一人有慶，兆民賴之，其寧惟永。」

此告同姓諸侯也。格，至也。參錯訊鞫，極天下之勞者莫若獄，苟有毫髮怠心，則民有不得其死者矣。「罔不由慰日勤」者，爾所用以自慰者，無不以日勤，故職舉而刑當也。「爾罔或戒不勤」者，刑罰之用一成而不可變者也，苟頃刻之不勤，則刑罰失中。雖深戒之，而已施者亦無及矣。戒固善心也，而用刑豈可以或戒也哉？且刑獄非所恃以爲治也，天以是整齊亂民，使我爲一日之用而已。非終，即《康誥》「大罪非終」之謂，言過之當宥者。惟終，即《康誥》「小罪惟終」之謂，言故之當辟者。非終惟終，皆非我得輕重，惟在夫人所犯耳。爾當敬逆天命，以承我一人。畏、威，古通用。威，辟之也。休，宥之也。我雖以爲辟，爾惟勿辟；我雖以爲宥，爾惟勿宥。惟敬乎五刑之用，以成剛柔正直之德，則君慶於上，民賴於下，而安寧之福，其永久而不替矣。呂氏曰：「『慰』者，非得其情而喜，蓋以不弛其職自慰也。『罔或戒』者，必常惰而後戒，雖曰追悔，方其惰時，刑必有失其平者矣。」○夏氏曰：「於五刑所當重者重，無愧於三德之剛，而剛不至於太苛；所當輕者輕，無愧於三德之柔，而柔不至於太縱。介輕重之間者，無愧於三德之正直，而正直不至於偏倚。如是，則足以敬迎天命矣。」○新安陳氏曰：「此章言刑出於天，天俾之我，故望爾逆天命以奉我。所以承天者，勤也、敬也。能勤、能敬，則刑非刑也，德也；刑非刑也，福也。可不念哉！」○陳氏雅言曰：「今爾所以自慰者，罔不由於能勤，而不可或戒於不勤。蓋勤可也，不勤不可也。戒勤，固善也；戒不勤，不善也。然所以可勤而不可戒不勤者，誠以刑罰之原，天以齊民，而俾我有一日之用也。非終惟終，而在人無一定之罪也。蓋刑不出於我而出於天，刑不在我而在於人。爾同姓諸侯，均有一日掌刑之責，知上天之心惟在於以刑齊民，則庶能敬逆之而不違。知我一人之心惟在於以刑齊民，則必當有以奉承之而不慢。『敬』者，勤之本；『勤』者，敬之發。惟其用心也敬，故其臨事也勤。辟宥不可以徇君之命，敬刑惟當以成民之德。刑之用無不敬，則民之德無不成；民之德無不成，則民之亂無不齊矣。由是君受其福、民蒙其惠，福之至於永久安寧而不替，又豈非勤敬之效乎？勤敬之效，其大如此。穆王言此，蓋勉諸侯之同姓者，以勤敬爲用刑之道也。」

王曰：「吁！來，有邦有土，告爾祥刑。在今爾安百姓，何擇，非人？何敬，非刑？何度，非及？

有民社者，皆在所告也。夫刑，凶器也，而謂之「祥」者，刑期無刑，民協于中，其祥莫大焉。及，逮也。漢世詔獄所逮，有至數萬人者，審度其所當逮者，而後可逮之也。曰「何」、曰「非」，問答以發其意，以明三者之決不可不盡心也。張氏曰：「此并同姓異姓諸侯而戒之。」○蘇氏曰：「罪非己造，爲人所累曰『及』，秦漢間謂之『逮』。獄吏以株連支黨爲忠，以多逮廣繫爲利。漢大獄有逮萬人者，國之安危，運祚長短，咸寄於此。」○新安陳氏曰：「刑而曰『祥』，以好生之德寓焉。擇人敬刑而謹所及，則民安矣。民安，則刑可言祥矣。」○臨川吴氏曰：「刑而曰『祥刑』，蓋慈良惻怛，詳審謹重，主之以不忍，行之以不得已，所以謂之『祥』也。在今日爾諸侯欲安百姓，何者當擇，非人乎？何者當敬，非刑乎？何者當揆度，非及乎？人，謂用刑之人。及，謂刑之所加，猶『罰及爾身』之『及』。」○陳氏雅言曰：「刑而謂之『祥刑』者，蓋刑非所以殘民而以安民，謂之祥刑可也。安民之道，何所擇而非人，言人不可以不擇；何所敬而非刑，言刑不可以不敬；何所度而非及，言及不可以不度。能擇人而後能敬刑，能敬刑而後能度及。三言「何」者，設爲問辭，以致其疑；三言「非」者，設爲答辭，以致其決。當時有邦之諸侯，有土之卿大夫，果能於此三者而致其擇、致其敬、致其度，則民無不安，而刑斯爲祥矣。」

「兩造具備，師聽五辭。五辭簡孚，正于五刑。五刑不簡，正于五罰。五罰不服，正于五過。

「兩造」者，兩争者皆至也。《周官》以兩造聽民訟。「具備」者，詞、證皆在也。師，衆也。五辭，麗於五刑之辭也。簡，核其實也。孚，無可疑也。正，質也。五辭簡核而可信，乃質于五刑也。「不簡」者，辭與刑參差不應，刑之疑者也。罰，贖也。疑於刑，則質于罰也。「不服」者，辭與罰又不應也，罰之疑者也。過，誤也。疑於罰，則質于過而宥免之也。張氏曰：「『兩造』非偏辭，『師聽』非偏見。一人獨聽，恐聰明有不及，思慮有不至，必衆聽之也。」〇呂氏曰：「獄辭所及固欲審度，而兩造詞證復欲具備。蓋不當逮者不可擾一人，當逮者不可缺一人。」又曰：「古者因情而求法，故有不可入之刑。後世移情而合法，故無不可加之罪。」

「五過之疵：惟官、惟反、惟內、惟貨、惟來。其罪惟均，其審克之。

疵，病也。官，威勢也。反，報德怨也。內，女謁也。貨，賄賂也。來，干請也。惟此五者之病，以出入人罪，則以人之所犯坐之也。「審克」者，察之詳而盡其能也，下文屢言，以見其丁寧忠厚之至。疵於刑罰亦然，但言於五過者，舉輕以見重也。孔氏曰：「五過之病，出入人罪，使在五過，罪與犯法者同。」〇呂氏曰：「刑降而爲罰，罰降而爲過，然以私而故縱，則又非天討也。故縱之疵病，有此五者。」又曰：「『審』者，察之盡其心。『克』者，治之盡其力。」

「五刑之疑有赦，五罰之疑有赦，其審克之！簡孚有衆，惟貌有稽。無簡不聽，具嚴天威。

刑疑有赦，正于五罰也；罰疑有赦，正于五過也。簡核情實可信者衆，亦惟考察其容貌，《周禮》所謂「色聽」是也。然聽獄以簡核爲本，苟無情實，在所不聽。上帝臨汝，不敢有毫髮之不盡也。夏氏曰：「簡孚有衆，即前『師聽五辭，五辭簡孚』之意。而此簡孚之法，又當惟貌有稽。辭或可僞，而貌不可掩，不正則眊，有愧則泚，於此稽之，不得遁矣。苟無可簡核，則疑獄明矣，此在所不必聽，竟捨之可也。」○張氏曰：「具，俱也。謂上所言，皆敬天威也。」○臨川吴氏曰：「有疑而當赦者，所宜審克之。推究得實者，罪之當刑者也。惟當更於容貌有所考察，慎之至也。無可推究者，疑而當赦者也。疑獄難明，不復再聽。蓋過於尋求，或至誤入，必受天譴，天威俱所當畏，故疑者不問而赦之也。」

「墨辟疑赦，其罰百鍰，閱實其罪。劓辟疑赦，其罰惟倍，閱實其罪。剕辟疑赦，其罰倍差，閱實其罪。宫辟疑赦，其罰六百鍰，閱實其罪。大辟疑赦，其罰千鍰，閱實其罪。墨罰之屬千，劓罰之屬千，剕罰之屬五百，宫罰之屬三百，大辟之罰其屬二百。五刑之屬三千。上下比罪，無僭亂辭，勿用不行，惟察惟法，其審克之！

墨，刻顙而涅之也。劓，割鼻也。剕，刖足也。宫，淫刑也，男子割勢，婦人幽閉。大辟，死刑也。六兩曰「鍰」。閱，視也。倍，二百鍰也。倍差，倍而又差，五百鍰也。屬，類也。三千，總計之也。《周禮》司刑所掌五刑之屬二千五百，刑雖增舊，然輕罪比舊爲多，而重罪比舊爲減也。比，附也。罪無正律，則以上下刑而比附其罪也。無僭亂辭，勿用不行，未詳。或曰，亂辭，辭之不可聽者。不行，舊有是法而今不行者。戒其無差誤於僭亂之辭，勿用今所不行之法，惟詳明法意，而審克之也。○今按：臯陶所謂「罪疑惟輕」者，降一等而罪之耳。今五刑疑赦而直罰之以金，是大辟、宫、剕、劓、墨，皆不復降等用矣。蘇氏謂「五刑疑各入罰不降，❶當因古制」，非也。舜之贖刑，官府學校鞭扑之刑耳。夫刑莫輕於鞭扑，入於鞭扑之刑，而又情法猶有可議者，則是無法以治之，故使之贖，特不欲遽釋之也。而穆王之所謂贖，雖大辟亦贖也。舜豈有是制哉？詳見篇題。陳氏曰：「此下言贖法，載於法謂之刑，加於人謂之辟。犯墨辟而情罪之可疑者，則赦之使贖其罰，則罰之納贖也。然必檢閲核實其罪，使與罰相當，不可苟也。下倣此。」○夏氏曰：「每條必言『閲實其罪』，恐聽者或不詳其意，止閲實其一而忽其他，故不嫌其費辭也。」○孔氏曰：「序五刑先輕轉至重者，事之宜。五刑疑各入罰，不降相因，古之制也。別言罰屬，合言刑屬，明刑、罰同屬，互見其義。」○吕氏曰：「墨、劓所增皆輕刑，宫所損二百，大辟所損三百，皆重刑也。剕無增損，居輕重之間者也。輕罪則多於前，重罪則損於舊，觀其目則哀矜之意固可見，觀其凡則文勝俗弊亦可推矣。」○夏氏曰：「上言『罰』、下言『刑』者，罪實而加以法謂之刑，罪疑而贖以金謂之罰，互見其義，以明刑罰之條其數一同也。上下比罪，謂於法無此條，則上比重罪、下比輕罪，上下相比，觀其所犯當與誰同，然後定其輕重之法。如今律無明文，則許用例也。然當上下比罪之時，吏多因緣爲姦，差錯妄亂，實由以生，故又戒以不可用私意而僭差妄亂其辭。僭，謂辭在此乃差而之彼。亂，謂辭本直乃亂而爲曲也。惟内察以心，外合以法，内外兩盡，情法相推，惟詳審者能

❶「各」，《東坡書傳》作「則」。

之。」○陳氏曰：「三千已定之法，載之刑書者也。天下之情無窮，刑書所載有限，不可以有限之法而盡無窮之情，又在用法者斟酌損益之。古者任人不任法，法所載者任法，法不載者參以人，上下比罪是也。以其罪而比附之，上刑則見其重；以其罪而比附之，下刑則見其輕，故於輕重之間裁酌之。然必以辭爲主，辭若僭亂，情與罪不相合，是不可行者也，當勿用其不可行之法。惟當察其情，求之法，二者合而後允當乎人情法意，是乃可行者也，在審克之而已。」○陳氏大猷曰：「『三千』者，法之正條，載之刑書者也。刑如律，比如例；法有限，情無窮。三千之屬衆矣，猶不能盡天下之情罪，以此知人情無窮，而法不可獨任也。既無正律，復僭亂而無定辭，將安所據依乎？且又有此例，昔嘗有之，而今不可行者矣。必無差亂其辭而妄比附，勿用今不可行之法而强比附。如漢長安賈人與渾邪王市者，罪當死凡五百餘人，汲黯曰：愚民安所知市賈長安中，而文吏以爲闌出財物如邊關乎？此類乃以不可行者比附也。」○蘇氏曰：「察，我心也；法，國法也。内合我心，外合國法，乃爲得之。」○唐孔氏曰：「古者金、銀、銅、鐵總號爲金，孔氏以爲『黄鐵』，《舜典》『金作贖刑』者，則以爲黄金。蓋古人贖罪，悉皆用銅，或稱黄金，或稱黄鐵。」

「上刑適輕，下服；下刑適重，上服。輕重諸罰有權。刑罰世輕世重，惟齊非齊，有倫有要。

事在上刑而情適輕，則服下刑，舜之「宥過無大」、《康誥》所謂「大罪非終」者是也。事在下刑而情適重，則服上刑，舜之「刑故無小」、《康誥》所謂「小罪非眚」者是也。若謂罰之輕重，❶亦皆

❶「謂」，明德堂本、建邑余氏本及《書集傳》作「諸」。

有權焉。「權」者，進退推移，以求其輕重之宜也。「刑罰世輕世重」者，《周官》「刑新國用輕典」、「刑亂國用重典」、「刑平國用中典」，隨世而爲輕重者也。「輕重諸罰有權」者，權一人之輕重也。「刑罰世輕世重」者，權一世之輕重也。「惟齊非齊」者，法之權也。「有倫有要」者，法之經也。言刑罰雖惟權變是適，而齊之以不齊焉。至其倫要所在，蓋有截然而不可紊者矣。此兩句總結上意。張氏曰：「殺人者死，此『上刑』也，然有誤殺者，此『適輕』也，則服下刑矣；鬭毆不死，此『下刑』也，然有謀殺而適不死者，此『適重』也，則服上刑矣。用刑豈可不問情之輕重哉！至於用罰，亦當權其輕重，情輕則罰亦輕，情重則罰亦重，以情爲權而論疑罪之輕重，則罰亦當矣。刑權輕重以爲上下，罰權輕重以爲多少。」○陳氏曰：「罪重莫如殺人，然所殺奴婢也，非適輕乎？罪輕莫如詬駡，然所駡父兄也，非適重乎？上服，非服最上刑，比之下刑爲重耳。」○陳氏大猷曰：「刑法有權，權人情而爲輕重也。世輕世重，權世變而爲輕重也。」○王氏曰：「情之輕重，世之治亂不同，則刑罰之用當異。而欲爲一法以齊之，則其齊也不齊，以不齊齊之，則齊矣。惟齊非齊，以不齊齊之之謂也。先後有序謂之『倫』，衆體所會謂之『要』。」○陳氏雅言曰：「法緣人情世變而立，斷於理而定，情有故誤，世有變亂，刑罰之用亦當各異，此齊之以權也。若上罪而使之服上刑，下罪而使之服下刑，前世刑輕吾亦從輕，前世刑重吾亦從重，此『惟齊』也，乃所以爲不齊，故必以不齊齊之而後可。然而雖齊之以不齊，至於先後次序之倫，則秩乎其不可紊。衆體所會之謂『要』，則截乎其不可易。蓋法之或輕或重雖原於人情世變而爲之不同，而其所以輕之重之則皆出於理之當然，而非以己之私意爲之也。蓋自經權之異者觀之，變法以求當於人情世變者，權也；自經權之同者觀之，法雖變而能當於理者，是即經也。理通則人情世變無不通，人情世變無不通則法無不通矣。穆王訓刑，雖在耄荒之年，而拳拳及此，猶有唐虞忠厚惻怛之意，此夫子所以猶有取於是書也。」

「罰懲非死，人極于病。非佞折獄，惟良折獄，罔非在中。察辭于差，非從惟從。哀敬折獄，明啓刑書胥占，咸庶中正。其刑其罰，其審克之！獄成而孚，輸而孚。其刑上備，有并兩刑。」

罰以懲過，雖非致人於死，然民重出贖，亦甚病矣。佞，口才也。非口才辯給之人可以折獄，惟溫良長者、視民如傷者，能折獄而無不在中也。此言聽獄者當擇其人也。「察辭于差」者，辭非情實，終必有差。聽獄之要，必於其差而察之。「非從惟從」者，察辭不可偏主，猶曰不然而然，所以審輕重而取中也。「哀敬折獄」者，惻怛敬畏，以求其情也。「明啓刑書胥占」者，言詳明法律，而與衆占度也。「咸庶中正」者，皆庶幾其無過忒也。於是刑之、罰之，又當審克之也。此言聽獄者，當盡其心也。若是，則獄成於下而民信之，獄輸於上而君信之。「其刑上備，有并兩刑」者，言上其斷獄之書，當備情節，一人而犯兩事，罪雖從重，亦并兩刑而上之也。此言讞獄者，當備其辭也。蘇氏曰：「佞，口給也。口辯者，服其口不服其心也。從其差者察之，多得其情。」○林氏曰：「佞人禦人以口給，如周亞夫詣廷尉責問曰：『君侯欲反，何也？』答曰：『臣所買器，乃葬器也，何謂反乎？』吏曰：『君縱不反地上，即反地下矣。』所謂『佞折獄』也。」○張氏曰：「惟良所以能折獄，以其無不在中也。」○林氏曰：「哀矜勿喜，即此『哀敬』也。哀則不忍，敬則不忽。」○陳氏曰：「庶者見中正之爲難，典獄者不當自足，以爲已得中正也。輸之於上，備載罪法之輕重、事情之本末，不可缺略。兩刑，謂一人有兩罪，一罪有二法，并具上之，以聽命於上，不敢專也。」○陳氏大猷曰：「此章首云『告爾祥刑』至『安百姓』，言制刑之本意也；『何擇』至『非及』，言用刑之綱領也；自『兩造』至『天威』，言聽獄之節奏也；自『墨辟』至『三千』，言贖法及刑書之定目也；自『上刑』至『有要』，言用刑之權變也；自『罰懲』至『克之』，言折獄而用法也；自『獄成』至『兩刑』，言折獄而奏案也。反覆丁寧備矣。」

王曰：「嗚呼！敬之哉！官伯族姓，朕言多懼。朕敬于刑，有德惟刑。今天相民，作配在下。明清于單辭，民之亂，罔不中聽獄之兩辭，無或私家于獄之兩辭。獄貨非寶，惟府辜功，報以庶尤。永畏惟罰。非天不中，惟人在命。天罰不極，庶民罔有令政在于天下。」

此總告之也。官，典獄之官也。伯，諸侯也。族，同族。姓，異姓也。朕之於刑，言且多懼，況用之乎？「朕敬于刑」者，畏之至也。有德惟刑，厚之至也。今天以刑相治斯民，汝實任責，作配在下，可也。「明清」以下，敬刑之事也。獄辭有單有兩，「單辭」者，無證之辭也，聽之爲尤難。「明」者，無一毫之蔽；「清」者，無一點之污。曰明曰清，誠敬篤至，表裏洞徹，無少私曲，然後能察其情也。亂，治也。獄貨，鬻獄而得貨也。府，聚也。辜功，猶云罪狀也。「報以庶尤」者，降之百殃也。「非天不中，惟人在命」者，非天不以中道待人，惟人自取其殃禍之命爾。此章文有未詳者，姑缺之。張氏曰：「官伯，官之長。前曰『自作元命，配享在下』，今曰『今天相民，作配在下』，則獄官乃配天者也。」○唐孔氏曰：「襄十二年《左傳》云：『異姓臨於外，同族於禰廟。』故『族』爲同族，『姓』爲異姓。獄官致富成私家，故欲無成『私家於獄之兩辭』。」○葉氏曰：「私家，私其家也。」○吕氏曰：「不可用私意。而『家于獄之兩辭』，『家』云者，出没變化於兩辭之中，以爲囊橐窟穴者也。貨積而罪亦積，乃所以聚汝辜罪之功狀。」○陳氏大猷曰：「明清以聽單辭，以中而聽兩辭，鬻獄而降罰，非天道不中，以獄乃人命生死之所在故也。苟用刑不中，而天罰不極至，則典獄無所懲戒，自此庶民無復蒙善政而在於天下矣。任刑之大本，在敬與中，用心以敬爲主，用法以中爲主，前已論之，此復提敬與中訓之，後章復申以中焉。」○新安陳氏曰：「『有德惟刑』，謂有德於民者，惟此刑耳。兩辭之獄，每可容私家于獄，如君子不家於喪之家。無或以私意而求成家于獄之兩辭。天報之以庶罪，受貨而富若可喜，計貨爲罪永可畏也。惟人在命，大概謂獄之於人，乃性命之所在，關繫匪輕也。」○臨川吴氏曰：「非天不中而偏罰之，蓋以人之爲人，在於有生之命，陷人命以至於死，天豈容之哉！若天之罰不如此其極，則獄吏將無所畏，恣爲深刻，而施之庶民者皆酷虐之政，無復有令善之政在于天下矣。」

王曰：「嗚呼！嗣孫，今往何監，非德于民之中？尚明聽之哉！哲人惟刑，無疆之辭，屬於五極，咸中有慶。受王嘉師，監于兹祥刑。」

此詔來世也。嗣孫，嗣世子孫也。言今往何所監視，非用刑成德，而能全民所受之中者乎？下文「哲人」，即所當監者。五極，五刑也。明哲之人用刑而有無窮之譽，蓋由五刑咸得其中，所以有慶也。嘉，善。師，衆也。諸侯受天子良民善衆，當監視于此祥刑，申言以結之也。孔氏曰：「智人用刑，有無窮之善名。」○吕氏曰：「『中』者，《吕刑》之綱領也。苗民，罔是中者也。臯陶，明是中者也。穆王之告司政典獄，勉是中者也。末章訓迪，自中之外，亦無他説焉。今爾何所當監，豈非德於民之中乎？用刑者有意干譽，欲以德名而不足以爲德，所以爲德者，必於民之中而後可也。」○或曰：非有德于民所受之中乎？民失其受中之性，我以德導之，使復其性，是我有德于民所受之中也。○夏氏曰：「民受天地之中以生，未嘗不善，其陷於罪惡，非其本然也，故民曰『嘉師』。刑雖主於刑人，然刑姦宄所以扶善良，雖曰不祥，乃所以爲祥也，故刑曰『祥刑』。嘗爲之説曰：民之犯刑，無非惡也，而謂之『嘉師』；刑本不祥之器也，而謂之『祥刑』。能以惡爲嘉，以不祥爲祥，而後知用刑之道矣。」○新安陳氏曰：「折獄能繫屬于五刑之準則，所以皆合乎中理而有福慶也。師曰『嘉師』，良民也；刑曰『祥刑』，良法也。此申明前告爾祥刑之意，而欲其監觀于所告之祥刑也。」○毅齋沈氏曰：「嘗讀《冏命》、《吕刑》二書，竊有感於人心之無常、操存之不易，蓋穆王一人之身，而此心凡三變焉。方其命伯冏也，既以『怵惕惟厲』自儆，復以『格其非心』責臣，『罔有不欽』之訓，『嗚呼欽哉』之辭，其憂思深且長矣。此心不繼，血氣方盛，馭入駿而略四方，幾至亡國，前日預知儆戒者，不免躬自蹈之。逮其期頤篤老之際，度作刑以訓四方，而『敬忌罔有擇言在身』，『惟敬五刑以成三德』，與夫『嗚呼敬哉』之説，三四致意焉。雖周道自是而衰，然《冏命》之書專主乎欽，《吕刑》之書專主乎敬，心法之傳，千載猶可想也。吁！人心操捨存亡之變，抑可畏哉！」○董氏鼎曰：「《周書》未有捨文、武、成、康而不言者，穆王命君牙、伯冏既然矣，獨於訓刑之作無一語及之，豈耄荒而遂忘其祖歟？竊意其重於贖刑，則非其家法所有，故遠取『金作贖刑』以爲據。孔子未定《書》以前，《舜典》猶曰《夏書》，序者謂『訓夏贖刑』，蓋本諸此。則知《書序》決非孔子作，贖刑亦非禹刑明矣。且舜既以五流而有五刑矣，鞭扑之輕者乃許以金贖，所以養其愧耻之心，而開以自新之路。曰『眚災肆赦』，則直赦之而已。穆王乃以刑爲致罪，以罰爲贖金，既謂『五刑之疑有赦』，而又曰其罰若干鍰，則雖在疑赦，皆不免於罰贖。五刑盡贖，非鬻獄乎？自是，有金者雖殺人可以無死，而刑者相半於道必皆無金者也。中正安在哉！然不見斥於孔子，則猶拳拳於哀矜畏懼，雖越先王之良法，而美意尚存歟。」

文侯之命

幽王爲犬戎所殺，晉文侯與鄭武公迎太子宜臼立之，是爲平王，遷於東都。平王以文侯爲方伯，賜以秬鬯弓矢，作策書命之。史録爲篇。今文、古文皆有。吕氏曰：「此篇作於東遷之初，可以上，可以下。由此而上，爲成、康，爲文、武；由此而下，爲春秋，爲戰國，乃世道消長升降之交會也。使平王能復文、武、成、康之遺澤，則可以繼二帝三王之盛，天下無復有春秋、戰國矣。惟平王止於苟且因循，自然降爲列國。夫子編此書於二帝三王之後者，深惜平王不能推文、武之餘澤，而流爲春秋、戰國也。法語舊典尚有一二未泯，而陵遲頹墮之意已見於辭命間，學者當審察而明辯也。」○夏氏曰：「古之謂《書》，自此篇以下，無復王者之誥命。然此乃平王初年書，錫命文侯，猶有天子之權，苟能自是振刷，周道亦未至盡墜。奈何至魯隱初，在位且五十年，竟以不振，故孔子託始隱公而《春秋》作焉。《書》終《文侯之命》，孔子猶有望於平王；《春秋》始於隱公，孔子蓋絶望於平王也。」○新安陳氏曰：「此書略無立志，全不以綱常讎恥爲務。其『戍許』、『戍申』之師，『歸惠公仲子之賵』，雖於《詩》與《春秋》而見其兆，已於不能善始之書先見矣。幽王之禍，始於嬖褒姒，而夫婦之綱紊；繼於逐宜臼，而父子之綱淪；成於昭申侯、犬戎叛弑，而君臣之綱掃地。平王親罹其禍，俱襲其失，夏氏謂《春秋》始於隱公，夫子始絶望於平王。吾謂《書》終於《文侯之命》，夫子蓋已不滿於平王云。」

王若曰：「父義和！丕顯文、武，克慎明德，昭升于上，敷聞在下，惟時上帝集厥命于文王。

亦惟先正克左右昭事厥辟，越小大謀猷罔不率從，肆先祖懷在位。

同姓故稱父。文侯名仇，義和其字。不名者，尊之也。丕顯者，言其德之所成；克謹者，言其德之所修；昭升、敷聞，言其德之所至也。文、武之德如此，故上帝集厥命於文王。亦惟爾祖父能左右昭事其君，於小大謀猷無敢背違，故先王得安在位。張氏曰：「天子同姓稱伯父、叔父。今曰『父』，親之之甚。平王將言己無耇壽俊之助，故先言先王得先正之助也。」○臨川吴氏曰：「文武之德，昭明而上升于天，廣布而下聞于民，惟以是之故，天集其命于文王之身。周家之命，集於文王，定於武王，故集命則以文王言，明德則兼文、武言。『先正』，文、武之臣也。能於左右昭事其君，及小大謀猷之事皆率循從順，以此貽後。故文、武而下諸君爲平王之祖者，得以安於其位也。」

「嗚呼！閔予小子嗣造天丕愆，殄資澤于下民，侵戎我國家純。即我御事，罔或耆壽俊在厥服，予則罔克。曰：『惟祖惟父，其伊恤朕躬！』嗚呼！有績予一人，永綏在位。

歎而自痛傷也。閔，憐也。「嗣造天丕愆」者，嗣位之初，爲天所大譴，父死國敗也。殄，絶。純，大也。絶其資用惠澤於下民，本既先撥，故戎狄侵陵，爲我國家之害甚大。今我御事之臣，無有老成俊傑在厥官者，而我小子又材劣無能，其何以濟難？又言諸侯在我祖父之列者，其誰能恤我乎？又歎息言有能致功予一人，則可永安厥位矣。蓋悲國之無人，無有如上文先正之昭事，而先王得安在位也。呂氏曰：「殄資澤于下民，如所謂『喪亂蔑資，曾莫惠我師』。蓋推本禍亂所由，邦本既先撥也。百圍之木，膏液内涸，然後風得而拔之，未有斯民資澤未殄而戎狄能乘之者也。無競維人，周室所以不競，又以無人之故。下民之殄資澤，既爲致亂之本；厥服之無耆俊，又乏拯亂之助。平王之失，大抵求於人者重而自任者輕，徒延頸企踵以望諸侯之助，而不思反身以自强。燕昭，小國之君耳，慨然有復讎之志，而士爭趨之。平王豈可以『罔或耆壽俊在厥服』而但已哉！」〇張氏曰：「『永綏在位』，對上文『先祖懷在位』而言。平王惟自幸永安其位，卑卑以位爲樂，奄然無氣如此，其無有爲之志可見矣。哀哉！」

「父義和！汝克昭乃顯祖，汝肇刑文、武，用會紹乃辟，追孝于前文人。汝多修扞我于艱，若汝，予嘉。」

顯祖、文人，皆謂唐叔。即上文「先正昭事厥辟」者也。後「罔或耆壽俊在厥服」，則刑文、武之道絶矣。今刑文、武自文侯始，故曰「肈刑文、武」。「會」者，合之而使不離；「紹」者，繼之而使不絶。前文人，猶云「前寧人」。汝多所修完扞衛我于艱難，若汝之功，我所嘉美也。孔氏曰：「戰功曰多。」○薛氏曰：「刑，與《詩》言『儀刑文王』同。」

王曰：「父義和！其歸視爾師，寧爾邦。用賚爾秬鬯一卣；彤弓一，彤矢百；盧弓一，盧矢百；馬四匹。父往哉！柔遠能邇，惠康小民，無荒寧，簡恤爾都，用成爾顯德。」

師，衆也。黑黍曰秬，釀以鬯草。卣，中尊也。諸侯受錫命，當告其始祖，故賜鬯也。彤，赤。盧，黑也。諸侯有大功，賜弓矢，然後得專征伐。馬，供武用，四匹曰乘。侯伯之賜無常，以功大小爲度也。「簡」者，簡閲其士。「恤」者，惠恤其民。「都」者，國之都鄙也。○蘇氏曰：「予讀《文侯》篇，知東周之不復興也。宗周傾覆，禍敗極矣！平王宜若衛文公、越句踐然。今其書乃旋旋焉與平康之世無異。❶《春秋傳》曰：『厲王之禍，諸侯釋位以間王政，宣王有志而後効官。』讀《文侯之命》，知平王之無志也。」愚按：《史記》：幽王

❶ 「旋旋」，《東坡書傳》作「施施」。

娶於申，而生太子宜臼。後幽王嬖褒姒，廢申后，去太子。申侯怒，與繒西夷犬戎，攻王而殺之。諸侯即申侯，而立故太子宜臼，是爲平王。平王以申侯立己爲有德，而忘其弒父爲當誅，方將以復讎討賊之衆而爲戍申、戍許之舉，其忘親背義，得罪於天已甚矣！何怪其委靡頹墮而不自振也哉！然則是命也，孔子以其猶能言文、武之舊而存之歟？抑亦以示戒於天下後世而存之歟？張氏曰：「文侯，平王腹心之臣也。當如周公留相朝廷，而侯其子如伯禽，與之圖復國讎，可也。乃使之『歸視爾師，寧爾邦』，其志可知，可謂不知輕重者矣。」○或曰：平王賚文侯以秬鬯，得非用成王寧周公故事歟？至襄王賜晉文公弓矢，傳曰「平禮也」，則又接此爲故事矣。○吕氏曰：「周終於東周，蓋於此書見之。東遷之初，大讎未報，王略未復，正君臣卧薪嘗膽之秋也。奔亡之餘，僅得苟安，乃釋然遽自以爲足。曰『歸視爾師，寧爾邦』，兵已罷矣；曰『用賚爾秬鬯一卣；彤弓一，彤矢百；盧弓一，盧矢百；馬四匹』，功已報矣；曰『往哉！柔遠能邇，惠康小民，無荒寧』，告以平世之政，軍旅不復講矣；曰『簡恤爾都』，勉以本邦之治，王室無復事矣。嗚呼！周其終於東乎！」○林氏曰：「《書》於《吕刑》之下，有《文侯之命》、《費誓》、《秦誓》三篇。竊意周太史所藏典、謨、訓、誥、誓、命之文，纔至《吕刑》而止，自時厥後，歷幽、厲之亂，簡編不接。其間如宣王中興，會諸侯，復境土，任賢使能，南征北伐，錫命韓侯、申伯，用張仲、仲山甫，其時大誥命多矣，乃無一篇見於《書》，意宣王之書，必失亡於東遷之亂。孔子既取周太史所藏，斷自《堯典》，至于《吕刑》，而於列國復得命、誓三篇，遂取而附益於其後。按《左傳》鄭子産曰：『《鄭書》有之曰：「安定國家，必大焉先。」』《大學》舉《楚書》曰：『楚國無以爲寶，惟善以爲寶。』是知春秋之世，列國皆有書。夫子周流遍觀，而於晉得《文侯之命》，於魯得《費誓》，於秦得《秦誓》，故以附于帝王書之末歟！」○葵初王氏曰：「孔子西見趙簡子，及河而反，又西行不到秦，則《文侯之命》與《秦誓》，未必於晉、於趙得之也。不知林説何據？」○董氏鼎曰：「此篇書體與《微子之命》、《蔡仲之命》同，其事則彼爲封建，此爲錫賚耳。平王，幽王子，宣王孫。宣王承厲王之後，修車馬，備器械，復會諸侯於東都，而周室爲之中興。幽王繼之，荒淫失道，爲犬戎所殺。平王苟能赫然發憤，率天下諸侯以報不共戴天之讎，則諸侯必有能敵王所愾，而中興之功烈可以增光於乃祖矣。不知務此，東遷于洛，惟晉焉依。自幸於苟偷而不復念及君父，自安於卑陋而不思興復王室，此所以《詩》自《黍離》列爲《國風》，而《春秋》始於平王，則以王政自是不綱矣。文侯非有方叔、召虎之功，平王所以深嘉之者，不過曰『汝多修扞我于艱』耳，不知昭顯祖刑文、武而『紹乃辟』者，果若先正之『克左右昭事厥辟』否乎？方當戡亂之際而使之歸，方當圖治之時而遣之往，賚以秬鬯，錫以弓馬，果何謂哉？拳拳於爾師、爾邦、爾都，而置我君、我父、我王家於不問，是可忍，孰不可忍！而夫子猶録其書者，尚以其能錫命諸侯，文、武之遺澤未泯，特平王自不振耳。」

費誓

費，地名。淮夷、徐戎並起爲寇，魯侯征之，於費誓衆，故以「費誓」名篇。今文、古文皆有。○吕氏曰：「伯禽撫封於魯，夷戎妄意其未更事，且乘其新造之隙。而伯禽應之者，甚整暇有序。先治戎備，次之以除道路，又次之以嚴部伍，又次之以立期會。先後之序，皆不可紊。」又按：《費誓》、《秦誓》，皆侯國之事，而繫於帝王書末者，猶《詩》之録《商頌》、《魯頌》也。

朱子曰：「《費誓》、《秦誓》亦皆有説不行、不可曉處。」○孔氏曰：「費，魯東郊地名。伯禽爲方伯，監七百里諸侯，帥之以征。諸侯之事而連帝王，孔子序《書》，以魯有治戎征討之備，秦有悔過自誓之戒，足爲世法，故録以備王事，猶《詩》録商、魯之《頌》。」○唐孔氏曰：「伯禽於成王即政元年，始就封於魯。禮，諸侯不得專征伐，惟州牧於當州之内有不順者得專征之。《記・明堂位》云：『封周公於曲阜，地方七百里。』孔意以周之大國不過百里，云七百里者，監七百里之諸侯耳。下云『魯人三郊三遂』，指言『魯人』，明於時軍内更有諸侯之人也。」○蘇氏曰：「費在東海郡，後爲季氏邑。國外十里爲郊，費非魯東郊，當時治兵於費也。」○張氏沂曰：「逸《書・成王政》之序言『成王東伐淮夷』，唐孔引《費誓》序言王伐淮夷、魯伐徐戎，然則魯侯乃佐王征討也。」○蔡氏元度曰：「魯侯蓋承王命率諸侯以征徐戎，故曰『我惟征徐戎』。『征』者，上伐下也。言『征』，非承王命故耶？」○張氏震曰：「是書詳於自治而略於治人，有志於征守而無志於戰，王者之兵也。故孔子取之。」○吕氏曰：「徐戎、淮夷，世爲周患。武王崩，三監及淮夷叛，載於《大誥》；命召公平淮夷，載於《江漢》；徐方繹騷，載於《常武》。自成王至宣王，每有叛亂，朝廷爲之摇動，非小寇也。禹之家學，見於《甘誓》；周公之家學，見於《費誓》。啓之嗣位，驟當有扈之變；伯禽就封，驟當徐夷之變。觀其誓師曲折纖悉，若老於行陣者，是以知禹、周公之家學，蓋本末具舉而無所遺也。」

公曰：「嗟！人無譁，聽命。徂茲淮夷、徐戎並興。

漢孔氏曰：徐戎、淮夷並起寇魯，伯禽爲方伯，帥諸侯之師以征。歎而敕之，使無喧譁，欲其靜聽誓命。蘇氏曰：「淮夷叛已久矣！及伯禽就國，又脅徐戎並起，故曰『徂茲淮夷、徐戎並興』。『徂茲』者，猶曰『往者』云。」

「善敹乃甲胄，敿乃干，無敢不弔！備乃弓矢，鍛乃戈矛，礪乃鋒刃，無敢不善！

敹，縫完也。縫完其甲胄，勿使斷毀。敿，鄭氏云：「猶繫也。」王肅云：「敿楯，當有紛繫持之。」弔，精至也。鍛，淬。礪，磨也。甲胄，所以衛身；弓矢戈矛，所以克敵。先自衛而後攻人，亦其序也。孔氏曰：「善簡汝甲鎧胄兜鍪，施汝楯紛。」○唐孔氏曰：「《世本》云：『少康子杼作甲。』兜鍪，首鎧也。經典皆言『甲胄』，秦世以來，始有『鎧』、『兜鍪』之文。古作甲用皮，秦、漢以來用鐵。『鎧』『鍪』二字皆從金，蓋用鐵爲之。鄭云：『敹，謂穿徹之。』謂甲繩有斷絶，當使敹理穿治之。楯紛，如綬而小，繫紛於楯以爲飾。備，訓『具』。每弓百矢，弓十矢千，使其數備足。毛傳云：『五十矢爲束。』或臨戰用五十矢爲束。凡金爲兵器皆須鍛礪，有刃之兵非獨戈矛，其文互相通。」

「今惟淫舍牿牛馬，杜乃擭，敜乃穽，無敢傷牿。牿之傷，汝則有常刑！

淫，大也。牿，閑牧也。擭，機檻也。敜，塞也。師既出，牛馬所舍之閑牧，大布於野，當窒塞其擭穽。一或不謹，而傷閑牧之牛馬，則有常刑。此令軍在所之居民也。舉此例之，凡川梁藪澤險阻屏翳，有害於師屯者皆在矣。此除道路之事。唐孔氏曰：「既言牛馬在『牿』，遂以『牿』爲牛馬之名。《禮》冥氏掌爲穽擭。擭以捕虎豹，穿地爲深坑，又設機其上，防其躍而出也。穽以捕小獸，穿地爲深坑，入必不能出，其上不設機也。穽以穿地爲名，擭以得獸爲名。擭亦設於穽中，但穽不設機爲異耳。杜、敜，皆閉塞之義。」〇張氏曰：「牛馬爲車戰及負載之用。」

「馬牛其風，臣妾逋逃，勿敢越逐。祗復之，我商賚汝。乃越逐、不復，汝則有常刑！無敢寇攘，踰垣牆，竊馬牛，誘臣妾，汝則有常刑！

役人賤者，男曰「臣」，女曰「妾」。馬牛風逸，臣妾逋亡，不得越軍壘而逐之。失主雖不得逐，而人得風馬牛、逃臣妾者，又當敬還之，我商度多寡以賞汝。如或越逐而失伍，不復而攘取，皆有常刑。有故竊奪、踰垣牆、竊人牛馬、誘人臣妾者，亦有常刑。此嚴部伍之事。唐孔氏曰：「《左傳》『風馬牛不相及』。賈逵云：『風，放也。牝牡相誘謂之風。』」〇蘇氏曰：「軍亂生於動，故軍以各居其所不動爲法。」〇吕氏曰：「自古喪師，每因剽掠失部伍，爲敵所乘。本部不敢離局，他部不敢匿姦，何潰亂之憂。」

「甲戌，我惟征徐戎。峙乃糗糧，無敢不逮，汝則有大刑。魯人三郊三遂，峙乃楨榦。甲戌，我惟築，無敢不供，汝則有無餘刑，非殺。魯人三郊三遂，峙乃芻茭，無敢不多，汝則有大刑。」

甲戌，用兵之期也。峙，儲備也。糗糧，食也。不逮，若今之乏軍興。淮夷、徐戎並起，今所攻獨徐戎者，蓋量敵之堅瑕緩急而攻之也。國外曰郊，郊外曰遂。天子六軍，則六鄉六遂。大國三軍，故魯三郊三遂也。楨榦，板築之木。題曰楨，牆端之木也；旁曰榦，牆兩邊障土者也。以是日征、是日築者，彼方禦我之攻，勢不得擾我之築也。「無餘刑非殺」者，刑之非一，但不至于殺爾。芻茭，供軍牛馬之用。軍以期會芻糧爲急，故皆服大刑。楨榦、芻茭，獨言魯人者，地近而致便也。夏氏曰：「不言淮夷，蓋前已言之。」○唐孔氏曰：「《周禮》：❶萬二千五百人爲軍，一家出一人，一鄉爲一軍。天子六軍，出自六鄉，則諸侯大國三軍，亦出自三鄉也。諸侯之制，亦當鄉在郊內，遂在郊外。此云『三郊三遂』，『三郊』謂『三鄉』也。」○林氏曰：「此所謂『三遂』，意若指魯之三軍，故説者多引以爲魯有三軍之證。然苟指魯之軍制言，謂之三鄉、三遂則可，謂之『三郊』則不可。蓋國必有四郊，郊外爲遂，其曰『三郊三遂』，蓋夷戎爲寇，東郊正受敵處，故使此郊之民專意於攻守，而調發儲峙則使西、南、北三郊三遂之民，蓋取給於不受敵之地也。」○李氏杞曰：「『常刑，刑有定名者也。大刑，死刑也。無餘刑，刑之不至於死也。」○臨川吴氏曰：「峙糗糧不言魯人，蓋伯禽爲侯伯，監七百里内諸侯。率以同征，糧食當自賫持，蓋統告諸侯在會之人也。楨榦、芻茭，非遠國所能自賫，故責之魯人也。芻茭所以供牛馬，若不繼則牛馬饑疲，故亦服死刑也。」○董氏鼎曰：「此國史

❶ 「周禮」，《尚書正義》作「司馬法」，當是。

所書，而孔子存之於帝王之後者，以周禮猶在魯也。雖一時禦敵未足以盡魯侯之美，而『國之大事，在祀與戎』，於此而盡其心，則他可知矣。即此一事，而本末先後、輕重緩急，井然有條，規模整暇，魯侯其賢矣哉！」

秦　誓

《左傳》：杞子自鄭使告于秦曰：「鄭人使我掌其北門之管。若潛師以來，國可得也。」穆公訪諸蹇叔，蹇叔曰不可。公辭焉，使孟明、西乞、白乙伐鄭。晉襄公帥師敗秦師于殽，囚其三帥。穆公悔過，誓告群臣。史録爲篇。今文、古文皆有。《春秋》僖公三十二年：「晉人及姜戎敗秦于崤。」○胡氏安國傳曰：「《書序》專取穆公悔過，主於勸善，其詞恕。《春秋》備書秦、晉用兵之失，兼於懲惡，其法嚴。故人晉君而以狄視秦也。」○王氏炎曰：「《書》之所取，取其知悔；《春秋》之所貶，貶其悔而不改。過而不改，《春秋》不得赦其罪；悔過美意，《書》亦不得廢其言。」○李氏杞曰：「《春秋》敗崤之後，復有彭衙、濟河之師，初亦徒悔耳。徒悔不改，穆公所以僅爲穆公也。夫子於《書》取其一念之悔，而於《春秋》責其遂非之失，一寬一嚴，意各有主。」○陳氏賓曰：「夫子存二誓，於魯以著伯禽之是，於秦以著穆公之非。伯禽之時，其征徐戎，奉王命以討亂華，大義也。襲杞之役，無王擅兵，雖敗而自悔，其心終在於報怨，夫子於《書》以《秦誓》終，以見周室之不復振也。《夏書》終於《胤征》，《商書》終於《西伯戡黎》，而《周書》終於《秦誓》，其旨一也。」○新安陳氏曰：「此篇乃初喪師慚悔之辭，未幾再用、三用孟明，與晉連兵，易世不止，殊與誓中悔過初意相反，安在其能悔過也？」

公曰：「嗟！我士，聽無譁！予誓告汝群言之首。首之爲言，第一義也。將舉古人之言，故先發此。

「古人有言曰：『民訖自若，是多盤。責人斯無難，惟受責俾如流，是惟艱哉！』訖，盡。盤，安也。凡人盡自若是多安於徇己，其責人無難，惟受責於人，俾如流水，略無扞格，是惟難哉！穆公悔前日安於自徇，而不聽蹇叔之言，深有味乎古人之語，故舉爲誓言之首也。朱子曰：「民訖自若是多盤，想只是説人情多要安逸之意。」

「我心之憂，日月逾邁，若弗云來。已然之過不可追，未遷之善猶可及。憂歲月之逝，若無復有來日也。夏氏曰：「若弗云來，憂改過之無日也。如日月逝矣，歲不我與。」

「惟古之謀人，則曰『未就予忌』。惟今之謀人，姑將以爲親。雖則云然，尚猷詢茲黃髮，則罔所愆。忌，疾。姑，且也。古之謀人，老成之士也；今之謀人，新進之士也。非不知其爲老成，以其不就己而忌疾之；非不知其新進，姑樂其順便而親信之。前日之過，雖已云然，然尚謀詢茲黃髮之人，則庶罔有所愆。蓋悔其既往之失，而冀其將來之善也。孔氏曰：「古之謀人，謂蹇叔等。以來就我所欲反忌之。」○唐孔氏曰：「今之謀人，謂杞子等。」

「番番良士，旅力既愆，我尚有之。佗佗勇夫，射御不違，我尚不欲。惟截截善諞言，俾君子易辭，我皇多有之！

番番，老貌。佗佗，勇貌。截截，辯給貌。諞，巧也。皇，遑通。旅力既愆之良士，前日所詆墓木既拱者，我猶庶幾得而有之。射御不違之勇夫，前日所誇過門超乘者，我庶幾不欲用之。勇夫我尚不欲，則辯給善巧言，能使君子變易其辭説者，我遑暇多有之哉！良士，謂蹇叔。勇夫，謂三帥。諞言，謂杞子。先儒皆謂穆公悔用孟明，詳其誓意，蓋深悔用杞子之言也。葉氏曰：「番番，如世稱『皤然』。」○王氏十朋曰：「番番，與『申伯番番』同。佗佗，與『崇墉仡仡』同。」○陳氏大猷曰：「旅，膂通，脊骨也。不違，中度無失也。」○王氏炎曰：「巧言變亂是非，君子仁而不佞，往往爲其所奪，故『易辭』。」○新安陳氏曰：「穆公悔過不力，改過不勇，已可窺其微意於辭氣之間。曰『尚猷』，曰『尚有之』、『尚不欲』，當謀急謀，當有急有，當不欲急不欲，何以尚爲？朱子訓『過勿憚改』謂：『有過當速改，不可畏難而苟安。』三味『尚』之一辭，優游緩慢，宜其悔用孟明而卒用之，悔不用蹇叔而卒不用也。正如隱公欲傳桓，營菟裘而曰『吾將授之矣』、『吾將老焉』。當授即授，當老即老，豈容有所謂『將』者乎？二公之遂非速禍，可於『尚』與『將』之辭覘之。」

「昧昧我思之，如有一介臣，斷斷猗無他技，其心休休焉，其如有容。人之有技，若己有之。

人之彥聖，其心好之，不啻如自其口出，是能容之。以保我子孫黎民，亦職有利哉！

昧昧而思者，深潛而靜思也。介，獨也。《大學》作「箇」。斷斷，誠一之貌。猗，語辭。《大學》作「兮」。休休，易直、好善之意。容，有所受也。彥，美士也。聖，通明也。技，才。聖，德也。心之所好，甚於口之所言也。職，主也。陳氏大猷曰：「惟無技，能容人之技，其無技而休休有容，所謂不可小知而可大受也。曰『其如有容』，莫測其限量而難乎形容也。心之好，不啻如口之稱。口之稱美有限，心之好慕無窮，此其好有德之真切，又甚於視有才者之若己有矣。是真實能容，非勉强也。好善之利，流澤無窮。亦職有利，即《孟子》所謂『好善優於天下，況魯國乎』之意。」〇陳氏雅言曰：「穆公意謂大臣之道，不貴乎用一己之能，而在於容天下之善。如有一介臣斷斷兮無他技能，而休休焉有容人之量。蓋惟無善於己，而後能容人之善，故於人之有技則視彼之才若有於己，而在人之能無異於在己之能也。於人之彥聖，則好彼之德誠發於心，而在心之好有甚於在口之好也。若己有之，則人己一致，而無彼此之殊。其心好之，則心口一致，而無表裏之異。是非真能有容人之量者乎？人君於此，能得是臣而用之，則必能廣致群賢以圖治功。『子孫』者，我之子孫也，而是人也能保之。蓋遵其成憲，被其餘澤，子孫之利莫大於此也。『黎民』者，我之黎民也，而是人也能保之。蓋樂其政教，安其田里，而黎民之利亦莫大於此也。一己之技能爲有限，而天下之才德爲無窮，大臣惟不用己而用人，故善之集國者衆，而福之集國者遠也。」

「人之有技，冒疾以惡之。人之彥聖，而違之俾不達。是不能容，以不能保我子孫黎民，亦曰殆哉！

冒，《大學》作「媢」，忌也。違，背違之也。達，「窮達」之「達」。殆，危也。蘇氏曰：「至哉！穆公之論此二人也。前一人似房玄齡，後一人似李林甫。後之人主，監此足矣！」新安陳氏曰：「此章《大學》『平天下』之傳引之。其形容能容不能容者之情狀利害，可謂至言，宜孔子定《書》不能廢其言也。」

「邦之杌隉，曰由一人；邦之榮懷，亦尚一人之慶。」

杌隉，不安也。懷，安也。言國之危殆，繫於所任一人之非；國之榮安，繫於所任一人之是。申繳上二章意。張氏曰：「杌，如木之動摇。隉，如阜之圮壞。」○新安陳氏曰：「國之安危，繫所用一人之是非。是，如上所稱『有利』；非，如上所稱『殆哉』！本孔註，即老蘇《管仲論》『一國以一人興、以一人亡』之意。結上文兩節有照應。」○張氏九成曰：「孔子深意若曰『平王錫文侯』，而言不及復讎，王道不可望也。得如伯禽之用兵，庶幾於王道矣。又得如秦穆之悔過，亦庶幾於王道矣。取魯、秦以補王道，所以深痛王道之不復興也。夫《國風》始於平王，《春秋》始於平王，王道終於平王而以秦、魯補之，則平王之罪可勝言哉！天下之讎，莫大於弒君父；天下之惡，莫大乎安於爲弒逆者所立。事至於此，王道絶矣。夫子之意，謂使平王用兵，得如伯禽、申侯，犬戎庶可誅乎！使平王悔過，得如秦穆懲創用賢，周家庶其中興乎！今皆無之，故痛憤而以伯禽、穆公繼其後也，以謂如此二人猶勝於平王也。」○宋氏曰：「秦有《誓》而《書》亡，魯有《頌》而《詩》絶，謂魯不《風》而《頌》。」○龜山楊氏曰：「或謂《秦誓》，聖人專以其悔過而取之，非也。《書》之有二誓，以志帝王之誥命於是絶也。聖人以恕待人，於人之有過而悔，嘉之可也，如但以悔爲是，而不問其改與不改，則改過者鮮矣。故聖人於人，不徒嘉其悔，又欲其改。且殺人至於被刑，未有不悔者，使殺人而不必死，其肯悔乎？戰不敗，秦自以爲功矣。何以知之？以濟河之師知之也。濟河之師何義哉！」○朱氏養吾曰：「或謂《周書》終於《文侯之命》，而以《秦誓》附焉。蓋世變往來之會，王霸升降之機，《書》終《文侯之命》而王迹熄，《書》附《秦誓》而霸圖興。周遷洛邑而周日弱，秦得鎬京而秦日强。讀《文侯之命》，見平王之忘君父、忘讎耻也如此。讀《秦誓》，見穆公之欲改過遷善、任賢去邪也如此。周欲不弱，秦欲不强，得乎？平王之詩下儕列國而秦《車鄰》附見焉，平王之書續以列國而《秦誓》附終焉。進秦於《詩》、《書》之末，以警周也。《春秋》之筆，於秦每人之，又且狄之，又以尊周也。天下之勢駸駸而趨於秦，夫子得不見其幾微於定《書》、删《詩》、作《春秋》之際乎？」○董氏鼎曰：「此亦國史所録，孔子定《書》，斷自唐、虞以下，訖于周，而周又訖于秦，蓋取其悔過也。自非聖人誰能無過，過而能悔，悔而能改，善之善者也。太甲悔而聽伊尹之訓，成王悔而迎周公以歸。不然，敗度敗禮，成湯之業墮矣；內詛外訌，文、武之基墜矣。悔過之功，豈不大哉！成、康以後，昭王以南征不復，而穆王繼之，復拒祭公之諫，肆侈心而行天下，不知悔者也；宣王中興，幽王爲犬戎所殺，而平王繼之，不報君父之讎，思小惠而忘大耻，不知悔者也。君者，天下之主也；心者，人君之主也。君心如此，天下何賴哉！秦穆輕信杞子、逢孫、楊孫之謀，固違蹇叔之諫，至於喪師辱國，而悔過之誓作焉。使有天下國家者，皆如其知過而能悔，又必自知悔而能改，則雖以挽回三代之治，亦何難哉！惜乎穆公徒悔而不能改也。然夫子之微意，讀《書》者可以深長思矣。」

書序

漢劉歆曰：「孔子脩《易》序《書》。」班固曰：「孔子纂《書》凡百篇，而爲之序，言其作意。」今攷《序》文，於見存之篇，雖頗依文立義，而識見淺陋，無所發明，其間至有與經相戾者；於已亡之篇，則依阿簡略，尤無所補。其非孔子所作明甚。顧世代久遠，不可復知。然孔安國雖云得之壁中，而亦未嘗以爲孔子所作，但謂《書序》序所以爲作者之意，與討論《墳》、《典》等語隔越不屬，意亦可見。今姑依安國壁中之舊，❶復合序爲一篇，以附卷末，而疏其可疑者於下云。

昔在帝堯，聰明文思，光宅天下。將遜于位，讓于虞舜，作《堯典》。

聰明文思，「欽明文思」也。光宅天下，「光被四表」也。將遜于位，讓于虞舜，以「虞」書也。作者追言作書之意如此也。朱子曰：「《小序》多可疑。《堯典》一篇，自是說堯一代爲治之次第，至讓于舜方止。今却說是讓于舜後方作《舜典》，亦是說一代政事之始終，却說『歷試諸難』，是爲要受

❶「中」，《書集傳》作「書」。

讓而作也。」○芸閣呂氏曰：「宅，謂居而有之。光宅天下，猶言光有天下。」○碧梧馬氏曰：「此所謂《書序》也。林少穎謂『昔在』者，篇首起語之辭。《書序》自爲一篇，故以『昔在帝堯』起於篇首。如孔子《序》云『古者伏羲氏之王天下』也。今按：《堯典》之後接《舜典》，則曰：『虞舜側微，堯聞之聰明，將使嗣位，歷試諸難，作《舜典》。』接《禹謨》則曰：『皐陶矢厥謨，禹成厥功，帝舜申之，作《大禹》、《皐陶謨》、《益稷》。』益足證古《序》自爲一篇，而相續之辭如此，蓋史氏舊文也。又按：『維昔黄帝，法天則地，四聖遵序，各成法度。唐堯遜位，虞舜不台。厥美帝功，萬世載之。作《五帝本紀》第一。』此太史公《五帝本紀・序傳》之文，與今《書序》、《堯典》之説一也。是皆古策書史官之序語如此，今《史記・序傳》亦自爲一篇。」

虞舜側微，堯聞之聰明，將使嗣位，歷試諸難，作《舜典》。

側微，微賤也。歷試，徧試之也。諸難，五典、百揆，四門、大麓之事也。今按：《舜典》一篇，備載一代政治之終始，而《序》止謂「歷試諸難作《舜典》」，豈足以盡一篇之義？

帝釐下土，方設居方，別生分類，作《汩作》、《九共》九篇、《槀飫》。

漢孔氏曰：言舜理四方諸侯，各設其官，居其方。生，姓也。別其姓族，分其類，使相從也。汩，治。作，興也。言治民之功興也。槀，勞；飫，賜也。凡十一篇亡。今按，十一篇共只一序，如此亦不可曉。朱子曰：「方設居方，逐方各設其居之道。《九共》九篇，劉侍讀以『共』爲『丘』，言《九丘》也。劉原父云：『古文「丘」、「共」相近，誤爲「共」。』」○問：「張子以『別生分類』爲『明庶物，察人倫』，恐未安。」曰：「《書序》本無證據，今引來解説，更無理會了。」○唐孔氏曰：「凡此皆不見其經，暗射無以考中。孔氏順其文爲傳耳，是非不可知也。他皆倣此。」○葉氏曰：「別生，因生以賜姓也。分類，胙土以命氏也。故禹平水土後，亦曰『錫土姓』。」○陳氏經曰：「隨方別居方之法，如所謂量地制邑、度地居民。」○新安陳氏曰：「按亡《書序》，尤不可强解，姑存舊說耳。餘並倣此。」

皋陶矢厥謨，禹成厥功，帝舜申之，作《大禹》、《皋陶謨》、《益稷》。

矢，陳。申，重也。序《書》者，徒知皋陶以謨名，禹以功稱，而篇中有「來，禹！汝亦昌言」與「時乃功。懋哉」之語，遂以爲舜申禹使有言，申皋陶使有功，其淺近如此。而不知禹曷嘗無言，皋陶曷嘗無功，是豈足以知禹、皋陶之精微者哉？朱子曰：「《大禹謨》序『帝舜申之』，序者之意，見《書》中皋陶陳謨了，『帝曰：「來！禹，汝亦昌言。」』故先說『皋陶矢厥謨』，『禹成厥功』，帝又使禹亦陳昌言耳。今《書序》固不能得《書》意，後來說《書》者又不曉序者之意，只管穿鑿求巧妙耳。」「『帝舜申之』之說，亦嘗疑之，既而考其文，則此《序》乃三篇之序也。皋陶矢厥謨，即謂《皋陶謨》篇也。禹成厥功，即謂《大禹謨》篇也，陳九功之事，故曰『成厥功』也。申，重也，帝舜因皋陶遂陳《益稷》篇中之語，此一句序《益稷》篇也。以此讀之，文意甚明，不煩生意。」「《小序》不是漢人作，只是周秦間低手人作，然後人亦自理會他本義未得，且如《禹謨》序。申，重也。序者本意，先說皋陶後說禹，謂舜欲令禹重說，故將『申』字繫『禹』字。蓋伏生《書》以《益稷》合於《皋陶謨》，而『思曰贊贊襄哉』與『帝曰：來！禹，汝亦昌言』相連，『申之』二字，便是見舜令禹重言之意，此是序者本意。今人都不如此說，說得雖多，皆非其本意也。」

禹别九州，隨山濬川，任土作貢。

别，分也，分九州疆界是也。「隨山」者，隨山之勢。「濬川」者，濬川之流。「任土」者，任土地所宜而制貢也。吕氏曰：「先别九州，使疆界既定，水乃可治。隨山，有兩説：一謂水源皆出於山，山脉與水脉通，隨山即所以導水；一謂隨山開道，以觀水勢而治之。隨山濬川，見禹之智；任土作貢，見禹之仁。」〇陳氏大猷曰：「『隨』與『任』，所謂『行其所無事』也。隨其土之所有而不責其所無，是謂『任土』。」

啓與有扈戰于甘之野，作《甘誓》。

經曰「大戰于甘」者，甚有扈之辭也。序《書》者宜若《春秋》筆，然《春秋》桓王失政，與鄭戰于繻葛，夫子猶書「王伐鄭」，不曰「與」、不曰「戰」者，以存天下之防也。以啓之賢，征有扈之無道，正「禮樂征伐自天子出」也。序《書》者曰「與」、曰「戰」，若敵國者，何哉？

孰謂《書序》爲夫子作乎？

太康失邦，昆弟五人須于洛汭，作《五子之歌》。

經文已明，此但疣贅耳。下文不註者放此。碧梧馬氏曰：「五子作歌之由，史臣元載詳矣。《書序》本自爲一篇，安國引以各冠篇首。子謂如《湯誓》、《大誥》等，初未嘗言所作之意，而引序以冠之，此爲得體。否則，安知是篇何自而作乎？至《五子歌》、《旅獒》之類，復加以序，則爲贅矣。所冠之序，是非蓋相半也。」○董氏鼎曰：「五子作歌，可也。作《五子之歌》者，又誰歟？」

羲和湎淫，廢時亂日，胤往征之，作《胤征》。

以經攷之，羲和蓋黨羿惡，仲康畏羿之强，不敢正其罪而誅之，止責其廢厥職、荒厥邑爾。序《書》者不明此意，亦曰「湎淫，廢時亂日」，亦有所畏而不敢正其罪耶？或曰：羲、和至夏合爲一官。廢時，失分、至之節。亂日，紊甲乙之序。

自契至于成湯八遷，湯始居亳，從先王居，作《帝告》、《釐沃》。

新安陳氏曰：「契，帝嚳子，舜封之商，賜姓子。嚳元都亳。帝告，疑即帝嚳。釐，理，治。沃，沃饒之土也。」

湯征諸侯，葛伯不祀，湯始征之，作《湯征》。○伊尹去亳適夏，既醜有夏，復歸于亳。入自北門，乃遇汝鳩、汝方，作《汝鳩》、《汝方》。

漢孔氏曰：先王，帝嚳也。醜，惡也。不期而會曰「遇」。鳩、方，二臣名。五篇亡。新安陳氏曰：「右五篇皆《商書》，其次在《湯誓》前，今遂附《夏書》末。」

伊尹相湯伐桀，升自陑，遂與桀戰于鳴條之野，作《湯誓》。

以伊尹爲首稱者，得之。《咸有一德》亦曰「惟尹躬暨湯，咸有一德」。陑，在河曲之陽。鳴條，在安邑之西。升自陑，義未詳。漢孔氏遂以爲出其不意，亦《序》意有以啓其陋歟？問：「湯書『升自陑』，先儒以爲出其不意，如何？」朱子曰：「此乃《序》説，經無明文。要之，今不的見陑是何地，何以辨其正道、奇道？湯、武之興，決不如後世之譎詐。若陑是取道近，亦何必迂路？大抵讀書須求其要處，如食肉，畢竟内中有滋味，有人却要於骨頭上咀嚼，縱得些肉，亦能多少？古人所謂『味道之腴』，最有理。」又問：「凡《書傳》中如此者，皆可且置之？」曰：「固當然。」〇蘇氏曰：「升陑以戰，記事之實，猶《泰誓》『師渡孟津』而已。」〇林氏曰：「誓而後升陑戰鳴條，非如《甘誓》、《牧誓》，臨陣誓陣地也。《序》蓋以爲戰時誓，非矣。」

湯既勝夏，欲遷其社，不可，作《夏社》、《疑至》、《臣扈》。

程子曰：「聖人不容有妄舉。湯始欲遷社，衆議以爲不可而不遷，是湯有妄舉也。蓋不可者，湯不可之也。」唐孔氏以於時有議論其事者。詳序文，以爲欲遷者湯欲之也，恐未必如程子所言。要之，《序》非聖人之徒，自不足以知聖人也。三篇亡。唐孔氏曰：「疑至、臣扈，二臣名。」〇程子曰：「湯以爲國既亡，則社自當遷。然遷之不若不遷之愈，故但屋之。《春秋》書『亳社災』，是魯有亳社屋之，故有火災也。《記》：『喪國之社屋之。』」〇張氏曰：「欲遷社者，革變之義；卒不遷者，忠厚之仁。」〇新安陳氏曰：「孔註謂『後世無及勾龍者，故不可而止』，此易社神，非遷社也。《書》亡，本無所考，據以《序》意詳之，初欲遷夏社，作《夏社》篇。繼以二臣之議而止，故又作《疑至》、《臣扈》篇。自商初不遷夏社，垂爲後法，周遂亦不遷商社，所以亳社春秋猶存焉。忠厚之仁，監戒之義，蓋兩得之。始以爲可，卒也不可。縱以人言而不可，主之者亦湯也。」

夏師敗績，湯遂從之，遂伐三朡，俘厥寶玉，誼伯、仲伯作《典寶》。

三朡，國名，今定陶也。俘，取也。俘厥寶玉，恐亦非聖人所急。篇亡。孔氏曰：「桀走保三朡。典寶，國之常寶也。」○唐孔氏曰：「桀載寶而行，棄於三朡。」○葉氏曰：「非貪其寶也，國之庸器也，則非以珍異爲寶可知矣。」○陳氏傅良曰：「寶玉，夏后氏之璜之類也。」○張氏曰：「二臣之書，意以傷桀而戒湯也。」

湯歸自夏，至于大坰，仲虺作誥。

大坰，地名。李氏舜臣曰：「湯未及國而負深慚，疑若不可歸以見國人者。仲虺憂其一慚之不忍，將自沮而害新政，故亟開釋之。若曰是役也，順天命、應人心，不邇不殖，官賞與賢共之，非貪一世之利爲己私，此心彰信久矣，無以慚爲也。王姑置是念，日新厥德，否則何但止於一慚哉！廣哉斯言。湯《盤銘》曰：『苟日新，日日新，又日新。』非取仲虺之言而誰歟！」

湯既黜夏命，復歸于亳，作《湯誥》。咎單作《明居》。

一篇亡。新安陳氏曰：「諸侯來朝，湯告之以與天下更始。《序》意欠明。或曰咎單爲湯司空。孔氏曰：『明居民之法。』未知是否。」

成湯既没，太甲元年，伊尹作《伊訓》、《肆命》、《徂后》。

《孟子》曰：「湯崩，太丁未立，外丙二年，仲壬四年。太甲顛覆湯之典刑。」《史記》：太子太丁未立而死，立太丁之弟外丙，二年崩。又立外丙之弟仲壬，四年崩。伊尹乃立太丁之子太甲。序《書》者以經文首言「奉嗣王祗見厥祖」，遂云「成湯既没，太甲元年」。後世儒者以《序》爲孔子所作，不敢非之，反疑《孟子》所言與《本紀》所載，是可嘆也。《肆命》、《徂后》二篇亡。○吴氏曰：「太甲諒陰，爲服仲壬之喪，以是時湯葬已久，仲壬在殯。太甲，太丁之子，視仲壬爲叔父，爲之後者，爲之子也。祗見厥祖，謂至湯之廟。蓋太甲既立，伊尹訓于湯廟，故稱『祗見厥祖』。若止是殯前，既不當稱『奉』，亦不當稱『祗見』也。」孔氏曰：「湯没而太甲立，稱元年。肆命，陳天命以戒也。徂后，陳往古明君以戒也。」○新安胡氏曰：「按湯後有外丙、仲壬二王，蔡氏力主之，邵子《經世書》又合孔註，朱子《孟子集註》亦云『二説未知孰是』，缺之可也。」

太甲既立，不明，伊尹放諸桐。三年，復歸于亳，思庸，伊尹作《太甲》三篇。

按孔氏云：「桐，湯葬地也。若未葬之辭，蓋上文「祗見厥祖」，言湯在殯，故此不敢爲已葬。使湯果在殯，則太甲固已密邇其殯側矣。」捨殯而欲密邇湯於將葬之地，固無是理也。孔氏之失，起於《伊訓》序文之繆，遺外丙、仲壬二帝，故書指不通。新安胡氏曰：「思庸，思用伊尹之言也。」○薛氏曰：「太甲終不變，則伊尹如之何？曰：太甲之變，天所與也，尹安得不與之歸？若其不變，天所棄也，尹安得私而與之復？視天之命，而我無心焉，此所以爲伊尹。」○董氏鼎曰：

「伊尹營桐宫，爲太甲居憂之所耳。《序》則曰：『伊尹放諸桐』，豈可以成湯放桀於南巢例之乎？其君不賢，則固可放，亦此序啓之也。」

伊尹作《咸有一德》。○沃丁既葬伊尹于亳，咎單遂訓伊尹事，作《沃丁》。

皇甫謐曰：「沃丁八年伊尹卒，年百有餘歲，自克夏至沃丁，五十三年。」○蘇氏曰：「咎單訓伊尹事，猶曹參隨蕭何規也。」○陳氏曰：「訓伊尹事，以伊尹事訓沃丁也。」○李氏舜臣曰：「自稷、契以下，盡臣道者，代不乏人，而伊尹、周公之葬，獨紀於《書》。」

伊陟相太戊，亳有祥，桑、穀共生于朝。伊陟贊于巫咸，作《咸乂》四篇。○太戊贊于伊陟，作《伊陟》、《原命》。

王氏曰：「兆乎物者，禍福特未定，皆謂之祥。應以德則爲福，應以不德則爲禍。」○《釋文》：「穀，楮也。」○孔氏曰：「贊，告也。原，臣名。」○新安陳氏曰：「『咸乂』者，以巫咸能乂王家也，意此臣下自相警戒之書。太戊又告二臣，意此君臣交相警戒之書。按《史記》：亳有桑穀之異，太戊懼，伊陟曰：『妖不勝德。』太戊遂修先王之政，早朝晏罷，問疾弔喪，三日而祥桑枯死，商道復興。以此觀之，此數篇之意，略可想見矣。」

仲丁遷于囂，作《仲丁》。○河亶甲居相，作《河亶甲》。○祖乙圮于耿，作《祖乙》。

沃丁，大甲之子。咎單，臣名。伊陟，伊尹之子。太戊，沃丁弟之子。桑、穀二木合生于朝，十日而拱，妖也。巫咸，臣名。囂、相、耿，皆地名。囂、相在河北，耿在河東耿鄉。河水所毀曰「圮」。凡十篇亡。新安胡氏曰：「仲丁，太戊子，自亳遷囂。河亶甲，仲丁弟。相，即今相州。祖乙，河亶甲子。」○新安陳氏曰：「按《殷本紀》祖乙嘗遷于邢，《汲冢書》云盤庚自奄遷商，未知孰是。下篇云：『于今五邦。』亳、囂、相、耿，只四處耳。豈祖乙嘗兩遷耶？今不可考矣。」

盤庚五遷，將治亳殷，民咨胥怨，作《盤庚》三篇。

以篇中有「不常厥邑，于今五邦」，《序》遂曰「盤庚五遷」。然今詳「于今五邦」之下，繼以「今不承于古，罔知天之斷命」，則是盤庚之前已自有五遷。而作《序》者攷之不詳，繆云耳也。又「五邦」云者，五國都也。經言亳、囂、相、耿，惟四邦耳。盤庚從湯居亳，不可又謂之一邦也。《序》與經文既已差繆，《史記》遂謂盤庚自有五遷，誤人甚矣。

高宗夢得説，使百工營求諸野，得諸傅巖，作《説命》三篇。

按經文「乃審厥象，俾以形旁求于天下」，是高宗夢得良弼形狀，乃審其狀貌，而廣求于四方，説築傅巖之野，與形象肖似。如《序》所云，似若高宗夢得傅説姓氏。又因經文有「群臣」、「百官」等語，遂謂「使百官營求諸野，得諸傅巖」，非惟無補經文，而反支離晦昧，豈聖人之筆哉！

高宗祭成湯，有飛雉升鼎耳而雊。祖己訓諸王，作《高宗肜日》、《高宗之訓》。

經言「肜日」，而《序》以爲「祭成湯」；經言「有雊雉」，而《序》以爲「飛雉升鼎耳而雊」。載籍有所傳歟？然經言「典祀無豐于昵」，則爲近廟，未必成湯也。宗廟都宫堂室深遠幽邃，而飛雉升立鼎耳而鳴，亦已異矣。《高宗之訓》篇亡。孔氏曰：「耳不聽之異。」○胡氏旦曰：「孔謂耳不聽。使雉在鼎足，爲足不良乎？或謂鼎象三公，小人將居公位，亦鑿。」

殷始咎周，周人乘黎。祖伊恐，奔告于受，作《西伯戡黎》。

咎，惡。乘，勝也。詳祖伊所告，無一言及西伯者，蓋祖伊雖知周不利於商，而又知周實無所利於商。《序》言「殷始咎周」，似亦未明祖伊奔告之意。袁氏曰：「周人乘其勢以戡之。戡，如《左傳》『戡定禍亂曰武』。」○董氏鼎曰：「祖伊奔告于受，蓋謂『民罔弗欲喪』，而『大命』者不至耳。初無怨于周，而曰『殷始咎周』，何也？經明曰『西伯』，而《序》曰『周人』，何也？」

殷既錯天命，微子作誥父師、少師。

董氏鼎曰：「錯，亂也，如《孟子》所謂『逆天』。」

惟十有一年，武王伐殷。一月戊午，師渡孟津，作《泰誓》三篇。

「十一年」者，「十三年」之誤也。《序》本依放經文，無所發明，偶「三」誤而爲「一」。漢孔氏遂以爲十一年觀兵，十三年伐紂。武王觀兵，是以臣脅君也。張子曰：「此事間不容髮，一日而命未絶，則是君臣；當日而命絶，則爲獨夫。豈有觀兵二年，而後始伐之哉！」蓋《泰誓》《序》文，既有十一年之誤，而篇中又有「觀政于商」之語。僞《泰誓》得之傳聞，故上篇言觀兵之事，次篇言伐紂之事。司馬遷作《周本紀》，因亦謂十一年觀兵，十三年伐紂。訛謬相承，展轉左驗，後世儒者遂謂實然，而不知武王蓋未始有十一年觀兵之事也。且《序》言「惟十有一年，武王伐殷」，繼以「一月戊午，師渡孟津」，即記某年某月某日之事也。夫「一月戊午」，既爲十三年之事，則上文十一年之誤審矣。孔氏乃離而二之，於「十有一年武王伐殷」則釋爲觀兵之時，於「一月戊午師渡孟津」則釋爲伐紂之時。上文則年無所繫之月，下文則月無所繫之年。又《序》言十一年伐殷，而孔氏乃謂十一年觀兵、十三年伐殷，是蓋繆中之繆，遂使武王蒙數千百年脅君之惡。一字之誤，其流害乃至於此哉！新安陳氏曰：「或引《洪範》『十有三祀，王訪于箕子』爲證，則『十一年』之誤可知。」〇按：此之「一月」，即《武成》之「一月壬辰」也。「戊午」即中篇之「戊午，次于河朔」也。二日旁死魄壬辰，則戊午二十八日也。經之「十有三年」，即《洪範》之「十有三祀」也。「一年」之「一」字誤，顯然矣。〇董氏鼎曰：「《泰誓》三篇，非一時一日所作。《序》謂作於一日，豈理也哉！」

武王戎車三百兩，虎賁三百人，與受戰于牧野，作《牧誓》。

戎車，馳車也。古者馳車一乘，則革車一乘。馳車，戰車。革車，輜車，載器械財貨衣裝者也。《司馬法》曰：一車，甲士三人，步卒七十二人，炊家子十人，固守衣裝五人，廄養五人，樵汲五人。馳車七十五人，革車二十五人。凡百人。二車，故謂之「兩」。三百兩，三萬人也。虎賁，若虎賁獸之勇士，百人之長也。新安陳氏曰：「一虎賁必長百人，一乘車總用百人，以車數合虎賁數，蓋三萬人也。」○董氏鼎曰：「經無戎車而《序》乃自言之，何也？豈其附會《記禮》『革車三百兩，❶虎賁三千人』而爲此《序》歟？《孟子》蓋亦本於此歟！」

武王伐殷，往伐歸獸，識其政事，作《武成》。

歸獸，歸馬放牛也。《武成》所識，其事之大者亦多矣，何獨先取於歸馬放牛哉？

武王勝殷，殺受，立武庚，以箕子歸，作《洪範》。

唐孔氏曰：「言殺受立武庚者，《序》自相顧爲文。」未見意也。程子曰：「武王不曾殺紂，紂自殺，遂言殺紂也。」○王氏炎曰：「紂死而武庚不立，箕子必不從武王歸，《序》述其始末，以明箕子歸周之意。」○呂氏曰：「殷之當勝，紂之當殺，武庚之當立，箕子之當以歸，並行而無心，循天命之正，由至公之理也。除天下之大害，傳天下之大法，事之重一也。以箕子歸，『以』字當深玩。箕子自言『殷其淪喪』，『我罔爲臣僕』，又言『我不顧行遯』，其無臣周歸周之意久矣。曰『以箕子歸』，見箕子不欲歸，以箕子歸者，武王也。自武王言之，見其能尊德樂道，屈致賢者；自箕子言之，見其道統在身，欲遺範百王，未嘗踰其不欲歸周之意，而又不得不言也。」

武王既勝殷，邦諸侯，班宗彝，作《分器》。

---

❶「記禮」，據引文當爲「孟子」之訛。

宗彝，宗廟彝尊也，以爲諸侯分器。篇亡。《左傳》昭公十二年楚靈王曰：「昔我先王熊繹與吕伋、王孫牟、燮父、禽父並事康王，四國皆有分，我獨無有。」又十五年傳曰：「諸侯之封，皆受明器於王室。」杜註謂「明德之分器」也。○胡氏仲曰：「如分魯以夏后氏之璜、分陳以肅慎氏矢之類，皆分器也。《序》單言『宗彝』，惟以其孝也。器以祭器爲重，故即『宗彝』以該其餘。秬鬯二卣周公得之成洛之後，秬鬯一卣文侯得之東遷之初，乃知宗彝亦朝廷之重禮重器歟！」

西旅獻獒，太保作《旅獒》。

獻，貢也。

巢伯來朝，芮伯作《旅巢命》。

篇亡。孔氏曰：「巢伯，殷諸侯，南方遠國。武王克商，慕義來朝。芮伯，周同姓，圻内之國，爲卿大夫，陳威德以命巢伯。旅，陳也。」○李氏杞曰：「巢，今無爲軍巢縣，即其地也。其曰『來朝』，書始來朝也。湯放桀南巢，巢人納之，商封爲伯，亦足見巢之忠矣。商亡而周興，於是始來朝。夫子録其書，蓋有所感也。」○張氏曰：「商亡而巢朝周，周之子孫苟蹈商之覆轍，則其朝又未可保。《旅巢命》中，必有戒飭之意，如孔氏之言，武王自稱威德以命之耳。如齊桓所以語楚屈完者，適足致完之有辭，武王必不如此，陳王之教命，以命巢伯而已。」

武王有疾，周公作《金縢》。

新安陳氏曰：「周公納祝册于金縢之匱中耳。周公東征而歸之後，史作此書，述禱疾事爲始耳，書非周公作也。此序不特不能盡此書之事，大意全非。」

武王崩，三監及淮夷叛，周公相成王，將黜殷，作《大誥》。三監，管叔、蔡叔、霍叔也。以其監殷，故謂之「三監」。孔氏曰：「黜，絶也。以誅叛之義大誥天下。」○吕氏曰：「序言三監而不及武庚，武庚之叛生於三監之謀也。書言武庚而不及管、蔡，爲親者諱也。」

成王既黜殷命，殺武庚，命微子啓代殷後，作《微子之命》。微子封於宋，爲湯後。陳氏經曰：「特曰『成王』，見周公所行，無非奉成王之命，而非敢自專也。黜殷命，絶其爵也；殺武庚，誅其身也。」

唐叔得禾，異畝同穎，獻諸天子。王命唐叔歸周公于東，作《歸禾》。○周公既得命禾，旅天子之命，作《嘉禾》。唐叔，成王母弟。畝，壟也。穎，穗也。禾各一壟，合爲一穗。葛氏曰：唐叔雖幼，因禾必有獻替之言。成王既悟風雷之變，因命唐叔以禾歸周公于東。旅，陳也。二篇亡。孔氏曰：「唐叔食邑内得異禾，異畝同穎，天下和同之象，周公德之所致。公東征未還，故命唐叔以禾歸周公。唐叔後封晉。公又推美成王，善則稱君。天下和同，政之善者，故以『嘉禾』名篇。」○唐孔氏曰：「歸禾年月，史傳無文，不知在《金縢》之先後也。王啓金縢，正當禾熟之月，若前年得之，於時王疑未解，未嘗肯歸禾周公，當是啓金縢之後也。禾者，和也，天地之和氣所生也。後世同穎之禾襲名嘉禾由此。」〇陳氏經曰：「此天地委和，借草木之靈以彰成王周公始疑終信之象，乃君臣和同之德之所感召也。唐叔獻諸天子，必以此意歸美稱德。成王不有，歸美於周公，知有公，不知有己也；周公不有，歸美於成王，知有王，不知有己也。二書雖亡，君臣和氣藹然，猶可想見。當王之疑也禾爲之偃，《金縢》啓也禾爲之起，及君臣之和同也禾又爲之異畝同穎，周公之忠誠上通于天，亦王之真誠上通于天也。心與天通，感應如響，以見天人之果無二理也。」

成王既伐管叔、蔡叔，以殷餘民封康叔，作《康誥》、《酒誥》、《梓材》。

按胡氏曰，康叔，成王叔父也。經文不應曰「朕其弟」。成王，康叔猶子也。經文不應曰「乃寡兄」。其曰「兄」、曰「弟」者，武王命康叔之辭也。《序》之繆誤，蓋無可疑，詳見篇題。又按《書序》，似因《康誥》篇首錯簡，遂誤以爲成王之書。而孔安國又以爲序篇亦出壁中，豈孔鮒藏書之時已有錯簡耶？不可攷矣。然《書序》之作，雖不可必爲何人，而可必其非孔子作也。

成王在豐，欲宅洛邑，使召公先相宅，作《召誥》。

新安陳氏曰：「召公告王，《序》全不言，簡略之非，詳見本篇。」

召公既相宅，周公往營成周，使來告卜，作《洛誥》。

新安陳氏曰：「《序》只説得『伻來以圖及獻卜』以前耳，以後全該不及。」

成周既成，遷殷頑民，周公以王命告，作《多士》。

遷殷頑民，在作洛之前。序《書》者考之不詳，以爲成周既成，遷殷頑民，謬矣。詳見本篇題。新安陳氏曰：「書稱『商王士』、『殷多士』、『殷遺多士』，未始目爲頑民。《小序》之云然，殊失周家忠厚之意，其失不但昧遷殷民之先後也。」

周公作《無逸》。○召公爲保，周公爲師，相成王爲左右。召公不悦，周公作《君奭》。

蘇氏曰：舊説或謂召公疑周公，陋哉斯言也。愚謂序文意義含糊，舊説之陋有以啓之也。新安陳氏曰：「《書》中略不見召公不悦之意，諸説揣摩，皆《序》之陋啓之。」

蔡叔既没，王命蔡仲踐諸侯位，作《蔡仲之命》。○成王東伐淮夷，遂踐奄，作《成王政》。

踐，滅也。篇亡。孔氏曰：「成王即政，淮夷、奄國又叛，王親伐之，遂滅奄而徙之。」○唐孔氏曰：「周公攝政之初，奄與淮夷從管、蔡作亂，周公征而定之。成王即政，淮與奄又叛，成王親往征之。成王即政，始封伯禽，《費誓》之稱『淮夷徐戎並興』，魯侯征之。王伐淮夷，魯伐徐戎，是同時討伐，知成王即政之年復叛也。」

成王既踐奄，將遷其君於蒲姑，周公告召公，作《將蒲姑》。

《史記》作「薄姑」。篇亡。孔氏曰：「蒲姑，齊地，徙近中國教化之。」○吕氏曰：「淮夷與奄，成王時蓋皆再叛。《大誥》東征，淮夷叛矣，此序復云；《多士》言『昔朕來自奄』矣，此序又云，可見也。將遷而告召公，見周公於軍國大議未嘗敢專也。」○李氏杞曰：「青州千乘縣有薄姑城，遷奄君臣於薄姑，遷奄民於魯，祝鮀所謂『因商奄之民而命伯禽』也。」

成王歸自奄，在宗周告庶邦，作《多方》。○周公作《立政》。○成王既黜殷命、滅淮夷，還歸在豐，作《周官》。

成王黜殷久矣，而於此復言，何耶？新安陳氏曰：「《序》言王歸在豐，《書》云歸于宗周，乃歸鎬非豐也。自『惟周王撫萬邦』至『董正治官』，乃此書之本序，辭甚明白，《小序》贅矣。」

成王既伐東夷，肅慎來賀，王俾榮伯作《賄肅慎之命》。

賄，賂也。義未詳。篇亡。蘇氏曰：「東夷，即淮夷也，在周爲東。」○孔氏曰：「肅慎氏，東北遠夷。榮，國名，周同姓諸侯，爲王卿士。」

周公在豐，將没，欲葬成周。公薨，成王葬于畢，告周公，作《亳姑》。

此言周公在豐。漢孔氏謂致政歸老之時，而下文《君陳》之《序》乃曰「周公既没，命君陳分正東郊成周」，方未命君陳時，成周蓋周公治之。以公没，故命君陳，然則公蓋未嘗去洛矣。而此又以爲在豐將没，則其致政歸老，果在何時耶？篇亡。吴氏曰：「周公没時適在豐。」○唐孔氏曰：「《帝王世紀》云：武王葬于畢，畢在杜南，長安西北。《序》説葬周公之事，其篇乃名

「亳姑」，篇與《序》不相允會。其篇既亡，不知所道。」○蘇氏曰：「畢有文、武墓。亳姑，蒲姑也。周公告召公作《將蒲姑》，至此并告以遷歟！」○吕氏曰：「公欲葬成周，蓋宗臣垂死憂國之心，以邦之安危惟兹殷士，致不忘之意，意不在葬也。成王領其意，不從其葬，使祔于文武也。」

周公既没，命君陳分正東郊成周，作《君陳》。

陳氏曰：「分正，分善惡而正之，簡修進良是也。」○新安陳氏曰：「治洛以化殷民爲重，故《君陳》、《畢命》曰『尹兹東郊』、『保釐東郊』，雖以東郊言，實全付以治洛之任也。君陳繼周公，畢公繼君陳，其任一也。《小序》一『分』字，辭意欠明。或者遂謂分東郊之地成周之邑，使君陳爲之正長，王城之事君陳不與焉。此説蓋《小序》誤之也。」

成王將崩，命召公、畢公率諸侯相康王，作《顧命》。○康王既尸天子，遂誥諸侯，作《康王之誥》。

尸天子，亦無義理。太康尸位，羲和尸官，皆言居其位而廢棄其事之稱。序《書》亦用其例，謬矣。

康王命作册畢，分居里，成周郊，作《畢命》。

「分居里」者，「表厥宅里」、「殊厥井疆」也。附見《武成》篇。❶ ○新安陳氏曰：「按此序『康王命作册畢』一句，文義難通，必有缺誤。《孔傳》以爲得之，而朱子非之，何也？」又曰：「大意謂王命作册書以任畢公耳。」

穆王命君牙爲周大司徒，作《君牙》。

《序》無所發明，曰「周」云者，殊無意義。或曰，此《春秋》「王正月」例也。曰：《春秋》魯史，故孔子繫之以「王」。此豈其例耶？下篇亦然。

穆王命伯冏爲周大僕正，作《冏命》。○吕命，穆王訓夏贖刑，作《吕刑》。

此《序》亦無所發明，但增一「夏」字。自古刑辟之制，豈專爲夷狄，不爲中夏耶？或曰，訓夏贖刑，謂訓夏后氏之贖刑也。曰：夏承虞治，不聞變法，周禮亦無五刑之贖，其非古制明甚。穆王耄荒，車轍馬跡無所不至。吕侯竊《舜典》「贖刑」二字，作爲此刑以聚民財，資其荒用。夫子以其書猶有哀矜之意而録之，至其篇首特以「耄荒」二字發之，其意微矣。詳見本篇。陳氏大猷曰：「『吕命』二字爲句，疑有缺文。」○新安陳氏曰：「《舜典》載舜『陟方乃死』，夏史所載，古亦稱爲《夏書》，作序者遂云『夏贖刑』。」

❶ 「成」，原作「城」，今據《尚書》篇名改。

平王錫晉文侯秬鬯圭瓚，作《文侯之命》。

經文止言「秬鬯」，而此益以「圭瓚」，有所傳歟？抑錫秬鬯者必以圭瓚，故經不言歟？孔氏曰：「以圭爲杓柄謂之圭瓚。」○唐孔氏曰：「圭瓚，酌秬鬯之杓，杓下有盤，瓚即盤之名，以圭玉爲之。賜以秬鬯，以圭瓚副焉。」○新安陳氏曰：「成王以秬鬯錫周公於作洛之餘，見西周所以盛；平王以秬鬯錫文侯於遷洛之始，見東周所以衰。蓋以我周東遷，於晉焉依？己位苟定，不啻足矣，能事畢矣。錫賚之重，可以成王待周公者待之矣。」○董氏鼎曰：「或曰賜圭瓚然後爲鬯，賜弓矢然後征，賜鈇鉞然後殺。未賜圭瓚，則資鬯於天子。今賜圭瓚，則文侯自爲鬯矣，是天子之禮也；賜弓矢，則文侯專征伐矣，是天子之權也。禮與權既去，豈復知有天子乎？周室陵夷，實自此始。愚竊謂《序》所以爲作者之意，《書》但曰『秬鬯一卣』，而《序》乃曰『秬鬯圭瓚』，使誠出於天子，則『唯器與名，不可假人』，肯自增圭瓚於秬鬯之下乎？《詩》之《彤弓》，亦曰『天子賜有功諸侯』，前則商王受以賜西伯，後則周襄王以賜重耳，正以晉文能繼文侯之業也。似不必議。」

魯侯伯禽宅曲阜，徐夷並興，東郊不開，作《費誓》。

徐，徐戎也。夷，淮夷也。蘇氏曰：「二寇皆在魯東。東郊門不開，非謂寇已至東郊也。如漢烽火通甘泉，而棘門、霸上皆屯兵。吴楚七國反，而閉函谷關耳。蓋戒嚴也。」

秦穆公伐鄭，晉襄公帥師敗諸崤，還歸，作《秦誓》。

以經文意攷之，穆公之悔，蓋悔用杞子之謀，不聽蹇叔之言。《序》文亦不明此意。新安陳氏曰：「穆公名任好，襄公名讙。」○唐孔氏曰：「崤，晉險地，在弘農澠池。秦、鄭路經崤關而東。禮，征伐朝聘過人之國，必遣使假道。事詳見《左傳》僖三十二年。」○歸軒鄒氏曰：「伯禽，魯之先君，當諱其名，而乃斥言『伯禽』；秦本伯爵，故《春秋》書『秦伯任好卒』，而乃稱『秦穆公』。此決非孔子筆削之例。」

《儒藏》精華編選刊

即出書目（二〇二三）

白虎通德論
誠齋集
春秋本義
春秋集傳大全
春秋左氏傳賈服注輯述
春秋左氏傳舊注疏證
春秋左傳讀
道南源委
桴亭先生文集
復初齋文集
廣雅疏證

龜山先生語録
郭店楚墓竹簡十二種校釋
國語正義
涇野先生文集
康齋先生文集
孔子家語　曾子注釋
禮書通故
論語全解
毛詩後箋
毛詩稽古編
孟子正義
孟子注疏
閩中理學淵源考
木鐘集
群經平議

三魚堂文集　外集
上海博物館藏楚竹書十九種校釋
尚書集注音疏
詩本義
詩經世本古義
詩毛氏傳疏
詩三家義集疏
書疑　東坡書傳　尚書表注
書傳大全
四書集編
四書蒙引
四書纂疏
宋名臣言行録
孫明復先生小集　春秋尊王發微
文定集

五峰集　胡子知言
小學集註
孝經注解　温公易説　司馬氏書儀　家範
孽經室集
伊川擊壤集
儀禮圖
儀禮章句
易漢學
游定夫先生集
御選明臣奏議
周易口義　洪範口義
周易姚氏學